Klaus-Peter Kaletsch

Der Anfang der Unendlichkeit

Klaus Kaletsch

Der Anfang der Unendlichkeit

Shaker Media

Bibliografische Information der Deutschen Nationalbibliothek
Die Deutsche Nationalbibliothek verzeichnet diese Publikation in der
Deutschen Nationalbibliografie; detaillierte bibliografische Daten sind
im Internet über http://dnb.d-nb.de abrufbar.

ISBN 978-3-95631-335-6

Shaker Media GmbH • Postfach 101818 • 52018 Aachen
Telefon: 02407 / 95964 - 0 • Telefax: 02407 / 95964 - 9
Internet: www.shaker-media.de • E-Mail: info@shaker-media.de

Inhalt

Buch 1 Aufbruch

» Ich fühlte auf den ersten Blick, dies war der Mann, den zu suchen ich nach Arabien gekommen war – der Mann, der die Erhebung Arabiens zu glorreichem Ende führen würde. Faisal machte einen sehr großen, säulenhaft schlanken Eindruck in seinen langen, weißseidenen Gewändern und dem braunen Kopftuch, das von einer scharlachroten, golddurchwirkten Schnur gehalten war. Seine Lider waren gesenkt, und das bleiche Gesicht mit dem schwarzen Bart wirkte wie eine Maske gegenüber der seltsamen, regungslosen Wachheit seines Körpers. Die Hände hielt er vor sich über seinem Dolch gekreuzt.

Ich grüßte ihn. Er ging vor mir her in das Zimmer und setzte sich auf seinen Teppich nahe der Tür. Als sich meine Augen an das Dämmerlicht gewöhnt hatten, sahen sie in dem kleinen Raum eine ganze Anzahl schweigender Gestalten sitzen, die unverwandt auf mich oder Faisal starrten. Dieser hielt den Blick immer noch auf seine Hände gesenkt, die sich langsam um den Dolch wanden. Schließlich fragte er leise, wie ich die Reise gefunden hätte. Ich sprach von der Hitze, und er fragte, wie lange ich von Rabegh gebraucht hätte, worauf er erklärte, dass ich für die Jahreszeit schnell geritten wäre.

„Und wie gefällt dir unsere Stellung hier im Wadi Safra", fragte er?

„Gut; aber sie ist weit von Damaskus." «

Thomas Edward Lawrence
- Die sieben Säulen der Weisheit -

Der arabische Aufstand gegen die türkischen Besatzer begann stockend. Sherif Hussein Ibn Ali, der Emir von Mekka, hatte anfangs nur die Absicht im Krieg der großen Mächte eine lavierende Neutralität zwischen der mit dem Deutschen Reich verbündeten jungtürkischen Regierung in Konstantinopel und den Engländern in Kairo aufrecht zu erhalten. Er wollte seine eigene Herrschaft im Hedschas in einer weitgehend autonomen Erbmonarchie konsolidieren. Dazu führte er Verhandlungen mit beiden Kriegsparteien.

Erst die Erkenntnis, dass Konstantinopel seine Absetzung plane, ließ den Haschimiten auf die Seite der Briten wechseln. Denen legte sein Sohn Faisal ein Dokument vor, das die Grenzen seines unabhängigen großarabischen Königreichs markierte. Die Briten antworteten bejahend, aber vermieden es in vagen Formulierungen verbindliche territoriale Zusagen zu machen.

Hussein zögerte seine Entscheidung hinaus, aber als im Frühjahr 1916 ein türkisch-deutsches Truppenkontingent durch den Hedschas marschieren sollte, rief er die arabischen Beduinen übereilt und unkoordiniert zum Freiheitskampf gegen die Türken auf.

Rettet euer Leben!

DIE STILLE, die ihn umgab, war unendlich. Sie tat so gut und er wurde eins mit ihr. Tiefer Friede zog in ihn ein und er sah sich selbst lächeln. Das Licht, das er verspürte, umgab ihn mit einer wohltuenden Wärme.

Er sah seine Eltern vor sich, seine kleine Schwester und wollte nach ihnen greifen, aber seine Arme versagten ihm den Dienst – und doch konnte er sie umarmen. Er spürte seinen Körper nicht und ihn umfing eine glückselige Leichtigkeit. Er fühlte sich fliegen und wollte, dass dieser Zustand niemals aufhöre.

War das das Jenseits? War er angekommen? Er versuchte sich zu erinnern. Da war dieses Tosen und Fauchen, da waren die Schmerzen auf seiner Haut und die Schmerzen in seinem Körper. Dann die Kälte und er zitterte bei dem Gedanken an sie. Aber nun war die Wärme da und die Leichtigkeit und das Licht, das er verspürte und alles legte sich wie ein wunderbarer Umhang auf ihn.

Das also war die Ewigkeit und er dankte Gott dafür. Er wollte daran nichts mehr verändern. Es sollte für immer so bleiben.

Etwas Hartes traf ihn in die Seite und dann begann sich alles um ihn zu bewegen. Schlagartig spürte er seine Beine, seine Arme, die Schwere seines Körpers. Er wollte sich erheben aber der Druck auf ihm war enorm. Er nahm alle Kraft zusammen und er fühlte, wie sich der Sand über ihm löste. Er kroch unter seiner Decke hervor und sah die Kamelstute, die sich gerade aufgerichtet hatte. Feuchter Sand rieselte auf sein Gesicht, in seinen Mund und er spuckte aus, hustete und nahm einen tiefen Zug der klaren Luft.

Er lebte noch und das grelle Licht des Tages blendete ihn. Die Sonne stand schon hoch im Osten. Die Stute beugte ihren Kopf zu ihm herunter und er zog sich an ihr hoch. Im Nu kehrte sein Gedächtnis zurück. Sie waren in der Nacht von dem Sandsturm überrascht worden und hatten gerade noch die Zeit gefunden abzusatteln und sich notdürftig zu bedecken. Die Kamelstute hatte sich niedergelegt und er war neben ihrem Kopf unter seine grobe Decke gekrochen. Kaum

10

hatte er die Kordel der Decke um seine Füße geschlungen, als das Inferno auch schon losbrach. Alle Kraft hatte er aufgewendet, um die schwere Decke auf seinem Körper festzuhalten und das Tier und sich damit zu schützen. Später hielt der Sand die Decke fest und legte sich schwer auf beide. Dann kam der Regen.

Er klopfte sich den Sand aus den Kleidern, aber das war ein sinnloses Unterfangen. Der Sand war überall; in den Ohren, in der Nase, im Mund, unter seinem Hemd, in seinen Hosen, in seinen Haaren, in den Augen. Er sah nach unten und suchte nach dem Kamelsattel mit den großen Taschen. Mit seinen Händen grub er den Sand zur Seite und dann fühlte er den groben Stoff. Es dauerte eine Weile, bis er den Sattel ausgegraben hatte und hielt endlich seine Wasserflasche in den Händen. Ein tiefer Schluck gab ihm seine Lebensgeister endgültig zurück. Dann reinigte er sein Gesicht mit Wasser und befreite auch die Stute vom Sand in ihren Augen.

Er blickte sich um. Nicht weit entfernt stand ein Beduine und hielt sein Kamel am Zügel. Ein anderer erhob sich gerade aus seinem Stundengrab. Weiter oben konnte man die Sandhügel nur erahnen unter denen die anderen noch verborgen lagen. Aber nun kam Leben in die kleine Gemeinschaft, deren Schicksal so eng miteinander verknüpft worden war.

Sie waren ursprünglich zwanzig Männer gewesen, mit einem Lastkamel, das Ihre Ausrüstung trug. Das Hotchkiss-Maschinengewehr, die Munition, das Dynamit, den Dynamo und allerlei Geräte wie Drahtrollen, Hacken und Schaufeln. Alle bis auf ihn selbst waren Beduinen des Klans der Beni Safar vom Stamm der Harb aus den Familien der al-Dawud und Juweiles. Die Harb waren der mächtigste Stamm im Hedschas und bestand aus den Sippen der Masrooh und der Banu Salim. Sie waren stolze Wüstensöhne aber, wie man ihnen gesagt hatte, auch tapfere Kämpfer für ihre nationale Freiheit.

Er selbst war Unteroffizier im Rang eines Sergeanten der britischen Truppen Seiner Majestät. Allerdings konnte er damit wenig anfangen und er schmunzelte oft, wenn er an sich herunterblickte und seine Uniform inspizierte, wenn er sie denn trug. Denn sein Auftrag ließ das Tragen der Uniform nicht allzu oft zu. Auch er war Araber, so wie seine Schicksalskameraden, allerdings kam er aus Palästina und hatte sich vor fast zwei Jahren, im Sommer 1915, freiwillig zur britischen Armee gemeldet, um zu helfen seine Heimat von den Türken zu befreien.

„Allahu akbar, Christ. Dein Gott und meiner. Wir beide erfreuen uns noch des Lebens." Er blickte sich um und sah in das junge, frische Gesicht von Faruk, der ihn anlächelte.

„Faruk, Allah liebt dich, so wie dein Vater dich liebt. Es ist ein Morgen des Lichts, wenn dein Anblick mich erfreut." Faruk hatte sein Kopftuch zum Turban gerichtet und war schon marschbereit. Er war der erste gewesen, der sich erhoben hatte. Sein Kamel war gesattelt, der Webley Revolver steckte neben seinem Krummdolch im Gürtel und der 38'er Karabiner war im Halfter verstaut.

„Beeil dich, Christ. Die Zeit drängt." Mit diesen Worten war er schon unterwegs zu den anderen.

Er packte seine Sachen zusammen, sattelte das Kamel und riss sich ein Stück der gepressten Dattelmasse ab, die er unter dem Sattel in einer Leinentasche transportierte. In nicht weniger als zehn Minuten war er bereit. Mit der Stute am Zügel ging er auf die anderen zu. Als er näher kam, erkannte er, dass einer der Beduinen nicht mehr aufstehen würde. Er lag leblos, halb verdeckt im Sand. Er musste seine Decke verloren haben. Die anderen standen um ihn herum und beklagten seinen Tod. Das Kamel war verschwunden.

„Wir müssen weiter", sagte Yussef, der Anführer der Beduinen. „Aber es ist auch Allahs Wille, dass wir unseren Bruder hier begraben."

Faruk unterbrach die nun aufkeimende Diskussion mit einer energischen Handbewegung: „Ihr Söhne der Safar, hört mich an. Der Sturm hat unsere Spuren verweht. Und doch können wir nicht sicher sein, dass die Türken sie von hier aus nicht doch wieder aufnehmen. Zwei von uns müssen hier bleiben, um zu sehen, ob sie kommen. Die beiden können abu Jamil begraben. Der Rest reitet weiter bis zum Bir Salem. Dort werden wir uns am Abend treffen, inscha'lah, und dann entscheiden wir, wohin wir uns wenden. Morgen wird der Regen unsere Spuren verwischen."

Yussef, der Onkel von Faruk, nickte. Insgeheim war Faruk durch seinen klaren Verstand und seine Auffassungsgabe längst der Anführer der Truppe, trotz seiner Jugend. „So sei es, aber wer bleibt hier?"

„Der Christ und ich", antwortete Faruk und blickte den Palästinenser an. Der nickte und damit war die Sache entschieden. So blieb auch die Regel gewahrt, dass die britische Armee und die arabischen Wüstenkämpfer alle Entscheidungen in Absprache trafen.

Die anderen saßen also auf und trieben ihre Tiere gen Osten, wo sie nach wenigen hundert Yards hinter einer Felsenreihe verschwanden. Es waren jetzt nur noch elf Reiter. Sechs von ihnen waren bei dem Gefecht mit den Türken gefallen und einer lag vor den beiden Zurückgebliebenen im Wüstensand. Den begruben sie nun mit dem Klappspaten des britischen Unteroffiziers. Das Grab wurde sorgsam eingeebnet, denn nichts sollte auf den Toten hinweisen. Nur Faruk legte zwei Steine auf die Stelle und empfahl den Toten in Allahs Hände. Dann ritten beide zum nächsten Hügel, wo sie die Ebene im Westen unterhalb der Anhöhe genau beobachten konnten.

Sie ließen die Tiere am Abhang zurück, nahmen ihre Decken und setzten sich nebeneinander auf die Kuppe.

„Christ, dein Name ist Sari. Er besagt, dass du nachts anhand der Sterne durch die Wüste führen kannst, wohin du auch willst. Ist das so?"

Sari lachte: „Faruk, ich werde doch einem, dessen Name bedeutet, dass er die Wahrheit von der Lüge unterscheiden kann, nichts Unwahres erzählen."

„Dann bist du kein richtiger Araber." Beide lachten. Sie verstanden sich gut. Sie waren fast gleich alt. Sari war vierundzwanzig und Faruk etwa neunzehn. Sari nahm das dunkelblaue Tuch, das er turbanartig um den Kopf geschlungen hatte und mit dessen freiem Ende er sich das Gesicht bis zu den Augen bedeckte, herunter und begann seine Haare vom Sand zu befreien. Ein Himmelreich für eine Dusche, dachte er.

Faruk las seine Gedanken. „Wenn wir zurück sind im Lager der Beni Safar, dann wird Rosenwasser deine Haut bede-

cken und du wirst rein werden wie die Seele des Propheten."
Dann schaute er in den wolkenlosen Himmel. „Es wird endlich regnen Christ, es wird viel regnen. Allah sei gepriesen."

Sie verabredeten, dass einer von beiden die Ebene immer
im Auge behalten sollte. Dazu zog Sari sein Militärfernglas
unter seinem Umhang hervor und begann im Liegen den
Horizont abzusuchen.

Faruk betrachtete ihn genau. Er kannte ihn jetzt seit fast
einem halben Jahr. Zum ersten Mal war er ihm in Janbu an
Bahr begegnet, wo er mit dem britischen Captain Thomas
Lawrence an der Verteidigung der Stadt gegen eine türkische
Armee beteiligt war. Lawrence hatte den Auftrag der britischen Militärführung erhalten, den Aufstand der Beduinen
gegen die Türken zu begleiten. Als treuer Verbündeter des
Emirs von Mekka, des Großsherifen Hussein ibn Ali, hatte
sein Vater Omar Tarek ibn Ashraf Ben al-Dawud, der Führer
und Scheikh der Beni Safar, keinen Augenblick gezögert
dem Aufstand beizutreten. Prinz Faisal, der dritte Sohn des
Sherifen, hatte den Harb politische Versprechungen gemacht
und ihnen eine hohe Summe an Goldpfund ausgezahlt, die
sie selbst von den Briten erhielten. Sari war mit Lawrence
erschienen. Er war nicht klein, aber auch nicht groß und er
war immer gekleidet wie ein Beduine. Nur anfangs hatte er
ihn in seiner Uniform gesehen. Niemals würde einer jetzt
auch nur erahnen, dass er ein britischer Soldat war und gar
nicht zu seinem Stamm gehörte. Faruk hatte ihn gleich ge-
mocht, jetzt aber war er ihm tief verbunden, denn er verdankte ihm sein Leben. Sari hatte ihm von seiner Stadt Jerusalem
erzählt, von seinem Heimatland und von Kairo, wo er
Rechtswissenschaften studiert hatte. Faruk konnte sich darunter jedoch nicht viel vorstellen. Das Gesetz in seinem Klan
war die Tradition und sein Vater. Darüber stand nur noch der
Islam.

Gegen Mittag wechselten sich beide ab, denn das konzentrierte Beobachten des Horizonts durch das Fernglas, im glei-
ßenden Sonnenlicht, machte die Augen müde. Sari hatte
gerade seinen Karabiner wieder zusammengebaut, den er mit
Öl vom Sand gereinigt hatte, da schreckte Faruk auf.

„Christ, sie kommen. Verflucht sollen sie sein bis in alle
Ewigkeit." Sari nahm das Fernglas und folgte Faruks Finger.

14

1 RETTET EUER LEBEN!

Weit draußen am Horizont, etwa eine Stunde entfernt, erkannte er einen Punkt, der sich bewegte.

„Deine Augen sind die eines Falken. Du hast recht. Verflucht sollen sie sein bis in alle Ewigkeit. Aber es sieht aus,
als sei es nur einer. Wir müssen abwarten was passiert."

„Vielleicht eine Art Vorhut, die die Spur aufnehmen soll.
Vielleicht sind noch andere Fährtensucher irgendwo unterwegs." Sie suchten eine ganze Weile die Ebene ab, aber kein
anderer war zu sehen. Durch das Fernglas konnten sie ihn
jetzt deutlich als Kamelreiter ausmachen. Er kam sehr
schnell näher.

„Es ist keine Vorhut, dazu ist er schon viel zu weit voraus.
Auch reitet er in starkem Trab. Er wird sein Tier ruinieren.
Möglicherweise sucht er wirklich nach unserer Spur, um
dann zurückzureiten und die anderen zu holen. Aber die
müssten wir längst sehen, wenn sie ihm folgten. Der Weg für
ihn zurück ist weit. Das Kamel kann den Rückweg in diesem
Tempo nicht durchhalten."

Sie beobachteten ihn weiter und erkannten, dass er das
Tier stark antrieb. Wenn er seine Richtung so beibehielt,
dann steuerte er auf einen Felsen zu, der etwa zweihundert
Yards nördlich von ihnen lag. Es dauerte keine fünf Minuten
und beide ritten auf ihren Kamelen dem Felsen entgegen,
gedeckt durch die Anhöhe. Hier wollten sie ihn abpassen,
denn sie konnten sich das Verhalten nicht erklären. Sie mussten wissen, was das bedeutete. Er musste befragt werden.

Am Felsen angekommen, war er noch etwa vierhundert
Yards entfernt.

„Ein Türke", sagte Faruk beim Blick durch das Fernglas.
„Er trägt ihre Uniform." Sie versteckten sich hinter den gro-
ßen Steinen, die den Felsen umgaben, und warteten. Als der
Fremde den Abhang hinaufgekommen war, zügelte er sein
Kamel, blickte sich kurz nach hinten um und sprang herab.
Er nahm seine Kappe vom Kopf und führte das stark schnau-
fende Tier am Zügel zum Felsen. Sari sprang aus seiner De-
ckung hervor und ging mit angelegtem Karabiner auf ihn zu.

„Halt an und nimm deine Hände hoch", rief er auf Türkisch. Der Angesprochene zuckte vor Schreck zusammen
und machte eine Bewegung zur Flucht, aber Faruk stand

schon hinter ihm mit gezogenem Revolver: „Bewege dich
nur noch einmal du Hund und ich schwöre bei Allah, du
wirst gleich deinen Schöpfer sehen."

Der Fremde gab auf und hielt beide Hände in die Höhe.
Faruk entfernte seinen Gürtel mit der Pistole und den Patro-
nengurt. Dann klopfte er seine Taschen ab und stieß ihn zu
Boden, so, dass er auf allen Vieren kniete.

„Leg dich auf den Bauch und die Arme und Beine auseinander." Sogleich saß er auf ihm und band die Arme des
Fremden auf seinem Rücken zusammen. Sari, der das alles
mit angelegtem Karabiner bewachte, nahm das Gewehr jetzt
herunter. Faruk hatte den Gefangenen am Kragen genommen
und ihn aufgesetzt. Der blickte zu Boden.

„Sieh uns an, Türke. Wer bist du", fragte Sari?

„Ich bin kein Türke."

„Du Sohn einer Hure", rief Faruk, sprang auf ihn zu und
hielt ihm den Revolver direkt an die Stirn. „Wenn du lügst,
wirst du gleich hier erschossen."

„Faruk!" Der Ruf Saris war energisch. „Wenn du ihn erschießt, dann werden wir nicht schlauer sein als vorher. Sei
weise wie ein Führer der Beni Safar." Er nahm Faruk beiseite
und blickte ihn an. Der Zorn wich aus Faruks Gesicht und er
nickte. „Du hast recht, Christ, du hast ja recht."

Sie hatten arabisch miteinander gesprochen und der Gefangene hob bei den letzten Worten seinen Kopf.

„Du bist Christ", fragte er Sari auf Arabisch? „Du bist kein
Beduine?"

„Wer und was ich bin, ist jetzt egal. Aber wer du bist und
was du hier machst, ist nicht egal. Also rede schnell und sage
die Wahrheit", sagte Sari mit einem Seitenblick auf Faruk.

„Ja, ich bin türkischer Offizier, aber ich bin kein Türke",
beeilte sich der Fremde. „Ich bin ein Jude aus Palästina. Man
hat mich eingezogen und ich gehöre jetzt zu einer Einheit,
die die Bahnstrecke im Hedschas bewacht. Wir haben Beduinen verfolgt, die uns angegriffen haben. Dann bin ich im
Sandsturm davongelaufen. Ich bin desertiert", sagte er und
war sich, nachdem er die Worte ausgesprochen hatte, auch

16

schon nicht mehr sicher, ob dieses Bekenntnis ihm nicht doch zum Verhängnis werden würde.

„Wie ist dein Name, woher stammst du?"

„Ich bin Joshua Rosenwald aus Jerusalem, der Sohn von Jonathan Rosenwald, dem Anwalt."

Sari betrachtete ihn genau und er meinte seine Gesichtszüge zu erkennen. „Wo hat dein Vater gearbeitet?"

„Er ist Rechtsgelehrter im Büro von Izzat Bey, dem türkischen Gouverneur von Jerusalem."

„Rechtsgelehrter oder besser Rechtsverdreher", fuhr ihn Sari an. „Verflucht, ihr Juden habt selbst die Türken reingelegt."

Joshua starrte ihn an: „Du kennst meinen Vater?"

„Ich kenne ihn. Wo stand euer Haus?"

„In Nahalat Shiv'a, direkt an der Straße zum Russischen Platz."

„Wie viele Geschwister hast du?"

„Zwei kleine Schwestern. Allmächtiger Gott im Himmel, du kennst meine Familie?"

„Ich kenne deine Familie nur zu gut. Ich bin der Sohn von Khaled Nadschar, dem ersten Schreiber und Anwalt im Büro von Kamil al-Husseini, dem Großmufti von Jerusalem. Dein Vater hat dafür gesorgt, dass Land illegal an Juden verkauft wurde, trotz des Verbots. Er hat die türkischen Einwanderungsgesetze umgangen und immer mehr Sayuni nach Palästina geholt. Er hat arabische Bauern in die Armut getrieben, er hat betrogen und bestochen. Selbst den Generalgouverneur des Sandschak, Dschamal Pascha, dem er seine jüdische Ehefrau vermittelt haben soll."

Joshua sackte in sich zusammen: „Sei gerecht. Du kannst mich nicht für meinen Vater verantwortlich machen. Ich war noch sehr jung, als er von mir verlangte in die türkische Armee einzutreten. Gerade erst hatte ich das Gymnasium beendet, da musste ich gehen."

„Der jüdische Hund. Er hasst die Araber, wie alle Türken uns hassen. Wir werden ihn jetzt und hier gleich in die Hölle schicken", rief Faruk, hatte schon seinen Krummdolch gezogen und die Klinge an Joshuas Kehle gesetzt.

Dschamal Pascha der Generalgouverneur und Oberbefehlshaber der Armee in den Vilâyets Großsyriens, hatte arabischen Nationalisten den Kampf angesagt und die türkische Armee betrachtete auch aufständische Beduinen nicht als Kriegsgefangene. Sie machten kurzen Prozess mit ihnen. Gefangene wurden gehängt oder auf der Stelle erschossen. Und die Beduinen zahlten mit gleicher Münze zurück.

Sari legte ruhig seine Hand auf Faruks Schulter: „Halt ein Faruk. Dein Vater, gepriesen soll er sein wegen seiner Weisheit, hätte sicherlich einige Fragen an ihn zu richten. Der Jude kann uns einiges erzählen. Ich glaube er spricht die Wahrheit. Wir sollten ihn mitnehmen." Und an Joshua gewandt fragte er: „Folgen dir die Türken?"

„Ich habe mich immer wieder umgeschaut und mein Kamel stark angetrieben, aber ich habe keinen mehr gesehen. Ich glaube sie haben es aufgegeben. Allerdings, wir müssen auf Flugzeuge aufpassen. Die wurden sofort nach dem Überfall per Telegraph benachrichtigt. Eine deutsche Fliegerstaffel mit drei Maschinen liegt in Tabuk. Aber der Sandsturm hat ihren Einsatz wohl verhindert."

Faruk kletterte gewandt auf die Spitze des Felsens, blickte noch einmal mit dem Fernglas in die Ebene und suchte den Himmel ab. „Es ist nichts zu sehen, kein Staub wird aufgewirbelt, nichts bewegt sich. Alles ruhig."

„Gut", sagte Sari. „Der Tag ist schon weit. Bis zum Bir Salem sind es noch vier bis fünf Stunden. Wir sollten keine Zeit mehr hier verlieren. Ich denke wir sind sicher. Alles andere kann uns der Jude auf der Reise erzählen."

Sie saßen auf, banden Joshuas Hände so auf den vorderen Sattelknauf, dass er das Kamel lenken konnte und machten sich auf den Weg zum Treffpunkt. Aus Rücksicht auf das Tier, das sich ein wenig erholt hatte, ging es nur im Schritt voran. Das erlaubte, während des Ritts, die gründliche Befragung des Joshua Rosenwald.

Der hatte im Sommer 1914, mit achtzehn Jahren, das deutschsprachige jüdische Gymnasium in Jerusalem abgeschlossen. Sein Vater, der in türkischen Diensten stand, sah bei Kriegsbeginn im November 1914 keine andere Alternative um seine Loyalität zu beweisen, als seinen Sohn zur patri-

18

otischen Verteidigung des Osmanischen Reichs in die türkische Armee zu geben. Aber natürlich auch, um seine zionistischen Intentionen abzusichern und daraus Kapital zu schlagen. Joshua war so etwas wie die Lebens- und Versorgungsversicherung für die Familie. Er wurde im Rang eines Mülazim, als Verbindungsoffizier für die deutschen Hilfstruppen ausgebildet. Denn dazu war er bestens geeignet; er war deutschstämmig und sprach neben dem Hebräischen und Jiddischen auch Deutsch, Türkisch und Arabisch. Als im Sommer 1916 die Überfälle auf die Hedschasbahn zunahmen, wodurch die Versorgung der türkischen Truppen an der Küste des roten Meeres gefährdet war, zog man ihn vom Sinai ab und teilte ihn einer deutsch-türkischen Brigade zu, die die arabischen Sabotageangriffe abwehren und die Bahn instand halten sollte.

Die Züge wurden gepanzert und mit Kanonen und schnellen Kavallerietruppen ausgestattet, um die Angreifer sofort zu attackieren und verfolgen zu können. Mit einem deutschen Hauptmann war er auf dem Versorgungszug nach Meda'in Saleh gewesen, dem letzten türkischen Stützpunkt im Herzen des Hedschas, als sie zwischen Al Achdar und Al Muadhem, nach dem Tunnel bei der Brücke über das Wadi Khewwir, Beduinen überraschten, die gerade dabei waren die Gleise zu sprengen. Mit der Kavallerieabteilung, die zum Teil mit Pferden beritten war, die weitaus schneller waren als die Kamele der Beduinen, hatten sie die Verfolgung aufgenommen. Die Fliegerstaffel wurde benachrichtigt. Er war mit seinem Kamel bei der Verfolgung abgetrieben worden, als sich die Wüstenkämpfer in die Dunkelheit retteten. Die Abteilung hatte dann ihr Lager im Schutz eines Felsens bezogen und er war nicht mehr allzu weit entfernt, als der Sandsturm losbrach. Er hatte Glück, fand einen Unterschlupf in einer Felsnische und ergriff seine Chance, als der Sturm etwas nachließ. Er machte sich unter Lebensgefahr davon. Noch eine ganze Weile war er durch den nachlassenden Sturm und dann durch den Regen geritten und er hatte sein Tier stundenlang erbarmungslos angetrieben.

„Warum bist du desertiert", fragte Sari?

„Ich war nie im Herzen türkischer Soldat. Was habe ich davon, mein Leben für das Osmanische Reich zu geben? Die

Türken halten meine Heimat besetzt. Aber nun sieht es so aus, als wenn wir unsere Freiheit erlangen könnten."

„Wie kommst du darauf?"

„Mein Vater hat mich über alles in seinen Briefen auf dem Laufenden gehalten. Wir haben uns auf Jiddisch mit hebräischen Buchstaben geschrieben, weil wir der militärischen Zensur der Feldpost misstrauten. Er hat mir über den Zustand der türkischen Armee berichtet, über zunehmenden Hunger der gemeinen Soldaten, deren erbärmliche Ausrüstung und die Kampfvorbereitungen der Briten in Ägypten. Mein Vater hatte zum Teil Einblick in die geheimen Korrespondenzen von Dschamal Pascha mit Izzat Bey. Die Türken werden den Krieg verlieren, denn mit einer solchen Armee kann man in der Wüste nicht gewinnen, schrieb er mir. Wir werden unsere Freiheit erlangen. Ich solle sehen, wo und wie ich mich davonmachen könne, aber so, dass der Familie in Jerusalem daraus kein Schaden entsteht."

Dann befragte ihn Sari nach Truppenstärke und Bewaffnung, nach Einheiten, Stützpunkten und Versorgungslinien. Sari begann ihm zu glauben, denn alles was er sagte, deckte sich mit dem, was er über den britischen Geheimdienst wusste. Und Joshua hatte noch sehr viel mehr Einzelheiten zu bieten. Der Bursche war ein guter Fang und konnte wertvoll für sie sein.

Auch Sari erhielt in Briefen Nachrichten aus Jerusalem. Er war nach dem Abschluss des arabisch-katholischen Gymnasiums 1911 nach Kairo gegangen, um dort an der Al-Azhar Universität islamische Rechtswissenschaften zu studieren. Ab 1913 schrieb er sich zusätzlich für britisches Recht ein. 1915 hatte er beides erfolgreich abgeschlossen. Seit Kriegseintritt der Türkei war er nicht mehr nach Hause gereist, aus Furcht, eingezogen zu werden. Saris Vater war aktiv in der arabischen Nationalbewegung, aber immer schlau genug gewesen, nicht in die Fänge der türkischen Polizei zu geraten. Dabei half ihm natürlich auch sein Posten beim Mufti, der der mächtigen Familie der al-Husseinis angehörte. Diese Familie spielte eine der Hauptrollen im Untergrund der arabischen Nationalisten. Aber auch sie mussten vorsichtig sein. Denn je weiter der Krieg voranschritt, umso heftiger ging die Polizei gegen die Aktivisten vor. Man na-

20

gelte die Leichen der Gehängten zur Abschreckung an die großen Tore der Altstadt.

Unterdessen war die Nacht hereingebrochen, aber keine Sterne wiesen ihnen den Weg. Der Himmel hatte sich verändert. Schwere Wolken waren aufgezogen. Faruk jedoch zog unbeirrt weiter durch die Dunkelheit. Nach einer weiteren Stunde hielt er plötzlich sein Kamel an und rief: „Ihr Männer der Beni Safar, hier ist Faruk ibn Omar Ben al-Dawud. Wir sind zurück. Es ist alles gut gegangen."

Nicht weit entfernt antwortete eine Stimme aus dem Dunkel: „Allahu akbar. Seid tausendmal willkommen und hunderttausendmal geküsst. Kommt her und ruht euch aus, ihr Helden der Wüste." Dann sahen sie die Umrisse eines Mannes vor sich auftauchen und vernahmen aus der Ferne Geräusche.

„Ihr seid zu dritt", fragte der Mann, der jetzt vor ihnen stand?

„Alles ist gut, Fuad. Er ist ein türkischer Gefangener. Pass auf ihn auf. Die Verfolger haben aufgegeben." Sie stiegen ab und führten die Kamele bis sie den Schein eines kleinen Feuers wahrnahmen. Die Kamele wurden unruhig. Sie hatten seit vier Tagen nicht getrunken und witterten das frische Wasser des Brunnens.

Yussef und die anderen kamen auf sie zu, umarmten beide und priesen Allah. Dann fragte der Anführer mit Blick auf Joshua: „Wer ist das?"

„Lasst uns erst die Tiere versorgen, dann werdet ihr alles erfahren."

Als sie später am Feuer saßen, hatte Faruk ihnen alles erzählt. Yussef war dem Juden gegenüber sehr misstrauisch und stellte seine Bewachung für die Nacht sicher. Dann ließen sie die Ereignisse der letzten Tage noch einmal an sich vorbeiziehen.

Der Klan der Beni Safar hatte sich zusammen mit den Mezeyne aus der Sippe der Banu Salim von der Armee des Haschimitenprinzen Faisal getrennt. Sie waren mit hundertfünfzig Kriegern und einem Tross von Frauen, Kindern und Tieren vor knapp einem Monat von der Küstenebene hinauf in den Hedschas gezogen. Sari Nadschar hatte Befehl erhalten

die Beduinen zu begleiten. Sie waren an der Verteidigung
von Janbu beteiligt gewesen, wo die Türken zuallerletzt von
einem Angriff auf die Befestigungsanlagen der Stadt mit der
schon geschlagenen Armee des Prinzen absahen. Sari hatte
die Beduinenkrieger instruiert Schützengräben und Wälle zur
Verteidigung der Stadt zu errichten. Deswegen, aber noch
viel mehr wegen der Hilfe britischer Kriegsschiffe und deren
weitreichenden Sechszoll-Haubitzen, hatten die Türken darauf verzichtet, die wenigen tausendfünfhundert Beduinen
und die Stadt Janbu zu vernichten und sich zurückgezogen.
Aufgrund dieses, von da an als arabischer Sieg proklamierten
Rückzugs, war die Werbetrommel von Prinz Faisal angelaufen und immer mehr Stämme schlossen sich der Beduinenarmee an, die beträchtlich an Zahl zunahm. Einige andere
Klans der Harb waren bei dieser Armee geblieben, die nun
die Türken Richtung Norden treiben wollte.

Die hundertfünfzig Krieger im Hedschas hatten den Auftrag die Bahn zwischen Medina und Tabuk endgültig zu
zerstören und damit die Versorgung der türkischen Verbände
an der Küste weiter zu schwächen. Sie waren südlich der
Station Al Ula an dem Platz vorbeigezogen, an dem sie vor
drei Monaten einen ganzen Zug samt Lokomotive und Anhängern von den Gleisen gesprengt hatten. Der Zug lag noch
im Sand, aber die Türken hatten die Gleise wieder repariert.
Mit einer doppelten Ladung Dynamit wurde dem Gleisbett
ein Ende bereitet. Meda'in Saleh allerdings mussten sie östlich umgehen, denn dort lag ein türkisches Bataillon, das mit
seinen Kanonen den leichten Waffen der Beduinen weit
überlegen war. Die Führer der beiden Klans, Scheikh Omar
Tarek Ben al-Dawud von den Beni Safar und Scheikh Salih
al-Shubhan von den Mezeyne, hatten dann die Truppe aufgeteilt, um nördlich möglichst viele Ziele gleichzeitig zu attackieren. Meda'in Saleh sollte von Tabuk abgeschnitten werden. Der Tross mit den Familien war mit dem Rest der Männer weiter nach Osten in das Sommerlager gezogen.

Die vier Trupps zu je zwanzig Mann waren einen Tagesritt
östlich von der Bahntrasse Richtung Norden gezogen und
sollten sich im Sommerlager in zehn Tagen wieder einfinden.
Einen dieser Trupps befehligte der Bruder von Scheikh
Omar, Yussef ibn Ashraf Ben al-Dawud, und mit dabei wa-

ren Omars Lieblingssohn Faruk und der britische Soldat Sari Nadschar. Die Gruppe sollte am weitesten, bis kurz vor Tabuk, vorstoßen und die Strecke zwischen den Stationen Al Achdar und Al Muadhem zerstören.

Vom Bir Salem aus waren sie Richtung Bahntrasse gezogen und hatten begonnen den Unterbau der Gleise an der Brücke über das Wadi Khewwir zu entfernen, um zwei Ladungen Dynamit unter den Schwellen anzubringen. Es war schon später Nachmittag und sie waren noch nicht ganz fertig, als sie in der Entfernung von einer halben Meile urplötzlich die Rauchfahne eines Zuges erspähten, der aus dem Tunnel auftauchte. In aller Eile wurden die Dynamitstangen mit den Drähten verbunden und diese bis hinter ein Dickicht gezogen, das ihnen ein wenig Deckung gab. Allerdings fehlte die Zeit die Spuren ihres Tuns zu verwischen. Hastig wurden die Drähte mit dem Dynamo verbunden, als sich der Zug auch schon näherte. Vorn auf der Lokomotive saßen zwei Soldaten, die ihre Spuren dann auch schnell entdeckten. Der Zug kreischte laut auf, als die Räder blockierten und er kurz vor der Brücke auf dem hohen Damm zum Stehen kam. Yussef hatte daraufhin die Sprengladung gezündet und das heillose Chaos auf den Waggons durch die Vollbremsung, noch vergrößert. Die Beni Safar eröffneten sofort das Feuer mit dem Maschinengewehr. Allerdings dauerte es nicht lange bis zwei Maschinengewehre und eine Kanone, die auf einem Wagen montiert war, antworteten. Die erste Granate riss die Beduinen, die das Hotchkiss bedienten oder in seiner Nähe lagen, in den Tod. Zugleich erkannten die Überlebenden, dass auf der anderen Seite des Bahndammes Kamele und Pferde aus zwei Waggons entladen wurden. Ihnen war klar, was das bedeutete. Jetzt hieß es nur noch das nackte Leben zu retten.

Im Nu waren sie bei den Kamelen, die schon unruhig waren. Sobald die Knieriemen gelöst waren, sprangen die Tiere auch schon auf und wollten davon. In dem Augenblick, als Saris Stute sich mit ihm erhob, hörte er das Pfeifen einer Granate und die heftige Detonation nicht weit entfernt. Faruk war dicht hinter ihm gewesen. Er sah Faruks Kamel voller Entsetzen davonjagen – ohne Reiter. Ein anderes Kamel war getroffen und wand sich am Boden und Faruk stand allein

23

und blickte sich um. Alle anderen waren bereits auf der Flucht. Sari riss sein Tier herum und preschte zu Faruk zurück. Der ergriff den hinteren Knauf des Sattels, zog sich geschwind daran hoch, und saß auch schon hinter ihm. Dann ließ Sari der Stute freien Lauf und sie jagten hinter den anderen her nach Süden. Dass Faruk überhaupt hinter ihm sitzen konnte, war schon erstaunlich, dass er sich aber bei vollem Galopp hinter ihm auf dem Kamel hielt, war nur der Tatsache zu verdanken, dass Faruk sein ganzes Leben mit diesen Tieren verbracht hatte.

Mittlerweile hatten die Gefährten die Gefahr erkannt und eines der frei nebenher laufenden Kamele der getöteten Kameraden eingefangen, das Faruk jetzt schnell bestieg. Sie blickten sich um und erkannten, dass die ersten der Kavallerie zu Pferd ihnen schon auf den Fersen waren. Sie feuerten eine Salve aus ihren Karabinern und Vorderladern ab und die zwei vordersten Pferde der Türken brachen unter ihren Reitern zusammen. Die Verfolger stoppten und warteten auf den Rest. Die Beduinen jedoch machten kehrt und jagten quer über den Bahndamm Richtung Osten davon.

Es kam jetzt darauf an, sich so schnell wie möglich in die Dunkelheit zu retten. Die Pferde liefen fast doppelt so schnell. Allerdings ließ deren Leistung auch schnell nach und wenn sie erst einmal einige Meilen zurückgelegt hatten, mussten sie nur noch die ausdauernden Kamelreiter fürchten.

Yussef ließ nach einer halben Stunde anhalten. Von den zwanzig Männern waren nur noch vierzehn am Leben. Sechs waren am Bahndamm geblieben, die Ausrüstung war verloren und die freien Kamele verschwunden. Die Sonne war bereits untergegangen und in nicht weniger als fünf Minuten sollte es stockdunkel sein. Sie waren fürs erste gerettet, allerdings mussten sie die Nacht durchreiten, um ihren Vorsprung zu vergrößern. Der Mond leuchtete nur schwach und ließ eine Verfolgung ihrer Spuren nicht zu. Also fielen sie in einen leichten Trab, bis der Sturm kam.

Die Männer legten sich zur Ruhe nieder, nur Sari kramte noch in seiner Satteltasche und zog sein Tagebuch hervor, das er seit dem Eintritt ins Militär penibel führte. – 25. Januar 1917: Noch einmal davongekommen! … –

24

Er schrieb an den Ereignissen der letzten Tage noch lange im Schein einer Kerze, aber als der Morgen am Bir Salem graute, saßen sie alle schon wieder auf ihren Tieren. Vom Brunnen aus ritten sie nach Süden. Joshua trug keine Fesseln, denn es bestand keine Fluchtgefahr. Sie hätten das mit ihren Gewehren leicht verhindern können. Er ritt in der Mitte einer Reihe von vierzehn Kamelen im Schritt hintereinander, jeder der Reiter schweigend versunken in seine Gedanken und Hoffnungen. Der Regen fiel in Strömen vom Himmel.

Zum Sommerlager in der Wüste östlich von Meda'in Saleh waren es noch drei Tagesritte.

Auf nach Jerusalem

DAS LAGER der Harb lag im weichen Licht der Abend-
sonne. Der Platz war vom Regen noch nicht ganz wieder
getrocknet. Jeder kannte ihn. Er lag im Herzen des Stammes-
gebiets; das war ihre Wüste, es waren ihre Berge. Der Platz
wurde einmal im Jahr während des Sommers genutzt, wenn
die Führer der Klans zusammenkamen. Hier traf sich dann
fast der ganze Stamm, nahezu fünftausend Männer, um die
wichtigsten Angelegenheiten zu besprechen. Stammesfeh-
den, Eigentumsrechte, Nutzung von Brunnen und Weiden,
An- und Verkauf von Tierherden, aber auch soziale Angelegenheiten, wie Familienstreitigkeiten, Hochzeiten oder die
Rückführung von verstoßenen Töchtern in die Stammes- und
Klangemeinschaft wurden beraten. Den Rest des Jahres verbrachten die einzelnen Klans, je nach Belieben, an verschiedenen Orten, um die Weideflächen auszunutzen.

Der Platz lag ideal, nicht weit entfernt von einer verborgenen Quelle, von deren Existenz nur die Harb wussten. Er lag
geschützt von bizarren Sandsteinfelsen, die der Wind in
vielen Jahrtausenden wie Säulen, Pilze oder gar zu Brücken
geformt hatte. In dem Gebiet war einst ein junger Viehhirte
einer Ziege in eine vom Wind ausgehöhlte Felsnische gefolgt, die kaum einen erwachsenen Mann durchließ. Später
öffnete sich die Nische zu einer nahezu vollständig überdachten Grotte, an deren felsigem Grund sich ein Wasserspeicher
befand, der tief aus dem Boden genährt wurde. Diese geheimen Wasserstellen waren die Lebensversicherung des Stammes in der ansonsten kargen und bergigen Wüstenlandschaft.

Generationen lang hatten die Beduinen von Viehzucht, Karawanenhandel, Überfällen und Diebstahl gelebt. Jeder der
Klans der Harb hatte für die großen Karawanen, von und
nach Mekka, Geleitschutz und Tiere zur Verfügung gestellt.
Die Beni Safar und die Mezeyne im Norden des Hedschas,
im Süden die Beni Ammer, die Mukhallaf und andere und im
Osten des Gebirges weitere Klans der Masrooh und Banu
Salim, bis weit in den Nedjd hinein. Wer ihren Schutz ablehnte, musste damit rechnen, dass er Tags darauf von ihnen
selbst überfallen wurde. Das führte oft auch zu blutigen Feh-

26

den mit den Nachbarstämmen, aber nur so konnten sie sich in einer harten rauen Umwelt am Leben halten.

Dann begannen die Türken die Bahnlinie zu bauen. Zuerst waren einige Männer der Harb sogar als Gleisarbeiter tätig gewesen, aber es wurde schnell klar, dass diese Bahn ihre Lebensgrundlage zerstörte. Die Wut darüber, dass der Karawanenhandel, nach der Beendigung der Bahnstrecke, fast zum Erliegen kam und die Erkenntnis, dass die Versicherungen der Türken, die Bahn bringe ihnen die Zukunft, sich nur als Blendwerk entpuppte, ließ sie beginnen die Bahn zu bekämpfen. Erst blockierten sie Gleise, dann entfernten sie Schwellennägel und später zerstörten sie Wassertürme und Reparaturschuppen. Dem Widerstand schlossen sich die Beni Ammer und die Mukhallaf im Süden an, was am Ende dazu führte, dass die Strecke von Medina nach Mekka gar nicht mehr gebaut wurde.

Dann war im Sommer 1916 der arabische Aufstand ausgebrochen, den die Briten durch politische Versprechungen an den Sherifen für ein vereinigtes arabisches Königreich forciert hatten. Die finanzielle und militärische Unterstützung des Sherifen und der Hedschasklans begann anzulaufen und damit auch die Chance sich endgültig von dem eisernen Übel zu befreien. Schnell wurden die schwachen Truppen der Türken aus Mekka vertrieben. Alle Familien der Beni Safar und der Mezeyne schlossen sich dem Aufstand an.

Die kleine Karawane der Heimkehrer wurde schon weit vor dem Lager mit lautem Jubel empfangen. An die hundert Zelte standen im weiten Rund. Die Männer schossen ihre Gewehre ab und die Frauen und Kinder stießen laute Freudenschreie aus. Allerdings mischten sich später bei den Beni Safar auch ebenso laute Klagen über die Toten in die frohe Stimmung.

Sie waren während ihrer Reise zwei Tage lang in heftigem Regen geritten und selbst die schweren Kameldecken konnten nicht verhindern, dass sie in den kalten Januarnächten bitter froren. Erst am letzten Tag war der Himmel wieder aufgerissen.

Sari und Joshua tauschten sich immer mehr aus, denn sie hatten ja eine gemeinsame Heimat und sogar gemeinsame Bekannte. Beide Väter kannten sich gut über ihre Arbeit als

Rechtsgelehrte. Allerdings war es nie so weit gekommen, dass sich beide Familien getroffen hätten. Die Kontakte waren aber nicht nur rein beruflicher Art, denn beide waren auch Mitglieder einer Freimaurerloge in Jerusalem. Zwar unterschied beide ihre politische Auffassung, aber sie waren Männer der Tat und des Wortes und philosophierten über Gedanken und Visionen zur Zukunft Palästinas. Der eine über die in der Bibel verheißenen Grenzen eines jüdischen Staates und der andere über einen arabischen Nationalstaat, der alle seine Bürger zu Gleichberechtigten machte. Doch trotz dieser Unterschiede hegten beide große Achtung voreinander. Joshuas Vater kam aus Königsberg in Ostpreußen. Der Großvater, ein einfacher Schuster; hatte sein Entlassungsgeld aus der Armee vom französischen Krieg 1871, trotz großer Not, jahrelang auf einem Konto angelegt und damit, Jahre später, dem Sohn den Besuch des Gymnasiums ermöglicht. Der war dann dem Ruf seines Onkels nach Beirut gefolgt, hatte dort islamisches und osmanisches Recht studiert und war in die Firma des Onkels eingetreten. Als sich die Gelegenheit ergab, folgte er 1895 einer Anstellung bei der türkischen Bezirksverwaltung im Sandschak Küdüs-i Sherif und zog um nach Jerusalem. Er hatte sich dem Gedankengut der frühen Zionisten angeschlossen und träumte vom jüdischen Palästina. Er heiratete die Tochter eines jüdischen Kaufmanns und schon ein Jahr später erfolgte die Geburt Joshuas. Seine Familie war zwar jüdisch, aber die meisten religiösen Vorschriften wurden zu Hause nur noch an den höchsten Feiertagen praktiziert. Sari hatte davon durch seinen Vater erfahren und war nun mehr denn je davon überzeugt, dass Joshua die Wahrheit sprach, obwohl Yussef dem Juden weiterhin misstraute. Sari setzte durch, dass Joshua auf der Reise auch nachts die Fesseln nicht mehr angelegt wurden.

Die kleine Karawane war der letzte Kriegstrupp der heimkam. Die anderen waren mehr oder weniger unversehrt geblieben, bis auf einen Beduinen, der sich beim Füllen seines Vorderladers mit Pulver seinen rechten Arm verbrannt hatte. Gestern war ein Bote von der Küste eingetroffen. Die große Beduinenarmee Prinz Faisals hatte vor drei Tagen mit Hilfe der britischen Kriegsschiffe Al Wadjh eingenommen. Damit war den Türken an der Küste des roten Meeres ein schwerer Schlag versetzt worden. Nun konnten erstmals auch größere Kriegsschiffe der britischen Marine direkt einen Hafen anlaufen und schwere Ausrüstung an Land bringen. Der Bote hatte berichtet, dass auch ein englischer Arzt an Land gekommen sei. Umgehend war man mit dem Verletzten zu ihm aufgebrochen.

Auch hatte der Bote eine Nachricht für Sergeant Nadschar, Scheikh Omar und Scheikh Salih mitgebracht. Darin forderte Prinz Faisal die Beduinen auf Meda'in Saleh anzugreifen und zu nehmen. Ihnen sollte dafür weiterer Goldsegen zuteil werden. Die türkische Garnison war jetzt die einzig verbliebene Stellung der Türken in der Mitte des Hedschas.

Sari hatte sich vom allgemeinen Trubel entfernt, um die Stute abseits zu versorgen. Er hatte nicht verhindern können, dass Joshua von Yussef in einem Ziegenpferch festgebunden wurde. Darum musste er sich bald kümmern. Gerade wollte er zurückgehen, als Scheikh Omar mit schnellen Schritten und wehendem Umhang auf ihn zukam. Man sah ihm den unangefochtenen Führer der Familiengemeinschaft schon von weitem an. Seinen Kopf zierte ein weißes Tuch, gehalten von einem roten Igal. Er war mittelgroß, seine Augen waren wach und Mund und Kinn waren unter der großen Hakennase von einem schmalen Bart umrahmt. Die Narbe einer Dolchverletzung ging von der Nase bis zum linken Ohrläppchen. Ihn begleitete wie immer sein schwarzer Leibsklave Damad, der alle Befehle von ihm sofort ausführte.

„Sari, du Christ und gesegneter Sohn der Palästinenser, du Brite und Araber, du Freude deines Vaters und tausendfache Freude meiner Augen. Wie soll ich dir danken, dass du Faruk, den Stern meines Lebens, gerettet hast?" Dann nahm er ihn in seine Arme, drückte ihn an sich und gab ihm gut zwanzig Küsse auf seine Wangen. „Ich habe erfahren, was du getan hast. Bei Allah, das werde ich dir niemals vergessen. Wünsche Dir, was du willst und ich will es dir mit Freuden schenken."

„Scheikh Omar, wir reiten zusammen und das muss reichen, um einander beizustehen. Ich habe nichts Besonderes getan. Du kannst stolz sein auf Faruk, deinen Sohn. Er ist noch jung, aber schon wie ein Gewitter am Himmel und wie

29

der große Sturmwind, wenn er seinen Feinden gegenüber-
steht. Er ist der wahre Sohn seines Vaters."

Aber dann nahm er doch die Gelegenheit beim Schopf und
sagte: „Isma, ich danke dir für deine unendliche Güte, und
habe vielleicht doch einen Wunsch. Der Jude den wir gefangen haben; er sagt die Wahrheit. Ich kann alles bestätigen,
was er berichtet hat. Unsere Väter sind miteinander bekannt.
Wir beide kommen aus einer Stadt und kämpfen nun, zusammen mit den Beni Safar, gegen den gleichen Feind. Lass
ihn losbinden und in mein Zelt bringen, dass er sich ausruhen
kann. Er wird uns noch von Nutzen sein."

Omar sah ihn überrascht an. „Christ, viele deines Glaubens
sind nicht so wie du. Du bittest für einen Juden, wo du doch
ein Himmelreich für dich selbst erbitten könntest? Du weißt,
dass der Feind deines Feindes nicht unbedingt auch dein
Freund ist?" Dann legte Omar ihm seinen Arm um die Schulter und sagte: „Die Zunge ist die Übersetzerin des Herzens."
Und ohne noch einmal auf Saris Wunsch einzugehen, gingen
sie zu den Zelten und er sprach von seiner Familie, den al-
Dawud und von Faruk.

„Wir werden heute Abend feiern und du bist unser Gast.
Aber nun komm. Die Frauen haben etwas für dich vorbereitet, du Freude meiner Augen."

Omar führte ihn in Saris kleines Zelt. Mittendrin standen
zwei Holzbottiche, groß genug um sich hineinzusetzen, gefüllt je mit heißem und kaltem Wasser. Das heiße Wasser
hatte man mit duftenden Essenzen veredelt und zwei junge
Frauen, in bunten Kleidern, mit Gesichtsschleier, standen mit
einer Decke bereit, ihm beim Auskleiden behilflich zu sein.

„Fühle dich wie im Paradies", sagte Omar blinzelnd und
verschwand mit einem breiten Grinsen. Die letzte Scham
verschwand, als sich Sari in das heiße Wasser setzte, sich
zurücklehnte und die Augen schloss. Die beiden Mädchen,
die die Decke vor seinen nackten Körper gehalten hatten,
verschwanden mit seinen Kleidern. Ohne Protest, denn Sari
war schon in einer anderen Welt. Als er nach einer Unendlichkeit die Augen wieder öffnete, reinigte er seinen Körper
mit der Olivenseife, die man für ihn bereit gelegt hatte. Er
entdeckte, dass die Mädchen unbemerkt dagewesen sein
mussten, denn frische Kleider lagen für ihn bereit und Tücher

zum Abtrocknen. Und so fühlte sich Sari Nadschar aus Jerusalem wie ein neuer Mensch, als er sich aus dem Bottich mit dem kalten Wasser erhob, in den er nach der Reinigung eingetaucht war. Er trocknete sich ab und zog die Kleider an, und wie auf ein geheimes Zeichen erschien eines der Mädchen und führte ihn in Scheikh Omars Zelt. Es war mittlerweile Nacht geworden und vor vielen Zelten brannten kleine Feuer. An einigen wurden Ziegen gebraten.

Das Zelt war mit schweren Decken in mehrere Räume aufgeteilt. Der Eingang führte in den Hauptraum, der komplett mit Teppichen ausgelegt war. In der Mitte stand ein niedriger, geschnitzter runder Tisch, auf dem Naschwerk stand. Rund herum saßen die Männer der Familie von Scheikh Omar. Yussef war da mit zwei Söhnen, ein zweiter Bruder Omars mit Sohn und drei Greise, die Sari nicht kannte. Faruk saß neben seinen zwei Brüdern. Der eine, Rassul, noch ein halbes Kind, der andere, Zaal, offensichtlich körperlich und wohl auch geistig behindert. Obwohl Faruk weitaus jünger war als Zaal, war das Verhalten beider zueinander genau umgekehrt und von viel Zuneigung geprägt. Der Jüngere umsorgte den Älteren. Beide hatten verschiedene Mütter. Die ersten zwei Frauen Omars hatten keinen gesunden Jungen zur Welt gebracht, zwei waren noch im Kindesalter gestorben und einer eben geistig und körperlich zurück geblieben. Die Töchter waren bei den Mezeyne und Beni Ammer verheiratet. Die dritte Frau Omars gebar dann endlich den ersehnten Nachfolger. Er war Omars Ebenbild, nur die Hakennase fehlte. Ein hübscher junger Mann, der auf die Schönheit seiner Mutter schließen ließ. Von dem Tage an, als Faruk auf der Welt war, war Omar ein anderer Mann. Der Sohn war sein ein und alles, aber er schonte ihn nicht. Er sollte, wie Omar selbst, durch eine harte Schule gehen. Nur die Besten konnten sich als Führer in ihren Stämmen durchsetzen.

Sari nahm zwischen Omar und Faruk Platz – eine große Ehre. Und schon war man mittendrin in den Ereignissen der letzten Tage und Wochen. Eines der Mädchen, das ihm beim Bad behilflich gewesen war, reichte zusammen mit einer alten schwarzen Sklavin Tee und Süßigkeiten. Sari fiel das junge Mädchen auf. Ihre schwarzen Augen über dem Schleier beobachteten ihn genau. Er stellte fest, dass das, was er durch den dünnen Schleier sah, sehr hübsch aussah. Sie musste zum engsten Familienkreis gehören. Kleinere Kinder sprangen unbeschwert zwischen den Erwachsenen umher.

Dann wurden zwei riesige Schüsseln in die Mitte gestellt, je angefüllt mit einem Berg von Reis, der mit Mandeln und Gewürzen verfeinert war. Oben drauf lag jeweils die Hälfte einer gebratenen Ziege. Die eine Schüssel war für die Männer, die andere für die Frauen und Kinder bestimmt. Omar teilte mit den Händen das Fleisch und legte zuerst Sari die besten Stücke vor. Als Sari danach griff, war das der Startschuss für alle anderen die Ziegenhälften mit den Händen auseinanderzunehmen und den Reis und das Fleisch zu kleinen Bällchen zu formen, die in den Mund geschoben wurden. Nach dem großen Mahl wurde der Platz von den Essensresten gesäubert, die Hände gewaschen und die Wasserpfeifen angezündet. Jeder machte es sich mit Kissen so bequem wie möglich. Die Sklavin blieb und bediente sie weiter.

Der Rest der Frauen zog sich jetzt zurück, um die Reste noch einmal aufzubereiten. Weggeworfen wurde hier nichts. Als Sari satt und zufrieden auf der Seite lag und an seiner Pfeife zog, kam ihm plötzlich wieder Joshua in den Sinn.

Er beugte sich zu Omar herüber und flüsterte: „Scheikh Omar, der Jude …"

„Ma'a jahud", fragte der laut in die Runde? „Yussef, hast du ihm die ganz besondere Behandlung zukommen lassen?"

„Ist geschehen", sagte der.

Sari schreckte auf: „Habt ihr ihn ..?"

„Christ Sari, worauf des Menschen Sinn gerichtet ist, das bestimmt seinen Wert. Nichts in der Welt ist schwierig; es sind nur unsere Gedanken, die den Dingen diesen Anschein geben", sagte Omar und lachte. „Als du unser Zelt betreten hast, ibni, saß dein Jude schon in deinem heißen Badebottich. Und wenn er darin nicht ertrunken ist, dann verspeist er gerade die Reste unseres Mahles. Sei unbesorgt. Er wird für den Augenblick ein glücklicher Mensch sein."

Sari lachte mit und es wurde noch ein langer Abend im Schein der Öllampen, mit Geschichten und Märchen von Dämonen und Zauberern. Und die Frauen und Kinder hörte man hinter der Trennwand mitlauschen.

Als Sari zurück in sein Zelt kam, war die Nacht weit fortgeschritten. Fast konnte man den Sonnenaufgang schon erahnen. Joshua schlief in einer Ecke des Zeltes. Aber Sari
wusste, sie ließen ihn nicht unbeobachtet. Er legte sich auf
sein Lager und fühlte sich glücklich. Als er die Augen
schloss, sah er das junge Mädchen vor sich.

Die nächsten drei Wochen waren geprägt von Diskussionen und Vorbereitungen für den Angriff auf Meda'in Saleh.
Dabei wurde Joshua ein wichtiges Element, denn er kannte
nicht nur die Garnison und die Bewaffnung genau, sondern
er sollte auch als Kundschafter dienen, um die Schwächen
ihrer Verteidigungsstellungen auszuspähen. Der Tatsache
geschuldet, dass es für die Türken im Hedschas sehr schlecht
stand, war nicht damit zu rechnen, dass er die Beduinen
verraten würde. Selbst wenn er das vorhatte, es wäre in seiner Lage als Deserteur, reiner Selbstmord gewesen. Und
Joshua selbst tat alles, ihnen zu beweisen, dass er die Seiten
gewechselt hatte.

Omar und Faruk luden Sari immer öfter ein und irgendwann begannen sie auch über die Religion zu sprechen. „Es
ist gar nicht schwer Moslem zu werden", hatte Omar einmal
bemerkt und Faruk pries das freie Leben der Beduinen und
die Möglichkeiten, die sich aus der Niederlage der Türken im
Hedschas nun für sie ergaben. Dazu kam, dass bei jeder
Einladung auch Faruks jüngere Schwester Jasmin anwesend
war, das Mädchen, das nicht mehr aus seinem Kopf ging.
Irgendwann trug Jasmin dann keinen Schleier mehr und als
er zum ersten Mal ihr schönes Gesicht sah und die vollen
schwarzen Haare, die unter ihrem Kopftuch hervorquollen,
stockte ihm fast der Atem. Die Blicke, die sich trafen, zau-
berten beiden ein Lächeln auf ihre Gesichter.

Und dann stieg eine Ahnung in Sari hoch, auf die er nicht
wusste, wie er ihr begegnen sollte. Es beschlich ihn das Gefühl, sie würden ihn sehr bald fragen bei ihnen zu bleiben
und durch eine Hochzeit mit Jasmin in ihre Familie einzutreten. Er war völlig durcheinander. Auf der einen Seite dachte
er nur noch an das schlanke hübsche Mädchen, auf der anderen Seite bekam er weiterhin Post aus Jerusalem. Sari war
hin und hergerissen, aber er wusste, wenn er ihren Antrag,
sollte er denn kommen, ablehnte, würde das den Stolz der

Beduinen aufs Tiefste verletzen. Sie alle hätten ihr Gesicht verloren. Das wäre das Ende der Beziehungen. Er wollte es so weit nicht kommen lassen.

Doch sein Herz raste, wenn Jasmin da war und er sah in ihren Augen, dass es ihr nicht anders ging. Es musste etwas geschehen, das die Würde aller wahrte. Gerade hatte er wieder einen Brief seines Vaters erhalten, der die schrecklichen Zustände in der Heimat beschrieb. Hunger und Elend hatten Einzug gehalten und oft mussten Leichen in Jerusalem morgens aus Straßen oder Häusern abtransportiert werden. Sie brauchten Sari und vermissten ihn sehr. Auch war ein Bild seiner jetzt siebzehnjährigen Schwester Sahra beigelegt, die im gleichen Alter von Jasmin sein musste. Ihm wurde klar, er konnte nicht hier bleiben, er musste zurück nach Hause, nach Jerusalem. Aber Jasmin – Sari hatte zwei schlaflose Nächte.

Omar begann ihn bereits wie einen Sohn zu behandeln und als er abends beim Essen mit der ganzen Familie zusammen saß, zog er das Bild von Sahra hervor: „Das ist Sahra, meine Schwester. Sie fragt nach, wann ihr großer Bruder endlich nach Hause kommt. Die Situation in Palästina ist dramatisch. Die Menschen bekommen nichts mehr zu essen. Ich muss so bald wie möglich zurück, um meiner Familie beizustehen. Ich bin die Altersversicherung für meine Eltern. Die Briten haben den Sinai schon zur Hälfte erobert. Von da werde ich mit ihnen in meine Heimat zurückkehren. Ich werde mich so bald wie möglich in den Sinai versetzen lassen."

Omars Mund blieb offen stehen, Faruk sah zu Boden und Jasmin sprang auf. Sie lief aus dem Raum. Die Mutter hatte beide Hände vors Gesicht geschlagen und folgte dem Mädchen. Einzig Zaal und die anwesenden Kinder lächelten ihn an, so wie immer. Dann hörte man in der Stille, wie Jasmin hinter einer der Trennwände bitterlich weinte. Sari kam sich schäbig vor. Es zerriss ihm fast das Herz.

Omar fing sich schnell. Er selbst hatte gezögert, Sari die Heirat mit seiner Tochter anzubieten. Dabei war er sich sehr sicher, dass beide jungen Leute mehr als nur Gefallen aneinander gefunden hatten. Aber er war sich nicht sicher, ob Sari tatsächlich vom Leben der Nomaden zu überzeugen war. Und was noch viel mehr wog war, er wusste nicht, wie Sari, der Christ, darauf reagieren würde. Denn Sari musste ja unbedingt zum Islam konvertieren. Er wollte und konnte seine Tochter doch nicht in eine weit entfernte, auch noch christliche Familie geben, so dass sie am Ende sogar konvertieren und vom wahren Glauben abfallen würde. Allah hätte ihn dafür schwer bestraft. Irgendwie war er jetzt erleichtert.

Auch Faruk nickte und sagte nach einer Weile in die Stille: „Ya achi, du hast recht. Das ist die beste Lösung."

Sari wusste sofort, dass Faruk die Sache noch viel tiefer durchdacht hatte. Der hätte sich nichts mehr gewünscht, als Sari zum Schwager zu bekommen. Aber er konnte Saris Leben nur ungenügend einschätzen. Er wusste, Sari war hochgebildet, sprach mehrere Sprachen und hatte studiert. Jasmin, die nie eine Schule besucht hatte, und Sari waren zu verschieden, das konnte sie nie mehr aufholen in ihrem Leben, das passte nicht zusammen.

Der Abend verlief danach wortkarg. Jeder blickte in sich hinein und erkannte, dass Kulturen und Religionen Menschen einander doch mehr trennten, als ihnen das bewusst war. Das lebendige Glück des Menschen spielte dabei keine Rolle. Der Wille Gottes und die Fügung in diesen Willen standen über dem Leben der Menschen. Alles war theozentrisch aufgebaut, egal ob nur leicht frömmelnd oder fanatisch gläubig. Die monotheistischen Religionen standen über den Bedürfnissen, Bestrebungen und Träumen der Menschen. Aber wenn das der Fall war, was waren dann die Religionen überhaupt wert, wenn sie sich nicht um das Glück der Menschen scherten. Gottesfurcht und Menschenliebe, passte das überhaupt zusammen? Waren das am Ende zwei verschiedene Dinge?

Sari war früher als üblich zurück in seinem Zelt. Joshua sah sofort was vorgefallen war. Er hatte schon vor Tagen bemerkt, was vor sich ging und Sari und er waren nicht nur bei diesem Thema einander sehr viel näher gekommen. Jetzt legte er seinen Arm um Saris Schulter und sah ihn stumm an, als Saris Augen feucht wurden. Sie sprachen noch lange an diesem Abend und den Trost, den Sari erhielt, verstand er als den Trost eines Freundes.

Unterdessen waren die militärischen Vorbereitungen fortgeschritten. Von der Küste waren Maschinengewehre, Patronen und fünf zerlegbare Granatwerfer mit Munition einge-

troffen. Auch erhielten die Beduinen Lebensmittel sowie Heu
für die Tiere. In einer langen Karawane waren auch die Beni
Ammer, die mit der Armee von Prinz Faisal an der Küste in
schweren Kämpfen den Hafen von Al Wadjh erobert hatten,
in die Berge gezogen. Insgesamt waren im Lager jetzt rund
dreihundert Beduinenkrieger versammelt und die Zeltstadt
nahm riesige Dimensionen an. Mehr als dreitausend Menschen waren hier zusammen. Zum Lager gehörte auch eine
Schar junger Araber, vom Stamm der Ageyl. Sie kamen aus
dem Nedjd und waren Stadtbewohner aus Buraydah, Unayzah und Al Russ, wo sie als Katholiken dem harten religiösen
Diktat der Wahabiten entfliehen wollten. Sie verdingten sich
als Reiterkorps jeweils für ein Jahr gegen Bezahlung an die
verschiedenen Beduinenstämme der Wüste. Sie waren bekannt für ihre Loyalität, Intelligenz, Zähigkeit und Ausdauer
und viele von ihnen hatten sogar Schulen besucht. Ihr großer
Vorteil aber war, dass sie keinen Blutfehden der Beduinen
unterworfen waren.

Die Beni Ammer berichteten von Differenzen. Einerseits
wollten Captain Lawrence und auch Prinz Faisal mit der
gesamten Armee von zehntausend Mann weiter nach Norden
vorstoßen, andererseits hatten die Beduinenstämme aus dem
Asir andere Interessen. Die sahen nämlich ihr Ziel, die Türken zu vertreiben, als erreicht an. Mit dem Titel eines Königs
von Arabien, den sich der Vater von Prinz Faisal, der Haschimitenführer und Emir von Mekka, Großsherif Hussein
ibn Ali, vor kurzem gegeben hatte, und seinen politischen
Ambitionen, konnten die meisten sowieso nichts anfangen.
Sie waren freie Beduinen und so sollte es auch bleiben, egal
ob Königreich oder nicht. Ihr Kampfeswille war, wenn überhaupt, dann nur auf ihr eigenes Gebiet begrenzt. Ein Operati-
onsziel im hohen Norden war viel zu weit entfernt, als dass
das Geld der Haschimiten, das sie von ihnen erhielten, auch
um Fehden untereinander für die Zeit des gemeinsamen
Kampfes ruhen zu lassen, noch Gewicht gehabt hätte. Sie
begannen abzuziehen und der arabische Aufstand geriet ins
Stocken. Insgesamt sprach man nun von über hunderttausend
Goldpfund, die die Haschimiten monatlich von den Briten
erhielten.

Die allabendlichen Einladungen Omars hatten nachgelassen, aber die Herzlichkeit und Dankbarkeit über Faruks Rettung waren unendlich. Jasmin hatte er nun seit drei Wochen nicht mehr gesehen. Eines Tages erschien Omar in Saris Zelt. Sein Sklave hatte ein Bündel unter dem Arm und wickelte es auf. Dann überreichte Omar Sari einen kostbaren goldenen Krummdolch. Er war mit Verzierungen kunstvoll bearbeitet und im Griff waren zwei Rubine so eingelassen, dass das Licht von beiden Seiten hindurch fiel. Der Dolch steckte an einem mit Goldfäden reich bestickten Ledergürtel.

„Chuth hatha, ibni. Es ist ein kleiner Teil unserer Dankbarkeit. Du wirst diesen Dolch tragen mit der Ehre und dem Stolz der Männer vom Klan der Beni Safar. Den Gürtel hat Jasmin bestickt. Er ist wunderbarer und prachtvoller, als alles, was sie bisher in ihrem Leben hergestellt hat. Dieser Dolch soll dich immer an uns erinnern."

Damit drehte sich Omar auf dem Absatz herum und wollte hinausgehen.

„Scheikh Omar. Wie kann ich euch für ein solches Geschenk danken? Nie habe ich etwas Derartiges besessen."

Omar drehte sich um. Dann legte er Sari beide Hände auf die Schultern und blickte ihm lange tief in die Augen. „Ibni, nicht du bist es, der Dank sagt, sondern wir danken dir. Vergiss das nie. Und weil du ein aufrichtiger und ehrenhafter Mann bist und weil auch ich ein großes und gebrochenes Herz mit euch beiden habe, erlaube ich dir, dich bei Jasmin persönlich zu bedanken, dafür, dass sie ihre Seele in diesen Gürtel gestickt hat. Komm heute Abend in mein Zelt." Und bevor er ging fügte er in einem ganz anderen Ton hinzu: „Trage den Dolch nie zu offen. Jeder ehrenwerte Beduine würde dich töten, nur um in seinen Besitz zu kommen. Auch ich – wenn du nicht wie mein Sohn wärest." Dann ging er mit einem lauten Lachen hinaus.

Nachdem Omar gegangen war, nahm Joshua, der dem Treffen beigewohnt hatte, den Dolch in seine Hände und betrachtete ihn lange. „Sari, dieses Stück ist von unvergleichlichem Wert. Die Goldarbeit auf Griff und Scheide sind jüdisch, aus dem Jemen, da bin ich mir ganz sicher. Mein Onkel, der Vater meiner Mutter, handelt mit jüdischem Schmuck, über den Nahen Osten in die ganze Welt hinaus.

Ich kenne mich damit sehr gut aus. Dieser Dolch ist ein Vermögen wert."

Als Sari abends in Omars Zelt die Trenndecke zur Seite schob und den kleinen Raum betrat, wo Jasmin auf ihn wartete, schlug ihm sein Herz bis zum Hals. Sie war schöner denn je. Und obwohl er wusste, dass sie beobachtet wurden, nahm er ihre kleinen Hände in seine. Und dann sahen sie sich beide in die Augen und ihre Tränen liefen die Wangen herunter. Wie sehr sie sich liebten. Und Sari war schon bereit alles, was er gesagt hatte, rückgängig zu machen und wollte anfangen zu sprechen, aber Jasmin nahm ihren Zeigefinger und legte ihn auf seinen Mund. Da umarmten sich beide so fest, dass sie sich fast erdrücken wollten. Und nach einer wunderbaren Ewigkeit berührten sich ihre Lippen für den Hauch eines Augenblicks. Dann traten sie auseinander und Sari sagte schluchzend, indem er die Hände von ihr löste: „Ich werde dich immer in meinem Herzen tragen."

Jasmin sah ihn an und flüsterte weinend: „Wann immer du den Gürtel mit dem Dolch berührst, werde ich bei dir sein. Vergiss mich nicht, denn ich werde dich niemals vergessen." Sie drehte sich um und verschwand hinter einer der Trennwände. Sari stand allein und wischte sich die Tränen ab. Dann ging er zurück zu den anderen und sie sprachen noch den ganzen Abend über den bevorstehenden Aufbruch nach Meda'in Saleh, so, als ob nichts geschehen wäre.

Jasmin war in den Armen ihrer Mutter einem Weinkrampf nahe, aber sie war sich über vieles in den letzten drei Wochen klar geworden. Faruk hatte oft mit ihr gesprochen und ihr die Differenzen aufgezeigt, die sie beide trennten. Jasmin hatte eingesehen, dass sie zusammen, außerhalb der Nomadengemeinschaft, kaum eine Zukunft hatten. Sie hatte eingesehen, dass Sari in seinem Innersten nicht zu ihnen gehörte, genau so, wie sie selbst Angst vor Saris Welt hatte. Faruk hatte die Stärke seiner Schwester erkannt und seinen Vater gebeten, beiden einen Abschied voneinander zu erlauben.

VOR DREI Tagen waren die Hirten, die mit den Viehherden auf den Weiden rund um das Lager umherzogen, benachrichtigt worden, sich einzufinden. Der Regen hatte die Landschaft völlig verändert. Erst kaum merkbar, dann mit immer größerer Kraft war die Natur explodiert. Einem kaum wahrnehmbaren grünen Schleier am Boden folgte innerhalb von wenigen Tagen die Verwandlung der Wüste in eine üppige Graslandschaft. Dazu hatte weiterer Regen, während der letzten Tage, beschleunigend beigetragen.

Der riesige Tross, der sich nun aufmachte, zog über ein vor wenigen Wochen nie für möglich gehaltenes grünes Land. Einen ganzen Tag lang waren die Zelte abgebrochen worden und Menschen und Tiere hatten sich marschfertig gemacht. Rechts und links durch Krieger geschützt, mit einer Vor- und einer Nachhut, machten sich dreitausend Menschen und ein vielfaches an Tieren auf den Weg nach Westen.

Hinter der Vorhut, an der Spitze, ritten auch Sari und Joshua, der seine türkische Uniform wieder angezogen und seine Waffen zurückerhalten hatte. Sie saßen auf tänzelnden Araberpferden. Die Reitkamele der Klans wurden jetzt zum größten Teil als Lasttiere gebraucht. Viele von ihnen trugen die Howdah, die die Frauen, Kleinkinder und Alten aufnahmen. Die Jungen und Mädchen gingen zu Fuß und trieben die Herden an. Die Sonne hatte Mitte März schon deutlich an Kraft zugenommen.

Zur Mitte des zweiten Tages wurde angehalten und das Lager aufschlagen. Meda'in Saleh war noch einen halben Tagesritt entfernt. Joshua, Faruk und Sari machten jedoch nur kurz Rast, um sich am Nachmittag mit zehn Mann auf den Weg nach Norden zu machen. Sie waren wieder auf ihre Kamele umgestiegen und ritten einen Bogen, um sich am Ende Meda'in Saleh von Norden nähern zu können. Von dort aus sollte Joshua morgen zur türkischen Garnison reiten und sich als Versprengter eines Angriffs auf einen Zug ausgeben. Er sollte die Verteidigungsstellungen der Türken ausspionieren und sich später wieder davonschleichen. Sie ritten den Bogen erst nord- und dann westwärts. Spät in der Vollmondnacht stießen sie auf die Schienen der Bahnstrecke und legten sich nieder. Am Morgen ritt Joshua los. Es sollte sich nun beweisen, ob er die Seiten wirklich gewechselt hatte, aber Sari war sich dessen völlig sicher.

Unerwartet tauchte er schon kurz nach Mittag wieder auf. „Die Türken sind weg. Sie haben Meda'in Saleh verlassen", rief er schon von weitem. „Sie haben alles im Stich gelassen."

Alle wollten sofort aufbrechen, aber Faruk teilte die Beduinen vorsichtshalber auf. Fünf von ihnen sollten in großem Sichtabstand folgen, um in jedem Fall, was immer auch geschah, die Nachrichtenverbindung zum Lager zu sichern. Er traute Joshua nicht über den Weg.

Als sie aber am Nachmittag Meda'in Saleh erreichten, bestätigte sich alles, was Joshua berichtet hatte. Die Türken mussten ihre Garnison in großer Eile verlassen haben. Sie hatten erkannt, dass ihre exponierte Stellung hier nicht mehr zu halten war, weil der Nachschub über die Bahnstrecke kaum noch funktionierte und Al Wadjh gefallen war. Nachdem sie alles inspiziert und keine Menschenseele entdeckt hatten, zündeten sie am Abend ein großes Freudenfeuer mit einigen der Bahnschwellen an, die die Türken in Massen zurückgelassen hatten. Alle waren zutiefst erleichtert, dass ihnen ein Kampf um Meda'in Saleh erspart geblieben war.

Am Morgen schickte Faruk zwei Melder zum Lager zurück und zwei zu Prinz Faisal an die Küste, um die Einnahme von Meda'in Saleh zu vermelden. Nun blieb nur noch Tabuk und der ganze Hedschas war frei, bis auf die türkische Garnison, die Medina noch immer besetzt hielt.

Es dauerte zwei Tage, bis der große Tross ankam. In Meda'in Saleh gab es zwei Brunnen und die weite Ebene, auf der hohe Sandsteinfelsen aus dem Boden wuchsen, war für ein so großes Lager bestens geeignet. Diese Sandsteinfelsen waren von Menschen in früherer Zeit so ausgehöhlt worden, dass große, hallenartige Räume mit hohen, in Stein gemeißelten Eingängen, entstanden waren, die die Nomaden nun als willkommene Unterkünfte bezogen. Die Klans der Harb hatten hier, seit die türkische Garnison eingezogen war, keine Erlaubnis mehr gehabt sich niederzulassen. Mehrere Steinhäuser, Geräteschuppen, bahntechnische Anlagen, Werkstätten und auch ein Lokschuppen erinnerten daran, dass Meda'in Saleh ein wichtiger Ort für den Betrieb der Hedschasbahn gewesen war. Sie schlugen ein riesiges Lager auf, das der großen Anzahl an Menschen und Tieren gerecht wurde und man brauchte eine ganze Weile, bis man von einem Ende zum anderen gelangte. Das Hauptquartier wurde in den großen Bahnhof verlegt und die zurückgelassene Möblierung gereichte sowohl zur Bequemlichkeit als auch gleichzeitig zum sportlich ungebremsten Vergnügen.

Staunend standen sie vor den Hinterlassenschaften des Bahnbetriebswerks. Sogar eine Lok und mehrere Waggons waren zurückgelassen worden. Joshua erklärte ihnen anhand des deutschen Fabrikschildes an dem Führerhaus der Lokomotive ihre Herkunft. Viel wichtiger für sie waren allerdings die großen Vorräte an Heu und brennbarem Material.

Nach einer Woche kamen die beiden Beduinen von der Küste zurück, mit der Aufforderung, dass die Führung der Klans zur Beratung der militärischen Situation an die Küste kommen solle. Prinz Faisal hatte in sechs Tagen die Stämme und Klans, die den Kampf weiterführen wollten, nach Al Wadjh gebeten. Während die Beni Ammer sich entschieden, sofort in den Süden des Hedschas zurückzukehren, entschlossen sich die Beni Safar und die Mezeyne, da der Norden um Tabuk noch nicht vollständig befreit war, eine Abordnung zur Küste zu schicken. Mit dabei war neben Omar, Salih al-Shubhan, Faruk und Sari, auch Joshua, der für die Briten von großer Wichtigkeit war, denn der militärische Vorstoß von Ägypten aus durch den Sinai auf Palästina war angelaufen. Im Februar hatten sie Rafah eingenommen. Sie wollten seine Kenntnisse über die türkischen Verteidigungsstellungen nutzen. Als sie am nächsten Morgen aufbrachen, glaubte Sari Jasmin unter den Frauen erkannt zu haben. Sie hatte ihre Hand erhoben.

Drei Tage später waren sie in Al Wadjh. Der Hafen wurde gerade mit britischer Hilfe ausgebaut. Prinz Faisal hatte hier sein Hauptquartier eingerichtet. Die hohe Luftfeuchtigkeit, so früh im Jahr, nahm Sari fast den Atem.

Am nächsten Tag trafen er und Joshua sich mit Lawrence. Der Engländer kleidete sich mittlerweile auch wie ein Beduine. Die nannten ihn bereits Lawrence al-Arab, weil er als einer der wenigen Briten ihre Sprache sprach. Sari hatte ihn vor einem halben Jahr in Kairo kennengelernt, als er nach seiner Unteroffiziersausbildung im militärischen Geheimdienstbüro von Brigadier-General Clayton arbeitete. Er war Lawrence aufgefallen, nicht nur durch seine exzellenten Sprachkenntnisse in Englisch, Türkisch und Arabisch, son-

dern auch durch seinen analytischen Verstand und seine
große Auffassungsgabe. Da Lawrence von Hause aus gar
kein Militär war, er aber auf der Stelle einen geeigneten,
unauffälligen Helfer brauchte, hatte er Sari gefragt, ob er sich
vorstellen könne mit ihm zusammen in die Wüste zu gehen
und den arabischen Aufstand des Sherifen von Mekka als
Militär zu begleiten. Als Sari dies ad hoc bejahte, kam nur
einen Tag später der Marschbefehl.

Das Gespräch drehte sich um den Einsatz Saris bei der Errichtung der Verteidigungsstellungen von Janbu, wofür er
eine offizielle Belobigung erhalten hatte, und über die vergangenen Wochen und die Notwendigkeit, den nun begin-
nenden Vorstoß der Briten auf Jerusalem durch die arabischen Beduinenkrieger zu begleiten. Lawrence hatte genaue
Instruktionen für Joshua. Er sollte sofort über Kairo in den
Sinai gebracht werden. Auf Betreiben eines Zionisten Jabotinsky war die Bildung einer Jüdischen Legion vorgesehen,
in die Joshua später übernommen werden könne. Schon
übermorgen sei seine Abfahrt per Schiff geplant.

Als der Jude gegangen war, berichtete Lawrence dann über
seine und Prinz Faisals Pläne. Sie wollten Aqaba einnehmen
und dadurch den direkten Zugang zum Vilâyet Syrien über
das rote Meer sicherstellen. Das würde erlauben, die türkischen Verbände in Ma'an zu bedrohen.

Allerdings wäre die Einnahme der Hafenstadt vom Meer
aus mit erheblichen Verlusten verbunden und so sollte der
Hauptangriff von Norden geführt werden. Niemals würden
die Türken mit so etwas rechnen und wären auf einen Angriff
von dort auch gar nicht vorbereitet. Ihre Gegner erwarteten
sie vom Meer und dafür war Aqaba mit schweren Haubitzen
in den steilen Abhängen der Berge nahezu uneinnehmbar
geschützt. Landungstruppen wären am weichen Sandstrand
verblutet und an eine Einnahme über Land, von Süden her,
war wegen der steilen, unzugänglichen Küstenlinie zu beiden
Seiten der Bucht nicht zu denken. Bald würde zu den zwei
britischen Kriegsschiffen noch eine französische Fregatte
eintreffen. Die sollten vom Meer aus eine latente Gefahr
darstellen, um so vom Norden abzulenken.

Prinz Faisals Armee bestand mittlerweile aus regulären
Truppen, die sich aus arabischen Überläufern und Gefange-

nen zusammensetzten, sowie aus einer britisch-ägyptischen Einheit. Erst kürzlich hatte man die alten Donnerrohre, die noch bei jedem zweiten Schuss versagt hatten, durch moderne Kanonen auf Lafetten ausgetauscht. Dazu war die Anzahl der Beduinen in den letzten beiden Monaten wieder auf über dreitausend angewachsen, als bekannt geworden war, dass sich die Ruala und die Howeitat aus der Region Ma'an an der Befreiung ihrer Heimat beteiligen würden. Das glich jedoch die Anzahl derer nicht aus, die sich zurückgezogen hatten und daher hoffte Faisal die Beni Safar und die Mezeyne zu gewinnen, weiterhin am Feldzug teilzunehmen. Ihnen sollten politische Vorteile im späteren großarabischen Königreich zuteil werden und natürlich auch weitere direkte finanzielle Mittel zufließen.

Auda, der Führer der Toweiha von den Ibu Tayi vom Stamm der Howeitat, war dem Ruf Faisals nach Al Wadjh gefolgt und würde morgen eintreffen. Es hatte die Haschimiten gar keine große Mühe gekostet, um ihn zum Kampf zu überreden. Auda wurde von den Türken gesucht, seitdem zwei Soldaten, beim Versuch von ihm Steuern einzutreiben, getötet worden waren. Aber er war nicht nur der Todfeind der Türken sondern auch der von Omar. Die Howeitat kamen ursprünglich aus dem Hedschas, aus dem die Harb sie vertrieben hatten. Seither waren die Beni Safar im Norden der Bergkette die uneingeschränkten Könige. Generationen lang wurden dabei Kämpfe um zwei Brunnen an der Grenze der beiden Gebiete blutig ausgetragen. Prinz Faisal wollte das Treffen hier zum Anlass nehmen, die Blutfehde unter ihnen auszulöschen. Zusammen mit Sherif Nasir, dem Bruder des Emirs von Medina, sollten Lawrence und Auda mit einigen Getreuen aufbrechen, um durch die Wüste Nefud die Türken in Ma'an zu umgehen und mit der Hilfe Audas die Klans der Howeitat im Wadi Sirhan, nordöstlich von Ma'an, zum Kampf zu sammeln. Diese Reiterarmee sollte dann von Norden durch das Wadi Yutum auf Aqaba vorstoßen. Ein Kontingent von Prinz Faisals Truppen sollte zeitgleich auf Tabuk marschieren und die Stadt einnehmen.

Sari besprach noch am gleichen Abend den Vorschlag des Briten mit Omar und Salih und sie kamen überein, da die Befreiung von Tabuk ihr oberstes Ziel sei, der Operation beizuwohnen. Es sollten insgesamt dreihundert Krieger bereitgestellt werden. Jedoch vermied es Sari den Namen Audas zu erwähnen. Das hatte er mit Lawrence so vereinbart.

Joshua reiste am darauffolgenden Tag ab. Sari und er merkten beim Abschied, dass sie Freunde geworden waren und sie wollten versuchen über die britische Feldpost in Verbindung zu bleiben. Sari notierte: – 4. April 1917: Es soll in den Norden gehen, auf Aqaba … –

Die Besprechung der Stämme fand zwei Tage später im großen Zelt von Prinz Faisal statt. Mit dabei waren neben Faisals älterem Bruder Abdullah auch Lawrence, Nasir und Scheikh Ibrahim ibn Said, der Führer des Klans der Banu Saad vom Stamm der Oteibeh aus der Umgegend von Mekka. Rechts saßen Scheikh Nuri ibn Sha'alan, der mächtige Führer der Ruala vom Stamm der Aneze und Abd el-Karim, Scheikh der Juheina von der Küstenregion um Janbu. Omar, Salih und Faruk hatten sich gerade gemütlich niedergelassen, als Auda mit seinem elfjährigen Sohn Mohammed das Zelt betrat. Die drei Harb sprangen sofort auf und griffen zu ihren Dolchen. Prinz Faisal jedoch war darauf vorbereitet, erhob sich, trat zwischen sie und erinnerte beide Parteien an das Gastrecht der Wüste, wonach im Zelt eines Dritten keine Fehde ausgetragen werden durfte. Also setzten sich alle widerstrebend hin, musterten sich jedoch mit finsteren Blicken, denn auch Auda war nicht informiert gewesen. Beide Seiten anerkannten das Recht der Sippe der Haschimiten, als oberste Führer aller arabischen Stämme an und es gelang Faisal mit viel Geschick und Diplomatie eine Einigung unter den Harb und den Howeitat zu erzielen. Die Brunnen wurden den Beni Safar von Faisal abgekauft, an die Toweiha übertragen und die Toten der endlosen Fehde mit britischen Goldpfund ausgeglichen, wobei deren Anzahl auf beiden Seiten während der Verhandlungen auf wundersame Weise immer weiter anstieg. Am Ende war die Blutfehde beglichen.

Insgesamt brachte es Faisals Armee, neben den regulären Truppen, nun auf eine Gesamtzahl von fast viertausend Beduinenkrieger, die den Kampf aufnehmen wollten. Die Howeitat und die Ruala sollten weitere vierhundert Mann stellen und unter Nasirs Kommando Aqaba aus dem Norden angreifen. Die Krieger der Beni Safar sollten dem Kontingent von

44

Faisals Armee vorausreiten und durch Umgehung von Tabuk
die Bahnstrecke im Norden zerstören, um den Marsch auf
Tabuk abzusichern. Ihr Ziel war der Pass von Batn Al Ghul,
um die türkische Garnison in Ma'an zu beschäftigen und von
Nasirs Vormarsch durch das Wadi Yutum abzulenken.

Nachdem Omar und Salih von Lawrence zweihundert moderne Enfield-Gewehre und die verhandelte Menge an Goldpfund von einem im Hafen liegenden Kriegsschiff erhalten
hatten, zogen sie ab, zurück in den Hedschas. Der Befehl
zum Aufbruch in den Norden sollte von Prinz Faisal kommen. Nach der Aufteilung des britischen Goldes wurde im
Lager ein großes Fest gefeiert.

Fünf Wochen später kam die Nachricht, dass Nasir, Lawrence und Auda aufgebrochen waren. Sari notierte in sein
Tagebuch: – 13. Mai 1917: Sie sind vor vier Tagen losgezogen. Die Entscheidung kommt näher … –

Während der Erholungstage waren zur Unterhaltung hier
und da auch Kamelrennen und andere Spiele angesagt. So
wurden Reitergefechte nachgestellt, wo der Mann zum Laden
seiner Büchse neben dem Pferd lief und sich dann mit einer
Hand in den Sattel schwang, um sie im Reiten zielgenau
abzufeuern.

„Die Kinder der Beni Safar sind Kinder der Schlacht, so
wie der Name Harb auch Krieg bedeutet", sagte Omar mit
sichtlichem Stolz zu Sari, der die Schauspiele mit Bewunderung beobachtete. Gefeierte und vielumjubelte Siegerin der
Kamelrennen war immer eine junge, fast weiße Sirhan Kamelstute, die ihre Gegner um Längen schlug. Ihr Besitzer
zeigte das wundervolle Tier stolz herum. Bei den Beduinen
hatte es einen beträchtlichen Wert.

Jasmin hatte Sari nicht mehr gesehen, aber die Zeit jetzt
bei den Beni Safar war die schönste seines bisherigen Lebens. Omars Zuneigung für ihn und Faruks Freundschaft
waren noch gewachsen. Sie unternahmen zusammen Ausritte
bis weit in die Wüste und Sari lernte viel über die Botanik
und die Kunst in einer solchen Umwelt zu überleben.

Eines Morgens, vor einem dieser Ausritte, stand Faruk vor
Saris Zelt. Am Zügel hielt er die weiße Kamelstute. Erst

dachte Sari Faruk habe sie für sich selbst gekauft, was so auch stimmte, aber nur der halben Wahrheit entsprach.

„Ya achi, nimm dieses unwürdige Geschenk von mir für das Leben, das du mir gegeben hast. Ich weiß, dass das Tier gegen mein Leben nichts wert ist, aber mehr habe ich nicht, um dir meine Dankbarkeit zu zeigen. Dazu schwöre ich dir lebenslange Freundschaft."

„Deine Freundschaft ist mehr als ich überhaupt zu erhalten wage", antwortete Sari mit dem Bewusstsein, dass er das Geschenk niemals zurückweisen durfte. „Jederzeit würde ich mein Leben wieder für deines einsetzen. Ich nehme also mit tiefer Verneigung deinen Freundschaftsbeweis an und hoffe, ich kann dir diese Freundschaft zurückzahlen." Dann legte er seine Hand zur Bestätigung auf sein Herz und beide umarmten und küssten sich auf die Wangen. Der Bund sollte für ihr ganzes Leben halten.

Bisher hatte der Klan die Tiere für Sari nur an ihn ausgeliehen, jetzt saß er auf seinem eigenen Tier. An diesem Tag trug er absichtlich den wertvollen Dolch und als Omar und Faruk ihn vor dem Ausritt ansahen, nickten beide wohlwollend mit dem Kopf.

„Mascha'lah, Christ und Bruder, du sprichst nicht nur wie ein richtiger Araber, du siehst auch noch aus wie ein richtiger Araber; du bist nun ein Scheikh der Araber", sagte Faruk. „Sei tausendmal geehrt." Und alle drei wussten, nichts konnte ihre Freundschaft mehr trennen.

Einen Monat später kam der Befehl zum Aufbruch. Das Armeekontingent Faisals war bereits in die Berge unterwegs und die Beni Safar zogen also mit einhundertundzwanzig Kriegern der Familien der al-Dawud, Juweiles und Beni Atieh, sowie mit zehn Lastkamelen an der Bahnstrecke nach Norden. Mit dabei waren Yussef, Faruk, Sari, fünfunddreißig Mann der Ageyl, acht Hotchkiss-Maschinengewehre und drei Granatwerfer. Omar würde sich mit dem Rest der Männer, mit den Familien und dem ganzen Klan der Mezeyne, dem Kontingent Prinz Faisals auf dem Weg nach Tabuk anschließen.

Sari saß auf Dschamila, so wie er seine Kamelstute getauft hatte, und sie war wirklich eine Schönheit. Er nutzte das

schnelle Tier, um oft weit vor den anderen zu reiten. Die
Landschaft hatte sich wieder verändert, das satte Grün war
dem Ocker verdorrenden Grases gewichen und bald sollte
von der Pracht der Natur nichts mehr übrig sein. Die Tage
waren schon sehr warm. Regen fiel jetzt keiner mehr. Er
wusste, dieser Zug würde der letzte sein mit den Beni Safar,
denn er hatte Nachricht erhalten, dass man seinem Wunsch,
ihn in den Sinai zu verlegen, entsprochen hatte. Es ging also
Richtung Heimat. In seinem Tagebuch hatte er notiert: – 16.
Juni 1917: Aufbruch morgen früh nach Batn Al Ghul. In fünf
Tagen beginnt der Ramadan und ... –

Zwischen den Bahnhöfen Dar Al Hamra und Dissad trafen
sie auf die Sabotagespuren, die die eigenen Trupps hier vor
fünf Monaten hinterlassen hatten. Durch die Sprengkraft des
Dynamits standen einige Gleise aufrecht in die Luft gebogen,
wie riesige Spiralringe. Vorbei am verlassenen Bahnhof
Khamees erreichten sie die Brücke über das Wadi Khewwir,
wo der Trupp von Yussef, mit Faruk und Sari, von den Türken überrascht worden war. Sie hielten an und begruben die
sterblichen Überreste ihrer gefallenen Kameraden. Den repa-
rierten Bahndamm sprengten sie wieder an der gleichen
Stelle.

Nach einem weiten Bogen östlich um Tabuk herum vertrieben sie an der Station Bir Hermas zehn türkische Soldaten, zerstörten den Wasserturm und jagten einige Meilen
weiter den Bahndamm auf einer Strecke von über dreißig
Yards in die Luft. Ein Betrieb der Bahnlinie zur Versorgung
von Tabuk von Norden her, war damit für die nächsten Tage
undenkbar. Die Station Mudawarra war besetzt mit einer
starken türkischen Einheit. Sie umgingen die Station westwärts und erreichten den verabredeten Treffpunkt. Die Melder der Toweiha hatten sich schon seit mehreren Tagen versteckt in der Gegend aufgehalten und kamen nun zu viert
hervor.

Nasir, Lawrence und Auda war es gelungen im Wadi
Sirhan vierhundert Kamelreiter der Howeitat aus den Klans
der Toweiha, Serahin und Dhummanie zusammenzuziehen.
Auf ihrem Weg vom Bir Qurayyat Richtung Westen hatten
sich ihnen dann noch Beduinen vom Stamm der Ruala angeschlossen, so dass über fünfhundert Reiterkrieger südlich von

Katrana über die Gleise gegangen waren. Zwanzigtausend
Goldpfund waren verteilt worden, die sie seit Al Wadjh unter
ihren Kamelsätteln transportiert hatten. Jetzt waren sie von
Shoubak aus auf dem Weg Richtung Aqaba. Zwei der Mel-
der machten sich auf, um die Ankunft der Beni Safar an
Nasir weiterzugeben, die beiden anderen sollten sie als Orts-
kundige weiter begleiten. Die Türken hatten entlang der
weiteren Bahnstrecke hinauf auf das Hochplateau von Ma'an
Beobachtungsposten auf Bergspitzen eingerichtet, deren
Positionen die zwei genau kannten.

Sie verbrachten die Nacht verborgen hinter einem Bergrü-
cken und legten sich mit Hilfe der Toweiha einen Plan zurecht, wie sie die Türken von der Beduinenarmee ablenken
wollten. – 1. Juli 1917: Wir sind angekommen. In zwei Tagen wird es losgehen. Das Fasten macht meinen Mitstreitern
sehr zu schaffen … –

Am nächsten Morgen ritten sie durch einen breiten Sand-
streifen, der in der Ferne immer mehr von den Bergen zu-
sammengedrückt wurde. Am Ende dieses Tales befand sich
die Steigung nach Batn Al Ghul, die die Bahn auf die Hochebene hinaufführte. Die Gleise machten hier zwei lange
Schleifen hinauf auf das Plateau. Der Aufstieg war von einer
stark befestigten türkischen Stellung auf der ersten Bergspit-
ze komplett einzusehen. Weiter hinten führte die Bahnlinie
unterhalb eines Berges mit ähnlicher Stellung durch ein langes gerades Tal hinauf auf die Hochebene. Die beiden Befestigungen und weitere entlang des Tales waren durch Sicht-
kontakt miteinander verbunden. Sie waren durchschnittlich
besetzt mit acht bis zehn Soldaten.

Die Karawane wandte sich Richtung Westen, wo der Berg-
rücken sie den Blicken der Türken entzog. Die Hügel und
Berge der ganzen Gegend waren mit Geröll und Steinen
übersät und außerhalb der Wadis war mit Reittieren kaum ein
Fortkommen. Die Beni Safar mussten einen weiten Bogen
schlagen, um westwärts, bergauf durch unwegsames Gelände, noch vor Abend das Qasr Fassu'a zu erreichen, die halb-
verfallene Ruine eines ehemaligen Wüstenschlosses, verborgen in der Hügellandschaft. Hier konnten sie sich gut verstecken und waren im Rücken der türkischen Abwehrstellungen
unweit der Bahnlinie. Der schlechte Weg kostete sie jedoch

mehr als den ganzen Tag, da die Tiere ausschließlich am Zügel geführt werden mussten. Spät in der Nacht erst kamen sie am Qasr Fassu'a an.

Den nächsten Tag schlugen sie neben der quadratischen Ruine ihr Lager auf und befestigten Mauerreste innerhalb und außerhalb des Gebäudes, um fünf Maschinengewehre geschützt aufzustellen. Damit konnten sie auf dem steinigen, welligen Plateau feindlichen Reiterangriffen sehr gut standhalten.

Im Qasr selbst blieben dreißig Mann zurück, um die Ausrüstung zu schützen. Der Rest wurde in drei Trupps aufgeteilt, die von Faruk, Sari und Munir, dem Ersten der Ageyl, angeführt wurden. Sie bekamen je ein Lastkamel mit einem Hotchkiss und einem Granatwerfer. Ihr Auftrag bestand darin, Chaos an der Bahnstrecke zu verursachen. Die Telegraphenleitungen der türkischen Stellungen sollten dabei aber nicht zerstört werden. Es war damit zu rechnen, dass die Türken in Ma'an durch die vertriebenen Soldaten der Station Bir Hermas von Mudawarra aus bereits vorgewarnt waren. Am Abend notierte Sari im Tagebuch: – 3. Juli 1917: Wir sind bereit … –

Als der Tag graute, zogen sie zu Fuß, die Tiere am Zügel, durch schwer passierbares Gelände nach Süden, bis sie die Senke eines Wadis erreichten. Hier teilten sie sich auf. Auf einem der Hügel bauten die Ageyl zwei Maschinengewehre auf und ein weiteres mit zwei Granatwerfern unterhalb dieser Stellung.

Die Beni Safar zogen weiter, bis an die Stelle, wo die Bahn nach dem langen geraden Anstieg die Hochebene erreicht. Die erste türkische Stellung lag keine zwei Meilen abwärts. Sie sprengten die Bahngleise gleich an zwei Stellen und zogen sich dann zum Ausgangspunkt zurück. Dreißig Mann warteten an der Bahnlinie und die anderen sechzig knapp sechshundert Yards entfernt an der befestigten Stellung der Ageyl. Die Wartezeit wurde kürzer, als sie vermutet hatten. Die Reaktion der Türken kam schnell. Die mussten bereits am Bahnhof Gadir Al Hadsch einen Zug zusammengestellt haben, der bald herandampfte. Er war ausgerüstet, wie üblich mit Kanonen und Kavallerie zu Pferd. Die Dreißig blieben so lange am Gleis, wie eben noch vertretbar war und stoben dann zurück ins Wadi. Eine Minute später waren bereits fünfzig Reiter zu Pferd hinter ihnen her, die schon beritten auf Waggons darauf gewartet hatten über eine Rampe hinauszupreschen. Bis zu dem Punkt, wo die anderen mit den Maschinengewehren auf sie warteten, hatten die Kamelreiter schon die Hälfte ihres Vorsprungs eingebüßt. Die Pferde waren nur noch einhundert Yards hinter ihnen und die ersten Schüsse fielen.

Als die letzten Beduinen an der Stellung vorbeipreschten, fielen auch schon die vordersten Türken den Salven der Maschinengewehre zum Opfer. Der Kavallerietrupp stob auseinander und versuchte aus dem Bereich der Kugeln zu entkommen. Die beiden Hotchkiss auf dem Hügel schossen noch, als die Türken bereits vierhundert Yards zurückgeritten waren und sich sammelten.

Ein nochmaliger Angriff auf diese Stellung war für sie unmöglich. Die Hänge des Wadis waren für Pferde völlig unzugänglich. Sie zogen sich bis an die Gleise zurück, wo ein Reparaturtrupp schon die Aufgabe übernommen hatte, die Gleise wieder zu erneuern.

Die Beni Safar bauten ihre Waffen ab und verschwanden Richtung Westen, wo sie irgendwann den Weg durch die Geröll- und Steinhänge nahmen, der sie wieder zum Qasr Fassu'a brachte.

Am nächsten Morgen blieben sie ruhig und sandten zwei Ageyl aus, die die Türken beobachteten. Die kamen am Mittag zurück und meldeten, dass ein zweiter Zug von Ma'an aus eingetroffen war, der noch einmal Soldaten gebracht hatte, die mit Kanonen auf Lafetten ausgerüstet waren. Dieser Zug stand nur knapp eine Meile östlich. Dann erblickten sie wenige Minuten später die Silhouetten von Reitern auf der Kuppe eines Hügels im Osten. Sie waren entdeckt. Jetzt gab es keine Zeit mehr zu verlieren.

Schnell packten sie alles zusammen und bauten ihre Waffen ab, als Munir auf Yussef zukam: „Saidi, der Ramadan nimmt euch viel Kraft. Lasst uns Christen die Arbeit machen. Ich werde mit zehn Freiwilligen meiner Männer hierbleiben und euren Rückzug decken. Wir verstecken uns in den Resten der Grundmauern hier. Lass uns nur die Granatwerfer und ein Hotchkiss da und wir werden euch genug Zeit verschaffen."

Neben der Ruine steckten etwas entfernt auch Kellerfundamente von zwei weiteren Gebäuden im Boden, die einen Schützen und ein liegendes Kamel gut verbargen. Hier hinein legten sich jetzt die Ageyl mit den Granatwerfern, während die anderen von ihnen einen Hügel in vierhundert Yards Entfernung an der Rückzugslinie mit dem Maschinengewehr bestückten.

Die Beni Safar waren inzwischen abmarschbereit und zogen sich eiligst durch ein Wadi nach Westen zurück. Sie waren kaum außer Sichtweite, als Geschützdonner vom Qasr Fassu'a die Stille zerriss. Die Türken hatten zwei Kanonen zum Kamm des Hügels im Osten gezogen und aus dreihundert Yards begonnen die Steinruine zu beschießen. Nachdem sie mehrere Granaten abgeschossen hatten und keine Reaktion erfolgt war, stürmte eine Kavallerieabteilung von sechzig Mann auf die Ruine zu. Die zehn verborgenen Ageyl ließen sie bis auf hundert Schritt herankommen und beschossen sie dann mit den drei Granatwerfern. Die zweite Serie sorgte für Chaos, das die Ageyl ausnutzten und, nachdem sie ein weiteres Mal drei Granaten abgeschossen hatten, auf ihre Kamele sprangen und Richtung Westen davonjagten. Die türkischen Reiter, die sie verfolgten, wurden von dem Maschinengewehr auf dem Hügel gestoppt. Insgesamt blieben sicherlich zehn Türken auf dem Kampfplatz und mehr als fünfzehn Tiere lagen auf dem Gelände verstreut. Zweien der freiwilligen Ageyl wurden die Kamele im Galopp erschossen. Sie schnitten sich selbst mit ihrem Dolch die Kehle durch. Einer blieb tödlich getroffen am Fundament liegen.

Die Türken wagten keine weitere Verfolgung, weil sie nicht wussten, wie viele Maschinengewehre sie noch erwarteten. Der Plan von Munir war aufgegangen. Die Ageyl sammelten sich nach einer halben Meile und folgten den Beni Safar, die sie nach zehn Minuten erreichten. Yussef sah Munir in die Augen und nickte nur anerkennend mit dem Kopf. Zwar waren drei Mann und ihre Tiere, die drei Granatwerfer und das Hotchkiss verloren, aber der Rest der Männer war davongekommen.

Sie zogen bis zum Abend nach Westen und mussten zuletzt die Tiere bergab wieder am Zügel führen. Ein bekla-
genswerter Haufen, wie Sari bei sich dachte, denn der
Marsch während der Fastenzeit hatte die Beni Safar völlig
ausgelaugt. Am nächsten Tag ritten sie über den roten Sand
des Wadi Rum und erreichten am Abend den Felsen der
sieben Säulen der Weisheit. Den markanten Berg aus Granit,
wo sieben Finger geradezu senkrecht in den Himmel streben,
kannte jeder Wüstenbewohner von Märchen und Legenden.
Hier sollten sie auf Lawrence und die Reiterarmee treffen,
aber nur zwei einzelne Beduinen kamen ihnen entgegen. Sie
berichteten, dass sie vor zwei Tagen ein türkisches Bataillon
nahe dem Blockhaus von Bir L'Lisan aufgerieben, weit über
einhundert Gefangene gemacht und die Türken in Ma'an in
helle Aufregung versetzt hatten. Die Reiterarmee von Nasir,
Auda und Lawrence war auf fast sechshundert Mann angewachsen, weil der Sieg weitere Scheikhs und Krieger der
lokalen Klans der Howeitat angezogen hatte. Sie waren
schon weiter durch das Wadi Yutum Richtung Aqaba gezogen, um die restlichen Stützpunkte der Türken im Tal zu
beseitigen.

Die Beni Safar schlugen ihr Lager auf. Ihre Aufgabe war
erledigt. Der Eingang zum Wadi Yutum lag keinen halben
Tagesritt entfernt. Sie brauchten jetzt für sich und die Tiere
einen Tag Ruhe. Die Hitze war seit Tagen enorm und die
Moslems hatten die ganzen Tage über nicht gegessen und
getrunken. Im Tagebuch stand: – 4. Juli 1917: Ein beschwerlicher Weg liegt hinter uns, die Leute sind am Ende ihrer
Kraft. Aber das Wadi Rum ist schöner als … –

Am übernächsten Tag wurden sie spät abends in Aqaba
mit großem Hallo empfangen. – 6. Juli 1917: Wir sind in
Aqaba … –

Die Beduinenarmee hatte gegen Mittag das Fort, die Stadt
und den Hafen in einer Reiterattacke nahezu kampflos eingenommen, nachdem sie gestern auf dem Weg bei Khadra die
letzte türkische Bastion zur Aufgabe gezwungen hatte. Die
Anzahl war allein gestern Nacht noch einmal um fast zweihundert weitere Howeitat angestiegen. Es gab reichlich Beute
zu machen und so waren sie aus allen Richtungen herbeigeeilt. Knapp achthundert Einheimische empfingen sie mit

Jubel, aber ungeordnete, undisziplinierte Beduinen begannen die Bewohner auszuplündern. Auda hatte daraufhin, auf Nasirs Nachdruck, bei Todesstrafe verboten, körperliche Gewalt gegen die Bevölkerung auszuüben. Die gefangenen Türken waren hinter schnell errichtete Zäune gesperrt worden. Die mittlerweile über dreihundert erbarmungswürdigen Gestalten, die bei dem langen Marsch bis hierher, der Hitze nicht zum Opfer gefallen waren, sollten schon morgen per Schiff nach Ägypten gebracht werden.

Aqaba erlangte nun für den weiteren Aufstand der Araber eine zentrale Bedeutung, denn von hier aus konnte Nachschub eingeschifft werden, um die arabische Revolte auf die Hochebene von Ma'an und weiter nach Syrien zu tragen. Ein arabisches Großreich wurde greifbar. Der Ort bestand neben dem aus Lehm gebauten türkischen Fort, nur aus einfachen Steinhäusern, die unter dem Beschuss der Kriegsschiffe am Morgen sehr gelitten hatten. Und obwohl Sari seit Monaten nicht mehr in geschlossenen Räumen geschlafen hatte, so entschloss er sich doch die schwüle und heiße Nacht am Strand zu verbringen, auch in der Hoffnung auf einen kühlenden Windstoß.

Als er am nächsten Morgen ins Türkenfort kam, war große Aufregung. Auda führte einen Gerichtsprozess gegen einen der Howeitat durch. Der hatte in der Nacht, trotz des ausdrücklichen Verbots, ein junges Mädchen vergewaltigt und schwer misshandelt. Der Angeklagte schwor bei Allah, dass er nichts damit zu tun habe, aber da es Zeugen gab, verurteilte Auda ihn zum Tode. Inmitten eines großen Kreises von Zuschauern wurde dem um Gnade Winselnden der Kopf abgeschlagen.

„Der Wind löscht die Kerze aus, aber facht das Feuer an. So wie der seichte Wind der Wüste uns erquickt, so erstickt er uns, wenn er sein Wesen ändert", sagte er und war sich seiner Autorität absolut sicher, als er sich umblickte. Auda Ibu Tayi war ein Mann um die fünfzig, hatte ein dunkles, scharfkantiges Gesicht und stechende Augen. Er war es gewohnt, dass seine Befehle ausgeführt wurden. Man sagte, er habe mehr als siebzig Gegner im Kampf Mann gegen Mann getötet, Türken waren dabei gar nicht eingerechnet, und er brüstete sich mit der Anzahl seiner Feinde, durchaus auch aus seinem eigenen Stamm.

Als am Mittag die türkischen Gefangenen verladen wurden, stand Sari an der Landestelle der Ruderboote, die die Elenden auf eines der drei Kriegsschiffe bringen sollten, die vor dem Hafen ankerten. Die Gefangenen gingen in einer langen Reihe durch ein Spalier von Beduinen, die unter wilden Drohungen, Schmähungen und Flüche ausriefen, als plötzlich ein junger Serahin neben Auda auf einen Offizier zusprang und dem seinen Dolch unvermittelt in den Bauch rammte. Der sackte röchelnd zusammen und verblutete im Sand unter lautem Stöhnen. Keiner machte Anstalten einzugreifen. Als Sari sich zu dem Schwerverletzten bücken wollte, hielt ihn Auda zurück.

„Wer Dornen sät, darf sein Zelt nicht barfuss verlassen", sagte er laut zu allen Anwesenden und er zeigte auf den jungen Krieger. „Rassul hat allen Grund den Hund zu morden. Er hat es geschworen und seinen Schwur gehalten. Und er wird es wieder tun, weil Allah ihm dazu die Rechfertigung erteilt hat. Er hat alles Recht dazu."

Und dann fügte er leise für Sari an: „Er hat mich gefragt, ob er sich die Gefangenen ansehen darf, bevor sie verschwinden und ich habe zugesagt. Er war zwei Jahre lang als Junge in Gefangenschaft dieser Hurensöhne. Ohne Grund nahmen sie ihn mit nach Ma'an. Er diente im Offizierskasino als Lustknabe bei ihren abendlichen Vergnügungen, wenn sie nicht Lust auf Mädchen hatten. Dann gelang es ihm zu fliehen. Damals hat er geschworen, incha'lah, jeden der Hunde zu morden, der dabei gewesen war. Und heute wollte es Allah so."

Als Sari und Lawrence später noch über die Sache diskutierten, wurde ihnen klar, dass vieles, was Menschen antreibt, tief in ihrer Tradition verankert und fast immer von dem geprägt ist, wie sie erzogen wurden oder was sie durchlebt haben. Was Gemeinschaften ausmacht, wird immer durch Bräuche und Sitten bestimmt, die für Außenstehende oftmals gar nicht nachvollziehbar sind und als unmenschlich oder unerklärlich erscheinen. Allerdings haben sich solche Praktiken lange bewährt und die Gesellschaften am Leben gehalten. Das gefühlsmäßige Verurteilen solcher Praktiken führt zu eigenen falschen Verhaltensweisen, was als Reaktion darauf wiederum zu Fehlverhalten auf der Gegenseite führt, und so weiter. Ein Teufelskreis verschiedener Kulturen, der nur durch gegenseitiges Verstehen und Aufklärung zu durchbrechen ist. Darüber waren sich beide einig; was Recht für die Einen ist, ist es für die Anderen noch lange nicht.

Faruk hatte sich während der tagelangen Ritte, seit ihrem Aufbruch, oft bei Sari aufgehalten. Dann fragte er ihn nach Schulen, wo man lernen könne, wie teuer das sei und was man eigentlich mit Schulbildung anfangen könne. Es kam Sari befremdlich vor, dass Faruk, der Wüstensohn, ein solches Interesse bezeugte. Sari hatte ihm auf der Reise das arabische Alphabet beigebracht und in Aqaba begann er zu schreiben.

Die Kriegsschiffe hatten neben erfreulichen Dingen, wie Lebensmittel, auch schlechte Nachrichten an Bord. Der Vormarsch der Briten im Sinai war in Gaza im März und im April zweimal blutig zurückgeschlagen worden. Aus einem Brief von seinem Vater entnahm Sari, dass die Türken die Städte an der Mittelmeerküste evakuiert hatten, um der Bevölkerung nicht die Möglichkeit zu Sabotage- und Widerstandsaktionen zu geben. Die Not wurde durch diese Deportierten nur noch erdrückender. Die Menschen in Jerusalem starben an Hunger und Seuchen. Sari war sich plötzlich gar nicht mehr so sicher, dass die Türken aus Palästina vertrieben werden könnten. Allerdings hatten die Briten im März Bagdad eingenommen. Der Krieg hatte viele Fronten.

Spät am Abend kam noch eine Nachricht von Prinz Faisal. Die Besatzung von Tabuk hatte sich mit hundertachtzig Mann dem Truppenkontingent ohne Kampf ergeben. Die Versorgung über die Hedschasbahn war komplett zusammengebrochen und die deutsche Fliegerstaffel war bereits Tage vorher mit ihren Maschinen nach Beerschewa abkommandiert worden. Der Hedschas war frei bis auf Medina, deren türkische Besatzung, gegen alle Angriffe der Haschimitenprinzen Ali und Abdullah von Janbu aus, nicht aufgab.

AM NÄCHSTEN Morgen nahm Sari Abschied von den Beni Safar. Gestern hatten alle noch einmal beim Feuer am Strand zusammen gesessen, getanzt und gesungen. Jetzt saßen sie in zwei langen Reihen auf ihren Kamelen und unter Salut ritt Sari durch ihre Linien. Der Klan hatte ihn adoptiert. Er war von jetzt an ein vollwertiges Mitglied der Gemeinschaft der Beni Safar. Beim Abschied flossen seine Tränen.

„Wir werden uns wiedersehen, Bruder und Christ", sagte Faruk, als sie sich zum letzten Mal umarmten. Dann hob Sari noch einmal seinen Arm zum Gruß an alle, wendete Dschamila und ritt mit Lawrence und sechs Freiwilligen der Howeitat nach Westen, auf den Weg, der sie in einem Gewaltritt in drei Tagen nach Kairo bringen sollte. Sie hatten ein Lastkamel mit genügend Vorräten dabei, denn die Reise führte sie quer durch den menschenleeren Teil des Sinai, um türkischen Einheiten aus dem Weg zu gehen.

Thomas Edward Lawrence war nur unwesentlich älter als Sari. Er hatte Geschichte studiert und war fasziniert von der Kultur der Araber. Seit 1909 reiste er, zum Teil sogar zu Fuß, durchs osmanische Syrien und war später an Ausgrabungen am Euphrat beteiligt gewesen. Seitdem sprach er perfekt Arabisch. Noch vor dem Ausbruch des großen Kriegs nahm er an einer kartographischen und archäologischen Expedition durch die Wüste Negev teil, die auch der strategischen Auskundschaftung durch den britischen Geheimdienst diente. Nach Ausbruch des Krieges, gehörte er ab Dezember 1914, aufgrund seiner Sprach- und Landeskenntnisse, dem militärischen Nachrichtendienst in Kairo im Rang eines Captain an.

Er erzählte, dass ihnen seit dem Frühjahr 1915 die Aktivitäten eines deutschen Agenten mit Namen Max von Oppenheim auffielen, der am Hof des Sultan und Kalifen Mehmet V. in Konstantinopel, den Sohn des Emirs von Mekka, Prinz Faisal, mit Geschenken und Versprechungen zu umgarnen versuchte, um ihn auf die Seite der Türken gegen die Briten zu ziehen. Der Deutsche brachte es so weit, dass der Jihad gegen die Ungläubigen ausgerufen wurde. Flugblätter waren aufgetaucht: "*Der Kalif des gesandten Gottes ruft euch, die ihr verstreut seid in den Ländern der Welt, zum Jihad!*" Der Plan von ihm war, in den islamischen Kolonien der Westalliierten in Nordafrika sowie in Teilen von Indien, eine revolutionäre Stimmung zu entzünden und Aufstände zu provozieren. Muslimische Soldaten an der Front sollten durch die Flugblätter zum Überlaufen bewegt werden.

Der britische Hochkommissar in Ägypten, Sir Henry Mc-
Mahon, trat daraufhin in einen Briefwechsel mit dem Sherifen, in dem den Arabern politische Avancen gemacht wurden, die als Zusage für eine arabische Unabhängigkeit gewertet werden konnten. Und nicht nur die Unabhängigkeit
stellten ihm die Briten in Aussicht, sondern auch den Titel
eines Königs. Das bezog der Sherif natürlich auf ganz Arabien, aber selbst als er von der Absicht der Türken erfuhr, ihn
nach dem Krieg abzusetzen, zögerte er noch, weil der Sultan
den Jihad gegen Großbritannien ausgerufen hatte, weil die
Briten gerade erhebliche militärische Niederlagen einstecken
mussten und weil er ihnen sowieso nicht über den Weg traute. Als man ihm aber sagte, dass im Frühjahr 1916 ein osmanisches Heer in den Hedschas ziehen sollte, mit der berechtigten Gefahr seine Herrschaft zu verlieren, rief er im Juni
unvorbereitet zum Freiheitskampf gegen die Türken auf.

An all diesen Aktivitäten war Lawrence beteiligt gewesen
und er selbst hatte auf seiner ersten Reise das Vertrauen von
Prinz Faisal gewonnen. Da mit Beduinenscharen ein konven-
tioneller Krieg gegen türkische reguläre Truppen nicht zu
führen war, gab es nur die Chance einer Guerillataktik, die
die Türken nach und nach zermürben sollte. Er wurde nach
seiner Rückkehr nach Kairo von einem Tag auf den anderen
als Berater an die Seite der Haschimiten befohlen, um den
Aufstand zu koordinieren. Bei seinem kurzen Aufenthalt in
Kairo war ihm dann Sari Nadschar aufgefallen.

Auf der Reise redeten beide auch über die neue Ordnung
im Nahen Osten und die neue Welt, die am Horizont dämmerte. Sie waren aufgewühlt von Ideen und Visionen und
Sari erkannte, dass dem Briten tatsächlich die arabische Sache am Herzen lag. Er spielte seine Rolle nicht, er war ihr
mit ganzer Seele verbunden. Wenn er von arabischer Freiheit
redete, dann war das keine geheuchelte Phrase, das war seine
feste Absicht. Doch merkte Sari, dass ihn auch oft Zweifel
überfielen, ob die britischen Versprechen auch eingehalten
würden. Er projizierte diese Versprechen nämlich auf sein
persönliches Wort, das er den Arabern gegeben hatte und war
abhängig von der Ehrlichkeit seiner Landsleute. Es würde für
ihn sein persönlicher Erfolg oder seine persönliche Niederlage werden.

„Die Politiker sagen morgens das und tun abends jenes. Es sind zu viele Faktoren in diesem schmutzigen Spiel. Den alten Männern in London ist nicht zu trauen", sagte er am letzten Abend vieldeutig, legte sich auf den Rücken und blickte in den Sternenhimmel. „Die Jugend kann siegen, aber sie muss auch lernen den Sieg und das Versprechen zu bewahren. Sonst haben wir umsonst für eine neue Welt gekämpft."

Als Sari noch über seine Worte nachdachte, sprach er in die Stille: „Wie lächerlich und unbegreiflich doch dieses Leben ist und von welchen Zufällen es abhängt." Und er erzählte, wie er beim Sturmangriff auf die Stellung der türkischen Infanterie bei Bir L'Lisan in vollem Galopp mit einer Kugel seiner Pistole sein eigenes Kamel versehentlich in den Kopf getroffen hatte, wie er in hohem Bogen durch die Luft geschleudert worden war und sich gewundert hatte, dass er noch am Leben war. Auda hatte an diesem Tag, aus Ärger über seine abfällige Bemerkung über die Kampfkraft der Howeitat, eine Reiterattacke in Gang gesetzt, die alle anderen mitriss und ihnen den Sieg brachte.

Sari notierte an diesem Abend in sein Tagebuch: – 11. Juli 1917: Nur noch einen Tag bis Suez … –

Am nächsten Abend rief Lawrence von Suez aus das Savoy Hotel in Kairo an, in dem sich das Hauptquartier des Geheimdiensts befand, und gab die Meldung von der Einnahme Aqabas durch. Als sie einen Tag später per Bahn Kairo erreichten, hatte sich die Nachricht schon herumgesprochen. Lawrence war der gefeierte Held. Keiner hatte mit so etwas gerechnet, keiner hatte das auf dem Plan gehabt und für möglich gehalten. Er genoss in seinem Innern die Anerkennung der Generalität in vollen Zügen. Sein triumphierender Blick ging ins Rund der anderen im Raum versammelten Offiziere, die ihn bisher nur belächelt hatten, als beide vor General Clayton, ihrem Chef, standen. Sicherlich hatte Nasir die Einnahme von Aqaba befehligt. Der Ruhm jedoch, den sich die Engländer nur allzu gern selbst ans Revers hefteten, machte nun aus dem Arabischen Lawrence al-Arab das Englische Lawrence von Arabien.

Allenby, der neue Oberbefehlshaber, wurde auf ihn aufmerksam und lud ihn nach ein paar Tagen ein. Er erkannte

jetzt den Nutzen der arabischen Revolte und Lawrences
Beförderung zum Stabsoffizier war nur noch eine Frage der
Zeit. Auch Sari bekam seinen Teil ab und erhielt den Rang
eines Offiziersanwärters. Ihm war das allerdings völlig egal,
aber es erlaubte ihm einen Wunsch zu äußern, dem Lieutenant-General Chetwode, der stellvertretende Kommander,
persönlich entsprach. Er sollte mit den ersten Truppen nach
Palästina ziehen und in Jerusalem einmarschieren dürfen. Er
wurde einer Nachrichten- und Propagandaabteilung zugeteilt.
Seine Aufgabe würde darin bestehen, nach dem Einmarsch
der britischen Truppen sofort britisches Kolonialrecht in
Kraft zu setzen, das die Bewohner des Landes vor Chaos,
Willkür und Kriminalität schützen sollte. Es sollte zukünftig
für ganz Palästina gelten und man war sich sicher, dass dies
nicht mehr allzu lange dauern würde.

Denn es standen gut fünfundsiebzigtausend Infanteristen,
siebzehntausend Kavalleristen und fünfhundert Geschütze
bereit, eine Macht, der die türkischen Abwehrstellungen
zwischen Gaza und Beerschewa kaum widerstehen konnten.

SARI SAß im Zug von Kairo nach El Kantara. Seinen
Marschbefehl hatte er in der Tasche. Seit er in Kairo war,
hatte er wieder seine britische Uniform getragen. Er war für
den Dienst, der jetzt auf ihn zukam bestens gerüstet. Er hatte
sich mit dem britischen Kolonialrecht beschäftigt und dazu
war er Palästinenser, mit dem Vorteil, sich bei Land und
Leuten bestens auszukennen. Zur Vorbereitung hatte er auch
mehrmals seine alte Universität in Kairo besucht. Aber die
Unbeschwertheit seiner Studienzeit war dahin. Er wusste, er
stand an der Schwelle einer neuen Zeit. Lawrence hatte sich
sehr bald wieder von ihm gen Aqaba verabschiedet, aber
diesmal auf dem Seeweg, mit genügend Mitteln, den Aufstand der Araber bis nach Damaskus zu tragen. Als Offi-
ziersanwärter mit speziellem Aufgabenbereich, bekam Sari
auch Einblicke in britische Akten und las die Korrespondenz
von McMahon und Sherif Hussein. Diese Korrespondenz
war letztendlich entscheidend gewesen, dass der Emir von
Mekka auf britischer Seite in den Krieg eingetreten war.

Beim Abschied hatte Lawrence gesagt: „Die Haschimiten
verlassen sich auf unser Wort. Ich hoffe unsere alten Männer

spielen kein doppeltes Spiel. Ich soll meine Diplomatie an dem Versprechen gegenüber dem Sherifen ausrichten, hat Allenby gesagt, denn der Erfolg der Araber aus dem Hedschas wird für den Ausgang des Krieges nun doch als eine Komponente angesehen, die nicht unterschätzt werden darf. Immerhin."

Für Sari ergab sich daraus, dass sein Heimatland dann wohl auch Bestandteil der Verhandlungen über den künftigen Herrschaftsbereich des Sherifen war. Die Unabhängigkeitsbestrebungen Palästinas würden also in einem arabischen Großreich aufgehen. Er lehnte sich befriedigt zurück und wusste nun warum er diesen Krieg führte.

Auch über Joshua hatte er sich erkundigt. Der war momentan mit einer Aufklärungseinheit auf dem Vormarsch nach Beerschewa.

Sari wusste, die Zeit, die jetzt anbrach, würde für sein Leben von entscheidender Bedeutung sein. In El Kantara holte er Dschamila aus einem der Viehwaggons und überquerte den Kanal. Tausende von Pferden, Kamelen und Maultieren, die dem Angriff als Reit- und Lasttiere dienten, wurden hier auf die Sinai Bahn verladen. Diese Bahn war in drei Monaten vom Suezkanal bis vor Gaza von über fünfzigtausend Arbeitern gebaut worden. Parallel dazu wurde für den Vormarsch der Truppen eine hundertfünfzig Meilen lange Wasserleitung verlegt.

Als Sari später über die Brücke des Wadi El Arisch ratterte, waren noch Massen von Arbeitern damit beschäftigt, letzte Hand an das Bauwerk zu legen und die Parallelspur fertig zu stellen. Beim Blick aus dem Fenster sah er auf seine linke Schulter und lächelte. Die drei Flügel auf den Oberarmen seiner Uniform waren verschwunden. Er hatte jetzt dunkelbraune Schulterklappen, auf denen je zwei Sterne prangten. Sari war Lieutenant. Der Offizierslehrgang in Kairo hatte sechs ganze Wochen verschlungen.

Je näher sie Rafah kamen, umso mehr Einheiten sah man auf dem Marsch. Die meisten waren britische Kolonialtruppen, Australier, Inder oder Neuseeländer, die an die heißen Bedingungen im Sinai nicht gewöhnt waren. Sie waren, wie er selbst, ein Teil der 60. Infanteriedivision. Ihm taten die Männer leid, denn viele von ihnen würden ihre Heimat wohl nicht wiedersehen. Auch er bekam langsam ein beklemmendes Gefühl, denn die ungeheuren Aktivitäten, die hier stattfanden, warfen Ihre Schatten voraus. Es waren die Vorbereitungen für eine große Schlacht und er befand sich mitten drin.

In Rafah wurde sein Zug Richtung Beerschewa umgeleitet. Nach weiteren sieben Meilen waren die Gleise und die Fahrt zu ende. Sari notierte: – 28. Oktober 1917: Nur zehn Meilen bis Beerschewa, und doch so weit. Gott gebe, dass alles gut geht ... –

Durch das Gewühl von Menschen, Tieren, Material und Befehlen suchte er seine Kompanie. Es waren einhundertundzwanzig Spezialisten, die in hellen, sandfarbenen Zelten hinter der Front untergebracht waren. Viele davon waren für den Bau und Betrieb der Elektro-, Telegraphen- oder Telefonleitungen zuständig. Andere waren Funker und Antennenbauer, offizielle Militärkriegsberichterstatter, Fotografen oder Kameramänner, mit der Aufgabe die Eroberungen des Krieges zu dokumentieren. Aber auch Drucker und Schriftsetzer, zur Herstellung von Flugzetteln und Pamphleten, die über den feindlichen Linien abgeworfen wurden. Er fand seinen Kompaniechef Captain Alfred Mortimer in einem der Zelte über Plänen gebeugt.

„Ah, Nadschar, na gut. Ihre Aufgabe wird noch kommen. Richten Sie sich erst einmal ein. Aber nur nicht für zu lange", und er lachte. „Es wird bald losgehen. Wir haben Befehl bis übermorgen die Verbindungen aller Einheiten an der Frontlinie abzuschließen." Ein untrügliches Zeichen, dass der Angriff unmittelbar bevorstand.

Über ihren Köpfen am Himmel kreisten tagsüber die deutschen Aufklärer und Bomber vom Typ Rumpler oder die Jagdflieger Albatros, die von Ramle aus aufstiegen. Sie lieferten sich faszinierende Luftkämpfe mit den britischen Sopwith Jagdfliegern aus El Arisch, die man vom Boden aus beobachten konnte. Allerdings war das Schauspiel nicht ganz ungefährlich, wenn diese Piloten plötzlich die Maschinen herunterzogen und eine Schneise von Maschinengewehrkugeln in die britischen Linien abfeuerten oder ihre Bomben abwarfen. Die Doppeldecker waren verdammt schnell und wendig. Nur sehr wenige konnten vom Boden aus abgeschossen werden. Wenn sie auftauchten, sorgten sie für enormes Chaos und hohe Verluste. Für so manchen war die Schlacht vorbei, bevor sie richtig angefangen hatte.

Sari war an die vorderste Frontlinie geritten, die nicht weiter als drei Meilen von den türkischen Verteidigungsanlagen entfernt war. Als er Joshua traf, war der gerade dabei seinen Proviant aufzufüllen. Die Versorgung der Soldaten war sehr gut. Hier litt keiner Hunger, wie er das bei den Türken gesehen hatte. Aber das Wasser musste mühevoll vom Ende der Wasserleitung bis hierher auf Maultieren transportiert werden.

„Mensch, Sari, dass du hier bist! Ich glaub es nicht." Dann umarmten sich beide herzlich und schauten sich an. „Ah, Sir, Lieutenant, welche Befehle kann ich für Sie ausführen", fragte Joshua mit Blick auf Saris Uniform? Beide lachten. Auch Joshua trug jetzt eine britische Uniform im Rang eines Sergeanten. Er war als Aufklärer einem Bataillon der Infanterie zugeteilt worden, das den Hauptangriff auf Beerschewa führen sollte. Joshua war damals in Beerschewa stationiert gewesen und er konnte das Gelände und die Stellungen sehr genau abschätzen. Mehrmals war er sogar bei Allenby und Chetwode gewesen und hatte dort die Topographie und die Bodenbeschaffenheit der Gegend erklärt. „Wie geht es den anderen", fragte er? Und Sari erzählte ihm von der Eroberung von Aqaba und seinem Weg bis hier her.

„Und du, wie ist es dir ergangen", fragte Sari?

„Nun, als ich mit dem Schiff in Suez ankam, brachte man mich nach Kairo. Captain Lawrence musste wohl eine entsprechende Empfehlung meiner Person weitergegeben haben, denn ich wurde sofort in einen Lehrgang gesteckt und aus dem türkischen Soldaten wurde ein britischer. Seit August bin ich hier und wenn das vorbei ist, soll ich in eine besondere Legion wechseln. Sie bilden ein Bataillon von Juden nur aus den osmanischen Provinzen."

Sari kam spät abends in sein Zelt zurück. Sie hatten noch lange über ihre Heimat und ihre Wünsche für die Zeit nach dem Krieg geredet. In einem waren sich beide einig. In Palästina würde eine neue Zeit anbrechen, in der Freiheit und Menschenwürde eins wurden, wo Palästinenser und Juden mit gleichen Rechten lebten. Sie beide waren ja das beste

Beispiel, dass sich das auch verwirklichen ließ. Mit diesem Glücksgefühl waren sie auseinandergegangen und hatten sich selbst das Glück gewünscht, hier gesund und heil herauszukommen, um diese Zukunft auch erleben zu dürfen. Denn die würde ihnen beiden zusammen gehören.

Aber jetzt war hier und heute, und Sari hörte abends auf seinem Feldbett praktisch schon den Kanonendonner, der am nächsten Tag mit Wucht einsetzen sollte. In seinem Tagebuch stand: – 30. Oktober 1917: Beerschewa. Keiner weiß, wann es los geht. Aber wir stehen kurz davor … –

Der Donner kam grollend aus Norden. An der Front hatten alle Geschütze gemeinsam angefangen ihr Feuer zu speien. Seit dem Morgen war die Hölle losgegangen und der Tod schwang schon seit vier Stunden seine Sense. Sari beobachtete die Leuchtspuren der Granaten und hörte die Einschläge. Er ging zurück zum Kompaniezelt. Hier war der Teufel los. Die Strippen der Telefonleitungen liefen hier zusammen und Vermittler waren dabei die Verbindungen zusammenzustecken, während Funker an ihren Morsetasten saßen und Springer die Nachrichten von einem zum anderen brachten. Captain Mortimer hatte eine große Karte aufgestellt und versuchte alle Befehle und Truppenbewegungen nachzuvollziehen. Sari hörte mit, wie der Befehl an die 60. Infanteriedivision rausging, aus den Laufgräben auf die Mitte der Stellung in Beerschewa vorzurücken. In der Nacht hatten vier australische Kavalleriebrigaden zu Pferd und berittene neuseeländische Regimenter unter General Chauvel die Stellung der Türken im Osten umgangen. Um 15:00 Uhr kam die Meldung, dass sie zwar Tel El Saba nordöstlich der Stadt erreicht hatten, aber dort in heftiges Feuer geraten waren. Darauf ging ein Befehl vom Hauptquartier an Chauvel noch heute Beerschewa zu nehmen und in die Stadt einzudringen, um die Zerstörung der Brunnen durch die Türken zu verhindern.

Sari bekam nur zum Teil mit, was da draußen vor sich ging, aber er fieberte jede Sekunde mit und versuchte, aus den bruchstückhaften Informationen und Mortimers Karte, die Lage einzuordnen und zu einem Ganzen zusammenzufügen. Er hielt es nicht mehr aus und musste selbst sehen, was da los war. Er nahm seine Kamelstute, saß auf und ritt in die

Richtung, wo die Schlacht tobte. Über aufgerissenen Erdboden, vorbei an toten Pferden, Lastwagen mit rotem Kreuz
und Sanitätern, die Verletzte versorgten und Tote schon
bedeckt hatten, fand er eine kleine Anhöhe, die den Blick
nach Beerschewa in etwa zwei Meilen Entfernung erlaubte.
Hier, wo er die Schlacht beobachtete, musste heute Mittag
noch die eigene Artillerie gestanden haben, denn zwei zerstörte Haubitzen lagen in einem Erdtrichter. Ein Geschoss
musste sie und wohl auch die Mannschaft außer Gefecht
gesetzt haben. Die Menschen waren schon weggeräumt worden. Er sah den Rauch der Geschütze über der Stadt hängen
und mit seinem Fernglas auf der rechten Seite die schnellen
Bewegungen von Kavallerieabteilungen, die in mehreren
aufeinander folgenden, langen Linien auf die türkischen
Stellungen zupreschten. Am Himmel tauchten immer wieder
Flugzeuge auf, die man erst dann als Freund oder Feind erkannte, wenn sie die Ziele ihres Angriffs preisgaben. Als der
Kriegslärm langsam nachließ, war die britische Infanterie in
der Mitte noch immer von Süden auf dem Vormarsch und die
Kavallerie von Norden in die Stadt eingedrungen. Die Türken mussten sich zurückgezogen haben. Die Schlacht war
gewonnen, da war er sich sicher.

In den nächsten zwei Tagen blickte Sari in die verzerrte
Fratze des Krieges. Zerrissene Menschenkörper, in Einzeltei-
len auf Wagen gelegt, stöhnende Verwundete, die zum provisorischen Lazarett in Beerschewa transportiert wurden, ver-
endete Tiere, deren Kadaver einfach liegengelassen wurden
und die Schäden, die in den Köpfen der Überlebenden entstanden waren. Große Gruppen von türkischen Gefangenen
waren an ihnen vorbei nach hinten gebracht worden. Mit
angstvollen Gesichtern, abgezehrt und vom Hunger gezeichnet, teilweise zerlumpt und barfuss, waren sie unsicher, was
mit Ihnen geschehen würde. Die armen Kerle taten Sari leid.

Beerschewa war komplett von den Türken verlassen worden. Nur vereinzelt hatte es noch Versuche gegeben, das
Schicksal noch einmal zu wenden. Sie waren abgewehrt
worden. Die Briten waren bis drei Meilen hinter die Stadt
vorgestoßen und bedrohten jetzt die gesamte Sinai-Front der
Türken bis nach Gaza.

Saris Kompanie verlegte ihre Einrichtungen in das solide Steingebäude des türkischen Bahnhofs Beerschewa, der erst vor zwei Jahren in Berieb genommen worden war. Alle waren damit die nächsten Tage beschäftigt. Die Türken hatten ihre Stellung dem Verlust von Beerschewa angepasst, aber ihre linke Flanke war nun offen. Am 6. November rückte die britische Armee auf einer Länge von zehn Meilen vor und konzentrierte ihren Angriff auf Gaza und eben diese offene Flanke. In Beerschewa war der Kriegslärm gut zu hören. Dann kam am Abend des nächsten Tages die erlösende Nachricht, dass mit Hilfe von Panzern und britischen Kriegsschiffen Gaza gefallen war. Die gesamte Front der Türken brach in der Folge zusammen.

Sari traf Joshua gesund und unverletzt an, als seine Einheit bereits Vorbereitungen machte, der türkischen 7. Armee in die judäaschen Berge zu folgen. „Es geht nach Hause, Sari. Es geht nach Hause", rief er wohlgemut, als sei der Weg nach Jerusalem nur ein schöner Ausflug. Joshua hatte vor der Frontlinie, in unmittelbarer Nähe der türkischen Stellungen, Ziele für die Artillerie seines Bataillons aufgespürt und sie zurückgemeldet. Mehrmals war er allein vorgegangen und hatte bei den Zielbeschreibungen von Laufgräben und Gefechtsstellungen Kopf und Kragen riskiert. Viele solcher Aufklärer kamen nicht zurück. An ihrem Erfolg und ihrer Präzision hing das Leben der vorrückenden Kameraden.

Auch Sari sollte sich auf den Weg in die Berge machen. Seine Kompanie würde den vorrückenden Spitzen folgen. Sie kamen nun in besiedeltes Gebiet, womit Saris eigentliche Arbeit begann. Sobald die Soldaten Dörfer oder Städte eingenommen hatten, war es seine Aufgabe mit den Verantwortlichen der Kommunen, über die Polizeigewalt, Recht und Ordnung zu sichern und entsprechende Befehle zur Umsetzung des Kolonialrechts zu erlassen. Es sollte kein Gesetzesvakuum entstehen.

Der Vormarsch auf Jerusalem durch die Berge gestaltete sich aber als ein mühsames Unterfangen. Nicht nur, dass die Türken und nun auch deutsche Verbände energisch Widerstand leisteten und jede Meile hart erkämpft werden musste, auch die Versorgung mit Nachschub war schwierig und verlustreich. Der ganze Proviant wurde aus Ägypten geliefert und nachdem er per Bahn bis nach Beerschewa gelangt war, musste er auf Maultiere, Lastwagen und später, in den Bergen, auf Kamele umgeladen werden. Die Temperaturen sanken und Regen hatte begonnen die Wege fast unpassierbar werden zu lassen. Viele der schwergewichtigen Kamele überstanden diese Strapazen über Steine und durch Morast nicht. Massenhaft sah man ihre Kadaver in den Wadis liegen. Nahe Dhura, südlich von Hebron, hatte Sari beobachtet, wie sich die hungernde Bevölkerung und die umherlaufenden Wölfe um die Tierkadaver stritten. Erleichterung im Nachschub trat ein, als man tausend Esel aus Ägypten herbeischaffte, aber auch die konnten nicht verhindern, dass die schweren Kanonen zurückgelassen werden mussten.

Am 23. November hielt Sari die britische Zeitung eines Kameraden in der Hand. Sie war datiert vom 13. des Monats und hatte eine Erklärung abgedruckt, die am 9. November im Jewish Chronicle in London erschienen war. Danach hatte die Regierung Großbritanniens, durch Arthur Balfour, ihren Außenminister, der jüdisch-zionistischen Bestrebung erklärt, sie betrachte die Errichtung einer jüdischen nationalen Heimstätte in Palästina mit Wohlwollen. Sari erschrak. Wer oder was machte es möglich, dass die britische Regierung ein solches Versprechen abgab, einer Organisation von Ideologen, die rein rechtlich gar keinen Anspruch hatte, überhaupt an ein völkerrechtlich anerkanntes Land irgendwelche Gebietsansprüche zu stellen. Das schien ihm zu absurd und ihn beruhigten dann auch die Kommentare der Zeitung, die das als widernatürliches Machwerk abtaten, wenn eine Nation einer Organisation das Territorium einer zweiten Nation versprach, das ihr noch gar nicht gehörte. Denn er wusste, die Zionisten waren keine Vertretung der jüdischen Glaubensgemeinschaft. Die allermeisten Juden teilten ihre Ansichten nicht, ja sie waren sogar strikt dagegen. Trotzdem ging ihm vor dem Einschlafen die Sache nicht mehr aus dem Kopf. Gib dem Juden einen kleinen Finger und er nimmt die ganze Hand, hatte sein Vater einmal einem jüdischen Händler zum Spaß gesagt. "Das stimmt", hatte der zurück gelacht. Wie würden die arabischen Einwohner Palästinas reagieren?

Aber Sari schlief am Ende doch ein mit der Gewissheit, es konnte sich nur um eine weitere Episode britischer Schmeichelei handeln, der man keine größere Bedeutung zumessen musste. Denn sie hatten ja auch den Arabern der Wüste große Versprechungen gemacht und sie jetzt, mit dieser Erklärung an die Juden, auch schon wieder gebrochen. Von dieser Art britischer Gerechtigkeit war er überzeugt, auch in diesem Fall.

Der Vormarsch der britischen Armee durch die Ebene an der Küste entlang bis Jaffa und Ramle gestaltete sich ähnlich schwierig, wie der Marsch durch die Berge. Allerdings war hier nicht das Wetter der größte Feind, sondern die Türken, die jetzt, vermehrt unterstützt durch deutsche Truppen, heftigen Widerstand leisteten. Mehrmals wurden Orte erobert und wieder verloren und hohe Verluste waren bei der Erstürmung der Abwehrstellungen zu verzeichnen. Ohne einen gleichzeitigen Zangenangriff von der Küste aus konnte aber Jerusalem nicht erobert werden. Alles hing von da unten ab.

Endlich schrieb Sari: − 7. Dezember 1917: Die Truppen sind an Nabi Samuel vorbei auf Jerusalem zu … −

Er stand an Rachels Grab nördlich von Bethlehem und blickte in den sternenklaren Himmel. Den ganzen Tag über hatte es geregnet und trotz Nebel und Regen waren sie von der Bevölkerung, wie überall in den Orten, durch die sie zogen, als Befreier gefeiert worden. Je näher sie Jerusalem kamen, umso erregter wurde er. Er war in den letzten zwei Wochen immer seiner Kompanie weit voraus gewesen, denn er unterstand jetzt direkt dem Kommandeur der 3. Infanteriebrigade General Watson und folgte der Truppe an der Spitze auf dem Fuß. Er hatte heute mit Bethlehems Bürgermeister Younan und seinem Polizeichef die Maßnahmen besprochen, die die Ordnung im Ort aufrechterhalten sollten. Dreißig britische Soldaten, unter einem Sergeanten, wurden dafür abkommandiert. In Hebron und Umgebung war gar eine ganze Kompanie der Infanterie dafür zurückgelassen worden. Younan und er kannten sich gut und der Bürgermeister war völlig überrascht Sari zu sehen. Er und sein Vater waren sehr gute Bekannte. Natürlich musste Sari im Haus des Bürgermeisters viele Fragen über sich ergehen lassen, aber viel wichtiger für ihn war die Situation seiner Familie. Als er erfuhr, dass sich Younan und sein Vater erst kürzlich noch getroffen hatten und keinem bis dahin ein Leid widerfahren war, beruhigte ihn das sehr. Allerdings waren die letzten Wochen und Tage immer chaotischer abgelaufen, mit willkürlichen Verhaftungen und Deportationen. Junge Männer waren teilweise schon ein halbes Jahr nicht mehr aus dem Haus gegangen, um nicht zwangsrekrutiert zu werden.

Er war viel zu aufgewühlt, als dass er im Haus mit den anderen hätte bleiben können, hatte Dschamila genommen und mit ihr am Zügel zu Fuß den Weg nach Jerusalem eingeschlagen. Eine lange Reihe frierender Soldaten, die für die plötzlich einsetzende Kälte in den Bergen nur unzureichend ausgerüstet waren, zogen mit Esel- und Pferdewagen am Grab vorbei. Sari legte die schwere Kameldecke der Beni Safar um die Schultern und schaute in die Nacht. Wie lange war er schon nicht mehr hier gewesen, wie liebte er dieses Land? Er sog die klare Luft ein und roch, dass er wieder zu Hause war. Von Jerusalem her hörte er, selbst zu so später Stunde, noch immer das Geschützfeuer einer Kanone. Das war jedoch nichts zu dem, was in den letzten Tagen zu hören gewesen war. Einige Sanitäter mit Kamelen am Zügel, die in geflochtenen Körben auf jeder Seite je einen Verletzten transportierten, kamen aus Richtung der Stadt an ihm vorbei. Joshua und seine Infanterie mussten schon drin sein. Die Tränen der Freude stiegen in ihm hoch, als er den Raum vor dem kleinen Kuppelbau betrat, in dem er schon so oft gewesen war. Er zündete eine der kleinen Öllampen an, die da bereitstanden und notierte: – 8. Dezember 1917: Nur noch zehntausend Schritte bis nach Hause … –

Er musste nur noch die Anhöhe auf der schlammigen Straße hinauf, dann sah er um Mitternacht die ersten Lichter von Jerusalem.

Eingerollt in seine Decke hatte er die Nacht verbracht und tief und fest geschlafen. Er nahm sein Frühstück mit einigen Soldaten ein, die am Abend aus einem Hühnerstall ein Paar Eier gestohlen hatten. In dem Zelt, das auf der Anhöhe stand, war das provisorische Hauptquartier der Brigade untergebracht, das jetzt abgerissen wurde. Es sollte heute bis vor die Zitadelle der Altstadt, den Davids-Turm, verlegt werden. Dort würde er die weiteren Befehle erhalten, je nach Lage der Dinge. Einer der Soldaten scherte ihm noch die Stoppeln aus dem Gesicht, dann machte er sich mit Dschamila auf den

Weg. Die Sonne schien warm, es war Sonntag und es sollte der so lang ersehnte Tag werden, dass er nach Hause kam.

Zur Mittagszeit stand er vor dem Jaffa-Tor der Altstadt, wo eine große Menschenmenge jeden britischen Soldaten begeistert feierte. Die Menschen berührten seine Uniform, klopften auf seine Schultern und plötzlich hörte er jemanden rufen: „Sari Nadschar, hier ist Sari Nadschar. Gott im Himmel, es ist Sari." Es war Nedal Khury, der Vater von seinem Schulfreund Michael. Alle Augen blickten sich um und jetzt erkannten ihn viele andere auch. Keiner hatte damit gerechnet ihn hier und heute zu sehen, noch dazu als Offizier der Befreiungsarmee, die die verhassten Türken vertrieben hatte. Die Kamelstute am Zügel wurde langsam unruhig.

Sari war inmitten einer Menschenschar gefangen, die ihn herzte und küsste, so dass er sich kaum bewegen konnte. Immer wieder wurde sein Name gerufen und mehr und mehr Menschen kamen herbei, ihn zu sehen. Ein Palästinenser in der Uniform eines britischen Offiziers, der gekommen war, seine Heimatstadt zu befreien.

Dann bemerkte er, wie ein junges Mädchen sich energisch und mit all ihrer Kraft den Weg durch die Menge zu ihm bahnte. Als er sie erblickte, erkannte er das Gesicht, das er seit einem halben Jahr auf einem Foto in seiner Brusttasche und tief in seinem Herzen trug. „Sahra!", rief er noch, als seine Schwester auch schon ihre Arme um ihn schlang.

Auf Messers Schneide

SARI ERWACHTE in seinem Bett und war glücklich. Seit mehr als drei Jahren hatte er in seinem Zimmer nicht mehr geschlafen. Nichts war verändert. Damals, als die Kinder älter wurden, hatte man das Zimmer durch einen Vorhang geteilt und Sari und Sahra je eine Hälfte bezogen. Trotzdem waren sie fast immer zusammen aufgewacht. Seine kleine Schwester war nachts zu ihm unter die Decke geschlüpft. Sie waren ein Herz und eine Seele. Als Sari weggegangen war, hatte Sahra lange Zeit noch geweint, wenn sie alleine lag.

Er hörte, wie der Vorhang zur Seite geschoben wurde und dann spürte er, wie sich Sahra Platz machte und neben ihn legte. Allerdings war eine unbekannte Art von Distanz zu spüren, als sie sich doch nicht mehr so eng an ihn drückte, wie damals. Sahra war eine junge Frau geworden und die kindliche Körperlosigkeit einer gewissen Scham gewichen. So lagen sie eine ganze Weile auf der Seite und schauten sich an. Sie war hübsch geworden und er streichelte ihr Haar. Im Geiste sah er Jasmin vor sich, an die er fast jeden Tag gedacht hatte.

Sahra bemerkte seinen leeren Blick: „An wen denkst du?"

Beide hatten immer alles ausgetauscht und niemals ein Geheimnis voreinander gehabt; selbst die Eltern wussten nicht immer alles. Und so erzählte er seiner Schwester von seiner großen Liebe und warum er sie verlassen musste, denn davon hatte er gestern Abend nicht gesprochen.

Nachdem sich beide am Jaffa-Tor in die Arme gelaufen waren, war Sahra so schnell sie konnte nach Hause gerannt, durch die Altstadt und das Damaskus-Tor nach Bab El-Zahra, wo ihr Haus stand. Sie musste sich durch eine begeisterte Menschenmenge den Weg bahnen; nie zuvor hatte sie so viele Bewohner Jerusalems zusammen auf den Straßen gesehen. Sari hatte sich um seine Befehle gekümmert und erfahren, dass es ein Treffen am Davids-Turm mit dem Bürgermeister von Jerusalem und Major-General Shea geben sollte. Er hatte Dschamila an einen Soldaten übergeben, der sie zu den Ställen der Brigade brachte, die ganz in der Nähe, im Sultans Pool, gerade eingerichtet wurden. Und noch während er auf den Stufen des Turms wartete und in seiner Kameltasche seine Habe sortierte, waren seine Eltern erschienen. Den Tränen der Freude folgte ein Durcheinander von Fragen, Umarmungen und Liebkosungen. Seine Mutter schlug immer wieder die Hände vor ihr Gesicht, so, als ob sie das alles nicht glauben könne und sein Vater blickte voller Stolz auf seinen Sohn. General Shea war mittlerweile erschienen, hatte das alles beobachtet und Sari auf die Seite genommen.

„Nadschar, wenn wir hier gleich fertig sind, gehen Sie mit Ihrer Familie nach Hause. Ich beurlaube Sie bis morgen."

Dann erschien der Bürgermeister von Jerusalem, Hussein Salim al-Husseini. Sari kannte ihn gut. Er gehörte, wie auch der Großmufti, dieser mächtigen Familie Jerusalems an, die, mit wenigen anderen, Akteure der Politik und Großgrundbesitzer zugleich waren. Auf den Stufen des Turms nahm Shea, im Auftrag von Kommander Allenby, die offizielle Kapitulationserklärung von al-Husseini entgegen. Die hatte der vor drei Tagen eigenhändig von Izzat Bey, dem türkischen Gouverneur der Stadt, erhalten, bevor der sich mit einem gestohlenen Auto davonmachte. Das Papier habe er aber vorhin schon bei Lifta an Brigadier Watson übergeben, sagte al-Husseini. So chaotisch, wie dieser Tag für ihn selbst gewesen sei, so chaotisch sei auch der Rückzug der Türken in den letzten Tagen gewesen. Die Straßen wären verstopft gewesen von Fahrzeugen, Maultieren und Soldaten, die ungeordnet und undiszipliniert gen Osten nach Jericho gezogen seien. Das war kein Rückzug mehr, sondern heillose Flucht. Halb verhungerte Soldaten ohne Schuhe hätten ihre Waffen in den Straßen gegen Lebensmittel eingetauscht oder sie einfach weggeworfen, um schneller voran zu kommen. Auch die Deutschen hätten erhebliche Verluste gehabt. Tote und Verwundete wären zusammen auf Karren in provisorische Krankenhäuser transportiert worden, während überall Granaten und Bomben eingeschlagen seien. Die Deutschen hätten vorgestern ihr Hauptquartier im Auguste-Victoria-Hospital aufgegeben. Zum Glück für Jerusalem hatten sie einer Evakuierung der Stadt, um sie zur Verteidigung vorzubereiten, nicht zugestimmt. Die Verantwortung zur Zerstörung der heiligen Stätten, hatten die Deutschen nicht übernehmen wollen. Ihre Regierung in Berlin hatte den Rückzug befoh-

len. Der Bevölkerung gehe es schlecht. Keiner wisse, wie
viele verhungerte Menschen in den Häusern oder Gärten
lägen. Die Not bei den Armen sei unbeschreiblich. Getreide
gebe es schon wochenlang nicht mehr, aber ein spanischer
Konsul, der letzte verbliebene internationale Diplomat, habe
die Türken im letzten Augenblick davon abhalten können,
die Getreidemühlen der Stadt zu sprengen.

Auf den Mittag des nächsten Tages wurde dann ein Treffen mit al-Husseini, dem Polizeichef, dem Mufti, mit Vertretern der Christen und Juden und der britischen Militärführung in der Stadtverwaltung an der Jaffa Street vereinbart.
Drei Kompanien der Infanterie wurden erst einmal abkommandiert, um für Ordnung zu sorgen, denn es war seit gestern, mit dem Abmarsch der letzten Türken, vermehrt zu
Plünderungen, Einbrüchen und Diebstählen gekommen.

Nach dem Treffen war die Familie Nadschar dann gemeinsam nach Hause gezogen. An den Fenstern der jüdischen
Häuser brannten die Channukka-Kerzen und die Christen
füllten die Kirchen und sangen das Halleluja. Für alle war die
Befreiung wie ein Wunder. Auch für die Muslime, denn es
erfüllte sich eine ihrer Prophezeiungen, wonach Jerusalem
befreit würde, wenn der Prophet Allahs das Wasser des Nils
nach Palästina brachte. Allenby erhielt den Namen "Prophet
Gottes", weil seine Armee die Wasserleitungen von Ägypten
durch den Sinai gebaut hatte, um sich so zu versorgen.

Auch die Nadschars hatten auf ihrem Weg in der überfüllten Grabeskirche angehalten und einer der Sonntagsmessen
beigewohnt, um Gott zu danken. Aber Sari merkte hier, dass
er das, was er alles erlebt hatte, doch nicht mehr mit dem
Bild eines gütigen Gottes vereinbaren konnte, wie es ihm in
seiner Kindheit immer wieder gepredigt worden war. Die
Güte des Gottes bezog sich scheinbar nur auf die, die auch
das Glück hatten, dem Übel dieser Welt aus dem Weg gehen
zu können.

Zu Hause angekommen, musste Sari dann alles immer und
immer wieder erzählen. Er hatte seinen Proviant dabei und
der erlaubte an diesem Abend so etwas wie ein Festessen.
Unbegreiflichkeit erregte der Krummdolch, aber niemals
wäre auch nur einer auf die Idee gekommen, ihn gegen die
momentane Not zu Geld zu machen. Die Familie hatte ja die

schlimmste Zeit unbeschadet überstanden, was nicht jeder von sich sagen konnte. Von jetzt an würde alles besser werden, Sari war ja da, der britische Offizier aus ihrer Mitte. Es war spät in der Nacht, als sich alle zu Bett legten.

Pünktlich zu Mittag war Sari in der Stadtverwaltung. Sein Vater begleitete ihn. Er war Mitglied der Delegation des Mufti. Sie waren zu Fuß gegangen und überall auf dem Weg verneigten sich die Menschen und zogen ihre jüdischen Hüte oder arabischen Tarbusche. Im Sitzungssaal kam Hadsch Amin al-Husseini, der Halbbruder des Mufti, auf ihn zu und begrüßte ihn herzlich. Sie waren etwa gleich alt und hatten eine Zeit lang gemeinsam an der Universität in Kairo studiert. Ende 1914 war Amin in die osmanische Armee eingetreten, um das Amt seiner Familie in Jerusalem zu sichern. Der vorgetäuschte osmanische Patriotismus war jedoch nur gespielt, denn schon 1916 verließ er als überzeugter arabischer Nationalist wieder die Armee. Auch traf Sari den Vater von Joshua, Jonathan Rosenwald, der der jüdischen Delegation angehörte. Auffällig war, dass nur Zionisten ihr angehörten. Jonathan dankte Sari überschwänglich für das Leben seines Sohnes und berichtete, dass der beim Angriff schwer verwundet worden sei. Aber alles würde gut, hätte der Arzt gesagt. Er liege im Scha'arei-Zedek Krankenhaus. Saris Vater hatte diese Geschichte mit Joshua so noch nicht von seinem Sohn gehört und wurde umso stolzer.

Als alle Geladenen beisammen waren, gab General Shea bekannt, dass morgen General Allenby offiziell die Stadt übernehmen werde. Es sollten alle dazu notwendigen Vorbereitungen getroffen werden. Dann erklärte er, dass von nun an das britische Kolonialrecht gelte und für dessen Umsetzung der hier allen bekannte Lieutenant Nadschar zuständig sei. Seinen Befehlen sei unbedingt Folge zu leisten. Sari bemerkte, dass dies nicht bei allen Anwesenden auf Wohlgefallen stieß.

„Seien Sie vorsichtig, Nadschar", sagte Shea später. „Nicht alle Ihrer Landsleute nehmen Ihre Position stillschweigend zur Kenntnis. Sollten Sie Schwierigkeiten bekommen, wenden Sie sich direkt an mich. Wir geben Ihnen Zeit bis nach Weihnachten, dann sollten Sie alle auf die neue Welt vorbereitet haben. Bis dahin können Sie bei Ihrer Familie wohnen bleiben. Sergeant Bower steht mit zwei Mann zu Ihrer Verfügung. Viel Glück."

„Ach, und noch was", fügte er an. „Major Lawrence kommt morgen zusammen mit dem Kommander aus Jaffa nach Jerusalem. Sie sind beim Empfang natürlich herzlich eingeladen. Also bis morgen."

Saris Macht hätte größer nicht sein können. Er, der jugendliche Sohn des Schreibers von Großmufti Taher al-Husseini, war nun Befehlsgeber aller Honoratioren von Jerusalem. Er wollte den Rat von Shea unbedingt beherzigen und diese Macht zum Wohle aller einsetzen. Er legte die erste Versammlung auf Mittwoch fest.

Dann machte er sich auf, Joshua zu suchen. Er fand ihn in einem mit Betten vollgestopften Zimmer im Krankenhaus von Dr. Mosche Wallach. Der orthodoxe deutsch-jüdische Arzt hatte ihn vor der Amputation seines Beines bewahrt, in das Splitter einer Handgranate eingedrungen waren. Jedes Militärlazarett hätte das Bein kurzer Hand abgetrennt.

„Wir hatten Mamilla schon passiert und Nahalat Shiv'a erreicht. Ich war an der Spitze und nur noch hundert Yards von meinem Elternhaus entfernt. Da wurde ich aus Euphorie unvorsichtig und es gab eine Detonation und dann spürte ich, wie meine Hose nass wurde. Was war das, dachte ich noch, dann sah ich auch schon das ganze Blut. Meine Kameraden banden das Bein ab und als mich die Sanitäter später holten, verspürte ich schon diese unsäglichen Schmerzen. So kurz vor zu Hause. Aber ich rief den Sanitätern zu, sie sollten mich ins Scha'arei-Zedek Krankenhaus bringen, es war ja gleich in der Nähe. Dr. Mosche kennt mich noch als Kind und so blieb alles an mir dran. Jetzt darf nur der Wundbrand nicht auftreten."

Man hatte Joshua mit Morphium aus den Heeresbeständen versorgt und es war ihm anzumerken, dass er Ruhe brauchte. Sari versprach also später wieder bei ihm vorbeizuschauen.

Die Lage in Jerusalem war noch immer nicht völlig sicher. Auf dem Ölberg hatten sich türkische Eliteverbände verschanzt, deren Ehrenkodex es nicht zuließ, dem Feind zu weichen. Diese mussten bis zum letzten Mann im Nahkampf besiegt werden. Insgesamt hatten die Briten in Jerusalem über eintausendfünfhundert Mann verloren. Die wenigen Krankenhäuser waren völlig überfüllt mit verletzten Soldaten beider Seiten und tausende Türken waren gefangen genommen worden. Dazu kam die Not der Bevölkerung, die an Hunger und Krankheiten litt. Der Aufwand an Logistik wurde ungeheuer.

Aber erst einmal wurde der Einmarsch Allenbys zelebriert. Der durchschritt am 11. Dezember mit Vertretern der alliierten Länder zu Fuß das Jaffa-Tor und verlas eine Erklärung der britischen Regierung, die sich vor allem um die Bewahrung der heiligen Stätten drehte. Der Omar-Ibn-Khattab Platz vor der Zitadelle war voller Menschen und alle Honoratioren der Stadt und der Religionen waren gekommen. Nachdem die Erklärung in mehrere Sprachen übersetzt war, ließ sich Allenby, bei einem Empfang, die Würdenträger vorstellen und versicherte, dass alles getan würde, die Not der Menschen Palästinas so schnell wie möglich zu lindern.

Lawrence war mit ihm erschienen und der begrüßte Sari herzlich. Sie tauschten sich über die letzten Monate aus und der Engländer übergab ihm die allerbesten Grüße von Faruk und Omar. Dann nahm er ihn zur Seite.

„Die Erklärung von Balfour an die Juden ist offensichtlich auch bei den Arabern mittlerweile bekannt. Das habe ich deutlich an der Haltung Prinz Faisals bemerkt, obwohl er das nicht öffentlich äußert. Wenn wir etwas für die Sache der Araber tun wollen, dann müssen wir uns an der Vertreibung der Türken auf der transjordanischen Seite beteiligen. Das Ziel muss Damaskus sein. Je mehr wir Boden gewinnen, umso mehr steigt der Anspruch auf das Land. Allenby wird uns beim Vormarsch nach Norden unterstützen. Wenn du hier fertig bist, hätte ich dich gern wieder bei uns. Der Kommander wäre einverstanden."

Kaum hatte Lawrence das gesagt, war sich Sari auch schon sicher, dass er das Angebot annehmen würde. Die Weite der Wüste und das freie Leben fehlten ihm schon jetzt. Seine Familie war ja nun in Sicherheit, allerdings hatten seine bürokratischen Aufgaben ja gerade erst begonnen und die britische Armee stand erst in der Mitte Palästinas. Der Weg bis nach Beirut und Damaskus war noch weit. Er teilte Lawrence seine Bedenken mit.

„Wir werden erst losmarschieren, wenn die Armee hier mindestens weiter als Nablus vorgedrungen ist, dann wird der türkische Widerstand östlich des Jordan geringer werden und dann wäre es Zeit für dich zu uns zu stoßen."

Lawrence ging mit Sari auf Shea, Chetwode und den Kommander zu. Ihnen allen war Sari mittlerweile bestens bekannt und die Aussage von Lawrence wurde bestätigt.

Allenby klopfte ihm auf die Schulter und sagte mit einem Lächeln: „Lieutenant Nadschar, unsere jüdisch-zionistischen Freunde hätten am liebsten schon morgen die Gewalt über ihre versprochene Heimstätte. Geben Sie also nicht allzu viel ab von dem, was wir unter schweren Opfern hier erobert haben." Und etwas ernster fügte er hinzu: „Wir machen hier keine Politik, Nadschar, wir führen Krieg, bis die Türken besiegt sind. Bitte berücksichtigen Sie das und begleiten Sie uns nachher zum Mittagessen."

Sari hielt sich daran bis ins Detail. Als Weihnachten näher kam, waren die Polizei, die Justiz, die allgemeine Verwaltung sowie öffentliche Bauarbeiten, Handel und Finanzen auf das britische Kolonialrecht geeicht. Die Abteilungen waren gleichmäßig mit Juden, Moslems und Christen besetzt und jede wurde geführt von einem Stab britischer Offiziere. Die Gesamtführung übernahm bald Ronald Storrs, der neue Militärgouverneur von Jerusalem. Das Hauptquartier, in dem sich auch Saris Abteilung befand, war mittlerweile in einem großen Gebäude am Damaskus-Tor eingerichtet.

Eines machte Sari Sorgen. Die Erklärung von Außenminister Balfour wurde von einer mit Kopfschütteln und zynischen Kommentaren bedachten Glosse zu einem immer ernster zu nehmenden Fakt. Aufgrund dieser Erklärung waren Vertreter der jüdischen Delegation in der Stadtverwaltung direkt an ihn herangetreten und hatten ihn aufgefordert mehr Zionisten in Führungspositionen einzusetzen. Jonathan Rosenwald, der der ungestüme Fürsprecher dieses Ansinnens war, konnte von Sari allerdings ausgebremst werden. Stand der doch wegen Joshua zu sehr in seiner Schuld, als dass er gegen die Gleichbehandlung aller hätte lauthals protestieren können.

Sari sprach darüber bei einem Besuch im Krankenhaus auch mit Joshua, bei dem die Heilung gute Fortschritte machte. Der beruhigte ihn: „Die Heimstätte ist doch verbunden

76

mit der Bedingung, dass den nicht-jüdischen Gemeinschaften keine Beeinträchtigung widerfahren solle. Das scheint mir klar und deutlich. Es geht wohl nur gemeinsam."

Von Ja'akov Menashe, einem orthodoxen Rabbi, der sich selbst vehement als Vertreter der nicht-zionistischen Juden in die Delegation der Stadt gedrängt hatte, erfuhr er, dass man das Wort Heimstätte als spirituelles Zentrum der Juden begreifen müsse. In diesem Fall hätten die wirklichen Juden Palästinas auch gar nichts dagegen.

„Die Zionisten sind Täuscher und Blender. Sie geben vor für uns alle zu sprechen, aber das ist nicht so", stellte Rabbi Menashe klar. „Wir wahren Juden verachten den jüdischen Nationalismus aufs Tiefste, denn wir haben weder im Buch der Bücher noch in der Mischna oder dem Talmud, weder in den Auslegungen oder Legenden unserer Vorväter, den Begriff Nationalismus gefunden. Wir Juden sind durch die Tora definiert und durch kein anderes Kriterium außerhalb des Glaubens. Der Zionismus aber verletzt unsere religiösen Überzeugungen und Gefühle. Er ist bestrebt, in einem ausschließlich jüdischen Staat, das Gelobte Land zu homogenisieren. Was anderes muss man dann daraus folgern, als die Vertreibung der Nachbarn? Sie träumen einen gefährlichen Traum. Das alles ist eine große Lüge." Und dann fügte er verschmitzt hinzu: „Mit Lügen kommt man weit, aber nicht zurück. Wir Juden streiten uns gern untereinander. Da sind wir wie ihr Araber. Deshalb sollten wir Frieden halten mit euch. Wie könnten wir sonst in Ruhe unter uns streiten?"

Sari dachte noch lange nach über die Worte des Rabbi. Es schien ihm doch zu weit hergeholt, als dass eine so kleine Minderheit jemals die vielen Tausende von Arabern aus dem Land vertreiben könnte?

Am Heiligabend teilte ihm Shea mit, dass sich Rosenwald über ihn beschwert habe und er, Shea, mit Hinweis auf Balfour, eingreifen solle, um die jüdischen Ansprüche sicherzustellen. Shea hatte Rosenwald vor die Tür gesetzt. Sari war völlig überrascht. Das also war der Dank!

„Der ist durchdrungen von seinem zionistischen Gedankengut", hatte Saris Vater gesagt. „Er wird mit allen Mitteln, wie schon unter den Türken, so jetzt auch unter den Briten, dafür sorgen, dass ihre Macht zunimmt."

Saris Vater arbeitete zwar mit in der christlichen Delegation, hatte aber den Vorschlag abgelehnt, in die Verwaltung zu
wechseln. Er blieb im Stab von Mufti Kamil, denn es fiel
ihm schwer mit den Zionisten zusammen zu sein, obwohl
Khaled Nadschar und Jonathan Rosenwald schon vor dem
Krieg gezwungen waren im Untergrund zusammen zu arbeiten. Der eine als arabischer und der andere als jüdischer
Nationalist. Seit 1915 wurden auf Befehl Dschamal Paschas
Führer arabischer Geheimgesellschaften in Damaskus, Beirut
und Jerusalem verhaftet, unter Folter verhört und von Mili-
tärtribunalen zum Tode verurteilt. Gegen die zionistische
Siedlungsbewegung in Palästina wollte Dschamal ebenfalls
mit harter Hand vorgehen und die neu eingewanderten "ausländischen" Juden vertreiben. Dieser drohenden Gefahr begegneten die Zionisten durch eine Initiative, die letztlich
sogar die Annahme der türkischen Staatsbürgerschaft propagierte, auch wenn darin die Wehrpflicht enthalten war. Am
Ende jedoch verhinderten allein die Interventionen der USA
und des Deutschen Reiches die Deportation der zionistischen
Einwanderer. Beide hatten die Regierung in Konstantinopel
umgestimmt. Die Männer mussten dennoch sehr vorsichtig
sein und waren auf gegenseitige Informationen und Hilfe
angewiesen. Die Feindschaft der beiden Lager war wegen
des gemeinsamen türkischen Feindbilds für diese Zeit tabu,
trotz des kulturellen und politischen Unterschieds.

Sari lernte viel in diesen Tagen. Korruption, Intrigen, Lügen und Verrat bei der Besetzung der begehrten Stellen,
waren für ihn Dinge, die er erst verarbeiten musste. Er verbrachte die Weihnachtszeit und Neujahr bei seiner Familie.
Zwar waren die Bäckereien wieder geöffnet, aber tausende
Obdachlose, Waisenkinder, Arme oder Kranke streiften
durch die Straßen und hielten sich durch den Verkauf von
verbotenem Alkohol, Diebstahl oder Prostitution am Leben.
Lebensmittel waren rar. Die Versorgung Jerusalems von
jenseits des Jordan war zusammengebrochen; die Türken
standen dort auf den Höhen und sammelten ihre Kräfte.
Flüchtlinge aus ganz Palästina strömten in die Stadt und die
Krankheiten nahmen epidemieartig zu. Der Vormarsch der
Briten war aufgehalten. Die Front hatte sich in Grabenkämp-
fen von der Mittelmeerküste bis zum Jordantal festgefahren.
Sie waren gezwungen Teile der Truppen, aufgrund einer

deutschen Offensive in Europa, nach Frankreich an die Westfront zu verlegen. Auch hier war die Entscheidung noch nicht
gefallen. Alles stand auf Messers Schneide.

Nach Neujahr wurde Joshua aus dem Krankenhaus entlassen. Sein Bein würde bald wieder vollständig genesen sein.
Die Besuche bei ihm im Krankenhaus hatten Sari gezeigt,
dass der die Haltung seines Vaters nicht mehr unbedingt
verurteilte. Die Erklärung von Balfour zählte auch für ihn als
Rechtfertigung einen jüdischen Staat zu gründen. Sie trafen
sich häufig abends, aber niemals in Jonathan Rosenwalds
Haus in Nahalat Shiv'a. Sari hatte mit ihm gebrochen, seit
Rosenwald ihn in einer jüdischen Zeitung als radikalen Antisemiten und arabischen Nationalisten bezeichnet hatte, weil
er für die Zionisten keine Sonderbehandlung gelten ließ. So
saßen beide also allabendlich in den Cafehäusern der Stadt
und diskutierten mit jungen Arabern und Juden, gemeinsam
über ihre Zukunft. Dabei ging es oft hoch her. Sari und Joshua vertraten eine tolerante Haltung, die alle, Juden und
Araber, an dem Projekt Palästina beteiligen sollte. Nur ein
Miteinander könne die Zukunft garantieren. Jedoch merkte
Sari, dass Joshua seine Ansichten nicht immer teilte. Oft
entstanden heftige Streitigkeiten beider Seiten, was sie aber
dann auch wieder zusammenschweißte, denn Handgreiflichkeiten von Extremisten beider Seiten waren nicht ausgeschlossen.

Es war schon spät am Abend, als beide vor dem Damaskus-Tor standen und sich jeweils nach Hause verabschieden
wollten. Sie trugen keine Uniform. Der Abend war von heißen Debatten in einem Cafehaus geprägt gewesen und sie
hatten nicht zurückgesteckt. Auf der ungenügend beleuchteten Straße waren nur wenige Leute unterwegs, als Joshua an
der nahen Stadtmauer einen Schatten wahrnahm. „Achtung
Sari", sagte er. Drei vermummte Gestalten kamen mit Knüppeln auf sie zu. Ihre Absicht war eindeutig.

„Was wollt ihr?"

„Was gibst du dich mit diesem verfluchten Sayuni ab. Er
verdreht dir den Kopf. Wir nehmen uns das Recht ihn dir
jetzt ein wenig gerade zu rücken und den deines Kumpanen
erst recht", sagte der Anführer.

„Geht nach Hause und besinnt euch", erwiderte Sari noch, als der Angriff aber auch schon kam. Sie hatten jedoch gelernt auf so etwas schnell zu reagieren. Noch während des Ausholens der Knüppel flogen zwei der Burschen schon nach hinten, getroffen von harten Fußtritten in die Magengrube. Der dritte gab auf und rannte davon. Sari und Joshua hielten je einen am Genick, als diese nach Luft rangen. Zwei Passanten hatten bemerkt, was vorgefallen war und riefen laut um Hilfe. Es dauerte nicht lange und zwei britische Infanteristen standen vor ihnen.

„Verdammt, jeden Abend das gleiche", brummte der eine beim Näherkommen und als er Sari erkannte: „Sir, Sie hier? Ist Ihnen etwas geschehen?"

„Nein, nein Sergeant Bower. Diese beiden übereifrigen Politeiferer wollten uns nur ihre Meinung kundtun. Ist schon in Ordnung. Trotzdem würde ich gern ihre Namen wissen. Ich werde mich morgen bei Ihnen erkundigen. Danach lassen Sie sie gehen." Und zu den beiden gerichtet: „Hört zu, ich bin Sari Nadschar. Wenn ihr etwas mit mir zu bereden habt, dann könnt ihr offen zu mir kommen. Ihr sprecht vom Recht und auch ich spreche vom Recht. Aber nicht vom Recht, das man sich nimmt, sondern vom Recht, das man anderen gibt. Denkt darüber nach."

Nachdem die Soldaten die beiden abgeführt hatten, setzten sie sich auf einen der großen Steine vor der Mauer.

„Sari, das Recht, das man anderen gibt, ist das Menschenrecht, oder", fragte Joshua? Sari nickte. „Menschenrecht also auch für Juden", fuhr er fort. „Dieses Recht ist allen gleich. Alle müssen gleich behandelt werden. Warum sind dann die Araber gegen uns Juden?"

„Sie sind nicht gegen Juden, Joshua. Sie machen nur einen großen Unterschied zwischen Juden und Zionisten. Menschenrecht ja, wenn das auch gegenseitig gilt. Vertreibung arabischer Bauern von ihrem Land durch zionistischen Landkauf gehört jedenfalls nicht dazu."

„Ja, aber der Zionismus errichtet doch seine Heimstätte nur auf einem Teil des Landes."

„Im Zionismus steckt Kolonialisierung und Homogenisierung durch Umsiedlung, Joshua. Die Vertreibung der Bauern von ihrer Scholle, verwirklicht heute im Kleinen, was sich morgen im Großen zur Katastrophe auswirken könnte. Rabbi Menashe hatte recht, als er das bemerkte."

„Sari", sagte Joshua ohne jeden Zweifel, „die Ideologie gibt uns Juden ein neues Selbstbewusstsein. Schau doch nur, wie die meisten in Palästina leben, dreckig, verarmt, in Lumpen und krank. In Osteuropa werden sie verfolgt, geächtet und erschlagen. Wir müssen das Judentum über die Menschen erneuern. Dazu brauchen wir die jüdische Heimstätte."

„Wenn der Prozess dazu dient auch andere zu akzeptieren, dann sind wir nicht weit auseinander, mein Freund. Und du hast recht, auch wir Araber müssen uns erneuern. Diese Burschen hier heute Abend sind das beste Beispiel. Sie sind gefangen in ihrer Einfältigkeit, das Denken wird von anderen übernommen. Sie werden benutzt für die Ziele anderer. An diese müssen wir herankommen, sie sind die wahren Macher. Die einfachen Araber lassen sich leicht aufstacheln, weil ihnen Bildung und Aufklärung fehlt. Wenn ich in die Dörfer gehe und die Zustände dort sehe, kommen mir die Tränen. Ich erkenne die gleichen Symptome bei den orthodoxen Juden hier in der Stadt, wie bei den tiefgläubigen Muslimen auf dem Land. Die unkritische religiöse Hingabe verhindert die Entwicklung des Verstandes und die Fähigkeit diesen auch ohne Anleitung eines anderen zu gebrauchen; hier bei euch und dort bei uns. Das wird ausgenutzt zu Intoleranz und Aufwiegelung. Aber die Gefahr steckt nicht nur in den Religionen, Joshua, sondern auch in den Ideologien. Gegenseitige Ausgrenzung bringt hier keinen weiter."

„Den Juden wurde die Heimstätte versprochen, Sari, und sie werden sie bekommen. Das ist sicher."

Die Diskussionen der beiden drehten sich um Ideale, Gemeinsamkeiten und Visionen. Sie suchten nach Ansätzen, wie man beide Seiten zusammenführen könnte. Euphorie und Depression waren dabei permanente Begleiter ihrer Diskussionen, denn die Existenz der sich immer weiter auseinander dividierenden radikalen Extremisten beider Seiten, war nicht zu leugnen. Die Gesellschaften drohten auseinander zu driften und selbst Sari und Joshua gerieten zu oft aneinander.

Er war mittlerweile in der Abteilung Justiz beschäftigt, die das Gerichtswesen neu strukturieren sollte. Dazu musste auch altes Aktenmaterial von Gerichtsprozessen und -urteilen gesichtet werden. Im osmanischen Riesenreich hatten die Vilâyets Damaskus und Beirut sowie der Sandschak Küdüs-i Sherif mit Jerusalem nur einen geringen Wert gehabt, sowohl wirtschaftlich, als auch demographisch. Daraus ergab sich der Vorteil, dass Begehrlichkeiten der türkischen Verwaltung auf das Land sehr gering waren und die Preise für den Ankauf entsprechend niedrig – bis der zionistische Landkauf einsetzte. Die Preise explodierten wegen der übermäßig hohen Summen, die die Juden zahlten. Sari fand heraus, wie der Verkauf zuletzt abgelaufen war. Die Türken hatten lange vor dem Krieg ein Verbot für weitere jüdische Landkäufe in Kraft gesetzt, um die sich dadurch verschlechternden Beziehungen zwischen Arabern und Türken nicht weiter zu belasten. Viele Grundbesitzer saßen jedoch weit entfernt in Damaskus oder Beirut. Als die Landverkäufe legal nicht mehr durchzuführen waren, wurden, mit Bestechung und Korruption, die Lücken des verzweigten Systems genutzt, um Besitzurkunden hier verschwinden zu lassen, dort zu ändern oder hier wieder neu auszustellen. An dem System des jüdischen Landkaufs verdienten die Landbesitzer und die korrupten Beamten, vom Bezirksvorsteher bis zum Schreiber, gleichermaßen. Die Gewinne waren enorm. Die einzigen, die dabei betrogen wurden, waren die arabischen Bauern des verkauften Landes. Als Pächter waren sie die Verlierer und mussten den Boden, den sie seit Generationen bebauten, und alles, was sie selbst darauf errichtet hatten, wie ihre Brunnen, Häuser und Olivenbäume für andere zurücklassen. Oft ging es dabei gewalttätig zu und manche der Streitigkeiten endeten tödlich. Sari studierte Gerichtsakten über Fälle, die verfolgt worden waren und erkannte die systematische Ungerechtigkeit, die zu Spannungen führen musste. Solcher Art Landkäufe liefen immer nach dem gleichen Muster ab. Die Juden waren interessiert an großen Landflächen der Großgrundbesitzer, die sie mit einem Mal erwerben konnten. Waren einzelne Bauern im Besitz von Äckern und Weiden, war ihnen der Verhandlungsaufwand zu groß. War das Land einmal verkauft, wurde der illegale Handel selten rückgängig gemacht. Man sprach von Bestechlichkeit der Richter. Das Land blieb trotz Verbots bei den Juden.

Über die Namen der beiden nächtlichen Angreifer konnte er deren Verbindungen zu der arabischen Nationalistenbewegung verfolgen. Die Spuren führten schnell zur Familie der al-Husseinis. Um aber seinen eigenen Vater nicht in Schwierigkeiten zu bringen, ließ er es auf sich beruhen.

Die Türken unternahmen Ende Januar einen Versuch Jerusalem zurückzuerobern. Sie wurden mehr und mehr von deutschen Einheiten unterstützt, die nach dem Waffenstillstand mit Russland von der Ostfront abgezogen worden waren. Der Angriff konnte jedoch auf den Höhen vor Jerusalem gegen die bergan stürmenden Türken abgeschlagen werden und im Gegenzug eroberten die Briten, drei Wochen später, Jericho und übernahmen die Kontrolle der Region am Toten Meer. Damit ging Saris Zeit in Jerusalem zu Ende, denn die Ereignisse erforderten plötzlich seinen Einsatz auf dem großen Wüstenplateau östlich des Jordan. General Chetwode hatte ihn zu sich bestellt.

Der stand an einem Tisch mit einer großen Karte, auf der die Frontlinien des Krieges eingetragen waren und begrüßte ihn mit Handschlag. „Lieutenant Nadschar, wir brauchen Sie bei der Armee von Prinz Faisal. Er hat Ma'an durch die Einnahme von Shoubak und Tafilah von Amman abgeschnitten und im Januar sogar einen Gegenangriff der Türken abgewehrt", sagte er indem er mit dem Finger über die Orte auf der Karte fuhr. „Lawrence ist vorgestern mit dem Flugzeug zurück zu ihm nach Aqaba und sendet Ihnen seine Grüße. Die Araber stehen weniger als hundert Meilen vor Amman. Wir könnten Amman in die Zange nehmen. Gestern haben wir erfahren, dass eine größere Abteilung der Yildrim Armee von General von Falkenhayn nach Katrana gegen sie aufgebrochen ist. Wir werden deshalb sehr bald einen Angriff auf Amman wagen. Bei gutem Gelingen könnten wir das gesamte Plateau säubern. Dazu müssen wir aber die türkischen Versorgungswege aus dem Norden zerstören. Wenn wir Amman erst einmal haben, kann sich die Yildrim Abteilung nicht länger halten und muss bis nach Damaskus zurückweichen. Die Araber werden also, mit Unterstützung unserer Truppen vor Ort, die Bahn nördlich von Ma'an auf Dauer zerstören. Lawrence soll mit einem Reitertrupp bis vor Amman ziehen, die ortsansässigen Beduinen eingliedern und

sich mit uns am 30. März bei El Salt vereinen. Nadschar, Sie
werden übermorgen aufbrechen und als Beduine, diesseits
des Toten Meeres, nach Süden reiten, um an der Spitze einen
Melder zu treffen, der Sie nach Tafilah bringen wird. In fünf
Tagen müssten Sie spätestens da sein. Stellen Sie einen Stoß-
trupp zusammen, der in einem Bogen Amman umgeht und
die Bahnverbindung von Dar'a nach Amman unterbricht.
Lawrence wird von Aqaba auf Amman ziehen, um gleichzeitig Ihren Rücken zu decken und Ma'an abzuschneiden. Haben Sie noch Fragen?"

„Sir, wann erfolgt der Angriff auf Amman? Wie viel Zeit
habe ich?"

„Wir rechnen mit der Operation Ende März. Sie sollten
spätestens am 23. ihren Auftrag erledigt haben. Die Bahnverbindung muss so zerstört werden, dass eine schnelle In-
standsetzung unmöglich ist. Führen Sie die Operation weiter
entfernt von Amman aus, damit kein Verdacht entsteht. Viel
Glück, und bitte nehmen Sie noch Ihre und diese Befehle an
General Shea mit. Im Büro unten erfahren Sie alles Weitere."

Damit drückte er ihm eine Mappe in die Hand, klopfte ihm
auf die Schulter und war auch schon im nächsten Raum verschwunden. Es ging also wieder los und er war froh darüber.
In seinem Tagebuch notierte er abends, hinter dem Eintrag
vom 8. Dezember 1917: – 6. März 1918: Befehl erhalten; es
geht zurück in die Wüste … –

ER SAß auf seiner Dschamila und ritt die steil abschüssige
Straße nach Jericho hinunter. Vor und hinter ihm Soldaten,
zu Fuß, auf Pferden oder Kamelen, beladenen Lastwagen
oder Karren, die dem Jordantal zustrebten. Inder, Neuseeländer, Iren, Australier und Engländer, eine bunte Mischung der
Gesichter des britischen Weltreichs. Der Blick auf die gegenüberliegenden Höhen war heute außergewöhnlich klar. Der
viele Regen der letzten zwei Monate hatte die Luft gereinigt
und sie wurde jetzt wärmer und wärmer, je tiefer er kam. Die
judäasche Wüste blühte in allen Farben und seine Stimmung
war prächtig. Zu Hause wurde der Marschbefehl zwar mit
großem Jammer aufgenommen, aber jedem war klar gewesen, dass das Ende des Krieges noch nicht erreicht war. Und
so waren die Tränen von Sahra und seiner Mutter, dem

84

Durchhaltewillen und dem Glauben an seine Rückkehr gewichen. Sie hatten ihm alle noch beim Packen geholfen und waren morgens bis zu den Ställen an der Straße nach Jericho mitgegangen, wo Dschamila stand. Dort hatten sie sich verabschiedet, er war aufgestiegen und als sich Dschamila erhoben hatte, schloss sie sich selbständig dem Militärtross an.

Als er den Punkt erreichte, wo die Straße durch eine Furt den letzten Abhang ins Jordantal hinunterführt, erkannte er die starken Befestigungen einer Artilleriestellung, die das ganze Tal beherrschte. Er ritt auf die Stellung zu.

„Hallo Trooper, wer liegt hier", fragte Sari den ersten Soldaten und ließ das Kamel niederknien?

„Die 60. Infanteriedivision von Major-General Shea und das Auckland-Mounted-Rifles Regiment, Sir."

„Ist General Shea da?"

„Ja, Sir, oben am Kommandostand." Sari nahm Dschamila am Zügel und ging in die gezeigte Richtung bergauf. Oben, auf der Kuppe, hatte die Division ein Zelt aufgeschlagen, das den Blick in das gesamte Tal nach Norden und Süden freigab und wo er das Blau des Toten Meeres unter sich erblickte.

Shea saß auf einem Klappstuhl vor dem Zelt und genoss den Ausblick. „Ah, Nadschar, Ihr Land ist gewaltig, schön, gefährlich und unberechenbar zugleich. Wie lange haben Menschen hier schon gesiedelt? Da drüben liegt Jericho, dort der Jordan, hier Nabi Musa und gegenüber das Reich von Moab, genau wie in der Bibel beschrieben. Ich kann es kaum glauben, dass ich das alles hier vor mir sehe."

„Ja, Sir, mein Land ist wirklich gewaltig. Es ist unsere Vergangenheit und unsere Zukunft. Wie viele Menschen wollen und können das alles sehen, wenn der Krieg erst einmal beendet ist? Die Geschichte des Landes kann unser Reichtum werden."

„Richtig, da können eine Menge Einwohner gut von leben, wenn es ordentlich gemacht wird und sich die Einwohner untereinander auch vertragen. Tausende Besucher werden kommen, jedes Jahr, um die Stätten der Bibel zu sehen. Was haben Sie für mich mitgebracht? Wann werden Sie losreiten?"

Sari nahm die Papiere für Shea aus der Mappe und reichte sie dem General. „Nun, die Nacht kommt in zwei Stunden", sagte er. „Ich werde mir einen Platz unten am Meer suchen und von da morgen früh aufbrechen."

„Bleiben Sie hier bei uns, dann kriegen Sie morgen wenigstens noch ein ordentliches Frühstück, bevor die Wildnis Sie wieder umarmt."

Vor dem Offizierszelt brannte abends ein großes Feuer und die Männer, die drum herum saßen, hatten schon an allen Ecken des britischen Weltreichs gedient. Keiner jedoch war jemals an einem Ort von solcher Mystik und Gottesnähe gewesen, wie hier. Viele blieben ehrfürchtig still und hingen ihren Gedanken nach, andere diskutierten.

„Hier ist Gott den Menschen nahe, näher als irgendwo anders", sagte Reverend Clark, der Geistliche der Infanteriedivision. „Man spürt, dass die Religion hier ihren Anfang genommen hat. Man spürt, warum die Menschen hier begannen an den einen Gott zu glauben. Es ist unser aller Heiliges Land."

„Schlimm genug, dass wir dann hier sind, um Krieg zu führen", sagte ein australischer Captain spöttisch.

„Die Menschen führen den Krieg, nicht Gott."

„Aber gerade hier. Sollte Gott nicht wenigstens hier mäßigend einschreiten, wo sich die Menschen auf dem heiligen Boden länger bekriegen als irgendwo sonst auf dieser Welt?"

„Weil jeder meint, das Heilige Land für sich selbst besitzen zu müssen."

„Der Besitz des Landes ist kein heiliger Akt, weil er nämlich dazu führt, den Besitz auch verteidigen zu müssen."

„Das Land ist heilig, weil es allen gehört, die an den einen Gott glauben", sagte Clark mit Bestimmtheit.

„Ja und", wand ein anderer Offizier ein? „Mit welchem Recht stellt dann überhaupt einer einen Anspruch auf dieses Land, wie jetzt die Juden. Kein Römer würde je einen Anspruch auf England erheben, nur weil sie vor zweitausend Jahren einmal da waren."

„Stellt euch vor, alle Juden dieser Welt würden sich in diesem Land versammeln. Was für eine anziehende Gesellschaft", spöttelte ein weiterer. Lachen war zu hören.

Reverend Clark sagte erregt: „Was für ein hässlicher Antisemitismus, meine Herren. Eine Rückführung der Juden in ihre angestammte Heimat ist ein christliches Ideal und ein historisches Projekt. Großbritannien wird sich der ewigen Dankbarkeit der Juden sicher sein." Einige nickten.

„Ihre Dankbarkeit, werter Reverend, richten die nach dem Wind aus, so wie er gerade weht", warf jetzt Colonel Martin dazwischen, der für kurze Zeit beim politischen Offizier von Allenby gearbeitet hatte. „Da ist der ehrenwerte Herr Chaim Weizmann, der den britischen Premierminister um den Finger wickelt, da ist der Herr Max Bodenheimer, der das gleiche mit den Deutschen tut und der Herr Louis Brandeis in Washington, der sogar Präsident Wilson dazu brachte, seine ursprüngliche Ablehnung der Balfour Erklärung wieder zurückzunehmen. Die Diplomatie, meine Herren, ist wie ein Kriminalroman in einem Irrenhaus. Das Ende wird von denen bestimmt, die am besten intrigieren."

Dann setzte er sich aufrecht hin und betonte: „Die Zionisten sind an beiden Fronten des Krieges zugleich aktiv. Wie immer also auch das Ringen in Europa und damit hier im Heiligen Land ausgeht, sie stehen später getreu zum Sieger. Sie geben sich als patriotische türkische Untertanen aus und gleichzeitig stellen sie Ansprüche an die britische Regierung, wenn diese den Sieg erringen sollte. Wir sollten das gleiche tun wie Dschamal Pascha. So, wie der das Angebot der beiden zionistischen Streiter Ben Gurion und Ben Zwi, ein jüdisches Freikorps zur Verteidigung der osmanischen Herrschaft aufzubauen, vor drei Jahren mit deren Ausweisung beantwortete, so sollten wir den Agitator und Treiber einer Jüdischen Legion auf unserer Seite, Herrn Jabotinsky, heute ebenfalls davonjagen und zwar sehr weit."

Sari saß still dabei und hörte gespannt zu. Die Redseligkeit der Offiziere war wohl auch auf die besondere Atmosphäre an diesem Abend zurückzuführen. Diese Informationen kamen aus allererster Hand und waren so in keiner Zeitung nachzulesen. Es passte alles in das Bild, das er sich vom Zionismus gemacht hatte. Der weiteren Diskussion entnahm er, wie weitreichend deren Netz und Einfluss bereits geworden waren. Mit Weltkongressen, verschiedenen zionistischen Organisationen, politischen Parteien und Vereinigungen in unterschiedlichen Staaten, mit Lobbyisten und Souffleuren in den Regierungen, mit Bankiers und Finanziers, begannen sie einen Mythos aufzubauen, der die Furcht einer weltumspannenden Beeinflussung der Juden auf Politik und Finanzen nährte. Dieses bedrohliche Image wurde von ihnen selbst bewusst geschürt, um damit Einfluss auf die Regierungen auszuüben. Der Premierminister Großbritanniens schrieb in offiziellen Noten an die Armee unterschiedslos von "jüdischer Rasse", von "Weltjudentum" und "Zionisten", als wären es Synonyme für alle Juden dieser Welt, denen alle Macht gehörte.

„Und, Lieutenant Nadschar, was ist Ihre Meinung? Sie sind doch noch weit mehr davon betroffen, als wir anderen. Sie werden doch hier leben", fragte Shea zum Schluss, als sie bereits begannen sich für die Nacht zurückzuziehen.

„Ich habe vor einem Jahr einen jungen Juden aus Jerusalem im Hedschas gefangen genommen. Er war Offizier der türkischen Armee. Er ist desertiert und hat die Fronten gewechselt, hat in Beerschewa für uns an vorderster Linie gekämpft und wurde in Jerusalem verwundet. Wir sind Freunde geworden und kämpfen für ein gemeinsames Palästina für Araber und Juden. Mit Leuten wie ihm können wir leben."

„Er hat die Seite gewechselt", lachte Martin? „Nadschar, wie naiv sind Sie eigentlich?"

Sari notierte später allein: – 8. März 1918: Was für eine schmutzige Welt, in der wir leben … –

Er war früh aufgestanden und nach dem Frühstück gleich losgeritten. Sein Etappenziel war Ein Gedi, wo aus der Felswand ein Wasserfall in das Tote Meer fließt. Er kannte den Platz, der seiner Familie früher als Ausflugsziel gedient hatte. Aber nicht zu dieser Jahreszeit. Der Weg war durch den Regen in einem jämmerlichen Zustand und er musste das Kamel oft am Zügel führen. Zwei Wadis musste er knietief durchwaten. Die wilden Gebirgsbäche führten Hochwasser, das sich an den Felsen mit hoher Geschwindigkeit brach und ins Tote Meer schoss. Die Wassermassen aus den Bergen Judäas waren gefährlich und unberechenbar.

Es war am späten Nachmittag als er Ein Gedi erreichte. Den ganzen Tag war ihm kein Mensch begegnet. Er schlug sein Lager an dem steinigen Becken auf, in das sich der Wasserfall ergoss, und versorgte Dschamila. Das Wasser im Becken stand hoch und lief auf der anderen Seite wieder hinaus. Er freute sich schon den ganzen Tag auf das Bad, das er hier nehmen wollte. Während er begann sich auszuziehen vernahm er eine Bewegung hinter einem dichten Gebüsch. Im Nu hatte er seine Mauser-Pistole in der Hand und warf sich hinter einen großen Stein, der nicht weit vom Dickicht entfernt war. Er hörte ein Geräusch und sah eine Gestalt, die sich langsam erhob.

„Effendim, sei mir gnädig", sagte jemand auf Türkisch. „Schieße nicht Effendim. Deinen Großmut wird dir der allmächtige Gott belohnen. Sieh, ich bin unbewaffnet." Mit diesen Worten trat ein Mann vor und fiel vor Sari, der sich erhoben hatte, auf Hände und Knie nieder.

Er trug einen zerschlissenen türkischen Militärmantel, eine aufgerissene Hose und war barfuss. Sari trat ein paar Schritte zurück und gab ihm zu verstehen, dass er aufstehen solle. Der Kerl war ein Bild des Jammers. Ein struppiger, dünner Bart bedeckte sein Gesicht.

„Effendi, gib einem Unwürdigen etwas zu essen, dafür sollen dich tausend Jungfrauen im Paradies bedienen."

„Du sollst etwas zu essen bekommen. Wer bist du und was machst du hier? Bist du allein?"

„Effendi, mein Dank wird dich immer begleiten. Ich heiße Hassan Atlan und bin Asker in der Armee des Sultan, gepriesen sei sein Name. Mein Herr, ich wurde von meiner Einheit getrennt und habe mich allein hier versteckt, um nicht in die Gefangenschaft der Ungläubigen zu geraten."

„Wo sind deine Waffen, Soldat?"

„Ich habe sie verloren, es ist alles weg."

„Wo ist dein Messer, wo ist dein Gürtel, wo sind deine Stiefel?"

„Effendi, das Messer ist zerbrochen. Alles andere musste ich verkaufen, sonst wäre ich verhungert."

„Hast du es jetzt verkauft oder verloren? Sage die Wahrheit. Bist du desertiert?"

„Effendim sei mir gnädig", er fiel wieder vor ihm auf die Knie und küsste Saris Füße.

„Steh auf Hassan Atlan, du brauchst nicht vor mir zu knien. Aber sei gewarnt. Bei der kleinsten falschen Bewegung, werde ich dich erschießen."

Der Türke stand auf und in seinem Gesicht war so etwas wie Zuversicht zu verspüren.

„Ich werde dir ein Feuer machen und du kannst dein Bad nehmen, so wie du es gerade wolltest."

„Nein, nein, mein Freund. So geht das nicht. Wenn ich aus dem Wasser komme, bist du mit allem, was ich habe, verschwunden und dann stehe ich hier, so wie du. Komm her." Damit band Sari dem Mann Hände und Füße zusammen und setzte ihn so, dass er ihn vom Wasser aus im Auge hatte. Die Pistole nahm er mit, so dass er sie schnell erreichen konnte. Der Türke machte keine Anstalten der Klage und etwas in seinem Gesicht sagte Sari, dass er mit dieser Behandlung einverstanden war. Er nahm seine Seife und ein Badetuch und ließ sich ins kalte Wasser gleiten, ohne den Türken aus den Augen zu lassen. Als er sich später wieder angezogen hatte und den Mann losband, war der sofort damit beschäftigt Feuerholz zu suchen und bereitzulegen.

Seine Heimat war ein kleines kurdisches Dorf im Zweistromland, erzählte er. Er war für den Kriegsfall, als Hilfstruppe aus der Landbevölkerung, für eine Pioniereinheit ausgehoben worden. Sari beobachtete ihn. Er war das Arbeiten gewohnt, flink, sorgsam und geschickt, und er war noch jung, soweit man das erkennen konnte, denn sein Gesicht war vom Bart fast verdeckt.

„Effendi", sagte er, nachdem er das Feuer entzündet hatte, und führte dabei mehrmals seine Hand an den Mund.

„Ah ja, das hatte ich fast vergessen." Mit der Pistole in der Hand ging Sari zum Sattel und holte Homos, Fladenbrot, Oliven und Käse, das er alles von zu Hause mitgenommen hatte, hervor und reichte dem Türken seinen Anteil am Abendessen. Beide setzten sich nieder und als Sari kaum angefangen hatte, war Hassan auch schon fertig. Mit ungeheurer Geschwindigkeit hatte er seinen Anteil verschlungen. Dann sah er Sari an und seine Augen fragten nach mehr.

„Willst du noch was?" Hassan nickte nur und Sari musste noch zweimal zum Sattel gehen und verbrauchte die Hälfte seines gesamten Reiseproviants, bis in den Burschen nichts mehr reinging. Dann setzte der sich auf die Knie und verbeugte sich vor ihm.

„Effendi, du hast mein Leben gerettet. Ich werde den allmächtigen Gott bitten dir ein langes Leben zu schenken, so dass ich dir auch lange genug dafür danken kann." Damit ging er zum Wasser, reinigte seine Hände und setzte sich zu Sari.

„Sahip Bey, du bist ein Scheikh und ich bin nur ein unwürdiger Diener. Ihr Araber habt lange unter uns Türken gelitten, aber mache mich dafür bitte nicht verantwortlich. Auch ich habe gelitten." Der arme Teufel hatte nicht allzu viel Gutes erlebt. Er war Kurde, jesidischen Glaubens. Mit sechzehn hatte man ihn 1914 aus seiner kleinen Stadt Dahuk nördlich von Mosul geholt. Er musste Soldat werden, ohne Rechte, geschunden und ausgenutzt. Als Jesiden hatten sie ihn besonders geschlagen und erniedrigt. Teufelsanbeter hatten sie ihn genannt. Die Angst vor den Offizieren begann sich bei ihm festzufressen. Seit einem Jahr war die Verpflegung rationiert und am Ende hatten sie kaum noch etwas zu essen bekommen. Er war im Sinai stationiert und hatte in Beerschewa gekämpft. Beim Rückzug auf Hebron wurde sein Gefechtsstand im Schützengraben von einer Granate getroffen. Viele der Kameraden waren tot. Zurück konnte er nicht, da standen schon die Briten. Und so hatte er sich davon gemacht und sein Gewehr und die Stiefel verkauft, um nicht zu verhungern. Er hatte sich durch die Berge Judäas geschlagen, bis er hier ankam. Anfangs konnte er sich noch mit einer Pistole, die er seinem toten Unteroffizier im Graben abgenommen hatte, drei Steinböcke schießen, wovon er fast vier Monate lang lebte, bis die Munition ausging. Er war allein umhergestreift und hatte seither keinen Menschen mehr zu Gesicht bekommen. Auf die andere Seite des Toten Meeres konnte er nicht gehen, da er dort Gefahr lief von den Türken verhaftet zu werden und hier konnte er nicht bleiben, weil er nicht in britische Gefangenschaft geraten wollte. Man

hatte ihnen erzählt, dass die Briten sie foltern und verstüm-
meln würden. Als er den Effendi jedoch heute sah, habe er
dem allmächtigen Gott gedankt, dass es ein Araber gewesen
sei und sich zu erkennen gegeben.

„Was hast du gemacht, bevor du Soldat wurdest?"

„Sahip, ich bin der Sohn eines einfachen Bauern und habe
dem Vater auf dem Feld geholfen den Lebensunterhalt zu
bestreiten. Schau", sagte er und griff in die Innentasche seines Mantels. „Das ist meine Familie."

Sari schaute auf ein Bild, das schon fast verblichen war,
und wo man die Tränen, die darauf gefallen waren, erahnen
konnte. Es zeigte eine Familie mit sechs Kindern und einem
Baby vor der niedrigen Holztür eines Steinhauses.

„Ich wäre so gern bei ihnen", und Sari meinte feuchte Augen zu sehen. Er erkannte sich selbst in ihm und irgendwie
hatte er das Gefühl, dass er dem Türken trauen könne.

„Hör zu Hassan. Hier ist ein Messer. Schneide deinen Bart
ab, wasche dich sorgfältig mit der Seife hier und verbrenne
deine Kleider bis auf den Mantel. Ich werde dir andere geben. Den Mantel nimm zum zudecken. Dann kannst du morgen mit mir weiterziehen."

„Oh, Glückseligkeit deiner Worte. Ich werde dich tausendmal ..."

„Mach, was ich dir gesagt habe und höre auf dich ewig bei
mir zu bedanken", unterbrach Sari seine Lobpreisung. „Es ist
schon spät, wir werden morgen sehr früh aufbrechen." Und
ohne ein weiteres Wort zu verlieren begann Hassan all das
auszuführen, was Sari ihm aufgetragen hatte.

Am nächsten Morgen, kurz nach Sonnenaufgang, waren
sie unterwegs. Sari hatte aus Vorsicht die Nacht über nicht
geschlafen und beobachtet, wie Hassan ein fremdartiges
Gebet zur Sonne hin gesprochen hatte. Sie gingen zu Fuß, so
wurde Dschamila auf den schlechten Wegen geschont und
schneller kamen sie auch nicht voran, wenn einer reiten würde. Sari wollte aber auf jeden Fall sein Etappenziel für heute,
die Südspitze des Meeres, erreichen und entsprechend marschierten sie voran. Hassan hatte Saris Uniformhose an und
die Soldatenstiefel und die Gamaschen, die er immer bei sich
hatte, an den Füßen. Langsam zogen sich die Berge von der

Küste des Meeres zurück und die latente Gefahr, die beim Durchwaten der Hochwasser führenden Wadis herrührte, wurde geringer, weil sich das Wasser hier verlief.

Hassan war völlig überrascht, als Sari ihm morgens erzählt hatte, er sei Araber, britischer Offizier und dazu auch noch katholischer Christ. Der Türke verstand die Welt nicht mehr. Ein Feind hatte ihn aufgenommen und besser behandelt, als seine eigene Armee. Sari machte ihm klar, warum die Türken den Krieg verlieren würden. Er sei ja selbst das beste Beispiel für die unmenschliche Behandlung der einfachen Soldaten. Mit einer solchen Armee könne man keinen Krieg gewinnen. Hassans Welt brach völlig zusammen. Wie sollte er jemals wieder nach Hause kommen?

Nachmittags kamen sie zu einer Stelle, wo noch vor kurzem Salz abgebaut worden war. Die Südspitze des Toten Meeres war nicht mehr weit.

„Sahip, ich kenne die Stelle", sagte Hassan. „Wir müssen vorsichtig sein. Ich war mehrmals mit einer Karawane hier, um Salz abzustechen und zur Armee in den Sinai zu transportieren. Dort hinten ist eine Hütte, wo sich immer zwei Soldaten aufgehalten haben, die den Abbau kontrollierten."

Die Gegend war unwirklich geworden, bedeckt mit hellem salzigem Staub, der von Regen und Sonne wie festgebacken war. Wind und Wasser hatten mit dem klebrigen Zeug Formen und Figuren erschaffen, die zum Teil wie Säulen aus dem Boden ragten. Eine lebensfeindliche Umwelt in der kein Grün mehr wuchs. Überall waren Pfützen und der Salzgeruch war durchdringend. Als sie um einen Schutthügel blickten, erkannten sie in fünfzig Yards Entfernung drei Pferde und ein Kamel, die vor der Hütte festgebunden waren.

„Es sind türkische Kavalleriepferde der Serdengeçti", sagte Hassan. „Sie benennen sich nach den Janitscharen. Keiner von ihnen ist jemals zurückgewichen oder hat sich ergeben." Und als er Saris skeptischen Blick auf sich gerichtet sah, fügte er an: „Vertrau mir, Herr. Du warst besser zu mir, als alle, die mir in der Armee begegnet sind. Wenn sie heraus bekämen, dass ich türkischer Soldat bin, könnte ich mich glücklich schätzen, wenn sie mich sofort erschießen würden. Vertrau mir." Er schaute ihn mit ehrlichen Augen an.

„Also gut, Hassan Atlan. Ich muss dir vertrauen. Schwöre bei der Ehre deines Vaters und im Namen deines Gottes, dass ich mich auf dich verlassen kann." Und Hassan schwor bei seines Vaters Ehre und im Namen von Gott.

Um ihren Weg fortzusetzen, mussten sie an der Hütte vorbei. Es gab keine Alternative. Sari gab Hassan seinen Enfield-Karabiner, hängte sich zwei Handgranaten an den Gürtel und nahm die Mauser in die Hand. Die Hütte hatte zu ihrer Seite weder Eingang noch Fenster.

„Sie hat zwei Räume", sagte Hassan. „Der hintere ist der Schlafraum. Der Eingang vom Meer führt in den ersten Raum. Ein Fenster mit Holzklappe ist auf der anderen Seite und das Fenster des zweiten Raumes hinten."

„Wir gehen zusammen und sehen ob im Schlafraum jemand ist. Wenn nicht, schleichst du dich an die Tür. Kommt einer heraus und ergibt sich nicht sofort, erschießt du ihn. Ich werde zum Fenster auf der anderen Seite gehen. Dann sehen wir weiter."

Sie liefen geräuschlos über den festen Boden und erreichten unbemerkt das Fenster des hinteren Raumes. Mehr als die rostigen Drahtgestelle zweier Betten mit zerschlissenen Matratzen war nicht auszumachen. Von vorn hörten sie Stimmen. Auf Saris Kopfnicken lief Hassan zur Tür. Sari ging um die Ecke bis zum nächsten Fenster und blickte vorsichtig durch die verschmutzte Scheibe. Im Raum waren drei Soldaten, zwei saßen auf Stühlen und einer stand mit einem Stock an einem blutverschmierten Tisch in der Mitte. Darauf lag bäuchlings der nackte, zerschundene Körper eines Mannes, der sich nicht mehr bewegte.

„Schäme dich, ich hatte dir gesagt, du sollst ihn nicht totgeschlagen, du Narr", sagte ein Onbaşi auf dem Stuhl. „Schade, diese arabischen Ratten halten aber auch wirklich nichts aus. Ich würde den Briten zu gern abpassen und auch ihn ein wenig befragen. Aber das scheint mir die Mühe nicht wert zu sein. Er wird seinen Freunden eh nicht mehr helfen können." Dann setzte er sich aufrecht und lachte: „Sie sind aus Tafilah gerannt, wie die Hühner."

Sari begriff. Der geschundene Mensch auf dem Tisch musste der Melder sein, der auf ihn warten sollte. Unbändige

Wut stieg in ihm auf. Er durchschlug die Fensterscheibe mit seinem Ellenbogen und schoss dem Soldaten am Tisch zwei Kugeln in den Körper. Die beiden anderen waren aufgesprungen, der eine Richtung Eingangstür, der zweite in den hinteren Raum, bevor ihn Saris dritte Kugel erreichen konnte. Fast zeitgleich hörte er den Karabiner von der Eingangstür. Er sprang um die Ecke und sah den Türken rücklings am Boden liegen. Hassan hatte den Karabiner schon wieder durchgeladen.

„Der dritte ist noch hinten drin", rief Sari. „Er hat die Innentür geschlossen."

„Vorsicht Sahip, der Bursche ist gefährlich, wie ein angeschossener Wolf." Sie betraten zusammen die Hütte und Hassan stellte sich so, dass er den Karabiner auf die Tür abfeuern konnte. Sari trat an den Tisch.

„Er lebt noch, er muss hier raus." Damit durchschnitt er die Stricke, mit denen der Mann an den Tischbeinen festgebunden war und trug ihn hinaus. Im Nu war er zurück und zog den Sicherungssplint aus einer Handgranate.

„Gottverfluchter Mörder", rief er. „Komm raus und ergib dich unserer Gnade oder wir werden dich ins Jenseits schicken, wo dich der Teufel holt."

„Ja, komm nur rein, ich warte auf dich, du Bastard. Dann gehen wir zusammen dahin."

Aber Sari war da schon draußen und rannte um die Hütte zurück zum Fenster, das der Türke geöffnet hatte, um sich gerade hinaus zu zwängen. Als er Sari hörte, feuerte er seine Pistole auf ihn ab und zog sich wieder zurück. Seine Schüsse waren wegen der Enge des Fensters ungezielt und verfehlten Sari deutlich. Der sprang bis unter das Fenster und warf die Handgranate in den Raum. Gerade hatte er sich geduckt, da zerriss die Detonation auch schon die halbe Hütte und die ganze Wand flog über seinen Kopf hinweg davon.

Sari verspürte einen scharfen Schmerz am Kopf, war aber schon wieder auf den Beinen, um sich zu überzeugen, dass der Onbaşı tot war. Im Raum stand noch ein verzogenes Bettgestell senkrecht an der Wand. Eine Matratze lag in einer Ecke, wo auch der Türke lag. Sein Körper war aufgerissen. Die Decke des Zimmers war verschwunden und einige Holzbretter hatten Feuer gefangen. Er rannte zum Eingang, wo sich Hassan schon um den Schwerverletzten kümmerte. Als er Sari sah, rief er: „Herr, du blutest. Was ist mit dir?"

„Es ist nicht schlimm, Hassan. Was macht der Mann?"

„Sein Puls ist schwach. Er wird den Abend nicht erleben."

Sari beugte sich zu ihm herunter. Blut lief über sein Gesicht und tropfte auf den Verletzten. Dessen Rücken war von den Stockschlägen völlig aufgerissen. Er musste viel Blut verloren haben. Sari drehte ihn auf die Seite und erschrak, als er das Gesicht sah. Er war einer der Beni Safar, die mit ihm an der Brücke am Wadi Khewwir gewesen waren.

„Hassan, lege ihn auf eine Decke und wasch ihm seine Wunden sauber."

Als Sari sich umblickte, war Hassan schon mit einem nassen Salzwasserlappen zurück. „Herr, erst werde ich deine Wunde versorgen", sagte der und nahm Saris blutgetränkten Turban ab. Den langen Riss an der Stirn verband er geschickt mit dem Lappen und stoppte die Blutung. Allerdings schoss Sari der Schmerz heftig durch den Kopf.

Dann rannte Hassan zurück und kam mit dem nassen Hemd des Beduinen wieder. Er wusch das Blut vom Schwerverletzten und als er damit fertig war, sagte er: „Sahip, es ist vorbei. Der Mann ist tot."

„Ich kenne ihn gut. Ihm gehört das Kamel dort."

Die Tiere waren noch immer festgebunden und zogen unruhig an ihren Zügeln. Beide beruhigten sie so gut es ging, als aus der Hütte ein leises Stöhnen zu vernehmen war. Sie schlichen vorsichtig zurück und sahen den Soldaten, der die Stockschläge verteilt hatte, auf dem Boden liegen. Er lebte noch und hatte seinen Revolver gezogen. Allerdings war er so schwach, dass er ihn gar nicht ruhig halten konnte. Hassan schob Sari an der Tür zur Seite und gab ihm den Gnadenschuss. „Sie sind wie wilde Bestien, vor denen du erst sicher bist, wenn sie tot sind", sagte er und lud seelenruhig den Karabiner durch.

Das alles war in kürzester Zeit abgelaufen und sie fanden nun etwas Ruhe, um zu verschnaufen. Aus den letzten Worten des Onbaşi musste Sari entnehmen, dass die Türken die Araber aus Tafilah vertrieben hatten. Er war zu spät gekommen, um sie zu warnen. Er musste versuchen weiter südwärts ihre Spur aufzunehmen. Vielleicht hielten sie noch die Festung von Shoubak. Der Weg dahin würde zwei Tage dauern. Allerdings hatten sie jetzt die Reittiere, die ihnen erlauben würden weitaus schneller voranzukommen.

Sari sah Hassan an und sagte, indem er ihm die Hand auf die Schulter legte: „Hassan Atlan, du bist ein freier Mann. Du kannst gehen wohin du willst. Nimm eines der Pferde, es ist deins.“

„Aber Sahip, schicke mich nicht fort. Ich habe geschworen dir zu dienen. Schick mich bitte nicht fort.“

„Ich glaube, du bist ein redlicher, treuer Mensch, Hassan und ein tapferer dazu. Deine Treue soll dir irgendwann gelohnt werden. Ich wäre froh, wenn du bei mir bleiben würdest. Das Pferd des Onbaşi nimmst du trotzdem an. Es gehört dir mit allem, was es trägt, und höre auf dich zu bedanken.“

Hassan sagte keinen Ton mehr und Sari erzählte ihm jetzt von seinem Auftrag und von dem, was er vermutete. Die Türken mussten Tafilah zurückerobert haben. Von da mussten auch die drei Soldaten hergekommen sein und den Beduinen überrascht haben.

„Die Serdengeçti sind ein Kavallerieregiment der 3. Infanteriedivision unter Miralay Kress Bey. Sie müssen den Angriff gegen Tafilah geführt haben. Eine starke Einheit mit großer Disziplin“, sagte Hassan. „Sie sind kaum zu besiegen. Möglicherweise sind noch andere in der Nähe oder auf dem Weg hierher, wegen dem Salz.“

„Dann wollen wir schleunigst die Toten begraben und uns davon machen.“

„Wir können hier keinen begraben, Herr. Unter der harten Schicht ist der Boden schwarz, faulig und nass. Er stinkt zum Himmel. In einer solchen Erde darf keiner liegen. Es ist die verfluchte Erde von Sodom und Gomorrah.“

Eine halbe Stunde später waren sie wieder unterwegs. Die drei toten Soldaten hatten sie auf die Matratze gebunden, die eines der Pferde auf dem Boden hinter sich herzog. Der Beduine hing eingerollt in seine Kameldecke auf seinem Tier. Hassan ritt das Pferd des Onbaşi mit den zwei anderen am Zügel und Sari hatte Dschamila bestiegen und das Tier des

Beduinen an ihr festgemacht. Sie ritten südwestlich, den Höhen entgegen. Hassan kannte den Weg, der sie nach zwei Stunden aus der Senke des Toten Meeres herausbrachte. Er hatte sich noch die Zeit genommen an den Platz zu laufen, wo er noch vor einem Jahr als türkischer Soldat das Salz für die Truppe abgebaut hatte. Mit dem Klappspaten eines der Türken brach er die Salzkruste auf und schlug die Stücke zu rechteckigen Platten, die er in der Kameltasche des Beduinen verstaute und auf das reiterlose Pferd legte.

„Es ist weißes Gold", sagte er listig. „Die anderen werden uns dafür dankbar sein."

Es war dunkel, als sie zwischen zwei Hügeln anhielten. Der Mond schien hell. Ein guter Platz, um nicht entdeckt zu werden. Sie begruben die drei Türken zusammen und den Beduinen mit einem Steinhaufen auf seinem Grab, worauf sie seinen Dolch legten. Den Tieren nahmen sie die Sättel ab und versorgten sie. Die Wasserschläuche der Türken waren voll und ihr Proviant war reichlich.

Hassan entfernte den Verband an Saris Kopf. „Es sieht schon gut aus. Das Salzwasser hat die Wunde verschlossen. Nur eine kleine Stelle ist noch offen." Er ergriff eine türkische Wasserflasche, wusch den Verband aus und legte ihn Sari wieder an. In der Flasche war Salzwasser, das er für die Behandlung der Wunde noch schnell eingefüllt hatte. Sari sah ihn an; der denkt an alles, sagte er zu sich. Dann legten sie die erbeuteten Waffen zusammen und untersuchten die Satteltaschen.

Als Hassan die des Onbaşi ausleerte, fand er darin drei lange Stoffröhren, gefüllt mit türkischer Lira in Goldmünzen. Sie waren gekennzeichnet als Eigentum der Bahngesellschaft. Er wollte sie an Sari abliefern, aber der sagte: „Hassan, ich sagte bereits, das Pferd des Onbaşi gehört dir, mit allem, was es bei sich führt. Mein Wort gilt. Das ist jetzt dein Eigentum."

„Aber das ist mehr, als mein Vater jemals in seinem Leben hätte erarbeiten können."

„Nun, dann bist du jetzt ein wohlhabender Mann."

„Sahip, wie soll ich dir danken. Tausendmal und mehr werde ich ..."

Hassan stockte, als Sari ihn ernst anblickte. „Entschuldige, Sahip. Ich muss mich daran erst gewöhnen. Mein Glück ist vollkommen, seit ich dich getroffen habe. Ein Wunder ist geschehen."

Die Untersuchung der beiden anderen Sättel brachte noch einmal Geld zusammen und sie beschlossen das als ihre gemeinsame Reisebörse zu benutzen. Als Hassan noch damit beschäftigt war das Geld zu zählen, notierte Sari in sein Tagebuch: – 10. März 1918: Es ist alles so anders gekommen. Wir sind dem Tal des Todes entstiegen … –

Nachdem er das kleine Buch zugeklappt hatte, schlief er todmüde ein.

Am nächsten Morgen fand Sari seinen gewaschenen Turban, seine gereinigten Schuhe und Kleider neben seiner Decke. Hassan hatte mit einem Spirituskocher schon heißen Tee zubereitet und ein Frühstück aufgebaut. Saris Kleider, die er gestern noch getragen hatte, lagen gereinigt in der Kameltasche und Hassan trug jetzt das, was er von den toten Türken noch hatte gebrauchen können. Die Reservejacke des Onbaşi hatte er angezogen.

Er legte Sari drei türkische Militärpässe vor. „Wir legen sie auf ihr Grab, dann weiß jeder, wer hier ruht." Hassan nickte. Nach dem Frühstück verteilten sie noch die Waffen und die Ausrüstung auf die zwei Pferde und brachen auf. Hassan mit den Pferden und Sari mit den Kamelen.

Der junge Türke trug das Messer und die Pistole des Onbaşi am Gürtel, hatte dessen Karabiner am Sattel befestigt und darunter lagen flach die Goldmünzen verstaut. Er konnte nicht glauben, was geschehen war. Vor nur zwei Tagen noch hatte er um Brot gebettelt und jetzt ritt er als freier, reicher Mann durch die Wüste. Niemals zuvor hatte er so viel Geld gesehen – es waren mehr als zehntausend Goldmünzen. Im Sommer die Landwirtschaft, die Fische im Fluss und im Winter das Knüpfen von Teppichen waren ihre Beschäftigung gewesen, die die Familie mehr schlecht als recht ernährt hatte. Im Frühjahr war er immer mit dem Vater nach Mosul gezogen, um die Teppiche zu verkaufen. Dort war der große Basar, wo die richtig teuren Stücke aus Persien und dem Hindukusch gehandelt wurden und er kannte sich in deren Qualität und Preis bestens aus. Ihre eigenen Teppiche konnten da nicht mithalten, für ihre Mühe erzielten sie keine hohen Preise. Sie selbst blieben arm trotz aller Arbeit.

Sari und Hassan trieben die Tiere in schnellem Schritt durch die Arava Senke nach Süden. Nach grauen Regentagen war der Himmel endlich aufgerissen. Langsam kamen die zerklüfteten Berge im Osten näher. Da hinauf mussten sie. Dort oben lag Shoubak. Sari richtete sich nach der Militärkarte, die er bei sich trug, und am Nachmittag bogen sie nach links in ein Tal ein, von dem sie hofften, dass es sie nach oben bringen würde, weil sie die ausgetretenen Spuren eines Karawanenwegs ausmachten. Der Weg wurde für die Tiere immer beschwerlicher und es war schon spät, als sie abstiegen und zu Fuß weitergingen. Die Nacht verbrachten sie abwechselnd wachend.

Der nächste Tag führte sie auf und ab, über Geröllfelder und Sandflächen, durch eine bizarre Gebirgslandschaft, bis sie mittags, nach dem Überqueren der letzten Gebirgskette, endlich die mit Hügeln überzogene weite Ebene vor Augen hatten. Sie folgten dem Pfad hinunter und sahen bald die Häuser eines kleinen Dorfes, das von Feldern und Weiden umgeben war.

Sari ritt allein weiter. Er musste herausfinden, ob Türken in der Nähe waren und wo die Beduinen standen. Als er die zum Teil in den Erdboden gebauten armseligen Häuser erreichte, fand er alles, bis auf ein paar Ziegen, verlassen vor. Schon wollte er sich wieder zurückwenden, da sah er aus den Augenwinkeln hinter einem Fenster einen Schatten.

Er sprang ab, schritt vorsichtig auf das Haus zu und rief laut auf Arabisch: „Seid ohne Furcht. Ich weiß, dass ihr da drinnen seid. Es wird euch nichts geschehen. Ich brauche eine Auskunft; es soll euer Schaden nicht sein."

Die niedrige Holztür öffnete sich einen Spalt und ein Gewehrlauf wurde sichtbar. „Adschnabi, wer bist du?"

„Ich komme aus Jerusalem und heiße Sari Nadschar. Du kannst herauskommen. Es besteht keine Gefahr für dich. Ich will dir nur ein paar Fragen stellen."

Die Tür ging weiter auf und ein alter Mann erschien mit seinem Vorderlader, der auf Sari gerichtet war. Der Alte sah ihm ins Gesicht: „Du bist kein Türke. Es ist gefährlich hier

100

allein zu reiten. Wenn sie dich erwischen, werden sie dich umbringen."

„Deshalb bin ich gekommen. Wo stehen die Türken?"

Er senkte den Lauf. „Sie sind jetzt im Norden bei Tafilah. Sie haben die Araber von dort vertrieben. Die sind jetzt in der Festung Shoubak, aber wenn die Türken kommen, werden sie auch die räumen müssen." Er blickte in die Richtung wo Hassan wartete und fragte: „Wer ist das?"

„Mein Gefährte. Er trägt eine türkische Uniform, weil er keine anderen Kleider hat." Sari winkte Hassan herbei.

„Das Elend nimmt kein Ende", sagte der Alte. „Nie hat sich jemand um unsere Gegend gekümmert. Wir waren unsere eigenen Herren. Mit den Beduinen lebten wir in Frieden und die Türken sind bis hierher nie gekommen. Es gab hier nichts für sie zu holen und jetzt führen sie Krieg bei uns. Vor einem Jahr kamen sie und haben unsere jüngeren Männer alle mitgenommen."

Als Hassan ankam, hatte der Alte Sari sein ganzes Leid geklagt. Der sah auf die türkischen Sättel der Pferde. Hassan bemerkte den Blick, stieg ab, nahm ein Salzpaket aus der Kameltasche und reichte es dem Alten.

Der sah hocherfreut darauf und sagte: „Alhamdulillah, du bringst Salz?"

„Ich sagte dir schon, wir kommen aus Jerusalem und haben das Salz vom Toten Meer mitgebracht", erklärte Sari.

„Wartet hier." Der Alte ging zurück ins Haus und kam mit einem abgenutzten Beduinenmantel zurück. „Hier", sagte er zu Hassan. „Zieh ihn über. Man könnte euch verwechseln." Der begriff, auch ohne die Worte verstanden zu haben.

„Wie weit ist der Weg nach Shoubak?"

Der Alte zeigte in Richtung Osten: „Eine Stunde von hier. Die große Burg ist schon von weitem zu sehen."

„Shukran kethir, wa Allah jatiek al-afieh." Mit diesen Worten gab Sari ihm fünfzig Silberkuruş aus der Reisekasse und dem Alten blieb fast der Mund offen stehen.

„Barak Allah fik."

„Wa fika."

Hassan hatte die Jacke des Onbaşi verstaut, den Mantel übergezogen und beide machten sich auf den Weg. Als sie sich nach einer Weile noch einmal umblickten, standen die Bewohner des Dorfs auf dem Platz und diskutierten.

Sie zogen durch eine hügelige, raue Landschaft mit fruchtbaren Tälern. Die Brunnen hier mussten auch im Sommer genügend Wasser abgeben und der Regen hatte überall einen bunten Blumenteppich ausgebreitet.

Die imposante Ruine der Burg aus der Zeit der Kreuzritter krönte den steilen Kegel eines Hügels, der schon weithin auszumachen war. Sie kamen näher und zwei Beduinen, die auf einem Stein gesessen hatten, sprangen auf und richteten ihre Gewehre auf sie.

Dann rief einer: „Allahu akbar, Christ Sari, wie freut sich mein Herz dich zu sehen. Sei tausendmal willkommen bei deinen Brüdern." Damit kam er auf ihn zu, nahm Dschamila am Zügel und gebot ihr sich hinzuknien. Nachdem Sari abgestiegen war, umarmten sie sich und gaben sich die Bruderküsse. Es war Benazir, ein Beni Safar, der beim Marsch auf Aqaba am Qasr Fassu'a dabei gewesen war.

„Wo ist Hayud? Wir hatten ihn geschickt dich zu holen?"

„Hayud ist tot, Benazir. Allah sei seiner Seele gnädig. Wir kamen zu spät, um ihn zu retten. Die Mörder von Hayud haben dafür mit ihrem Leben bezahlt. Wer ist hier von den Söhnen der Safar?"

„Scheikh Omar ist da mit achtzig Mann der al-Dawud, Beni Atieh und Ghanie'. Faruk ist auf Patrouille. Hundert von uns sind mit einem Teil der Regulären wieder nach Aqaba, um die Familien zurückzuführen", sagte er und blickte auf die türkischen Sättel der Pferde und auf Hassan.

„Es sind die Tiere der Mörder, Benazir. Wir beide, Hassan und ich, haben die Verbrecher zur Strecke gebracht. Sie werden keinen Beni Safar mehr töten."

Sari erzählte ihm die Geschichte, als sie alle zusammen mit den Tieren zur Festung hinaufgingen. Die in den Außenmauern noch gut erhaltene Festung war vollgestopft mit Menschen und Tieren. Neben den Beni Safar waren noch weitere Beduinen und Soldaten der Armee von Prinz Faisal anwesend. In einem der Vorhöfe der zweihundert Yards

102

langen Burg war ein Markt entstanden, wo die Bauern der Umgegend ihre Waren an die Kämpfer verkauften. Weiter hinten bildeten die Ruinen von Steinbauten, zusammen mit den Beduinenzelten, den Wohnbereich der kleinen Armee. Beim Aufstieg in die Burg waren Sari die Maschinengewehrstellungen rund um die Festung aufgefallen. Der Platz war sehr schwer einzunehmen. Zusätzlich bemerkte Sari zwei Kanonen auf Lafetten am Eingang, die den Weg zur Burg deckten. Jeder Feind würde sich dreimal überlegen hier einen Angriff zu wagen.

Omars Freude war riesig, als er Sari in die Arme nahm: „Ahlan wa sahlan mara alf fi wahati al-salam. Allahs Wege sind unergründlich. Das Glück ist zurückgekehrt, weil du da bist", und er erdrückte ihn fast. Dann hielt er ihn mit den Händen von sich ab, sah ihn an und sagte mit Blick auf Saris langsam abheilende lange Narbe auf der Stirn anerkennend: „Jetzt bist du zum wahren Mann geworden. Nun erkennt jeder, dass du ein Krieger bist. Du wirst natürlich in meinem Zelt wohnen." Mit diesen Worten war sein Sklave Damad schon auf dem Weg hinaus, um alles herzurichten.

Sie setzten sich zusammen nieder. Er hatte einen geschlossenen Rundbogenkeller mit seinem Zelt verbunden und eine behagliche Bleibe eingerichtet. Vor zwei Tagen noch waren die Familien der Beni Safar hier gewesen. Als Tafilah verloren ging, hatte Omar sie sofort zurückgeschickt.

Sari stellte ihm Hassan vor und der erklärte auf Türkisch: „Ich bin der Diener meines Herrn." Damit ging er nach draußen zu den Tieren, um sie abzusatteln und zu versorgen.

Hassan sprach kaum Arabisch und verstand somit nicht was gesprochen wurde und Omar verstand nur wenig Türkisch. Sari begann also die Geschichte zu erzählen, die beide zusammengeführt hatte, ohne jedoch das Geld zu erwähnen. Omar machte große Augen.

„Wer immer mit dir zusammentrifft, den machst du glücklich", und seine Augen leuchteten. „Du bist ein Geschenk des Himmels."

Mittlerweile war Hassan wieder erschienen, hatte Tee zubereitet und Datteln und Zuckereien auf dem Markt gekauft.

103

„Du hast nun auch einen Sklaven, ibni. Das ist gut so",
sagte Omar zufrieden.

„Aber nein, Scheikh Omar. Hassan ist nicht mein Sklave,
er ist freiwillig bei mir. Er kann gehen, wann immer er will."

Omar sah ihn ungläubig und kopfschüttelnd an: „Du solltest einen Sklaven haben."

Omar und Sari tauschten sich bis in den Abend hinein über
die Ereignisse aus, seit sie sich vor einem Jahr getrennt hatten. Nach der Einnahme von Tabuk war er mit den Familien
nach Aqaba gezogen. Von da hatten sie immer wieder Angriffe auf die Bahn bei Ma'an geführt. Lawrence war gar mit
einer Abteilung bis weit in den Norden an den Yarmuk und
bis Dar'a vorgestoßen. Die Armee bestand jetzt aus der regulären arabischen Armee Prinz Faisals unter Ja'far al-Askari
und Nuri as-Sa'id, aus britischen Kavallerietruppen aus Indien, einem Kamelkorps aus Ägypten, aus Beduinen der
Harb, Howeitat und Ruala und einer kleinen französischen
Einheit. Hilfreich waren die gepanzerten Fahrzeuge, die mit
Lewis-Maschinengewehren ausgerüstet waren. Sie eroberten
die Ebene von Gueira, zwischen Bir L'Lisan und Aqaba, und
bezogen dort beim Wadi Wahadia einen Außenposten, der
nur einen Tagesritt entfernt von der Bahnlinie lag.

Omar berichtete, wie sie unter großem Missfallen im Januar die Nachricht von der Balfour Deklaration aufgenommen
hatten. Viele Soldaten der arabischen Armee weigerten sich
weiterhin für die Briten ins Feld zu ziehen, bis Faisal sie
überzeugte, dass ihre Zukunft mit der Eroberung von Syrien
zusammenhing. So marschierten sie von Gueira aus in zwei
getrennten Kolonnen nach Norden. Sie selbst hatten Ende
Januar bei Frost und Schneefall Shoubak erobert und nahezu
zeitgleich schlugen Nasir und Auda mit den Howeitat, von
Osten kommend, eine feindliche Einheit beim Dorf Tafilah
in die Flucht. Der Ort wurde befestigt und Zaid, Faisals jün-
gerer Stiefbruder, übernahm das Kommando. Sie waren nun
die Herren über die Hügelketten westlich der Bahnlinie und
hatten gehofft damit die Garnison in Ma'an zur Aufgabe zu
zwingen, aber die hielten weiterhin die Stadt. Die stark bewachte Bahnstrecke nach Amman wurde immer wieder angegriffen, bis die Türken zurückschlugen. Ein erster Gegenangriff auf Tafilah konnte noch abgewehrt werden, bis vor

vier Tagen die Feinde mit überlegenen Kräften das Dorf zurückeroberten und die Armee zum Rückzug zwangen. Omar war mehr als beruhigt, als er erfuhr, dass ein britischer Angriff auf Amman bevorstand, der sie hier entlasten würde. Sie konnten auch hier in der Festung einem Angriff der türkischen Verbände der Yildrim Armee, die zum Teil aus deutschen Einheiten bestand, nicht standhalten. Daher kam ihm der Auftrag, die Bahnlinie bei Dar'a anzugreifen, sehr entgegen. Sie waren Beduinen und ihre volle Kampfkraft entfalteten sie erst auf dem Rücken ihrer Reittiere.

„Lawrence hat den Knotenpunkt bei Dar'a schon ausspioniert. Du weißt, was ihm dort passiert ist", fragte Omar? Auf Saris Kopfschütteln erzählte er, dass der Engländer in dem Dorf in die Hände der Türken gefallen und übel zugerichtet worden war. „Sie haben ihn geschlagen und gefoltert, aber sie wussten nicht, wer er wirklich war. Er konnte entkommen. Faruk war bei der Abteilung, die eine der Brücken über den Yarmuk sprengen sollte. Das hätte die Versorgung der türkischen Truppen in Palästina unterbrochen." Und dann fügte er an: „Dar'a gehört dem Erdboden gleichgemacht!"

„Wann ist das passiert?"

„Vor vier Monden, ibni. Das Ganze war ein herber Fehlschlag." Sari wunderte sich, denn bei Allenbys Einmarsch in Jerusalem hatte ihm der schmächtige aber zähe Engländer nichts davon erzählt.

Es war schon dunkel, als Faruk erschien. Er umarmte Sari überschwänglich und in seinen Augen waren Freudentränen. „Gepriesen sei Allah, tausendfach, du bist gesund hier angekommen. Ich hatte große Bedenken, als die Armee sich zurückziehen musste. Du hättest leicht in die Hände der Türken fallen können." Er hatte deren Stellungen inspiziert. „Sie sind nicht weiter vorgegangen. Wir waren bis Rashadiyah. Keiner war zu sehen. Fünf Mann auf Pferden sind noch dageblieben. Sie kommen morgen zurück", berichtete er.

Omar erzählte Faruk die Geschichte von Sari und Hassan, nicht ohne Stolz in der Stimme und Faruk sah Sari nur an. Hassan und Damad brachten ein üppiges Abendessen herein und sie saßen noch bis spät in die Nacht zusammen. Dann wies Faruk den beiden ihren Schlafbereich zu. Er nahm Sari zur Seite und sagte: „Wir haben seit Tagen für deine glückliche Rückkehr gebetet. Ich wünschte Jasmin wüsste, dass du jetzt hier bist."

„Jasmin? Sie war hier?" Saris Herz schlug höher.

Faruk vernahm seine Reaktion ganz genau. „Ya achi, sie war hier bis vor zwei Tagen. Sie wäre glücklich gewesen dich zu treffen und sie wollte nicht fort, aber mein Vater befahl ihr zu gehen. Sie hat erst vor drei Monden die Heirat mit einem Kandidaten abgelehnt, sich gegen ihren Vater gestellt und mir gesagt, sie werde niemals heiraten. Ich werde einen Reiter schicken, der ihr die Botschaft bringt, dass du gesund angekommen bist. Gute Nacht, ich muss schlafen."

„Faruk, bitte noch einen Augenblick. Die Geschichte mit Lawrence in Dar'a. Du warst dabei?"

„Nicht direkt. Wir zogen mit einer indischen Abteilung der Briten nach Norden und wollten die Verbindung der Hedschas- mit der Palästinabahn kappen. Jedoch schlug die Sprengung einer Brücke über den Yarmuk fehl und Lawrence ging drei Tage später mit zwei Mann ins Dorf, um Erkundigungen über die Eisenbahnlinien am Knotenpunkt einzuziehen. Dort kassierten ihn türkische Soldaten ab und mit den Worten, "der Bey will dich", gingen sie mit ihm davon. Als er am nächsten Tag wieder erschien, hatte er an seinem ganzen Körper Verletzungen von Folter und schwere Wunden von Schlägen und Stockhieben. Er sagte zu keinem ein Wort davon und ertrug das, wie ich es noch bei keinem anderen Mann gesehen habe. Mir fiel es auf, als ich später in Asraq durch Zufall seine Wunden sah. Da sagte er: "Schmerz muss man ertragen lernen. Wenn man das nicht kann, ist man gezwungen, sich selbst zu verleugnen." Bei Allah, er ist ein besonderer Mann. Aber jetzt gute Nacht."

Als Sari sein Tagebuch in die Hand nahm, schrieb er: – 12. März 1918: Ich bin zurückgekehrt und Jasmin … –

Am Morgen stellte Sari fest, dass er sehr lange geschlafen hatte. Die Sonne stand schon hoch. Er traf Omar im Hauptraum der Unterkunft.

„Alhamdulillah hillathii, ibni. Du hast geschlafen wie ein Toter."

„Sabah el-ward, abu Faruk. Dein Leben soll gesegnet sein, wie das des Propheten."

Sari entdeckte, dass Hassan bereits ein Frühstück zubereitet hatte, von ihm selbst war aber nichts zu sehen.

„Ein flinker und großzügiger Bursche, dein Diener. Er hat Salz an die Beni Safar verteilt und sich Vertrauen erworben. Kann man ihm trauen?"

„Er hat keine andere Chance. Ginge er zurück, würden sie ihn töten. Ein armer Kerl; er hat seine Heimat verloren."

Sie sprachen über den toten Hayud. Lawrence hatte dafür gesorgt, dass die Briten den Familien von getöteten Beduinen Geld zukommen ließen, trotzdem wollte Sari auch die zwei türkischen Pferde mit den Sätteln dazugeben, doch Omar wand ein: „Ibni, ich weiß, du hast ein großes Herz. Aber der Ausgleich ist mehr als genug. Du wirst ein Pferd für dich behalten, das andere bekommt der Bruder von Hayud. Was auf der Stirn geschrieben steht, muss das Auge auch sehen." Damit stand Omar auf und verließ das Zelt. Ein Zeichen, dass seine Entscheidung gefallen war.

Als Sari später hinaus trat, fand er das Pferd schon unter den anderen Tieren, die den Bewohnern des Zeltes gehörten. Omar hatte das bessere Tier für ihn ausgesucht. Der Bruder von Hayud war mehr als zufrieden, denn zum Pferd gehörten neben dem Sattel auch die Ausrüstung und die Bewaffnung des türkischen Soldaten. Einzig den Spirituskocher hatte Hassan vor zwei Tagen in seiner Satteltasche verstaut.

Er inspizierte bei einem Rundgang die Burg. Ein Angriff auf Shoubak konnte jederzeit stattfinden. Mittags kamen zwei Reiter zurück und vermeldeten, dass die Türken nicht weiter vorgingen. Drei waren als Vorposten draußen geblieben und sollten morgen abgelöst werden.

Am Nachmittag kam Hassan mit einer großen Leckerei zurück. Er hatte auf dem Markt nach wildem Honig angefragt und ein Bauer war auf seinem Esel nach Hause geritten und hatte eine Holzschale geholt, die den Honig mitsamt den Waben enthielt. Dazu brachte Hassan frisches Fladenbrot und Rahm mit. Den hohen Preis hatte er aus der Reisekasse bezahlt. Omar, Faruk, Sari, Hassan und Damad hatten bei der Mahlzeit überaus gute Laune.

Dann entschieden sie, wie sie den Befehl von Chetwode ausführen wollten. Die Briten würden Ende März aus dem

Jordantal auf Amman marschieren. Noch vor dem 23. des
Monats sollten die Beduinen den Bahnhof Garez bei Dar'a
angreifen und die Nachschubverbindungen von Damaskus
unterbrechen. Faruk kannte das Ziel vom Unternehmen mit
Lawrence gut. Es gab Steinbrücken, die der Feind nicht so
schnell reparieren konnte, jedoch blieb ihnen nur wenig Zeit.
Allein der direkte Weg nach Dar'a dauerte vier Tage. Man
musste Amman jedoch weit umgehen und im Osten der
Bahnlinie nach Norden marschieren. An die Soldaten der
Armee Prinz Faisals war nicht zu denken. Sie brauchten
Leute, die den Gewaltritt auch durchstehen würden. Wer
sollte in Shoubak zurückbleiben, wer an der Operation teil-
nehmen? Spät in der Nacht einigten sie sich. Sie wollten
übermorgen mit den hier verbliebenen achtzig Kriegern der
Beni Safar östlich der Bahnstrecke über die Hügel gehen, um
dann nach Norden zu ziehen. In sechs Tagen müssten sie
Dar'a von Osten kommend erreichen können.

Die Operation war hoch gefährlich, denn sie führte durch
feindliches Gebiet, aber Omar war befriedigt, als ihm Sari
die Summe nannte, die bei Erfüllung des Auftrags ausge-
schrieben war. Chetwode hatte einmal mehr besondere finanzielle Anreize in Aussicht gestellt, um die Männer der Wüste
für das Himmelfahrtskommando zu rekrutieren.

EINE LANGE Karawane zog über die Hochebene. Den
sechsten Tag waren sie nun unterwegs. Nachdem sie den
Umweg durch die unwegsamen Hügel in heftigem Schneege-
stöber hinter sich hatten, waren sie vom vierten Tag an sehr
viel schneller vorwärtsgekommen. Achtzig Kamelreiter mit
zehn Lasttieren und zwanzig Reservepferden. Sie zogen
durch ein Meer von Grashalmen, einen Tagesritt östlich der
Bahnlinie und waren an Amman bereits vorbei. Ihr Ziel war
Bosra, die Endstation einer Stichlinie östlich Dar'a, die am
Rand einer niedrigen Hügelkette lag und deren Brunnen für
frisches Wasser sorgen sollten.

Seit vorgestern Nachmittag mussten sie vorsichtig sein.
Über ihren Köpfen waren zwei deutsche Albatross Aufklärer
erschienen und wieder verschwunden. Man hatte ihren
Marsch entdeckt und wohl auch das Ziel ihrer Operation.
Dennoch wollten sie weiter vorzustoßen. Sie waren schon zu

lange unterwegs, um einfach aufzugeben und Omar gab niemals auf. Hassan und Faruk ritten oft nebeneinander und Hassan begann Arabisch zu lernen. Faruk hatte seine Schreibkünste seit dem letzten Jahr enorm verbessert und erklärte nun dem Türken stolz das arabische Alphabet.

Am Abend erreichten sie in strömendem Regen Bosra. Nicht ein türkischer Soldat war zu sehen. Die Einwohner erzählten, dass die paar Mann seit gestern Richtung Dar'a verschwunden waren. Sämtliches Kriegsgerät hatten sie auf einem Zug mitgenommen. Es war klar, ihre Absicht war erkannt. Am Abend wurden ernste Zweifel an der Operation laut, doch Omar bestand erneut auf dem weiteren Vorgehen. Sari schrieb in sein Tagebuch: – 21. März 1918: Bosra. Der Erfolg ist ungewiss ... –

Am nächsten Tag waren sie mittags am Bahnhof von El Taebah, wo sie haltmachten. Die Bahnstrecke näherte sich jetzt der Station Garez, wo die Gleise Richtung Süden nach Amman abzweigten. Mit den Pferden konnten sie den Ort in weniger als einer halben Stunde erreichen. Zwanzig Reiter sollten den Weg erkunden.

Sari und Faruk ritten an der Spitze des Kommandos. Als sie sich der Station näherten, nahm Faruk einen Lichtreflex wahr und sie erkannten vor sich eine Befestigungsstellung. Sie hielten an und wurden daraufhin, auf dreihundert Yards, mit heftigem Maschinengewehrfeuer belegt. Sie rissen die Pferde herum, jagten zurück und bemerkten, dass ihnen ein Zug folgte, der, mit zwei Kanonen bewaffnet, schon auf sie gewartet hatte. Also stoben sie im rechten Winkel südwärts davon, bis sie ein Wadi erreichten, das ihnen Deckung bot. Als sie auf der anderen Seite den Abhang erklommen, waren sie den Blicken der Feinde entzogen. Die Dampfwolke des Zuges bewegte sich jedoch gerade wieder in Richtung El Taebah, wo die anderen lagen. In zwanzig Minuten würde er da sein.

„Faruk, nimm dir einen Mann und reite wie der Teufel, um die anderen zu warnen. Wir treffen uns im Süden bei der Station Nessib", rief Sari. Wenn Faruk sein Tier stark antrieb, konnte er noch vor dem Zug am Rastplatz der Beduinen eintreffen und eine Katastrophe verhindern. Die zwei Reiter jagten parallel zur Bahnlinie nach Osten zurück.

Der Rest ritt so schnell die Pferde sie trugen an den Bahngleisen Richtung Süden. Nach fünfzehn Minuten kamen sie an die massive Steinbrücke über eine Bodenvertiefung. Das Ziel, das auf ihrer Karte eingetragen war. Sie sprangen ab und begannen die Gleise am Brückenkopf zu unterhöhlen.

„Reite den anderen entgegen und hole das Dynamit", rief Sari dem nächsten Beduinen zu und der machte sich auf nach Osten, um den anderen entgegenzureiten. Er war keine zehn Minuten unterwegs, als der Rest ihm schon entgegenkam. Bald hatte der Beduine ein Lastkamel am Zügel. Es trug Dynamitstangen, Zündschnüre und den Dynamo. Die anderen ritten weiter zum Bahnhof Nessib.

Als er wieder an der Brücke ankam, waren die Vorarbeiten abgeschlossen. Sie banden die Sprengsätze zusammen und versahen sie mit den Zündschnüren. Dann platzierten sie vier Ladungen unter die Schwellen und nach zehn Minuten flogen zehn Yards der Gleise in die Luft. Nur der Brückenkopf aus Bruchstein hielt stand. Die Ladung war nicht stark genug gewesen. Nur Zeit hatten sie keine mehr, denn sie vernahmen die Rauchfahne eines Zuges. Immerhin waren sie fürs erste vor einer Verfolgung durch den Zug sicher.

Am Bahnhof trafen sie die anderen, sonst war kein Mensch zu sehen. Die Bahnwärter waren geflohen. Faruk und sein Begleiter hatten es geschafft den Zug zu überholen und der ganze Trupp war in Panik davongesprengt, bevor die Kanonen sich auf sie eingeschossen hatten. Einige Männer, Kamele und Ausrüstung waren verloren gegangen. Aber zum Reden war jetzt keine Zeit. Sie mussten sehen, dass sie wegkamen. Den Bahnhof ließen sie in Flammen aufgehen und zerstörten vor dem brennenden Gebäude noch einmal das Gleisbett. Dann verschwanden sie Richtung Osten.

Gerade als sie sich einigermaßen sicher fühlten, hörten sie die Geräusche von Flugzeugmotoren am Himmel. Sie stoben auseinander, denn im Nu waren drei Flieger über ihnen und zogen mit ihren Bordkanonen lange Schneisen von Kugeleinschlägen durch ihre Reihen, verschwanden kurzzeitig und kamen dann zurück. Die deutschen Doppeldecker vom Typ Rumpler, die mit Bordkanonier und Pilot besetzt waren, kannte Sari noch von Beerschewa. Gegen sie war kein Kraut gewachsen. Man musste sich so weit wie möglich verteilen und auf den Boden niederlegen, um ihnen so wenig Ziel zu geben, wie möglich. Das knietiefe Gras erlaubte ihnen keine Deckung. Sechsmal kamen ihre Angriffe und Sari sah, wie Menschen und Tiere neben ihm dabei zu Schaden kamen.

Omar stand aufrecht und blickte dem Kanonier, der auf ihn zuflog, direkt ins Gesicht, als er ihm zuschrie: „Du Hund, ich verfluche dich tausendmal bis du …" Dann riss ihn die Salve des Fliegers zur Seite, wo er liegen blieb.

Als das letzte Flugzeug wieder nach Südwest verschwunden war, herrschte erst einmal tiefes Schweigen. Überall lagen tote Menschen und Tiere herum und die Überlebenden waren damit beschäftigt herauszufinden, ob sie unverletzt geblieben waren. Faruk stand fassungslos neben der Leiche seines Vaters, andere saßen nur still da, die Augen auf den Boden gerichtet und Sari dankte, dass er noch einmal davongekommen war. Er sah Hassan nicht weit entfernt damit beschäftigt, sein Tier zu beruhigen.

Gegen solche Gegner, die mit fahrenden Kanonen auf dem Boden und fliegenden Geschützen aus der Luft kamen, waren sie machtlos. Sie waren Wüstenkämpfer auf dem Rücken ihrer Tiere und solchen Waffen nicht gewachsen.

Saris Stimme war durchdringend, als er laut rief: „Ya achwani, es ist jetzt keine Zeit zum Trauern. Wir müssen hier weg. Sie könnten wiederkommen." Langsam löste sich der Schock. Die Toten wurden in Decken auf die Tiere gebunden und die Schwerverletzten in die Körbe gelegt, in denen die drei großen Zelte transportiert worden waren. Diese wurden einfach liegengelassen. Sari zählte mehr als fünfzehn tote Menschen und viele Tiere, die verendet am Boden lagen oder sich erhoben hatten und doch erschossen werden mussten, um sie von ihren Leiden zu befreien.

Keine halbe Stunde später zog die Karawane nach Südosten davon. Eine schwer geschlagene kleine Armee deren Mut nur noch darin bestand ihre Haut zu retten. Sie zogen schweigend die ganze Nacht durch strömenden Regen, bis sie am Morgen eine Bodensenke erreichten, in der sie anhielten.

Die Senke glich bald einem Lazarett. Die Verletzten wurden von den Kameraden verbunden, während andere schon die Gräber für die Toten aushoben. Sari hatte mit Hassan ein

Hotchkiss hinter einem Stein aufgebaut, um einen etwaigen neuen Angriff einigermaßen beantworten zu können. Nur eine solche Waffe hatte die Durchschlagskraft solch einen Flieger überhaupt vom Himmel zu holen. Aber alles blieb ruhig, auch unter den Beduinenkriegern, die alles stillschweigend erledigten. Am Nachmittag erschienen zwei Beni Safar, die bei der Flucht vom Bahnhof El Taebah versprengt worden waren. Sie hatten vier Lasttiere mit Verpflegung in der Wüste wieder eingefangen und brachten auch zwei Pferde mit. Insgesamt gab es jetzt achtzehn Tote und drei Vermisste. Sechs Schwerverletzte konnten nicht reiten und mussten transportiert werden. Die Zahl der verlorenen Tiere betrug fast zwanzig.

Noch vor dem Abend waren die Toten begraben. Als die Nacht kam, saßen viele der Beduinen allein und trauerten um ihre Verwandten. Sari hatte sich neben Faruk gesetzt und gab ihm Trost.

„Mein Vater sieht jetzt vom Paradies auf mich herab und wird mich beurteilen. Ich habe eine schwere Bürde zu tragen. Ich bin sein Nachfolger." Sari sah ihn an, den jungen Beduinenführer, der von nun an die Geschicke seines Klans lenken sollte.

„Nie könnte ein junger Araber geeigneter sein als du, achi", sagte Sari und nahm ihn in den Arm. „Du bist es, der sie in eine neue Zukunft führen kann."

„Ich muss jetzt viel von dir lernen." Sari schrieb nachts in sein Tagebuch: – 23. März 1918: Wir sind schwer geschlagen worden. So viele Tote … –

Einen ganzen weiteren Tag verbrachten sie in der Mulde. Proviant hatten sie genug dabei und Wasser gab es reichlich. Der Himmel hatte seine Schleusen wieder geöffnet. Einer der Schwerverletzten war noch in der Nacht gestorben. Den Tag über diskutierten sie heftig über die Operation und ihren Ausgang. Der Tatsache, dass sie entdeckt worden waren, hätte Omar Schuld tragen müssen, aber der befand sich ja selbst unter den Opfern. Es kostete sie viel Überwindungskraft, trotz des Desasters, noch an die Freiheit in einem arabischen Reich zu glauben. Die finanziellen Entschädigungen brachten die Toten nicht zurück. Aber ein kleines Ziel war wenigstens erreicht worden; die Verbindung der Türken von

Dar'a nach Amman war fürs Erste unterbrochen. Dies konnte für den Angriff der Briten auf Amman entscheidend sein. Man musste in der Nähe bleiben und abwarten.

So waren sie also Tags darauf wieder unterwegs, Richtung Südost. Ziel war die Oase Al Asraq mit der gleichnamigen Ruine eines Omayyadenschlosses, mehr als einen Tagesritt östlich von Amman. Die Oase lag im Gebiet der Ruala und war der Rückzugspunkt des missglückten Angriffs gewesen, den Lawrence auf die Brücke über den Yarmuk geführt hatte. In der Oase lag seitdem das Bataillon der britischen Kavallerie aus Indien.

Am nächsten Tag kamen sie im Qasr Al Asraq an und der Platz war wirklich wie geschaffen für ein Lager von nunmehr dreihundert Reitern. Teilweise waren die Steinruinen und Rundbogenkeller des Schlosses noch überdacht und die Außenmauern boten hinreichend Schutz. Sie richteten sich für mehrere Tage ein. Die britische Einheit hatte einen Arzt, der ihre Wunden versorgte. Sie waren in Kontakt mit der Beduinenarmee von Lawrence, die jetzt einen Tagesritt nahe Amman im Atatir Tal lag und eine Gruppe Ruala zu Botendiensten hin und her pendeln ließ. Sie wollten sich nach der geglückten Einnahme von Amman mit Allenbys Truppen vereinen. Morgen würden zwei Mann aufbrechen, um Informationen dazu einzuholen. Sari schrieb im Schein einer Kerze: – 26. März 1918: Wenn der Angriff auf Amman erfolgreich verläuft, dann war nicht alles umsonst. Wenn nur der andauernde Regen nicht wäre … –

Als es hell wurde verließen zwei Ruala mit vier Kamelen das Versteck. Sie wechselten stundenweise das Reittier und konnten so im Trab sehr viel schneller vorankommen. Wenn sie scharf ritten, konnten sie am späten Abend an der Station Dshise südlich von Amman sein. Direkt Amman zu erreichen, hielten sie für zu gefährlich. Die beiden Männer kannten sich bestens aus und kamen an, wie geplant. Dort erfuhren sie von bewaffneten arabischen Einheimischen, die die britischen Truppen unterstützten, dass vor sieben Tagen ein deutsches Bataillon von Tafilah aus nach Amman zurückgebracht worden war. Alle Türken waren von hier seit vorgestern abgezogen worden. Es war kalt und der Regen fiel ununterbrochen.

Beide folgten am nächsten Tag der Bahnlinie nach Norden und erreichten die Station Libban, wo sie zum ersten Mal Kriegslärm wahrnahmen. Gestern war hier zwar noch ein türkischer Zug abgefahren, aber die Briten hatten kurz darauf den letzten Bahnhof vor Amman, die Station Kassir, zerstört. Sie folgten dem Kanonendonner und standen am späten Nachmittag auf einer Anhöhe, von wo sie die Kampfhandlungen teilweise beobachten konnten. Die Briten berannten einen strategisch wichtigen Hügel östlich der Stadt. Die zwei Männer lagen auch den nächsten Tag dort in heftigem Regen unter ihren Kameldecken. Die Briten kamen nicht voran.

Während der zwei Tage waren immer wieder Flugzeuge in der Luft, die im Osten und Norden Ammans ihre Bomben abwarfen. Am nächsten Morgen veränderten beide ihre Position so, dass sie durch das Tal des Amman Flusses die ersten Häuser der Stadt sehen konnten. Sie übernachteten in einem Schafstall. Am 30. März vernahmen sie nachmittags starkes Artilleriefeuer von der Zitadelle auf die britische Stellung auf dem Hügel und erlebten, wie sich die britischen Truppen später im Schutz heftigen Regens von dort zurückzogen. Der Angriff war offensichtlich gescheitert. Jetzt mussten die beiden zusehen, dass sie selbst hier wegkamen. Noch am Abend gingen sie durch das Tal im Wasser des Flusses zurück und überquerten die matschige Straße, auf der die britischen Truppen nach Süden zurückfluteten. Verwundetentransporte und mit Toten beladene Pferdewagen, zeigten ihnen, dass die Briten die Schlacht verloren hatten. Arabische Milizen, die sich mit den Briten zurückzogen, berichteten, dass die Kavallerie der Yildrim Armee von Katrana und Krak aus schon nahe sei, um Amman zu entsetzen. Ihre beiden freien Kamele wurden beschlagnahmt. Die Ruala machten sich so schnell es ging auf und ritten durch die Nacht Richtung Osten davon. Am nächsten Abend trafen sie unversehrt in Asraq ein.

Sari und Faruk machten sich sofort auf zu Lawrence. Sie trafen ihn selbst in der Vorbereitung zum Rückzug nach Süden. Die Beduinen der Ruala sollten vor Ort bei ihren Familien bleiben. Bei der gemeinsamen Lagebesprechung stellten einige der Scheikhs die ganze arabische Revolte in Frage. Was war, wenn die Türken die Oberhand behielten?

Was war die ganze nationale Freiheitsbewegung der Araber wert, wenn die Türken nicht besiegt werden konnten? Was, wenn die jetzt Jerusalem zurückeroberten?

Doch Lawrence beruhigte sie: „Wir werden Jerusalem nicht verlieren. Es geht darum die Türken am Ende zu schlagen, nicht jetzt. Wir müssen ihnen so viel Schaden zufügen, wie wir nur können. Jeder Nadelstich wird uns dabei dem Ziel näherbringen. Jeder Anschlag kostet sie mehr Substanz. Jeder kleine Schlag wird sich im Großen auswirken. Nur wir sind das Werkzeug der nationalen arabischen Freiheitsbewegung. Ohne uns wird es keine arabische Nation geben."

„Achwani, die Hunde bellen, aber die Karawane zieht ihres Wegs. Wir werden den Kampf weiterführen", sagte Faruk. „Wir werden kommen und gehen, zuschlagen und uns zurückziehen, leise und unsichtbar sein, schnell und unberechenbar. Wir kündigen nicht an und wir prahlen nicht, wir sind die stille, schweigende Bedrohung aus der Weite der Wüste. So werden wir die Türken am Ende besiegen." Faruk erntete zustimmendes Kopfnicken. Er hatte schon jetzt die Position seines Vaters eingenommen, als wäre es nie anders gewesen.

Lawrence klopfte ihm anerkennend auf die Schulter. Er wusste, was er an Faruk hatte. Er selbst wollte nicht bei den Ruala bleiben und an der Bahnlinie entlang mit seinen Männern nach Gueira zurück reiten. Sari und Faruk sollten sich, aufgrund der Schwerverletzten, mit den Beni Safar Zeit nehmen und einen sicheren Bogen im Osten um Ma'an schlagen, um durch das Wadi Sirhan in einer Woche das Lager der Serahin Howeitat am Rand der Nefud zu erreichen. Fünf Toweiha, die den Weg von ihren Karawanenzügen her kannten, wollten sie begleiten. Die indische Abteilung in Asraq sollte ihren Stützpunkt aufgeben und sich nach Süden zurückziehen.

Und so zogen sie zwei Tage später weiter Richtung Südost. Die Gefahr von Flugzeugen noch entdeckt zu werden, wurde so weit draußen in der Wüste immer geringer. Am zweiten Tag passierten sie Bir Qurayyat, wo sie Rast machten und fünf Tage später erreichten sie den roten Sand der Dahna. Die Toweiha sandten zwei Mann aus, um die Howei-

tat auszumachen und zwei weitere Tage später zogen sie ins
Lager des Klans der Serahin.

Sari und Hassan machten es sich aus Ermangelung einer
Unterkunft mit ihren Kameldecken im Wüstensand gemütlich. Das Wetter war besser geworden. Hier, am Rand der
Nefud, war kaum Regen gefallen. Auf der Reise war Hassan
zumeist damit beschäftigt gewesen Arabisch zu lernen. Wenn
sie Rast einlegten, dann erwies er sich als aufmerksamer
Diener. Sein Improvisationstalent war unschlagbar. Sari hatte
ihm irgendwann verboten ihn Herr zu nennen und es stellte
sich im Laufe der Zeit eine immer vertrauter werdende In-
nigkeit ein. Hassan hatte beschlossen ihn Patron zu nennen
und betrachtete es als Ehre und Pflicht zugleich, ihm zu dienen. Zu beiden gesellte sich Faruk und dann saßen sie zusammen und gaben sich gegenseitig Unterricht in Geogra-
phie und Landeskunde ihrer Heimatländer. Faruk erwies sich
als sehr wissbegierig und Sari verfeinerte sein Schreiben und
Lesen und gab ihm Unterricht in Englisch, Mathematik und
verschiedenen Wissenschaften. Er lernte außergewöhnlich
schnell, besonders, wie man die Flugbahnen von Kanonen-
kugeln berechnen konnte.

Alle hatten nach den anstrengenden Tagen Ruhe nötig.
Aber Sari und Faruk wurden bald unruhig. Sie mussten nach
Aqaba, um Informationen einzuholen und so brachen sie
einige Tage später mit Hassan und den Beduinen der Toweiha auf. Auf ihrem Marsch passierten sie Qasr Fassu'a, wo sie
vor zehn Monaten fast in die Hände der Türken gefallen
waren. Sie trafen dort auf britische Einheiten, die berichteten,
dass Colonel Dawneys Truppen die gesamte Bahnstrecke
zwischen Ma'an und Mudawarra unter Kontrolle hatten. Der
Weg nach Aqaba führte sie wieder durch das Wadi Rum und
drei Tage später saßen sie am Strand des Roten Meeres.

Hier hatte sich viel verändert. Emsiges Treiben sahen sie
im kleinen Hafen, wo britische Schiffe vor Anker lagen.
Lastwagen, gepanzerte Autos mit Kanonen, aber auch Maul-
tierkarren und allerlei Kriegsgerät standen bereit. Eine Funk-
station war aufgebaut und britische Soldaten aus Ägypten,
Indien und Mesopotamien hatten am Rand der Berge ihre
Zelte aufgeschlagen. Daneben lagen die regulären arabischen
Truppen, deren Zahl durch ehemalige türkische Wehrpflich-

tige, Gefangene oder desertierte Soldaten stark angewachsen war. Allenbys Offiziere unterstützten jetzt tatkräftig und persönlich den arabischen Aufstand, der Teil der offiziellen britischen Kriegsführung geworden war. Aber auch viele arabische Zivilisten, wie Ärzte, Sachbearbeiter, Händler oder ambitionierte Politiker hatten sich hier eingefunden.

Lawrence war nach seiner Rückkehr und den vergeblichen Versuchen Ma'an und den Zentralbahnhof von Mudawarra einzunehmen, vor einigen Tagen per Schiff nach Kairo abgereist. Für Sari lagen keine besonderen Befehle vor. Daher entschlossen sie sich zu den Familien der Beni Safar aufzubrechen, die im Lager von Prinz Faisal bei Gueira waren.

Allerdings gab es keine guten Nachrichten über den Stand des Krieges: Das neue Sowjetrussland, so weit entfernt und doch so eng verknüpft mit dem Schicksal aller hier, hatte am 3. März mit Deutschland Frieden geschlossen. Damit wurden eine Million deutscher Soldaten frei, um sie an der Westfront in Frankreich einzusetzen. Aber auch in Palästina wurden die Türken durch deutsche Einheiten verstärkt. Die Briten hatten daraufhin begonnen aus den unbegrenzten Ressourcen ihres Weltreichs weitere Truppen aus Indien, Malaysia, Singapur und sogar Südafrika in den Nahen Osten zu schicken. Der Ausgang des Krieges erschien wieder völlig offen. – 2. Mai 1918: Ich werde morgen Jasmin wiedersehen! Es ist stärker in mir, als jemals zuvor … –

Im Lager Prinz Faisals waren mehr als zwanzigtausend Menschen und eine unübersehbare Menge an Tieren versammelt. Es war aufgeteilt in den Bereich der regulären britischen Truppen, die etwas außerhalb lagen, und die Beduinenarmee, die ein nie für möglich gehaltenes Sammelsurium der Stämme des Hedschas und der Region Moab darstellte – Harb, Howeitat, Juheina, Oteibeh und Aneze. Alle Zwistigkeiten und Fehden untereinander hatte das gemeinsame Ziel, die Vertreibung der Türken, beendet, zumindest so lange, bis das Ziel erreicht war. Die Beni Safar mit den Familien der al-Dawud, Ghanie', Juweiles und Beni Atieh lagerten am Rand der Ebene, unweit vom Hoflager Faisals, das einer kleinen Zeltstadt glich, mit seinem Wohnbereich, den Behausungen für Gäste und für die Verwandten der Ashraf und mit einem Bereich für Wirtschaft und Versorgung.

Bei der Ankunft stand Sari nur kurz neben Faruk, als dieser seine Mutter und Geschwister begrüßte. Er kondolierte und zog sich dann zurück, um die Trauer der Familie über Omars Tod nicht zu stören. Er hatte Jasmin zugenickt und sie hatte ebenso geantwortet. Am nächsten Tag, als sich alle einigermaßen eingerichtet hatten, kam Damad in sein Zelt und lud ihn zum Nachmittag ein. Er war jetzt ein freier Mann. Faruk hatte ihm, als Erbe seines Vaters, die Freiheit geschenkt. Allerdings wusste der nicht wohin und so blieb er als Diener bei der Familie.

Als Sari das Zelt betrat, waren die Ältesten der Familien der Beni Safar versammelt, um Faruk zum Anführer des Klans zu wählen. Es gab nach Beratschlagung keine Gegenstimme und von nun an war Faruk ibn Omar Tarek Ben al-Dawud anerkannter Führer und Scheikh der Beni Safar aus dem Stamm der Harb und berechtigt im Namen der anderen zu sprechen und Entscheidungen zu fällen. Er hatte dies vor allem, trotz seiner Jugend, seinen klugen Entscheidungen und dem Mut zu verdanken, die ihn während des Aufstands ausgezeichnet hatten. Das Ganze wurde mit einem Hammelessen gefeiert. Yussef sollte weiterhin die zweite Position im Klan einnehmen.

Als alle aufbrachen, bat Faruk Sari noch zu bleiben. Beide saßen spät abends noch bei Datteln und Qahwa zusammen, als Jasmin herein kam. Sari sprang auf und merkte an der Reaktion von Faruk, dass das zwischen den Geschwistern so abgesprochen war. Er schaute Jasmin an; sie war wunderschön. Faruk beobachtete beide sehr genau und sagte: „Ya achi, Jasmin fragt, ob sie an deinem Unterricht teilnehmen darf?"

„Aber das wäre ja wunderbar. Wir werden zusammen von vorn anfangen", rief er und seine Stimme zitterte vor Glück.

„Musst du nicht", sagte Faruk ruhig. „Sie ist mir schon weit voraus. Seitdem du sie nicht mehr gesehen hast, hat sie so lange den Vater bearbeitet, bis der Bücher und Schriften besorgte, die sie verschlungen hat. Sie liest und schreibt viel besser als ich."

Sari stand vor Jasmin und sie lächelte ihn bezaubernd an. Sein Herz raste. Später, als sie gegangen war, erzählte Faruk, wie sich der Konflikt mit dem Vater zugespitzt hatte, bis der sie sogar unter Zwang verheiraten wollte. Aber Jasmin war stark gewesen, auch weil Faruk hinter ihr stand. Sie waren es seit ihrer Kindheit gewohnt sich aufeinander verlassen zu können und Sari erzählte ihm von seiner Schwester und dem gleichen Verhältnis zueinander.

„Ich möchte Jasmin glücklich sehen. Das ist es, was ich ihr schulde, denn sie ist der beste Freund, den man sich vorstellen kann. Ich liebe meine Schwester über alles und glaube, dass man Grenzen und Grundsätze überwinden kann, die Menschen trennen. Es ist eine Frage der Seelengröße." Sari fragte nicht weiter nach, aber er glaubte zu wissen, dass Faruk damit ausdrücken wollte, dass er die Religion nicht gegen das Glück seiner Schwester stellen wollte. Mit einer ungewöhnlichen Hochstimmung kam Sari zurück ins Zelt und Hassan fragte: „Patron, was ist dir so Wunderbares begegnet?"

„Ach Hassan, das Leben kann trotz Krieg doch sehr schön sein." – 4. Mai 1918: Jasmin … –

Die nächsten Wochen waren die herrlichste und unbeschwerteste Zeit, die die vier jungen Leute bisher erlebt hatten. Das Wetter war umgeschlagen und der Sommer hatte begonnenen. Wenn es Saris und Faruks militärische Verpflichtungen zuließen, unternahmen sie Ausritte, bei denen Jasmin ihr Pferd ebenso gut beherrschte, wie sie die ihren und wenn sie nicht zusammen lernten, dann beschäftigten sie sich mit Diskussionen über Gott und die Welt. Sari und Jasmin waren glücklich, aber beide bewahrten den Abstand, den jeder von ihnen erwartete. Das erkannte auch Jasmins Mutter und sie begann Sari mehr und mehr zu vertrauen.

Heimat, liebe Heimat

LAWRENCE WAR aus Kairo zurück und Faisal eröffnete allen Anführern der Stämme in seinem Zelt: „Allah hat die Werkzeuge des Sieges gesandt – zweitausend Reitkamele von General Allenby." Der Engländer hatte den Kommander überzeugt einen Teil der Kamele der Sinai-Brigade, die wegen Mannschaftsmangel aufgelöst werden musste, nicht für die Transportkolonnen der Infanterie zu verwenden, sondern den Arabern zur Verfügung zu stellen. Das bedeutete erhöhte Bewegungsfreiheit und ihre Zuversicht wuchs in jeder Minute der weiteren Diskussionen um die Nutzung der Tiere.

Die Situation in Shoubak war unverändert. Aus Tafilah hatten sich die Türken zurückgezogen und beließen nur einige wenige Einheiten in Katrana. Vom Lager bei Gueira aus wurde Ma'an in Schach gehalten und dafür gesorgt, dass die Eisenbahn dauerhaft unterbrochen blieb. Einmal noch war ein türkischer Ausfall aus Ma'an durch Panzerwagen abgefangen und blutig zurückgeschlagen worden. Aufgrund dieser Operation war es mit einer aktiven Verteidigung des von den Türken immer noch besetzten Medina endgültig vorbei und als zwei britische Offiziere nördlich Ma'an vorstießen und mit einem Schlag gleich fünfzig Meilen der Eisenbahnstrecke besetzten, wurde durch die gründliche Zerstörung des Unterbaus eine weitere Offensive der Türken gegen Faisal unmöglich gemacht. Von da ab unterblieb jeder weitere Angriffsversuch des Feindes.

Es war der 3. Juni und Sari gerade von einem Erkundungsritt mit Faruk zurückgekehrt, als Colonel Joyce ihn zu sich rief. Pierce Joyce war kaum älter als er selbst und fragte, ob er ihn und Prinz Faisal morgen nicht nach Aqaba begleiten wolle. Da Lawrence gerade mit einem Kommando gegen die Bahnlinien unterwegs war, habe der Haschimit ihn, Sari, vorgeschlagen sie beide zu einem Treffen mit dem Zionistenführer Weizmann zu begleiten. „Immerhin Lieutenant, es geht ja um Ihre Heimat", hatte Joyce gesagt.

Also saß Sari am nächsten Tag dem Mann gegenüber, von dem er schon so viel gehört hatte. Weizmanns devote, freundliche Art, ließ hier nicht unbedingt auf sein rigoroses Auftreten schließen, wenn es um die zionistischen Belange ging. In dem Gespräch erklärte er, die Juden würden keine eigene Regierung einfordern und unter britischem Schirm nur das Land entwickeln und das auch nur dann, wenn keine Interessen anderer berührt würden.

Prinz Faisal, dem sehr wohl die Brisanz dieses Treffens bewusst war und der keinen Fehler machen wollte, erklärte: „Als Araber kann ich momentan die Zukunft Palästinas nicht diskutieren, weder als jüdische Kolonie, noch als britisches Protektorat. Wenn die arabische Sache klarer ist, können wir über diese Dinge reden." Sari war hochzufrieden, denn Faisal hatte sich auf keine Zusage für eine jüdische Heimstätte eingelassen.

Als er zwei Tage später mit Lawrence darüber sprach, sagte der: „Weizmann ist unaufrichtig, wenn er sagt, er wolle keine jüdische Regierung. Er hofft auf ein vollständig jüdisches Palästina, hinter britischer Fassade. Das ist sein Begehr." Dann erklärte er, dass Colonel Dawney Sari in vier Tagen auf dem Schiff nach Kairo mitnehmen wolle. Seine Anwesenheit sei hier militärisch nicht mehr notwendig, da nun immer mehr britische Offiziere vor Ort waren. Sari würde in Jerusalem gebraucht und war von dort angefordert worden. Fast hatte er schon vergessen, dass er ja noch immer Militär war. Es zerriss ihm fast das Herz, als er an Jasmin dachte. Er war drauf und dran seinen Dienst zu quittieren.

Am übernächsten Tag war er zusammen mit Faruk persönlich bei Prinz Faisal eingeladen, der ihnen für ihre Treue und Tatkraft dankte und zukünftige Positionen im arabischen Großreich in Aussicht stellte. Faruk bot er gleich hier einen hohen Rang in seiner arabischen Armee an, da er vernommen hatte, dass die Harb beabsichtigten sich übermorgen in ihr Gebiet, den Hedschas, zurückzuziehen. Sari blieb der Mund fast offen stehen, denn er hatte davon noch gar nichts mitbekommen. Beide jedenfalls sagten Faisal nichts zu und verließen das Zelt in Gedanken versunken. Faruk ließ sich auf keine Diskussionen ein. Er sagte, er sei als Scheikh für den Klan der Beni Safar verantwortlich. Sie waren schon viel zu weit, viel zu lange im Norden. Sie mussten zurück, noch vor Beginn des Ramadan. Er und Salih al-Shubhan, für die Mezeyne, hatten das gestern beschlossen. Sari suchte Jasmin, aber sie blieb unauffindbar. Er konnte sich das nicht erklären.

Den Nachmittag vor dem Aufbruch der Harb kam Faruk in Saris Zelt. Er setzte sich zu ihm hin: „Salamtak ya achi. Allah, gepriesen sei sein Name, ist mit uns beiden. Ich muss etwas mit dir bereden."

„Und ich mit dir, Faruk", antwortete Sari etwas gereizt.

„Bitte verschließe deinen Mund, bis du mich angehört hast", sagte Faruk lächelnd. „Ich weiß, dass ein Leben mit uns Beduinen in der Wüste nicht deinen Ansprüchen genügen kann und wird. Aber wir haben dich sehr in unser Herz geschlossen. Ich möchte dir etwas vorschlagen. Wir haben uns darüber sehr viele Gedanken gemacht."

Hassan war draußen mit etwas beschäftigt gewesen und kam jetzt plötzlich in Begleitung von Jasmin herein. Sari wollte aufstehen, aber Faruk legte ihm die Hand auf die Schulter, sah seine Schwester an und sagte: „Du siehst meine Schwester heute besonders glücklich, achi."

Sari verstand nicht recht. Wie konnte sie glücklich sein, wenn sie sich morgen wieder trennen sollten? Jasmin setzte sich zu den beiden und Faruk sagte: „Ja, sie ist glücklich, oder Jasmin?" Beide sahen das Mädchen an. Sie nickte vielsagend und Sari verstand die Welt nicht mehr.

„Sie hat darauf bestanden, bis ich mich nicht mehr wehren konnte. Ich habe keine Kraft mehr, mich zu wehren", fuhr Faruk doppeldeutig fort. „Sie wird uns begleiten."

„Uns begleiten? Wohin?"

„Auf unsere Reise."

„Auf unsere Reise? Meine Reise geht nach Jerusalem und die eure in den Hedschas."

„Ya achi, ich habe einen Anschlag auf dich vor. Ich möchte, dass du uns beide mitnimmst nach Jerusalem. Jasmin und ich kennen bisher nur die Welt der Wüste. Ich möchte, dass du uns die andere zeigst."

Sari war sprachlos. Jasmin hatte noch nichts gesagt und fragte jetzt etwas nervös: „Und, Sari, was ist mit dir?"

Da sprang er auf mit einem lauten Freudenschrei und umarmte beide gleichzeitig. Aus dem Hintergrund kam Hassans Stimme: „Dann muss ich jetzt drei Personen versorgen. Patron, da wirst du mir verzeihen, wenn ich dir nicht alle deine

Wünsche direkt von den Augen ablesen kann." Ein befreiendes Lachen aller folgte.

„Aber deine Familie, deine Mutter", fragte Sari zu Jasmin gewandt?

„Sie ist einverstanden. Wir haben das die letzten Tage mit ihr besprochen und sie hat am Ende zugesagt."

„Das ist ja wunderbar. Nichts ist mir lieber als das. Ich bin der glücklichste Mensch der Welt. Seid tausendmal willkommen bei mir zu Hause."

Sari war klar, was das bedeutete. Faruk wollte ihm damit zeigen, dass er einverstanden war, wenn er um Jasmins Hand anhielt. Er würde den richtigen Moment abpassen. – 9. Juni 1918: Ich werde Jasmin zur Frau nehmen … –

Der Abschied am nächsten Tag war dann doch schmerzhafter als erwartet. Zum ersten Mal in ihrem Leben sollte Jasmin ihre Familie verlassen. Auch für Sari wurde der Abschied schwer. Er ließ seine Dschamila, die ihn so treu durch alle Gefahren getragen hatte, bei Faruks Familie zurück. Hassan hatte für Saris und sein eigenes Pferd einen guten Preis bekommen. Die Beni Safar und die Mezeyne zogen los, zu dem Zeitpunkt, als auch das Auto mit den Reisenden nach Aqaba losfuhr. Yussef hatte das Kommando für den Klan übernommen und die Krieger, alle auf ihren Tieren, schossen eine Salve ab, während die Frauen laut den Zagharit ausstießen. Dann trennten sich ihre Wege.

Als sie zwei Tage später in Aqaba das Schiff bestiegen, fing für Jasmin und Faruk ein neues Leben an. Sie waren gespannt auf das, was sie erwartete und konnten gar nicht genug fragen und lernen. Besonders Jasmin schrieb sich alles auf und wenn durch Zufall einmal irgendetwas von dem besprochen wurde, was vielleicht Tage vorher Thema gewesen war, merkte man, dass sie es auswendig gelernt hatte. An den Gesprächen mit Colonel Dawney nahm sie teil und es war verblüffend, wie schnell sie Englisch lernte. Am Ende der dreitägigen Schiffsreise konnte sie mit dem Briten in einfache Konversation treten. Hassan hatte sich auf dem Schiff von einem Schneider einen Anzug machen lassen und stolzierte stolz wie ein Pascha über das Deck.

Mit Dawney unterhielten sie sich über den arabischen Aufstand und was danach kommen sollte und man bemerkte, wie sehr Faruk mit seinem klaren strategischen Verstand ihn beeindruckte. Als sie einmal auf dem Deck zusammen saßen und Dawney sich über die überlegene britische Militärführung und Taktik ausließ und den arabischen Anteil am Ausgang des Kriegs somit indirekt herabstufte, wobei Sari für Faruk übersetzte, zeigte der auf die Wellen und sprach: „Hier auf dem freien Meer, ist der Krieg so, wie auf dem Wüstenboden. Derjenige, der wie das Schiff das Meer beherrscht, hat große Freiheit und nimmt sich so viel oder so wenig vom Krieg, wie er will. Die Taktik ist Mobilität und das Desinteresse von Gebietsmarkmalen, von strategischen Geländeformen, festen Marschrichtungen oder festen Zielen. So wie das Schiff das Meer, so beherrschen wir die Wüste. Wir sind allgegenwärtig, tauchen auf und verschwinden, unabhängig von Versorgungsstationen und Verbindungsnetzen. Unsere Kameltrupps sind die Schiffe, die souverän durch die festen Stellungen der Feinde steuern, mit der Versicherung eines ungehinderten Rückzugs in ein Gebiet, das der Feind nicht sondieren kann."

Als Sari das übersetzt hatte, fragte Dawney: „Aber was ist mit militärischer Disziplin und mit truppenspezifischer Fähigkeit und Stärke?"

„Je stärker die Disziplin der Gruppe ist, umso niedriger ist die individuelle Fähigkeit", sagte Faruk. „Je höher aber die individuelle Fähigkeit ist, desto besser ist die Ausführung. Wir Araber handeln so, einfach und individuell. Wir reagieren nicht als Ganzes, sondern unsere Effizienz ist die persönliche Effizienz des Einzelnen. Was der Einzelne einbringt macht am Ende die Stärke der Gesamtheit aus."

Dawney staunte nicht schlecht und musterte den jungen Mann vor ihm. Einen solchen Vortag hatte der erfahrene Haudegen noch nicht gehört. Das war eine Kriegsführung, an die er niemals zuvor gedacht hatte. Er war gewohnt an feste Stellungen und Frontlinien. Diese militärische Strategie aber hatte keine Symmetrie. Sie war nicht greifbar. Und nicht nur militärisch begann er zu begreifen, dass arabische und westliche Denkweise zwei völlig verschiedene Dinge sein können, die mit unterschiedlichen Mitteln einem gleichen Ziel zustreben. Obwohl Dawney nur wenig über die arabische Denkweise wusste, so konnte er doch immer mehr den Betrug der britischen Regierung an den Arabern nachvollziehen und nicht nur er schämte sich. Denn durch das Öffnen der Archive des zaristischen Außenministeriums in Russland durch die Bolschewiken, war vor einem halben Jahr das intrigante Spiel der Briten ans Licht gekommen, die in einem streng geheimen Abkommen mit Frankreich, schon im Mai 1916, also einen Monat vor dem Kriegseintritt der Araber, die Beute bereits untereinander aufgeteilt hatten. Zusammen mit der Balfour Erklärung war der Verrat an den Arabern jetzt vollkommen. Man sprach davon, Prinz Faisal verhandle schon länger einen Beistandspakt mit den Türken, um Seite an Seite mit ihnen zu kämpfen, wenn sie ihm die Unabhängigkeit eines arabischen Reichs garantieren würden.

Die britische Regierung befand sich in Erklärungsnot, aber die Politiker sprachen den Arabern die Fähigkeit ab komplexe Zusammenhänge überhaupt zu erkennen und weitreichende Entscheidungen zu treffen. Und doch täuschten sie sich gewaltig, wie ihm der junge Araber hier bewies. Denn die Komplexität lag in der Stärke des Individuums und in der Kenntnis und dem Willen der menschlichen Handlungsfähigkeit. Die britische Regierung aber meinte die Araber führen und zu ihrem Glück leiten zu müssen, sie wusste und akzeptierte nichts von dem, was die Menschen dieser Region ausmachte, was sie trennte oder zusammenhielt. Die Briten befriedigten noch nicht einmal ihre eigenen Machtinteressen, sondern schufen nur politische Einflusssphären und verzettelten sich. Dawney erkannte, dass diese Unschlüssigkeit und Ignoranz langfristig zu einer Katastrophe führen musste und mehr und mehr britische Militärs dachten genau so.

Noch viel mehr wusste Sari, dass die Araber die Briten schon länger argwöhnisch betrachteten. Vor einem Jahr hatten die konspirativen Verfasser des britisch-französischen Abkommens, in einem persönlichen Gespräch mit Faisal und seinem Vater in Jeddah, zwar keinen Hinweis auf ihren Verrat gegeben, doch erstmals entnahmen beide einer Bemerkung des Franzosen, als er den Wunsch nach Einflussnahme in der Region äußerte, dass mehr als nur Interesse dahinter stecken könnte. Das hatte Omar kurz vor seinem Tod Sari anvertraut. Ohne Zweifel hätte es keinen Aufstand gegen die Türken gegeben, wäre der Inhalt der Geheimverhandlungen zwischen Großbritannien und Frankreich dem Sherifen damals zu Ohren gekommen. Nun führten sie den Krieg nur noch weiter, weil sie gar keine andere Möglichkeit in dem Konzert der großen Kriegsmächte mehr sahen. Den Anspruch auf die Einhaltung der britischen Versprechungen verbanden die Araber nun nur noch mit der Notwendigkeit, selbst so viel Land zu erobern und zu besetzen, wie eben möglich. Ihr Ziel war Damaskus.

In Suez bestiegen sie die Bahn nach Kairo, wo sie sich von dem Briten trennten und das Semiramis-Hotel bezogen. Für Hassan, Jasmin und Faruk war Kairo ein riesiges Erlebnis. Nicht nur die große Stadt selbst, sondern auch das pulsierende Leben der unterschiedlichen Kulturen war für sie kaum vorstellbar gewesen. Sie konnten sich nicht genug satt sehen.

Sari musste ins Hauptquartier der Streitkräfte und saß zwei Tage später in Uniform Colonel Gore gegenüber, Allenbys Verbindungsoffizier zu Jerusalems Militärgouverneur Ronald Storrs. Der sprach davon, ihm sicherlich einen Gefallen zu tun, wenn sie ihn nach Jerusalem zurückschickten. Die Beamten in der Verwaltung dort seien britische Offiziere, ohne die nötigen Fachkenntnisse, um die unterschiedlichen Interessen der verschiedenen Parteien zusammenzubringen. Man wolle diese Lücken mit Spezialisten aus den eigenen Reihen schließen. Sari solle sich also bei Lieutenant-General Congreve in Jerusalem melden. Er übergab ihm seinen Marschbefehl und wünschte viel Glück. In der Meldestelle ließ Sari für Faruk, Jasmin und Hassan sogenannte Laissez Passé ausstellen, die ihnen das Reisen erlaubten und aus dem Türken Hassan Atlan wurde der Araber Hassan Allam.

Bis zum Meldedatum war noch eine Menge Zeit. Genug, um Kairo intensiv zu erleben. Die Cafes und Geschäfte übten eine unwiderstehliche Anziehungskraft auf Jasmin aus und nach längeren Debatten kleidete sie sich westlich ein. Als Jasmin auf die Straße trat, erkannte man sie kaum wieder. Sie trug einen breiten Hut auf dem Kopf, der ihre zusammengefassten Haare verdeckte und in ihrem schmalen Kleid zog sie die Blicke der Passanten auf sich. Faruk erschrak fast, als er sie erblickte. Sie sah gar nicht mehr aus wie seine kleine

Schwester und er begann sich zu fragen, ob das alles richtig war, was er gemacht hatte.

Sari bemerkte Faruks Unsicherheit und nahm ihn zur Seite: „Ya achi, hat nicht der Prophet verlangt, dass der Gläubige Wissen erwirbt und seine Sinne schärft? Soll er nicht Neues lernen und zu seinem und Allahs Wohl gebrauchen?"

„Ja, aber er darf nicht den Weg verlassen, der ihm vorgeschrieben ist."

„Faruk, du hast einen sehr mutigen Schritt getan. Das, was im Leben auf euch beide zukommt, das kann sich so oder so auswirken, egal wo ihr seid und was ihr tut. Ihr selbst seid es, die die Entscheidungen treffen. An euch allein liegt es, was ihr daraus macht. Gutes oder Schlechtes."

„Deswegen habe ich Angst um Jasmin. Ich bin für sie verantwortlich."

„Ja", sagte Sari jetzt entschieden und legte ihm beide Hände auf die Schultern. „Du weißt, wie es um mich und um Jasmin steht. Ich möchte diese Verantwortung übernehmen. Jasmin und ich, wir sind füreinander bestimmt. Ich möchte sie für immer bei mir haben und ich würde mich freuen, dich Schwager nennen zu dürfen. Gib mir deine geliebte Schwester zur Frau und ich werde dir beweisen, dass ein Christ und eine Muslima ein Leben miteinander teilen können, ohne dass der Glaube beider daran zerbrechen muss."

Faruk sah ihn an: „Keinem auf der Welt würde ich sie lieber anvertrauen, als dir. Ich kenne dich jetzt schon sehr lange, Sari ibn Khaled von der Familie der Nadschar. Du bist ein Mann der Ehre, der vor der Welt und vor Allah bestehen wird. Auch wenn ich weiß, du wirst deinen Glauben nicht wechseln, so weiß ich doch auch, dass du Jasmin niemals dazu überreden wirst ihren Glauben zu verraten. So sei es also, im Namen des Allmächtigen, so sei es." Und dann fügte er ernst hinzu: „Achi, da gibt es noch etwas. Du musst den Brautpreis bezahlen. Er muss ihrer Herkunft angemessen sein und zeigt deine Wertschätzung für sie. Wir müssen ihn aushandeln."

„Aber Faruk, ich habe nichts von solchem Wert. Ich bin arm, bis auf ...", Sari überlegte. „Ich weiß nicht recht, akzeptierst du den Dolch, den ich von deinem Vater bekam?"

„Er ist dein und du kannst mit ihm machen, was du willst",
sagte Faruk lächelnd. „Er ist angemessen und du brauchst ihn
nicht mehr, denn du hast jetzt Jasmin. Ich akzeptiere ihn. Er
soll nun meine Mutter an sie erinnern. So also sei es."

Als sie auf Jasmin zutraten, erkannte Sari, dass sie genau
wusste, was beide besprochen hatten. Jasmin war außergewöhnlich schön und über den Rang ihrer Familie sehr begeh-
renswert, und doch hatte sie seit einem Jahr über nichts anderes mehr mit ihrem Bruder gesprochen, als über Sari. Seit
seinem Abschied hatte sie die jungen Männer, die ihr zur
Heirat angetragen wurden, immer mit ihm verglichen und
alle abgewiesen. Sie würde keinen anderen nehmen, hatte sie
ihrem Vater trotzig ins Gesicht geschrien und einen schweren
Konflikt mit ihm heraufbeschworen. Faruk hatte zu ihr gestanden und das Schlimmste verhindert. Er hatte sich bei
Lawrence erkundigt und war nicht ganz unschuldig daran,
dass der Sari wieder angefordert hatte.

Jasmin begann zu lernen und merkte, dass es ihr leicht fiel.
Lange Nächte hatte sie gebetet, dass sie Sari wiedersehen
würde und als ihre Gebete erhört wurden, war für sie klar,
dass sie mit ihm zusammenbleiben würde, egal was passierte.
Faruk hatte das erkannt und nach dem Tod seines Vaters
versuchte alles so in die Bahnen zu lenken, die ihm die Ver-
antwortlichkeit gegenüber der Familie, seinem Klan und
seinem Glauben auftrug. Dass sie sich so vehement für einen
Christen entschieden hatte, machte die Sache schwierig und
besonders die Mutter hatte sich bis zuletzt heftig gewehrt.
Aber Faruk liebte Jasmin zu sehr, als dass er ihrem Glück im
Wege stehen wollte.

Jasmin und Sari sahen sich in die Augen und beide wussten, dass ihre Liebe ewig andauern würde. Er nahm ihre
Hände und als er beginnen wollte zu sprechen, legte sie ihm,
wie damals im Zelt beim Abschied, den Finger auf den Mund
und sagte „Ja, ein ganzes Leben will ich bei dir bleiben und
du bei mir." Dann umarmte sie ihn und gab ihm einen Kuss,
den Faruk endlich heftig unterbrach: „Bei Allah, die Ehe hat
noch nicht begonnen."

SIE SAßEN auf der Pritsche eines Militärtransporters, der
die letzte Höhe nach Jerusalem hinaufrumpelte. Von Ägyp-

ten aus waren sie bis Lod mit der Bahn gefahren und dort auf den Lastwagen gestiegen, der mit allerlei Gütern beladen war. Sari hatte schon von Kairo aus seiner Familie gekabelt und ihre Ankunft angekündigt. Als sie Nabi Samuel erreichten, bat Sari den Fahrer kurz anzuhalten und sie stiegen aus. Im Süden vor ihnen lag Jerusalem. Man konnte die Stadt und ihre Außenbezirke zwischen den Hügeln gut erkennen. Jasmins Herz schlug ihr bis zum Hals – dies sollte also ihre neue Heimat werden. Sie wusste, sie musste eine Menge lernen und freute sich darauf und trotzdem hatte sie plötzlich auch Angst davor. Aber dann nahm Sari sie in den Arm.

„Dies ist der Tag, den wir beide nie vergessen dürfen. Der Tag, an dem wir gemeinsam unser Land betreten, das Land, wo wir glücklich sein werden und wo wir ein neues Leben aufbauen. Ein freies Land mit freien Menschen, die einander respektieren und achten. Es wird ein Land des Friedens werden, ein Heimatland der Religionen, ein Vorbild für die Welt. Es wird das Heilige Land sein. Für alle, die jetzt hier wohnen, beginnt das Leben neu, nicht nur für uns. Alle fangen von vorne an, so wie wir beide auch."

Kaum stand der Militärtransporter vor dem Haus der Nadschars in Bab El-Zahra, sprang auch schon Sahra aus der Tür und rannte die steinerne Treppe herunter. Sie flog Sari an den Hals und als sie Jasmin in die Arme nahm, die so wie sie gekleidet war, waren beide voneinander begeistert. Sie verstanden sich vom ersten Augenblick. Saris Vater und Mutter waren wenig später auf der Straße und ihr Glück war kaum zu beschreiben. Nicht nur Sari war aus dem Krieg unversehrt zurückgekehrt, sondern er hatte auch noch eine wunderschöne Braut mitgebracht.

Sofort nachdem Khaled Nadschar das Telegramm im Büro des Mufti erhalten hatte, war er auf die Suche nach einer Unterkunft losgezogen. In Jerusalem war der Wohnraum durch die vielen Flüchtlinge knapp und die Not durch Seuchen noch immer groß. Häuser waren überbelegt oder unbewohnbar. Bei Nadschars war für die jungen Leute in den drei Zimmern nicht genügend Platz. Durch einen Trauerfall in der Familie von Saris Mutter war allerdings gerade ein Haus in Lifta bei Jerusalem frei geworden, das er sofort angemietet hatte. Hier sollten sie erst einmal untergebracht werden. Das

Dorf lag nur zweieinhalb Meilen entfernt im Nordwesten unterhalb der Straße nach Jaffa. Der Schwager hatte ihm das Haus sogar zum Kauf angeboten, um es der Familie zu erhalten, doch dafür reichten Khaleds Geldmittel bei weitem nicht aus. Sie sollten es so lange mieten dürfen, bis ein Käufer gefunden war.

Heute blieben aber alle gemeinsam in Bab El-Zahra, die Frauen in einem und die Männer in dem anderen Raum. Saris Mutter hatte ein Festessen zubereitet und Hassan war losgezogen und hatte mit Sahra noch ein paar türkische Besonderheiten dazu gekauft. Später lauschten alle auf der kleinen Terrasse Faruks und Jasmins Erzählungen über ihre Kindheit in der Wüste und das Leben, das sie geführt hatten, bis Sahra ihre Neugier nicht mehr zurückhalten konnte und auf den Hochzeitstermin zu sprechen kam. Es entbrannte eine rege Diskussion, um Ablauf und Datum, die Sari endlich beendete und den Termin auf Samstag den 13. Juli festlegte, nach dem islamischen Freitag, vor dem christlichen Sonntag und nach dem Ende des Ramadan. Die Feier sollte im Haus in Lifta stattfinden, weil dort genügend Platz war und sogar ein Garten zur Verfügung stand.

Der nächste Tag stand ganz im Zeichen des Umzugs nach Lifta und als Sari und Jasmin das Haus betraten, waren sie begeistert. Mosaiksteinboden, die Räume weiß gekalkt und sogar eine eingerichtete Küche und ein Baderaum waren vorhanden. Der Ort erstreckte sich entlang zweier Berghänge, mit einem Dorfplatz dazwischen, wo eine Quelle in ein Auffangbecken trat und von da ein kleiner Bach ganzjährig weiter ins Tal hinunter floss. Das Haus lag unweit des Platzes an einem steilen Hang, gut erreichbar von der Zugangsstraße, die aus Richtung Jerusalem von Al Sheikh Badr hinabführte. Im Norden ging ein weiterer Weg im Bogen, über Mea Shearim, zurück nach Jerusalem. Das Grundstück beherbergte Zypressen, Granatapfel- und Olivenbäume. Ein kleiner ebener Garten, den ein großer Mandelbaum schmückte, befand sich hinter dem Haus auf der Höhe des zweiten Stockwerks. Von da ging es über Stufen und Steinterrassen steil hinauf. Weiter oben, über die Kuppe des Berges, lag das Dorf Deir Yassin. Das alles war eine kleine Idylle, in die sich beide sogleich verliebten. Das Anwesen war aus massivem hellbraunem Stein gemauert, hatte verzierte Gewölbebögen, einen Balkon über dem Vorhof und die Einfassungen der Rundbogenfenster und -türen waren mit großer Sorgfalt ausgeführt worden. Khaled hatte sich seinem Schwager verbürgt, dass dem Mobiliar kein Schaden zugefügt würde und so war alles vollständig eingerichtet, mit dunklen Holzschränken, Tischen, Stühlen, Truhen und Betten. Geschirr hatten Saris Eltern gekauft und sogar zwei Teppiche, als Geschenk an das Brautpaar. Das Glück war vollkommen. Das einzige Problem war die Entfernung nach Jerusalem und Faruk ließ es sich nicht nehmen, sich morgen persönlich darum kümmern zu wollen. Er war es nicht gewohnt zu Fuß zu gehen und als er und Hassan am nächsten Tag aus Jerusalem zurückkamen, hatten sie ein Pferd und eine Kutsche gekauft.

„Das ist für Dschamila, die du zurückgelassen hast", sagte er zu Sari und besiegelte das mit einer Handbewegung, die keinen Einspruch mehr duldete.

Sari saß im Büro von Lieutenant-General Congreve, dem Befehlshaber der Armee in Palästina. Sie hatten sich in den letzten Tagen in Lifta häuslich eingerichtet und sogar die alte Handpumpe wieder repariert, die das Wasser aus der Quelle holte. Die elektrische funktionierte noch nicht. Doch überall waren Arbeiter beschäftigt, zerstörte Straßen zu reparieren, neue zu bauen oder Telegrafen-, Strom- und Wasserleitungen zu verlegen. Schulen und Banken hatten wieder aufgemacht und die Menschen begannen dem ägyptischen Pfund, als Übergangswährung, Vertrauen zu schenken. Faruk und Hassan waren die letzten Tage über geschäftig in Jerusalem unterwegs gewesen.

Der alte Haudegen Sir Walter Congreve, dessen Verwundungen er selbst kaum zählen konnte, berichtete Sari von den Vorbereitungen der britischen Armee. Neue Truppen waren aus Mesopotamien und Indien eingetroffen, und ihre Organisation und Ausbildung war schon weit gediehen. Er vertrat die wohlbegründete Ansicht, dass die Armee im September zu einer allgemeinen und weittragenden Offensive bereit sein werde, nicht nur auf Amman, sondern von der Küste des Mittelmeers auf der ganzen Front Richtung Norden. In Europa war die deutsche Offensive an der Marne abgeschlagen worden und mit Hilfe US-amerikanischer Truppen konnten nun die Deutschen sogar zurückgedrängt werden. Der Krieg schien entschieden.

„Sie sehen also, Nadschar, die Niederlage der Türken am Jordan und am Euphrat ist nicht mehr aufzuhalten", sagte er und strich sich selbstbewusst mit dem Rücken der Hand, die ihm noch geblieben war, über den Schnurrbart. „Palästina wird einen neuen politischen Status erhalten. Sie haben die Möglichkeit an dieser Entwicklung teilzunehmen. Wir haben Sie als fachlich und menschlich geeignet angesehen, Ihnen eine verantwortungsvolle Position in der Militärverwaltung zu geben. Sie werden ab August, zuerst kommissarisch, die Abteilung Zivilrecht leiten. Ihre zukünftig vollwertige Stellung erfordert den Rang eines Stabsoffiziers, nehmen Sie das also als Ansporn und Chance wahr, um sich diesen Rang zu verdienen. Ich bin sicher, Sie werden sich würdig erweisen. Wir erwarten jetzt noch keine selbständigen Entscheidungen von Ihnen, aber die Aufbereitung, Analyse und entsprechende Vorschläge zu den Anträgen. Sie sind direkt Colonel Storrs unterstellt. Er hat damals an den Verhandlungen mit Großsherif Hussein teilgenommen und war am Ausbruch der arabischen Revolte mit Major Lawrence beteiligt. Von daher liegt ihm auch die arabische Sache sehr am Herzen. Ich denke, er vertritt alle unterschiedlichen Interessensgruppen gleichermaßen und wird dafür sorgen, dass der Aufbau des Landes zur Zufriedenheit aller stattfindet. Sie sollten sich an dieser Maxime orientieren, obwohl ich Ihnen sagen muss, dass gerade die Zionistische Kommission, die jetzt ihr Quartier in der Jaffa Street aufgeschlagen hat, doch recht merkwürdige, anmaßende Anträge und Forderungen an uns stellt, die wir rechtlich und politisch zu prüfen haben. Sie werden diese Herren noch kennen lernen."

„Welche Stellung hat diese Kommission? Aus welcher Legitimation bezieht sie die Berechtigung ihrer Existenz im Land", fragte Sari?

„Ich sage Ihnen ehrlich, Nadschar. Ich selbst bringe durchaus Sympathie für die zionistische Bewegung zum Ausdruck, was nicht auf uns alle zutrifft, aber ich habe nicht viel für diese Leute selbst übrig. Sie sind eine ständige Beleidigung für die britische Regierung. Jedoch gerade von ihr selbst legitimiert und aufgrund der Balfour Deklaration ins Land geschickt worden. Diese Kommission wird angeführt von einem Dr. Weizmann, der mir gegenüber die Kommission sogar als eine Art Botschaft der zionistischen Weltbevölkerung bezeichnete."

„Ich habe ihn schon getroffen."

„Ach, es ist immer das Gleiche. Wir Soldaten erobern das Land und die Zivilisten richten es wieder zugrunde. Unsere Militärführung vor Ort hat sich ausdrücklich gegen die Einsetzung dieser Kommission ausgesprochen. Dass es trotzdem geschehen ist, beweist den großen Einfluss Weizmanns auf Premierminister Lloyd George, auf Außenminister Balfour oder Parlamentsabgeordnete, wie Mark Sykes. Man darf ihn nicht unterschätzen. Er führt die zionistische Bewegung an, die sogar US-Präsident Wilson suggeriert hat. Seien Sie also vorsichtig. Wir sind sicherlich nicht anti-zionistisch eingestellt, sondern behandeln die Glaubensrichtungen und Interessensgruppen gleich. Aber genau deshalb können die Zionisten uns nicht leiden, da sie eine Sonderbehandlung wünschen. Man wird schnell zum Judenhasser abgestempelt."

„Ja, Sir. Das habe ich vor einem halben Jahr am eigenen Leibe bereits erfahren. Aber man lernt damit umzugehen."

„Nadschar, unterschätzen Sie die Kommission nicht. Die Situation ist anders als vor einem halben Jahr. Ihr Arm ist sehr lang, lang bis in die britische Regierung. Wir befürchten, dass die übergroße Unterstützung des Zionismus einen politischen Flächenbrand in der arabischen Welt verursachen könnte. Und dafür sind diese Leute in der Kommission verantwortlich, kein anderer. Diese Leute sollten sich zügeln und maßvoll und zurückhaltend agieren, aber sie sind aggressiv, streitsüchtig und ungezügelt. Das alles werden Sie noch kennen lernen und sollten Ihre Vorschläge immer wohlbegründet auf die rechtlichen Vorgaben stützen. Aber genau deshalb haben wir Sie ja ausgewählt. Sie sind britischer Offizier, ein Fachmann des britischen, türkischen und arabischen Rechts und damit in der Lage die Fälle genau einzuordnen."

„Ich danke für Ihr Vertrauen, Sir. Kann ich noch eine Bitte äußern?"

„Nun?"

„Ich werde am Samstag heiraten und möchte Sie bitten mir bis dahin Urlaub zu gewähren."

„So, so, Nadschar. Nun denn, wer ist denn die Glückliche?"

„Sie ist eine Tochter von Scheikh Omar Tarek Ben al-Dawud, dem Führer der Beni Safar, der bei der Operation Dar'a im März ums Leben kam."

„Ja, ich habe davon gehört. Muss ein guter und mutiger Mann gewesen sein. Sein Sohn soll seine Stellung eingenommen haben. Er ist uns bekannt. Prinz Faisal scheint viel von ihm zu halten. Man sagt, ihm stünde eine große Karriere bevor. Solche Leute muss man früh genug auf seine Seite ziehen. Aber seine Schwester – sie ist Muslima?"

„Natürlich, und wir werden beide an unserem Glauben festhalten."

„Interessant, sehr interessant. Das scheint ja ein richtiges Beispielprojekt für dieses Land zu werden."

„Nun, Sir, so würde ich eine Ehe zwischen zwei Menschen, die sich wahrhaft lieben, nicht gerade bezeichnen. Auch Briten sollen sich ja gelegentlich im Kolonialreich mit Einheimischen vermischt haben. Allerdings war dabei die religiöse und menschliche Toleranz wohl nicht so ganz ihre Stärke."

„Ja, ja, Nadschar, ist ja gut. Aus Ihnen spricht schon der Staatsanwalt. Sie haben ja recht. Also nehmen Sie in Gottes Namen Ihren Urlaub. Storrs ist sowieso außer Landes. Sie werden ihn dann also später treffen. Ich wünsche Ihnen in beiden Angelegenheiten viel Glück und viel Erfolg."

Als sich Sari verabschieden wollte, sagte Congreve noch beiläufig: „Ach, noch was Lieutenant. Einen Augenblick." Dann rief er einen Major Pollok, der kurz darauf hereinkam und sich neben Sari stellte. Congreve war hinter seinem Schreibtisch aufgestanden und ging auf beide zu: „Lieutenant Nadschar, im Namen Seiner Majestät König George V. ernenne ich Sie zum Captain. Pollok?" Dabei gab er ihm die Hand und Pollok entfernte die beiden Schulterstreifen mit zwei und befestigte zwei andere mit drei Sternen.

„Das ist für Ihre bisherige Arbeit und die Verdienste für die britische Krone. Wir sind mit Ihnen sehr zufrieden. Also viel Glück und alles Gute." Pollok gab ihm noch beim Hinausgehen seine Ernennungsurkunde und klopfte ihm auf die Schulter: „Nicht viele Einheimische erhalten diese Chance. Meinen Glückwunsch Captain. Auch von mir alles Gute."

Als er die Militärverwaltung verließ, klopfte ihm schon wieder jemand auf die Schulter: „Nicht so schnell Captain. Wohin des Wegs?" Dann nahm ihn auch schon Joshua in seine Arme.

„Was machst du denn hier", fragte Sari erfreut und total überrascht? „Ich habe keine Nachricht von dir bekommen und mir Sorgen gemacht. Ein Brief kam gar zurück."

„Ich weiß, mein Freund. Ich bin seit April im 40. Bataillon der Infanterie, in der Jüdischen Legion. Eine Einheit, nur aus Juden Palästinas. Eine wunderbare Truppe. Vor einer Woche noch haben wir den Übergang am Jordan wieder frei gekämpft und bewiesen, was die Jüdische Legion taugt. Ich habe eine Wunde am Arm davongetragen und bin deshalb hier. Es gab auch Tote unter uns, aber wir haben die Aufgaben mit Bravour erledigt."

„Hast du denn meine Briefe nicht bekommen?"

„Sari, sie konnten nicht ankommen, weil wir in der Legion andere Namen führen, um damit unsere zionistische Bestimmung auszudrücken. Die alten Namen haben wir abgelegt. Wir sind neue Menschen, Menschen eines neuen Typs von Juden. Du stehst jetzt vor Jossi Dan, mein Freund."

„Jossi Dan? So ein Unsinn, du kannst doch nicht den Namen und das Erbe der Familie und der Ahnen verwerfen."

„Wir sind andere Menschen, Sari, und das drücken wir dadurch aus. Wir sind Juden, ja, aber wir haben uns geistig und körperlich erneuert. Wir sind stark und selbstbewusst und wir werden das Fundament unserer Heimstätte mit unserem Blut bauen, damit es fest und stark wird. Du hättest sehen sollen, wie wir uns todesverachtend in das Feuer der Feinde geworfen haben. Mein Kompanieführer, Captain Jabotinsky, hat zuerst das andere Ufer des Jordan betreten. Wir sind Helden mit der Menora auf unserem Feldzeichen."

„Joshua, bist du noch du selbst", fragte Sari nun besorgt?

„Bitte Sari, nenne mich ab jetzt Jossi. Aber ich kann dich beruhigen. Ich bin der Mann, den du kennengelernt hast und der dir sein zweites Leben verdankt. Dafür werde ich dir ewig dankbar sein."

Sari wusste nicht recht was er davon halten sollte, aber jetzt überwog erst einmal die Freude des Wiedersehens und ob nun Joshua oder Jossi, wichtig war der Mensch dahinter und er lud ihn natürlich zu seiner Hochzeit ein.

DER GROßE Tag war gekommen und Jasmin und Sari waren die glücklichsten Menschen auf der Welt. Zwei Tage zuvor konnten sie es nicht mehr aushalten und Jasmin war nachts zu ihm in ihr bereits hergerichtetes Schlafzimmer gekommen und sie hatten zusammen die Welt vergessen. Als sie sich zum ersten Mal berührten, verschwamm die Wirklichkeit und als sich Jasmin am frühen Morgen leise aus dem Zimmer stahl, war es beiden, als sollten sie für immer getrennt werden. Faruk, dessen feines Gehör ihn nicht verlassen hatte, ignorierte weltmännisch die Tatsachen und ließ sich nicht anmerken, dass er alles mitbekommen hatte. Seinen vorwurfsvollen Blick am Morgen beantwortete Jasmin mit einem bezaubernden Lächeln und als er das Glück in den Augen der Brautleute sah, war ihm klar, dass er daran nichts mehr ändern konnte und auch wollte. Er hoffte innigst, dass sie nun endlich bald verheiratet waren und tröstete sich, dass er ja nicht allein für diese Sache verantwortlich war. Seiner Mutter jedenfalls würde er davon nichts erzählen. Dann lächelte er in sich hinein, denn die Vorfreude auf den Tag der Hochzeit machte ihm großes Vergnügen, wenn er daran dachte, was dort passieren sollte.

Bewusst hatten die Brautleute auf die eine oder andere religiöse Zeremonie verzichtet. Nur die Vertreter der beiden Religionen gaben ihnen im Haus in Lifta ihren Segen. Jasmin trug ein weißes Brautkleid mit einem Blumenkranz auf dem zusammengesteckten Haar, gehalten von ihrer Silberspange. Sari steckte in einem schwarzen zivilen Anzug. Zum Foto stellten sich mehr als achtzig Erwachsene und Kinder auf, die aus dem Umkreis seiner Familie kamen, als auch Freunde und Bekannte seiner Jugendzeit. Jasmin war der absolute Höhepunkt und alle staunten ungläubig über die Schönheit der Wüstentochter. Faruk und Jasmin gaben ein blendendes

Bild ab und ihr selbstbewusstes Auftreten veränderte bei vielen die Vorurteile über die Beduinen aus der Wüste.

Faruk, der in dem bestickten Gewand eines Scheikhs der Beni Safar eine sehr gute Figur machte, übernahm auf dem Höhepunkt des Festes das Wort.

„Mein teurer Bruder, der du mir das Leben gerettet hast, meine teure Schwester, die du mir das Leben versüßt hast. Im Namen meiner Familie und besonders im Namen deines Vaters und deiner Mutter, Jasmin, gebe ich euch meinen Segen und Allah ist dafür mein Zeuge. Ich habe schon früh bemerkt, dass euch etwas Besonderes verbindet und mein Bestes getan, um euch zu dienen. Ich bin froh, dass ihr zusammengefunden habt, trotz aller Glaubens- und Lebensfragen und ich bin davon überzeugt, dass ihr das alles gegeneinander respektieren werdet. Das kommt auch aus dem Verhalten und der Ehrhaftigkeit meines Schwagers und Bruders hier, den ich nun so lange schon kenne und dem ich jetzt meine eigene geliebte Schwester zur Ehefrau gebe. Den Brautpreis hat der Bräutigam bezahlt. Es ist dieser Dolch, der dem Wert der Braut angemessen ist."

Er zog den Dolch unter seinem Gewand hervor und als er ihn in die Höhe hob, blieb vielen der Mund offen stehen. Wie war Sari an eine solche Kostbarkeit gekommen?

„Wir beide, Jasmin", fuhr er fort, „sind aufgewachsen in einem einfachen Leben, aber wir werden unsere Werte und Traditionen niemals aufgeben, auch wenn unsere Welt hart und dürftig erscheint. Die Werte und Traditionen sind uns heilig und so viele Feinde und blutige Fehden die Väter meiner Väter auch gezählt haben, so waren sie doch Männer der Ehre. Ehre geht uns über alles. Die Ehre ist das Siegel Allahs, das den Eintritt in das Paradies öffnet. Ihr beide habt diese Ehre; werft sie niemals weg, zugunsten von Neid und Missgunst und Selbstsucht. Die Ehre und Tradition der Beduinen aus dem Stamm der Harb gebietet es, dass der Braut am Tag der Hochzeit die Aussteuer überreicht wird. Diese Aussteuer geht auf ihren Namen und auf ihre Kinder über und sie wird dieses Erbe so verwalten, dass sie es jederzeit vor den Ältesten der Beni Safar verantworten kann. Jasmin, wir beide müssen lernen uns in einer anderen Welt zurechtzufinden und dein Erbe besteht also heute nur aus diesem einfachen Papier hier. Und doch, so wurde mir in der Stadt versichert, hat dieses Papier den Wert des Hauses, in dem wir stehen und von allem, was sich an Sachen darin und auf dem Land dazu befindet." Damit überreichte er Jasmin die Besitzurkunde des Hauses in Lifta.

Ungläubiges Staunen war in den Gesichtern der Versammelten zu sehen und als die Ruhe einem lauten Stimmengewirr wich, waren die Brautleute und Faruk umringt von den Gästen, die die herzlichsten Glückwünsche aussprachen. Faruk hatte den Kauf des Hauses mit dem Schwager von Saris Vater notariell beglaubigt und Stillschweigen vereinbart. Auch Saris Eltern waren ahnungslos.

Faruk hatte in Aqaba zehntausend Goldpfund in Banknoten gewechselt und sie auf der Reise permanent bei sich getragen. Allein Faruks Familie der al-Dawud hatte seit dem Beginn des arabischen Aufstands mehr als hundertfünfzigtausend Goldpfund von Prinz Faisal für den militärischen Einsatz erhalten. So viel Geld, wie sie gar nicht ausgeben konnten. Die Familien der Beni Safar, die mit den Haschimiten gekämpft hatten, waren reich geworden. Faruk hatte dem Onkel von Sari viertausendfünfhundert britische Pfund bezahlt, ein Vermögen bei Saris Offizierssold von monatlich knapp dreißig Pfund Sterling, was noch weit über dem der normalen Bevölkerung lag. Den Rest des Geldes hatte Faruk dann auf ein Konto für Jasmin bei der neuen Britisch-Kairo-Bank eingezahlt. Davon berichtete er dem Brautpaar allerdings erst später unter sechs Augen, als sich die erste Aufregung gelegt hatte.

Dann trat Hassan vor. Auch er hatte seine türkischen Goldlira eingewechselt und fast fünftausend Pfund Sterling dafür bekommen. „Patron, ich möchte dir danken, denn durch dich habe auch ich ein neues Leben bekommen. Wir Jesiden glauben, dass der Mensch selbst für seine Taten verantwortlich ist. Der allmächtige Gott hat dem Menschen die Möglichkeit gegeben, zu sehen, zu hören und zu sprechen. Er hat ihm den Verstand gegeben und damit die Chance, für sich den richtigen Weg zu finden. Ich habe den Weg auch durch deine Hilfe gefunden und dir meine Dienste angeboten. Mit diesem Geschenk hoffe ich mich jetzt aus diesem Dienst befreien zu können, der dir doch niemals wirklich genehm war."

Er klatschte in die Hände und zwei Träger erschienen aus dem Garten mit einem zusammengerollten Teppich, um den die Uniformjacke des Onbaşi der Serdengeçti gewickelt war. Bis auf Sari wusste sich keiner einen Reim darauf zu machen und das blieb auch ihr Geheimnis.

„Dieser Teppich ist mein Geschenk an die Brautleute. Er lag zuletzt im Saal des Dschamal Pascha im Auguste-Victoria-Regierungssitz in Jerusalem. Die Soldaten, die ihn mitnehmen sollten, haben ihn beim Rückzug verkauft. Er ist gewebt in Persien, weit über dreihundert Jahre alt und trägt die geheime Signatur des Eigentums der Sultane. Sein Name ist "*Träne des Kalifen*", weil Sultan Selim II. bei seinem Anblick vor Freude geweint haben soll. Er lag bis 1909 im privaten Empfangsraum von Abdülhamid II. im Yildiz Palast in Konstantinopel. 1913 übernahm ihn Dschamal Pascha, nun als Militärgouverneur der Hauptstadt. Als er 1915 Militärbefehlshaber und Generalgouverneur des Vilâyets Syrien wurde, nahm er ihn mit, zuerst nach Damaskus und später nach Jerusalem. Bewahre ihn gut, mein Patron, so gut wie mich in deinem Herzen, denn er ist wertvoll, wie die reine Seele und er ist schön wie deine Braut."

Hassan hatte ebenfalls ein Konto in der Bank eingerichtet und war bei einem Besuch der Altstadt auf einen Teppichhändler in der Via Dolorosa aufmerksam geworden, der ihm den Teppich anbot. Als er ihn sah erschrak Hassan fast und traute seinen Augen nicht, aber dann erkannte er tatsächlich die eingewebte Signatur und war sich sicher – er kannte diesen Teppich, jeder türkische Teppichhändler kannte diesen Teppich. Zwar konnte auch der arabische Händler die hohe Qualität und die Herkunft sehr gut beurteilen, aber welchen Schatz er da wirklich barg, davon hatte er keine Ahnung. Um ihm nicht die Besonderheit und sein Interesse vor Augen zu führen, ließ Hassan sich auch die anderen Waren zeigen. Am Ende hatte er den gesamten Bestand des Händlers aufgekauft und dessen Geschäft mitsamt dem Laden übernommen. Noch am gleichen Tag hatte er viertausend Pfund in bar geholt und das Geschäft mit einem Bankangestellten als Zeugen abgeschlossen.

Der Teppich füllte fast den ganzen Raum aus und die meisten trauten sich zuerst gar nicht ihn zu betreten. Niemals solle darauf ein Tisch stehen, beschlossen Jasmin und Sari, die über Hassan nur den Kopf schütteln konnten. Aber der nahm sie zur Seite und beruhigte sie: „Der Händler hat noch weitere Stücke von flüchtenden Soldaten erstanden, nicht ganz so wertvoll wie dieser hier, aber ich werde mit ihnen ein Vermögen machen. Seid also unbesorgt. Ihr beide seid mir noch viel mehr wert. Dankt nicht mir, sondern ich danke dir edler Patron. Wenn ihr mich braucht, dann werde ich an eurer Seite sein. Gibst du mich nun frei?"

„Hassan, du konntest schon immer gehen, wohin du auch willst. Ich bin froh, dass du dein Leben jetzt in die eigenen Hände nehmen kannst. Du bist ein guter Mensch, Hassan Allam", dann schmunzelte Sari und legte ihm den Arm um die Schulter. „Bleibe so, wie du bist, als Kurde oder als Araber, und du wirst dein Glück finden. Unser Haus steht dir immer offen."

Als sich die Gesellschaft später zum Essen im Garten niederließ, für das die Frauen der Familie liebevoll gesorgt hatten, waren sich Jasmin und Sari noch immer nicht wirklich bewusst, dass sie ab heute sehr wohlhabend waren. Niemals hätten sie sich solches Glück erträumt. Den ganzen Tag hielten sie einander an den Händen und als sie zum Rhythmus einer Laute in den Kreis traten und zum Klatschen der anderen tanzten, sahen sie nur noch sich selbst.

Joshua erschien etwas später mit einem Freund, der, ebenfalls gekleidet in die Uniform der Jüdischen Legion, zu denen gehört hatte, die sich mit Sari vor einem halben Jahr noch regelmäßig abends zu den politischen Diskussionen getroffen hatten. Joshua hatte Jasmin damals bei den Beduinen nicht zu Gesicht bekommen und war nun umso erstaunter über ihre Schönheit.

Er nahm das Brautpaar zur Seite. „Ich muss sagen, lieber Sari, du bist ein wahrer Glückspilz", und er schaute die Braut mit einem anerkennenden Blick an. „Man muss der Wüste ihre Geheimnisse nur entlocken. Ihr beide seid ein wunderbares Paar und ein Ansporn für Toleranz und religiöses Verständnis. Ich wünsche euch alles Gute für euren Weg. Auch für den Weg, den wir alle vor uns haben. Damit euer Haus nicht nur den Segen der Christen und der Muslime erhält, möchte ich die Lücke schließen und auch den Segen des

Judentums beisteuern. Nehmt diese silberne Mesusa und befestigt sie so am rechten Türpfosten eurer Eingangstür, dass sich das obere Ende zum Innern neigt. Sie wird euer Haus schützen und jedem Juden zeigen, dass die Bewohner dieses Hauses auch das Judentum akzeptieren."

„Mein Freund", fragte Sari, „was steht da geschrieben?"

„Im Innern stecken die ersten zwei Verse der Tora. Sie beschreiben die Einheit Gottes und lehren uns, dass das jüdische Schicksal davon abhängig ist, wie wir den Willen Gottes anhand der zehn Gebote erfüllen."

„Dann beschreiben sie also die Gesetze, mit denen wir das Land aufbauen wollen. Wir werden die Mesusa anbringen und hoffen, dass sie uns hilft."

Später am Abend, als die älteren Gäste und die Kinder schon gegangen waren, kam dann doch etwas wie Missstimmung auf, als sich die Gespräche der jungen Leute wieder um die Politik drehten. Auf der einen Seite waren Saris Jugendfreunde, alle arabischer Herkunft, und auf der anderen die beiden Soldaten der Jüdischen Legion.

„Der zionistische Beitrag zur britischen Kriegsanstrengung ist verschwindend gering", war der allgemeine Konsens, als Joshua allzu euphorisch die jüngsten Taten der Legion pries.

„Es geht nicht darum, wie viele wir sind, sondern dass wir überhaupt da sind", sagte sein Freund.

„So wie ihr Juden auf dieser Seite kämpft, so kämpfen andere Juden noch immer auf der türkischen Seite. Bruderkrieg nennen wir so etwas."

„Die wahren Zionisten kämpfen auf der Seite der Sieger, die eine Heimstätte für uns Juden versprechen. Die wahren Zionisten kämpfen auf der Seite der Freiheit."

„Vor dem Krieg habt ihr anders gedacht und gehandelt."

„Die Zeiten ändern sich."

„Nicht die Zeiten, sondern euer Fähnchen flattert anders."

„Die Deklaration von Balfour hat uns die richtige Seite gewiesen. Jetzt wird der nationale Gedanke auch real gelebt. Wir sind das Gerüst und der Kern einer zukünftigen jüdischen Armee", antwortete er hitziger.

„Dann können wir ja froh sein", spottete nun ein anderer dazwischen. „Ihr werdet uns also alle verteidigen. Die Araber sind gerettet." Lachen ertönte.

Der Sarkasmus stachelte Joshuas Freund weiter an: „Wir verteidigen die, die sich zu unseren nationalen Werten bekennen."

„Ich habe gehört, die Hälfte eurer Judenarmee sei an Malaria erkrankt. Seht erst einmal zu, dass ihr wieder auf zwei Beinen stehen könnt, bevor ihr anfangt nationale Werte zu verteidigen." Wieder ertönte Lachen.

Da sprang Joshua auf und rief: „Spottet nur, euch wird das Lachen noch vergehen. Wir sind die Zukunft dieses Landes, wir werden den Taktstock erheben, denn wir sind die neuen Menschen. Ihr nicht."

„Joshua", rief nun Sari dazwischen. „Mäßige dich. Es ist unser Hochzeitstag."

„Ja Sari, es ist dein Hochzeitstag. Und ich wünsche dir und deiner Braut alles Glück der Welt. Aber an der zionistischen Sache geht kein Weg mehr vorbei. Keiner wird uns aufhalten. Wir sind dazu geboren den Traum zu verwirklichen und wir werden ihn erfüllen. Ich hoffe, wir können dies zusammen tun." Er stand abrupt auf: „Und bitte mein Freund Sari Nadschar, mein Name ist Jossi Dan. Ich bin Zionist und ich lebe für meine Überzeugung. Ich hoffe beim nächsten Mal wirst du meinen hebräischen Namen aussprechen." Damit gab er Sari und Jasmin die Hand und beide Juden verließen die Gesellschaft.

Faruk war aufgestanden als der Ton umschlug. Er hatte Joshua die ganze Zeit genau beobachtet. Er traute ihm nicht. Schon damals hatte er ihm nicht getraut. Seine Abneigung vom ersten Tag an hatte er nicht verloren.

„Ya achi", sagte er so laut, dass alle es hören konnten. „Dieser Mann verleugnet seine Ahnen und so verleugnet er sich selbst und er wird euch alle verleugnen. Ich hätte dem Sayuni damals die Kehle durchschneiden sollen."

„Ich habe ihn als aufrichtigen und tapferen Mann kennengelernt, Faruk."

„Bei Allah, Schwager, einem, der sich selbst verleugnet, dem kann und will ich nicht trauen."

142

Am nächsten Montag saß Sari im Vorzimmer von Ronald Storrs, dem Militärgouverneur von Jerusalem. Den ganzen Tag hatten Jasmin und er in ihrem Zimmer verbracht und gegen Abend hatte Hassan an der Tür geklopft und gerufen. „Patron, lebst du noch? Es ist Zeit zu Essen. Die Liebe braucht Nahrung, weil der Mensch ohne Nahrung nicht leben kann." Jasmin hatte darauf ihren Kopf durch die Tür gesteckt und gerufen. „Und ohne Liebe auch nicht."

Storrs war ein Snob. Er betrachtete Jerusalem als großes Museum und sich selbst als dessen Direktor. Seine Interessen drehten sich mehr um kulturelle und stadtentwickelnde Belange, als um politische. Er war intelligent und geistreich, arrogant und zynisch zugleich und er bildete sich ein, die jüdischen und arabischen Forderungen recht einfach in Einklang bringen zu können. Als er Sari gegenüber saß, trug er eine Uniform mit Orden auf der Brust.

„Ich bin durchaus ein Befürworter der zionistischen Idee, Captain Nadschar. Wir können nicht leugnen, dass sich die Juden um die Welt verdient gemacht haben, während ihnen zugleich maßloses Unrecht zugefügt wurde. Wir, als Christen, haben hier die historische und moralische Pflicht Gerechtigkeit gegenüber den Juden walten zu lassen. Es ist ein göttliches Unterfangen unseres Christengottes und ich bin dazu auserkoren, das auszuführen."

„Sir, General Congreve sprach zu mir vom Ausgleich der unterschiedlichen Interessensgruppen und einem Aufbau des Landes zur Zufriedenheit aller."

„Aber sicher, Nadschar, aber sicher. Nicht alles können wir der christlichen Schuld an den Juden unterordnen und der Zionistischen Kommission nicht alle Wünsche erfüllen. Wir stehen wie auf einer großen Bühne unter Beobachtung und wir werden uns so verhalten, dass die Nachwelt unsere Bemühungen beiderseitig anerkennen wird. Schauen Sie hier", und er reichte ihm stolz das Symbol der von ihm gegründeten Jerusalem Society, das den arabischen Halbmond, den Davidstern und das christliche Kreuz miteinander verband. „So einfach ist es. Wir fördern die bauliche Entwicklung Jerusalems und bringen alle Gruppen dabei in Einklang."

Sari hatte sehr schnell begriffen und verabschiedete sich von ihm mit der Überzeugung, dass Storrs die politischen

Unterschiede der Araber und Juden zu keiner Zeit verstanden hatte. Er befand sich in einer anderen Sphäre, war ein eitler Aufschneider, ein Schöngeist, der Symbole und Straßennamen entwarf, der aber die harten Tatsachen der Wirklichkeit nicht wahrnahm und den Umgang damit und den Ärger anderen überließ. Diese Wirklichkeit war es, in die Sari mit seiner Tätigkeit nun mehr und mehr eintauchte.

Die Akten logen nicht: Der Anteil der jüdischen Bevölkerung hatte sich seit dem Jahr 1882 bis zum Kriegsbeginn 1914 durch zionistische Einwanderer mehr als verdoppelt. Obwohl sich die osmanischen Behörden der Einwanderung offiziell widersetzten, konnten sich doch praktisch alle Juden, die es wollten, in Palästina ansiedeln, vorausgesetzt, sie besaßen die nötigen Mittel, um einen Bauernhof zu kaufen oder ein Wirtschaftsunternehmen zu gründen. Grund dafür waren vor allem die jüdischen Finanzierungsorganisationen und die unglaubliche Korruption innerhalb der osmanischen Verwaltung. Die ersten Widerstände gegen die jüdische Kolonisierung kamen von den arabischen Christen, die in ihnen Konkurrenten befürchteten, als Händler, Geldverleiher, Beamte oder Übersetzer. Dieser sich verschärfende Wettbewerb zwischen jüdischen und arabischen Handwerkern und Kaufleuten schlug dann um in den Existenzkampf der muslimischen Fellachen. Zuerst nur als Auseinandersetzungen, wenn sich jüdische Siedler der traditionellen arabischen Ausübung des Weiderechts widersetzen, steigerte sich der Konflikt später durch Bodenspekulationen und Wucher, als Folge der jüdischen Landkäufe, in die Enteignung und Vertreibung der Bauern. Diese bis dahin selbständigen Pächter fanden in der Folge nur Beschäftigung als abhängige Landarbeiter in den jüdischen Kolonien oder sie zogen verarmt in die Städte.

Sari fand heraus, dass einer der größten Landkäufer jener Baron von Rothschild war, an den Balfour 1917 seinen Brief adressierte. Dessen Bodenerwerb vor dem Krieg hatte ausnahmslos die Vertreibung der Fellachen zur Folge, mit heftigen und blutigen Zusammenstößen zwischen jüdischen Landarbeitern und arabischen Bauern in Hadera, Petach Tikwa und Yessod Hamaale. Die vorgebrachten Beschwerden der Juden über Raubzüge von Beduinen hatten in diesem

Zusammenhang mit dem Existenzkampf der Fellachen nichts zu tun, da die Beduinen sowohl arabische als auch jüdische Dörfer gleichermaßen ausplünderten. Die bittere Feindschaft der arabischen Bauern mit den jüdischen Siedlern auf dem Land, entstand allein durch die Vertreibung und den Ruin der Existenz; in den Städten widersetzte sich die kleine christliche Mittelschicht aus Händlern und freien Berufen den jüdischen Einwanderern dagegen rein aus wirtschaftlich konkurrierenden Gründen.

1892 führte der beginnende arabische Druck auf die osmanischen Behörden zuerst zu einer Verordnung, die die Vergabe von Staatsdomänen an jüdische Siedler untersagte. Das rief im Gegenzug westliche Geldgeber auf den Plan, von denen Sultan Abdülhamid II., wegen Zinszahlungen der Staatsschuld, abhängig war und bewirkte in den folgenden Jahren ein unterschwelliges Aufweichen dieser Verordnung und ein geduldetes Fortschreiten der jüdischen Kolonisierung. Die Akten waren Beleg für das langsame Entstehen der Entzweiung.

Sari und Khaled saßen oft zusammen, wenn Sari sich aus den Akten allein keinen Reim machen konnte oder aber aus diesen kein Gesamtbild zu erkennen war. Khaled hatte die Zeit als arabischer Nationalist miterlebt und konnte viele Zusammenhänge erklären, aber umgekehrt begann er nun aus den Gesprächen mit seinem Sohn auch vieles zusammenzufügen, was ihm bis dahin unerklärlich gewesen war.

„Als Gleichheit aller Menschen, noch 1880 apostrophiert, die die Integration der jüdischen und koptischen Minderheiten beinhaltete, richtete sich die arabische Bewegung ursprünglich allein gegen die osmanische Unterdrückung", sagte Khaled. „Die zügellose Bodenspekulation jedoch, die durch die zionistische Choveve-Zion im Land wütete und einen ganzen Schwarm von Spekulanten, Maklern und undurchsichtigen Zwischenhändlern ernährte, führte später dazu, dass sich der arabische Nationalismus auch gegen das Eindringen der jüdischen Kolonialisten wandte." Sari hörte sehr aufmerksam zu.

„Die Volkswut begann sich nach solchen Landkäufen zu entladen", fuhr Khaled fort. „Wie damals in der Nähe von Tiberias im Jahre 1901 und nach der Eröffnung einer Niederlassung der zionistischen Anglo-Palestine-Bank in Jaffa im Jahr 1903. Jedoch waren die Auseinandersetzungen oft lokaler und persönlicher Natur und ebbten wieder ab, auch weil sich die arabischen Dorfbewohner oft in ihr Schicksal fügten und in den Dienst der jüdischen Einwanderer traten. In ihrem Siegestaumel übertraten die Sayuni dann jedoch die Linie der Toleranz mit den neuen Machthabern, den Jungtürken, als sie in Jaffa blau-weiße Fahnen hissten, nationale Parolen ausriefen und ein tiefer Bruch entstand. Ab 1909 organisierte sich die nationale arabische Bewegung neu und Kreise aus Haifa und Nazareth schickten Protesttelegramme nach Konstantinopel, die die türkische Presse veröffentlichte. Landeigentümer, die ihre Länder an Juden verkauften, wurden denunziert und die Führer der jüdischen Gemeinde, besonders der Groß-Rabbiner Chaim Nahum, prangerten öffentlich die zionistischen Umtriebe an. Die Herausgabe antizionistischer Schriften und die Gründung einer ebensolchen Partei verstärkten zusätzlich das Misstrauen."

„Und wie kam eure Verbindung zu den Sayuni zustande, trotz aller Feindschaft", fragte Sari?

„Die Jungtürken misstrauten beiden nationalen Bewegungen. Dieser Druck bewirkte nach 1910 geheime Verhandlungen zwischen uns und zionistischen Führern, mit dem Ziel, eine gemeinsame Front gegen die Türken zu bilden. Jonathan Rosenwald war einer von ihnen. Erinnerst du dich noch?"

„Ja. Und jetzt schau, Vater, was ich gefunden habe", sagte Sari und übergab ihm das Protokoll einer Sitzung der türkischen Provinzialregierung vom Dezember 1911. „Die selben zionistischen Führer verhandelten zur gleichen Zeit auch mit den türkischen Behörden, die sie mit der Aussicht einer möglichen finanziellen Unterstützung für das klamme türkische Reich lockten. Einer der Teilnehmer war Rosenwald."

Khaled las das Protokoll und es fiel ihm wie Schuppen von den Augen. „Das also war der Grund, warum antizionistische arabische Zeitungen damals verboten wurden", sagte er. „Davon wusste ich bis heute nichts. Jetzt verstehe ich. Diese Gespräche, mit der Aussicht auf finanziellen Beistand durch die Juden, sicherten den Zionisten weiterhin die Landkäufe. Das alles hinter unserem Rücken. Das also steckt dahinter. Wir begriffen das damals nicht."

Nun wurde vieles klar. „Den Schulterschluss mit uns wollten die Juden nie wirklich. Es ging ihnen nur um ihre eigenen Interessen, wie auch immer sie das durchzusetzen vermochten. Als die jüdischen Landkäufe, damals völlig unerwartet für uns, weitergingen, ja zunahmen, begannen im Winter 13/14 erneut blutige Angriffe aus dem Volk gegen die jüdischen Kolonien. Erst der Kriegseintritt der Türken und die damit verbundene Verfolgung aller nationalen Bewegungen im Osmanischen Reich, durch den neuen Generalgouverneur Dschamal Pascha, stellten Araber und Zionisten wieder auf eine Stufe."

„Ich glaube, ihr habt die Sayuni völlig unterschätzt, Vater", sagte Sari mit hörbarem Vorwurf. „Ihr nationales Ziel hatte schon immer System. Die zionistischen Einwanderer kolonisierten das Land und schufen eine Wirtschaft, die auf der Herausbildung einheimischer jüdischer Arbeitskraft basierte. Das Kapital stellte der Jüdische Nationalfond bereit. Er brachte das Land im Namen des jüdischen Volkes in seinen Besitz. Er war der Dachverband einer mystisch zionistischen Argumentation, die die von ihnen besetzten Gebiete politisch veränderte. Die Ansiedlung der Einwanderer vertrieb die Fellachen vom Land und zwar für immer. Diese Gebiete waren und sind für uns verloren. Nicht, dass auch früher die Eigentümer des Landes wechselten, aber die Pächter blieben. Die Sayuni haben ein klar definiertes Ziel. Sie beginnen das erworbene Land jüdisch rein zu machen und zwar konsequent. So schaffen sie Schritt für Schritt ethnisch gesäuberte Sektoren. Eine Taktik, die sukzessive immer größere Fakten schafft, an denen später keiner mehr vorbeikommt. Das ist die wirkliche Gefahr für unser Land."

Sari begann vieles zu verstehen, während er sich um die täglichen Dinge in der Rechtsabteilung der Militärregierung bemühte. Er wurde überhäuft von Anträgen aus der Bevölkerung: Eigentumsrechte an ehemals konfiszierten Immobilien und Land, Neubewertung von Strafgerichtsprozessen oder die Akkreditierung von Personen, Unternehmen und Organisationen.

Am meisten aber wurde er bombardiert von der Zionistischen Kommission. So wurde beispielsweise der Ankauf der Klagemauer an Saris Abteilung herangetragen oder aber um das Recht angefragt, ein Fernsprechnetz zu betreiben und Strom zu erzeugen. Dann wiederum wollten sie ein Nutzungsrecht für die Ressourcen des Toten Meeres, eine Universität in Jerusalem gründen oder ein Kanalsystem für die jüdischen Stadtteile, unter der Bedingung der Mitfinanzierung, wenn der Auftrag an jüdische Unternehmer ginge.

Gerade im Fall der Klagemauer erschien Weizmann sogar persönlich bei Sari. Nachdem er seine ehrliche Freude über das Wiedersehen zum Ausdruck gebracht hatte, sagte er: „Captain Nadschar, wir werden die Waqf großzügig entschädigen. Geld spielt keine Rolle. Die Übereignung der Mauer ist eine Erneuerung des nationalen Lebens des Judentums. Die Zustände davor sind eine Demütigung des Seelenfriedens der Gläubigen. Der Platz muss sauber und von Landstreichern frei gehalten werden. Darum würden wir uns kümmern. Ein Prestigegewinn für ganz Jerusalem und für die Briten."

Sari übergab diese delikate Angelegenheit der obersten Militärführung und die lehnte den Antrag rundweg ab, auch aus Furcht vor arabischem Widerstand. Alle Verbindungen Weizmanns zur britischen Regierung in London konnten dabei nicht helfen. Die Kommission bauschte die Absage jedoch wochenlang als einen antisemitischen Akt auf und aus der Klagemauer für das religiöse Gebet, wurde so langsam ein nationales zionistisches Symbol.

Die nervtötenden Bombardements der Anfragen und der ausgeübte Druck hatte jedoch auch zur Folge, dass einigen der Anträge zwangsläufig kompensatorisch nachgegeben wurde, wie die Kontrolle über die jüdischen Schulen, wo von nun an anstatt auf Deutsch in Hebräisch unterrichtet wurde, obwohl nur die wenigsten Juden im Land der Sprache mächtig waren und die Orthodoxen sich heftig dagegen wehrten. Der Unterricht in ihren Jeschiwas wurde jedenfalls weiterhin auf Jiddisch gehalten. Auch wurde die Hebräische Universität auf dem Scopus-Berg genehmigt und Ende Juli eingeweiht. Allerdings verweigerte Allenby Vertretern der Jüdischen Legion die Teilnahme an der Feier. Ihm war das jüdisch-nationale Pathos mittlerweile viel zu übertrieben.

Bei all den Anträgen, die Sari und seine drei Beamten bearbeiteten, bemerkten sie deutlich den entscheidenden Unterschied. Während die arabischen nahezu ausnahmslos persönlichen Interessen dienten, war die überwiegende Anzahl der jüdischen Anträge gesellschaftlich geprägt: Erste Kultur- und Sportvereine, Genossenschaften, Gewerkschaften, Komitees oder politische Parteien dienten dem Aufbau ihrer Gemeinschaft. Das ging zum Teil so weit, dass aus jedem Ereignis und jeder Entscheidung solcher gesellschaftsrelevanten Eingaben eine politische Frage gemacht wurde und der Hinweis auf die versprochene Heimstätte wurde zum ultimativen Druckmittel.

Sari erkannte die Gefahr, die sich in der Gründung von Städten, Dörfern, Schulen, Firmen oder Banken ausdrückte, die nur dem jüdischen Teil der Bevölkerung zugänglich waren. Immerhin bestand eine große wirtschaftliche Abhängigkeit voneinander und diese ökonomischen Beziehungen zwischen Juden und Arabern waren Saris große Hoffnung.

Musa Kazim al-Husseini war seinem verstorbenen Bruder als Bürgermeister nachgefolgt. Storrs hatte ihn berufen, um den einflussreichen ehemaligen osmanischen hohen Beamten auf seine Seite zu ziehen oder wenigstens so zu besänftigen, denn Musa war ein strikter Gegner des Zionismus.

„Der Zionismus ist ein kolonialistisches Unternehmen", sagte der bei einem Gespräch mit Sari, wobei ihn sein halbwüchsiger Sohn Abd el-Qadir begleitete. „Wo sie sich niederlassen, verschwindet einheimisches Land und die autochthone Bevölkerung. Es ist gut, dass das osmanische Verbot für Landkäufe noch in Kraft ist."

„Die Zionistische Kommission hat bisher noch nicht dagegen protestiert", bemerkte Sari. „Seltsam."

„Sie haben kein Geld mehr", lachte der frühreife Elfjährige und Musa bestätigte: „Die immensen Kosten, die das Chalukah-Geld auffrisst, hat selbst ihre prallen Börsen geleert. Wenigstens bleiben damit vorerst die Spekulationen auf Land und die Erhöhung der Bodenpreise aus."

„Nicht nur die Chalukah", erwiderte Sari, „sie finanzieren auch den Aufbau ihrer Gesellschaft, während wir Araber Stillstand bewahren und uns nur um individuelle, eigene Dinge kümmern. Wir müssen mit der neuen Zeit gehen, sonst werden wir zurückbleiben. Wir müssen die arabische Gesellschaft fördern und nicht nur jeder sich selbst."

„Wenn der Krieg erst einmal zu Ende ist, werden wir unser arabisches Reich gründen und dann werden wir den Juden ihre Grenzen aufzeigen. Es wird nicht mehr lange dauern."

Sari war sich in dieser Sache nicht ganz so sicher wie der neue Bürgermeister. Aber der militärische Erfolg war nicht mehr aufzuhalten. Nach der Wiederaufnahme der britischen Offensive im August wurden zwischen dem 19. und 25. September Nablus, Sharon, Al-Fula, Megiddo und Amman erobert. Faruk war schon Ende Juli zu Prinz Faisals Armee zurückgekehrt.

„Wir sehen uns in Damaskus", hatte er noch gerufen, als der Vauxhall von Congreve, den der General Faruk für die Fahrt zum Bahnhof Lod zur Verfügung gestellt hatte, abgefahren war. Congreve erkannte in dem jungen Beduinenscheikh einen potentiellen Militärführer der Armee des zukünftigen arabischen Reichs. Er hatte entsprechende Informationen.

Es war das Bestreben dieser arabischen Armee mit den Briten so gut wie möglich mitzuhalten und Ende September begann ein wahres Wettrennen auf Damaskus. Die Araber und Drusen hatten westlich Dar'a die Verbindungslinien der türkischen Truppen in Galiläa abgeschnitten und sie somit zum Rückzug auf Beirut gezwungen. Der arabische Beitrag am Erfolg war unbestreitbar und ihr Anspruch auf das arabische Reich sollte sich mit der Einnahme von Damaskus manifestieren. Am 30. September erreichten beide die Stadt, die Briten von Westen und die Araber von Süden; am selben Tag, als die letzten Türken und Deutschen sich von da nach Norden zurückzogen. Während die Briten in den Vororten verblieben, um nicht den Anschein einer Übernahme zu erwecken, zogen die Araber am 1. Oktober unter großem Jubel in die Stadt ein. Der türkische und deutsche Widerstand brach endgültig zusammen und drei Wochen später wurde Aleppo im Norden erreicht. Das Osmanische Reich streckte Ende des Monats seine Waffen.

Einzig die Besatzung von Medina vom Corps der Serdengeçti kapitulierte erst zehn Wochen später auf ausdrücklichen Befehl der türkischen Regierung.

150

Buch 2   Illusion

» Meine Scham: Die höchsten Ideale und die Freiheitsliebe der Araber als bloße Werkzeuge im Dienste Englands ausgebeutet zu haben. «

Thomas Edward Lawrence
- Die sieben Säulen der Weisheit -

Die Auseinandersetzungen unter den verbündeten Mächten über die Siegesbeute im Orient zogen sich über Jahre hin. In das wirre Gestrüpp der Verhandlungen, der kreuz und quer laufenden Interessen und Ansprüche, der fortwährend wechselnden Ereignisse, der geheimen wie offenen Kämpfe einzudringen, würde mehr als nur ein Buch füllen.

Es genügt zu wissen, was schließlich aus den arabischen Ländern und dem Nahen Osten geworden ist und wie es dazu kam.

Habt Zuversicht!

SIE SAßEN an der staubigen Straße vor Jericho unter einer schattigen Dattelpalme. Sari, Jasmin und ihr Fahrer, ein britischer Corporal. Die Hitze war erdrückend und die Sonne brannte hoch vom makellos blauen Himmel. Sie hatten angehalten, um sich zu erfrischen. Dazu kam ihnen der Stand, an dem die Bauernfamilie frischen Orangensaft presste und gekühltes Wasser anbot, gerade recht.

„Noch etwa drei Stunden, dann müssten wir die Hochebene erreicht haben", sagte der Neuseeländer.

Sari nickte. „Ja, wenn wir in Amman sind, dann wird es besser", und er wischte sich den Schweiß von der Stirn. Jasmin kam mit der Hitze wesentlich besser zurecht, als die beiden Soldaten. Sie war die Temperaturen gewöhnt. Dazu trug sie einen breiten schattigen Damenhut auf dem Kopf.

Die Hektik der letzten Tage lag hinter ihnen. Alle hatten die Kriegsnachrichten aus Syrien verfolgt. Gestern, als die Araber und Briten Damaskus erreicht hatten, waren die Telegraphenleitungen nach Jerusalem fast heißgelaufen. Damaskus war kampflos und weitgehend unversehrt von den Türken und Deutschen geräumt worden. Am Nachmittag war General Congreve persönlich in Saris Büro erschienen.

„Captain, der Kommander hat Sie nach Damaskus eingeladen. Er wird am 3. Oktober die Stadt besuchen. Dort ist ein Treffen mit Prinz Faisal vereinbart. Auch hat Ihr Schwager, Colonel Faruk, mich gebeten Ihnen eine Dienstfahrt gemeinsam mit Ihrer Gattin nach Damaskus zu gestatten. Ist es richtig, dass er da heiraten will?"

„Ja, Sir, er wird sich im Beisein von Prinz Faisal in Damaskus vermählen."

„Also dann. Ich stelle Ihnen meinen Wagen zur Verfügung. Über Amman fahren Sie nach Dar'a und dann im Sonderzug von Prinz Faisal nach Damaskus. Ich selbst muss leider hierbleiben. Einer muss ja weitermachen, während die anderen feiern. Also viel Vergnügen und nehmen Sie eine frische Uniform mit. Sie wissen, Allenby allein erhebt Offiziere in den Stabsdienst."

„Soll das heißen ..?"

„Ja, Nadschar, ich glaube Sie werden der erste palästinensische Stabsoffizier Seiner Majestät werden. Also meinen
herzlichsten Glückwunsch. Sie wissen, nur ein Stabsoffizier
ist berechtigt eine Abteilung in eigener Regie und Verantwortung zu führen. Sie haben die Probezeit bestanden."

Am Abend in Lifta jauchzte Jasmin vor Freude. Ihr Äußeres hatte sich völlig verändert. Sie trug westlich elegante,
luftige Kleider und verdeckte ihre Haare außerhalb des Hauses nur noch ansatzweise, wenn, dann zumeist mit einem
Hut. Wo immer sie auftauchte, zog sie die Blicke auf sich.
Sie hatte sich an der katholischen Schule, wo auch Sahra ihr
letztes Schuljahr absolvierte, in einem kostenpflichtigen
Privatkurs angemeldet, der es ihr ermöglichen sollte, in zwei
Jahren den Schulabschluss zu machen. Sie lernte ununterbrochen und Sari musste heimlich die alten Schulbücher raus-
kramen, um nicht ganz dumm dazustehen, wenn er gefragt
wurde. Sahra war oft bei ihnen und blieb auch über Nacht.
Sie hatten einen Diener eingestellt, den Khaled vermittelt
hatte, und eine Haushälterin, die auch für die Küche zuständig war. Zwar machten Jasmin und Sari vieles gern selbst,
aber die Menschen mussten in Arbeit kommen und Sari sah
es als seine patriotische Pflicht an, ihnen Arbeit zu geben.
Einzig an den Terrassengarten ließ Jasmin keinen anderen
dran, er war ihre Passion und das Grün und die Vielfalt der
Farben übten einen unwiderstehlichen Reiz auf die Wüstentochter aus. Und Sari entwickelte sich dabei zum Spezialisten
für die Reparatur von Mauern, das Anlegen von Treppenstufen und das Pflanzen von Bäumen und Sträuchern.

Hassan bekamen sie nur noch wenig zu Gesicht. Er war in
seinem Geschäft aufgegangen, hatte sich in seinem Laden
eingerichtet und war bald die erste Adresse für britische
Offiziere und Beamte, wenn es um Orientteppiche ging. Es
schien sehr gut zu laufen.

Mit Faruk waren sie brieflich über die Militärpost und
auch per Kabel in Kontakt. Nach seiner Rückkehr zu Prinz
Faisal ins Lager bei Gueira hatte der ihm den Posten eines
Colonel in der neuen arabischen Armee angeboten. Er sollte
die zukünftige Leibgarde von Faisal aufbauen. Zweihundert
junge Kamelreiter waren schon ausgesucht. Sie kamen von
den Banu Saad aus dem Stamm der Oteibeh und weitere

einhundert sollten von den Harb noch dazukommen. Faisal versuchte so die jahrelange Feindschaft der großen Zentralstämme endgültig zu beenden. Die Oteibeh kamen aus der Gegend südlich von Mekka und hatten über die Qureish, vor den Zeiten des Propheten, mit den Haschimiten die gleichen Vorfahren. Vor dreißig Jahren jedoch hatten sie sich im Krieg mit den ibn Saud gegen die Banu Haschim gestellt. Die Klans der Harb dagegen hatten auch damals getreu zu den Haschimiten gestanden. Seitdem gab es regelmäßige Konflikte zwischen den Harb und den Oteibeh.

Deshalb wollte sich Faisal auch zusätzlich noch auf die Beni Safar aus dem Norden des Hedschas stützen und sie über die Position des Führers der Garde stärken. Der Haschimit wusste sehr wohl, auf wen er sich im Ernstfall verlassen konnte. Seit über zweihundert Jahren standen die Harb, vor allem bei den Konflikten mit den Wahabiten der ibn Saud aus dem Nedjd, getreu an ihrer Seite. Und so offenbarte er Faruk seine Idee. Der war daraufhin zu seinem Klan in die Wüste zurückgekehrt und hatte, nachdem der Ältestenrat getagt hatte, Faisal am Ende zugesagt. Faruk gab die Position des Führers der Beni Safar an Yussef weiter und war Anfang August mit einhundert Kamelreitern wieder im Lager von Prinz Faisal. Um nun Faruks Stellung bei den Banu Saad abzusichern, hatte Faisal eine Hochzeit vorgeschlagen, von Faruk mit Leila, der Tochter des Führers der Banu Saad, Scheikh Ibrahim ibn Said von der Familie der Alessah. Faruk, der Ibrahim während der Kämpfe oft begegnet war, hatte das junge Mädchen getroffen und beide entschieden sich sofort für einander. Nachdem der Vormarsch der Briten nicht mehr aufzuhalten war, sollte die Hochzeit nach dem Einmarsch in Damaskus stattfinden.

Anfang September war die arabische Armee nach Norden gezogen, hatte Amman umgangen und Dar'a angegriffen. Dem Zusammenbruch der Bahnverbindung bei Muzeirib folgte der Rückzug der Yildrim Armee aus Galiläa zur Verteidigung von Anatolien und nachfolgend die Kapitulation des 2. Korps der vierten osmanischen Armee, deren Rückzug von Ma'an bei Ziza am 28. September aufgehalten wurde. Eine Vorhut Faisals war mit Lawrence von Arabien, der erst kürzlich zum Colonel ernannt worden war, bereits auf Damaskus gezogen, während das Gros der Armee noch bei Dar'a lagerte.

Es war kurz vor Sonnenuntergang als der Vauxhall mit Sari und Jasmin das Heerlager erreichte. Die Fahrt selbst im offenen Wagen war angenehm gewesen und die edlen Ledersitze hatten an Komfort nichts vermissen lassen. Allerdings waren die Bilder, die sie am Straßenrand sahen, weniger erquicklich. Noch vor einer Woche hatten sich hier die Reste der türkischen Armee zurückgezogen und überall sahen sie Eisenwracks von Lastwagen und Geschützen, leere Flaschen, Wagenteile, weggeworfene Gewehre und Munitionskisten. Fast unerträglich war der Anblick der toten Pferde, Esel und Kamele am Straßenrand, die in der Hitze aufgedunsen dalagen und einen unbeschreiblichen Gestank verbreiteten. Die Geier, die immer dann aufstoben, wenn der Wagen zu nah an ihnen vorbeifuhr, machten auch nicht Halt vor den Überresten der türkischen Soldaten, die, in unterschiedlichen Stadien der Verwesung, von Typhus oder Ruhr dahingerafft, einfach liegengelassen worden waren.

Im Lager befanden sich mehr als zehntausend Krieger. Die riesige Zeltstadt Prinz Faisals erkannten sie leicht. Sein Gefolge allein kam mittlerweile auf weit über einhundert Personen. Unweit davon hatte sich die Leibgarde stationiert. Allein durch die akkurate Ausrichtung ihrer hellen britischen Zelte inmitten des Beduinenchaos, erhielt man den Eindruck des Besonderen. Und Faruk war mitten unter ihnen.

Als er den grünen Oberklassewagen sah, rannte er in seiner neuen Uniform auf das Auto zu und riss die Türen auf. „Verehrte Gesellschaft, erweist mir die Ehre euch im bescheidenen Lager der Sieger willkommen zu heißen." Dann nahm er Jasmin in die Arme und drückte sie fast schon zu fest an sich.

Er schaute sie an. „Bist du es noch, kleine Schwester? Oder bist du eine große Dame aus der besseren Welt, die die Briten England nennen?" Und mit einem ernsteren Ton fügte er an: „Schwester, vergiss deine Herkunft nicht."

„Ach Faruk, mein lieber Bruder, Allah hat dir die Klugheit gegeben, die es zulässt, dir diese Frage selbst zu beantworten. Ist nicht das Herz das Zentrum des Menschen, denn sein Äußeres?"

155

„Ja, Jasmin, du bist klug und du bist meine Schwester. Ich verneige mich tausendmal vor dir." Damit umarmte er lachend Sari und sie gingen gemeinsam zu einem Zelt, das er für die beiden hatte herrichten lassen.

Die Ankunft von Prinz Faisal in Damaskus war bewusst hinausgezögert worden. Dort lebten über zweihunderttausend Menschen, die einer Übernahme ihrer Stadt durch die Wüstensöhne nicht ungeteilte Freude entgegenbrachten. Viele hatten unter den Türken gut gelebt. Im Vorfeld war das Damaskus-Komitee Faisals schon seit Monaten im Geheimen aktiv gewesen, um bei einem türkischen Zusammenbruch die Zügel in die Hand zu nehmen. Die heimlichen Verbündeten in der Stadt hatten am 30. September eine Regierung gebildet und um vier Uhr nachmittags Großsherif Hussein ibn Ali zum König der Araber ausgerufen. Noch vor Sonnenuntergang wurde die arabische Flagge auf dem Stadthaus gehisst, während die letzten Staffeln der Deutschen und Türken daran vorüber zogen. Man erzählte, der letzte türkische General habe der Flagge ironisch salutiert.

Der Einmarsch der Beduinen, einen Tag später, wurde dann begleitet von einer großen Menschenmenge, und es war, als ginge ein langer Seufzer der Erleichterung durch die geschlossenen Reihen am Straßenrand und vor dem Regierungsgebäude. Die ganze Stadt war auf den Beinen und die meisten standen nur da und schauten – sie schauten, und Freude leuchtete aus ihren Augen.

Gegen inneren Widerstand gelang es Lawrence von Arabien Schukhri el-Ayubi, aus dem Hause Saladins, zum vorläufigen Regierungsoberhaupt zu ernennen. Er hatte in den Augen des Volkes fast den Staus eines Märtyrers um dessentwillen, was er von Dschamal Pascha erduldet hatte. Schnell wurden Komitees gegründet, die die Polizei installierten, Straßen und Plätze von Kriegsmüll und Leichen säuberten und die Wasserversorgung und Elektrizität sicherstellten. Noch am ersten Abend brannten die Straßenlampen wieder. Das beruhigte die Gemüter, ohne die Autorität britischer Streitkräfte in Anspruch nehmen zu müssen, die Damaskus bewusst noch nicht betreten hatten. Prinz Faisals Leute bewiesen, dass die Araber die Stadt friedlich übernehmen konnten. Alles war gut gegangen, weil Araber als die Befreier der Stadt auftraten und nicht die Briten.

Faruk und Sari saßen abends auf dem Platz vor Faisals großem Zelt. Jasmin war außen vor. Politik war Männersache und davon saßen fast einhundert im weiten Rund. Ununterbrochen waren Sklaven und Diener unterwegs, die den Gästen Erfrischungen reichten. Bei ihrer Ankunft stand Faisal von seinem Kissen auf und kam ihnen entgegen. Über dem weißseidenen Gewand hing ein brauner, mit Gold verzierter Mantel von seinen Schultern und auf dem Kopf trug er ein weißes Tuch mit einem roten Igal. Ein großer goldener Doch steckte in seinem Gürtel.

„Ahlan wa sahlan mara alf, achu", sagte er mit seiner leisen, sanften Stimme. „Ich bin glücklich, dass ihr zu mir gefunden habt." Und mit einem Blick auf Sari, der wie alle in Beduinenkleidern erschienen war, sagte er: „Wie ist die Gesundheit? Wie war die Reise? Was kann ich dir Gutes tun?"

„Hoheit, du beschämst mich", sagte Sari. „Alles Gute gibst du mir bereits durch deine Einladung und deine Anwesenheit. Mehr bedarf es nicht. Die Reise war leicht und angenehm im Wagen von General Congreve, der hiermit seine herzlichsten Grüße aus Jerusalem sendet."

Faisal nickte lächelnd. „Ich danke dir, dass du die Strapazen mit deiner Ehefrau auf dich genommen hast und wünsche dir Allahs Segen und die Erquickung des Paradieses." Damit ging er zurück zu seinem Platz, denn pausenlos kamen oder verließen Gäste das weite Rund. Prinz Faisal hatte ein offenes Ohr für jeden, der zu ihm kam. Lawrence hatte Sari erzählt, dass er es niemals erlebt hatte, dass er einen Bittsteller abgewiesen hätte, so klein und unbedeutend sein Anliegen auch war. Faisals Ansehen gründete sich darauf, dass er jedem geduldig zuhörte, nie den Antragsteller an einen Vertrauten seines Stabes verwies und persönlich dafür sorgte, dass die Angelegenheit auch wirklich erledigt wurde. Dies und die Weisheit seiner Entscheidungen trugen mit zu dem Ruhm bei, der ihn schon jetzt zum legendären Helden des arabischen Aufstands und zum angesehensten der Söhne des Sherifen gemacht hatte.

DER SONDERZUG Prinz Faisals erreichte den Kopf-
bahnhof von Damaskus. Fünfzig Leibgardisten unter Faruks
Kommando schirmten und begleiteten seinen Weg zum Hotel Victoria, wo Allenby ihn bereits erwartete. Seit dem Morgen liefen Gruppen britischer Soldaten durch die Stadt –
unbewaffnet. Damaskus war ruhig und wieder zum normalen
Leben zurückgekehrt. Die Geschäfte waren geöffnet, Stra-
ßenhändler aktiv, die elektrische Tram war in Betrieb und
Nahrungsmittel kamen in die Stadt. Das türkische Krankenhaus war wieder in Betrieb, umherliegende Leichen in einem
Massengrab beigesetzt. In der Nacht hatte man die Straßen
gewässert und der letzte Unrat war verschwunden. Seit gestern war auch Beirut in arabischer Hand.

Vor dem Hotel erkannte Sari Allenbys Rolls-Royce und
als sich beide Kriegsführer zum ersten Mal trafen, war der
beiderseitige Respekt voreinander deutlich erkennbar. Als
Faisal in den überfüllten Saal trat, standen ihm noch immer
Tränen in den Augen; es war ein freundlicher Empfang gewesen auf seinem Ritt durch ein Spalier von jubelnden Anhängern.

Nach der Begrüßung zeigten sich Allenby und Faisal, gemeinsam mit hohen britischen und arabischen Generälen, auf
dem Balkon des Hotels und die Menschenmenge auf der
Straße applaudierte.

Zurück im Saal stand Colonel Lawrence zwischen Allenby
und Prinz Faisal. Sein persönlicher Einsatz hatte diesen Tag
erst möglich gemacht. Sari und Faruk waren nahe genug, um
zu hören, was geredet wurde. Allenby wurde gerade ein
offizielles Glückwunschtelegramm der britischen Regierung
gereicht. Er öffnete, aber beim Vorlesen stockte er und wurde verlegen. In dem Telegramm wurden die Araber als
"Kriegsteilnehmer" bezeichnet. Kriegsteilnehmer! Was für
eine Abwertung, welche Peinlichkeit. Kein Wort über ein
künftiges arabisches Reich, nicht ein Wort über ihren Beitrag
und ihre Verluste, die sie der Sieg gekostet hatte.

Faisal, der das sehr genau registriert hatte, sagte leise mit
einem undurchdringlichen Lächeln: „General Allenby, wir
nehmen Ihre Regierung beim Wort." Damit meinte er unaus-
gesprochen die Versprechungen, die die Briten den Arabern
vor dem Kriegseintritt in Hinsicht auf ihre Selbständigkeit

158

gemacht hatten und nicht die abwertende Formulierung im Telegramm. Allenby verstand und Sari hatte das Gefühl, als schäme sich nicht nur er. Die Anwesenden wurden still. Nach einem kurzen Austausch von Höflichkeiten richtete sich Faisal an seine Leute im Saal und verschwand mit den Worten: „Söhne der arabischen Nation, habt Zuversicht!"

Als er ging, war der Saal ruhig. Kein Wort fiel, bis sich die Anspannung löste. Lawrences Miene jedoch war wie versteinert und nachdem Faisal den Saal verlassen hatte, sagte er so laut zu Allenby, dass es jeder hören konnte: „Sir, ich bitte darum meinen Dienst quittieren und gehen zu dürfen."

Nur einen Tag später verließ er Damaskus Richtung England. Seine arabische Regierung hatte das Ruder übernommen, in einem eroberten, vom Krieg verwüsteten Land, ohne fremde Hilfe und gegen den Willen einflussreicher Elemente unter den britischen Alliierten. Mehr brauchte es nicht, um zu beweisen, dass man fähig war die Unabhängigkeit verlangen zu können.

Ein Eklat war ausgeblieben, dank Faisals besonnenem Auftreten. Ihm tat der Abschied von Lawrence besonders leid. Gern hätte er ihn bei sich behalten, aber die Enttäuschung des Engländers über seine Regierung war zu groß.

Als im Saal fast nur noch britische Offiziere anwesend waren, bat Allenby um Ruhe und wand sich Sari zu. Ohne große Einleitung, aber mit Überzeugung, sprach er vom Werdegang Saris in der britischen Armee. Der hatte am Morgen seine beste Uniform angezogen und als ihm die Schulterklappen mit der Krone darauf befestigt wurden brachen die Anwesenden in einen Toast auf ihn und in drei Hochrufe aus. Dies war Tradition, wenn ein neuer Stabsoffizier ernannt wurde und Sari war jetzt einer von ihnen. Ihm war jedoch klar: Er war kein Berufssoldat und kein britischer Bürger.

Er hatte sich für den Kriegsfall gemeldet und sich hochgedient. Sein Rang bestand nur so lange, wie der Kriegszustand anhielt, bis sich das Militär endgültig von der Verantwortung zurückzog, bis die zivile Politik übernahm. Ihm stand keine Versorgung nach dem Dienst zu, nur eine Abfindung. Das alles war in den Begleitpapieren zu seiner Ernennungsurkunde notiert. Je besser er also seine Arbeit machen würde, umso schneller stand seine Entlassung an. Aber Sari war Realist

genug. Er wäre froh, wenn die richtige Politik für ein freies
Palästina seine Entlassung bald ermöglichen würde.

„Sie haben sich das redlich verdient, Major. Ich wünschte
wir hätten mehr Leute Ihres Schlages an unserer Seite", sagte
Allenby. Dann wurden ihm die Hände geschüttelt und die
Schultern geklopft und die ganze Zeremonie war nach einer
Viertelstunde auch schon wieder beendet. Es wurden Geträn-
ke und ein Imbiss gereicht und nach einer Stunde verabschiedete sich der Kommander und zog weiter ins Regierungsgebäude.

Faruk, der bei Sari geblieben war, sagte ironisch: „Schwager, so verkrampft wie deine Beförderung soll meine Hochzeit nicht ablaufen. Wir wollen zusammen ein großes Fest
feiern, ohne die überschwängliche, ausschweifende Lebens-
freude der Engländer."

Vier Tage später erreichte ein weiterer Zug den Bahnhof
von Damaskus. Faruks und Jasmins Familie kamen an. Mutter, Brüder und Yussef mit Anverwandten waren vor Tagen
aus dem Hedschas an die Küste des Roten Meeres aufgebrochen und von Al Wadjh aus mit einem Motorschiff nach
Aqaba gefahren. Eine neue Zeit war angebrochen. Reisen
wurde ungefährlich und angenehm. Ein Militärbus brachte
sie bis nach Katrana, wo sie den Zug bestiegen. Ab hier war
die Bahnverbindung durch britische Ingenieure wieder hergestellt und die Beschädigungen durch die Armee bei der
Einnahme Ammans waren repariert. Die Strecke in den Süden war schwerer in Mitleidenschaft gezogen und im Hedschas hatten die ansässigen Beduinen bereits die Hälfte der
unzähligen Bahnschwellen abgebaut und zum Heizen genutzt. Die Eisenbahn würde hier sicherlich nicht wieder fahren.

Faruk und Jasmin geleiteten die Gruppe zu einer Karawan-
serei in der Altstadt, nicht weit entfernt von der großen
Umayyaden Moschee. Faruk hatte Beit Mamlouka mit dem
großen Innenhof um den zentralen Brunnen für zwei Wochen
angemietet. Die ganze Hochzeitsgesellschaft fand darin
Platz. Die Braut und ihre Familie waren bereits mit dem
Sonderzug Prinz Faisals angereist. Jasmin und Leila hatten
sich im Lager bei Dar'a schon kennengelernt. Allerdings war
Leila gerade einmal fünfzehn Jahre alt und mit der immer

160

selbstbewusster auftretenden Jasmin nicht vergleichbar. Für Leila kam Jasmin schon aus einer anderen Welt. Sie trug traditionell den Schleier, der nur ihre dunklen Augen freigab, aber die gaben preis, dass sie hübsch war.

Den Brautpreis für Leila hatte der Haschimitenführer aus Mekka bezahlt. Ihm war jede Summe recht, die dazu diente, sich der Gefolgschaft der Oteibeh und der Harb zu versichern. Scheikh Ibrahim ibn Said, der Vater der Braut, war jedenfalls sehr zufrieden gewesen.

Die Hochzeit bereiteten Männer und Frauen getrennt vor. Schon gestern Abend waren die Männer im Innenhof zusammengekommen und hatten getanzt und laut gesungen. Die Frauen sahen verborgen hinter den Vorhängen der Zimmerfenster zu. Prinz Faisal war erschienen und die Wüstensöhne standen in zwei langen Reihen, schwangen im Rhythmus ihre Schwerter und bewegten sich auf den blankgeputzten, im Karo verlegten Marmorfliesen des typischen Damaszener Hauses gemeinsam vor und zurück. Die Trommeln dazu hatten sie selbst mitgebracht und vielen wurde bewusst, dass dies der Beginn einer neuen Zeitrechnung war, als Harb der Beni Safar und Oteibeh der Banu Saad mitten in der Stadt Damaskus ihre Beduinentraditionen, als Sieger des Krieges, selbstbewusst ausübten.

Schnell hatte sich aufgrund des Lärms am Abend herumgesprochen, dass eine große Vermählung anstand und als die Hochzeitsgesellschaft am Mittag durch das Tor auf die Strasse trat, standen dort bereits viele Leute, die sich davon ihren Anteil versprachen. Die Männer und Frauen zogen getrennt hintereinander zur Umayyaden Moschee. Faruk hatte seine Braut seit der Ankunft in Damaskus nicht mehr zu Gesicht bekommen. Dies blieb auch in der großen Moschee so, wo die Gruppen getrennt beteten und um den Segen Allahs für das Brautpaar baten.

Angeführt von drei tanzenden Derwischen in weißen Gewändern, die eine Musikgruppe aus Flötisten mit der Nai und Gitarristen mit der Al-Oud begleiteten, wurde der Weg zurück dann zur Stunde der Wartenden an der Straße, wo Bürger und Bettler, Waisen und Alte, Kranke und Versehrte von Faruk an der Spitze der Prozession traditionell mit Münzen und anderen Wertgegenständen bedacht wurden, die er reich-

lich verteilte. Jede Gabe wurde mit dem Segen des Empfän-
gers für ein langes Leben erwidert und je länger der Weg
war, umso größer wurde die Menge, weil auch viele den
Tross durch Parallelgassen umliefen und sich erneut anstell-
ten. Als sie endlich am Beit Mamlouka ankamen war Faruks
großer Gabenbeutel leer. Noch immer strömten Menschen
herbei, die gehört hatten, dass hier ein Beduinenscheikh
Hochzeit hielt und so half Prinz Faisal aus und Faruk konnte
noch einmal das Gleiche an die Menge vor dem Tor verteilen. Die Hochrufe von der Straße auf das Brautpaar, das den
großen Segen gespendet hatte, dauerten noch lange an.

Die Frauen in ihren bunten Kleidern waren hinter den
Männern hergezogen und in der Mitte schritt die Braut. Leila
war ganz in Weiß gekleidet und hatte einen seidenen Schleier
auf dem Kopf, den ein goldener Haarreif festhielt. Sie war
umringt von ihren engsten Verwandten, zu denen jetzt auch
Jasmin gehörte, die jedoch dramatisch aus der Gruppe heraus
stach. Sie war die einzige, die keinen Schleier trug und ihre
Haarpracht nicht vollständig bedeckt hielt. Sie war selbstbewusst genug gewesen und rhetorisch schon zu überlegen, als
dass ihre Mutter daran noch etwas hätte ändern können.

Im Innenhof des Beit Mamlouka wurden die Brautleute
dann endlich zusammengeführt und als Faruk seiner Leila
den Schleier anhob und ihr den Hochzeitskuss gab, brandete
lauter Jubel auf. Prinz Faisal nickte zufrieden und nachdem
die Familien die beiden Brautleute mit wertvollen Geschenken und Aussteuern bedacht hatten, ließ er das Tor öffnen
und herein trat, völlig allein und gefasst, ein weißer Araberhengst aus der Zucht seines Vaters, den er extra aus Mekka
hatte kommen lassen.

Ein Diener trat vor und rief laut in die Runde: „Das ist
Saadun, der Sohn von Nour und dem Hengst Nabras. Er ist
von edelstem Geblüt, ein Prinz unter den Prinzen, ein Fürst
unter den Fürsten. Seine Tugenden sind unerreicht, denn er
wurde geboren und aufgezogen beim Sherifen, dem Emir
von Mekka, gepriesen sei sein Name, und er bekam die sorg-
fältigste Ausbildung, die man seinem Stand angedeihen lassen kann. Er wird seinen Stammbaum fortführen und seinen
Ahnen Ehre machen."

Der Wert dieses Hengstes war unermesslich. Man merkte ihm an, mit welcher Freiheit, Sorgfalt und Liebe er aufgezogen worden war, denn er bewegte sich ohne Scheu, wie selbstverständlich zwischen den vielen Menschen und als sich Faruk auf den Hengst schwang und er mit Leila zusammen eine Runde ritt, erkannte man, wie gut er zugeritten war. Sherif Husseins große Leidenschaft war die Zucht seiner weißen Pferde, für die er weithin berühmt war und deren Verkauf an allerhöchste Kunden einen nicht unerheblichen Beitrag zu seinem Einkommen leistete. Das Tier durfte sich lange völlig frei unter der Hochzeitgesellschaft bewegen, bis es zwei Sklaven mit zehn Leibgardisten zurück zu Faisals Ställen brachten.

Die Hochzeitsfeierlichkeiten mit Musik, Tanz und Vorführungen jeder Art dauerten noch zwei weitere Tage und Nächte, währenddessen französische Truppen in Beirut landeten und die britischen an der Küstenregion ersetzten.

Sie lösten umgehend die gerade erst errichteten lokalen arabischen Regierungen der Küstenregion wieder auf.

Kalte Dusche

ES WAR Samstag, der 2. November, ein Shabbat, der ge-
heiligte Wochentag der Juden. Sari hatte ebenfalls Wochenende und so waren sie in dem roten Ford Boxcar, Saris
Dienstwagen, auf dem Weg nach Jerusalem. Jasmin nahm als
erste den Tumult wahr. „Halt an Sari, schau, was ist da los?"

Vor dem Büro der Zionistischen Kommission in der Jaffa
Street stand ein Lautsprecherwagen und drum herum war
eine größere Gruppe von Menschen versammelt. Blau-weiße
Fahnen mit dem Davidstern ließen erkennen, dass es sich um
eine zionistische Versammlung handelte. Oben auf dem
Wagen erkannte Sari Jonathan Rosenwald, der umgeben war
von Leuten, die ihn schützten. Von weiter weg begannen
Araber gerade Steine zu werfen, denn die Juden sangen provokant ihre Hatikva. Eine Gruppe der Juden ging gerade mit
Schlagstöcken zum Gegenangriff auf die Steinewerfer über,
aber nicht nur auf die Araber, sondern auch auf eine Schar
Haredim, die sich den Arabern angeschlossen hatte. Sie betrachteten die Verfehlungen der Zionisten am heutigen Shabbat als Blasphemie und hatten das Steinewerfen ausgelöst.
Zwei der Zionisten zogen gar Pistolen und es fiel ein Schuss.
Im allgemeinen Getümmel erkannte Sari Amin al-Husseini
unter den Arabern, die sich jetzt heftig mit Knüppeln gegen
die Zionisten wehrten.

Als die Militärpolizei erschien, waren die härtesten Auseinandersetzungen schon vorbei. Einige hatten blutige Verletzungen und Blessuren davongetragen. Wüste Beschimpfun-
gen begleiteten den Versuch der Polizei die Streithähne zu
trennen. Der Rädelsführer der Araber war Amin und Sari
erkannte, als der von der Polizei festgehalten wurde, dass
Sergeant Bower den Einsatz befehligte. Als die allgemeine
Ruhe wieder hergestellt war, ging Sari zu Bower.

„Ah, Major, dieses Theater ist zum verrückt werden."

„Hallo Sergeant. Bin durch Zufall hier und habe die Sache
beobachtet ..."

„Wir wurden angegriffen", unterbrach ihn eine Stimme.
Jonathan Rosenwald, der mittlerweile bei der Zionistischen
Kommission arbeitete, war zum Einsatzkommandanten vor-

gerückt. „Ich verlange, dass die Unruhestifter und Aufrührer festgenommen werden."

„Was machen Sie hier, verdammt", fuhr ihn Bower an?

„Wir haben eine friedliche Kundgebung zum Jahrestag der Balfour Deklaration. Das ist nicht verboten, oder?"

„Eine Kundgebung nicht, es sei denn, sie stört und provoziert die öffentliche Ruhe."

„Nichts ist provokant. Was wir hier machen ist nicht antibritisch."

Sari, dem das alles zuwider war, nahm Bower zur Seite. „Sergeant, tun Sie, was Sie tun müssen, aber lassen Sie Amin al-Husseini laufen. Ich habe nicht gesehen, dass er gewalttätig war. Er hat zu viel Gewicht unter den arabischen Nationalisten. Lassen Sie ihn laufen, damit es nicht eskaliert."

Bower nickte ihm kurz zu und Sari ging zurück zu seinem Fahrzeug. Die Zionisten am Lautsprecherwagen hatten wieder begonnen die Hatikva zu singen und dabei die Fäuste erhoben. Als Sari hinblickte, glaubte er im Augenwinkel Joshua erkannt zu haben, aber als er sich noch einmal umblickte, war der verschwunden. Er wollte nur weg hier und Jasmin nicht unnötig in Gefahr bringen. Eine Eskalation war noch immer möglich in der aufgeheizten Stimmung. Amin al-Husseini, der als Beauftragter der Militärregierung am Kriegsende fünfhundert palästinensische Freiwillige für die arabische Armee Prinz Faisals rekrutiert hatte, war zu einem der führenden arabischen Nationalisten aufgestiegen. Zielsetzung war die Vereinigung mit Faisals Haschimitenregierung in Damaskus.

Am Montag lasen Sari und Jasmin in der jüdischen Tageszeitung *Ha'aretz*, dass zwei Araber verhaftet worden waren, wegen öffentlichen Ärgernisses. Auch Sari kam im Artikel vor, dem vorgeworfen wurde, als britischer Offizier Partei ergriffen zu haben. Die Polizei müsse endlich mehr Juden einstellen, die für Ordnung sorgen würden.

„Sari, der Rosenwald ist gefährlich", sagte Jasmin. „Ich habe gehört, er setzt sogar die freie Presse mit Geld unter Druck und versucht Meinungen zu manipulieren. Du solltest dir nicht alles gefallen lassen."

„Ja, Liebe, es wird Zeit, dass etwas passiert."

Am Donnerstag führte Musa Kazim al-Husseini, der Bürgermeister selbst, zum ersten Mal eine öffentliche arabische Gegendemonstration an. Sie war gerichtet gegen die britische Regierung, die eine pro-zionistische Politik betrieb und jüdische Provokationen und Einwanderungen unterstützte.

Allerdings hatte Sari schon reagiert. Es dauerte nur bis Ende November, dann wurde auf seine Initiative hin ein Gesetz erlassen, das das Singen von Nationalhymnen mit Ausnahme von "God Save the King" untersagte. Das heftige Protestieren von Mitgliedern der Kommission bei Storrs und seinem Stellvertreter und auch der Versuch, durch die Übersetzung der Hatikva zu beweisen, dass der Text nicht anti-britisch sei, bewirkten nichts. Storrs war allein interessiert an den schönen Dingen des Lebens und an seinen Baumaßnahmen, die für Jerusalem allerdings einige sehr wichtige Verbesserungen brachten. Eine der wichtigsten war die zentrale Wasserversorgung der Stadt.

Nur wenige Tage später eröffnete Jasmin Sari dann ihr süßes Geheimnis; sie war schwanger. Sie hatte sich nach ihrer Rückkehr von Damaskus erst noch einmal versichern wollen. Aber nun gab es keinen Zweifel mehr, sie sollte im nächsten Frühjahr ihr erstes Kind bekommen. Jetzt wurden sie eine richtige Familie und Sari war nicht mehr zu bändigen in seinem Stolz und seinem Drang, dies aller Welt kundzutun und er begann sofort Pläne umzusetzen, das Haus in Lifta für den Nachwuchs zu verändern. In Damaskus, im Beit Mamlouka, war er zum ersten Mal in seinem Leben mit fließend heißem Wasser aus der Leitung konfrontiert worden und hatte sich die Vorrichtung zur solaren Erhitzung genau erklären lassen.

Ein paar Häuser weiter war kürzlich ein englischer Bauingenieur mit seiner Familie eingezogen. Das Dorf Lifta wurde, wegen seiner Nähe zu Jerusalem, immer mehr zum bevorzugten Wohngebiet für Ausländer. Hohe Mieten konnten erzielt werden. Der Ingenieur war für den Bau der Leitung zuständig, die das Wasser Jerusalems zentral von den Teichen Salomos nahe Bethlehem herbeipumpen sollte. Er erklärte sich bereit Sari bei seinem Projekt zu unterstützen. Es sollten ein gefliester Baderaum mit heiß und kalt Wasser und eine Toilette mit Wasserklosett entstehen.

166

Schon bald nach dem Waffenstillstand mit der Türkei, begann der Rückzug von britischen Soldaten in ihre Heimatländer. Die drei jungen Australier, die in Saris Abteilung mit ihm zusammen gearbeitet hatten, wurden nun ersetzt durch einheimische Fachleute und Beamte. Allein die Schlüsselpositionen an den Schaltstellen der Militärverwaltung blieben Stabsoffizieren vorbehalten. Sari beachtete penibel seine Maxime bei der Besetzung der freien Stellen. Ein Christ, ein Jude und ein Moslem. Sie alle waren junge Leute, zwei davon gerade als Absolventen der Universität entlassen und einer, der Jude in Saris Alter, ein Rückkehrer aus türkischem Militärdienst. Er war gezwungen gewesen bis zum Ende des Krieges auf türkischer Seite zu kämpfen und nahe Aleppo endlich in britische Gefangenschaft geraten. Er begann seinen neuen Dienst am 2. Januar 1919. Sein Name war Jakob Leschem und er kam aus einer alteingesessenen sephardischen Familie Jerusalems.

Jakobs erste Amtshandlung war die Bearbeitung eines Antrags von Dr. Mosche Wallach, der sein Scha'arei-Zedek Krankenhaus an der Jaffa Street um eine spezielle Abteilung zur Behandlung von Infektionskrankheiten erweitern wollte. Sein Neffe Simon aus Berlin hatte kürzlich, aufgrund der Wirren der Novemberrevolution, bei ihm um eine Stelle angefragt. Simon Wallach war Arzt und hatte an der Ostfront drei Jahre lang in Lazaretten und Krankenhäusern gearbeitet und geforscht. Bald begann er sich auf bakterielle Infektionen zu spezialisieren und wurde Experte für Erkrankungen durch Salmonellen. Typhus war in Palästina weit verbreitet. Damit war Dr. Simon Wallach hier der richtige Mann, obwohl er die strenge Auslegung des Judentums seines Onkels bei weitem nicht teilte. Aber die Besorgnis über die Zustände in Deutschland mit der unstabilen politischen Lage, überwogen seine Bedenken gegen die orthodoxe Ausrichtung der Klinik und so hatte sich die Familie entschlossen zum Onkel nach Jerusalem auszuwandern.

Jakob sprach, wie fast alle Juden Jerusalems Deutsch und konnte so die Antragspapiere, medizinischen Gutachten und rechtlichen Zeugnisse in ihrem Original bearbeiten. Dem Antrag wurde stattgegeben.

167

Mittlerweile war die Friedenskonferenz in Paris angelaufen, an der auch Prinz Faisal teilnahm. Seit Mitte Januar
sollte sie die Bedingungen des Friedens festlegen. Allerdings
standen die europäischen Themen überdeutlich im Vorder-
grund. Mit in Faisals Stab war Lawrence von Arabien, der
extra aus England angereist war, sowie Faruk mit fünf Leibgardisten. Mehr waren nicht erlaubt. Er hatte Leila mitgenommen und für beide war Paris wie ein Weltwunder. Niemals hätten sie sich derartiges wie diese Stadt vorgestellt und
sie erkannten, wie weit die Europäer ihnen technisch voraus
waren. Faruks Telegramme und Briefe waren voll von Super-
lativen, aber dann mischten sich auch Resignation und Besorgnis in seine Berichte.

Denn auch die Zionisten waren durch eine Delegation vertreten, die von Weizmann geleitet wurde. Der setzte sich
hinter den Kulissen vehement für die internationale Ratifizierung der Balfour Deklaration ein, in einem Palästina oder
offiziell Süd-Syrien, das unter britischem Mandat stehen und
nicht Teil des arabischen Großreichs werden sollte.

Schon vor der Konferenz hatte Faisal einen schweren Fehler begangen. Er hatte mit Weizmann, der Überredungskunst
der Engländer geschuldet, übereilt ein Dokument unterzeichnet, in dem er sein Einverständnis zur Schaffung einer jüdischen Mehrheit in Palästina erklärte, vorausgesetzt, die Araber bekämen ihr Königreich. Als Faisal erkannte, dass ihn
das die Unterstützung der Palästinenser kosten konnte, sandte
er Tags darauf ein Memorandum an den britischen Staatssek-
retär im Außenministerium, worin er die Wirksamkeit des
Vertrags davon abhängig machte, inwieweit die Araber,
einschließlich der in Palästina, die ihnen versprochene Unabhängigkeit erlangten.

Faruk schrieb, wie er vor seiner gesamten Delegation erklärt hatte: „Wenn die Bedingungen meines Memorandums
auch nur der leichtesten Veränderung unterzogen werden,
werde ich mit keinem Wort mehr an den dann null und nich-
tigen Vertrag gebunden sein und bin zu seiner Einhaltung
nicht mehr verpflichtet.“

Den jüdischen Zeitungen in Palästina, die den Vertag unter
großem Jubel feierten, folgten am nächsten Tag die arabischen, die sich auf das Memorandum bezogen und die Ge-

müter der arabischen Nationalisten wieder beruhigten. Trotzdem wurde klar: Palästina konnte sehr leicht geopfert werden; es war ein Spielball. Die Spannung um den Ausgang der Konferenz wuchs und die enge, jetzt offen zu Tage tretende Verbindung der Engländer mit den Zionisten, entfernte die arabische Bevölkerung immer mehr von den Briten.

Sari hatte Besuch von Amin al-Husseini. Der wusste genau, wem er seine rasche Freilassung bei dem Aufruhr im letzten November zu verdanken hatte. Er wollte sich von ihm verabschieden.

„Ich werde nach Damaskus gehen", erklärte er. „Wir müssen für das arabische Königreich in Syrien kämpfen. Ich werde dort unsere Heimat so gut wie möglich vertreten. Sie muss Teil dieses Königreichs werden."

„Das sehen die Sayuni anders", entgegnete Sari.

„Das hier ist arabisches Land und muss es auch bleiben. Wir haben nichts gegen die alten jüdischen Einwohner. Aber diese fremden Einwanderer sind wie ein Krebsgeschwür, das man vertilgen muss. Sie nehmen ohne zu fragen. Sie sind zügellos in ihrem Begehren und stürzen andere ins Elend."

„Vergiß die Briten nicht. Sie sind die Sieger des Krieges. Du weißt, dass sie Pläne geschmiedet haben, die ganz anders aussehen?"

„Ihr Abkommen mit den Franzosen ist kein Geheimnis mehr. Aber die Gemeinschaft der Völker dieser Welt kennt auch das Versprechen gegenüber den Arabern. Deshalb ist es ja so wichtig, dass wir uns für das syrische Königreich einsetzen. Es gibt in Damaskus Hirnlose, die das nicht erkennen. Wer nicht für den panarabischen Anspruch ist und nur seine lokalen Ziele verfolgt, wird am Ende die ganze Sache gefährden. Dann setzen sich die Briten und Franzosen durch."

„Da hast du recht. Wer jetzt nicht für das arabische Großreich ist, der bringt alles zu Fall. Aber wir müssen aufpassen. Die Welt achtet sehr genau auf das, was wir sagen und tun. Machen wir Fehler, haben die Briten und Franzosen leichtes Spiel. Dann wird der Gedanke an unsere Nation sterben."

„Wer eine Nation töten will, der erobert ihr Land und reißt ihre Zunge heraus. Die nationalistischen Juden tun das in Paris. Deshalb werden wir nicht nachgeben."

Die Spannung um die Zukunft Palästinas führte zu einem Ansteigen der politischen Tätigkeiten unter der arabischen Bevölkerung und überall wurden Komitees gegründet und Sitzungen und Versammlungen abgehalten. Dabei wurden im Wesentlichen immer wieder die gleichen Forderungen gestellt: Unabhängigkeit im arabischen Königreich, Schluss mit der jüdischen Einwanderung und Verbot des Landkaufs durch Zionisten.

Am 6. Februar wurde in Paris die erste Sitzung abgehalten, die die arabische Sache betraf. Dort verlangte Faisal die Unabhängigkeit des Gebietes zwischen dem Taurus und dem Golf von Aden, was der Schaffung genau jenes arabischen Großreichs entsprach, das die Briten ihm, für den Beitritt zum Krieg gegen die Türken, indirekt zugesagt hatten. Die Nachricht in der Zeitung *Suriya al-Janubia* wurde bei den Arabern Palästinas mit großem Jubel aufgenommen.

Faruk schrieb von einer Besprechung, wo Faisal einen Brief erwähnte, den der englische Parlamentsabgeordnete Sykes an ihn adressiert hatte. Dort hatte der Engländer, der ein bekannter zionistischer Fürsprecher war, die Juden als verachtenswert und schwach bezeichnet, aber auch als allgegenwärtig und damit allmächtig. Die Rasse sitze in jeder Bank, jedem Geschäft, in jedem Unternehmen und er wisse, dass die Araber sie verachten und hassen würden. Er schlug daher den Haschimiten vor, sie, wie die Briten, als mächtigen Verbündeten anzusehen. Faisal wusste den Engländer sehr gut einzuordnen; er war derjenige gewesen, der 1916 die Geheimverhandlungen mit Frankreich geführt hatte, zum gleichen Zeitpunkt als andere Briten sie zum Kriegsbeitritt überredeten. Faisal erkannte, dass die Engländer, nicht nur in der Judenfrage, mit ihnen spielten.

Tatsächlich hatten die Araber traditionell sehr gute Beziehungen zu Juden, die ihnen als Händler, aber auch als Handwerker unverzichtbar waren. Die Zionisten waren für sie bisher eine Randerscheinung gewesen, weit entfernt an der Küste des Mittelmeers, die man auf der Arabischen Halbinsel gar nicht wahrgenommen hatte.

Ende Februar saß Dr. Simon Wallach im Büro von Sari. Zusammen mit seiner Familie war er kürzlich angekommen; ein gepflegter und sehr vertrauenerweckender Mann im mittleren Alter. Er sprach aufgrund seiner Forschungsarbeiten recht gutes Englisch.

„Wie ich hörte sind alle Genehmigungen durch. Der Eröffnung der Infektionsabteilung steht also nichts mehr im Weg."

„Das ist richtig, Doktor", antwortete Sari. „Der rechtlichen Zulassung steht nichts mehr im Weg. Sie sind jetzt offiziell im Register eingetragen und können also morgen anfangen. Die Abteilung Gesundheit hat ja auch schon zugesagt."

„Gut, sehr gut. Dann fehlt jetzt eigentlich nur noch eine Bleibe. Mein Onkel hat mir zwar einige Wohnungen und Häuser gezeigt, aber bei Verlaub, das ist nichts für mich und meine Familie, mitten zwischen den Haredim in Mea Shearim oder Yemin Moshe. Wir sind Juden, aber leben doch sehr weltlich. Für uns ist das Judentum nur ein religiöses Bekenntnis, nicht der Lebensinhalt. In der Deutschen Kolonie sind alle Häuser besetzt und die Altstadt ist fast unbewohnbar. Es ist schwer, etwas Vernünftiges zu finden. Wir werden uns wohl erst einmal im Krankenhaus einquartieren müssen."

Sari überlegte. Das Nachbarhaus, etwas seitlich von ihrem Anwesen, war gerade renoviert worden. Er hatte sich mit dem Eigentümer oft unterhalten und der hatte ihn neulich noch nach potentiellen Mietern aus dem britischen Offizierskorps gefragt. Also gab er dem Arzt die Adresse.

Vier Tage später kamen Sari und Jasmin am späten Nachmittag nach Hause und stellten den Wagen im Hof ab. Jasmin verbrachte die Zeit nach der Schule zumeist bei Saris Mutter, um mit Sahra zu lernen oder in Jerusalem Einkäufe zu erledigen. Sari holte sie dann nach Dienstschluss ab und beide fuhren gemeinsam nach Lifta. Jasmin konnte mittlerweile ihre Bauchrundung nicht mehr verbergen.

Sie wollten die Haustür öffnen, als eine Stimme rief: „Major, Major Nadschar, es hat geklappt. Wir haben das Haus angemietet. Wir sind jetzt Nachbarn."

Simon Wallach kam mit seiner Familie auf sie zu. Seine evangelische Frau Edith war in Saris Alter und zwei Jungs sprangen um sie herum, während er das Nesthäkchen auf dem Arm trug. Sofort war eine gegenseitige Sympathie spürbar und Jasmin lud die Wallachs spontan zum Abendessen ein. Nach einigem Zögern nahmen die an und die Köchin

versorgte alle mit Gaumenfreuden, die für die Neuankömm-
linge aus Deutschland die wahren Geheimnisse des Orients
offenbarten. Am Abend, als sie sich trennten, wussten sie,
dass eine Freundschaft entstanden war.

In Paris waren die Araber um Prinz Faisal am 20. März
voller Optimismus in der zweiten Sitzung um die arabische
Sache erschienen, in der sich der syrische Vertreter jedoch
wider Erwarten gegen die Verwaltung des syrischen Gebietes
durch eine haschimitische Monarchie aussprach; aus kulturellen Unterschieden zwischen der Bevölkerung des Hedschas und der Bevölkerung Syriens, wie er sagte. Eine kalte
Dusche, an dem Tag, als im Haus in Lifta zum ersten Mal
heißes Wasser aus dem Hahn in die Badewanne floss.

Die syrischen Separatisten hatten der panarabischen Sache
einen schweren Schaden zugefügt und Faruk schrieb: "Man
könnte meinen die Sayuni stecken dahinter, so wie sie diese
Aussage gefeiert haben."

Der Aufschrei der arabischen Bevölkerung in Palästina
war groß. Wenn nicht die Haschimiten, wer anders als die
Briten würden dann kommen. Wer anders als die Zionisten
waren dann die Sieger. Der Hass auf die Juden stieg. Man
vermutete Bestechungsgelder und einen Komplott zwischen
den Zionisten und den syrischen Separatisten.

Das haschimitische Königreich drohte zum Hirngespinst
zu werden. Jedoch rief gerade die Aussage des Syrers nun
andere Mitspieler auf den Plan, denen das alles zu manipu-
liert erschien. Die USA wollten plötzlich selbst erforschen, in
wie weit man den Völkern des nicht-türkischen Rests des
ehemaligen Osmanischen Reichs Selbstbestimmung geben
könne oder welche Siegermächte von ihnen als Mandatsträ-
ger gewünscht wurden. Den Zionisten stockte der Atem und
für Faisal war das der Rettungsanker. Er erklärte sich sofort
bereit einer Kommission der USA zuzustimmen, die die
Wünsche der Araber in der Region in Erfahrung bringen
sollte, auch in Süd-Syrien, bekannt als Palästina.

Mittlerweile waren die Ausschreibungen für die Errichtung
der zentralen Wasserversorgung Jerusalems beendet. Storrs
hatte die Mittel dazu aus dem Militärbudget und aus internationalen Spenden zusammengetrommelt. Den Rest wollte die
Zionistische Kommission beitragen, wenn vorzugsweise

jüdische Unternehmer Berücksichtigung fänden. Als die Restfinanzierung auf der Kippe stand, hatte Storrs dem zugestimmt. Die Viertel Jerusalems waren in Lose aufgeteilt und in der Altstadt wurden die Aufträge verteilt.

Mit dabei war ein kleiner Klempnerladen: Leschem & Yarmouk. Der sollte im armenischen und jüdischen Viertel die Hausanschlüsse verlegen. Die Häuser dort waren in einem jämmerlichen Zustand und zum größten Teil heruntergekommen. Die Armenier, die erst vor wenigen Jahren dem türkischen Genozid entkommen waren und in Jerusalem eine neue Heimat fanden, hatte man damals in die verlassenen Häuser einquartiert und den meisten orthodoxen Juden war der Zustand ihrer Häuser egal. Aufgrund dieser Bedingungen bedurfte es großer baulicher Maßnahmen. Der Auftrag für Leschem & Yarmouk war daher von einem Ausmaß, wie sie zuvor noch keinen ausgeführt hatten. Leschem war Jude und Yarmouk Moslem und beide arbeiteten schon seit vielen Jahren mit zehn arabischen Handwerkern zusammen, die sie je nach Auftragslage beschäftigten. Joseph Leschem hatte einen Sohn, Jakob, und der saß in Saris Abteilung.

Die beiden Handwerker hatten die Ausschreibung wegen ihres günstigen Angebots gewonnen. Mitanbieter und Verlierer war Jonathan Pinchas, der nur jüdische Arbeiter beschäftigte, deren Lohnniveau, wegen gewerkschaftlicher Organisation, wesentlich höher lag, als das der Araber. Pinchas war Zionist, aus Polen, und vor zehn Jahren eingewandert.

Wenige Tage nach der Auftragsvergabe stand Menachem Ussischkin mit einem Dolmetscher vor Storrs. Der Russe leitete in Abwesenheit Weizmanns die Geschäfte der Zionistischen Kommission und beschwerte sich bitterlich, dass die Absprachen nicht eingehalten worden seien. Storrs, der solche Diskussionen wie die Pest hasste, gab die Sache an Saris Abteilung weiter. Der überprüfte die Rechtmäßigkeit der Vorgehensweise und fand keinerlei Beanstandungen. Joseph Leschem war jüdischer Unternehmer und Jakob fertigte den Rechtsbeschluss an; beide unterschrieben.

Drei Tage später saß Ussischkin vor Sari. Er war in die gleiche Khakiuniform gekleidet, nur die Rangabzeichen auf den Schultern fehlten. Sein Dolmetscher übersetzte von Russisch ins Englische.

„Hören Sie, mein Herr. Mit einem solchen Beschluss sind wir nicht einverstanden", begann er und legte Sari das Papier vor. „Wir fordern eine andere Beurteilung der Lage. Der Auftrag muss an einen unserer Unternehmer gehen."

„Herr Ussischkin, alles an der Ausschreibung und der Auftragsvergabe war rechtlich einwandfrei. Es gibt, auch in Bezug auf den Vertrag, nichts zu beanstanden. Leschem ist Jude und erfüllt alle Anforderungen."

„Er beschäftigt Araber. Wir wollen, dass mit unserem Geld unsere Leute beschäftigt werden."

„Aber eure Unternehmer beschäftigen doch auch Araber."

„In erster Linie Juden, Araber nur als Zuarbeiter."

„Eher doch als unterbezahlte Tagelöhner."

„Major, ich kenne Ihren Werdegang. Seien Sie vorsichtig und werden Sie nicht unverschämt", forderte er jetzt herrisch.

„Bleiben Sie auf dem Teppich, Herr Ussischkin." Sari beugte sich nach vorn: „Was werfen Sie mir vor?"

„Sie sind parteiisch und nicht objektiv, weil Sie Araber sind. Auch arbeitet der Sohn von Leschem hier und hat das Papier mit Ihnen zusammen unterschrieben. Er war also für seinen Vater am Beschluss gegen uns beteiligt."

„Er arbeitet hier, ja. Aber entschieden habe ich allein. Ist Leschem nicht Jude?" Sari lehnte sich zurück.

„Leschem gehört nicht zu unseren Leuten. Er ist Sepharde und hasst uns Aschkenasim. Wie sonst könnte ein solcher Beschluss zustande kommen."

„Lieber Herr Ussischkin. Ich habe meine Zeit nicht gestohlen und anderes zu tun, als mich mit Ihnen über die internen Zwistigkeiten in der jüdischen Gesellschaft zu unterhalten. Sie können versichert sein, dass gerade das keinen Einfluss auf mich hat. Sie dürfen sich aber gern über mich beschweren. Für heute betrachte ich das Gespräch als beendet."

Ussischkin polterte hinaus. Er war jemand, der zu großen Auftritten neigte und den ihm gebührenden Respekt einforderte. Er hielt viel von demonstrativen Bekundungen des jüdischen Nationalstolzes, den er allein auf die Zionisten übertrug. Andere Juden hatten diesen Stolz nicht, sie waren keine richtigen Juden. Die richtigen Juden, die fand er nur unter den neuen Menschen.

Sari dachte noch lange darüber nach. Diese neue jüdische Gesellschaft zeigte vieles, was nachahmenswert erschien. Die Gewerkschaften, die sich um die Arbeiterschaft kümmerten, die Organisationen, die die Gesellschaft aufbauten, die Ämter und Komitees, die die jüdischen Angelegenheiten koordinierten oder die große Sachkenntnis, die jeder einzelne Zionist mit ins Land brachte. Wenn nur die arrogante Art dieser Menschen nicht wäre, die ihre Überlegenheit mit einem gefährlichen rassistischen Gedankengut verbanden.

Ein paar Tage später erschien dann der Artikel in der *Ha'aretz*, den Sari schon erwartet hatte, und der die Militärregierung und ihn persönlich des Vertragsbruchs und des Antisemitismus anklagte. Dann kam Jakob nicht zur Arbeit. Stattdessen erschien seine Mutter und berichtete, dass er in der Nacht zusammengeschlagen worden sei. Zwei Tage später erzählte ihm Jakob was vorgefallen war. Eine Lippe war geplatzt und er trug einen Kopfverband.

„Ich kam von meiner Verlobten. Kurz vor dem Elternhaus griffen mich vier Gestalten an. Zwei packten mich und einer schlug mir mit der Faust ins Gesicht. Ich konnte mich losreißen und trat einen von ihnen schwer in den Magen. Dann spürte ich nur noch den Schlag mit einem Knüppel auf den Kopf und weg war ich."

„Hast du jemanden erkannt?"

„Ja, Major, ich habe die zwei vor mir genau erkannt. Sie sind in einer dieser Selbstverteidigungsgruppen organisiert. Man sieht sie auf Schulhöfen oder Sportplätzen exerzieren."

„Dann solltest du sie der Polizei melden."

„Ich kenne ihre Namen nicht und es war dunkel. Sie werden sich gegenseitig Alibis geben. Hat keinen Sinn. Aber ich weiß, wo ich sie finden kann und werde zurückschlagen. Auch ich habe Freunde."

Vier Wochen später schrieben die jüdischen Zeitungen über einen Angriff von Gewalttätern auf harmlose jüdische Sportler, die auf der Straße schwer zusammengeschlagen worden waren. Der Angriff kam aus dem arabisch nationalen Milieu. Der Ruf nach jüdischer Polizei wurde lauter. Einer der Sportler, der mit schweren Gesichtsverletzungen in ein Krankenhaus eingeliefert worden war, hieß Jossi Dan.

Ende Mai kam Jasmin nieder und gebar im Scha'arei-Zedek Krankenhaus eine kleine Tochter. Sari, der die kleine Aminah sogleich auf dem Arm nahm, wusste, dass das Glück nicht größer werden konnte. Jasmin hatte Hilfe von Edith bekommen, der neuen Nachbarin und ihr Ehemann Simon hatte es sich nicht nehmen lassen, Jasmin im Krankenhaus zu entbinden. Jasmin hatte als Mädchen oft den Geburten in der Wüste beigewohnt und war früh daran gewöhnt worden mitzuhelfen, aber was Edith alles wusste und wie sie mit ihr die Geburt vorbereitete, war für Jasmin bisher unvorstellbar gewesen. Edith war Profi, sie war Hebamme.

„Sari", sagte sie, als nach der Geburt das Baby auf ihrem Bauch lag. „Ich will Ärztin werden."

Vor drei Monaten hatte Jasmin ihn bei einer dreitägigen Dienstreise überland begleitet. Was sie da in den arabischen Dörfern alles zu sehen und zu hören bekam, hatte sie total schockiert. Elend und Armut und unerträgliche Bedingungen, unter denen die viel zu jung verheirateten Mädchen ihre Kinder bekamen, waren ihr tief im Gedächtnis geblieben. Viele der jungen Mütter hielten die Strapazen der Geburten nicht aus und viele der Kinder starben. Von da an begann Jasmin von Edith zu lernen.

Auch Sari waren die Zustände auf dem Land so nicht bewusst gewesen. Er war schockiert, denn der Krieg hatte alles noch viel schlimmer gemacht. Lesen, Schreiben und Rechnen, technisches Verständnis oder Fachkenntnisse waren völlig unterentwickelt. Ehrlichkeit und Fleiß, Demut und Gottvertrauen halfen allein wenig. Wie konnte eine solche Bevölkerung jemals ihr Schicksal in die eigenen Hände nehmen? Oder wollte das die kleine arabische Oberschicht in den Städten und die wenigen Grundbesitzer in den Dörfern gar nicht? Wollten sie die Fäden in der Hand behalten? Sie lebten gut von den besitzlosen Bauern, die als Pächter, Tagelöhner oder als Abnehmer ihrer handwerklichen Erzeugnisse für ihren Reichtum sorgten.

Was für ein Unterschied zur neuen jüdischen Gesellschaft! Wie sollte es weiter gehen mit den Arabern Palästinas? Sari wusste darauf keine Antwort.

Verlorene Träume

DIE ARABER Palästinas erkannten, dass sie selbst aktiv werden mussten. Im Januar hatten sie, nach einem muslimisch-christlichen Kongress, in einem Telegramm nach Paris die Abkehr von der Balfour Deklaration und die Einbeziehung Palästinas in ein unabhängiges arabisches Reich gefordert. Der Zionismus wurde streng abgelehnt und britischer Einfluss nur geduldet, wenn sich daraus keine negativen Auswirkungen auf die Unabhängigkeit ergaben. Eine dreiköpfige Delegation nach Paris wurde jedoch von den Briten gleich an der Grenze zurückgewiesen.

Nach dem Einmischen der USA, um die Meinungen der Menschen in der Region zu erfassen, nahmen palästinensische Delegierte Anfang Juni am Syrischen Nationalkongress in Damaskus teil. Hier wiederholten sie im Beisein Faisals, der seit April aus Europa zurück war, die Forderungen an die Konferenz in Paris, keiner Separation syrischer Gebiete zuzustimmen. Der Kongress begrüßte ausdrücklich die US-Kommission, die Präsident Wilson ins Leben gerufen hatte, und bot seine ungeteilte Unterstützung an. Sie begann ihre Arbeit im Juni. Die Befragung der Bevölkerungen von Anatolien, Syrien, Palästina und dem Libanon wurde geleitet von den Amerikanern Henry King und Charles Crane. Von Beginn an wurde die Kommission jedoch von den Briten und Franzosen politisch untergraben.

Faruk und Leila waren Ende Juni aus Europa zurück. Nach einer Reise quer durch Frankreich hatten sie in Marseille ein Schiff bestiegen, das sie bis nach Haifa brachte. Jasmin und Sari, mit ihrem Baby, holten beide am Hafen ab. Sari hatte die Gelegenheit ergriffen und bei General Congreves Abreise dessen Vauxhall gekauft. Die Militärregierung reduzierte langsam den Wagenbestand in den Kriegsgebieten und bot aus Kostengründen diese Fahrzeuge zum Verkauf an. Viele Lastwagen und andere Fahrzeuge wechselten ihren Besitzer. Für die kleine Familie war Saris Ford Boxcar zu klein geworden. Der Vauxhall gehörte zur Oberklasse und war, anstatt mit einer, mit zwei Sitzbänken ausgestattet.

Auch Hassan hatte zugegriffen und sich einen Militärtransporter besorgt. Je mehr britische Offiziere das Land verließen, umso mehr Teppiche verkaufte er. Saris Kutsche, die er sich von ihm ausgeliehen hatte, verkaufte er für ihn mitsamt dem Pferd. Sein Warenbestand ging zur Neige und er versuchte verzweifelt aus Mesopotamien Teppiche zu bekommen, doch die Transportwege waren noch unterbrochen. Sari hatte ihm eine Reiseerlaubnis nach Bagdad und Mosul besorgt. Er wollte sich auch nach seiner Familie umsehen und war mit seinem kleinen Gehilfen unmittelbar nach dem Kauf des Lastwagens aufgebrochen.

„Der kleine Kerl ist ewig hinter mir hergelaufen, war nie aufdringlich und hat alles, was er wahrnahm, für mich sofort erledigt, ohne auch nur einmal die Hand aufzuhalten. Er hat mich nur mit seinen großen Augen angesehen und da habe ich ihn von der Straße aufgenommen. Er ist Waise und ich habe ihm erlaubt in meinem Laden zu übernachten. Er erinnert mich so sehr an mich selbst", sagte er bei einem Besuch in Lifta. „Ich glaube, ich werde ihn adoptieren." Sein Arabisch war mittlerweile recht gut.

Als sich die zwei Paare auf der Landungsbrücke im Hafen von Haifa in den Armen lagen, nahm Faruk das Baby in die Höhe und rief: „Allah, deine Wunder sind unermesslich. Ich danke dir im Namen meiner Familie, die du mit Aminah bint Sari so reichlich beschenkt hast."

Dann küsste er sie nach dem Brauch der Beni Safar auf Stirn und Mund und verneigte sich mit ihr gen Mekka. „Gib ihr ein langes Leben und die Schönheit und das Glück ihrer Mutter."

Faruk war zufrieden, denn Jasmin hatte einen Namen ausgesucht, der eine tiefe Verbundenheit zum Islam herstellte; Aminah war der Name der Mutter des Propheten. Aber nicht nur das, Aminah verband auch die Vornamen der beiden muslimischen und christlichen Großmütter, Fatima und Alinah. Faruk konnte damit ertragen, dass das Kind als christlich in die Geburtspapiere eingetragen wurde, mit dem Hinweis Jasmins, dass Aminah später selbst entscheiden sollte, welcher Religion sie angehören wollte. Er legte das Baby zurück in Jasmins Arme. Mittlerweile trug er einen schmalen Oberlippen- und Kinnbart und sah damit besser aus denn je, denn er war männlicher geworden. Die Jacke des Colonel der arabischen Leibgarde trug er über seinem braunen Beduinengewand und in seinem Gürtel steckte der Krummdolch, den er auch in Europa nicht abgelegt hatte. Leilas Haare waren verdeckt, aber den Schleier vor ihrem hübschen Gesicht hatte sie abgelegt. Sie sah in ihrem blauen Kleid glücklich aus.

Beide hatten das Angebot von Jasmin angenommen, die heißen Sommermonate in der Höhe von Jerusalem zu verbringen. Faruk hatte Prinz Faisal in Paris um Urlaub gebeten und der hatte zugesagt, bis er ihn wieder brauchen würde.

„Es wird nicht gut für uns ausgehen. Die Gier der Europäer, die Intrigen der Juden und die Ignoranz der übrigen Welt, werden unseren Traum zerschlagen. Der Krieg ist noch nicht zu Ende. Es werden wieder die Waffen sprechen", war sich Faruk sicher. „Die Franzosen wollen ihren Anteil am Sieg durchdrücken, die Briten sind gefangen in ihrem Netz der Versprechungen und die Sayuni denken sie können alles durch Bestechung erreichen. Sie haben eine herablassende Haltung gegenüber uns Arabern, reden von uns als "Mustafa" und bezeichnen uns als demoralisierte Rasse. Wie können sie gegen uns das Wort Moral in den Mund nehmen, wo sie doch selbst keine haben?"

Faruk hatte hautnah miterlebt, wie nach europäischem Muster Politik gemacht wurde und war bedient von verschlagener Diplomatie, von verbohrtem Patriotismus, von Lügen, Raffgier, Eigensinn, Betrug und Bestechlichkeit. Manchmal sehnte er sich zurück in seine Wüste, wo das Leben zwar härter und grausamer, aber ehrlicher sei, wie er sagte. „Wenn das der Fortschritt ist, kann ich darauf gern verzichten."

Das Land hatte sich sehr verändert und sie staunten über die Geschwindigkeit, mit der der Wiederaufbau durchgeführt wurde. Bis Jaffa fuhren sie auf einer neu geteerten Straße, die problemlos das Überholen von Maultierkarren, Reitern oder Lastwagen gestattete. Dort übernachteten sie im Hôtel du Parc, das ein Jude im Auftrag einer deutschen Familie mit Namen Ustinov führte. Hier war vor zwanzig Jahren der deutsche Kaiser Wilhelm II. mit seiner Gattin Viktoria abgestiegen. Die vier waren so begeistert, dass sie drei weitere Tage buchten, um sich im hoteleigenen Park und Museum oder beim Spaziergang durch Jaffa die Zeit zu vertreiben.

Ein Besuch führte sie auch in die jüdische Siedlung Tel Aviv, die auf dem Strand nördlich von Jaffa aus dem Nichts entstanden war und die ununterbrochen wuchs. Sie betrachteten stumm die sauberen weißen Häuser, die geteerten Straßen mit den Laternen und die grünen Plätze. Aus dem Bürgersteig am Strand wuchsen Palmen und sie waren erstaunt vom bunten Treiben in den Geschäften und Märkten. Als sie unter einem Sonnenschirm in einem Cafe an der Strandpromenade saßen, bemerkten sie, dass sie nicht gerade willkommen waren, allerdings wurden sie anstandslos bedient.

Die Zionistische Kommission hatte seit einem Jahr durchgedrückt, dass offizielle Dokumente oder Belege, wie beispielsweise Fahrkarten, auch mit hebräischen Schriftzeichen gedruckt wurden. Die Wiederbelebung der biblischen Sprache war eines der wichtigsten Symbole für die neue jüdische Nation. Sie setzten die hebräische Bibel als Besitzurkunde über Palästina ein und machten es zu einem imaginären Herkunftsland, als verlorener Besitz ihrer mystischen Vorväter. Die gläubigen Juden konnten diese Nationalisierung Gottes jedoch nicht ertragen, da die Aura des Gelobten Landes zu etwas Profanem erniedrigt wurde.

In den säkularen Schulen jedenfalls wurde bereits in Hebräisch unterrichtet und die Aufstellung zur Wahl von Vertretern zu jüdisch nationalen Gemeindeversammlungen, war an die Bedingung hebräischer Sprachkenntnisse geknüpft. Wie viele führende Mitglieder der Kommission, waren die allermeisten Juden der Sprache allerdings gar nicht mächtig und das britische Offizierskorps machte sich oftmals lustig darüber, wenn Juden ihre eigene Sprache nicht verstanden.

Auch im Cafe und in den Straßen Tel Avivs wurde Englisch, Russisch, Deutsch oder Jiddisch gesprochen. Hebräisch sprach keiner und die vier bemerkten, wie recht die Spötter hatten.

Wie reich dieses Land von der Natur gesegnet war, erlebten Faruk und Leila an einem Wochenende, als alle zusammen durch Galiläa und die Ebene von Marj ibn Amir fuhren. Dieses Land war unbeschreiblich schön, mit seinen Wiesen und Weiden, seinen Eichen- und Olivenhainen, seinen Obstgärten und fruchtbaren Äckern. In Obergaliläa fuhren sie durch malerische Orte, deren Einwohner ihre Ahnen auf mehr als zehn Generationen zurückverfolgen konnten. Wenn, wie hier, der Grund und Boden den Dorfbewohnern gehörte, war Wohlstand erkennbar und es bestand keine Gefahr, dass diese Ländereien jemals an Juden verkauft würden.

Nach der Nacht in einem Hotel in Tiberias, wo sie am See Genezareth gefrühstückt hatten, unterbrachen sie ihre Heimfahrt an der Südspitze des Sees, wo sie die Zeltreihen des neuen Kibbuz Kvutzat Kinneret wahrnahmen und Leute bei der Arbeit auf einem Acker sahen. Das war, trotz Hitze, nicht ungewöhnlich, aber heute war Sonntag und die Juden waren die einzigen weit und breit. Und nicht nur daran erkannten sie die Unterschiede zu den arabischen Bauern. Während die Araber, in Tradition verbunden mit ihrem Land, den Boden mit der Hand bebauten, machten die Juden sich das Land untertan. Mit moderner Technik erzielten sie ungleich mehr Ertrag. Großflächig wurde mit einem schweren Traktor der Acker bearbeitet. Die ebenen Felder ließen den Einsatz zu. Es war das beste Land so weit das Auge reichte.

Sie hielten an und stiegen aus. Die Juden sahen herüber, zu dem Oberklassewagen mit den beiden arabischen Paaren und dem Baby. Dann widmeten sie sich wieder ihrer Arbeit. Kein freundlicher Gruß aber auch keine abweisende Geste.

„Sie sind uns voraus, begreifen wie die Natur funktioniert, sind jung und fleißig bis zum Umfallen, arbeiten so geschlossen, wie eine militärische Einheit und bekommen genügend finanzielle Mittel. Der Unterschied wirft Probleme auf, für die ich keine Lösung sehe", sagte Sari.

„Die arabischen Fellachen müssen lernen", erklärte Jasmin. „In der Bildung liegt der Schlüssel zum Erfolg. Wer nicht mit der Zeit geht, an dem geht sie vorbei."

„Sie sind in der Überzahl und doch unterlegen", sinnierte Faruk. „Wer mit diesen Europäern mithalten will, muss ihre Stärken erkennen, damit er ihre Schwächen nutzen kann."

„Erst kürzlich habe ich Amin al-Husseini getroffen, als er zu Besuch in Jerusalem war", antwortete Sari. „Er sagte allen Ernstes zu mir, dass wir keinen Fortschritt, keine Erziehung brauchen. Nichts anderes als das Schwert werde das Schicksal dieses Landes entscheiden."

„Endgültig siegen kann man nicht mit Waffen, sondern nur mit dem Kopf." Jasmins Meinung über Hadsch Amin konnte sie treffender nicht ausdrücken.

„Du hast recht, Liebe. Aber er will die feudalistischen Strukturen beibehalten. Die Oberschicht soll das Land weiter beherrschen und zerstritten und eifersüchtig darüber wachen, dass die eigenen Familienangehörigen die lukrativen politischen Stellen besetzen. Mein Vater meinte zu mir, er könne das heuchlerische Gerede nicht mehr ertragen. Sie würden die Zukunft der arabischen Bewohner Palästinas aufs Spiel setzen." Und dann ergänzte er: „Manche von denen sind so korrupt, dass sie sich morgens von den Sayuni schmieren lassen und abends den arabischen Nationalismus predigen."

„Al jahil adu nasfu", sagte Faruk. „Mir solchen Führern könnten die Araber Palästinas am Ende ganz allein dastehen. Haben sie überhaupt den Wert, den sie sich selbst zugestehen?"

Es war ein heißer Freitag in Jerusalem, am 1. August 1919. Sari hatte Jasmin, Faruk und Leila bis zum Militärhauptquartier am Damaskus-Tor mitgenommen, von wo sie durch die Altstadt zur Al-Aqsa Moschee gingen, um gemeinsam zu beten. Er saß im Büro, als die drei zur vereinbarten Zeit wieder zurück waren. Sie traten zusammen auf die Straße. Viele Menschen waren unterwegs, Juden die geschäftig letzte Einkäufe vor dem Shabbat erledigten oder Muslime, die vom Gebet kamen.

In der Mitte der Sultan Suleiman Street machte sich eine Parade platz. Zwei Träger mit blau-weißen Fahnen mit dem Davidstern gingen voran und dazwischen schritt ein Mann in Khakiuniform ohne Rangabzeichen. Er führte eine große Gruppe junger Männer in Dreierreihe und Gleichschritt an, die immer wieder laut skandierte: „Wir sind die neuen Menschen. - Juden gebt acht! - Schließt euch uns an!" Sie waren einheitlich in Zivil mit Hemd und Hose gekleidet.

Die Spaziergänger traten zur Seite, als Sari Sergeant Bower in der Nähe erblickte und zu ihm hinüber ging. Er wusste, der alte Ire aus Belfast würde bald in seinen Ruhestand nach Hause abkommandiert. Er wollte ihm schon mal Lebewohl sagen, just in dem Augenblick, als die Spitze der Parade an ihnen vorbeikam.

Der Mann in der Uniform rief laut: „Halt", und die Marschierer stoppten. Sari kannte das Gesicht des Mannes, der jetzt auf sie zukam. Er hieß Yitzhak Ben-Zwi, ein Russe, der seinen Familiennamen Shimshelevich gestrichen hatte und sich nur noch nach dem Vornamen seines Vaters Zwi nannte. Er war Soldat der Jüdischen Legion. Ben-Zwi war mit Leib und Seele Zionist und politisch an vorderster Front aktiv.

„Sergeant", sprach er Bower an, wobei er Sari in seiner Uniform musterte und kurz grüßte. „Wie kommt es, dass der Araber dort", und er zeigte auf Faruk, „eine Waffe tragen darf. Juden ist das Tragen von Waffen verboten."

Faruks Dolch steckte wie immer sichtbar vor dem Bauch in seinem Gürtel und er merkte, dass man über ihn sprach.

„Soldat ohne Rangabzeichen", entgegnete Sari, bevor Bower antworten konnte. „Das ist keine Waffe, das ist ein Symbol von Status und Ehre."

„Major, Sie legen sich die Gesetze aus, wie Sie sie brauchen. Bei den einen ist es der Dolch, bei den anderen das Schwert. Wo ist die Grenze?"

Mittlerweile war ein weiterer Mann aus der Parade dazugetreten. Es war Joshua. Sari hatte ihn in der Masse der Männer nicht ausgemacht und auch jetzt erkannte er ihn kaum wieder, weil eine mehrfach gebrochene Nase seine Gesichtszüge verändert hatte.

„Wenn Waffen öffentlich verboten sind, dann muss das für jeden gelten", sagte er ohne Gruß.

„Ein Beduine bekommt als Mann seine Dschambija und er legt sie nicht mehr ab, es sei denn, er hat seine Ehre verloren. Du weißt das sehr gut."

Faruk war durch einige Passanten dazugetreten, als er Joshua näherkommen sah. Sein Englisch war besser geworden.

„Ja, aber hier ist nicht die Wüste", sagte Joshua. „Wir leben in der Zivilisation. Auch wir haben Ehre und dürfen hier keine Waffen tragen."

„Dann hat das auch seinen Grund", konterte Sari gereizt.

„Sergeant, ich verlange, dass dem Mann da der Dolch abgenommen wird", befahl jetzt Ben-Zwi aggressiv und Joshua sagte: „Waffe ist Waffe."

Da legte Faruk seine Hand auf den Knauf des Dolchs und knurrte auf Arabisch: „Du willst mein Messer, Deserteur?

Dann hol es dir. Du kennst es ja. Es war schon einmal an deinem Hals. Aber heute wird es schneiden."

Ben-Zwi und Bower verstanden nicht und Sari stellte sich zwischen Faruk und Joshua. Bevor es eskalierte, machte er von seinem Rang Gebrauch. „Sergeant Bower, der Mann hier ist Colonel in der Armee des Prinzen Faisal und er ist mein Schwager. Schicken Sie diese Männer wieder zurück auf die Straße, wo sie hergekommen sind und lassen Sie ihnen ihren Spaß, bevor ich ihn verbieten muss." Und zu Ben-Zwi und Joshua gewandt: „Ihr seid Soldaten der Jüdischen Legion in der britischen Armee. Euch sind nationalistische Aktivitäten strengstens untersagt. Verschwindet also oder ich lasse euch noch hier festsetzen." Er war sich der Autorität des Stabsoffiziers und seiner Macht bewusst.

„Das sind keine nationalistischen Aktivitäten. Wir sind eine private Sportgruppe ...", versuchte Ben-Zwi, aber Joshua sagte nur: „Lass sein Yitzhak, unsere Zeit wird kommen."

Die beiden Zionisten gingen zurück und Sari bemerkte, wie Joshua auf der Straße Ben-Zwi die Sache erklärte, während der herüber schaute. Nach einer Weile ließ Joshua die Männer antreten und nachdem er sich eingereiht hatte, zog die Parade, so, wie sie gekommen war, weiter.

Eine große Menge Menschen war mittlerweile zusammengekommen und hatte das Schauspiel verfolgt. Araber klatschten Beifall oder riefen Schmähungen, in die sogar vereinzelt orthodoxe Juden einfielen, andere gingen mit ernsten Mienen ihrer Wege. Zusammenstöße solcher Art gab es jetzt immer öfter. Beide Seiten, Araber wie Juden, organisierten Aufmärsche in den Städten Palästinas, teils aus Provokation, teils aus Demonstration der Stärke. Die Polizei stand dem Treiben oft ohnmächtig gegenüber, weil der Auftrag, politisch Ruhe herzustellen, nicht mit allen Mitteln befolgt werden durfte. Keine Eskalation, das war die Devise der Militärregierung.

„Ich bin froh, wenn ich hier wegkomme", sagte Bower erleichtert, als die Parade weitermarschierte. „Das alles wird kein gutes Ende nehmen."

„Ja, Sergeant, genießen Sie Ihre Zeit nach dem Militärdienst. Ich wünsche Ihnen alles Glück der Welt", sagte Sari und gab ihm die Hand. Ein guter Mann ging nach Hause.

Zwei Tage später wurde Faruk nach Damaskus zurückberufen. Die Spannungen der syrischen Bevölkerung mit den Haschimiten, die seit Faisals Kompromiss mit den Zionisten schwelten, hatten neue Nahrung erhalten. Die unbeugsame Haltung des französischen Ministerpräsidenten Clemenceau bezüglich der Übernahme der Küstenregion, hatte zum Ausbruch von Unruhen geführt. Die muslimischen Bewohner der Höhen des Libanon revoltierten aus Furcht, sie würden gegen ihren Willen in einen neuen, hauptsächlich christlich geführten großlibanesischen Staat integriert und das schlug um in Proteste gegen die haschimitische Politik des Nachgebens.

„Ich fürchte, der Traum ist aus", sagte Faruk beim Abschied. „Aber auch die syrischen Separatisten haben verloren, denn nun werden die Franzosen kommen. Ihr werdet es sehen. Bleibt gesund, bis wir uns wiedersehen." Mit diesen Worten verabschiedeten sie sich von Jasmin und Sari und bestiegen den Zug am Bahnhof Lod, der sie über Al-Fula und Dar'a in nur einem Tag bis nach Damaskus bringen sollte.

Es war Mitte August, als Wladimir Zeev Jabotinsky Sari um ein Gespräch bat. Sari kannte den intellektuellen Journalisten und Politiker. Er war Russe, einer der Mitgründer der Jüdischen Legion im Rang eines Captain und die Zeitungen waren voll über ihn; entweder durch radikale Artikel, die er selbst in sechs Sprachen veröffentlichte oder durch Artikel anderer, die pro oder kontra über ihn berichteten. Er war bekannt als brillanter Redner und Schreiber, kompromisslos gegen Araber und trat für ein rein jüdisches Palästina ein. Sari lud ihn auf seine Bitte in sein Büro.

„Major Nadschar, bitte seien Sie versichert, dass der kleine Zwischenfall vor zwei Wochen nicht gegen Sie oder Ihren Schwager persönlich gerichtet war", begann Jabotinsky und setzte seine Nickelbrille zurecht. Die Schirmmütze mit der Menora hielt er auf dem Schoß.

„Sie müssen die Situation verstehen", fuhr er fort. „Unsere jungen Leute brauchen etwas, woran sie sich aufrichten können. Dann schießen sie manchmal über das Ziel hinaus."

„Captain Jabotinsky, was wollen Sie?"

„Major, Sie sind bekannt als ein Mann des Ausgleichs und Sie haben sich nie offen zum Antisemitismus bekannt, wie viele andere Stabsoffiziere der britischen Armee. Sie wissen, welche Agitationen gegen Juden im Land kursieren, die leicht zu einem Pogrom ausarten können."

„Das wird die Polizei zu verhindern wissen."

„Da bin ich mir nicht sicher, Major. Einen wirklichen Schutz des gesamten Jishuw kann es nur durch die Juden selbst geben. Im Land sind noch immer fünftausend Soldaten der Jüdischen Legion stationiert, die das übernehmen könnten."

„Was soll ich dazu sagen, Captain? Da sind Sie bei mir an der falschen Adresse."

„Nun, der Vorfall auf der Straße und der unglückliche Umstand, dass es sich um einen Offizier der arabischen Armee gehandelt hat, bringen unsere Soldaten, die an der Parade beteiligt waren, in Bedrängnis. Sergeant Bower hat einen Bericht geschrieben."

„Sergeant Bower ist ein guter Mann."

„Major, Sie wissen, dass gewisse Militärkreise die Legion auflösen wollen. Der Vorfall gibt ihnen weitere Gründe die Demobilisierung noch schneller voranzutreiben. Machen Sie sich nicht mitschuldig an Ereignissen, die unsere und Ihre Feinde im Land eines Tages begehen könnten, denen wir dann schutzlos ausgeliefert sind. Die nationalen arabischen Horden ziehen durch die Straßen und rufen: "Die Regierung ist mit uns!" Sie sind überzeugt, dass das Militär die Juden nicht beschützen wird."

„Davon gehe ich nicht aus und wenn, wie kann ich mitschuldig sein?"

„Sie wissen nicht, wie sich der Hass gegen Juden entladen kann. Ich habe das in Russland als junger Mensch selbst erlebt. Schreiben auch Sie einen Bericht, der den Vorfall auf der Straße bagatellisiert. Tatsächlich ist doch nichts passiert."

„Sie wollen, dass ich das Fehlverhalten einiger ungezügelter Fanatiker gegen die Soldatenpflicht verteidige?"

„Es ist die Soldatenpflicht der Briten. Sie und ich, wir sind keine Briten. Sie und ich wollen, dass dieses Land aufgebaut wird. Sie und ich wollen Freiheit. Uns verbindet viel."

„Ich bin weder Jude noch Zionist. Für mich zählt die Toleranz, der Wille zur Zusammenarbeit. Ich bin kein Rassist."

„Sie erkennen doch deutlich die Defizite in der arabischen Bevölkerung. Mit denen gibt es keinen Fortschritt. Mumkin, bukra und manana tötet doch jede Aktivität, es paralysiert die Menschen. Die wenigen, die zur wirklichen geistigen Elite gehören, so wie Sie, wollen doch ein Leben und einen Staat im Fortschritt. Es kann doch nicht Ihr Ziel sein, dass um Sie herum die Zeit stehen bleibt?"

„Ich kenne genau so viele Menschen in Ihrer Gesellschaft, mit denen man ebenso keinen Staat aufbauen kann, wo die Zeit ebenso stehen bleibt."

„Das ist wahr, aber die neuen Juden, sie sind jung, dynamisch, tauglich. Ihnen gehört die Zukunft."

„Hören Sie auf. Sie sind jung, weil Sie die Alten gar nicht aufnehmen in Ihre neue Gesellschaft. Sie sind dynamisch, weil Lahme nicht willkommen sind. Sie sind tauglich, weil Sie die Leute schon vor der Einwanderung in Europa auswählen, nach Kriterien, die Sie selbst bestimmen."

„Mr. Nadschar, verstehen Sie unter welchem Druck wir stehen? Das wird alles noch folgen."

„Sie, Captain Jabotinsky, müssen den Druck auf die Araber verstehen. Die Araber wollen keine jüdischen Einwanderer mehr. Viele Briten verstehen das, warum Sie nicht?"

„Die Briten, was wollen die Briten? Sie wollen die Palmendekoration des Orients in Ewigkeit erhalten. Kamele, Karawanen, Burnusse, verschleierte Frauen, Harems. Sie brauchen Scheikhs, die wie erwachsene Kinder mit gekreuzten Beinen auf Teppichen sitzen und bei allen Regierungsgeschäften englischer Berater bedürfen. Sie erbeben geradezu vor Sehnsucht, dass diese pittoreske Schönheit von einem Zuviel an Zivilisation zerstört werden könnte." Jabotinsky richtete sich auf und sah Sari in die Augen: „Mr. Nadschar, Sie selbst kennen doch diese Welt und Sie und Ihre Frau sind doch ein Beweis dafür, dass Ihnen das selbst nicht genügt."

„Was wissen Sie über meine Ehefrau?"

„Natürlich haben wir unsere Informationen. Deshalb bin ich ja hier. Sie sind ein Araber, mit dem man auskommen kann. Sie können sich vorstellen, wie an Stelle der Kamele und der Palmenlandschaft, rote Dächer auf nagelneuen Häusern entstehen, wo Mädchen mit jungen Männern auf den Straßen promenieren. Sie wollen doch auch einen solchen Fortschritt."

„Sicher, aber nicht auf dem Rücken eines Volkes, das seit Generationen in seiner Tradition hier lebt. Dessen Existenz von Ihnen bedroht wird."

„Wir bedrohen keine Existenzen. Diese Existenzen sind von sich aus zum Sterben verurteilt."

„Das Sterben hat durch zionistische Einwanderung und Landkäufe begonnen. Wie hätten die Menschen sonst Jahrhunderte lang überleben können?"

„Die Welt wird sich verändern. Wir stehen vor einer neuen Zeit. Wir Zionisten haben das erkannt und reagieren entsprechend. Die Araber sollten wie moderne Juden, mit Hosen an den Beinen, mit Kappen auf den Köpfen und mit europäischen Gedanken in den Hirnen sein. Dann können wir mit ihnen zusammen leben."

„Zusammen leben? Captain Jabotinsky", sagte Sari jetzt scharf und setzte sich aufrecht. „Sie sagen doch gar nicht die Wahrheit. Ihre Schriften definieren den Zionismus als untrennbar verbunden mit dem Dogma des ewigen Antisemitismus. So lange Juden in der Diaspora leben, wird es Antisemitismus in der Welt geben, so heißt es da. Der Antisemitismus wird damit also existenziell für den Zionismus, denn wenn es keinen Antisemitismus gibt, dann ist der Zionismus hinfällig. Sie sind also angewiesen auf jüdische Gesellschaftsformen, die als Fremdkörper in den Nationalstaaten leben, um den Antisemitismus zu nähren. Assimilation von Juden ist demnach gefährlich. Deshalb fördern Sie Separation, damit der Antisemitismus gedeiht, denn nur das hält den Zionismus am Leben. Das ist absurd, Captain Jabotinsky! Integrierte, assimilierte jüdische Bürger in den Nationalstaaten bedeuten das Ende Ihrer Ideologie. Wie können Sie uns Araber auffordern, dass wir uns mit Ihnen arrangieren, wenn die Separation auf Ihre Fahnen geschrieben ist?"

„Die jüdische Heimstätte hat eine andere Zukunft als die Diaspora."

„Eine Zukunft von Ihrer Gnade? Seien Sie gewiss: Solange die Juden den Arabern nichts antun, was sie nicht selbst in der Diaspora erdulden wollen, solange sie ihre Häuser nicht auf den Trümmern anderer bauen, so lange gibt es eine reelle Chance zum Zusammenleben. Als Handlanger und Sklaven allerdings nicht. Guten Tag."

Damit stand Sari auf und deutete ihm an sein Büro zu verlassen. Jabotinsky kannte die Schwachpunkte der Ideologie nur zu genau. Die existenzielle jüdische Separation, verknüpft mit dem völkisch-jüdischen Nationalismus, musste zwangsläufig zu rassistischem Gedankengut und somit zur Unterdrückung anderer führen. Die Ideologie verbot ein Zusammenleben mit außerjüdischen Gesellschaften. Damit war der Zionismus auf Konfrontation mit der restlichen Welt ausgerichtet. Der Araber in der Uniform eines britischen Majors, in einer machtvollen Position, hatte das deutlich erkannt. Die Zionistische Kommission wird reagieren müssen, dachte Jabotinsky, als er das Büro verließ.

Doch Sari reagierte eher. Im Spätsommer hatte ein Vorfall Aufsehen erregt, als jüdische Jugendliche im Nationaleifer die zionistische, blau-weiße Flagge auf dem Berg Hermon, weit im Norden des Landes, aufpflanzten. Die arabische Presse kolportierte das als Beweis dafür, dass die Zionisten das ganze Land besetzen wollten und die lächerliche Angelegenheit wurde zur Affäre. Allerdings gab zu bedenken, dass gerade das heftige Dementi der Zionistischen Kommission dazu beitrug, der Sache vielleicht doch mehr beizumessen, als sie nach außen zu sein schien. Im Auftrag der Militärbehörden formulierte Sari ein Gesetz, das das Zurschaustellen sämtlicher nationaler Fahnen untersagte.

Mittlerweile waren die Befragungen der US-Kommission beendet und es war nicht verwunderlich, dass sich die breite Mehrheit der Menschen Süd-Syriens für die Unabhängigkeit aussprach. Sollte die Völkergemeinschaft das nicht akzeptieren, so votierten sie mehrheitlich für ein Mandat der USA. Noch weiter abgeschlagen als die Briten, war Frankreich, für das sich kaum jemand aussprach. So war jedenfalls der Konsens der Befragten, wenn sie nach dem Interview ihr Votum den Journalisten zum Zweck von Hochrechnungen offenbarten. Der King-Crane Report lag bei US-Präsident Wilson zur

Einsicht. Jedoch, sein Gesundheitszustand war angeschlagen und er kollabierte Ende September. Nach einem Schlaganfall mit halbseitiger Lähmung, war er ab Oktober überhaupt nicht mehr in der Lage dem Bericht die notwendige Sorgfalt und Umsetzung zu widmen. Obwohl die Mächte der Entente, Großbritannien und Frankreich, sehr wohl über die Resultate des Berichts informiert waren, wurde ihm im Laufe der weiteren Entwicklung der Friedenskonferenz in Paris keine Aufmerksamkeit mehr zuteil. Sie ignorierten den US-Report und die Meinung der Bevölkerung. Die Würfel waren ja schon gefallen, lange bevor der Krieg beendet war.

Das haschimitische Königreich der Araber wurde zur Fata Morgana. Die Briten erklärten nun öffentlich Syrien evakuieren zu wollen. Damit stand einem Einmarsch der Franzosen nichts mehr im Weg. Prinz Faisal reiste in höchster Not im September nach England und Frankreich und Faruk mit ihm. Bis jetzt hatte Faisal für seinen Vater für ein arabisches Großreich gerungen. Aber der Sherif saß weiterhin in Mekka, wo ihn Großbritannien und Frankreich mittlerweile nur noch als den König des Hedschas anerkannten. Diese quasi Degradierung und die offensichtliche Distanzierung der Siegermächte vom Versprechen auf ein haschimitisches Großreich, rief außerhalb des Hedschas deren Todfeinde, die wahabitischen ibn Saud aus der Mitte der großen Halbinsel, auf den Plan, die ihre eigene Souveränität anstrebten und sich jetzt verstärkt gegen den Sherifen formierten.

Sowohl Prinz Faisal als auch sein älterer Bruder Abdullah, die beide dem Erstgeborenen Ali in der Erbfolge nachstanden, mussten nun zusehen, wo sie selbst im Chaos der Nachkommenschaft blieben. Es stand zu befürchten, dass die Haschimitensöhne nichts erreichen würden. Faisal veränderte seine Politik mehr zu seinen eigenen Gunsten und Faruk hielt Jasmin und Sari auf dem Laufenden.

Im Oktober war Amin al-Husseini zurück in Jerusalem. Er hatte den Arab Club gegründet, der sich heftig für ein Großsyrien unter der Herrschaft Faisals und strikt gegen eine britische Übernahme einsetzte. Der Club stand in scharfer Konkurrenz zum Literary Club, der, geführt von der mächtigen Familie der al-Nashashibi, sich um Konzessionen mit den Briten und den Zionisten bemühte. Sari hatte schon

mehrmals an den Sitzungsabenden des Literary Clubs teilgenommen und galt als Unterstützer einer Politik des Ausgleichs. Allerdings gingen Sari die Zugeständnisse zu weit.
Weiter, als man sie verantworten konnte. Vater Khaled, der
noch immer für Amins Halbbruder, den Großmufti Kamil al-
Husseini arbeitete, befand sich langsam in Erklärungsnot,
denn für die Familie al-Husseini gab es keine Konzessionen.

Sari und Jasmin waren einer Einladung der mächtigen Familie gefolgt. In einem der größten und schönsten Gärten
Jerusalems fand sich die Elite der arabischen Bevölkerung
Palästinas ein; Journalisten, Schriftsteller, Politiker und Honoratioren, weit mehr als einhundert Personen aus dem ganzen Land und Sari erkannte sich selbst als einzigen in der
Uniform eines britischen Offiziers. Musa Kazim, als Bürgermeister Jerusalems, ergriff auf dem Höhepunkt der Veranstaltung mit einem Mikrophon das Wort.

„Excellenzen, Notabeln, verehrte Gäste! Wir alle wissen,
wir stehen an einem entscheidenden Punkt unserer Geschichte. Das arabische Volk in Großsyrien droht zerschnitten zu
werden. Mit einem Scherenschnitt auf dem Reißbrett wollen
die Siegermächte unser Land zerteilen, so, wie sie das in
ihren Kolonien schon taten. Die Wünsche und Meinungen
der Völker sind ihnen egal. Sie wollen Profit und politische
Kontrolle. In diese Gier hat sich der jüdische Zionismus
eingenistet und nährt sich von den Resten, die dabei übrig
bleiben. Keine zehn Prozent beträgt der Anteil der Juden an
der Bevölkerung und noch weit geringer ist die Anzahl der
Zionisten unter ihnen selbst. Aber diese verschwindend kleine Zahl von Extremisten verlangt einen großen Teil unseres
Heimatlandes für sich selbst, als ihre Heimstätte."

Musa versicherte sich kurz der allgemeinen Zustimmung
und fuhr dann fort: „Wir können und dürfen einer solchen
Zerstückelung unserer Heimat nicht zustimmen, sonst zerstü-
ckeln wir uns selbst. Die Briten scheinen sich in Syrien den
Machtansprüchen der Franzosen zu beugen, in Mesopotamien regen sich erste Proteste und Sherif Hussein sitzt verlassen von den britischen Versprechungen in Mekka. So
haben wir uns die Ergebnisse der Pariser Friedenskonferenz
nicht vorgestellt. Wir zählen für sie nicht mehr, als man uns
Araber behandelt und verspottet. Briten, Franzosen und Ita-

liener wollen sich den Kuchen aufteilen, den das Osmanische
Reich hinterlassen hat. Auch den Teil, den man uns als unabhängiges arabisches Großreich versprach. Das kann nur zur
Katastrophe führen. Wie können wir und die Generationen
nach uns das akzeptieren? Sollten die Siegermächte das so
beschließen, wird das eine ewige Destabilisierung der Region
nach sich ziehen. Wir müssen all unsere Kräfte einsetzen,
dass Großsyrien in seiner Gesamtheit erhalten bleibt. Wir
müssen Prinz Faisal unterstützen, ein syrisches Königreich
zu gründen. Dies ist die einzige Möglichkeit den Frieden in
unserer Heimat zu erhalten."

Amin war bei diesen Worten neben Musa getreten. Jetzt
nahm er das Mikrophon: „Wenn wir schon nicht mehr den
panarabischen Gedanken verfolgen können, so müssen wir
uns nun auf das syrische Großreich konzentrieren und darum
kämpfen, dass die Briten und Franzosen sich nicht dieses
Landes bedienen; sonst sind wir alle verloren. Wir müssen
uns klar werden, um das Ziel zu erreichen, müssen wir die
britische Herrschaft destabilisieren, die den jüdischen Nationalismus fördert. Denn wenn wir versagen, wird das unwei-
gerlich zur Zerteilung unseres Heimatlandes führen. Die
Franzosen werden sich im Norden bedienen und die Briten
werden dafür sorgen, dass die Juden einen Staat auf unserem
eigenen Boden im Süden errichten. Die Briten sind das Unglück Palästinas."

Die Anwesenden standen auf und applaudierten.

„Die Juden haben sich bei ihnen eingeschlichen, wie die
Krätze sich an den Körper des Gesunden schleicht. Aber es
sind nicht die Juden, die schon hier waren und mit denen wir
seit Generationen zusammen leben. Nein, es sind die neuen
Juden, die Sayuni, die den Anspruch auf unser Land erheben.
Die Briten lassen zu, dass sich immer mehr von ihnen hier
niederlassen dürfen. Ideologisierte Landräuber, die aus den
unversiegbaren Quellen der weltweiten jüdischen Finanz-
wirtschaft gespeist werden. Wenn wir den Briten nicht Einhalt gebieten, dann werden wir unser Heimatland am Ende
verlieren. Und wenn wir zulassen, dass einige von uns den
Briten und Juden gar Avancen machen und Kompromisse
anbieten, dann wird das Ergebnis nicht anders aussehen.
Deshalb: Kämpfen wir für Prinz Faisals Syrien, kämpfen wir

für ein arabisches Königreich, kämpfen wir gegen die Briten, die uns das alles versprochen haben und es doch nicht halten, und kämpfen wir gegen den jüdischen Zionismus, der uns vernichten will, mit allen uns zur Verfügung stehenden Mitteln."

Großer Applaus beendete diesen Auftritt. Sari fiel auf mit welcher Leichtigkeit sich selbst Intellektuelle und Eliten beeinflussen und auf ein emotionales Hoch bringen ließen. Mit wie viel mehr Dynamik musste das einfache Volk reagieren. Alles zielte genau darauf hin: Emotion. Kein Wort war gefallen, wie eine konstruktive Lösung aussehen konnte, kein Wort vom Aufbau einer Autorität, die den berechtigten arabischen Anspruch steuern und in die richtigen Bahnen lenken konnte und die gemeinschaftlich die arabische Sache nach außen vertrat. Die Araber waren zu zerstritten, als sich auf eine gemeinsame Vorgehensweise zu einigen. Das war das Manko, um das sich Sari Sorgen machte. Die Araber reagierten nur mit aufgeheizten Emotionen in politischen Zirkeln, Vereinen oder Zusammenkünften, aber nicht mit gemeinschaftlicher Konstruktivität. Ihre Ohnmacht sich zu einen, einen gemeinsamen Plan zum Aufbau staatlicher Strukturen, Behörden und Kompetenzen zu entwickeln, sich von den Eigeninteressen zu lösen, das war ihre Schwäche.

Ganz anders die nationalen Juden. Sie begannen sich, im sicheren Bewusstsein des Sieges in Paris, neu zu organisieren. Im Herbst fusionierten die Zionistische Kommission und das Palästina-Amt, das bis dahin in Jaffa angesiedelt war. Alle Abteilungen außer dem Einwanderungsamt übersiedelten nach Jerusalem. Hier lag nun ihre Zentrale.

Als Jasmin und Sari nach Hause fuhren, diskutierten sie noch lange über Emotionen und Jabotinskys Worte, der vor einem Pogrom gewarnt hatte. Keine Frage, die Zionisten waren Täuscher, Intriganten und Blender. Sie waren ideologisiert, rassistisch und unnachgiebig, aber zu gewaltsamen Ausschreitungen gegen unbeteiligte Juden durfte es nicht kommen. Dann wären die Araber die Verlierer.

HASSAN WAR Ende November aus Mesopotamien zurückgekehrt. Eine beschwerliche und abenteuerliche Reise lag hinter ihm und seinem kleinen Gehilfen. Am Ende aber war sie erfolgreich verlaufen. Alle fünfzig Meilen waren sie anfangs kontrolliert worden, aber glücklich in Bagdad angekommen. Das viele Bakschisch für die Soldaten an den Kontrollposten hatte Hassan gern bezahlt. In der großen Stadt konnte er seinen Warenbestand auffrischen und ließ den kleinen Mustafa bei den Teppichen aus Persien und Afghanistan in einem Gasthaus zurück. Er mietete sich einen Wagen mit Fahrer und machte sich auf den Weg nach Mosul.

Der Krieg am Tigris hatte noch weit mehr gewütet, als in Syrien. Überall waren zerstörte Straßen und Dörfer zu sehen und je weiter sie nach Norden kamen, umso größer wurden seine Sorgen in Bezug auf seine Familie. Das Städtchen Dahuk bei Mosul, wo der große Zab in den Tigris fließt, war mehr oder weniger verschont geblieben. Hassan fand sein Geburtshaus, jedoch belegt von einer muslimischen Familie. Die Frage, wo sich die früheren Bewohner befänden, konnten oder wollten sie nicht beantworten.

Er wandte sich an das Polizei- und Bürgermeisteramt. Aber als er das schmutzige Büro betrat, schreckte ein Beamter auf: „Verdammt, dich kenne ich doch", rief er. „Du bist der Sohn vom Teufelsanbeter Atlan. Hat dich der Satan selbst aus dem Grab zurückgeschickt?"

Hassan kannte den Mann, der jetzt nach dem Polizisten im Hinterzimmer rief. Er war damals schon an allen möglichen Repressalien beteiligt gewesen, die die Jesiden hatten erdulden müssen. Der Polizist kam verschlafen aus seinem Raum. Er war verärgert, dass er gestört worden war.

„Was willst du Mann", sagte Hassan scharf. „Mein Name ist Allam, ich bin arabischer Teppichhändler aus Jerusalem. Hier ist mein Ausweis."

Aber der Beamte ließ nicht locker. Am Ende saß Hassan in der Gefängniszelle. Sein Fahrer bekam Angst um seinen Lohn und nach einigem Hin und Her fuhr der zurück nach Mosul, um Hassans Angaben bestätigen zu lassen.

„Geh zum britischen Militäramt und schicke ein Telegramm nach Jerusalem, an Major Sari Nadschar", so gab er ihm mit auf den Weg. „Wenn du wiederkommst, soll es dein Schaden nicht sein."

194

Hassan konnte nur beten, dass das Verlangen des Mannes nach dem versprochenen Lohn größer war, als sein nicht gerade vertrauenswürdiges Aussehen. Zwei Tage saß er im Gefängnis. Sein miserables Essen musste er den Wachleuten teuer bezahlen. Am dritten Tag kam der Fahrer zurück und hielt ein Telegramm und einen Befehl in den Händen. Hassan war sofort freizusetzen. Mehr noch; er sollte alle behördliche Hilfe erhalten.

Der Beamte musste sich beugen und widerwillig die Geschichte der Familie Atlan erzählen: Sie waren im Zuge der Verfolgungen und Deportationen der Armenier vor drei Jahren nach Westen in die Berge Persiens geflüchtet, weil sie einer armenischen Familie Unterschlupf gewährt hatten. Seitdem hatte der Mann nichts mehr über sie erfahren. Allerdings kam ihm von einem ehemaligen Nachbarn, der ihn ebenfalls sofort wiedererkannte, doch noch zu Ohren, dass man die Familie in der Stadt Piranshahr in Persien gesehen hatte.

Er fuhr also zurück nach Mosul, zahlte seinen Fahrer aus und begab sich mit einem anderen Chauffeur und mit der Erlaubnis zum Grenzübertritt, nach Persien. Sein Persisch war wesentlich besser als sein Arabisch und so gelang es ihm, nach drei Tagen Suche, seine Eltern und Geschwister wiederzufinden. In einer armseligen Hütte, außerhalb der Stadt, lebten sie unter erbärmlichen Verhältnissen. Der Vater und die größeren Geschwister hatten sich als Tagelöhner oder Hausknechte verdingt. Sie konnten sich kaum durchschlagen, waren heimatlos und wussten nicht, was die Zukunft bringen würde. Aber die Perser hatten sie als Flüchtlinge bisher in Ruhe gelassen.

Als Hassan die kleine Hütte betrat, in der die Mutter in der Ecke saß und mit einem der zwei kleineren Kinder dabei war aus gesammelten Resten Kleider zusammenzunähen, sprang sie auf und schrie, als sei ihr ein Geist erschienen. Es dauerte Stunden, bis sie sich beruhigt hatte und als am Abend der Rest nach Hause kam, begann das alles wieder von vorn. Die ganze Nacht musste Hassan erzählen und immer und immer wieder hörte er unter Tränen die Geschichte der Familie. Sein jüngster Bruder, das Baby auf dem Bild, das sie ihm geschickt hatten, hatte die Flucht nicht überlebt. Die anderen

Geschwister waren unterernährt, aber wohlauf. Am nächsten Tag ließen sie sich Papiere ausstellen, die sie, die illegal als Flüchtlinge gekommen waren, nun zur legalen Ausreise berechtigten. Hassan zahlte jeden Preis und zwei Tage später war der Fahrer mit einem zweiten Wagen aus Mosul zurück und alle Neun fuhren noch am gleichen Tag über die Grenze in ein neues Leben.

Als Hassan und seine Familie letztendlich in Bagdad ankamen, hatte er ein kleines Vermögen an Fahrtkosten, Gebühren und Bakschisch ausgegeben. Er mietete ein Haus für ein ganzes Jahr, zahlte im Voraus, und ließ seiner Familie aus Jerusalem eintausend Pfund Sterling auf ein Bankkonto überweisen. Ein Betrag, den sich seine Eltern gar nicht vorzustellen wagten. Das alles war für sie unbegreiflich. Hassans Vater sollte damit den Teppichmarkt sondieren und bei guten Gelegenheiten zugreifen. Er selbst verabschiedete sich nach zwei Wochen und fuhr mit Mustafa zurück Richtung Jerusalem.

Als beide am 26. November 1919 Damaskus von Norden her erreichten, zogen sich die britischen Truppen aus der Stadt zurück. Lange Marschkolonnen kamen ihnen auf der Straße Richtung Homs entgegen.

Zwei Tage später saß Hassan in Lifta mit Jasmin und Sari zusammen und erzählte die Geschichte. Sie alle waren sich einig, dass die französische Übernahme des Nordens von Syrien nur noch eine Frage der Zeit war und nicht friedlich ablaufen würde. Von Faruk hatten sie erfahren, dass der britische Premier Lloyd George in einer Zeitung erklärt hatte, *"die Freundschaft Frankreichs sei ihm zehn Syriens"* wert. Es war nun klar, die Briten hatten ein geeintes Großsyrien aufgegeben und waren mit der Teilung des Landes einverstanden; einen nördlichen unter den Franzosen und einen südlichen für sie selbst. Alles kam nun darauf an, was Prinz Faisals Aufenthalt in Europa noch bewirken konnte.

Als der Prinz im Januar des neuen Jahres nach Damaskus zurückgekehrte, keimte noch einmal Hoffnung auf. Faisal hatte es geschafft, in Paris mit Clemenceau eine Vereinbarung zu unterschreiben, wo das Recht der Syrer zur Selbstverwaltung in einem unabhängigen Staat erklärt wurde. Dennoch wurde nach seiner Rückkehr die Leibgarde mit den modernsten britischen Waffen ausgerüstet. Aber die internen Demonstrationen hatten abgenommen, denn die syrischen Separatisten und Gegner des Haschimiten begannen zu realisieren, dass Faisal das kleinere Übel war. Eine Übernahme des Landes durch die Franzosen, wollte hier keiner. Die Hoffnung stieg ins Unermessliche, als der Syrische Nationalkongress unter Haschim al-Atassi am 7. März die Vereinbarung mit Frankreich beim Wort nahm, das Abkommen Faisals mit Weizmann zurückwies und einen Tag später einen unabhängigen arabischen Staat proklamierte. Prinz Faisal wurde in einer konstitutionellen Monarchie zum König Syriens in seinen alten osmanischen Grenzen einschließlich Palästinas erklärt, die Unabhängigkeit und Wirtschaftsgemeinschaft mit dem benachbarten Mesopotamien gefordert und Prinz Abdullah dort zum Regenten ausgerufen. Die neue Regierung unter Premierminister Ali ar-Rikabi wurde am 9. März gebildet. Damaskus und ganz Syrien waren in Hochstimmung.

Auch die Straßen der arabischen Städte Palästinas waren voll von Menschen, die diese Nachrichten frenetisch feierten. Dies war nicht nur ein Sieg für das arabische Königreich, sondern auch ein Sieg gegen die Zionisten. Überall skandierten die Menschen Parolen, die nun die Vertreibung der zionistischen Siedler und die Rückgabe des Landes forderten. Die britische Polizei hatte alle Hände voll zu tun. Die Situation wurde immer aufgeheizter, weil nun auch die jüdischen Selbstverteidigungsgruppen Jabotinskys vermehrt auf die Straßen gingen, um Stärke zu zeigen. Das Fatale war, dass die Araber in dieser angespannten Lage keinen Unterschied mehr zwischen Juden und Zionisten machten.

Nachdem die Jüdische Legion, durch Abdankung und Entlassung vieler Soldaten, nur noch einen geringen Bruchteil ihrer ursprünglichen Stärke von fünftausend Mann aufwies, zog Jabotinsky immer mehr Männer aus ihren ehemaligen Reihen zusammen. Er war kürzlich erst von der britischen Armee als "Unruhestifter" und "unbesonnener politischer Redner" suspendiert worden. Zu viele hohe britische Offiziere hatte er der Gegnerschaft des Zionismus bezichtigt und mit entsprechenden Briefen und Zeitungsartikeln bombardiert; auch Sari war darunter. An den Paraden seiner Sportgruppen nahm er nun persönlich teil. Sein Hauptquartier war in den Büros der Zionistischen Kommission untergebracht. Die Briten hatten den Antrag zur Bewaffnung dieser Verteidigungskräfte scharf zurückgewiesen.

In einer Lagebesprechung der britischen Stabsoffiziere erklärte Storrs: „Jabotinsky ist eine ambivalente Persönlichkeit. Keine Frage, mein gutes persönliches Verhältnis zu ihm, das geprägt ist von Respekt vor seinem Mut, von seinem Charme und kultivierten Auftreten, ist nicht alles, was diesen Mann ausmacht. Er ist auch in der Lage ganz Palästina in einen Krieg zu stürzen."

Ein Zwischenfall hatte eine Woche zuvor die Stimmung zusätzlich aufgeheizt. Im Norden Galiläas, dessen Kontrolle nach dem internen Abkommen zwischen Franzosen und Briten noch umstritten war, standen sich in Tel Chai einhundert Araber und eine Gruppe junger jüdischer Siedler gegenüber. Es ging um die Verfolgung französischer Soldaten, die in einem arabischen Dorf ihr Unwesen getrieben hatten. Die Bauern vermuteten sie bei den Siedlern. Als deren Verstärkung eintraf, eskalierte die Situation und aus einem Handgemenge wurde eine Schießerei, bei der sechs Juden und fünf Araber ums Leben kamen. Wer begonnen hatte zu schießen, konnte im Nachhinein nicht mehr festgestellt werden.

Einer der getöteten Juden war der ehemalige russische Offizier Josef Trumpeldor, der schon lange als zionistischer Held verehrt wurde, ein enger Vertrauter Jabotinskys. Aus dem Tod dieses Mannes machten die Zionisten nun einen Nationalmythos. In den Zeitungen wurden Artikel verfasst, die vom Heldentum, von Auserwähltheit und der Ehre und Liebe zum Land Israel berichteten. Der Tote wurde ein moderner Judas Makkabäus, eine mythische Figur mit der Losung: "*Es ist gut für unser Land zu sterben*". Dabei war Jabotinsky selbst mit den abgelegenen Siedlungen weit im Norden gar nicht einverstanden gewesen und hatte sie auflösen wollen, aber ein neuer Mann war auf der Bildfläche erschienen, zurück aus dem Exil in den USA; David Grün aus Polen, der sich den Kampfnamen Ben-Gurion gab, als er sich noch unter den Osmanen als jüdischer Arbeiterführer profilierte. Er war derjenige, der sich heftig gegen jede Aufgabe von jüdisch besetztem Land aussprach. "*Geben wir nur eine einzige Siedlung auf, werden sie uns zwingen, uns bald aus ganz Palästina zurückzuziehen*", hatte ihn die Zeitung zitiert.

Die Artikel in der jüdischen Presse über die Toten von Tel Chai waren ebenso patriotisch, wie martialisch: "*Ihr Blut wurde von den Söhnen des Bösen vergossen*" – "*Wir betrauern den Glanz der Verlorenen, die in der schweren Schlacht gefallen sind*".

Die Antwort darauf fand sich in den arabischen Zeitungen: "*Arabisches Land, gutes Land*" – "*Zionistischer Landraub abgewehrt!*". Der gegenseitig geschürte Hass war auf dem Höhepunkt, als das katholische Osterfest, das jüdische Pessachfest und die muslimische Prozession zum Schrein des Nabi Musa, des Propheten Moses, Anfang April zusammenfielen.

Die ganze Familie Nadschar stand am Ostersonntag, dem 4. April 1920, bei der Stadtverwaltung Jerusalem, um den Aufmarsch zu beobachteten. „Die muslimische Prozession ist nicht von religiöser, sondern von rein politischer Natur", erklärte Saris Vater Jasmin, auf ihre Frage, warum sie noch nie davon gehört hatte. „Sie dient einzig und allein dem Zweck ein muslimisches Gegengewicht zu den Massen der Christen am Osterfest zu schaffen, die die Stadt kurzzeitig in Beschlag nehmen. Die Moslems kommen aber auch deshalb von nah und fern, weil kostenloses Essen verteilt wird."

Die Prozession, die von Tausenden von Menschen am Wegesrand, auf Mauern, Dächern oder Treppenstufen gesäumt wurde, strömte durch die Straßen Jerusalems. Sie wurde von Gesängen und Gedichten intoniert und die Pilger zogen pittoresk, in bunten Trachten, reitend, tanzend und singend, mit religiösen Fahnen, Bannern und Transparenten an den Schaulustigen vorbei. Erst gestern hatten die Juden ihr Pessachfest begangen, nachdem die Christen davor, am Karfreitag, das Kreuz durch die Via Dolorosa getragen hatten. Die Stadt quoll über vor Menschen.

„Es ist auffällig", sagte Khaled, „dass die jüdischen Feiertage fast ausnahmslos einen traurigen Hintergrund haben, wo viel geweint wird, während die Moslems die ihren mit großer Freude und Begeisterung begehen."

Sie standen dicht gedrängt an der Jaffa Street, nahe dem Arab Club, von dessen Balkon gerade Bürgermeister Musa al-Husseini vor einer unübersehbaren Menschenmenge redete. Ein anderer wandte sich weiter entfernt von seinem Pferd an die Zuhörer. Es waren die gleichen politischen Reden, die schon seit Wochen gehalten wurden, mit dem Unterschied, dass heute eine riesige Menschenmenge aus allen Teilen des Landes direkt zuhörte.

Irgendwann wurden Parolen skandiert und dann rief die Menge: „Palästina ist unser Land, raus mit den Sayuni!"

Die Nadschars sahen Handgreiflichkeiten vor dem Hotel Amdursky, wo plötzlich Knüppel zum Einsatz kamen. Ein Polizist gab einen Schuss in die Luft ab, aber die Menschen waren nicht mehr zu bändigen. Wo immer ein Jude der Menge gewahr wurde, fing sie an diesen zu malträtieren und zu verfolgen. Die Nadschars zogen sich zurück nach Bab El-Zahra, zum Haus von Saris Eltern, denn die Situation drohte außer Kontrolle zu geraten. Sari hatte während der Festtage keinen Dienst und trug keine Uniform, als sie aber auf ihrem Heimweg am Damaskus-Tor beim britischen Militärhauptquartier vorbeikamen, ging er hinein, um sich über die Lage zu informieren, während seine Familie weiterzog.

Im Hauptquartier hatte gerade der Chef der Militärverwaltung Lieutenant-General Bols eine Krisensitzung einberufen, als ein aufgeregter Weizmann im Raum erschien und die Wiederherstellung der Ruhe verlangte. „Ich habe Sie alle schon seit Wochen darauf hingewiesen, dass etwas passieren kann", rief er aufgebracht in die Runde. „Sie alle sind verantwortlich, für das, was jetzt geschieht."

Zu wenige Polizisten und kaum Soldaten waren heute zum Dienst eingeteilt und mussten jetzt erst alarmiert werden. Sari bot seine Hilfe an. Er nahm seine Zweituniform aus dem Spind im Büro und zum ersten Mal seit fast zwei Jahren hing wieder seine Armeepistole am Gürtel. Er bekam den Befehl fünfzig Mann zu übernehmen, die schnell zusammengetrommelt, in die Altstadt abkommandiert wurden, um das jüdische Viertel zu schützen.

Storrs war mittlerweile kreideweiß erschienen und seine Unsicherheit, Maßnahmen zu ergreifen, wurde immer größer, je ärger die Nachrichten von den Unruhen wurden. Gruppen von aufgebrachten Menschen zogen schon auf der Sultan Suleiman Street vorbei und einige hielten lange Messer und Schwerter in die Höhe.

Als Sari im rückwärtigen Hof des Hauptquartiers gerade dabei war seine Männer anzuweisen, kam Storrs aus dem Gebäude. Er stieß mit Jabotinsky zusammen, den ein Mann begleitete. „Gouverneur", sagte Jabotinsky. „Meine Leute stehen bereit. Geben Sie uns die Erlaubnis einzugreifen."

„Warum tragen Sie Waffen, Mr. Jabotinsky", erregte sich Storrs, als er ihre Pistolen wahrnahm? „Ihnen ist das Tragen von Waffen untersagt. Ich müsste Sie eigentlich beide wegen unerlaubten Waffenbesitzes verhaften lassen."

Dann befahl er Sari die Waffen von seinen Männern beschlagnahmen zu lassen. Aber zugleich überkam ihn wieder die Unsicherheit und er beschloss, dass Jabotinsky zweihundert seiner Männer im Polizeihauptquartier am Russian Compound zusammenstellen sollte. Der verschwand sofort und Storrs und Sari gingen zurück ins Gebäude. Bols aber verwies den Gouverneur auf die Gefahren einer solchen Verteidigungstruppe. „Das kann völlig außer Kontrolle geraten. Da übernehme ich keine Verantwortung", sagte er entschieden.

Das allgemeine Befehlschaos wurde noch größer, als Storrs, nach eingehender Beratung, seine Anordnung, Jabotinskys Leute einzusetzen, wieder zurücknahm. Im Polizeihauptquartier wurde angerufen und die Schutztruppe, die gerade vereidigt werden sollte, wurde wieder nach Hause geschickt. Die Unentschlossenheit war am Höhepunkt. Viel Zeit war schon verloren gegangen.

Sari verließ kopfschüttelnd das Hauptquartier, nachdem er sich bei Bols abgemeldet hatte und ging hinaus zu seinen Leuten. Er schickte eine Nachricht an seine Familie. Es war früher Nachmittag. Die Männer hatten mittlerweile ihre Kampfmonturen angelegt und im Laufschritt drangen sie nun durch das Damaskus-Tor in die Altstadt. Es dauerte keine zehn Minuten, als sie auf direktem Weg, durch relativ leere Gassen, das jüdische Viertel erreichten.

„Lieutenant, Sie rechts und wir links", rief Sari zu einem Inder und schon setzte er sich an die Spitze der Hälfte seiner Männer. Um die Ecke sahen sie eine Gruppe von Arabern, die auf zwei Menschen einschlugen, aber beim Anblick der Soldaten die Flucht ergriffen. Sari kannte die Gassen der Altstadt wie seine Westentasche und gab zehn Mann den Befehl, ihnen den Fluchtweg abzuschneiden. Sie liefen weiter mit gezogenen Waffen und wo sie auftauchten, stoben Araber auseinander, die Scheiben eingeschlagen und Menschen angegriffen hatten. Sari teilte seinen Trupp nochmals auf und als sie um die nächste Ecke bogen stand eine größere Menschenmenge auf der Straße, die übersät war mit weißen Federn und Bruchstücken von Scheiben, Geschirr und Vasen. Inmitten der Menge sah er Jakob Leschem. Sie standen vor dem Geschäft von Leschem & Yarmouk.

„Jakob, was ist hier vorgefallen", fragte Sari? Es gab einen Verletzten und Sari befahl ihn zu versorgen und die Straße abzusichern. „Also Jakob?"

„Du weißt, dort drüben ist das Haus meines Vaters Joseph", sagte Jakob und zeigte in Richtung des armenischen Viertes. „Sein Partner Jamal Yarmouk wohnt nicht weit entfernt in der Nachbarschaft. Yarmouks Sohn Adnan und ich sind, seit wir denken können, gute Freunde. Heute beim Mittagessen erschien Adnan und rief aufgelöst nach Hilfe. Eine Gruppe auswärtiger Araber sei in unser Geschäft und in die Wohnung der beiden jüdischen Eigentümer im oberen Stockwerk eingedrungen", berichtete er aufgeregt.

Sari nahm Jakob zur Seite und der erzählte ihm nun etwas ruhiger die ganze Geschichte: Nachdem sich Jakob, sein Bruder und sein Vater mit Adnan auf den Weg gemacht hatten, bemerkten sie schon beim Näherkommen aufgebrachte Menschen, die untereinander auf der Straße stritten. Vor dem Haus lagen die Federn, die aus Kissen und Bettdecken herausgerissen worden waren. Die Fensterscheiben des Ladens waren eingeschlagen. Zwei arabische Arbeiter von Jamal Yarmouk hielten zwei Männer fest, die sich heftig wehrten. Eine Gruppe von jungen Leuten aus der Nachbarschaft verteidigte sich gegen mehrere fremde Araber, die die zwei befreien wollten. Jakob hastete in die Wohnung hinauf und traf das alte jüdische Ehepaar Schmuel inmitten eines großen Durcheinanders. Beide waren unverletzt. Sie hatten sich in ein Zimmer eingeschlossen und aus dem Fenster laut um Hilfe gerufen. Einige Nachbarn waren herbeigeeilt, um

202

ihnen beizustehen. Ein arabischer Schlägertrupp war durch die Altstadt gezogen und hatte die beiden Schmuels vor sich hergejagt, als sie ihrer ansichtig wurden. Gerade noch rechtzeitig konnten sie sich in ihr Haus retten und die eiserne Eingangstür verriegeln, als sie auch schon das Bersten der großen Ladenscheibe hörten. Die Randalierer kamen dann durch die rückwärtige Tür des Ladens und der angrenzenden Werkstatt in das Treppenhaus, hatten die Wohnungstür der beiden Alten aufgebrochen und das Chaos verursacht. Als Jakob wieder nach unten kam, waren die beiden arabischen Randalierer mit Stricken gebunden. Der Rest war verschwunden. Jamal hatte gerade einen am Kragen und schrie ihn an: "Es ist mir egal, was du da sagst, du Wahnsinniger. Allah hat deinen Geist verwirrt. Dies ist unser Geschäft, das Geschäft eines Arabers. Bei dem bist du eingebrochen." Und dann griff er ihn an den Hals und knurrte ihn an: "Du wirst uns das zweifach bezahlen." Er schlug ihm seine Faust mitten ins Gesicht. "Das ist dafür, dass du unser Eigentum zerstört hast, und das dafür, dass du es wagst hier unseren Frieden zu stören." Mit diesen Worten schlug er noch mal zu und dem jungen Mann rann heftig das Blut aus seiner gebrochenen Nase. "Wie kannst du dieses Judenpack verteidigen? Sie gehören totgeschlagen", sagte der hasserfüllt. Jamal packte ihn hart an seiner Jacke und schüttelte ihn. "Was siehst du hier. Siehst du hier gottverfluchte Sayuni, die dich und deine Eltern von ihrem Land vertrieben haben? Schau dich um, verdammt, hier leben Menschen zusammen, die schon seit vielen Jahren Nachbarn sind. Juden und Araber. Die zwei Alten, die ihr verfolgt habt, sind ehrbare Leute, die keinem etwas zuleide tun. Was also siehst du, du Blinder? Du siehst nur deinen eigenen Zorn, nur dich selbst. Räche dich an denen, die dein Unglück verursacht haben."

Jakob blickte Sari an, nachdem er geendet hatte. „So ist es abgelaufen, Sari. Mehr kann ich dazu nicht sagen." Der klopfte Jakob auf die Schulter und ging zurück zu seinen Männern. Er ließ die Araber festnehmen und verhörte sie. Die beiden Brüder kamen ursprünglich aus der Gegend von Al-Fula und seit ihre Eltern von ihrem Land verjagt worden waren, lebten sie als Tagelöhner in Haifa. Sie waren vor zwei Tagen mit vielen anderen zur Prozession und wegen des kostenlosen Essens nach Jerusalem gekommen.

Mittlerweile war Ja'akov Menashe, der sephardische Rabbi aus der Nachbarschaft, dazugekommen und betrachtete besorgt die Verletzungen im Gesicht des Gefangenen.

Er wandte sich an die Leute auf der Straße: „Wir dürfen sie nicht vorverurteilen, keine Gewalt anwenden und mit der gleichen Gesetzlosigkeit antworten, mit der sie nach uns trachten. Denn dann sind wir es nicht wert, ihnen zu begegnen. Ihre Wut und ihren Hass kann ich verstehen. Ihnen wurde die Zukunft genommen und sie projizieren das auf uns Juden. Sie müssen einen fairen Prozess bekommen." Dann richtete er sich sanft an die beiden jungen Araber. „Wir haben mit eurem Schicksal nichts zu tun! Wir sind Juden, keine Zionisten! Das müsst ihr begreifen!"

Am späten Nachmittag war das jüdische Viertel von arabischen Gewalttätern gesäubert. Einige waren verhaftet worden und schworen schon beim Abtransport wiederzukommen. Plünderungen hatten stattgefunden, viele Scheiben waren zu Bruch gegangen und ein jüdischer Passant hatte schwerere Verletzungen davongetragen. Am Abend wurde für die Nacht eine Ausgangssperre über die ganze Stadt verhängt und Sari zog mit seinen Männern aus der Altstadt ab. Die Gefangenen verschwanden im Kischla-Gefängnis am Jaffa-Tor. Er meldete sich ab, ging zum Haus seiner Eltern und fuhr mit Jasmin und Aminah zurück nach Lifta. Die Pistole trug er noch am Gürtel, denn die Ausfallstraßen waren noch immer voll mit aufgebrachten Menschen. Die Nacht blieb ruhig. Jerusalems Straßen waren leer.

Den Ostermontag verbrachten sie zu Hause mit den Wallachs. Sie hatten zusammen gefrühstückt, saßen im Garten und sahen nun vergnügt den Kindern zu. Aminah begann gerade zu krabbeln und versuchte mit den Kindern von Simon und Edith Schritt zu halten. Die hatte gestern gekochte Eier angemalt und die waren jetzt für die Kinder im Garten versteckt. Das Suchen bereitete einen Riesenspaß.

„Das sind Ostereier", sagte sie. „Nach der Tradition in Deutschland bringt sie ein Hase und versteckt sie auf dem Feld. Da hier die Osterhasen eher rar sind, müssen die Engelein sie gebracht haben", lachte sie. „Hoffentlich kommen die aus dem Chaos gesund wieder zurück in den Himmel."

Es versprach ein schöner Tag mit den Familien zu werden, bis sie die Geräusche eines Reiters wahrnahmen. Sari blickte aus dem Fenster nach unten in den Hof und dort stieg gerade ein indischer Kavallerist ab und hielt sein Pferd am Zügel.

„Sir, die Situation in der Stadt droht wieder zu eskalieren. Sie sollen sich möglichst schnell im Hauptquartier einfinden." Mit diesen Worten saß er auch schon wieder auf und ritt zum Nächsten weiter.

Sari machte sich gleich auf den Weg. Vorbei an den Hinterlassenschaften der Menschen aus Nablus, Hebron, Jaffa oder Haifa, die an den Ausfallstraßen übernachtet hatten, erreichte er die Jaffa Street. Eine große Menschenmenge hatte sich wieder vor dem Arab Club eingefunden, auf dessen Balkon Sari im Vorbeifahren Amin al-Husseini erkannte, der mit einem Mikrophon auf die Leute einredete. Die Stimmung war hochexplosiv. Die Ausgangssperre war früh morgens wieder aufgehoben worden und die Wut richtete sich jetzt nicht nur gegen die Juden sondern auch gegen das britische Militär.

„Der Wahnsinnige macht die Menschen verrückt", sagte Bols bei der Besprechung. „Wir müssen alle verfügbaren Männer zusammenholen. Es ist noch nicht zu Ende."

Aber alle Ahnungen auf das, was ihnen heute bevorstand, wurden von der Wirklichkeit weit übertroffen. Die Ausschreitungen gestern waren nur ein fader Vorgeschmack auf das, was heute passieren sollte. Ordnungstrupps aus Soldaten und Polizei wurden zusammengestellt, um zuerst die öffentlichen Gebäude zu schützen. Jeder Mann wurde gebraucht. Sari übernahm eine Hundertschaft, die die drei großen Tore des westlichen Teils der Altstadt im christlichen und armenischen Viertel bewachen sollte. Im östlichen Teil war eine andere Einsatztruppe zuständig. Insgesamt zogen fast zweihundert Soldaten in die Altstadt. An jedes der sechs großen Tore wurde ein Lewis-Maschinengewehrwagen befohlen.

Nach dem Morgengebet waren die meisten der Gewalttäter von gestern wieder auf freien Fuß gesetzt worden, vereinigten sich erneut vor dem Arab Club mit anderen und zogen dann vandalisierend durch die Straßen. Vor allem die Altstadt wurde anfangs wieder zum Ziel ihrer Wut, wobei nicht nur das jüdische Viertel in Mitleidenschaft gezogen wurde.

Die Gewalttäter jagten jetzt alles, was nur entfernt jüdisch aussah, brachen Wohnungen auf und plünderten oder demolierten Möbel und Hausrat, selbst da, wo Juden und Araber im gleichen Haus wohnten. Eine Jeschiwa brannte lichterloh und zwei Juden waren schon auf der Straße erstochen worden. Schüsse waren zu hören.

Sari teilte seine Männer ein und errichtete einen Befehlstand direkt am Jaffa-Tor beim Kischla-Gefängnis, mit einer Feldtelefonverbindung zum Hauptquartier. Die Zufahrt zum Omar-Ibn-Khattab Platz wurde abgeriegelt, so dass alle Personen durch den Torgang mussten und kontrolliert werden konnten. Die sechs Haupteingangstore wurden jetzt überwacht und Soldatentrupps in Kampfausrüstung streiften durch die Straßen, um der Randalierer Herr zu werden. Jüdische Verteidiger schossen bereits zurück und die arabischen Angreifer begannen sich zu bewaffnen. Nachdem man arabische Frauen entdeckt hatte, die illegale Waffen unter ihren Kleidern in die Altstadt schmuggelten und jüdische Waffen in einem Krankenwagen des Hadassah-Hospitals lagen, verhängte die Militärregierung am frühen Nachmittag das Kriegsrecht über die Stadt. Immer wieder gab es Schießereien und erste schwerverletzte Opfer, drei Häuser brannten. In den Gewölben der Zitadelle errichtete Sari eine provisorische Sanitätsstation, denn immer mehr Randalierer wurden aufgegriffen, verhaftet und ins Gefängnis gesteckt und immer mehr Opfer mussten versorgt werden. Er ließ den Platz am Jaffa-Tor räumen.

Dort stand Sari mit General Bols, der gerade über das Telefon das Kriegsrecht verhängt hatte, und der schüttelte aufgrund des offen ausgetragenen Hasses nur noch den Kopf. „Das ist unglaublich, niemals hätte ich so etwas für möglich gehalten und doch habe ich es vorausgesehen", sagte er und strich sich die Haare glatt. „Ich glaube, das ist das Ende unserer Militärregierung. Die Zionistische Kommission wird uns die Schuld an den Exzessen geben und schwere politische Geschütze auffahren. Das Ganze wird allein ihrer Sache dienen. Sie werden die Gewinner sein, weil heute ihre Glaubensbrüder für ihre Taten bluten müssen. Major, warum seid ihr Araber nur so kopflos?"

206

„Sie haben recht Sir, wir sind kopflos und den Strategen der Zionisten weit unterlegen. Sie sind Egomanen und werden das hier ausschlachten und ihren Vorteil aus dem Blut der nicht-zionistischen Juden ziehen. Sie werden das als Pogrom darstellen und das britische Militär anklagen nicht genug unternommen zu haben, das Unheil abzuhalten. Aber geht es nicht auch um die Ursache?"

„Natürlich geht es um die Ursache. Doch sie reden nicht über die Ursachen sondern nur über die Auswirkungen. Und diese Auswirkungen gehen morgen durch die Weltpresse und bestimmen die Schlagzeilen. Wie dumm sind eigentlich eure Führer, die die Menge auch noch zusätzlich aufheizen, aber die Konsequenzen ihres Handelns nicht berechnen? Storrs hat bereits Befehl gegeben Amin al-Husseini zu verhaften."

Bols war bekannt dafür, dass er die Zionisten nicht unterstützte, die ihn deshalb offen als Antisemiten titulierten. Aber Bols war eigentlich für keine der beiden Seiten. Ihm war aber früh klar geworden, dass es hier, unter den Umständen einer einseitigen Bevorteilung der Zionisten, keinen Frieden geben konnte und stand deshalb in krasser Opposition gegen die offizielle Politik der Regierung Großbritanniens, die die Zusicherung der zionistischen Heimstätte heftig verteidigte.

Das Telefon klingelte und Sari wurde verlangt. Am Apparat war Simon Wallach. „Sari, ich bin im Krankenhaus. Draußen steht eine wilde Meute, die uns die Eingangstür einschlagen will. Schnell, wir brauchen Hilfe, oder es geht alles in Flammen auf."

„Wieso bist du im Krankenhaus?"

„Rasch, Sari, rasch, sie sind bald drin", rief Simon aufgeregt und legte auf.

Sari blickte sich um. Er hatte gerade nur acht Soldaten am Tor zur Verfügung, der Rest war auf die zwei anderen Tore aufgeteilt oder in der Altstadt unterwegs. Bols erkannte sein Dilemma. „Nehmen Sie drei Mann und den Maschinengewehrwagen, Nadschar, und machen Sie, dass Sie fortkommen. Ich übernehme solange das Kommando hier."

Blitzschnell entfernten die Männer die Straßenbarriere, sprangen auf das offene Fahrzeug und jagten los. Nur wegen des permanenten Gebrauchs der Hupe erreichten sie zehn

Minuten später das Scha'arei-Zedek Krankenhaus in der Jaffa Street. Eine große Menschenmenge stand auf der Straße und feuerte eine Gruppe von Jugendlichen an, die mit Eisenstangen versuchten die hölzerne Eingangstür aufzubrechen. Steine flogen in die Fenster der zweiten Etage. Im Parterre waren sie mit eisernen Läden verriegelt.

Eine Salve des Maschinengewehrs in die Luft genügte, um die halbrunde Einfahrt vor dem Krankenhaus freizumachen. Als der Wagen in die Einfahrt bog, stoben die Randalierer an der Tür nach links und rechts davon. Einer wurde vom Reifen des Fahrzeugs erfasst.

Als die vier Soldaten mit gezogenen Waffen von dem Wagen sprangen, versuchte der Verletzte sich auf allen Vieren davonzumachen. Sein Fuß war zerquetscht und er schaffte es keine drei Yards weit. Dann brach er unter Stöhnen zusammen. Die Randalierer waren verschwunden und die Menge auf der Straße wurde ruhiger. Sari sprang auf die Menschen zu und schrie: „Seid ihr alle wahnsinnig? Was treibt ihr hier? Alle zurück auf die andere Straßenseite. Los, vorwärts!"

Als er Zögern bemerkte, feuerte er drei Schüsse über die Köpfe der Menge und das gab seinem Befehl den notwendigen Respekt. An der Eingangstür des Krankenhauses hörte man, wie die Barrikaden von innen weggeräumt wurden und dann erschien Simons Kopf in der offenen Tür.

„Mann, das war knapp", sagte er erleichtert, als er herauskam. „Noch fünf Minuten und sie wären drin gewesen. Danke Sari, du bist ja schneller als die Polizei erlaubt."

„Simon was machst du hier? Wer ist in Lifta?"

„Sei unbesorgt", sagte der und kam auf ihn zu. Einige Sanitäter und Krankenschwestern kamen nun auch heraus. „Die Familien sind zu Hause. Ich wurde angerufen, als das Drama anfing und fuhr wie der Blitz hierher." Simon Wallach hatte den bisher einzigen Telefonanschluss in Lifta; er war für medizinische Notfälle genehmigt worden.

„Ich bin durch die Hintertür ins Gebäude und wusste mir keinen anderen Rat mehr, als im Militärhauptquartier anzurufen. Dort sagte man jedoch alle Kräfte seien im Einsatz. Also bestand ich darauf dich direkt zu sprechen und nach einer Weile hat es ja auch geklappt. Dem Himmel sei Dank."

Die Sanitäter hatten sich mittlerweile um den verletzen Araber gekümmert und Simon gab Anweisung ihn sofort in den Operationsraum zu bringen.

„In was für einer Welt leben wir eigentlich, Sari? Da will mir ein Palästinenser ans Leben, für etwas, was Menschen angerichtet haben, mit denen ich nichts zu tun haben will und dann muss mich ein Landsmann des Angreifers retten, der eine Besatzungsmacht vertritt, die in dem Land nichts verloren hat. Und am Ende gebe ich dem Angreifer meinen medizinischen Beistand dafür, dass er mir ans Leder wollte. Wo leben wir eigentlich?"

„Ja", rief Sari laut und ging auf die Menge auf der anderen Straßenseite zu. „Der, den ihr gerade noch umbringen wolltet, der versorgt jetzt euren Erfüllungsgehilfen. Seht ihr denn nicht, was ihr anrichtet? Ihr solltet euch schämen! Geht nach Hause!" Aber die Menschen blieben.

Sari ließ einen Soldaten zur Bewachung des Krankenhauses zurück und machte sich wieder auf zum Jaffa-Tor. Bols übergab ihm das Kommando und verschwand mit einer Gruppe Soldaten, die auf dem Platz eingetroffen waren und eine Pause gemacht hatten, in den Gassen der Altstadt.

Um die Ruhe wieder herzustellen, wurde jetzt jede Person in der ganzen Stadt verhaftet, die mit Knüppeln, Messern oder Schusswaffen angetroffen wurde. Denn mittlerweile hatte sich die Gewalt ausgebreitet, auch in den arabischen Stadtteilen. Dies war vor allem im Viertel Sheikh Jarrah der Fall. Dort war ein regelrechtes Gefecht ausgebrochen, von jüdischen Selbstverteidigungstruppen gegen Nomaden und sesshafte Bewohner, die ihr Viertel gegen die Juden verteidigten. Die Zionisten waren vom jüdischen Mea Shearim ins arabische Sheikh Jarrah vorgedrungen und beschossen nun sogar britische Polizeikräfte, die dem Ganzen Einhalt gebieten sollten. Es gab Tote und Verletzte.

Im Hauptquartier forderte die Muslimisch-Christliche-Vereinigung die Entwaffnung dieser Juden und Storrs sah sich genötigt die Wohnungen der Rädelsführer beider Seiten nach Waffen durchsuchen zu lassen.

Am Torgang entstand plötzlich lautes Gezeter, bis ein Corporal auf dem Platz erschien und Sari bat mitzukommen.

„Sir", sagte der Inder, „da steht ein Mann, der sich unbedingt verhaften lassen will. Er macht einen Riesenaufstand."

Sari folgte ihm und als er den Eingangsbereich am Tor betrat, sah er Zeev Jabotinsky, der in Begleitung eines Rechtsanwalts heftig mit dem zuständigen Lieutenant stritt.

„Ah, der große Militär", rief er laut, als er Sari erblickte. Er wandte sich ihm zu und spottete: „Held und Befreier Palästinas, Christ und Antisemit und britischer Bluthund. Ich verlange festgenommen zu werden. Wenn hier Juden wegen Waffenbesitz festgenommen werden, die sich vor Gräueltaten schützen, dann verlange ich, dass man auch mich festnimmt."

„Mr. Jabotinsky, jetzt ist neben der Moral auch noch Ihr Verstand zum Teufel. Ich verhafte Sie also nicht wegen Waffenbesitzes, sondern wegen Unzurechnungsfähigkeit. Lieutenant lassen Sie den Mann abführen."

Die ganze Posse war nach einer halben Stunde wieder vorbei, als der Militärrichter aus dem Kischla-Gefängnis Jabotinsky wieder aussperrte und der auf dem Platz ohne Kommentar an Sari vorbeischritt und aus dem Tor verschwand. Sari ging ihm langsam nach und wunderte sich, wie ein solch intelligenter Mann sich zu solchen Albernheiten in einer so ernsten Situation hinreißen ließ. Er schritt in Gedanken versunken über die Abartigkeit menschlichen Verhaltens an den Sperren vorbei auf die Straße vor der Stadtmauer und blickte Jabotinsky nach, als er plötzlich zwei Schüsse hörte und die Kugeln direkt neben ihm an die Mauer des Torturms klatschten. Ein Querschläger verletzte ihn an der Schulter. Im Nu hatte er die Pistole gezogen und erspähte zwei Gestalten, die sich schnell abwärts zum Sultans Pool entfernten. Eine Verfolgung durch die Soldaten, die jetzt herausdrangen, war sinnlos. Der Schuss aus dem Gewehr eines Soldaten verfehlte sein Ziel deutlich. Jabotinsky hatte die Szene vor dem Hotel Fast, nur dreißig Yards entfernt, beobachtet und war dann ohne Regung weitergegangen.

„Das galt Ihnen, Sir", sagte der Lieutenant und sah Sari besorgt an.

„Ja, das galt mir. Es gehört eine Menge Glück dazu hier zu überleben."

210

Die Wunde war unbedeutend und ein leichter Verband genügte den Kratzer zu versorgen. Was nicht versorgt werden konnte, war die Sorge über die Einsicht, dass er wohl zur Zielscheibe geworden war, obwohl er sich jederzeit in seinem Dienst bei der Armee als neutral und tolerant verhalten hatte. Es schien wohl so, entweder man entschied sich hierhin oder dorthin. Dazwischen wurde man zerrieben und stand von beiden Seiten unter Beschuss, im wahrsten Sinne des Wortes. Er hatte die Attentäter zwar nicht erkannt, aber er wusste, die Zahl seiner Feinde war seit gestern weiter angestiegen. Die Nacht verbrachte er im Hauptquartier in Alarmbereitschaft. Das Kriegsrecht wurde am Dienstag wieder aufgehoben, als die Unruhen merklich abflauten.

Das Ergebnis dieses Osterfests waren Vergewaltigungen, Plünderungen, Sachzerstörungen und Gewaltexzesse gegen die jüdische Bevölkerung, Tote, Verletzte und Schwerverletzte auf beiden Seiten, einige verletzte britische Soldaten und eine Vielzahl von verhafteten Juden und Arabern, darunter auch wieder Zeev Jabotinsky, der doch noch wegen Waffenbesitz festgenommen wurde. Amin al-Husseini hatte sich frühzeitig genug seiner Verhaftung entzogen und war verschwunden.

In den eilig einberufenen Gerichtsverfahren wurden zweihundert Personen verurteilt, darunter Jabotinsky und Amin al-Husseini zu langjährigen Haftstrafen. Allerdings, Husseini ohne Auswirkung, denn der war nach Damaskus geflohen und Jabotinsky bezog nach einer Rundreise im Zugabteil der ersten Klasse von Jerusalem über El Arisch in Ägypten und wieder zurück bis hinauf nach Acre, eine Privilegiertenzelle in der Festung dieser Stadt. Im britischen Stabschor wurde jedenfalls spöttisch erzählt, Storrs habe Jabotinsky eigenhändig zwei Koffer mit Kleidern und persönlichen Dingen nach Acre gebracht und ihm die bequemste Zelle ausgesucht.

Nach heftigen Protesten im britischen Parlament über die Verurteilung der Juden, reduzierte dann General Congreve ein paar Tage später aus Kairo deren Strafen drastisch.

Musa Kazim al-Husseini, der nach einer ersten Verhaftung wieder freigelassen worden war, musste auf Anweisung von Storrs den Platz als Bürgermeister seinem Intimfeind Raghib al-Nashashibi räumen. Ein schwerer Schlag für die Familie

Husseini, die politisch jetzt nur noch den Rang des Großmufti durch Kamil hielt. Sie und ihre Anhänger wurden unversöhnlich mit den Briten, aus der Überzeugung, dass diese nur Marionetten der zionistischen Intrigen waren.

Jasmin war außer sich, als sie von dem Vorfall am Jaffa-Tor erfuhr. Sie war äußerst besorgt um die Zukunft ihrer Familie und Sari brachte aus dem Militärdepot eine moderne Lee-Enfield mit Magazinen und Munition sowie eine zweite Mauser-Pistole mit, die er von nun an in einem Schrank im Raum der *"Träne des Kalifen"* aufbewahrte.

Ende April begannen für Jasmin die letzten Wochen an der Schule mit der schriftlichen Abschlussprüfung. Und Sari stellte sich langsam auf seine Entlassung aus dem Dienst in der britischen Armee ein. Es kam so, wie der überwiegende Teil der Stabsoffiziere das erwartet hatte. Die Anschuldigungen an Gouverneur Storrs, der den blutigen Ausschreitungen keinen Einhalt gebieten konnte und die zionistische Propaganda, die unverhohlen von einem Pogrom sprach, beeinflussten die allgemeine Stimmung in Europa und die politischen Verhandlungen auf der Konferenz in San Remo. Vor aller Welt wurde von den Führern des Zionismus die Unfähigkeit der Militärregierung angeprangert.

Selbst an einem Komplott britischer Offiziere, die die Unruhen angestiftet hätten, um der Welt zu zeigen, dass die Politik der nationalen jüdischen Heimstätte undurchführbar sei, habe die Militärregierung Mitverantwortung. Diese haltlosen Vorwürfe einer britischen Verschwörung gegen den Zionismus, wurden von Weizmann und dem politischen Offizier Allenbys, Richard Meinertzhagen, lanciert. Die Zionistische Kommission versuchte die Vorwürfe mit Beweisen zu erhärten, die aufgesetzt und lächerlich wirkten. Das Ganze nahm groteske Züge an und wurde später durch einen Untersuchungsausschuss auch revidiert. Bis dahin jedoch zeigte die Angelegenheit große Wirkung. Allenby drohte aus Kairo gar mit Rücktritt, bis Meinertzhagen endlich aus dem Dienst entlassen war.

Für die Konferenz in San Remo kam die Wahrheit jedoch zu spät. Hier überschlugen sich die Ereignisse. Nachdem die Pariser Friedenskonferenz die europäischen Belange nach dem großen Krieg festgelegt hatte, wurden in San Remo nun die Ländereien des Osmanischen Reichs aufgeteilt.

Das Recht der Syrer zur Selbstverwaltung in einem unabhängigen Staat hatten Großbritannien und Frankreich zwar im Januar erklärt, aber unter dem Vorbehalt eines Mandats für die Verwaltung der Gebiete. Der Einfluss der Kolonialpolitiker beider Mächte behielt die Oberhand. Die Unabhängigkeitserklärung Syriens vom 7. März und die nachfolgende Königskrönung Faisals in Damaskus wurden, ohne Sanktionierung durch den Völkerbund, als Affront und als kriegerischer Akt gegen die Staaten der Entente ausgelegt. Die Sieger machten Ernst und im Sinne des Sykes-Picot Abkommens setzten sie nun die Aufteilung der ehemaligen osmanischen Vilâyets Beirut, Damaskus und Jerusalem durch.

Weizmann, der selbst in San Remo anwesend war und die zionistische Delegation anführte, kamen die Osterereignisse in Jerusalem für seine Argumentation sehr entgegen. Er konnte gerade dadurch die Bedenken der Franzosen gegen die Einbeziehung der Balfour Deklaration in das zukünftige Mandat der Briten zerstreuen. Die Ostertage hatten ja aller Welt bewiesen, wie gefährdet die Juden in Palästina lebten und wie notwendig es aus humanitären Gründen war, ihnen die versprochene Heimstätte zu übertragen.

Aber weit mehr noch, er setzte die Abberufung der Militärregierung von Ronald Storrs durch und stattdessen wurde der Jude Herbert Samuel zum Hochkommissar und Leiter der neuen Zivilregierung in Palästina ernannt. Er war als ehemaliger britischer Innenminister einer der Ideengeber der Balfour Deklaration gewesen.

Palästina wurde nun offiziell der südliche Teil der alten osmanischen Vilâyets Großsyriens in dem Vertrag benannt, mit dem der Völkerbund am 25. April 1920 das Mandat über den Norden und das Vilâyet Mosul an Frankreich und das Mandat über den Süden und die zwei, nun als Irak bezeichneten Vilâyets Bagdad und Basra, an Großbritannien übertrug.

Einzig die weite Hochebene um Ma'an blieb Niemandsland. Das Interesse der Siegermächte auf die Wüstenregion war ebenso gering, wie das der Türken zu früherer Zeit.

Kommt gesund wieder!

FARUK HIELT gegen Mittag auf einer der niedrigen Bloudan Höhen unweit von Khan Maysalun, wo die Straße von Beirut, nach der Überquerung der Berge des Anti-Libanon, in die weite Hochebene kurz vor Damaskus führt. Er saß auf Saadun, seinem Araberhengst. Jeden Tag widmete er sich dem edlen Tier, das ihm mittlerweile auf dem Fuß folgte. Er selbst pflegte ihn hingebungsvoll, aber heute hatte er den Schimmel bis an die Belastungsgrenze getrieben. Der Hengst schnaubte laut und war schweißnass. Faruk und seine fünf Begleiter aus der königlichen Leibgarde hielten mit ihren völlig erschöpften Tieren inmitten einer Ziegenherde.

Jetzt erkannten sie deutlich die Tragik dieses Augenblicks. Auf einer kleinen Anhöhe, weiter südlich an der Passstraße, lagen dreitausend syrische Soldaten, die vom französischen Granatenhagel eingedeckt wurden, ohne Aussicht, das Bombardement zu überstehen. Sie waren todesmutige Helden und hatten sich ihrem Anführer Yousef al-Azmah freiwillig angeschlossen. Der war amtierender Kriegsminister der neuen Regierung und Stabschef der syrischen Armee und hatte für sich selbst entschieden, den Franzosen auf ihrem Marsch nach Damaskus Einhalt zu gebieten. Es war der 23. Juli 1920.

Faruk kannte al-Azmah gut. Der war in der osmanischen Armee im Sinne der Serdengeçti erzogen worden und bis zum Pascha aufgestiegen. Ein Zurück gab es für ihn nicht, aber als er den Untergang der Türken nicht nur mit den katastrophalen Zuständen, unter denen die gemeinen Soldaten litten, in Verbindung brachte, sondern auch die Unfähigkeit des Osmanischen Reichs für notwendige Reformen erkannte, war er 1918 dem arabischen Aufstand beigetreten. Der Krieg deckte die Rückständigkeit der Türken gnadenlos auf. Der Sultan lebte, abgeschirmt von seinen Zeremonienmeistern, in der Welt seiner Vorväter, Schulbildung gab es nur für die Elite, Land und Volk hatten sich seit dem Mittelalter kaum verändert. Al-Azmah aber war ein überzeugter Patriot, der jetzt seinen Nationalismus im Sinne eines arabischen Großreichs verstand und dieser Panarabismus reichte für ihn vom Norden Syriens, über Mesopotamien bis in die Berge des

Asir. Von dem Tag des Übertritts an, hatte er sich der panarabischen Sache mit Herz und Seele verschrieben. Die un-
nachgiebige Philosophie der Serdengeçti war in ihm eingebrannt und er war ein strikter Gegner der Kolonialpolitik der
Siegermächte. Und er wusste warum.

„In der Gegend von Mosul und da, wo die beiden großen
Flüsse in den Golf münden, am Schat el-Arab, beleuchten sie
schon seit Jahrtausenden ihre Lampen mit Öl, das dort aus
der Erde tritt und zu Erdpech wird. Wegen diesem Saft hat
sich die britische Regierung schon vor sechs Jahren die
Mehrheit an der Türkischen Petroleum Gesellschaft gesichert. Das ist der Stoff, mit dem sie ihre Autos und Schiffe
antreiben. Es ist das schwarze Gold der Zukunft, das die
ganze Welt bewegen wird. Es liegt dort unter dem Sand und
den Steinen, in riesigen Mengen. Ich war bei Mosul stationiert als Offizier, aber die Türken hatten dafür kaum Ver-
wendung. Erst in den letzten Jahren vor dem Krieg übertru-
gen sie Förderrechte an ausländische Konsortien. Sie selbst
waren zu blind, zu ungebildet und zu träge das Öl selbst zu
fördern“, hatte er einmal zu Faruk gesagt.

„Wenn wir als Araber das preisgeben, so sind wir dumm
wie die Schafe. Es kann für uns nur ein Ziel geben. Der
fruchtbare Halbmond Allahs vom Schat el-Arab über das
Zweistromland und Syrien bis hinunter nach Mekka muss ein
arabisches Großreich werden.“

Faruk war ihm bei der Ausbildung der syrischen Armee
begegnet. Als diese Armee, als Antwort auf die Ergebnisse
von San Remo, ausgehoben wurde, waren er und seine
Hauptleute von der Leibgarde König Faisals in die hastige
Ausbildung der Rekruten mit einbezogen worden. Den gewalttätigen Demonstrationen und Protesten im Land, die
ausbrachen aufgrund der völkerrechtlichen Entscheidung,
den Franzosen das Mandat über Syrien zu geben, war am 7.
Mai die Bildung einer neuen Regierung in Damaskus unter
Haschim al-Atassi gefolgt. Yousef al-Azmah wurde ihr
Kriegsminister und sie beschlossen sofort eine allgemeine
Mobilmachung, um die Verteidigung des Landes durch eine
reguläre syrische Armee sicherzustellen.

Diese Ereignisse riefen unmittelbar entsprechende Reaktionen beim französischen Besatzungsheer und beim maroniti-

schen Patriarchen in Beirut hervor. Die Erhebung der neuen Regierung in Damaskus wurde als Staatsstreich aufgefasst und offiziell auch so reklamiert. Im Libanon bezog die christliche Presse Opposition gegen die Entscheidungen der Regierung König Faisals und libanesische Nationalisten überzeugten einen Rat aus christlichen Würdenträgern, mit französischem Einverständnis, am 22. Mai in Baabda die Unabhängigkeit des Libanon zu proklamieren.

Zwei Monate lang waren die diplomatischen Boten zwischen der Regierung in Damaskus und den Franzosen in Beirut hin und her gezogen. Aber die Syrer und König Faisal waren nicht bereit auf die Forderung der Franzosen einzugehen, nämlich die Existenz des syrischen Staates nur anzuerkennen, wenn im Gegenzug die Regierung in Damaskus ausschließlich französische Berater mit Weisungsbefugnis und ihre technischen Experten akzeptieren würde. Nur unter dieser Bedingung war Frankreich nach alter kolonialer Manier bereit, auf die Stationierung von Truppen in Syrien zu verzichten.

Als am 14. Juli der französische Hochkommissar General Gouraud ein Ultimatum stellte und König Faisal nur noch die Wahl zwischen Abdankung und Subordination ließ, war die letzte Hoffnung verschwunden, die Briten könnten sich doch noch für den König verwenden und ihre Versprechen ihm gegenüber einhalten. Faisal ließ zwar das Ultimatum, die Regierung von al-Atassi abzusetzen, verstreichen, gab jedoch seinen Truppen den Befehl, im Falle einer Invasion keinen Widerstand zu leisten. Er und seine engsten Berater erkannten die Sinnlosigkeit, mit einer gerade erst ausgehobenen, kaum genügend bewaffneten Armee von Rekruten, einem französischen Heer entgegenzutreten, das kampferprobt und überlegen bewaffnet war. Einzig al-Azmah verweigerte seine Gefolgschaft und versuchte den Franzosen mit einer Schar von nur dreitausend Patrioten den Weg nach Damaskus zu versperren. Der Kodex der Serdengeçti war schon in die Köpfe der Rekruten eingezogen. Gestern war er aufgebrochen und hatte sich mit seinen Getreuen auf einem niedrigen Hügel bei Khan Maysalun nahe der Passstraße verschanzt.

Heute Morgen erst hatte man König Faisal von dem Selbstmordkommando unterrichtet und der hatte sofort Faruk

216

zu sich gerufen. „Versuche ihn von seinem Unternehmen abzuhalten. Er und seine Soldaten sind viel zu wertvoll, als dass sie aufgeopfert werden."

Also hatte Faruk seinen Hengst gesattelt und war mit fünf Begleitern in höchstem Tempo in knapp zwei Stunden zur Passstraße hinaufgeritten. Aber sie kamen zu spät. Von weitem schon hatten sie beim Näherkommen durch die Hochebene den Kanonendonner wahrgenommen und waren deshalb Richtung Nordwest geritten. Sie trafen auf einem Hügel einen Hirten, der ihnen erzählte, dass er den französischen Angriff nun schon seit zwei Stunden beobachtete.

Faruk blutete das Herz, als er durch sein Fernglas sah, wie die Schützengräben auf dem Hügel bei Maysalun Yard um Yard von den französischen Granaten zerfetzt wurden. Die Franzosen waren viel früher durch die Berge erschienen als erwartet und die kleine syrische Armee hatte gegen die vorrückenden Truppen keine Chance. Faruk erkannte, dass die Franzosen nicht nur zahlenmäßig dreimal überlegen, sondern den leichten und zum Teil veralteten Waffen der Syrer, mit ihren Geschützen, Panzern und Flugzeugen, auch waffentechnisch haushoch überlegen waren.

Vor den Flugzeugen hatte Faruk allergrößten Respekt, aber die nahmen die kleine Gruppe Reiter auf dem entfernten Hügel, inmitten der Ziegenherde, gar nicht wahr. Mit Genugtuung beobachtete er, wie ein französischer Doppeldecker, der gerade im Sinkflug auf die Stellung niederging in die Salve eines Maschinengewehrs geriet und mit einer langen Rauchfahne später auf der Hochebene zerschellte. Jedoch, die Freude über den kleinen Erfolg war nur von kurzer Dauer, bis die Kettenpanzer vorrollten und den Überlebenden in den Gräben den Rest gaben.

Die Reiter sahen keinen einzigen fliehenden Syrer und die letzten verschossen noch im Sterben ihre Munition. Dann war irgendwann Totenstille. Die kleine, dreitausend Mann starke syrische Armee, war in nur drei Stunden vollständig zerschlagen worden. Sie sahen noch, wie Verwundete versorgt und abtransportiert wurden, als sie schon ihre Pferde nach Damaskus zurückgewandt hatten. Faruk ließ zwei seiner Männer auf der Hochebene zurück, um die Bewegungen der Franzosen weiter zu beobachten.

Still ritten sie auf Damaskus zu. Alle Mühen, alle Opfer waren umsonst gewesen. Syrien war verloren für die panarabische Sache. Nur zwei Jahre lang durften sie auf ein arabisches Großreich hoffen, jetzt war alles dahin. Der Weg für die französischen Truppen nach Damaskus war frei.

Es musste nun alles sehr schnell gehen. Die Franzosen konnten schon morgen da sein. Am späten Nachmittag war Faruk zurück in Damaskus, aber König Faisal wusste über den Ausgang der todesverachtenden Verzweiflungstat schon Bescheid. Am Abend kamen die Melder zurück und berichteten, dass die Franzosen bereits auf Damaskus weitergezogen waren. Sofort wurde noch in der Nacht begonnen Vorbereitungen für den Abzug zu treffen.

Am Mittag des 24. Juli zog General Goybet in Damaskus ein, löste noch am selben Tag die Regierung auf und zwang König Faisal zur Abdankung. In einer Rede machte er ihn für das Blutvergießen der letzten Monate verantwortlich. Faisals Protesttelegramm an Gouraud zeigte keine Wirkung und er musste am 27. Juli Damaskus verlassen.

Der Sonderzug für den König verließ am späten Nachmittag den Bahnhof. Keine zwei Jahre waren nach ihrem triumphalen Einzug vergangen, jetzt fuhren sie gedemütigt zurück Richtung Süden, dahin, wo sie damals hergekommen waren. Faisal saß mit seiner Ehefrau und den vier Kindern in einem Zugabteil und sprach kaum ein Wort. Er war jetzt mehr denn je abhängig von der Gunst der Briten. Eine Situation, in die er niemals hatte kommen wollen. Faruk teilte während der Zugfahrt die Leibgarde auf, in die, die bei ihm und Faisal blieben und die, die er nun in den Hedschas zurückschicken musste. Einhundertundsiebzig von ihnen mit vier Hauptleuten sollten bleiben, der Rest mit den Reittieren und mit Sack und Pack auf dem Zug weiter bis nach Ma'an fahren und von Aqaba aus mit dem Schiff bis Al Wadjh und Jeddah transportiert werden.

Am Bahnhof in Dar'a nahmen sie in der Nacht Abschied voneinander und Faruk gab den Söhnen der Beni Safar seine besten Grüße an seine Familie mit auf den Weg in die Wüste. Es konnte leicht passieren, dass auch er bald nachkam.

Drei ganze Tage blieben sie in Dar'a und berieten die Lage. Am Ende liefen die Telefonleitungen nach Kairo und

Jerusalem heiß. Schnell versicherte Allenby von Kairo aus Faisals Integrität, seine uneingeschränkte Unversehrtheit und die britische Unterstützung. Und von Jerusalem aus kam umgehend die Einreiseerlaubnis ins britische Mandatsgebiet. Hochkommissar Samuel selbst lud Faisal ein, sich mit seinen Angehörigen, Beratern, Bediensteten und mit der verbliebenen Leibgarde nach Haifa zurückzuziehen. Denn nicht nur die Briten waren besorgt, dass der entthronte König, von einer entfernten Operationsbasis im Niemandsland bei Ma'an, etwas gegen die Franzosen unternehmen könnte.

Am 1. August trafen sie abends in Haifa ein und bezogen vier Häuser, die ihnen die neue britische Zivilregierung zur Verfügung gestellt hatte. Die Leibgardisten wurden mit ihren Familien in einer Kaserne der ehemaligen osmanischen Garnison untergebracht. Faisals Familie, so wie auch Faruk und Leila wohnten im großen Haus der englischen Lady Frances Newton, die mit Allenby gut bekannt war. Dem war im fernen Kairo klar, dass die Briten Faisal gegenüber jetzt sehr viel gutzumachen hatten.

SIE SAßEN im großen Salon von Lady Newton. Elegantes Interieur mit edlen Holzmöbeln zeugte von ihrem Wohlstand. Die Tochter eines Bankiers hatte sich nach ihrer Missionstätigkeit, vor fünfundzwanzig Jahren, erst in Jaffa und dann in Haifa niedergelassen. Eine ansehnliche Erbschaft, nach dem Tod ihrer Mutter, hatte sie in die Lage versetzt, ein ehemaliges türkisches Gouvernement Haus auf dem Karmel Berg zu kaufen und für ihre Bedürfnisse umbauen zu lassen.

Draußen war es jetzt, Ende August, allerdings schwül und heiß, doch im Raum verbreiteten die großen Ventilatoren ein angenehmeres Klima. Sari, Jasmin, Aminah und Sahra waren vor vier Tagen nach Haifa gekommen, um Faruk und Leila zu treffen.

Sari war Ende Juli aus der Armee entlassen worden. Die Zivilregierung hatte ihre Aufgaben übernommen und Sari hatte das Angebot, unter Samuel weiterzumachen, abgelehnt, wie auch viele andere Araber in ähnlicher Lage.

„Das ist das Verrückteste, was passieren konnte", hatte Storrs ihm zum Abschied gesagt. Einen zionistischen Juden

als Hochkommissar nach Palästina zu entsenden, hielt er für
totalen Wahnsinn. Für Sari war sofort klar; er wollte sich
nicht weiter an seinen Landsleuten mitschuldig machen.
Storrs betrachtete das als großen Fehler, denn die Verwaltung werde Saris Position jetzt sicherlich englisch oder jüdisch besetzen und das nicht mehr zurücknehmen. Aber Sari
ließ sich nicht umstimmen. Storrs selbst blieb als Gouverneur
von Jerusalem auf seinem Posten.

Kaum war Herbert Samuel in Palästina, als er auch schon
Jabotinsky begnadigte. Der war in seiner Zelle in Acre zum
Symbol für die ungerechte Behandlung von Juden geworden.
Er verfasste Artikel, übersetzte Bücher und Gedichte in Hebräisch oder beklagte sich darüber, dass die Zionistische Kommission ihn vergessen habe. Er machte sich nicht nur Freunde unter den Zionisten, denn die konterten und schrieben
seine Demagogie seinem kleinlichen, primitiven Ehrgeiz zu,
wie zu lesen war. Die offenen Gefechte in der Presse hatten
jedoch unter Teilen der jüdischen Bevölkerung eine Hysterie
geschürt, in der der Geist der Verbitterung und der Rachsucht
beschworen wurde. Das ständige Übertreiben, die Heraufbe-
schwörung von Wölfen, das falsche Märtyrertum und der
billige Heroismus gingen neben vielen moderaten Juden,
auch Simon Wallach kräftig auf die Nerven.

Seit Jasmin vor zwei Monaten ihre Abschlussprüfung mit
Bravour bestanden hatte, waren die Kontakte zu den Wallachs noch intensiver geworden. Edith, die eine immer enger
werdende Freundschaft zu Jasmin aufgebaut hatte, war ungläubig erstaunt, als sie anfangs hörte, dass Jasmin bis vor
zwei Jahren überhaupt noch nie eine Schule besucht hatte.
Ihr Wissensdurst und die Geschwindigkeit mit der sie lernte
waren außergewöhnlich. Aber völlig hingerissen war Edith
von Jasmins Sprachbegabung.

Simon und Edith sprachen zu Hause mit ihren Kindern
normalerweise Deutsch. Abwechselnd passten die beiden
Frauen auf die beiden kleinen Töchter auf. Emilie war der
Sonnenschein für Aminah. Sie war zwei Jahre älter und erklärte Aminah, seit die ihr folgen konnte, alles was interessant war, wie den Gebrauch der Bauklötzchen, der Puppen-
stube oder des Schaukelpferds, auf Deutsch. Jasmin saß
dabei oft im Sessel und lernte. Ab und zu schaute sie zu den

Kindern auf und widmete sich dann wieder ihrem Studium.
Eines Tages stand Edith in der Küche und hörte Jasmin mit
Emilie sprechen. Ungläubig schaute sie um die Ecke; Jasmin
beantwortete Emilies Fragen auf Deutsch. Sie hatte nur durch
zuhören, von dem, was die Kleine plapperte, die Worte gelernt und obwohl sie geistig anderweitig beschäftigt war,
alles behalten. Nach Mama war Emmi das zweite Wort, das
Aminah aussprach.

Sari hatte sich im Juli seinen Resturlaub genommen, früh
seine Militärsachen abgegeben und am Monatsende beim
Abschied auch noch seine Abfindung in Höhe eines Jahres-
gehalts erhalten. Als ehemaliger Stabsoffizier durfte er eine
Uniform und aus Sicherheitsgründen auch seine Waffen
behalten. Die Lee-Enfield und die Mauser blieben also im
Schrank im Raum der "*Träne des Kalifen*".

In seinen zivilen Hosen und Hemden, die er von nun an
trug, gefiel Sari Jasmin sehr viel besser. Auch ließ er sich
einen kurzen gepflegten Bart stehen, der ihn um einiges älter
machte als er war, mit seinen achtundzwanzig Jahren. Beide
waren verliebt ineinander wie am ersten Tag und Sari wusste,
dass Jasmin wieder voller Hoffnung war. Er kannte sie jetzt
schon zu gut, als dass sie ihm noch etwas hätte verheimli-
chen können. Aber er wollte ihr die Freude nicht nehmen und
gab sich ahnungslos. Den Juli und August waren sie viel mit
den Wallachs und Sahra zusammen gewesen, die seit einem
Jahr an der Universität Chemie studierte. Jedoch war die
Ausbildung dort bescheiden und Sahra vermisste die wissenschaftlich forschende Komponente, die die Universität in
Jerusalem nicht erfüllen konnte. Sie hatte Ferien und Saris
Einladung zur Reise nach Haifa gern angenommen.

„Der Vertrag von Sèvres ist bis heute von den Türken
nicht ratifiziert", sagte Sari zu Faruk und Nuri as-Sa'id, als
sie im Salon zusammen saßen. „Ich bezweifle, dass sie das
jemals tun werden."

Nuri as-Sa'id war schon in Paris einer der engsten Berater
Faisals gewesen. Sie kannten ihn aus Aqaba, nachdem er als
osmanischer Offizier in britischer Gefangenschaft die Seiten
gewechselt hatte. Er hatte Faisals reguläre Armee befehligt
und gehörte zu denen, die Damaskus an jenem glorreichen
Tag als erste betreten hatten. Er beugte sich in dem beque-

221

men Ledersessel vor, griff nach seiner Tasse Tee und sagte: „Der Vertrag ist nichts anderes als der internationale Stempel auf San Remo. Er ist den Türken und dem Völkerbund aufgedrückt. Der Sultan hat ihn nur unter größten Protesten unterschreiben lassen. Er stellt mit seinen Bedingungen sogar die Existenz eines unabhängigen türkischen Staates in Frage. Aber das ficht uns nicht an. Viel schlimmer sind die Reaktionen auf diese verdammten sogenannten Friedensverträge."

„Diese Konferenzen waren alle eine einzige Farce", warf Faruk ein. „Nichts anderes als eine Kette von vorgetäuschten Verhandlungen, wobei das Endresultat schon weit vor Kriegsende fest stand. Die Unruhen sind das Resultat dieser Siegerpolitik."

„Und nicht nur in Syrien. Auch im Zweistromland, das sie jetzt Irak getauft haben. Seit Ende des Krieges rumort es in meinem Heimatland", ergänzte Nuri.

„Kennst du Details", fragte Sari?

„Die Briten konnten schon nach dem Krieg, trotz Repressalien, die Ordnung nicht wieder herstellen. Zur wachsenden Wut der irakischen Nationalisten, die sich durch den als Mandat bezeichneten Deckmantel des Kolonialismus betrogen fühlten, kam noch der schiitische Widerstand von Großmudjtahid Schirazi. Von Kerbela aus rief er den Jihad gegen die Herrschaft der Nichtmuslime aus und seit Juli zieht sich die Rebellion gegen die britische Herrschaft von Mosul über das Euphrattal bis zu den südlichen Stämmen. Seit zwei Monaten befindet sich das ganze Land in einem Zustand der Anarchie. Ich habe gestern ein Telegramm erhalten, das von heftigen antibritischen Unruhen in meiner Geburtsstadt Bagdad berichtet. Emir Faisals Bruder, König Abdullah, wird sich vermutlich nicht mehr lange halten können. Die Haschimiten sind die großen Verlierer."

„Alle Araber sind die Verlierer, Nuri, ob Iraker, Syrer oder Palästinenser", sagte Sari. „Die einzigen wahren Gewinner sind die Sayuni mit ihrer jüdischen Heimstätte. Ihnen ist es gelungen aus einem Brief ein völkerrechtlich anerkanntes Dokument zu machen. Hätten wir Leute vom Schlage Weizmanns, dann gäbe es jetzt ein arabisches Großreich und kein zerteiltes, kolonisiertes Arabien."

„Sie ließen sich nicht in die Karten sehen. Es lief in Paris alles in den Hinterzimmern ab. Verständlich, dass sich nicht nur Zorn bei den Palästinensern entwickelt hat, sondern die Wut auf die Juden zu einem allgemeinen arabischen Verständnis geworden ist. Die Zionisten haben es fertig gebracht das Jahrhunderte lange gute Verhältnis der Juden zu den christlichen und muslimischen Arabern zu zerstören. Sie stehen nicht nur in Jerusalem im Fadenkreuz."

„Ach, nebenbei", sagte Sari und schmunzelte. „General Bols hat mir zu seinem Abschied Ende Juli noch den Bericht der Nabi Musa Untersuchungskommission gezeigt. Dort wurde von zwei unabhängigen britischen Generälen, einem Colonel und einem juristischen Berater, die Balfour Deklaration als zweifelloser Ausgangspunkt der ganzen arabischen Problematik beschrieben. Die arabischen Ängste seien nicht unbegründet, stand darin. Bols meinte spöttisch, der Bericht würde jetzt wohl niemals veröffentlicht, dafür würden die Sayuni mit Herbert Samuel schon sorgen. Er selbst hat den neuen Hochkommissar bei der Übergabe ein Dokument unterschreiben lassen: *Empfangen von Lieutenant-General Sir Louis J. Bols – Ein Palästina, vollständig und unversehrt.*"

Alle lachten herzhaft. „Ja, Bols war einer, dem man nichts vormachen konnte. Selbst die Juden nicht." Sari sah sich um.

Die Damen betraten den Salon. Alle waren elegant gekleidet und hatten gegen die Sonne kleine Schirme aufgespannt, die sie jetzt zusammenfalteten. Sie waren im Garten der Lady gewesen, der von außergewöhnlicher Schönheit und Farbenpracht war. Sie ließ ihn ganzjährig jeden Tag zweimal aus einer antiken Zisterne bewässern, die genug Wasser bereithielt. Hyazinthen, Geranien und Lilien, orientalische Stauden und Sträucher, Kakteen und Zypressen waren auf einer großen Grünanlage angeordnet. Vom Ende des Gartens konnte man hoch vom Karmel Berg unter sich das Blau des Mittelmeeres sehen. Die Damen zogen sich vor der großen Hitze unter dem Sonnendach zurück. Jasmin hatte Aminah auf dem Arm und Sahra war bei Lady Newton eingehakt. Die Dame schien von ihrer Gegenwart sehr angetan. Die Anwesenheit Sahras war für sie eine willkommene Abwechslung. Leila, die ihre Bauchrundungen nicht mehr verbergen konnte, und an der bis auf das Kopftuch nichts an eine Araberin erinnerte, war in Begleitung von Hazima, der Ehefrau Faisals, die an ihren traditionellen arabischen Frauenkleidern reichen Schmuck trug. Sie hatte Prinzessin Raifia und Prinz Ghazi an der Hand. Zwei Diener folgten ihnen auf dem Fuß.

Die Männer standen auf. Viel englische Lebensweise hatten sie alle mittlerweile übernommen. Aber alle übernommenen Konventionen wurden von Lady Newton wieder völlig über den Haufen geworfen, als sie jetzt schnurstracks zu ihrem Schrank ging und sich erst einmal eine Pfeife ansteckte. Sie war bekannt für ihre Einstellung als Frauenrechtlerin, als Anwältin der Armen und als Spenderin für soziale Einrichtungen. Der Orden St. John of Jerusalem hatte sie als Generalsekretärin des syrisch-palästinensischen Armenfonds mit dem Titel "Dame of Justice" ausgezeichnet, weil sich ihr karitatives Engagement darüber hinaus auf viele Bereiche ausdehnte. Normalerweise war das Erdgeschoss ihres Hauses eine Kommunikationszentrale für Araber, die Hilfe in ärztlichen, persönlichen oder politischen Fragen suchten. Durch den Aufenthalt des Prinzen waren diese Aktivitäten momentan allerdings sehr eingeschränkt.

Sari blickte durch die großen Türen nach draußen in den Garten. Weit am Rand, wo das Gelände steil abfiel, war ein Zeltdach errichtet. Dort hielt Emir Faisal Hof. Jeden Tag erschienen Journalisten, Delegationen und Bewunderer aus aller Welt, die ihn persönlich befragen wollten. Er war berühmt geworden, nicht zuletzt durch die abendfüllenden Vorträge, die Thomas Lawrence auch außerhalb Englands über den arabischen Aufstand hielt und die Zeitungen, die in großen Artikeln weltweit darüber berichteten.

Ja'far al-Askari kam über den Rasen auf das Gebäude zu. Er gehörte als ehemaliger Generalinspekteur der syrischen Armee Faisals zu seinem Beraterstab. Sein Werdegang, seine Heimat und sein Schicksal glichen dem von Nuri as-Sa'id.

Als er den Salon betrat, hielt er ein Papier in die Höhe und sagte: „Die Entscheidung ist gefallen. Der Emir wird mit seiner Familie ins Exil nach England gehen. In einer Woche wird er mit einem britischen Schiff von hier nach Italien aufbrechen. Das Telegramm kam vor einer Stunde aus Kairo. Er hat angenommen und wird sich mit uns noch heute zusammensetzen."

224

Nur wenig später erschien Faisal selbst. Er hatte die Audienz beendet, stand nun in seiner arabischen Tracht in einer der Türen zum Garten und lächelte den Anwesenden zu. Fast konnte man meinen, er habe sich nicht verändert, seit er ihn zum ersten Mal gesehen hatte, dachte Sari. Ein bisschen mehr Ernst war in seine Züge eingezogen, als er seine weiche und leise Stimme hören ließ: „Allah sei gepriesen, für das, was er an Wundern tut. Ich habe mich vorhin entschlossen das Angebot der Briten anzunehmen und ins Exil zu gehen. Für euch alle wird gesorgt werden. Wir werden für jeden eine Lösung finden. Seid also ohne Sorgen, auch was das Morgen betrifft. So, wie sich das Tor zum Paradies öffnet, so wird sich auch das Tor der Zukunft öffnen. Wir treffen uns heute Abend."

Damit verließ er den Salon und ging mit seiner Frau, den Kindern und den Dienern hinauf in den zweiten Stock, den Lady Newton exklusiv für ihn geräumt hatte. Auch Nuri und Ja'far verließen den Salon und gingen hinüber ins provisorische Büro, das sie in einem benachbarten Haus untergebracht hatten. Auf dem Telegramm hatte auch gestanden, dass die Briten seinem Bruder in Bagdad nahegelegt hatten, das Land zu verlassen, da er als britischer Verbündeter dort zu sehr gefährdet war. Man musste die Situation erst beruhigen. Für beide gab es viel zu tun.

Lady Newton saß mit Sahra in einer Ecke des Salons und hatte alles genau verfolgt. Sie sprach fließend arabisch. Sie war von der jungen Palästinenserin mehr als nur begeistert. Sahras Charme, ihre Ausdrucksweise in perfektem Englisch und ihr Benehmen machten auf sie einen äußerst angenehmen Eindruck. Am liebsten hätte sie die junge Frau bei sich behalten. Aber sie wusste, Sahra war wissensdurstig, wollte studieren und sie hatte sich bereits vorgenommen ihr dabei mehr als nur behilflich zu sein. Sie hatte an einen Freund aus alten Tagen telegraphiert, der einmal Dean an der Universität in Oxford gewesen war. Dort gab es immer Stipendien für Studenten aus dem britischen Empire. Palästina gehörte ja jetzt irgendwie auch dazu. Der hatte eine Anfrage mit persönlicher Referenz an die Universität geschickt und Lady Newton wartete nun auf seine Antwort.

Als das Gespräch später auf den Abschied und die Rück-reise der Nadschars nach Jerusalem kam, bestand die Lady darauf eine Bitte äußern zu dürfen: „Ich wäre Ihnen sehr verbunden, Major, wenn Ihre bezaubernde Schwester noch ein paar Tage länger bei mir bleiben könnte. Sehen Sie, nach all dem Trubel, dem ich mich ja auch sehr gern freiwillig untergeordnet habe, könnte eine alte Dame wie ich leicht in Depression verfallen, wenn sie plötzlich ganz allein wäre. Sahra, Sie haben doch Ferien, möchten Sie noch ein paar Tage länger mein Gast sein?"

Sahra war hocherfreut. „Aber gern, sehr gern", antwortete sie spontan, denn sie liebte es mit der Lady über die Welt zu reden und in ihrer Bibliothek zu stöbern und sie hörte Dinge von ihr, die ihr bisher so noch gar nicht in den Sinn gekom-men waren und die Einstellung einer Araberin zum Leben völlig veränderten. Sari zuckte nur mit den Schultern und lachte: „Wenn sie Ihnen nicht zu sehr auf die Nerven geht, Lady Newton?"

„Wie wunderbar, Sie können ihre Rückreise später leicht im Zug an einem einzigen Tag machen. Wir werden eine sehr schöne Zeit miteinander haben, liebste Sahra."

Vier Tage später saßen Jasmin und Sari wieder zu Hause in ihrem Garten in Lifta. Es war eine warme Sommernacht, voller vertrauter Geräusche. Der Duft einer üppigen Blüten-pracht hing schwer in der Luft. Den Terrassenhang hinauf war überall das Zirpen der Grillen zu hören und in der Nähe vernahmen sie den Schrei einer Eule. Unter den Büschen raschelten die Eidechsen und schossen wie der Blitz über die Platten der Gartenwege. Der Mond stand hell am Himmel. Wie herrlich Jasmin den Garten angelegt hatte.

Sie waren vor einer Stunde aus Haifa zurückgekehrt und entsprechend erschöpft in die Rattansessel unter der Pergola gesunken. Die war vollständig mit Wein überwachsen und die fast reifen Trauben hingen überall herab. Aminah war auf Saris Schulter eingeschlafen und Jasmin ging gerade ins Haus, um sich den Staub der Straße abzuduschen.

Sari schloss die Augen. All die zweifelhafte Politik und die wachsende Unsicherheit um die Zukunft seines Landes und seines Volkes; sie standen so sehr im krassen Gegensatz zu dem persönlichen Glück, das er selbst fühlte. Jasmin war

226

eine hinreißende Frau, Aminah ein gesundes, aufgewecktes Kind, sie hatten finanziell keine Probleme und auch im engeren Familienkreis war alles in Ordnung. Gab es eigentlich so viel Glück? Er erinnerte sich an die gefährlichen Stunden seines Lebens, als er im Krieg so manches Mal um Haaresbreite dem Tod entronnen war und er erinnerte sich, dass er einmal sogar gedacht hatte, er sei schon im Jenseits. Er war ein Glückskind, keine Frage. Seine Mutter hatte nach den Schüssen vom Ostermontag gesagt, Gott habe ein Auge auf ihn geworfen und beschütze ihn. Eigentlich könne er das gar nicht verstehen, hatte er ihr geantwortet. Andere hätten das, aufgrund ihrer Nähe zu Gott, sehr viel mehr verdient als er.

„Versündige dich nicht, Sari", hatte sie darauf streng erwidert.

„Ach, Mama, wenn das die einzige Sünde ist, die man mir vorwerfen kann, so will ich die Strafe dafür geduldig ertragen", hatte er zurück gelacht.

Dann dachte er amüsiert daran, dass er so strafunwürdig aber gar nicht war. Denn die letzte Aktivität seiner Tätigkeit in der Militärregierung war rechtlich äußerst fragwürdig gewesen. Als Hassan gehört hatte, dass Sari seinen Dienst quittieren würde, war er mit dem kleinen Mustafa erschienen.

„Patron, der Mustafa braucht ein legales Zuhause. Er ist doch Kriegswaise und hat keine Identität. Ich will ihn ja gern adoptieren, aber ich trage doch den falschen Namen. Unter dem richtigen erkennt man mich, wenn nicht als Jesiden, dann aber jedenfalls nicht als Araber. Mustafa ist aber Araber und braucht einen solchen Namen. In ein Heim will und kann ich ihn nicht stecken. Er braucht also meinen falschen Namen, um ein richtiger Bürger dieses Landes zu werden." Sari hatte also Hassan unter dem Namen Allam in das Register Jerusalems eintragen lassen und mit einem von ihm selbst abgestempelten Schreiben seine Existenz als zugezogener Iraker bestätigt. Nun konnte die Adoption erfolgen. Dafür wollte er die Strafe gern ertragen. Er lächelte.

Die Verabschiedung in Haifa kam ihm in den Sinn. Lady Newton behandelte seine Schwester wie ihre eigene Tochter. Er hatte das Gefühl, sie hatte etwas Besonderes mit ihr vor. Auch waren die Würfel für Faruk und Leila gefallen. Beide hatten sich entschieden nicht noch einmal nach Europa zu reisen. Ihnen hatte Frankreich mehr genügt, als dass sie England nun auch noch kennen lernen wollten. Nur wenige persönliche Berater und Leibwächter gehörten noch zu Faisals Tross ins Exil.

Faruk und Leila hatten sich entschlossen mit dem Rest der Leibgarde den Weg nach Hause in den Hedschas einzuschlagen. Faruk wollte zu seiner Familie. Als Sari in diesem Augenblick Jasmin anmerkte, wie sehr auch sie sich danach sehnte, hatte er gesagt: „Wäre das nicht auch eine Gelegenheit für uns? Was meinst du, Jasmin?"

„Das meinst du im Ernst?" Und als Sari dies bejahte, war sie ihm um den Hals gefallen und hatte ihm ins Ohr geflüstert, wie sehr sie ihn liebe. Er tat es tatsächlich nicht nur für sie, denn oft waren seine Gedanken am Schreibtisch in die Wüste gewandert und er hatte die Freiheit, den Zusammenhalt und das ungeschminkte Miteinander der Familie Dawud nicht vergessen.

Sie hatten mit Faruk und Leila den 5. Oktober ausgemacht, an dem sie sich im Hafen von Al Wadjh treffen wollten. Dann sollte die Reise weitergehen bis nach Jeddah. Denn auch Leila wollte ihre Familie nahe Mekka besuchen und da die Zeit der Hadsch kam, hatte Faruk sich entschlossen dieses Jahr die fünfte Säule des Islam zu erfüllen. Am Ende hatte sich ihm auch noch Jasmin angeschlossen.

Der Abschied von Haifa wurde dann noch zu einer langatmigen Angelegenheit. Auch Faisal war kurz erschienen und hatte sich persönlich von ihnen verabschiedet. Er wusste, dass Sari mittlerweile frei war und er hatte ihn gefragt, ob er sich gegebenenfalls an ihn wenden dürfe, wenn er ihn brauche. Sari hatte das natürlich bejaht.

So waren sie also heute Morgen nach dem gemeinsamen Frühstück mit reichlich Verspätung abgefahren und heil in Lifta angekommen. Jasmin kam aus dem Haus, nahm die schlafende Aminah von Saris Schulter und brachte sie ins Bett. Als sie zurück war, setzte sie sich auf Saris Schoß und schlang ihre Arme um ihn. Er roch den Duft ihres Haares und fühlte ihren Körper.

„Ich muss dir etwas sagen, Liebster."

„Ja?"

„Ich glaube unsere kleine Familie wird größer. Ich habe seit zwei Monaten keine Blutung."

„Ist das so?"

Sie schaute ihn an und durchschaute ihn sofort. „Du hast es gewusst, du Schuft. Du hast es schon gewusst", rief sie und pochte mit der Faust auf seine Brust.

„Wie könnte ich es geahnt haben, bei einer Frau, die ich so gut kenne, so sehr liebe und die ihre Geheimnisse so gut verbergen kann", lachte er. Dann sahen sie sich an und er stand mit Jasmin im Arm auf und trug sie in ihr gemeinsames Schlafzimmer.

Zwei Wochen später waren die Familien Nadschar und Wallach auf dem Hof in Lifta versammelt. Sahra war vor drei Tagen aus Haifa zurückgekehrt. Sie hatte ein Stipendium an der Universität Oxford in der Tasche und sollte schon in zwei Wochen dort anfangen. Lady Newton hatte bereits für eine Überfahrt und die Unterkunft in England gesorgt und die Kosten dafür übernommen. Die Lehrgebühren waren Teil des Stipendiums und als sich die Frage nur noch um Sahras Lebensunterhalt drehte, erklärte Jasmin sich bereit, die Zinsen ihres Vermögens auf der Bank, mit denen sie bisher ihre Schulausbildung bezahlt hatte, ihr im fernen England zur Verfügung zu stellen.

Das Gepäck war verstaut und Jasmin, Aminah und Sari saßen schon im Transporter. „Kommt gesund wieder", rief Saris Mutter noch, als der Wagen anfuhr und alle zum Abschied winkten.

„Ja", sagte Hassan, der es sich nicht nehmen ließ, die drei mit seinem neuen Transporter persönlich zum Bahnhof zu bringen. „Kommt gesund und glücklich zurück."

Wege der Erkenntnis

DIE REISE führte sie mit dem Zug bis nach Suez. Dort erfuhr Sari aus der Zeitung, dass Faisals Bruder Abdullah, der vor zwei Wochen auf den irakischen Thron verzichtet hatte, mittlerweile mit einem britischen Schiff in Jeddah eingetroffen war. Was auch die Reise bringen mochte, er fühlte sich ruhiger, als er daran dachte, dass in seinem Gepäck seine Mauser-Armeepistole verstaut war.

Am 2. Oktober bestiegen sie das Schiff, das auch sie über Al Wadjh nach Jeddah bringen sollte. Sie hatten die erste Klasse gebucht aber sogleich war klar, dass unter dem, was sie sich unter erster Klasse vorstellten und dem, was das Schiff hergab, der Unterschied in Worten nicht auszudrücken war. Immerhin brachte Jasmin es fertig, dass ihre Kabine noch einmal gründlich gereinigt und wenigstens die Bettwäsche gewechselt wurde. Der große Unterschied zu den Passagieren der unteren Klassen, die das Schiff als Pilger nach Mekka bevölkerten, war, dass sie immerhin eine Nasszelle in ihrer Kabine hatten, die zugleich als Toilette diente. An ihr bissen sich die Reinigungskräfte allerdings die Zähne aus. Jasmin ließ drei Eimer Wasser aufstellen und mit einem nassen Tuch abdecken, so dass die Verdunstungskälte für etwas kühleres Wasser zum Waschen sorgte, als aus dem Hahn tropfte. Jasmin hatte von Simon Wallach viel über Infektionskrankheiten und ihre Ursachen gelernt und ihre Vorsicht war begründet.

Die meiste Zeit verbrachten sie eh unter dem Sonnendach auf dem Oberdeck, wo sogar Stühle bereitstanden, während auf den unteren Decks die Passagiere auf ihren Gepäckstücken saßen. Als Faruk und Leila drei Tage später das Schiff betraten, stellte sich heraus, dass ihre vorreservierte Kabine schon belegt war. Am Ende aller Diskussionen verzichteten sie und die Frauen schliefen mit Aminah in Jasmins Kabine, während Sari und Faruk auf das Oberdeck unter das Sonnendach umzogen. Das Schiff war mit den Pilgern, die zugestiegen waren, völlig überbelegt, ankerte aber zwei Tage später mit seiner kostbaren Fracht sicher vor Jeddah.

Auf der Fahrt berichtete Faruk, dass sie alle im Wohnpalast der Haschimiten wohnen konnten. Emir Abdullah wäre froh, sie bei sich aufzunehmen. Er brauchte Informationen und die Einschätzung seines Bruders Faisal über die Absichten der Briten. Und so wartete bereits eine Gruppe von zwei Wächtern mit acht schwarzen Sklaven, als sie aus der Barkasse stiegen, die sie vom Dampfschiff an den Kai gebracht hatte. Für moderne Motorschiffe war das natürliche Hafenbecken von Jeddah, mit dem vorgelagerten Korallenriff, nicht tief genug. Die mussten draußen Anker werfen.

Vom Oberdeck aus hatten sie auf die weiße Stadt geblickt, die wie schwebend zwischen dem Himmel und seiner Spiegelung im Geflimmer der Hitze hing. Ein Dunst, der alle Farben auslöschte. Der blendende Glanz eines meilenweiten Meers von Sand verlor sich dahinter gegen den Saum einer niedrigen dunklen Hügelkette. Arabiens Mittagsglut machte sie alle stumm. Auf dem Meer hatten sie die immer weiter ansteigenden Temperaturen wegen des konstanten Fahrtwindes nicht so extrem wahrgenommen. Doch jetzt, selbst noch im Oktober, waren die Hitze und die Luftfeuchtigkeit enorm. Sari verglich das Klima mit dem heißen Baderaum in Lifta und innerhalb kurzer Zeit waren alle schweißnass.

Auf Maultieren und Kamelsänften ging es über eine stickige Straße in die Stadt. Die Luft war angefüllt von einem Moderduft, der die Ausdünstungen ihrer Lebewesen preisgab. Aber die Stadt war ausgestorben; die Mittagshitze hatte hier alles fest im Griff. Kein Laut war zu hören, kein Hundegebell, kein Kindergeschrei. Die Stadt, die umgeben war von einer Mauer, die den Hafen mit einschloss, lag im Hitzekoma. Bis zu vierstöckige, weiß gekalkte Häuser, erbaut aus Blöcken von Muschelschalen, Korallen und Lehm, wiesen anstelle der Fenster luftige Holzvorbauten und Balkone auf, die abends versuchten eine frische Brise vom Meer einzufangen und durch die Räume zirkulieren zu lassen. Jedes Stockwerk überragte dabei das andere, kein Fenster saß gerade, und oftmals standen selbst die Wände schief.

Der Palast bestand aus einem, um einen Innenhof herum gebauten Gebäude, von dem die einzelnen Räume über Balustraden erreichbar waren. Dadurch, dass sie nach außen und nach innen hin offene Fenstervorbauten aufwiesen, kühlte ein permanenter Luftzug aus dem, mit einem breiten Wasserspiel versehenen überdachten Innenhof. Als das große

Eingangstor geschlossen war, kam ihnen Emir Abdullah entgegen. Er war kleiner als Faisal und hatte bereits eine rundliche Figur. Seinem charismatischeren, jüngeren Bruder hatte er früh die Hauptinitiative im Norden überlassen und sich lange Zeit an der türkischen Besatzung von Medina die Zähne ausgebissen.

Sein Vater herrschte als Sherif über die heiligen Stätten des Islam. Die Haschimitendynastie ging auf den Urgroßvater des Propheten Mohammed, Haschim al-Mana'af, zurück und in ununterbrochener männlicher Linie auf Hassan, den ersten Sohn von Fatima, der Tochter des Propheten. Im Jahr des arabischen Aufstands gab sein Vater sein Amt kurz an seinen ältesten Sohn Ali Haidar ab und ließ sich selbst zum König von Arabien ausrufen, nahm aber den Titel des Sherifen ein Jahr später wieder an. Momentan gab es im Wohnpalast in Jeddah genügend freie Zimmer, da Sherif Hussein über den gesamten Sommer in seiner Felsenfestung bei Mekka weilte, von wo schon seine Vorfahren ausgeritten waren, um sich als Wüstenräuber und Wegelagerer zu betätigen.

Später saßen die Männer der Hausgesellschaft auf der Dachterrasse auf großen Teppichen und weichen Kissen in der kühler werdenden Abendbrise und ließen sich von Sklaven bedienen. Neben Sari, Faruk und dem Emir war auch General Ghaleb Pascha Sha'alan, der Berater Abdullahs, zugegen. Der ehemalige osmanische Gouverneur der Hedschas Region war vom Sherifen, damals, bei der Einnahme von Mekka 1916, festgesetzt und an die Briten ausgeliefert worden. Ghaleb Pascha war in den Aufbau einer Armee der Hisbollah aus indischen Freiheitskämpfern verwickelt gewesen, die von Medina aus die Kriegswirren nutzen wollten, um die britische Herrschaft in Indien endgültig zu beenden. Nun war der alte General mit dem gewaltigen Schnauzer in die Dienste genau des Haschimiten getreten, dessen Vater ihn einst gefangen genommen hatte.

Nachdem Faruk von Faisals Entmachtung, Allenbys Verhalten und vom Aufenthalt in Haifa erzählt hatte, fragte Abdullah: „Und wie steht es mit dem britischen Mandat?"

Sari, an den die Frage gerichtet war, antwortete: „Jedem Araber in meiner Heimat ist klar, was das britische Mandat bedeutet. Aber jetzt werden sich die Briten nicht nur um uns kümmern müssen. Sie werden auch durch die Juden bedrängt, ihre Versprechen einzuhalten."

„Bei Allah, so ist es", sagte Abdullah. „Um uns bei Englands Fahnen zu halten, erklärten diese Herren uns den feinen Unterschied zwischen einem jüdischen Staat, den England nicht wünsche, und einem britisch begrenzten Siedlungsgebiet, das man den zerstreuten Juden gefahrlos überlassen könne. Um die Juden ihrerseits finanziell bei Laune zu halten, erklärten sie sie gleichzeitig für die zukünftigen Herren des Landes. Jetzt tritt den Juden und uns die Reichweite dieser Nuancen zutage: Nicht sie, nicht wir und kein anderer bekommt Palästina; es bleibt unter britischer Herrschaft. Wir werden uns jedoch nicht mit allem abfinden. Die Briten brauchen nach dem Krieg Frieden in der Region." Und mit süffisantem Unterton fügte er hinzu: „Dazu brauchen sie unsere Zustimmung und sie sollen sie bekommen, inscha'lah. Aber nichts wird umsonst sein."

Ghaleb Pascha lachte. Abdullah war bekannt dafür, dass er Geld und Geschenke über alles liebte. Ein britischer Diplomat hatte Sari einmal erzählt, wie vor Jahren sein Geschenk an den Haschimiten, eine Armbanduhr, Abdullah dazu gedient hatte, sich eine neue Frau zu kaufen. Wenn etwas bei ihm zu erreichen war, dann mit Geld und mit Geschenken. Sari war froh, als die Gesellschaft endlich aufgehoben wurde. Abdullah konnte dem ruhigen, verlässlichen Faisal das Wasser nicht reichen. Er schien listig und verschlagen, käuflich und bauernschlau und immer auf seinen Vorteil bedacht. Die Zeitung aus Suez hatte über einen hohen britischen Beamten in Bagdad aufgedeckt, dass er fünftausend Pfund Sterling für seinen Thronverzicht im Irak angenommen hatte.

Der nächste Tag stand ganz im Zeichen der Reisevorbereitungen nach Mekka. Als die Geschwister Tags darauf ihre weißen Pilgergewänder angelegt hatten, traf gerade eine Gruppe Banu Saad ein, die Scheikh Ibrahim für Leila ausgeschickt hatte, um seine Tochter nach Hause zu holen. Und so verließen am frühen Morgen zwei Karawanen mit unterschiedlichen Zielen die Stadt.

Sari hatte sich eine Kamelstute gemietet und zog mit Aminah, die er vor seinem Bauch in einem Tuch trug, in einer langen Reihe von Menschen und Tieren mit der Pilgerkarawane Richtung Osten. Ein pittoreskes Bild, wo Sklaven ihre weiß gekleideten Herren und Herrinnen in Sänften trugen, bezahlte Begleiter Reittiere führten oder einzelne Fußgänger durch den Sand stapften, jeder darauf bedacht, unter Sonnenschirmen oder ganzen Sonnendächern, die auf Kamelen befestigt waren, der Hitze Herr zu werden. Ein beschwerlicher Weg hinauf in die Berge, den ganzen Tag durch weichen Sand, vorbei an Granitfelsen, die zerkleinert von Hitze und Wind, und fast schwarz gebrannt von der Sonne, aussahen, wie dunkle Schutthügel inmitten eines rotgelben Sandmeers. Nach zwei Stunden verabschiedete sich Sari von Faruk und Jasmin und ritt zurück. Ihm war, als Christ, der Zutritt nach Mekka sowieso verboten und er wollte mit seiner kleinen Tochter noch vor der Mittagsglut zurück sein. In sechs Tagen wären die Pilger wieder in Jeddah.

Vier Tage lang beschäftigte sich Sari nur mit Aminah. Wie sehr er dieses Kind liebte. Sie hatte schon lange begonnen zu laufen und fing jetzt an zu sprechen, wobei sie englische, arabische und manchmal sogar deutsche Worte durcheinander plapperte. Jasmin pflegte Arabisch mit ihr zu reden und Sari tat das auf Englisch. Sie nahmen am Leben der Stadt teil, das nur am frühen Morgen oder am späten Nachmittag bis tief in die Nacht stattfand, gingen zum Hafen, wo die Schiffsbauer die traditionellen Daus fertigten, ließen sich von einem Eselsführer an den Strand außerhalb der Stadtmauer zum Baden bringen, wobei Sari neben dem Esel herging und aufpassten musste, dass Aminah nicht vor lauter Übermut herunterfiel und sie machten auf einem Ruderboot eine Schifffahrt vor der Küste. In der Stadt gingen sie durch schattige, winklige Gassen, deren Belag aus feuchtem, festgetretenem Sand bestand, sahen zu, wie der Mahlstein einer Getreidemühle von einem Kamel mit abgedeckten Augen angetrieben wurde, das seinen permanenten Weg im Kreis mittlerweile tief in den Boden des Kellergewölbes eingetreten hatte und wie gleich nebenan ein alter jüdischer Silberschmied mit großer Kunstfertigkeit Schmuck und andere Gegenstände anfertigte.

Sari kam mit ihm ins Gespräch und angesprochen auf das Verhältnis von Juden und Muslimen in Jeddah, verstand der Alte Saris Frage gar nicht. „Wie meinst du das", murmelte er kopfschüttelnd, ohne dass er von seiner Arbeit aufblickte? „Meine Familie lebt hier seit mehr als fünfhundert Jahren. Die Synagoge ist im Haus eines Glaubensbruders und keiner macht einen Unterschied zwischen Juden und Muslimen. Auch wenn der Glaube verschieden ist, keinen stört das wirklich. Woher kommst du denn, dass du so etwas fragst?"

„Aus Jerusalem."

„Aus Jerusalem!" Er blickte auf. „Ich war vor vielen Jahren einmal da. Die Stadt Davids", sinnierte er. „Ein bisschen verwahrlost waren ja ha-Kotel und das Plateau neben dem Felsendom schon. Aber an der Heiligkeit tat das nichts, denn tiefer Frieden lag über den Stätten. Juden, Christen und Moslems begegneten sich überall mit viel Respekt. Jeder ging wohin er wollte. Wie steht es um mein Jerushalaim?"

„Leider nicht mehr so gut", sagte Sari. „Es gibt Auseinandersetzungen und Kämpfe zwischen Juden und Arabern."

„In Jerusalem? Wie kann das sein? Das ist kaum zu glauben. Was ist dort geschehen", fragte der Alte interessiert?

„Die Zionisten kämpfen für eine jüdische Heimstätte und die Araber wehren sich."

„Was sind Zionisten? Was ist eine jüdische Heimstätte? Von was redest du, Fremder?"

„Die Zionisten wollen im Heiligen Land einen Staat gründen, als Zufluchtsort für die Juden dieser Welt."

Der Alte lachte laut auf: „Für die Juden dieser Welt? Die können im Gelobten Land doch gar nicht alle leben. Wie soll das geschehen, wenn alle Juden der Welt dorthin gehen? Wir werden uns gegenseitig tottreten. Für wen soll er also sein, der Zufluchtsort? Leben denn dort nicht schon Menschen?"

„Natürlich leben dort Menschen, wovon jetzt aber viele ihr zu Hause verlieren. Die Zionisten sagen, Juden hätten einen biblischen Anspruch darauf, kaufen immer mehr Land von den Besitzern auf und vertreiben die Bewohner."

„Und das lassen sich die Bewohner gefallen?"

„Eben nicht. Deshalb gibt es ja den Streit."

Der Alte setzte sich aufrecht hin und sagte: „Höre Fremder, das ist doch Unsinn. Wahrscheinlich hast du nur etwas falsch verstanden. Keiner hat jemals einem anderen ein gan-

zes Land abgekauft. Das Gelobte Land kann man doch gar
nicht aufkaufen. Willst du es besitzen, musst du es erobern.
Wir Juden kämpfen aber nicht. Wir glauben an Gottes Gerechtigkeit, denn er weist uns den Weg. Und nur dann wird
der Messias kommen und uns alle erlösen. So steht es in den
Büchern und das ist unser Glaube. Du musst also etwas über
die Juden falsch verstanden haben. Wir wollen uns um diesen
Unsinn nicht streiten." Damit widmete er sich wieder seiner
Arbeit und Sari verstand, dass der gute Mann von all dem,
was Palästina erschütterte, überhaupt keine Ahnung hatte. Er
lebte hier seit Generationen in Harmonie mit den Arabern,
hatte vom Zionismus noch nichts gehört und konnte das mit
seinem Judentum auch gar nicht in Verbindung bringen.

Sari erwarb von ihm ein silbernes Kajal Fläschchen, als
Geschenk für Jasmin, wenn sie als Hadscha aus Mekka zurückkehren würde.

Tags darauf kam ein Bote. Faruk und Jasmin waren von
Sherif Hussein in seine Felsenburg bei Mekka eingeladen
worden. Sie waren daraufhin überein gekommen, die Heim-
reise in den Norden über die kühleren Berge auf dem Landweg anzutreten. Leila war schon benachrichtigt. Sari sollte
sich also mit Aminah und dem Gepäck auf den Weg nach
Mekka machen. Der Felsenpalast lag weit außerhalb der
Stadt und der Sherif hatte für ihn, den Christen, die Verantwortung übernommen. Er sollte von seinen Gardisten um die
Stadt in den Palast geleitet werden.

Die warteten am nächsten Abend, wie verabredet, weit vor
der Stadtmauer von Mekka. Sie war umgeben von einem
Zeltdorf, das die Pilger außerhalb der Mauern aufgenommen
hatte, da Mekka, von seiner Größe her, gar nicht in der Lage
war, den jährlichen Ansturm der Gläubigen aufzunehmen.
Den Unrat und die menschlichen Hinterlassenschaften einer
ganzen Woche hatten die Pilger einfach liegengelassen. Die
Hadsch war zu Ende und sie waren Sari und Aminah in einer
endlosen Prozession den ganzen Weg zurück nach Jeddah
entgegengekommen. Der Geruch jedoch, den sie vor den
Mauern hinterlassen hatten und der bis zu ihnen drang, sollte
noch so lange vorhalten, bis die Stadtbewohner den Dreck in
ein paar Tagen endgültig beseitigt hatten.

Der Weg führte sie zwischen den Hügeln hindurch nordwärts, in weitem Bogen um die staubige Stadt. Die teils recht hohen Gebäude ließen einen Blick auf das muslimische Heiligtum von außen nicht zu, aber man erkannte, dass die Stadt um die Kaaba herum gebaut sein musste. Den Felsenpalast sahen sie, nachdem sie den Halbbogen abgeschlossen hatten, strategisch günstig gelegen, auf der Kuppe eines Berges, der die Gegend überragte.

Als sie den Fuß des Berges erreichten, standen dort eine Menge Leute auf einem großen Platz, der umgeben war von mehreren Gebäuden mit Rundbogenöffnungen, die Sari als Stallungen und Wirtschaftsgebäude ausmachte. Sari zahlte seinen Führer aus, der mit seinen drei Kamelen morgen früh leicht eine Gruppe Pilger finden würde, die er zurück nach Jeddah bringen konnte.

Die Menschen auf dem Platz drängten sich um zwei Tische, an denen je zwei Beamte saßen, die offensichtlich eine wichtige Funktion ausübten. Sari und Aminah saßen auf dem Gepäck, als ein Junge auf sie zukam: „Verzeih meine Aufdringlichkeit, Saidi, bist du der Christ, der erwartet wird?"

„Ja, mein Junge, und wer bist du?"

„Said, ich bin Munir ibn Hanif. Der Sohn des Stallmeisters über alle Pferde des Sherifen, gepriesen sei sein Name." Dann stellte er sich in Positur und verkündete mit Stolz: „Mein Vater, Hanif ibn Alam Abd al-Hejawi, ist der Gebieter über dreizehn Sklaven, zwei Pferdeärzte und vier Diener."

Sari nickte anerkennend mit dem Kopf, was den kleinen Burschen nur noch stolzer machte. „Also Munir, was machen all die Leute hier?"

„Said, sie bringen meinem Herrn den Anteil an den Einnahmen der Hadsch und bekommen dafür die Erlaubnis auch im nächsten Jahr ihre Geschäfte weiterführen zu dürfen."

„Welche Geschäfte?"

„Mein Herr, der Sherif und Emir von Mekka, gepriesen sei sein Name, vergibt Genehmigungen an die Bürger von Mekka und Mina mit den Pilgern während des Ihram Geschäfte aller Art ausüben zu dürfen. So bekommen einige Familien die Erlaubnis für die Versorgung der Pilger mit dem Fleisch von Hammeln und Schafen, andere dürfen Gold und Silber wechseln, wieder andere sind für das Brot, Datteln und Früchte oder auch die Unterbringung in den Zelten zuständig. Auch für den Transport nach Mina und den Berg Arafat sind Genehmigungen erteilt. Die Bewohner leben von diesen Einnahmen, die die Pilger ganz besonders während der Hadsch nach Mekka bringen. Ein Teil dieser Einnahmen steht meinem Herrn zu. Heute bezahlen die Bürger und erhalten die Erlaubnis die Pilgerreisenden der Umra für das ganze nächste Jahr zu versorgen. Einzig der Verkauf des heiligen Wassers aus dem Brunnen Semsem untersteht dem Sherifen und den Imamen der großen Moschee."

„Sollst du uns abholen", fragte Sari nun weiter?

„Ja, Saidi, ich bin gleich zurück." Damit entfernte er sich rasch und war bald darauf mit vier Trägern und vier Eseln zurück. Beim Abmarsch fiel Sari ein Mann hinter den Tischen der Geldzähler auf, der auch ihn jetzt sorgsam musterte. Er war Jude, wie er aus seinem Äußeren schloss. Die Art seines Turbans, die Pluderhose, die Schärpe um den Bauch und der offene schmucklose Mantelumhang, aus dessen weiten Ärmeln die überlangen Ärmel seines Hemdes hervortraten, gaben davon Zeugnis. Ein langer Bart, der seinem Gesicht etwas Mildes gab, fiel fast bis auf seine Brust. Er nickte Sari kurz zu und beobachtete dann wieder das Treiben an den Tischen.

„Wer ist dieser Mann, Munir", fragte Sari, als sie den Platz verließen?

„Said, das ist Shimon Eliasch Bey, der Schatzmeister des Sherifen, gepriesen sei sein Name. Er überwacht alle Einnahmen und ist der Gebieter über das Geld meines Herrn. Seine Weisheit ist grenzenlos und seine Künste sind unerreicht."

„Er ist Jude?"

„Er ist zum Islam übergetreten, Said. Sonst dürfte er in Mekka nicht leben."

Sie folgten dem steilen, gewundenen Pfad aufwärts und Sari inspizierte die Burg, die aus massiven hohen Gebäuden aus Stein und Lehm in einem geschlossenen Viereck errichtet war. Nach außen hin wiesen die lehmverputzten Außenmauern, außer schießschartenähnlichen Löchern, kaum Fenster-

öffnungen auf. Auf den Flachdächern erkannte man dreiecki-
ge Zinnen. Durch das Eingangstor, das als kompakter Block
vor ein Gebäude mit einem Turm gebaut worden war, erreichten sie durch einen immer noch ansteigenden Tunnel
den Innenhof. Was von außen so feindselig und abweisend
aussah, in dem vegetationslosen, steinigen Land, war von
innen ein kleiner Garten Eden. Rund um den Hof befanden
sich Wohnungen, die über Stiegen und Säulengänge erreichbar waren. Einige Ställe und Abstellkammern lagen ebener-
dig. Ein Brunnen plätscherte in der Mitte des Hofs und die
Pflastersteine wurden unterbrochen von Dattelpalmen, Bäumen und Büschen. Von den Balkonen hingen teilweise
Grünpflanzen mit überschwänglicher Blütenpracht herab. Ein
großer Teil des Hofs war von Zeltplanen übergedeckt.

Sari atmete tief durch. Der Abend war kühl, die Tageshitze
war verschwunden und die Luftfeuchtigkeit, die ihm in Jeddah noch fast den Atem genommen hatte, war hier nicht
mehr spürbar. Auch Aminah ging es prächtig als er sie vom
Esel hob. Denn da war sie auch schon nicht mehr zu halten
und rannte auf ihren kurzen Beinchen, so schnell sie konnte,
auf ihre Mama zu, die an einem der Säulengänge stand.

„Mama, Mama", rief die Kleine laut und flog in Jasmins
Arme. Sari blickte auf seine kleine Familie. Er war stolz und
glücklich. Jasmin trug noch immer ihr weißes Kopftuch, das
ihr Gesicht fest umrahmte, das sie während der Hadsch nicht
abgelegt hatte und das ihrer außergewöhnlichen Schönheit
keinen Abbruch tat.

Sari wandte sich an Munir und gab ihm einige Münzen.
„Munir, du bist ein verlässlicher Mann. Verteile das Geld an
die Männer, die dir geholfen haben und sei gerecht, dann
wird auch dir Gerechtigkeit widerfahren."

„Allah ist mein Zeuge, Said, es wird geschehen, wie du gesagt hast. Wenn du etwas brauchst, schicke nur nach mir."

Nun nahm auch Sari seine Jasmin in die Arme. „Hadschun
mabrur wa sayun maschkur", sagte er und die Träger folgten
ihnen mit dem Gepäck in ihre und in Faruks Wohnung im
dritten Stockwerk. Je zwei Wohnungen waren immer durch
einen gemeinsamen Gang erreichbar, an dessen Ende sich
eine der Luken in der Außenwand befand, die Sari bei der
Ankunft aufgefallen waren. Jetzt verstand er ihren Sinn.

Durch den Flur wehte ein permanenter Luftstrom, wie durch einen Kamin, der über eine Öffnung in der rückwärtigen Schlafkammer in den Wohnraum und durch das große Fenster zum Innenhof wieder hinauszog. In der Wohnung gegenüber waren Leila und Faruk untergebracht. Als Jasmin und Sari wenig später in ihrer Schlafkammer am Fenster zum Zwischengang standen, merkten sie erst wie sehr sie sich vermisst hatten. Es war das erste Mal, dass sie ohne Unterbrechung sechs Tage voneinander getrennt gewesen waren und umso heftiger fiel jetzt ihre Wiedersehensfreude aus.

Sie lagen auf den Kissen ihres Wohnraums und schauten durch das große Fenster in den Sternenhimmel. Von unten konnten sie die Geräusche des Innenhofs wahrnehmen. Aminah war zwischen beiden eingeschlafen.

„Leila ist gestern angekommen. Ich fürchte unser Aufenthalt wird länger dauern, als geplant", sagte Jasmin. „Die Wehen haben unterwegs eingesetzt, und kommen jetzt immer schneller. Normalerweise ist es noch einen Mond zu früh, aber die Reise muss ihr zugesetzt haben. Sie wird von zwei Frauen seit ihrer Ankunft betreut und liegt in ihrer Wohnung. Faruk kommt heute Abend von einem Ausritt mit dem Sherifen zurück, der ihm seine Falken vorführen wollte. Er konnte nicht absagen, ist aber in großer Sorge."

Im Innenhof wurde Pferdegetrappel hörbar und Anweisungen wurden gegeben. Kurze Zeit später klopfte es an ihrer Tür. Sari ließ Faruk herein und beide lagen sich in den Armen. „Ach min kull achu, es ist gut, dass du gesund hier angekommen bist. Allah liebt dich sehr. Du weißt das?"

„Hadschi Faruk ibn Omar Tarek Ben al-Dawud von den Beni Safar vom Stamm der Harb, du bist wie ein Sonnenstrahl in der Dunkelheit, wenn du eintrittst. Dein Glück soll ewig sein, wie das Licht das du verbreitest."

„Ja, das mit dem Glück, das wird sich jetzt beweisen. Ich habe große Sorgen um Leila und ihr Baby. Verzeiht, wenn ich gleich zu ihr gehe und nicht länger bleiben kann."

„Geh nur, Faruk", sagte Jasmin. „Sie braucht dich jetzt sehr. Wenn es soweit ist, dann hole mich."

Damit war er auch schon draußen und sie hörten, wie die Tür von gegenüber geöffnet wurde.

„Wie ernst ist es, Jasmin?"

„Ich weiß nicht, aber sie wird das Kind hier bekommen."

Tief in der Nacht wurden sie durch Schmerzschreie und laute Stimmen auf dem Flur geweckt. Die Kammer, wo Leila lag, war nur durch den Gang von der ihren getrennt.

„Ich glaube, es ist so weit. Ich werde hinübergehen", sagte Jasmin und war auch schon auf den Beinen, um sich anzuziehen. Sari fragte, ob er mit solle, aber Jasmin verneinte lächelnd. „Was sollst du schon dabei helfen? Das ist keine Männersache. Bleib du nur hier bei Aminah, das ist besser so."

Als sie an der Tür klopfte erschien Faruk. Er sah verzweifelt aus. „Jasmin, alles geht schief. Sie hat schon zwei Stunden lang große Schmerzen."

Sie ging in die Schlafkammer, wo zwei Frauen und ein Hakim um Leila herumstanden. Die lag auf dem Bett; ihr Gesicht war schweißnass und ihre Haare verklebt. Sie war völlig erschöpft und wimmerte. Der Unterkörper war abgedeckt und eine dritte Frau machte sich mit ihren Händen unter der Decke zu schaffen. Der Hakim stand daneben und fragte oder gab Anweisungen.

Leila schrie auf vor Schmerzen. „Sie drückt und drückt, aber das Baby kommt nicht. Es liegt nicht richtig", sagte die Alte resignierend und zog die schmutzigen, blutverschmierten Hände hervor.

Jasmin platzte der Kragen. „Geh weg und gib mir eine Schere", herrschte sie die Frau an und zu den anderen beiden gewandt: „Lauft und holt mehr heißes Wasser, Seife und saubere Laken, aber schnell."

Sie nahm die Decke von Leilas Unterleib und schnitt mit der Schere die Kleider auf, die sie immer noch an hatte. Der Hakim sah verschämt zur Seite. Alles war voller Blut. Leila musste viel verloren haben. Als Jasmin auf Leilas prallen Bauch sah, erkannte sie, dass das Baby quer lag. Es musste sofort etwas geschehen. Was nun vor Jasmin ablief, war in ihr eingebrannt. Alles hatte sie mit Edith vor ihrer eigenen Geburt in Jerusalem wieder und immer wieder besprochen, jede Möglichkeit oder Komplikation durchdiskutiert und sie hatte später sogar unter Ediths Anweisungen mit einer Puppe die verschiedenen Geburtslagen zu imitieren versucht.

„Leila, hör mir zu. Dein Baby liegt quer, es kann so nicht hinaus. Ich werde es drehen und dann wirst du das Kind hinauspressen. Hast du verstanden?" Leila nickte erschöpf.

Sie warteten, bis die Frauen mit dem Wasser und den Laken zurückkamen. „Keiner fasst sie mehr ohne gründlich gewaschene Hände an!" Jasmins Stimme war mehr als energisch. Sie wusch sich mit Seife gründlich die Hände und Unterarme im heißen Wasser und befahl das den anderen ebenso. Dann schob sie eines der Laken vorsichtig unter Leilas Unterleib, um die verschmutzte Unterlage abzudecken. Sie legte ihre Hände auf Leilas Bauch und tastete und fühlte; der Kopf lag links und Jasmin wusste, was zu tun war. Langsam aber stetig drehte sie den kleinen Körper. Er wollte nicht, wollte zurück und sie musste dazu all ihre Kraft aufwenden. Aber endlich rutschte der Kopf in den Muttermund. Leila stöhnte laut auf.

„Hört zu", sagte sie zu den Frauen. „Hebt Leila auf, in eine Hockstellung und stützt sie in ihren Achseln."

Leila war schon so schwach, dass sie sich nicht mehr allein halten konnte. Jasmin kniete sich vor sie hin, sah ihr in die Augen und rief laut: „Leila, press dein Kind heraus. Press, bei Allah, press."

Leila presste, stöhnte laut und Jasmin half ihr mit den Händen, so gut sie konnte. „Es kommt, es kommt. Ich kann den Schädel fühlen. Press Leila, press."

Aber sie war zu schwach. „Leila", herrschte sie sie jetzt an. „Press, sonst wirst du sterben. Komm, zusammen." Und sie hielt ihren Kopf und imitierte das Pressen vor Leilas Augen. „Eins, zwei und – drei."

Ein lauter Schrei war Leilas Antwort und der Kopf des Kindes erschien zwischen ihren Beinen. Sie sackte ohnmächtig zusammen. Jasmin packte den Kopf und zog den Körper mit einer letzten Kraftanstrengung heraus. Ein Schwall von Blut, Plazenta und Fruchtwasser folgte. Die Frauen legten Leila nieder und Jasmin hielt das Baby in die Höhe. Es atmete nicht. Sie packte es an den Füssen und gab ihm einen Klaps auf den Hintern und dann noch einen und noch einen, bis das kleine Etwas röchelte und seinen ersten Schrei ausstieß. Sie gab das Kind der Alten, die die ganze Zeit staunend zugesehen hatte und nun das Baby reinigte und von der Nabelschnur abtrennte. Es war ein Junge, noch klein und sein Kopf tiefblau angelaufen, aber ansonsten schien er gesund zu sein.

Als das Kind den Schrei ausstieß, konnte sich Faruk im Wohnraum nicht mehr beherrschen und war eingetreten. Er sah das kleine Wesen und erschrak über Leilas Zustand. Er wollte zu ihr und helfen, aber Jasmin rief ihn zurück: „Faruk, du wirst sie nicht berühren! Auf deiner Haut lebt auch der Tod. Sie kann daran sterben, wenn du sie jetzt anfasst."

„Nehmt alles, was hier auf dem Bett ist und werft es hinaus", gab sie nun Anweisung und die Frauen folgten ihr aufs Wort. „Nur die frischen Laken bleiben. Dann reinigt euch gründlich die Hände und Arme im heißen Wasser, und wascht Leila mit einem heißen Laken sauber." Als sie die junge Mutter in das frische Bett und ihr das Baby auf den Bauch gelegt hatten, bemerkte Jasmin wie erschöpft sie selbst war. Sie legten ein frisches Laken zwischen ihre Beine, denn die Blutung hatte noch immer nicht ganz aufgehört. Der Hakim trat dazu und weckte Leila mit einem Fläschchen auf, das er ihr unter die Nase hielt.

„Sie muss wach bleiben", sagte er. „Lasst sie nicht sofort einschlafen, sie könnte erneut ins Koma fallen. Erst später. Sie muss noch wach bleiben."

Faruk hatte sich zweimal die Hände und Arme gereinigt und hob nun seinen Sohn in die Höhe. „Allah, du gibst und du nimmst. Lass dieses Kind leben und deine Wunder an ihm geschehen. Es soll deinen Namen tragen. Es ist mein Sohn und ich danke dir im Namen meiner Familie, die du mit Majjid ibn Faruk so reichlich beschenkt hast." Er küsste den Knaben auf Stirn und Mund und verneigte sich mit ihm in Richtung der Kaaba. „In deinem Namen geschehe seine Fahrt durch das Leben und seine Ankunft bei dir."

Dann legte er das Baby zurück auf Leilas Bauch und die lächelte kurz.

„Niemand wird Leila ohne gründliche Reinigung der Hände und Arme mehr anrühren. Das Wasser hat immer heiß zu sein, ihre Bettlaken und Hemden immer sauber. Ihr seid dafür verantwortlich", sagte Jasmin jetzt zu den Frauen. Dann streichelte sie Leilas Wange und ging hinaus. Die schaute ihr nach, bis sie draußen war.

Erst jetzt bemerkte Jasmin, dass der Tag schon graute. Sie stellte sich an das große Fenster und sog die frische Luft ein. Sie dankte ihrem Gott, war sich aber auch sicher, dass ohne all das Wissen, das ihr Edith vermittelt hatte, sie Leilas Kind nicht zur Welt gebracht hätten. Wie viele junge Mütter der Beduinen starben bei der Geburt oder im Kindbett. Allah hatte sicherlich mit dem Leben zu tun, aber auch die Menschen mussten dafür ihren Beitrag leisten. Es konnte nicht sein, dass man alles Glück oder Unglück auf Allah abwälzte und sich dem Schicksal einfach so ergab. Und ihr war bewusst, dass Leila noch nicht über den Berg war, falls sie sich schon vorher infiziert hatte. Hygiene und Sauberkeit waren so immens wichtig. Doch jetzt war sie einfach nur glücklich.

Die Tür ging auf und der Hakim kam aus der Kammer. „Sie hat viel Blut verloren und braucht lange Zeit Ruhe. Sie muss gut gepflegt werden. Ich habe die Anweisungen gegeben und werde heute Mittag wieder nach ihr sehen. Woher weißt du so viel, trotz deiner jungen Jahre, Herrin?"

„Ich weiß gar nicht viel, usta'as. Es gibt Menschen, die so viel mehr wissen als ich. Von denen will ich lernen. Die Welt ist voller Wissen. Ich werde versuchen davon so viel aufzunehmen, wie ich kann. Ich will erst noch Ärztin werden."

„Dann wirst du eine große Heilerin sein. Schon jetzt hast du deiner Schwägerin das Leben gerettet. Wie viel mehr Leben wirst du retten, wenn du erst dein Wissen vervollständigt hast. Allah sei mit dir, ein ganzes Leben lang, auf dass du ihn durch deine Taten preisen kannst." Damit zog er sich mit einer tiefen Verbeugung zurück, indem er seine rechte Hand dreimal an die Stirn führte.

Jasmin erschrak, als sie bemerkte, dass sie in aller Eile ihr Kopftuch gar nicht angelegt hatte. Sie hatte sich vorgenommen das Tuch so lange zu tragen bis sie Mekka wieder verlassen hatte. Aber Allah musste ihr das offensichtlich verziehen haben. Sie würde das Tuch dennoch sogleich wieder anlegen.

244

Es klopfte an der Tür und Sari trat mit Aminah auf dem Arm herein. „Ich habe den Hakim herauskommen hören. Ich wollte nicht stören. Er sagt, es ist alles gut gegangen?"

„Wir werden es morgen wissen, wenn Leila kein Fieber bekommt. Das Kind ist wohlauf. Es ist ein Junge und Faruk ist stolz wie ein Hahn."

Sari nahm Jasmin in seine Arme und hielt sie fest. Faruk kam aus der Kammer. „Sie schläft jetzt. Eine der Frauen bleibt bei ihr", sagte er leise und küsste Jasmin auf die Stirn. „Was habe ich getan, mit einer Schwester gesegnet zu sein, wie du es bist. Die Frauen sprechen von dir als eine Wunderheilerin." Und dann fügte er besorgt hinzu: „Der Kopf des Kindes ist so blau wie das Meer. Wird er immer so aussehen?"

„Faruk, ana bahebak", lachte sie. „Auch du hattest blaue Flecken, wenn du dich mit Raschid geprügelt hast. Dein Sohn hat heute seinen ersten Kampf bestanden und eben auch blaue Flecken davongetragen. Sie werden vergehen, wie auch deine vergangen sind."

„Allah und du, teure Schwester, ihr sollt gepriesen sein, bis in alle Ewigkeit", sagte er und ließ sich erleichtert auf eines der großen Kissen fallen.

Als Jasmin sich endlich in ihrer Kammer hinlegte, schlief sie fest bis zum späten Nachmittag. Sie hörte selbst die Sklaven nicht, die jeden Morgen die Wohnungen reinigten, die Nachttöpfe entleerten und frisches Wasser in Krügen und Schüsseln bereitstellten.

Ihr erster Weg führte sie zu Leila. Die hatte etwas gegessen und ihr Baby gestillt, aber sie hatte zu wenig Milch. Dann war sie wieder eingeschlafen. Als Jasmin fühlte, dass sie kein Fieber hatte, dankte sie ihrem Gott. Das Kind lag schlafend in den Armen der Amme, die es gesäugt hatte.

„Der Hakim sieht alle zwei Stunden nach uns. Es ist kein Blut mehr am Laken. Er ist sehr zufrieden", sagte sie. Die Frauen wechselten sich ab.

Jasmin stieg die Treppen hinunter in den Innenhof. Unter einem der Zeltdächer saßen Sari und Faruk. Sie spielten mit Aminah. Als Jasmin über den Hof ging, verneigten sich die Leute an denen sie vorbeikam.

„Da kommt die berühmte Tochter von Omar Tarek Ben al-Dawud, dem Scheikh der Beni Safar. Sie ist jetzt so berühmt wie die Stute Nour aus dem Stall des Sherifen", rief Faruk laut und lachte.

„Ah, abu Majjid, du vergleichst mich mit einer Stute? Na, dann pass auf, dass ich dich nicht in dein Hinterteil trete."

„Nie bist du um ein Wort oder eine Tat verlegen, du hellster Stern des Himmels. Komm setz dich zu uns und erfreue uns mit deiner Gegenwart."

„Wir wollen zusammen feiern, übermorgen am Abend", sagte Faruk, nachdem sich Jasmin gesetzt hatte. „Der Sherif bittet uns alle auf das Dach seines Palastgebäudes. Er will mit uns die Geburt von Majjid feiern. Auch Scheikh Ibrahim wird kommen, seinen Enkel zu umarmen."

Am Eingang zur Burg war eine kleine Gruppe Kamelreiter erschienen. In ihrer Mitte erkannten sie zwei britische Offiziere, die jetzt von ihren Tieren abstiegen. Sklaven eilten herbei, um ihr Gepäck abzuladen und die Tiere in die Ställe zu bringen.

„Schau an, der Sherif hat Gesandte der Briten zu Gast", sagte Faruk und zeigte auf das große Portal von Hussein ibn Alis Wohngebäude, das sich jetzt öffnete. Heraus traten der selbsternannte König Arabiens, für die Briten aber nur der König des Hedschas, sein ältester Sohn Ali und Shimon Bey mit einigen Dienern. Sie nahmen die beiden Briten in Empfang und geleiteten sie hinein. Sari sah den Vater von Emir Faisal zum ersten Mal. Er trug einen einfachen schwarzen Mantel über der Jalabiya und auf dem Kopf die weiße Kufiya, gehalten von einem schwarzen Igal. Sein angenehmes Gesicht umrahmte ein schneeweißer Bart.

Ein älterer schwarzer Diener kam auf sie zu. „Saidi", sagte er zu Sari. „Bitte verzeih meine Aufdringlichkeit. Mein Herr, Shimon Jonathan Eliasch Bey, der Schatzmeister des Sherifen, gepriesen sei sein Name, bittet um eine Audienz."

„Eine Audienz? Was ist sein Begehr", fragte Sari erstaunt?

„Saidi, mein Herr möchte von dir über die Situation in Palästina lernen. Er hat großes Interesse am Schicksal der Menschen dort."

„Wie ist dein Name?"

246

„Said, ich bin Ahmed, der freigelassene ewige Diener meines Herrn."

„Also Ahmed, dann sage deinem Herrn, wir heißen ihn morgen nach Sonnenuntergang in unserer Wohnung willkommen und freuen uns auf seinen Besuch."

Am nächsten Tag kam Ibrahim ibn Said von den Banu Saad Oteibeh mit einer Gruppe von zwanzig Reitern an. In der Mitte der Kamelkarawane war eines der Tiere mit der Howdah beladen. An den Enden der vier hoch gebogenen Stangen war ein Zeltdach befestigt, das Schatten spendete. Als sich das Kamel hingekniet hatte, erkannte Sari vom Fenster seiner Wohnung, dass eine verschleierte Frau abstieg. Wenig später hörte er Stimmen und Schritte im Zwischengang und wie die Tür zu Leilas Wohnung aufgemacht wurde. Aus den lauten Freudenrufen erkannte er, dass es sich um die dritte Frau Scheikh Ibrahims handeln musste, der Mutter von Leila. Sari wusste von Jasmin, dass es ihr schon sehr viel besser ging. Aber an ein Aufstehen war nicht zu denken. Jasmin war mit anderen Frauen heute auf dem Souk von Mekka und hatte Aminah mitgenommen. Sie hatte Leila am Morgen noch einmal besucht und die Sauberkeit überprüft. Der Hakim hatte gute Arbeit geleistet.

Sari lag auf den Kissen in der Wohnung und las in einer Zeitung. Die beiden Briten waren heute Morgen wieder abgereist. Über ihre Mission hatten sie nichts sagen wollen, ihm aber zwei Zeitungen dagelassen. Die waren schon fünf und sieben Tage alt; die eine aus Jerusalem und die andere aus Bagdad. Dort las er auf der Titelseite von der Ernennung eines gewissen John Philby zum Sicherheitsbeauftragten der Mandatsregierung im Irak. Er hatte von dem ehemaligen Geheimagenten der Briten schon gehört, war ihm aber nie begegnet. Lawrence hatte sich einmal nicht gerade positiv über ihn geäußert. Dafür kannte er die Männer auf dem Titelbild der Zeitung aus Jerusalem sehr genau. Dort waren die Mitglieder des neuen Berufungsgerichts in Jerusalem abgebildet. Zwei von ihnen kannte Sari sogar sehr gut; den Briten und obersten Richter, Sir Thomas Haycraft und den Juden Gad Frumkin. Die insgesamt sechs Richter sollten das korrupte osmanische Gerichtssystem ablösen, von dem Sari wusste, dass Bestechlichkeit an der Tagesordnung war, um

Entscheidungen, zugunsten des eigenen Schicksals, zu beeinflussen. Er hatte ja selbst großen Anteil an der Reform der Justiz gehabt. Er fühlte sich wunderbar und schloss die Augen. Alle Sorgen waren so weit entfernt von hier.

Vom Geklapper eines Pferdewagens, der auf die Platten des Innenhofs rumpelte, wurde er geweckt. Sieben Frauen stiegen ab, unter ihnen Jasmin. Sie wurde von den anderen ehrfurchtsvoll verabschiedet und kam mit Aminah auf dem Arm zur Wohnung hinauf.

„Sari", sagte sie aufgewühlt, als sie die Wohnung betreten hatte. „Ich glaube, wir müssen hier so schnell wie möglich verschwinden." Sie setzte Aminah ab, die zu ihrem Papa lief und stellte einen Korb mit frischen Feigen und Datteln auf den niedrigen Tisch.

„Warum, mir geht es gut hier", fragte Sari zurück?

„Ich bekomme Angst, Sari. Im Souk liefen Menschen hinter mir her, die gehört hatten, ich sei eine große Ärztin. Immer wieder musste ich erklären, dass dem nicht so sei, aber die Menschen flehten mich an. Sie hatten gehört, am Hof des Sherifen sei eine Heilerin eingetroffen und jetzt standen sogar Kranke vor dem Tor hier unten. Es ist furchtbar. Ich habe eine Köchin hinausgeschickt, um ihnen klarzumachen, dass ich ihnen nicht helfen kann."

Sari nahm Jasmin in die Arme und merkte, dass sie zitterte. „Eines Tages wirst du es tun, Liebe. Ich weiß das genau."

Es dauerte bis zum Abend, bis sie sich einigermaßen beruhigt hatte. Dann ging sie in die Palastküche und ließ ein kleines Abendessen vorbereiten. Das stand kurz vor Sonnenuntergang in ihrer Wohnung bereit.

Pünktlich klopfte es an ihrer Tür. Sari öffnete und Shimon Eliasch Bey trat ein. Er war in der gleichen Art gekleidet, so, wie er ihn schon gesehen hatte. Seine Hand fuhr von der Brust an die Stirn und dann verneigte er sich tief. „Ich danke dir für die Zeit, die du mir schenkst, verehrter Herr."

„Dein Besuch ist für uns eine große Ehre. Du bist willkommen, wie der Frühling, der die Blumen zum Erblühen bringt, ehrenwerter Bey. Komm und setz dich und ruhe aus von den Anstrengungen des Tages", sagte Sari und wies auf die Kissen an dem niedrigen Tischchen, wo die Speisen in kleinen Schalen serviert waren. Jasmin stand mit Aminah daneben und nickte ihm zu. Sie trug eine Pumphose und über ihrem Hemd eine bestickte Jacke ohne Ärmel und natürlich ihr Kopftuch. Der Gast schien erwartet zu haben, dass sie am Gespräch teilnahm. Der Bey bedankte sich und ging auf eines der Kissen zu. Jasmin schenkte Tee ein und dann setzten sich alle nieder.

Sari beobachtete ihn genau. Er war sicherlich schon über fünfzig Jahre alt, hatte eine sympathische Ausstrahlung und sprach mit einer leisen Stimme. Er war es gewohnt, dass man ihm gut zuhörte. Sari hatte sich über ihn erkundigt.

Er war geboren in Konstantinopel, als Sohn eines jüdischen Hofphysikers und Astronomen am Palast des Sultan Abdülaziz. Mit nur achtzehn Jahren wurde er von dessen Nachfolger, Sultan Abdülhamid II., mit anderen jungen Juden nach Frankreich zum Studium entsandt. Die Wirren um die Ermordung seines Onkels und die Thronfolge von seinem Bruder, der Krieg mit Russland und der folgende Staatsbankrott, mit einer totalen finanziellen Abhängigkeit von den Staaten Europas, zwangen den Sultan zu Reformen im Staatswesen. Shimon Eliasch wurde in europäischer Wirtschaftspolitik und im Finanzwesen ausgebildet. Im Jahr 1893, gerade als Shimon zurückgekehrt war, wurde Hussein, der Sohn des Großsherifen Ali Abdullah, zur Raison an die Pforte gebracht. Das brutale Regime des Sultan hatte ihn schon früh von Mekka aus gegen ihn rebellieren lassen, was zur zwangsweisen Unterbringung an dessen Hof führte. Hussein stand unter enormer psychischer Belastung, nicht sicher, ob er den nächsten Sonnenaufgang erleben würde. Unter diesen Umständen lernten sich beide kennen und wurden Freunde. Shimon war nicht unbeteiligt an der Besserung der Finanzen und stieg in den Jahren zum Kethüda Bey auf, aber die rücksichtslose innenpolitische Vorgehensweise von Abdülhamid führte 1908 zum Aufstand der Jungtürken. Um sich eines Verbündeten zu versichern, entließ der Sultan Hussein im gleichen Jahr und setzte ihn, den Nachfolger seines Vaters, als Großsherif von Mekka ein. Hussein jedoch bestand darauf seinen Freund mitnehmen zu dürfen und so kamen beide zusammen in die heilige Stadt des Islam. Der Jude

249

konvertierte und diente dem Sherifen seither als engster
Berater.

„Ehrenwerter Shimon Bey, die Speisen sind für dich. Also
tu uns den Gefallen und erfreue uns damit, dass du dich an
ihnen labst und deinen Hunger stillst", sagte Sari, indem er
auf das reich gedeckte Tischchen wies. Aber der Gast war
noch zurückhaltend, jedoch nach einigen Höflichkeitsflos-
keln kam er langsam auf sein Anliegen zu sprechen.

„Verehrte Gastgeber, ich möchte die glückliche Fügung,
die euch an unseren Hof geführt hat nutzen, um mir ein Bild
zu machen von dem, was im Teil des Mandats der Briten, das
sie nun Palästina nennen, vor sich geht. Wir sehen die Versprechungen der Engländer als Betrug an der arabischen
Sache an und müssen uns orientieren, um die Zukunft nicht
zu verlieren. Ich kenne deine Geschichte, verehrter Herr, als
britischer Offizier, weiß aber auch deine arabische Einstellung einzuschätzen. Es sind die großen Männer, die die richtigen Entscheidungen treffen, so wie du die Entscheidung
getroffen hast, deinen Dienst für die Briten zu quittieren.
Welche Entwicklung wird in Palästina stattfinden, wo bleiben die arabischen Interessen? Du kennst die Briten gut, was
wird auf uns alle zukommen?"

Sari erkannte, dass es Shimon Bey nicht um Details und
Kleinigkeiten ging, er fragte nach den politischen Zusam-
menhängen und der Zukunft einer ganzen Region, der plötzlich die eine Herrschaft gegen eine andere ausgetauscht worden war, und deren Schicksal dadurch extrem beeinflusst
wurde. Und so begann Sari seine Sicht der Dinge darzulegen.
Er sprach über das Dilemma, in das die Briten sich selbst
durch ihre Politik der Zweideutigkeit gebracht hatten und
darüber, dass trotz aller Dementis das kolonialistische Gedankengut in den Kreisen der Entscheidungsträger vor-
herrschte. Er sprach über den Einfluss der Zionisten auf die
allerhöchste politische Ebene in London und erklärte die
organisatorischen, gesellschaftlichen und traditionellen Unterschiede zwischen den zielgerichteten Juden auf der einen
und den zerstrittenen Arabern auf der anderen Seite. Er verwies auf die interne Zerstrittenheit des britischen Offizierskorps in Für und Wider zum Zionismus und malte dann ein
Bild der Zukunft. „Sollte sich der zionistische Druck auf die

Briten weiter so auswirken und die Juden eines Tages die ihnen versprochene Heimstätte bekommen, so wird das die ganze Region mitreißen, so dramatisch, wie wir uns das vielleicht heute noch gar nicht vorstellen können. Die Welt wird kleiner und die Entfernungen werden geringer, aber die Auswirkungen größer", schloss Sari seine Einschätzung ab.

Shimon Bey nickte Gedanken versunken in sich hinein. „Du gibst keine guten Nachrichten, aber ich muss dir beipflichten. Mein jüdisches Inneres rebelliert bei dem Gedanken, dass unsere Religion und die Heilige Schrift missbraucht werden könnten, um politische Ziele durchzusetzen. Es ist die Revolte eines fremden jüdischen Nationalismus gegen den Glauben, der Begriffe, Werte, Symbole, Feste und Riten in Beschlag nimmt. Ich, als ein Mann des Friedens, kann dem aggressiven Zionismus nichts abgewinnen."

„So bist du also doch noch Jude, ehrenwerter Bey", fragte Jasmin?

„Ach, die Konversion ist ein Stigma, das mir auferlegt wurde und das der Sherif und ich gemeinsam beschlossen haben. Ich musste mich den Konventionen beugen, die in Mekka herrschen. Und doch habe ich mich nicht selbst verraten, denn ich glaube ja an den einen Gott, und welchen Namen er auch immer trägt, ist nicht entscheidend. Allein die Toleranz in der Religion führt die Menschen zusammen. Ist nicht das ganze Leben wie ein Schauspiel? Sind nicht die religiösen Riten wie ein Schauspiel? Ist nicht das Sprechen der Schahada nur ein Schauspiel? Kommt es nicht eher darauf an, sich entsprechend der Menschlichkeit zu verhalten, als die Schauspielereien aufzuführen? Kommt es nicht auf das Innere, den wahren Menschen an, an das Miteinander, egal welche Riten wir vollführen? Wenn wir es nicht zulassen, dass wir einander menschlich begegnen im Namen von Gott, so sind die Religionen nichts wert und aus ihnen wird nur unversöhnlicher Hass entstehen. Und das nicht nur zwischen Juden, Muslimen und Christen, sonder auch bei ihnen selbst untereinander."

Sari nickte ihm zu und bestätigte: „Es scheint das Schicksal der drei monotheistischen Religionen zu sein, auf Exklusivität und Abgesondertheit zu pochen. Dabei kommen sie doch alle aus der gleichen Quelle und beziehen ihren Ursprung aus der gleichen Schrift, deren Göttlichkeit sich auf alle bezieht. Wenn man aber aus der Schrift irdische Ansprüche nur für einen einzelnen ableitet, muss man ihr dann nicht die Göttlichkeit absprechen? Sie ist die Schrift Gottes und Gott ist doch das Ebenbild aller Menschen, wie darin geschrieben steht und nicht bloß das von Auserwählten. Auch wenn sie den Anfang bilden und Christen und Muslime ihnen im Glauben nachfolgten, wie kann Gott die Juden bevorzugen, wenn sie sagen, sie allein seien das Volk Gottes? Wie kann Gott ein Ebenbild von sich vor einem anderen Ebenbild von sich bevorzugen? Kann er sich denn vor sich selbst bevorzugen? Lesen wir das aus der Heiligen Schrift?"

„Deine Worte, sind Worte der Wahrheit. Die Bibel wird missbraucht und ist doch für alle so einfach und klar geschrieben. Eine Philosophie an Beispielen, wie Dionysos es einst nannte, die die Menschen die Schrift als Identität und Glauben stiftend ansehen lässt. Das reiche Angebot an kollektiven Bildern, das ein Zugehörigkeitsgefühl zum Glauben an einen Gott spendet, das als willkommenes Gegengewicht zur harten Gegenwart empfunden wird, das den Schoß der Geborgenheit öffnet, wird durch den jüdischen Auserwähltheitsdünkel des Talmud verzerrt und ist nun auch noch mit dem Anspruch einer weltlichen Ideologie, zu einem säkular-nationalen Buch verkommen. Benutzt, um politische Ziele durchzusetzen."

„Dieses Buch gilt demnach als historische Legitimation, um Erez Israel zu erwecken und die Einheit eines Volkes heraufzubeschwören, das schon lange existiert", verstand Jasmin. „Aber wie kann es denn sein, dass dieses jüdische Volk über Jahrtausende überlebte, während so viele andere Völker untergingen?"

„Das ist eine entscheidende Frage, ehrenwerte Herrin", erwiderte Shimon Bey und nickte ihr anerkennend zu. Er war hochgebildet, in der osmanischen Kultur aufgewachsen, hatte in Europa studiert, kannte die monotheistischen Religionen aus eigener kultureller Erfahrung, sprach ihre Sprachen und las ihre Bücher in den ursprünglichen Schriften.

„Völker wie Königreiche entstanden und vergingen in den Jahrhunderten", erklärte er. „Religionen, die sich um traditionsverbundene, intellektuelle Schichten sammelten, hatten

dagegen zumeist Bestand. Warum? Es ist die Tendenz litur-
gischer Sprachen sich von der Volkssprache abzuheben.
Noch mehr schafft die Schrift eine Kluft zwischen Klerus
und Laien, weil die Sprache nicht nur in seiner unzugänglichen Schrift aufgezeichnet wird, sondern auch als gespro-
chene Schrift für das Volk vielfach unverständlich bleibt.
Das ist durch das Benutzen des Lateinischen im katholischen
Christentum, durch das anspruchsvolle Hocharabisch des
Koran oder durch die philosophisch jüdisch-rabbinischen
Streitschriften der Fall. Der Inhalt steht nur wenigen Intellektuellen offen. Durch die bewusste Ausbreitung der Religionen jedoch vergrößert sich die Anzahl derer, die sich geistig
damit beschäftigen. Missionare, Mönche, Imame, Rabbiner,
Priester und Korangelehrte bringen die Unverständlichkeit
durch den regelmäßig zunehmenden Kontakt als unanfecht-
bare Dogmen und Wunder zu den einfachen Menschen.
Auch die säkularen Eliten und Fürsten versuchen sich vom
gemeinen Volk abzuheben, aber erst der Mythos der Wunder
lässt die Religionen überleben, trotz der Unverständlichkeit,
während die Imperien, Fürsten und damit deren Völker untergingen, weil sie real waren. Es ist also nicht das Volk das
überlebte, sondern die Religion und der Glaube."

„Und doch beziehen sich die Zionisten auf ein homogenes,
auserwähltes jüdisches Volk, seit Abraham."

„Schau, verehrte Gastgeberin. Ich bin Sepharde. Was bedeutet das Wort Sepharad? Es ist der hebräische Name einer
Region um Sardis, die schon in den heiligen Schriften von
Obadiah Erwähnung fand. Aus diesem Namen wurde später
das Wort Spanien. Sepharde ist also die Bezeichnung für die
Juden, die 1492 aus Spanien und 1496 aus Portugal vertrieben wurden und im Osmanischen Reich eine neue Heimat
fanden. Was aber haben die Sepharden aus Marrakesch und
die Juden aus Kiew kulturell oder ethnisch gemeinsam?
Nichts! Wenn es also keinen Zusammenhang gibt, wie kann
es dann sein, dass völkische Blutsbande sie zusammenhalten? Von Ort zu Ort unterscheiden sie sich in ihrer Lebensweise und ihrem Aussehen; was sie verbindet, ist nur der
ihnen eigene Glaube an den Gott Jahwe. Die Zionisten missbrauchen nun die urzeitliche Herkunft eines in der Wüste
umherziehenden Volkes als textlichen Kraftquell von kano-

nischer Unantastbarkeit. Dieses Volk der Bibel wird als Grundlage eines einzigartigen, homogenen jüdischen Volkes dargestellt und für den Begriff der jüdischen Nation verwandt, der im Taumel des Nationalismus Europas geboren wurde. Aber es ist doch der Nationalismus, der die Nationen hervorbringt, nicht umgekehrt. Nationalismus ist gleichermaßen ein Bewusstsein, eine Ideologie und eine Identität. Er ist die Grundlage eines Staates zu der einheitlichen Deutung einer vielschichtigen Bevölkerung, der man zugleich das Gefühl vermittelt ein einheitliches und einzigartiges Ganzes zu sein. Verbindet man nun die Stärke des Nationalismus mit der Kraft der kanonischen Unantastbarkeit, so wie hier den Zionismus und die Bibel, so entsteht eine durch Gott gegebene homogene Exklusivität mit dem Anspruch auf eine Nation. Das ist unheilvoll, denn Religion und Staat gehören getrennt, weil die Gefahr besteht, andere auszuschließen oder auch selbst ausgeschlossen zu werden. Wenn normale Juden von Auserwähltheit sprechen, ist es bezogen auf den Beginn des Glaubens, nicht auf eine Nation."

„Homogene Exklusivität. Sie ist eine Gefahr in jedem Glauben. Ist das Judentum durch sie geprägt?"

„Werte Herrin, wir müssen unterscheiden. Da sind die orthodoxen Juden, die noch heute zu großen Teilen in einem strengen Glaubenskäfig leben, aber da sind beispielsweise die Juden, die Anfang des 16. Jahrhunderts ins Osmanische Reich kamen. Aufgrund des Alhambra Edikts ließ Sultan Bayezid II. ein Dekret veröffentlichen, in dem sie willkommen geheißen wurden. Diese warmherzige Aufnahme, die mit der politischen Akzeptanz einher ging, löste die eingewanderten Juden aus diesem Käfig und erlaubte ihnen mit der Zeit ihren Glauben aufgeklärt und frei auszuüben", erwiderte Shimon Bey auf Jasmins Frage, und dann erzählte er von der Toleranz gegenüber den Juden, die im Laufe der Jahrhunderte sogar als Berater, Soldaten, als Minister oder Ärzte am Hof der Sultane Karriere machten. Die gewährte religiöse Freiheit beförderte viele berühmte Rabbiner. Juden heirateten und vermischten sich mit den Türken. Sie brachten Erfindungen ins Land, wie die Druckerpresse oder betrieben selbständig freien Handel und dienten dem Wohle aller. Sie betätigten sich als Diplomaten im Ausland und einige wurden gar in den Adelsstand erhoben. Jüdische Männer und Frauen übten teilweise beträchtlichen Einfluss am Hof aus. In der freien Atmosphäre des Osmanischen Reichs blühte die jüdische Literatur auf.

„Die mutmaßliche Exklusivität verschwand durch die gesellschaftliche Assimilation der Juden", endete Shimon Bey. „Natürlich gab es auch schwere Zeiten, wie unter Murad III., doch wir Juden waren dort immer gern zu Hause. Seit 1840 waren wir den Muslimen formal rechtlich sogar gleichgestellt. Durch die Integration hat es Pogrome oder Ausschreitungen nie gegeben."

Mittlerweile war die Dunkelheit hereingebrochen und Jasmin brachte Aminah ins Bett. Sari zündete einige Kerzen an und alle langten nun auch beim Abendessen zu.

„Ehrenwerter Shimon Bey", sagte Sari, nachdem sie sich gestärkt hatten, „auch ich kenne aus dem Umkreis der Juden von Jerusalem keine lauten Klagen, obwohl die meisten dort in doch recht bescheidenen Verhältnissen leben. Ich bin mit einigen jüdischen Jungen noch in die Primarschule gegangen und habe mit ihnen auf der Straße gespielt. Die Unruhe brachten erst die Zionisten mit ihrem Nationalismus, der der jüdischen Religion so sehr widerspricht."

„Du hast recht, werter Herr. Es ist nach jüdischem Glauben gotteslästerlich, ja reine Blasphemie, durch Besiedlung des Gelobten Landes die Diaspora zu beenden. Während meiner Zeit in Paris lernte ich Ilya Rubanovich kennen, einen jüdischen Sozialrevolutionär aus Russland, der im Zuge der Ermordung von Zar Alexander II. 1881 nach Frankreich geflohen war. Wir diskutierten schon damals, während der ersten Alija, über die Fragen der Präsenz der autochthonen Bevölkerung im Gelobten Land und den Umgang der Juden mit diesen Menschen. Rubanovich schrieb schon 1886: "Unsere jüdischen Kapitalfürsten erwerben vom klammen Sultan die sogenannte historische Heimat. Was soll aber mit den Arabern geschehen? Werden etwa die Juden einwilligen Fremde unter ihnen zu sein, oder sollen sie die Araber zu Fremden unter ihnen machen wollen? Sie haben genau dasselbe historische Recht und wehe euch, wenn ihr, unter der Patronage internationaler Strauchdiebe, die Intrigen und Arglisten der korrumpierten Diplomatie ausnutzend, die

sorglosen Araber zwingt, ihr Recht zu verteidigen". Rubanovich hatte einen scharfen Verstand und war kosmopolitischer
Sozialist mit universaler Moral. Für ihn waren alle Menschen
gleich. Er war, nach der Februarevolution 1917 nach Russland zurückgekehrt. Als sich jedoch die Übernahme der Bolschewiken ankündigte, ging er nach Frankreich zurück. Le-
nins kommunistische Diktatur war mit seinem Rätesystem
nicht vereinbar. Ich stand bis zu seinem Tod vor ein paar
Wochen mit ihm in engem Briefkontakt."

Sari und Jasmin merkten, dass der weise Mann sich wohl
fühlte in ihrer Gesellschaft und waren beeindruckt vom umfassenden Wissen ihres Gegenüber. Sie wollten die Zeit
nutzen. Sie sprachen über das untrennbare Ganze der Arabischen Halbinsel und die Interessenssphären der Siegermächte, über die Jahrhunderte alten Stammes,- und Familienbande
und die unverzeihlichen Absichten der Europäer die Menschen der Wüste in Nationen aufzuteilen und durch Grenzen,
die jeder rationalen Grundlage entbehrten, zu trennen.

„Was macht unterschiedlichste Menschen zu einer Nation.
Wie machen Zionisten Juden zu einer Nation, wie gibt man
Menschen Nationalität", fragte Jasmin?

„Ernest Renan", antwortete Shimon Bey, „ein französischer Denker, sagte einst: "Das Dasein einer Nation ist ein
ewiges Plebiszit, wie das Dasein des Einzelnen der Kampf
ums Überleben ist. Nationen sind nichts Ewiges, nur ein
Kampf ums Überleben. Sie vergehen oder gehen auf in etwas
Anderem." Ich bin sicher, er hatte recht. Nationen müssen
sich aufmachen auf die Suche nach ihrer Existenz. Goldene
Zeitalter oder heroische Taten werden konstruiert um einen
Beweis zu finden, dass sie nicht aus dem Nichts entstanden
sind. Die Zionisten wenden sich dem hellen Licht des Königs
David zu, dessen kraftvolles Bild im religiösen Glauben
bewahrt worden ist und die Briten bringen heute den neuen
Irakern bei, dass sie nun als Volk die Nachfahren der hoch-
kultivierten Babylonier sind und damit eine gemeinsame
Nation. Menschen, die aus den Wüsten Arabiens kamen und
weder genug Lesen noch Schreiben beherrschen, um den
Mythos Babylon überhaupt zu begreifen. Die Existenz einer
Nation muss also geschürt werden durch Mythen, die der

Identität der Nation dann besondere Rechte einräumen, sei es auf einen Glauben, eine eigene Geschichte oder ein Land."

„Ich verstehe. Deshalb muss für die Zionisten aus der Bibel ein nationales Geschichtsbuch werden."

„Ja, um das Bewusstsein einer Nation zu nähren, um die Abgrenzung zu anderen zu begründen. Diese Selbstabgrenzung ist für die zionistische Ideologie von existenzieller Bedeutung. Die Abgrenzung ist das Zeichen für die jüdische Gemeinschaft, wie das Blut an den Türpfosten in Ägypten. Daher ist auch die Ablehnung der Diaspora tief im Innersten der Zionisten verankert. Denn da droht die Abgrenzung durch Assimilation aufgeweicht zu werden. Genau darin sind die streng gläubige Orthodoxie und der säkulare Zionismus deckungsgleich, die sich doch sonst so vehement bekämpfen. Sie sollten sich besser niemals zusammenfinden."

„Weiser Herr, du sprichst mit offenem Herzen. Das ist auch der Schluss, den ich aus den Schriften der Zionisten gezogen habe", sagte Sari. „Ohne dass sich Juden assimilieren, ohne dass sie sich mit anderen vermischen, sind sie wie Fremdkörper in den Nationalstaaten. Antisemitismus und Judenhass sind die Folge. Da aber der Zionismus aus dem Antisemitismus geboren ist, braucht er ihn, um zu überleben. Und er braucht den nationalen Mythos, wie du sagst, der die ewigen Rechte des jüdischen Volkes in seinem Ursprungsland, unantastbar durch das heilige Buch, manifestiert. Ich frage mich, wo ist dann der Unterschied zwischen jüdischer Religion und Nation?"

„Der Unterschied liegt in der missionarischen Mission, die der Selbstabgrenzung einer Nation offensichtlich entgegen wirkt."

„Aber man sagt doch, die jüdische Religion sei gar nicht missionarisch, so wie das Christentum oder der Islam. Damit wäre also jüdische Nation und Religion das Gleiche."

„Genau das ist die Erfindung, die die Zionisten verbreiten, in ihrem Bemühen um ein Volk und sein eigen Blut. Ja, die Missionierung wird von ihnen sogar bewusst verschwiegen und geleugnet. Aber das entbehrt jeglicher Wahrheit. Seht, schon im Buch Ruth oder im Buch Jona stößt man immer wieder auf direkte Aufforderungen, Fremde ins Judentum aufzunehmen oder gar die gesamte Welt davon zu überzeugen. Wie anders sind sonst die jüdischen Reiche zu erklären, die sich im Jemen, im Maghreb oder in den Steppen nördlich des Kaukasus bildeten. Die Menschen der Reiche der Himjaren im Süden Arabiens oder der Chasaren an der Wolga sind zum Judentum konvertiert. Wir können das unter anderen bei Philostorgius, dem byzantinischen und bei Al Mas'udi, dem arabischen Chronisten nachlesen oder sogar einem hebräischen Text der Kairoer Genisa entnehmen. Wie soll all das ohne Missionierung geschehen sein? Wie soll die große Anzahl von Juden entstanden sein, die im Mittelalter über die ganze damalige Welt verteilt war. Selbst im Hedschas gibt es Grabinschriften von jüdischen Proselyten. Die Hasmonäer unterwarfen die Idumäer und fügten ein ganzes Volk ihrem jüdischen Glauben zu. Diese konvertierten Juden spielten später sogar entscheidende Rollen in der jüdischen Geschichte. König Herodes war idumäischer Abstammung. Und es gibt so viele andere Beispiele. Valerius Maximus schrieb schon vor der christlichen Zeitrechnung von der Infizierung der Römer durch die jüdische Sekte und Cicero erwähnte kurz danach die große Anzahl von Juden in Rom, wobei die Missionierungstätigkeit damals nahezu keinen Unterschied machte zwischen Christen und Juden, da sie sich noch gar nicht klar voneinander unterschieden. Es gibt also kein jüdisches Volk, das sich einzig aus dem Blut der Reste der Judäer nach der Vertreibung ins babylonische Exil entwickelt hat. Es gibt demnach auch kein Volk, das Gott auserkoren hat, es gibt nur einen jüdischen Glauben an Gott. "Das Substantiv Jude bezeichnet kein Ethnos sondern eine Wahl des Lebenswegs", so schrieb Origines." Shimon Bey lehnte sich zurück: „Deshalb ist es von existenzieller Bedeutung, dass wir zwischen Judentum und Zionismus klar unterscheiden."

Beide bemerkten, dass er begann müde zu werden. „Ehrenwerter Bey, erlaube mir noch eine letzte Frage. Die Exklusivität als nationales Volk, diese Selbstabgrenzung, kann sie nicht zum Schlimmsten führen", fragte Jasmin?

„Natürlich, bis hin zu Ausrottung, Krieg und Untergang."

„Wo dann auch die nicht-zionistischen Juden leiden."

„Richtig, deshalb ist es ja so wichtig zu unterscheiden. Die gemeinen Juden glauben an das Leben im Exil, an die Tora und den Talmud, der dort entstanden ist und die Grundlage des Glaubens bildet. Das Exil ist für sie eine Art Katharsis, die der Reinigung der Sünden dient. Da daraus die Erlösung kommt, ist das Exil nicht ein ferner Ort sondern ein Zustand der Unerlöstheit. Somit kann man also selbst im Gelobten Land im Exil sein. Es besteht somit für sie kein Anspruch. Weder auf ein Land, noch eine Nation, noch ein Volk."

Es war spät, als Shimon Eliasch Bey die Wohnung verließ. Sari und Jasmin waren tief beeindruckt von dem Juden, der sich ebenfalls bei beiden aufrichtig bedankte. Auch ihm hatte der Abend viel gegeben. Beim Abschied sagte er: „Es war ein gutes Ende dieses Tages. Ein Christ, eine Muslima und ein Jude, die voneinander lernen, sich tolerant und ehrlich austauschen und akzeptieren. Wäre es nur immer so einfach."

Leila war über den Berg. Sie hatte kein Fieber bekommen und der Hakim diskutierte am nächsten Tag noch lange mit Jasmin über Hygiene, gab ihr aber auch zu verstehen, dass Laila, nach der schweren Geburt, womöglich keine Kinder mehr bekommen könne. Selbst für den heutigen Abend zu Ehren der Geburt des Stammhalters der al-Dawud Dynastie, war sie noch viel zu schwach. Das Kind war zwar sehr klein, hatte sich aber seit der Geburt schon gut entwickelt.

Sari verbrachte die Zeit bis zum Abend damit, sich die Pferde des Sherifen anzusehen. Er war bis zu den Gebäuden am Fuß des Berges hinuntergegangen und schlenderte durch die weiten Stallungen. Der Rundbogengang, der die Boxen zum Platz hin öffnete, ließ Licht und Luft herein, konnte aber bei Bedarf auch recht schnell durch Tore verschlossen werden. Hinter den Ställen war ein weiter Bereich von Steinen befreit und diente zu Auslauf und Training. Zurzeit standen über fünfzig Araberpferde in den Ställen. Am meisten jedoch war er fasziniert von den schneeweißen Rassepferden, den Lieblingen des Sherifen. Sie waren von den anderen getrennt und ihre Boxen waren übermäßig groß. Er zählte elf Tiere und stand an einer Box, die die Stute Reem mit ihrem Fohlen bewohnte. "*Reem*" war jedenfalls auf eine Holzplatte an ihrer Box graviert und ihr Stammbaum war daneben aufgezeichnet, bis in die sechste Generation. Ihre Mutter war die berühmte Stute Nour, die mit dem Sherifen im Jahr 1908 als junges Tier von Istanbul nach Mekka gekommen war. Sie war dem Sultan von Ägypten, Ahmed Fuad, vor kurzem vom Sherifen als Geschenk überreicht worden. Mit ihr hatte Hussein ibn Ali damals seine Schimmelzucht begründet.

Als sich Sari mit dem Stammbaum beschäftigte, hörte er von draußen lauter werdendes Stimmengewirr. „Diener der Greife, so sag uns doch, warum können die Falken fliegen", riefen mehrere Kinderstimmen durcheinander?

„Ich sagte doch, weil sie Federn haben."

„Aber Federn fliegen nicht. Sie fallen herunter. Sieh hier."

„Beim Barte des Propheten, ihr Kinder. Allah ist in seiner Weisheit unergründlich und seine Geheimnisse sind groß", sagte die Männerstimme genervt. „Ich kann nicht alle seiner Wunder ergründen." Da rief ein Junge laut. „Da ist der Herr des Geldes. Wir werden ihn fragen. Kommt schnell."

Sari trat unter einen der Bögen. Nicht weit entfernt stand ein Falkner mit drei Jagdfalken, die er auf einer Stange trug. Eine Schar Kinder rannte auf ein Gebäude zu, an dessen Bogengang Shimon Bey mit einem schwarzen Sklaven stand. „Weiser Herr, edler Shimon Eliasch Bey, bitte sage du uns warum die Falken fliegen? Wenn es einer weiß, dann bist du es. Bitte, großer Herr."

Sari sah Shimon sehr vertraulich mit den Kindern umgehen. Er beugte sich zu ihnen, nahm alle mit und kam herüber zu den Falken. Der Falkner verbeugte sich tief vor ihm. Sari hörte, wie Shimon Bey dem Sklaven eine kurze Anweisung gab und der brachte ihm einen Stuhl und zwei Blatt festes Papier. Er setzte sich und die Kinder rückten zusammen und lauschten. Sari kam unbemerkt näher.

„Könnt ihr euch noch an die Pumpe und den Sonnenschirm erinnern, als wir die Luft untersucht haben", fragte nun Shimon Bey?

„Ja", rief ein Junge und Sari erkannte den kleinen Munir. „Die Luft ist ein Medium, wie das Wasser."

„Sehr gut, du hast es dir behalten, Munir. Warum ist der Stein mit aufgeklapptem Sonnenschirm langsamer vom Dach gefallen als ohne Schirm?"

„Weil die Luft ihn getragen und gebremst hat."

„Gut. Nun fragt ihr, warum die Falken fliegen können? Sie werden auch getragen. Also dann, seht her." Shimon nahm die beiden Papierblätter, je eines in jede Hand. Er hielt sie längsseitig in einem geringen Abstand voneinander nach unten und fragte: „Wohin werden sich die Bögen bewegen, wenn ich zwischen sie puste?"

„Nach außen", riefen die Kinder und der Sklave, der über ihren Köpfen zuschaute, nickte. Die Kinder rückten noch enger zusammen.

„Nun, wir werden sehen", sagte Shimon und blies. Beide Blätter flatterten auseinander. „Richtig", sagte Shimon. „Und jetzt werde ich die Blätter ein wenig biegen." Nachdem er die Papierbögen gewölbt hatte, hielt er sie mit der Wölbung horizontal gegeneinander, wie vorher, und fragte: „Und noch einmal. Wohin bewegen sich die Blätter, wenn ich zwischen sie puste?"

„Nach außen", riefen die Kinder und der Sklave gemeinsam, und der Falkner, der sich ebenfalls dazu gesellt hatte, nickte. Shimon blies erneut und die Blätter drückten sich gegeneinander.

„Allahu akbar", riefen alle durcheinander und dem Falkner blieb der Mund offen stehen. „Das ist große Magie", rief der Sklave. „Das ist die Magie eines großen Zauberers, eines großen mächtigen Mannes."

„Aber nein", lachte Shimon und nahm eines der gebogenen Blätter in die Hand. „Das ist das Gesetz der Natur und darum fliegt der Falke." Dann stand er auf und gebot dem Falkner den Flügel eines Falken auseinander zu ziehen. Die Kinder kamen hinzu.

„Seht euch den Flügel an, er ist gebogen, wie das Blatt Papier. Der Flügel ist wie das Blatt, er will in die Richtung seiner Biegung, wenn das Medium Luft darüber streicht. Es ist der Auftrieb des gebogenen Flügels, der ihn oben hält, wenn der Falke erst einmal Geschwindigkeit hat. Und diese Geschwindigkeit bekommt er, weil er mit seinen Flügeln die Luft nach hinter wegdrückt, so, als wenn ihr im Wasser vorwärts schwimmt."

„Aber wie kann das denn sein", fragte Munir?

„Über dem gebogenen Flügel muss die Luft schneller flie-
ßen als darunter, um sich am Ende wieder zu vereinen. So
wie der, der einen Bogen schlägt, schneller laufen muss, als
der, der den geraden Weg nimmt, um gleichzeitig am Ziel zu
sein. Dadurch entsteht auf der Oberseite der Biegung des
Flügels ein Sog, der ihn nach oben zieht, wie ihr gesehen
habt. Deshalb kann der Falke fliegen."

„Großer weiser Shimon Eliasch Bey, Herr, ich werde gehen und mir Flügel bauen", rief Munir und die Kinder stoben
mit lautem Geschrei davon.

„Aber passt mir auf, dass ihr nicht allzu schnell wieder he-
runterkommt, beim Fliegen", rief Shimon noch hinter ihnen
her und lachte laut.

Sari trat aus dem Gang hervor und als Shimon ihn sah, lächelte er und sagte: „Das wahre Glück liegt in der Erkenntnis. Ich grüße dich sehr, der Abend gestern bei dir war ein
ebensolches Glück für mich."

„Und für mich, ehrenwerter Shimon Bey. Es sieht aus, als
könne man sehr vieles von dir lernen."

„Das hier war nichts. Es gehörte zur Aufgabe meines Vaters, die Gesetze der Natur am Hofe des Sultan zu demonstrieren. Er war ein großer Physikus. Wir sehen uns heute
Abend." Damit gab er ihm die Hand, verbeugte sich und ging
mit dem Sklaven davon.

Nach dem Abendgebet wurden Sari, Jasmin und Aminah
von zwei Dienern abgeholt. Sie gingen hinunter in den Hof
und betraten von da den Wohnpalast des Sherifen durch das
große Portal. Sie gingen durch einen weiten Saal, wo die
Decke zwischen erster und zweiter Etage herausgenommen
worden war. Reiche Ornamente und Stuckverzierungen, mit
Teppichen an Wänden und auf dem Boden und mit Sitzgele-
genheiten in den Ecken, zeigten, dass der Prachtsaal zu
Repräsentations- und Empfangszwecken genutzt wurde.
Durch eine Tür ging es in ein Stiegenhaus und wenig später
erreichten sie die Dachterrasse über dem vierten Stockwerk.
Wie schon in Jeddah, so gab es auch hier eine hölzerne
Dachkonstruktion, die am Tag die Sonne abhielt und abends
den Wind durchließ. Darunter hatte sich bereits eine größere
Anzahl von Menschen eingefunden.

Männer und Frauen standen durch eine hölzerne Sichtblende getrennt. Für beide waren große Sitzgruppen mit Teppichen und Kissen eingerichtet. Sari trennte sich von Jasmin und Aminah. Er beobachtete noch, wie Jasmin bei den Frauen mit großer Ehrerbietung begrüßt wurde. Unter den Männern erkannte er Shimon Bey.

„Said", sagte der, als Sari näher kam. „Komm und erfreue mich mit deiner Anwesenheit. Ich wäre froh, wenn wir unsere Gespräche fortsetzen könnten." Damit nahm er ihn bei der Hand und erklärte: „Wir wollen zusammen sitzen und den Abend gemeinsam genießen."

Ein Sklave reichte Sari eine Erfrischung. Mehr Leute trafen ein und dann erschien Hussein ibn Ali, der König des Hedschas, zusammen mit Faruk und Scheikh Ibrahim. Faruk trug den kleinen Majjid auf dem Arm. Der Sherif hob die Hand und es wurde still.

„Bismillah", sagte er laut in die Runde. „Gesegnet sei Er in seiner Gnade und Barmherzigkeit. Es ist der Lauf der Gestirne, der uns die Zeit vorgibt. Sie kommen und gehen und sie erinnern uns daran, dass die Zeit vergeht. Allah hat es gut so eingerichtet; wie sonst könnte junges Leben entstehen, wenn nicht die Zeit dafür sorgen würde, dass dafür auch altes vergeht. Wir haben das Glück heute Abend neues Leben begrüßen zu dürfen." Damit nahm er Faruk an die Hand und bezeigte ihm seinen Sohn hochzuhalten.

„Es ist Majjid ibn Faruk, aus dem Klan der Beni Safar vom Stamm der Harb, den wir begrüßen. Er wird das Bindeglied sein zwischen zweien der großen Stämme der Wüste, den Harb und den Oteibeh, über Ibrahim ibn Said, von den Banu Saad, den Großvater von Majjid. Er setzt die Tradition beider Stämme fort, sich gegen die Anmaßungen der wahabitischen Räuberbanden der ibn Saud aus Riadh zu erwehren. Schon vor einhundert Jahren kamen sie her und vertrieben unsere Großväter. Ihre salafistische Glaubensauslegung steht nicht im Koran. Sie lesen das, was sie sagen und tun, zwischen den Zeilen. Aber der Sturm der Wüste hat sie hinweggefegt. Zusammen mit Verbündeten schickten die Harb und die Oteibeh sie zurück, von wo sie herkamen. Als sie vor dreißig Jahren erneut erschienen, um uns zu beherrschen, schlugen wir sie vernichtend bei Mleda und nahmen ihre Tiere und ihre Ehre. Nun sind sie wieder zurückgekehrt und reiten durch die Wüste um Krieg zu führen, angetrieben von ihrem sektiererischen Fanatismus."

Er nahm Faruk und Ibrahim an die Hand und sagte weiter: „Euer beider Nachkomme ist die Versicherung, dass wir auch diesmal zusammen siegreich sein werden und die Hundesöhne der ibn Saud zurück durch die Wüste bis ins Meer im Osten treiben werden." Dann klatschte der Sherif dreimal in die Hände.

Es war das Zeichen, dass nun aufgetragen wurde und sofort erschienen Diener und Sklaven mit Schüsseln, Platten und Kannen, die mit Speisen und Getränken angefüllt waren. Majjids Großmutter holte das Baby zu den Frauen und alle setzten sich nieder; Hussein zwischen Faruk und Ibrahim und daneben saß Husseins jüngster Sohn Zaid, aus der Ehe mit seiner dritten Frau.

Shimon hatte Sari an die Hand genommen und sich mit ihm Seite an Seite hingesetzt. Aus dem, was der Sherif erwähnt hatte, konnte sich Sari kaum einen Reim machen und so fragte er Shimon Bey, ob er ihn aufklären könne. Bei Essen und Trinken, bei Rauchen und dem Gespräch mit anderen, erfuhr Sari an diesem Abend die wahren Hintergründe um den Beitritt und die Verwicklung der Haschimiten in die britische Kriegspolitik im Nahen Osten.

Seit der Mitte des 18. Jahrhunderts ergriff eine sunnitisch-konservative und strenge Deutung des Islam die Stämme des Nedjd in Zentralarabien. Der Gründer der Bewegung, Mohammed ibn Abd el-Wahab, legte die Fundamente zur Auslegung des Islam in einem Gottesstaat. Toleranz, Vielfalt und Freizügigkeit in der Ausübung der Religion wurden verboten. Die puritanischen Glaubensansätze, mit dem Versprechen der reinen Lehre auf Erden, beförderten ihren Anspruch, die einzig wahre Form des Islam zu repräsentieren. Militärische Unterstützung fand er bei Mohammed ibn Saud, einem Scheikh aus der Oase Deriyah im Zentrum Arabiens. Die Verbindung des spirituell Göttlichen, mit dem militärisch Aggressiven, das in einem Vertrag zur Erlangung der Herrschaft über die ganze Arabische Halbinsel festgehalten wurde, ließ vielen Stämmen des Nedjd, wie den Dawasir und Qahtan, im Laufe der Zeit keine andere Wahl, als die völlige

Unterwerfung unter die Doktrin. In weniger als fünfzig Jahren eroberten sie Zentralarabien, hoch bis zum Euphrat, und plünderten die heiligen Stätten der Schiiten in Kerbela. Am Anfang des 19. Jahrhunderts standen sie bis vor Damaskus und hatten Mekka und Medina eingenommen, wo sie Grabstellen und Schreine zerstörten.

Mit der Einnahme der heiligen Städte durch die salafistischen Eiferer war allerdings für den Sultan in Konstantinopel die rote Linie überschritten. Von Ägypten aus wurden die Wahabiten der ibn Saud von türkischen Truppen nach jahrelangen Kämpfen blutig geschlagen und im Jahr 1818 mit Hilfe der Haschimiten und der Stämme der Harb, Oteibeh und Muteyr bis in den Nedjd zurückgetrieben. Deriyah wurde zerstört und nicht weit entfernt die Stadt Riadh gegründet, wo ein osmanischer Gouverneur einzog.

Vor dreißig Jahren dann begann Abdul Rahman al-Saud den wahabitischen Vormarsch erneut zu organisieren. Doch diesmal versammelte er neben den Stämmen des Nedjd auch ehemalige Feinde, wie die Muteyr und Oteibeh um sich. Immer waren dabei die Macht versprechende Doktrin und die Furcht, die Gesetze des Koran nur unzureichend zu verfolgen, die ausschlaggebende Kraft. Er wurde jedoch 1891 von den Harb und den Shammar unter Mohammed, aus der Sippe der ibn Rashid, bei Mleda, nahe Bureida, vernichtend geschlagen und musste ins Exil nach Kuwait fliehen. Dass die Sippen der Rouge und Barga Oteibeh damals an der Seite der ibn Saud gekämpft hatten, ließ ernsthafte Konflikte mit den Harb und den Haschimiten entstehen. Beide konnten sich der Oteibeh nicht mehr sicher sein.

Und die fanatische Sippe der ibn Saud ließ nicht locker. Der Sohn von Abdul Rahman, Abdel Aziz al-Saud, kehrte elf Jahre später in den Nedjd zurück und es gelang ihm die osmanische Garnison von Riadh durch einen Überraschungsangriff, während des Fastenbrechens im Ramadan, zu erobern und den Gouverneur zu töten. Sie waren besessen davon ihren entflammten Glauben nach Mekka zu tragen. Dieser Erfolg gegen die osmanische Macht ließ erneut die Nachbarstämme zu ihm übergehen und es gelang ihm, Schritt für Schritt, seine Macht auszubauen.

So eroberte er im Osten die Oase Al Hassa und stand den Schammar des Nordens, den ibn Rashid in Hajil bedrohlich gegenüber. Das türkische Reich reagierte kaum, denn bald befand es sich im Krieg in Mesopotamien und auf dem Sinai. Und so hatte Abdel Aziz freie Hand. Seine blutigen Raubzüge in der Wüste gegen die Karawanen der Haschimiten, um die Pilgerfahrten nach Mekka einzuschränken oder die Versorgung zu bedrohen, übten auf diese enormen Druck aus. Die Feindschaft stieg weiter an, als sich der Sherif im November 1916 von seinen Anhängern zum König von ganz Arabien ausrufen ließ. Für den Saudi eine Anmaßung, die er als Verfechter des wahren Glaubens nicht akzeptieren durfte. Als Großbritannien und Frankreich Husseins Königreich dann jedoch nur auf den Hedschas beschränkten, war das der Casus Belli für den Saudi. Er sah seine Chance sich des haschimitischen Todfeindes zu entledigen. Nicht nur im Glauben, nun auch im Weltlichen. Es ging um die Macht auf der Arabischen Halbinsel.

Sein Selbstbewusstsein zog der Saudi aus den britischen Geheimdiensttätigkeiten jenes John Philby, von dem Sari in der Zeitung aus Bagdad vor ein paar Tagen gelesen hatte. Der war Ende 1917 von dort aus in den Nedjd gesandt worden, um mit Abdel Aziz al-Saud Kontakte aufzunehmen und ihn zum Kampf gegen die Türken zu ermuntern. Er war das Pendant zu Lawrence von Arabien, der den gleichen Auftrag im Westen bei den Haschimiten durchführte. Beide propagierten jeweils ein vereinigtes arabisches Königreich. Während Prinz Faisal für die Haschimiten den Krieg bis nach Damaskus trug, beschränkte sich der Saudi jedoch darauf die britischen Waffen anzunehmen und die zentralarabische Wüste zu beherrschen. Um zu beweisen, wer der wahre Herrscher Arabiens sei, zog Philby über die Hochebene von Riadh bis hinunter nach Jeddah, um zu demonstrieren, wer die Kontrolle im Landesinnern ausübte. Sherif Hussein empfing ihn mit großer Verlegenheit. Philby war fasziniert von dem wahabitischen Glaubensfanatiker, den er den Briten als wahren Demokraten verkaufte, weil er die Entscheidungen, gemäß der Vorschriften des Koran, in einer Ratsversammlung abstimmen ließ. Er sah in ihm den zukünftigen König Arabiens.

Noch hielten die Briten am Haus der Haschimiten fest, die seit über siebenhundert Jahren in Mekka herrschten und als direkte Nachkommen des Propheten Mohammed vom Stamm der Qureish aus Mekka, den höchsten Führungsanspruch aller Araber stellten. Die ibn Saud waren neben ihnen nur einfache lokale Emporkömmlinge mit unrechtmäßigem Aufbegehren.

Die Briten hatten also zwei Todfeinden, unabhängig voneinander, die gleichen Avancen gemacht, die sie am Ende des Krieges jedoch keinem zugestanden. Die Briten verhandelten gegenwärtig mit beiden arabischen Führern und die Verunsicherung bei den Haschimiten wuchs. Sari begann ernsthaft an der britischen Politik zu zweifeln, die neben der Ignoranz, auf eine Ebene der diplomatischen Winkelzüge, der Vertuschung und Überheblichkeit angehoben worden war. Der Sherif und seine Berater begannen die Briten und ihre Versprechen mit höchster Vorsicht zu behandeln. Denen war, als Europäern, die wahre Gefahr, die von dem wahabitischen Fanatismus ausging, gar nicht bewusst oder sie schoben sie aus Eigeninteresse von sich weg.

Shimon Bey erzählte, wie sie versucht hatten ihre Ansprüche zu besiegeln. Die Banu Saad der Oteibeh wurden mit viel Geld auf ihre Seite gezogen und mit Hilfe der Beni Safar, der Mezeyne, der Juheina und später der Howeitat und Ruala der arabische Aufstand gegen die Türken bis hoch in den Norden, weit entfernt vom Hedschas, getragen. Dabei öffneten sie zwangsläufig ihre Flanke zum Landesinnern, in die der Saudi gestoßen war. Sie hatten sich auf die Unterstützung der Briten fest verlassen und waren wie vor den Kopf gestoßen, als Philby im Sommer 1918 aus dem Landesinnern auftauchte und ihnen seine Mission bei den ibn Saud offenbarte.

Nach dem Mahl, als es sich alle auf den Kissen gemütlich gemacht hatten, bemerkte der Sherif die intensive Unterhaltung zwischen Sari, Shimon und einigen anderen Gästen. Er setzte sich dazu und lauschte aufmerksam.

Als sich Sari über den Unterschied zwischen den salafistischen Wahabiten und dem Islam erkundigte, mischte er sich ein und antwortete: „Ihre Lehre ist aufgebaut auf drei Säulen. Angst, Angst und noch mal Angst. Angst davor auf der Erde das Paradies zu verspielen, Angst vor den Strafen der Religionswächter und Angst vor der eigenen Unfähigkeit ihre Sekte nicht in gebührendem Maß zu verbreiten. Sie sind fehlgeleitet von einem Verbrecher an der Menschlichkeit und erkennen die wahren Inhalte des Koran nicht. Der Islam ist eine Religion des Glücks, nicht der Unterwerfung. Er ist ein Programm der Gerechtigkeit für alle Menschen und nirgendwo wird verlangt Freude oder Unterhaltung zurückzuweisen. Aber die Wahabiten tun das. Sie sind gefährlich, weil sie über den salafistischen Fanatismus enorme Macht auf die Gedanken der Menschen ausüben und sie dazu verführen ihren besonderen Weg zu befolgen. Die Toleranz des Islam ist dahin; sie zerstören Gräber und Altertümer, Kirchen, Synagogen und sogar Moscheen. Sie dulden keinen anderen Weg, als den ihren. Dieser Weg ist aber nicht der des Islam, der nach dem Tod des Propheten die Welt veränderte. Dieser Islam ließ bei der Eroberung von Damaskus den christlichen Bischof im Amt und übergab ihm einen Vertrag, mit besseren Konditionen, als die alten Gesetze der Byzantiner und ihm traten die Menschen der großen Inseln Asiens bei, ohne dass man sie dazu gezwungen hätte. Das ist der wahre Islam, der die Freiheit des Einzelnen anerkennt und ausgleichend wirkt. Leben ist nur zwischen beiden Polen möglich: Wer Tag sagt, schließt die Nacht ein; Mann ist undenkbar ohne Weib; wer Gesundheit sagt, kennt die Krankheit. So wandelt der Mensch auf dem schmalen Grad zwischen Gutem und Bösem, zwischen Milde und Strenge. Doch keiner dieser beiden Aspekte darf das menschliche Handeln allein bestimmen. "Die besten Dinge sind die mittleren", sagt das Hadith. Nichts sollte isoliert betrachtet werden. Das gilt für alles in der Welt; es gilt auch für die Welt selbst. Die Wahabiten aber bedienen sich des Islam, sie kennen nur Schwarz oder Weiß, sie üben Macht aus auf den Einzelnen und schränken seine Freiheit ein. Sie werden Unheil bringen über die ganze Menschheit, wenn die Briten nicht reagieren und sie in ihrem Tun weiterhin befördern."

SIE HATTEN sich einer langen Karawane angeschlossen, die Waren und Güter von Mekka nach Medina brachte. Sari saß auf einem Kamel und ritt neben seiner kleinen Familie. Jasmin und Aminah lagen in einer bequemen Howdah, die genug Platz zum Spielen oder Schlafen ließ. Er fing ab und zu kleine Stoffbälle von Aminah auf, um sie ihr wieder zurückzuwerfen, die sie dann wiederum jauchzend in Empfang nahm. Es war noch vor Sonnenuntergang. Seit drei Tagen waren sie nun schon unterwegs. Zwei Wochen hatten sie noch beim Sherifen zugebracht, bis Leila mit dem Baby so weit war, die Reise nach Hause anzutreten. Vor ein paar Tagen war eine Karawane von Emir Shehad aus Medina eingetroffen und ihr hatten sie sich auf dem Rückweg angeschlossen. Etwa achtzig Lastkamele mit vierzig Führern zu Fuß und dreißig bewaffnete Kamelreiter der Beni Ammer waren von Mekka durch den Pass bis auf die Hochebene bei Taif und von da Richtung Norden gezogen. Sie würden Medina in zwei Tagen erreichen.

Sie wussten, der Weg war nicht ungefährlich wegen der Räuberbanden der ibn Saud, aber den gefährlichsten Teil hatten sie schon hinter sich. Die Eskorte der Beni Ammer war mit modernen Lee-Enfield Gewehren bewaffnet und der Großteil von ihnen befand sich am Ende der Karawane, da, wo die meisten Überfälle, durch das Überraschungsmoment, stattfanden. Sari hatte seine Armeepistole am Gürtel und sah Faruk an der Spitze der Karawane. Auch der war bewaffnet; zwei lange gebogene Messer steckten quer vor seinem Bauch und ein Karabiner befand sich in der Kameltasche. Leilas Kamel sah Sari nur wenig vor sich. Auch sie lag in einer Howdah und war mit ihrem Baby beschäftigt.

Sari dachte gerade bei sich, dass es langsam Zeit sei einen Platz für die Nacht zu suchen, als er auf ein Armzeichen von Faruk aufmerksam wurde. Der ließ die Karawane anhalten und die Bewaffneten an der Spitze absitzen. Faruk kam im Trab zurück. „Da vorn ist etwas, ich habe Staub gesehen", rief er Sari zu, während er zu den Reitern zurückeilte. Sari blickte in die Richtung, konnte aber nichts entdecken. Weniger als zweihundert Yards vor ihnen waren einige niedrige Hügel, die ersten Vorboten des Hedschasgebirges. Sari hatte aber schon lange gelernt Faruks außergewöhnliche Fähigkeiten ernst zu nehmen. Er wollte noch rufen, ob es vielleicht nur eine kleine Windhose war, aber dann wurde ihm klar, dass Faruk das sehr gut unterscheiden konnte.

Er war nur wenig nach vorn geritten, als die ersten Schüsse fielen und sein Kamel unter ihm zusammenbrach. Als er sich endlich unter dem Tier befreit hatte, war schon der Teufel los. Wildes Gewehrfeuer war um ihn herum und er sah einige der Tiere an der Spitze zusammenbrechen. Sari dachte an seine Familie und blickte zurück. Die Kamele von Jasmin und Leila wurden gerade in dem Tohuwabohu von ihren Führern nieder gezogen. Er sah sie unverletzt. Von weit hinten jagten die Bewaffneten heran, aber von vorn nahm er erst jetzt die Kamelreiter wahr, die in einer breiten Front wild schreiend auf sie zugeritten kamen. „La illaha illa'lah, la illaha illa'lah", drang es in sein Ohr.

Im Nu hatte er die Pistole in der Hand und mit dem Gedanken an Jasmin und Aminah wurde er ruhig und eiskalt in dem Getöse aus Schreien, Flüchen und Schüssen. Zehn Kugeln befanden sich im Magazin der Mauser C96 und davon sollte jede treffen, das schwor er sich. Er lag hinter dem toten Kamel, als die ersten Angreifer auf Schussweite herangekommen waren. Dann zählte er die Kugeln herunter und mit jedem Rückstoß fiel einer der Reiter zu Boden. Als er zwei vom Kamel geschossen hatte, waren die ersten Angreifer bei ihm angelangt. Er sprang hinter dem Körper des Kamels hervor und schoss dem Mann, der gerade mit weit aufgerissenen Augen an ihm vorbei ritt, zwei Kugeln in den Bauch. Der kippte nach hinten und blieb kopfüber in einer Schlinge am Sattel des Kamels hängen, das in Panik davonpreschte. Er bemerkte, dass schon eine Menge der Angreifer am Boden lagen, viele ihrer Tiere rannten davon. Die Lee-Enfield Gewehre an der Spitze forderten ihren Tribut.

Ein Geräusch ließ ihn umdrehen und instinktiv ausweichen, als er schon den Luftzug des Schwerthiebs an seinem Kopf vernahm und danach einen heftigen Schmerz an der linken Schulter verspürte. Er drehte sich um und schoss dem Vorbeireitenden zweimal in den Rücken. Das Kamel jagte mit dem toten Reiter davon, als er schon auf dem Weg zurück zu den Frauen war.

Dort wehrten sich Faruk und der Kamelführer gegen zwei Männer. Eines von Faruks langen Messern steckte bereits in einem Angreifer am Boden. Sari sprang hinzu und schoss Faruks Gegner in den Kopf. Von ihm befreit, drehte der sich um und warf sein zweites Messer, das den niederstreckte, der den Kamelführer bedrängte. Der Mann brach zusammen und der Kamelführer sprang über ihn und schnitt ihm mit seinem Dolch die Kehle durch.

Faruk blutete aus einer Wunde am linken Unterarm. Er zog den toten Beduinen seine Messer aus den Körpern und blickte sich um. Sari sah, wie ein Angreifer unweit sein Tier zur Flucht wandte. Er zielte, doch seine letzten drei Kugeln gingen daneben. Seine Schulter schmerzte.

Dann trat Ruhe ein. „Fünf", zählte Sari einskalt, klemmte einen neuen Ladestreifen auf das Magazin und drückte die Patronen in den Schacht. Bis auf das Stöhnen und Schreien der verletzten Menschen und Tiere war nichts weiter zu hören. Sein erster Gedanke galt Jasmin und Aminah, aber beide waren gesund und unverletzt. Der Kamelführer stand neben dem aufgebrachten Tier und versuchte es zu beruhigen. Das Ganze hatte keine fünf Minuten gedauert.

„Sari, du blutest", rief Jasmin und besorgte einen Lappen aus dem Gepäck, um ihm einen provisorischen Verband an die Schulter zu legen und die Blutung zu stillen.

Eine Menge Tote und Verwundete lagen auf dem Platz; überwiegend aus den Reihen der Angreifer. Rechtzeitig genug waren die bewaffneten Beni Ammer an der Karawane entlang nach vorne gestürmt und hatten das Schlimmste verhindert. Durch Faruks Geistesgegenwart hatten sie die entscheidenden Sekunden gewonnen. Der stand bei Leila, die ihm seinen Arm notdürftig verband. Überall wurden jetzt die eigenen Verletzten versorgt, während Bewaffnete dabei waren die gefallenen Angreifer, die nicht schon tot waren, gleich da zu erschießen, wo sie lagen. Andere fingen die umherlaufenden Tiere ein.

Faruk sprang plötzlich auf einen Beduinen zu, von dem jeder angenommen hatte, er sei tot. Der wollte auf die Beine kommen, aber Faruk packte ihn am Kragen und kam mit dem Elenden zurück. „Es sind die Hundesöhne der Qahtan. Treue Schurken der ibn Saud." Er setzte ihn aufrecht und nahm ihm den Turban ab. Er war noch sehr jung. Der Gefangene war unverletzt, vermutlich von seinem toten Kamel gestürzt und bewusstlos liegen geblieben. Er blickte zu Boden, versuchte aber verstohlen unter den Mantel zu greifen. Faruk gab ihm

271

einen heftigen Tritt und stand schon über ihm, um ihm seinen Dolch und ein Messer aus dem Gürtel zu reißen. Das Gewehr des Gefangenen lag unweit neben dem toten Kamel. Sari erkannte: Es war eine alte Remington mit Rollblock Verschluss aus britischen Beständen. Sie waren während des Krieges durch modernere Gewehre ausgetauscht worden. Damit also hatten die Briten die ibn Saud ausgerüstet.

Mittlerweile war der Karawanenführer dazugetreten. „Was machen wir mit dem Verfluchten hier", fragte er?

Faruk wand sich an den Gefangenen. „Du Ausgeburt aus der tiefsten dschahannam, wir schicken dich dahin, wo du hergekommen bist."

„Allah wird dich und deine Nachfahren verdammen."

„Ha, weil du es sagst, du verführter Wurm", herrschte Faruk ihn an? „Weil du mordest und tötest? Tausend dschinni haben euch verführt."

„Wir sind die Ichwan Muslimin, wir sind die wahren Kämpfer Allahs, wir handeln in seinem Namen, wir hören auf seine Worte und befolgen sie."

„Du hörst nicht auf Allah, du hörst auf den schaitan in Menschengestalt. Nun, ich will dafür sorgen, dass du ihn nicht mehr allzu gut verstehen wirst." Er nahm den Kopf bei den Haaren und hatte auch schon seinen Krummdolch in der Hand. Zwei schnelle Schnitte und die Ohren waren abgetrennt. „Lauf, laufe zurück zu den anderen, du Wurm und erzähle ihnen, hier steht Faruk ibn Omar Ben al-Dawud von den Beni Safar aus dem Stamm der Harb. Und sage ihnen, dass das passiert, wenn die Hyänen den Löwen besiegen wollen."

Damit setzte er ihm den Turban wieder auf den blutenden Kopf, stellte ihn auf seine Beine und trat ihn vorwärts. „Lauf, lauf du Hundesohn, und finde deine Spießgesellen, denn sonst wirst du Allah schon sehr bald begegnen und der wird deine Sünden bitter bestrafen."

Der Gefangene hielt sich den Kopf und machte, dass er davon kam.

„Was passiert mit den toten Angreifern?"

„Lasst sie hier liegen. Wenn die übrigen Bastarde nicht zurückkehren, sollen die Geier sie fressen. Wir haben keine Zeit zu vergeuden." Keiner widersprach Faruk.

Sieben Kamelführer waren tot und acht Mann der Reitereskorte. Fünf waren schwerer verletzt und mussten transportiert werden. Insgesamt hatten sie siebzehn Kamele verloren, darunter auch Faruks und Saris Tier. Acht von den Kamelen der Angreifer konnten allerdings eingefangen werden. Am Ende hatte der Überfall mehr als sechzig Menschen das Leben gekostet.

Die Karawane war in nur einer Stunde wieder zum Aufbruch bereit. Man hatte die eigenen Toten begraben, die Kamele umbeladen und mit längeren Stricken aneinander gebunden. Für die Schwerverwundeten waren Transportkörbe gebaut worden und Sari und Faruk würden als Führer der Kamele ihrer Frauen von jetzt ab zu Fuß gehen. Sie gingen noch bis spät in die Nacht.

Buch 3 Ernüchterung

» In [dem] [...] Kraftakt spiegelte sich nur das weltpoliti-
sche Schachbrett-Schicksal des Herrscherhauses der Haschimiten wider, das im ersten Weltkrieg von England an die
Spitze des großarabischen Aufstandes gegen das Osmanische
Reich des Türkensultans geschoben worden war.

Aber die britische Politik hielt Trostpreise für die beiden
Hussein-Söhne Faisal und Abdullah bereit: Sie wurden Könige. Der Preis, den sie dafür entrichten mussten, war die
Abhängigkeit von England. Von britischen Truppen umgeben, von den Beamten und Offizieren ihres englischen Pro-
tektors überwacht, von englischen Bankkonsortien beraten
und ausgehalten, wurden die Söhne Husseins unfähig, die
noch unartikulierten Forderungen des arabischen Nationalismus gegenüber England zu vertreten. «

Die Harrow-Boys
- Der Spiegel 30 / 1958 -

Die Menschen der arabischen Wüsten, die Städter, Dorfbewohner und Beduinen, wussten nicht, wie ihnen geschah.
Aus der grenzenlosen Weite ihrer Heimat wurden über alle
ethnischen, religiösen und kulturellen Unterschiede hinweg,
Nationalstaaten geschnitten, deren Grenzen sich willkürlich
durch Gebietsmerkmale oder durch das Lineal ergaben. Die
Zirkelschläge auf den britischen Messtischblättern und die
Lineargrenzen auf den Landkarten weisen ihren Ursprung
aus: Eine kolonialstrategische Reißbrettkonstruktion.

Mit den so geschaffenen politischen Nationalitäten konnten die Bewohner wenig anfangen. Die Grenzen dieser Staaten waren so vage, dass kaum jemand wusste, wo er sich
gerade befand. Einzig die Frage der Nationalität im britischen Mandatsgebiet westlich des Jordan war offen. Der
Konflikt um die Zukunft der Menschen dieses Landes nahm
zu.

Am Tigris

SARI SAß am Bett von Jasmin im Scha'arei-Zedek Krankenhaus in Jerusalem. Vor nur einer Stunde hatte sie ihren
gemeinsamen Sohn Amir zur Welt gebracht. Es war ein
Glückstag, dieser Sonntag, der 27. März 1921. Nicht nur für
die junge Familie Nadschar.

Auch für Abdullah ibn Hussein von den Banu Haschim.
Nach einer Reihe von Verhandlungen wurde dem zweitgeborenen Haschimitensohn heute vom neuen britischen Kolonialminister Winston Churchill, erst einmal für ein halbes Jahr
auf Probe, das Gebiet östlich des Jordan als Emirat übertragen. Churchill war extra aus Kairo nach Jerusalem gereist,
um die Gespräche mit ihm persönlich zu führen. Vor zwei
Wochen hatten sich die Briten auf einer internen Konferenz
in Kairo endgültig für seinen Bruder Faisal als zukünftigen
König des Irak entschieden und die Ergebnisse von San Remo bestätigt. Churchill hatte Abdullah nun eine Apanage von
monatlich fünftausend Pfund Sterling versprochen, wenn er
von seiner Forderung, der Herrschaft über Syrien, Abstand
nahm, als auch von der Idee einer Union mit dem zukünftigen Gebiet seines Bruders.

Nach der Absetzung seines Sohnes Faisal als König von
Syrien, wurde der Betrug am Sherifen offensichtlich. Alles
schien den Haschimiten aus der Hand zu gleiten. Sorgen
bereitete ihm auch der unverhohlene britische Beistand für
die Saudis, die ihre letzten Widersacher im Nedjd, die ibn
Rashid in Hajil, hart bedrängten. Alle Verhandlungen mit
den Briten brachten keinen Erfolg. Zwar wollte er seinem
Ältesten Ali zur rechten Zeit den Hedschas übergeben, aber
ohne Syrien war das alles nichts wert. Von einem unabhängigen arabischen Großreich konnte ohne Syrien keine Rede
mehr sein.

So hatte er Abdullah aufgefordert die haschimitischen Ansprüche auf das Land durchzusetzen. Mit seinen Beduinen-
Truppen war der vor vier Monaten an der Hedschasbahn
nordwärts gezogen. "Syrien den Haschimiten", so hallte der
Schlachtruf über die Ebene von Ma'an, als er das Niemandsland östlich des Jordan, zusammen mit syrischen Nationalisten, in Beschlag nahm. Die Briten, aus Sorge um Abdullahs

möglichen Weitermarsch auf Damaskus, einer Rückkehr Faisals und einer damit verbundenen Konfrontation der vereinigten Araber mit den Franzosen, gaben sich nun selbst den Auftrag das Niemandsland unter ihre Kontrolle zu nehmen. Die politischen Manöver Churchills sollten die Haschimitensöhne besänftigen, durch einen zukünftigen König des Irak und einen zukünftigen Emir von Transjordanien.

Im Fall von Abdullah war wenig zu verlieren: Das Land östlich des Jordan war ein menschenarmes Territorium, ohne Einheit, ohne natürliche Grenzen oder Bodenschätze; in seiner Struktur ein existenzunfähiges Staatsgebilde, dessen vollkommene Abhängigkeit von fremden Subsidien in Churchills Konzept eingeschlossen war. Die Außenpolitik von Abdullahs Wüstenprovinz würde über den britischen Hochkommissar Samuel von Jerusalem aus erfolgen. Der Regent sollte einzig für Ruhe sorgen. An ihm würde es liegen inwieweit er in der Lage war die eingeschworenen Fehden der Beduinen untereinander zu schlichten. Gerade in dem blutigen Konflikt der Ruala mit den Shammar der ibn Rashid lag auch für die Haschimiten selbst eine große Gefahr. Schwächten diese Kämpfe doch ihre eigenen verbündeten Kräfte im Kampf gegen den gemeinsamen saudischen Feind. Abdullah sollte die Fehde unter allen Umständen beenden, hatte ihm sein Vater mit auf den Weg gegeben.

Auch Faruks Leibgardisten waren Anfang März mit den Truppen Abdullahs bis vor Amman gezogen, denn Faisal sollte bald aus seinem Exil in London zurückkehren. Faruk und viele seiner Männer nahmen ihre Familien mit. Ihr Ziel war der Irak; es war ein endgültiger Abschied aus der Wüste.

Faruk selbst hatte ein schweres Erbe vom Überfall auf die Karawane behalten. Der Schwerthieb, den er mit dem linken Unterarm abgefangen hatte, war bis auf den Knochen durchgedrungen. Als sie Medina erreichten, war die Wunde entzündet, eitrig und angeschwollen. Der erste Hakim wollte ihm den Arm abnehmen, aber Faruk wäre eher gestorben.

Außerhalb der Stadt lebte eine uralte Sekte; zum Islam konvertierte Juden. Sie richteten seit den Tagen des Propheten, aus der Tradition vor seiner Zeit, die Qibla nach Jerusalem aus und hatten dies bis heute nicht geändert. Ihre Erscheinung erinnerte Sari sehr an die von Shimon Bey. Man merkte ihnen an, dass sie ihr Judentum im Innersten bewahrt hatten, trotz Konversion vor mehr als tausend Jahren.

In ihren Reihen befand sich ein Arzt, der großen Zulauf hatte, und der schaffte es, mit einer tiefen Ausschabung der Wunde und mit selbst hergestelltem Alkohol und Medikamenten, der Entzündung Herr zu werden. Allerdings musste viel Muskelgewebe entfernt werden und Faruks linke Hand war seither nur noch beschränkt brauchbar. Jasmin allerdings war sofort fasziniert von dem Mann und brachte in Erfahrung, dass er in Bagdad an der Al Mustansiriyya Universität studiert und später dort sogar gelehrt hatte.

Als Faruk ihn drei Wochen später bezahlte, sagte er zu dem Arzt: „Du hast mein Leben gerettet. Sei für immer gesegnet mit allen Freuden, die Allah uns spendet. Mein Dank an dich ist so groß, wie die Schmerzen, die ich bei dir erlitten habe." Damit übergab er ihm fünfzig Goldpfund, ein Vielfaches dessen, was der Arzt hätte verlangen können.

Nur einen Tag nach Amirs Geburt stand Sari an einem der großen Fenster des Empfangssaals im Gouvernement Haus in Jerusalem. Über den Garten und die kleine Steinmauer an der Abbruchkante, hatte er einen weiten Blick in das Tal des Kidron, mit dem Ölberg auf der gegenüberliegenden Seite, wo man die Straße nach Jericho deutlich erkennen konnte. Er war als ehemaliger Stabsoffizier zum Empfang geladen worden, den Herbert Samuel zu Ehren von Churchill und Abdullah gab. Sari unterhielt sich mit Lawrence von Arabien. Der hatte den Auftrag Churchills, ihn auf seiner Nahost Reise zu begleiten, angenommen und war von Kairo aus mit ihm nach Jerusalem gekommen.

„Ja, Sari, wir beide haben viele Leben während dieser verwirrenden Feldzüge durchlebt und uns selbst dabei nie geschont; doch als wir siegten und die neue Welt dämmerte, da kamen die alten Männer und nahmen unseren Sieg, um ihn der früheren Welt anzupassen. Erinnerst du dich noch an die Worte, die ich zu dir auf dem Ritt von Aqaba nach Kairo sprach", fragte Lawrence? Als Sari bejahte, fuhr er fort: „Nun ist es geschehen. Abdullahs Transjordanien ist nichts mehr als ein britisches Protektorat, Faisal wird im Interesse Großbritanniens in einem Teil der Beute einem fremden Volk aufgesetzt und der Sherif sitzt in Mekka und schlägt sich mit den ibn Saud von Philbys Gnaden herum. Und mit all dem muss man auch noch zufrieden sein."

Die Herrschaften kamen zurück in den Saal. Sie hatten sich auf der Treppe zum Garten für ein Erinnerungsfoto aufgestellt. Winston Churchill mit Ehefrau Clementine, Herbert Samuel mit Gattin, Emir Abdullah und andere britische hohe Beamte mit Anhang. Die Damen waren ausnahmslos in Weiß gekleidet und trugen armlange weiße Handschuhe. Abdullah wurde von vier Offizieren seiner Truppen begleitet, die aus den Resten der arabischen Armee von 1918 zusammengesetzt worden waren, darunter auch General Ghaleb Pascha Sha'alan, den er von Jeddah her bereits kannte. Für Sari war die Gesellschaft, die sich zu dem Foto aufgestellt hatte, an Heuchelei nicht mehr zu übertreffen.

Es war um sieben Uhr abends, als der offizielle Teil des Empfangs beendet war und Abdullah mit seinem Anhang den Saal verließ. Die Briten blieben sitzen, denn nun, nach dem Abendessen, wurde endlich der schottische Whisky und der französische Cognac gereicht. Auch Sari blieb. Ihm konnte die Bekanntschaft des einen oder anderen neuen Beamten von Nutzen sein, hatte er doch seit ein paar Wochen ein Rechtsanwaltbüro in Jerusalem eröffnet. Je länger der Abend fortschritt, umso redseliger wurden die Teilnehmer.

„Es ist schon bemerkenswert, wie schnell man heutzutage Könige krönen kann", sagte Churchill ironisch. „Es ist immer eine Frage der Angemessenheit. Der des Königreichs und der des Königs selbst." Einige lachten. Der Kolonialminister war bekannt für seinen Zynismus und auch für die herablassende Art, mit der er Einheimischen begegnete.

„Ja", erwiderte Lawrence, der kein Blatt vor den Mund nahm. „Diese Angemessenheit verdient jedoch den eigentlichen Sinn des Wortes nicht, wenn wir uns an unseren gegebenen Versprechen messen lassen."

Churchill, dem Lawrences Art oft aufstieß, vor allem, wenn er sich bewusst in seinem Beisein mit den Arabern in deren Sprache unterhielt und ihn dadurch ausschloss, sagte spitz: „Nun, mein Lieber, ich denke es ist mehr als genug, was sie bekommen haben. Auch Sie haben der Sache am Ende zugestimmt."

„Das ist richtig. Aber es ist eine lächerliche Lösung, wenn man bedenkt, dass McMahon den Arabern ein geeintes Königreich zugesagt hat."

„Aber die Grenzen, Lawrence, die Grenzen des Ganzen."

„Die hatte ihm Faisal 1916 eindeutig bezeichnet."

„Aber bitte. Niemals ist ihnen ihr selbst bestimmtes Reich auch zugesagt worden. Für Missverständnisse müssen andere gesorgt haben", und er blickte Lawrence scharf an. „Ich finde das, was Sie jetzt für die Araber erreicht haben, ist weit mehr, als sich feudale Wüstenräuber erträumen können."

„Es ist ein zerrissenes Sammelsurium, abhängig von Ihrem Wohlwollen."

„Und so soll es bleiben, lieber Lawrence. Abdullah hat dies, schlau wie er ist, erkannt. Er weiß, worauf er zählen muss, um zu überleben. Und er hat seine Apanage sehr gern akzeptiert. Ja, ja, mit Speck fängt man Mäuse. Ich hoffe auch Faisal weiß im Irak, auf wen und auf was er zählen kann."

„Faisal ist ein anderes Kaliber", sagte Lawrence.

„Natürlich, Lawrence, natürlich. Wir suchten einen König für unser künstliches Gebilde und wir haben ihn gefunden", lachte Churchill. „Nun gut, wir mussten den Franzosen das ölreiche Gebiet von Mosul abhandeln, bis Faisal akzeptierte, aber der weiß jetzt unsere Ansprüche an ihn sehr genau einzuschätzen. Er ist kein England-Hasser und als populärer arabischer Freiheitskämpfer das ideale Aushängeschild für einen Staat mit nomineller Autonomie unter unserer Oberherrschaft. Und er ist gleichzeitig verwundbar genug, um weiterhin von unserer Unterstützung abhängig zu sein."

„Also keine Rede von Unabhängigkeit."

„Ach unabhängig, wer ist das schon. Wir haben das doch alles schon diskutiert. Wir behalten uns doch nur vertraglich vor, jedem höheren irakischen Beamten einen britischen "Berater" beizugeben, der ..."

„Der im Zweifel das letzte Wort hat."

„Nun gut. Diese Menschen müssen doch erst lernen sich in der neuen Zeit zurechtzufinden."

„Abfinden ist der richtige Ausdruck. Ich muss mich damit abfinden und die Araber müssen sich damit abfinden, im Irak und auch hier in Palästina."

„Richtig, Lawrence, richtig. Man muss sich damit abfinden. Das sagen ja auch die Freunde Weizmanns: Die Araber müssen sich damit abfinden! Und ich sage Ihnen, mein Lieber, diese Herren haben recht. Die Politik der nationalen Heimstätte für die Juden ist offenkundig richtig. Der abgesetzte Bürgermeister der al-Husseini Familie verlangte gestern doch tatsächlich von mir die Balfour Deklaration zurückzunehmen, die Teilung Syriens aufzuheben und die jüdische Einwanderung zu beenden. Er wird sich damit abfinden", lachte Churchill. „Seien Sie also stolz darauf, was Sie für Ihre Araber erreicht haben. Es ist Ihr persönlicher Erfolg, mehr war nicht drin."

„Ja, mehr war nicht drin. Aber ich glaube, das Lachen wird uns allen noch vergehen, weil wir uns schuldig gemacht haben. Schuldig an dem, was sich noch dramatisch in der Zukunft auswirken wird", sagte Lawrence.

Man merkte ihm an, dass er es leid war, mit diesen Herren zu diskutieren, obwohl sie ihn immer wieder einluden und zu seiner Meinung befragten. Er hatte sich auf der Pariser Friedenskonferenz und auch in Kairo für die Unabhängigkeitsbestrebungen seiner arabischen Freunde eingesetzt, freilich nur mit mäßigem Erfolg. Der arabische Nationalismus, den er unter den Beduinen entfacht hatte, war zu einem britischen Gabenkatalog verkommen, der den Arabern nur wenig Luft zum atmen ließ. Er hatte sich an der britischen Kolonialpolitik aufgerieben und musste unter diesen Umständen sogar zufrieden sein, auf das, was er erreicht hatte.

Großbritannien etablierte sich als Herr im Nahen Osten, mit eingesetzten Statthaltern, die die koloniale Fremdherrschaft gegenüber der Bevölkerung legitimieren sollten. Und sie waren bereit, den Stachel der jüdischen Heimstätte ins Fleisch der arabischen Welt zu stecken, ohne die langfristigen Auswirkungen zu bedenken. Churchill meinte, nicht nur im eigenen, sondern auch im Sinne aller anderen gehandelt zu haben, der Franzosen, der Haschimiten und der Zionisten.

Eines jedoch hatte er nicht erwartet. Von einem Zuspruch der jüdischen Seite zum Emirat Transjordanien, konnte keine

Rede sein. Kaum war die Sache publik, als auch schon heftige Proteste aufflammten. Eine Gruppe unter Zeev Jabotinsky
schloss sich zu den Revisionisten zusammen, die eine Revision eben dieser Aufteilung, im Ernstfall auch mit Waffen-
gewalt, erzwingen wollten. Für sie war Transjordanien unbe-
dingter Bestandteil der jüdischen Heimstätte, sie wollten
alles. Weizmann und Ben-Gurion jedoch setzten die Zustimmung zur britischen Entscheidung durch. Für sie war
klar, sie konnten nicht gleich zu Beginn alles einfordern. Es
entstand ein unversöhnlicher Bruch in der zionistischen Organisation.

Selbst dem Juden und Hochkommissar, Herbert Samuel,
war die Vorgehensweise Churchills suspekt. Um seine Neutralität zu demonstrieren und zwischen den zionistischen und
arabischen Interessen zu vermitteln, nahm er einige Tage
später eine günstige Gelegenheit wahr. Am 31. März verstarb
Kamil al-Husseini, der Großmufti von Jerusalem. Die Familie hatte nach den Nabi Musa Unruhen letztes Jahr bereits
den Posten des Bürgermeisters an die rivalisierenden juden-
freundlicheren Nashashibis verloren. Es war kein Geheimnis,
dass die auf der jährlichen Subventionsliste der Zionisten
standen. Samuel ließ nun den als Unruhestifter verurteilten
panarabischen Nationalisten Amin al-Husseini auf die Liste
der Kandidaten für die Wahl des Großmufti setzen. Dazu
begnadigte er ihn und der kehrte aus seinem Exil in Damaskus zurück. Die Wahl wurde nach alter Sitte von geistlichen
Führern Palästinas durchgeführt und Samuel hatte dann, wie
früher der Sultan, unter den drei Erstgewählten die letzte
Entscheidung. Als Amin jedoch nur auf Rang vier landete,
bestach Samuel einen der ersten drei zur Aufgabe und gab
am Ende Amin zu verstehen, dass er die Geschäfte seines
Halbbruders Kamil und auch dessen Titel weiterführen dürfe.
Storrs stellte ihn vor und Hadsch Amin al-Husseini wurde
zum Großmufti von Jerusalem vorgeschlagen. Und er bestand sogleich seine erste Bewährungsprobe. Die Pessach-
woche, Ende April, verlief in Jerusalem ohne Zwischenfälle.
Der Hass zwischen Juden und Arabern explodierte halt nur
woanders.

Am 1. Mai kam es bei einer Parade jüdischer Kommunisten und der Arbeiterpartei der Zionisten zu internen Hand-

greiflichkeiten in Tel Aviv. Als die Polizei eine Gruppe nach Jaffa abdrängte, geriet die, in der überwiegend arabischen Stadt, in Auseinandersetzungen mit den Bewohnern. Die Situation eskalierte und der Angriff auf ein zionistisches Einwanderungsheim gab den Startschuss für eine Orgie an Gewalt und Plünderungen gegen Juden.

Am nächsten Tag schlugen die Zionisten zurück, als ein Genosse Jabotinskys, Pinchas Rutenberg, den Rest der Jüdischen Legion aus dem Militärlager Sarafand mobilisierte und bewaffnet durch die Straßen Jaffas zog, um Rache zu nehmen. Die Bilder und Taten glichen denen vom Vortag. Die Vergeltung und Widervergeltung zog in den nächsten Tagen immer größere Kreise auf die Nachbarorte, bis Samuel arabische Aufrührer aus der Luft bombardieren ließ. Insgesamt kamen auf beiden Seiten fast fünfzig Menschen ums Leben und eine Vielzahl zu Schaden. Die britische Haycraft Kommission kam zu dem Ergebnis, die Unruhen seien spontan ausgebrochen und die Aufrührer keine Judenhasser, sondern allein Gegner des Zionismus.

Von einem Pogrom sprach jetzt keiner, auch Hochkommissar Samuel nicht, denn er wäre als Jude ja selbst dafür verantwortlich gewesen. „Es handelt sich um einen Kleinkrieg der arabischen gegen die hebräische Nation", sagte er zu Khaled Nadschar, während er einige Tage später Hadsch Amin in einer Zeremonie offiziell zum Großmufti ernannte.

Am Ende waren einmal mehr die Zionisten die Sieger. Sie profitierten von den Unruhen und erhielten, nach langen vergeblichen Bemühungen, die Unabhängigkeit der Stadt Tel Aviv zugesprochen. Ein Eckpfeiler der jüdischen Autonomie in Palästina.

ES WAR Ende Juli und sehr heiß. Wenn sie aus dem Fenster des Eisenbahnwaggons sahen, konnten sie den Tigris erkennen, den großen Strom, an dem ihr Ziel lag – Bagdad. Gerade hatten sie den letzten Bahnhof Al Tadschi passiert; es waren nur noch fünfzehn Meilen. Sie machten sich langsam bereit zum Ausstieg: Jasmin mit Amir und Sari mit Aminah.

Vorgestern früh waren sie aufgebrochen. Von Jerusalem über Al-Fula, Damaskus, Aleppo bis nach Nusaybin, an der neuen türkischen Grenze, wo die Bahn endete. Tags darauf wurden sie mit einem Bus weitertransportiert bis nach Samarra. Hier bestiegen sie am dritten Tag wieder die Bahn, die sie bis nach Bagdad brachte.

Die große Stadt sollte für vier Jahre ihr neues Zuhause werden. Vor sechs Wochen hatte Faruk ein Telegramm geschickt:

- Faisal in Bagdad eingetroffen STOP Nachfrage ob Sari Rechtswesen im Irak aufbaut STOP Bitte um Mitteilung STOP Faruk -

Es folgten lange Diskussionen und ein reger Brief- und Kabelverkehr nach Bagdad. Am Ende profitierten alle von der Entscheidung. Saris Vater wollte das kleine Anwaltsbüro übernehmen. Der Wechsel von Kamil zu Hadsch Amin brachte schon kurz nach dessen Amtseinführung unüberbrückbare Differenzen zu Tage. Khaled entschloss sich seinen Dienst beim Mufti zu quittieren. Saris Eltern zogen nach Lifta und nahmen den Anspruch auf Khaleds kleine Rente wahr. Jasmin hatte sofort nach Erhalt des Telegramms die medizinische Universität in Bagdad im Kopf und Sari fühlte sich durch das Vertrauen, das der zukünftige König des Irak in ihn steckte, äußerst geehrt. Eine Aufgabe, die in der Position eines Staatssekretärs, direkt unter dem künftigen Minister, für ihn wie auf den Leib geschneidert war.

Das Zweistromland hatte sich noch nicht vom Krieg und den Unruhen im letzten Jahr erholt. Zerstörte Gebäude, brachliegende Felder und Wracks am Straßenrand zeugten von der Heftigkeit, mit der hier gekämpft worden war. Als im Juni 1920 die britischen Besatzer einen populären Scheich ins Gefängnis warfen, der sich weigerte, angebliche Schulden gegenüber der Mandatsregierung anzuerkennen, löste das eine Revolte aus. Drei Monate lang befand sich das Land in einem Zustand der Anarchie, der begann sich auch gegen den Haschimiten Abdullah, als Erfüllungsgehilfen der Briten, zu richten. Er verzichtete auf den Thron und verließ den Irak. Die Briten konnten die Ordnung nur mit Hilfe der Royal Air Force und schnell ausgehobenen Truppen aus Indien und Persien wiederherstellen. Vierhundert britische Soldaten und mehr als sechstausend Iraker waren bei den Kämpfen ums Leben gekommen.

283

Schon kurz nach dem Ende des großen Kriegs, seit Beginn der britischen Besetzung des Irak, rumorte es heftig unter der Bevölkerung. Drei antikoloniale Geheimorganisationen wirkten in den folgenden Jahren mit der Absicht einen landesweiten Aufstand zu mobilisieren. Im Februar 1919 gründeten schiitische Kaufleute, sunnitische Lehrer und Behördenbedienstete, schiitische und sunnitische Geistliche sowie irakische Offiziere in Bagdad die Haras al-Istiqlal. Zum ersten Mal kamen Sunniten und Schiiten, Beduinenstämme und Städter für eine gemeinsame Sache zusammen.

Die Schaffung eines Nationalstaats hing genau von diesen Faktoren ab: Die Integration der Schiiten und Sunniten in das politische Wesen und die erfolgreiche Lösung der alten Konflikte, einerseits zwischen den Stämmen und den Städtern und andererseits unter den Stämmen selbst, bei denen es um die Nutzung der fruchtbaren Ebenen an Tigris und Euphrat ging. Die Rebellion hatte diese Gruppen zusammengebracht, wenn auch nur kurzfristig.

Nicht nur der hohe Blutzoll erschreckte die Regierung in London, sondern noch viel mehr das Geld, das die Niederwerfung des Aufstands gekostet hatte. Die Staatskassen im finanziell ausgezehrten Nachkriegsgroßbritannien waren leer. Es galt also die Kosten für die britische Präsenz im Irak niedrig zu halten und gleichzeitig die rebellischen Araber von neuem Aufruhr abzubringen. Für die Briten gab es dafür nur eine Lösung und sie konnten damit sogar zwei Fliegen mit einer Klappe schlagen: Wenigstens einen Teil der Versprechen gegenüber den Haschimiten halten und die Ruhe in der neuen Kolonie wahren. Faisal wurde in seinem Exil in London umgarnt. Winston Churchill war überzeugt, dass der Haschimitensohn von der wachsenden nationalistischen Bewegung, wegen seiner Rolle in der arabischen Revolte von 1916, wegen seiner Errungenschaften als Führer der arabischen Unabhängigkeitsbewegung und wegen seiner Führungsqualitäten, mehr als jeder andere akzeptiert würde. Im Juni ergab eine Volksbefragung eine hohe Zustimmung der Bevölkerung für Faisal als neuen König und obwohl man von Manipulation sprach, kehrte Faisal zurück.

Vor dem Bahnhof in Bagdad wartete bereits eine kleine Delegation, um die Nadschars in Empfang zu nehmen. Sie

wurde angeführt von Nuri as-Sa'id, dem Vertrauten Faisals.
Für ihn war die Stelle als Polizeichef bereits eingeplant. Er
begrüßte Sari mit drei Bruderküssen, verneigte sich tief vor
Jasmin und herzte die Kinder.

„Es ist eine besondere Freude für mich euch alle in meiner
Heimatstadt begrüßen zu dürfen. Man sieht sich also doch
immer zwei Mal im Leben. Ein Glück für mich und für mein
Land." Damit übergab er eine Einladung Emir Faisals. Faruk
war mit ihm in Basra und hatte Nuri gebeten die Familie
abzuholen.

Nachdem die Höflichkeiten ausgetauscht waren, wurde das
Gepäck verladen und sie stiegen in zwei Personenkraftwa-
gen, die sie zu ihrem neuen Domizil im Herzen von Bagdad
brachten. Nicht weit vom Maidan Square entfernt, in Richtung Tigris, war für sie ein kleiner Bungalow angemietet
worden, an den sich ein Garten mit Dattelpalmen und ein
Trampelpfad zum Fluss anschloss. Dadurch, dass sie ihn von
einem britischen General übernahmen, waren alle Annehm-
lichkeiten vorhanden. Außerdem lag er sehr günstig zu Saris
neuem Arbeitsplatz, dem Gelände des Verteidigungsministe-
riums. In den ehemals osmanischen Regierungsgebäuden
hatten der zukünftige König und sein Gefolge Quartier bezogen. Auch Faruk mit der Familie.

Als sie vor dem kleinen Haus anhielten, wartete dort ein
Ehepaar mit sechs Kindern. Er trug einen Turban, Pumpho-
sen und einen weiten Mantel, sie ein Kopftuch und ein Kleid.
Als Hassan in Jerusalem mitbekommen hatte, dass die Entscheidung für Bagdad gefallen war, hatte er sofort seinen
Vater angerufen. Der hatte mittlerweile in der Rashid Street
ein Haus erworben und dort einen Teppichladen eröffnet.
Hassan musste von Jerusalem eintausendfünfhundert Pfund
Sterling überwiesen. Das Haus war zwar baufällig, aber es
lag in der Hauptgeschäftsstraße von Bagdad und die Um-
baumaßnahmen konnte Hassans Vater schon aus seinen Gewinnen bezahlen. *Atlan Carpets* stand auf dem Schild über
dem Laden und die ganze Familie war eingezogen.

Unter endlosen Verbeugungen kamen die Eltern Hassans
auf Sari und Jasmin zu. „Saidi, wir finden keine Worte unseren Dank zu beschreiben, den wir dir, edler Herr, schulden."

Der Vater nahm Saris Hand, um sie zu küssen, aber Sari zog sie zurück und als die Mutter auf die Knie fiel, hob er sie auf.

„Es war das Schicksal, das Hassan und mich zusammengeführt hat. Und ein wenig Glück war auch dabei. Ansonsten hat Hassan sein Leben selbst in die Hand genommen. Ihr habt einen schlauen und tapferen Sohn."

„Saidi, Hassan hat uns von dir erzählt und er hat recht gesprochen. Du bist ein guter Mensch und dein Zustand im Jenseits wird von engelsgleicher Glückseligkeit sein, denn jeder wird an seinen Taten gemessen. Verfüge über uns, wir wären glücklich dir und deiner Familie dienen zu dürfen." Dann ging er zurück, nahm einen Teppich von der Straße auf und übergab ihn Sari mit den Worten: „Bitte nimm dieses unwürdige Geschenk von uns an, nicht als Dank, sondern als Willkommensgruß in Bagdad."

Sari wusste, er durfte das nicht ablehnen und lud sie ein, aber die Atlans zogen sich respektvoll zurück. „Wir werden euch nicht stören und jetzt gehen, wenn du versprichst, unsere Dienste anzunehmen. Wir wohnen nicht weit entfernt von eurem Haus. Habt Vertrauen." Das versprachen sie gern und alle acht gingen unter tiefen Verbeugungen rückwärts, blieben in einiger Entfernung stehen und warteten so lange, bis die Nadschars endgültig in ihrem neuen Domizil verschwunden waren.

In der nächsten Woche richteten sie sich häuslich ein und dann zog es Jasmin unwiderstehlich an ihre neue Lehrstätte. Die Al Mustansiriyya Universität aus dem 13. Jahrhundert war eine der ältesten Hochschulen der Welt und aus dem "Haus der Weisheit" entstanden. Im Gegensatz zu Christen, war es Juden und Moslems damals nicht verboten gewesen, Sektionen durchzuführen und so wurde hier schon seit langer Zeit Theorie und Praxis zugleich gelehrt. Aber auch das pharmazeutische Wissen der Universität war unvergleichlich. Wurden dort doch seit über tausend Jahren Medikamente aus Pflanzen, Mineralien und Tieren hergestellt und ein Dispensorium enthielt Rezepte, die noch aus dem Jahr 825 stammten. Das angeschlossene Krankenhaus war von einer Qualität, wie sie im Westen erst vor wenigen Jahren Standard geworden war. Jasmins Einschreibung verlief problemlos und vier Tage später begann sie das Studium der Medizin an

der Al Mustansiriyya Universität von Bagdad, die einem
ganzen Stadtteil seinen Namen gab und die nur knapp eine
Meile vom Wohnhaus der Nadschars entfernt lag.

DER TAG der Königskrönung war gekommen; es war der
frühe Abend des 23. August 1921. Vertreter aller Städte und
Provinzen, der verschiedenen Religionen und die hohen
Beamten und Offiziere der irakischen und britischen Seite
waren im Hof des ehemaligen osmanischen Serail zusammengekommen. Das große Gebäude diente Faisal als Hauptquartier.

Sari und Jasmin standen auf der Balustrade, die vom großen Empfangsraum im ersten Stock den Blick auf den Hof
freigab. Dort unten saß König Faisal I. auf einem hölzernen
Thron, umgeben von den höchsten britischen Regierungsver-
tretern und seinem persönlichen Stab. Zu seiner Linken stand
Sir Percy Cox, der britische Hochkommissar im Irak, der
gerade das Ergebnis der Volksbefragung verkündete.

Faisal war gekleidet in eine schmucklose braune Uniform.
Auf dem Kopf trug er einen Tropenhelm, mit einem zweifa-
chen Igal. Ein reich verziertes Krummschwert ließ keinen
Zweifel, dass der neue König des Irak ein Sohn der Wüste
war; ein Krieger, populärer Freiheitskämpfer und Anführer
des arabischen Aufstands mit legendärem Mut und dazu ein
Fürst unter den Beduinenfürsten – ein Nachkomme des Propheten. Zugleich aber verfügte er über ein breites Wissen
über die Welt des Abendlands. Sari beobachtete sein scharfes
schmales Profil vom Balkon. Vor zwei Wochen hatte er
einen Empfang für seine höchsten Beamten gegeben. Dort
hatte er sich außergewöhnlich frei geäußert und seine Position klar abgesteckt.

„Ich werde ein König von Englands Gnaden sein. Das ist
mir bewusst. Und ebenso ist mir bewusst, dass ein Fremder,
wie ich, viel Vertrauen braucht, um aus der irakischen konf-
liktgebeutelten Sozialstruktur einen Nationalstaat zu formen.
Dazu bitte ich alle hier Versammelten um ihre Mitarbeit. Wir
müssen die Städter und Beduinen versöhnen, Händlern und
Kaufleuten Regeln geben, die sie effektiv arbeiten lassen,
Gerichte einsetzen und Gesetze erlassen, die die Rechte und
Interessen des Volkes sichern, gleich welchen Glaubens. Wir

müssen die Gemeinden fördern, ihnen Macht zuteilen, das
Gesundheitswesen und die Erziehung entwickeln und wir
werden eine Verfassung schreiben. Dazu habe ich die besten
Fachleute Arabiens zu mir geholt und dazu wünsche ich uns
allen Glück und den Segen des Propheten."

Faisal war ein Realpolitiker, der die Problematik der britischen Kolonialisierung klar erkannte. Er wusste sehr genau,
dass er unter Beobachtung der irakischen Nationalisten stand,
und er wusste sehr genau, auf wen er sich im Ernstfall stützen konnte – die Beduinenstämme der Wüste. Und Faisal
hatte vorgesorgt. Die Engländer hatten dafür sorgen müssen,
dass die Provinz Mosul dem Irak zugeschlagen und aus dem
französischen Mandatsbereich in Syrien abgetrennt wurde.
Dafür gab er den Briten die Versicherung, keine Politik zu
betreiben, die gegen ihre Interessen verstieß, und ihre Betei-
ligungen an der vormaligen Türkischen Petroleum Gesellschaft zu schützen. Das brachte seinem Staat immerhin acht-
hunderttausend Pfund Sterling im Monat ein und machte ein
Regieren erst möglich.

Als der neue König des Irak den Empfangssaal betrat,
brandete Beifall auf. Rund vierhundert Gäste hatten der Zeremonie beigewohnt. In gewohnt bescheidener Weise dankte
er den Anwesenden und wünschte allen Glück für ihre zukünftigen Aufgaben. Jedoch erkannte Sari nicht nur einhelli-
ge Begeisterung. Faisal hatte, wie eben auch an Sari, etliche
Positionen an ehemalige Syrer vergeben, die mit einem
Staatsaufbau schon Erfahrung gesammelt hatten. Viele Irakis
fühlten sich übergangen.

In einer langen Reihe gingen auch Jasmin und Sari zu Faisal, um ihm zu seiner Krönung zu gratulieren. Bei ihm angekommen, sagte er: „Es ist mir eine große Freude, dass ihr
meinem Ruf gefolgt seid. Meine Tür und mein Ohr wird für
euch immer offen sein." Faruk stand nicht weit entfernt von
ihm. Er war von heute an immer in seiner Nähe.

Eine ältere Dame kam auf sie zu. Gertrude Bell, Engländerin, Orientalistin, ehemalige Mitarbeiterin des britischen
Geheimdiensts, politischer Verbindungsoffizier zu Percy Cox
und Orientsekretärin der Briten. Und sie war maßgeblich an
der Gründung des Irak beteiligt gewesen.

„Mr. und Mrs. Nadschar, ich begrüße Sie in Bagdad", sagte die, aus einer angesehenen britischen Industriellenfamilie stammende Frau in perfektem Arabisch und stellte sich vor.

„Ich habe von Ihnen gehört, Madame", erwiderte Sari auf Englisch.

„Und ich von Ihnen, Sir", sagte sie mit einem Lächeln. „Sie waren maßgeblich an der glücklichen Entwicklung des arabischen Aufstands beteiligt."

„Und Sie an der Ziehung der Grenzen und dem, was dabei herausgekommen ist", sagte Sari und lächelte zurück.

Gertrude Bell verstand. „Nun, Mr. Nadschar, das war kein Zuckerschlecken. Wir saßen wochenlang mit den Scheikhs, um all die Brunnen und Weiden gerecht aufzuteilen."

„Aufzuteilen in was?"

„In das Hoheitsgebiet des Irak und das des ibn Saud und welche Stämme, zukünftig wohin gehören sollen."

„Und heraus kam eine mit dem Lineal gezogene Grenze, die die unendliche Freiheit teilt, die gar nicht teilbar ist. Der Fremde ist blind, auch wenn er Augen hat", sagte Jasmin.

„Wir müssen dem Ausgang des Krieges entsprechen, Mrs. Nadschar."

„Wenn du hörst, dass ein Berg versetzt worden sei, so glaube es, wenn du aber vernimmst, dass ein Mensch seinen Charakter geändert habe, so glaube es nicht", antwortete sie und wand sich ab. Die Engländerin wurde verlegen.

„Madame Bell", sagte Sari, „wir haben den Aufstand nur führen können, weil die Araber an ein geeintes arabisches Reich glaubten, nun wird Zentralarabien aufgeteilt."

„Abdel Aziz al-Saud hat sich als treuer britischer Gefolgsmann erwiesen."

„Er ist der Todfeind der Haschimiten, Madame, und er bedroht die Schammar in Hajil. Er will die Macht über den ganzen Nedjd und wird mit seinen salafistischen Fanatikern vor nichts zurückschrecken."

„Wir haben über John Philby nur Gutes über ihn erfahren."

„Ah, musste der deshalb jetzt seinen Posten als Sicherheitsbeauftragter der Mandatsregierung im Irak räumen?"

„König Faisal hat darauf bestanden. Er hat seinen Willen bekommen. Wir versetzen Philby nach Jerusalem."

„Genau, Madame, der König traut ihm nicht über den Weg. Er ist der Förderer des größten Feindes seines Vaters."

„Mr. Nadschar, Sherif Hussein ist schlecht beraten worden. Er hat sich kürzlich erst geweigert mit uns ein Abkommen zu treffen, das seine lokale Herrschaft im Hedschas anerkannt hätte."

„Weil er zugleich endgültig auf Syrien, den Libanon und Palästina verzichten sollte."

„Nun ja, das ist so. Der Nahe Osten gestaltet sich jetzt neu für eine friedliche Zukunft. Wir verhindern, dass alle Macht in nur eine Hand gerät."

„Indem London dem Sherifen die finanzielle Unterstützung einstellt?"

„Wir unterstützen den, der uns unterstützt."

„Wie damals, als er die Türken aus dem Hedschas vertrieb?"

„Genau wie damals."

„Dann sollte sich London auch an die Versprechen von damals halten, für den verbündeten Kämpfer und nicht für einen Religionsfanatiker, der keinen Finger rührte und die britische Hilfe nun dazu benutzt, seinen Machtbereich auf Kosten des Freiheitskämpfers zu erweitern."

Gertrude Bell bezeichnete sich zwar selbst als Vertraute König Faisals, war jedoch nur die britisch vertraglich aufgesetzte Mentorin. Sari war sich mehr denn je sicher, dass die Engländerin dem Haschimitensohn nichts bedeutete. Faisal war klar, dass die Haschimiten ohne die Briten keine Chance auf die Zukunft hatten und den Thron des Irak angenommen, doch blieb der panarabische Gedanke in ihm präsent.

Kurz nach Mitternacht gingen Sari und Jasmin nach Hause. Der Weg zu Fuß am Fluss entlang war nicht weit. Ihre Kinder wussten sie gut versorgt; Pirafa Atlan war bei ihnen. Die sechzehnjährige Schwester Hassans hatte Jasmin angestellt. Ein ruhiges und besonnenes Mädchen, das in ihrem kurzen Leben schon alle Mühsal und Erniedrigungen kennen gelernt hatte und die nun so ganz anders behandelt wurde.

Jasmin sah es als eine persönliche Herausforderung an, sie zu einer selbstbewussten jungen Frau zu machen. Pirafa hatte nie Lesen und Schreiben gelernt, wie alle Jesiden das aus religiösen Gründen ablehnten; auch die Atlans. Die Eltern wehrten sich heftig dagegen, aber sie stießen mehr und mehr an die Grenzen der neuen Zeit.

Ihre Religion war keine offenbarte, wie sie Religionsstifter den Gläubigen in einer gefertigten Lehre vorlegen. Sie hatte sich über sieben Jahrtausende entwickelt und war mündlich weitergegeben worden. Es gab keine offizielle, formale Lehre oder ein verbindliches Glaubenssystem. Sie leiteten ihre Herkunft direkt von der Entstehung der Menschheit ab, indem Gottes unergründliche Kräfte durch die Erzengel, aber auch durch den Teufel an den Menschen wirken, die den ewigen Kreislauf des Lebens, Sterbens und Wiedergeboren-Werdens beeinflussen und den Sinn geben. Daher baten sie auch den Teufel, dem sie keinen direkten Namen gaben, an ihnen selbst nichts Schlechtes zu verüben. Das brachte ihnen die Bezeichnung der Teufelsanbeter ein und sorgte für Ausgrenzung, Abscheu und Verfolgung.

Hassan, der allein schon aus Überlebensgründen begonnen hatte in der türkischen Armee Lesen und Schreiben zu lernen, machte seinem Vater klar, dass durch sein Diktat seinen Geschwistern die Zukunft genommen wurde. Jedoch, in die Schule schickte der Alte die Kleinen noch immer nicht. Jasmin begann das nun für Pirafa zu übernehmen.

Vier Tage später fuhren Jasmin und Sari hinaus in die Wüste nahe Bagdad. Sie probierten ihren neuen Ford T aus. Am Horizont des flachen Landes sahen sie die Zelte auftauchen, die das Ziel ihrer Reise waren. Faisal I. hatte die Stämme der Wüste zusammengerufen, um mit ihnen nach Beduinenart seine Krönung zu feiern. Sie waren sein Stützpfeiler in all den unterschiedlichen politischen Strömungen, die ihn von jetzt an zu beeinflussen suchten.

Die ansässigen Dulaim und Ruala aus dem großen Stamm der Aneze, die Beni Safar der Harb und die Schammar des Nordens, die in den Irak gekommen waren, hatten sich zusammengefunden, um alte Fehden zu beenden. Jasmins Augen leuchteten, als sie ihre Klanmitglieder umarmte. Ihnen waren gute Weideplätze zugeteilt worden, aber die besten hatten sie sich am Euphrat vom britischen Kriegssold für den arabischen Aufstand selbst gekauft. Sechs ganze Dörfer wurden jetzt von ihnen besiedelt. Die ehemaligen Dorfbewohner hatten ihnen ihre Häuser gleich mitverkauft und waren mit dem vielen Geld in die Stadt gezogen. Für die Beni Safar begann ein neues Leben, sie gaben ihr Beduinenzelt auf.

Die Dulaim waren im letzten Jahr, während des Aufruhrs im Irak, erbitterte Gegner der Briten gewesen und Faisal musste sie auf seine Seite ziehen. Sie erkannten ihn an, als Nationalhelden Arabiens auf dem Weg zu einem panarabischen Großreich. Der heutige Tag sollte dazu dienen ihnen Zusagen zu geben für die Armee, die Polizei oder andere staatliche Posten. Gerade hatten die Briten in der Armee eine Sondereinheit aus christlichen Aramäern gebildet, die allein unter ihrem direkten Kommando stand und die Aushebung einheimischer Truppen, die auf Faisal und den Irak eingeschworen wurden, erhielt somit eine große Bedeutung. Der Klan der Albu Assaf, aus dem die Dulaim ihre Anführer wählten, war für Offiziersposten vorgesehen und sollte zusammen mit den Rückkehrern aus osmanischen Diensten das Rückgrat der neuen irakischen Armee werden.

Die Schammar waren erst kürzlich in den Irak geflohen. Abdel Aziz al-Saud hatte mit seinen Wahabiten das Zentrum des Klans der ibn Rashid in Hajil eingeschlossen und das Umland erobert. Viele Klans der Schammar im Norden des Nedjd verließen ihre Weidegründe und zogen sich über die neue Grenze zurück. Die schützte jetzt ihre Existenz.

Auf der flachen Ebene waren sechs riesige Zelte aufgebaut und von überall her waren die Beduinen erschienen. Die Vorbereitungen für das Fest waren in vollem Gange. Hammel wurden gebraten und gigantische Reisportionen gekocht. Aus Bagdad waren am Morgen die Lastwagen mit den Zelten, Teppichen und Lebensmitteln sowie das Personal eingetroffen.

Faruk war bereits vor Ort und als Chef der Leibgarde für die Sicherheit des Königs direkt verantwortlich. Er kam mit einem Mann auf Sari und Jasmin zu. Sie standen mit Gertrude Bell zusammen, die einen Fotoapparat dabei hatte, um von dem Ereignis Bilder aufzunehmen.

292

„Seid gegrüßt, Kinder der unendlichen Weite", und er schaute abfällig auf Madame Bell. „Ya achi, schau, wer hier neben mir steht." Bei diesen Worten nahm der Mann das Ende seines Turbans vom Gesicht und strahlte Sari an.

„Munir! Welche Freude dich hier zu sehen. Was bringt dich hier her?" Beide umarmten sich herzlich. Munir war der Anführer der Ageyl gewesen, die auf dem Marsch nach Batn al Ghul die Beni Safar begleitet hatten.

„Dhabit khebir, dein Anblick zaubert mir das Lächeln auf mein Gesicht, das ich schon fast verloren habe."

„Dein ehrliches Lächeln, das ich so gern sah? Munir, was ist geschehen?"

„Du weißt, wir sind nach dem Krieg zurück in unsere Heimat gegangen. Die Christen der Städte von Buraydah, Unayzah und Russ waren ja schon lange dem wahabitischen Diktat und ihren Verfolgungen ausgesetzt. Als die Fanatiker aber jetzt auf Hajil zogen, ließen sie uns nur die Wahl zwischen Übertritt zum wahabitischen Islam oder dem Tod. Unserem Kirchenoberhaupt, der mit dem Sektenführer ibn Saud verhandeln wollte, hat der in seinem eigenen Zelt, trotz des Gastrechts der Wüste, eigenhändig den Kopf abgeschlagen. Wir mussten fliehen und ließen alles zurück. Sie haben unsere Kirchen zerstört und wem sie habhaft werden konnten unter ihre Knute gezwungen."

„Und die Briten", fragte Sari mit einem Seitenblick auf die Engländerin?

„Die schauen weg. Philby redet die Wahrheit herunter. Diese Wababitensekte erlaubt kein Menschenrecht außerhalb ihrer Auslegung des Islam. Die Frauen dürfen nicht den Fingernagel ihrer Hand zeigen und die Strafen sind drakonisch. Ihre Sharia richtet öffentlich, wo Hände und Köpfe abgeschlagen und Frauen gesteinigt werden. Leibhaftige Teufel haben unser Land erobert." Gertrude Bell sah zu Boden und man merkte, dass sie froh war, dass sich gerade jetzt König Faisals kleiner Autokorso näherte. Ohne noch ein Wort zu sagen ging sie davon und sie wussten warum.

Über fünfhundert Beduinenkrieger standen Spalier und ließen den König hochleben. Die lediglich fünf Leibgardisten an seiner Seite sollten keinem das Gefühl vermitteln, er fühle sich bedroht, aber Faruk wusste, er konnte sich im Ernstfall auf die anwesenden Beni Safar verlassen. Faisal war gekleidet in seine Beduinentracht und gab allen damit zu verstehen, dass er, als Sohn der Wüste, einer unter ihnen blieb. Am Hauptzelt lud er die Führer und Scheikhs ein bei ihm Platz zu nehmen und das Schauspiel zu verfolgen, das jetzt beginnen sollte. Und die Engländerin machte ihre Fotos.

Jeder der Stämme wollte den anderen bei der Aufführung von Reiterspielen, Schießübungen und Kampfsituationen übertreffen und oftmals hatte es zu alten Zeiten ausgereicht, wenn die Besten so eindrucksvoll ihre Künste zeigten, dass eine blutige Konfrontation vermieden werden konnte.

Faisal bedachte alle mit großem Applaus und gratulierte den Scheikhs zu ihren Kriegern. In einer langen Reihe nahmen sie die Parade der Kamel- und Pferdereiter ab, die mit Stolz ihre Fahnen und Banner schwenkten.

Nach dem Essen begannen die Stämme, erst in einzelnen Gruppen, und später dann auch vermischt, Schwerttänze zum Klang der Trommeln und Instrumente aufzuführen, an denen sich am Ende auch Faisal selbst beteiligte. Bis in den Abend standen sie in langen Reihen, um im Rhythmus der Musik vor und rück zu treten und ihre Schwerter dabei zu schwenken. Fast alle Krieger gingen danach am König vorbei, gaben ihm die Hand und legten ihre Stirn auf seine rechte Schulter. Faisal war hochzufrieden und als Sari und Jasmin sich verabschiedeten, saßen er und die Scheikhs noch lange zusammen und beredeten die Details ihrer Interessensgemeinschaft.

DIE BRITEN waren im Irak mit sich selbst und der Welt hoch zufrieden. Nie im Traum hätte Churchill daran geglaubt, dass die Regentschaft des Haschimitensohnes ein solcher Glücksgriff werden sollte. Nicht ganz drei Jahre waren nun seit seiner Thronbesteigung vergangen und der Irak hatte nicht nur zur Ruhe gefunden, sondern befand sich auf dem Weg in eine prosperierende, kohärente Gesellschaft. Faisal I. hatte es verstanden die Kluft zwischen den islamischen und christlichen Religionen durch eine gemeinsame Loyalität für die panarabische Sache zu überbrücken. Er verfolgte mehr denn je das Ziel eines arabischen Großreichs mit dem Irak, Syrien und dem Rest des fruchtbaren Halb-

monds. Die Toleranz und Gleichbehandlung seiner Regie-
rungsphilosophie, die unabhängig war von Glauben und
gesellschaftlicher Stellung, förderten eine immer breiter
werdende Zustimmung der Bevölkerung zum König. Er
besetzte die Verwaltung mit Vertretern der verschiedenen
ethnischen und religiösen Gruppen, was er oftmals gegen
britische Bedenken durchsetzen musste. Die kolonialistische
Wirklichkeit verschwand in der Öffentlichkeit immer mehr
hinter einer immer selbstbewusster auftretenden irakischen
Selbstverwaltung. Die Briten zogen sich, aufgrund der Erfolge in der Innenpolitik des Königs, mehr und mehr aus den
Entscheidungsprozessen zurück und traten nur noch dann
auf, wenn sie ihre eigenen Interessen bedroht sahen. Im Irak
etablierte sich ein starkes Selbstbewusstsein, auch weil das
Öl die Staatseinkünfte sicherte.

Jedoch behielten die Briten großen wirtschaftlichen Einfluss im Land. Sie waren bereits vor dem Krieg zusammen
mit den Niederländern und einem privaten Armenier an der
Türkischen Petroleum Gesellschaft beteiligt gewesen und
verfügten nun über ein Öl-Monopol. Die ehemaligen deutschen Rechte an der Gesellschaft hatte man als Kriegsent-
schädigung an Frankreich übergeben. Das jedoch, was die
Regierung des Irak an Einnahmen aus der Öl-Gesellschaft
bezog, war nach drei Jahren der erfolgreichen Entwicklung
nunmehr lediglich ein kleiner Bruchteil des Unternehmens-
gewinns. Der Bevölkerung wurde die offensichtliche Aus-
plünderung ihres Ölreichtums mehr und mehr bewusst. Aber
selbst harte Verhandlungen zu Beginn des Jahres 1923, um
den Anteil der Irakis an die, im Vertrag von San Remo zuge-
sagten zwanzig Prozent anzupassen, und aller Druck der
Nationalisten, führten zu keinem Ergebnis mit den Briten.
Denn es bestand ohne britische Hilfe die große Gefahr das
Gebiet um Mosul zu verlieren. Die Türkei war militärisch
erstarkt und begann Ansprüche auf das ehemalige osmanische Vilâyet Mosul zu stellen.

Nach dem Waffenstillstand mit den Osmanen vom Oktober 1918 hatten die Briten die Invasion der Griechen in
Kleinasien unterstützt. Daraufhin formierten sich die türkischen Resttruppen im Inneren Anatoliens in Guerillaverbän-
den neu für einen künftigen Befreiungskampf. Der Friedens-

vertrag von Sèvres, der eine weitgehende Kontrolle der Siegermächte über den osmanischen Reststaat festschrieb, wurde abgelehnt und im Sommer 1922 die Invasion der Griechen
blutig zurückgeschlagen.

Zur selben Zeit hatte Abdel Aziz al-Saud die ibn Rashid
aus Hajil endgültig vertrieben. Das verdoppelte sein Territorium um einen Schlag. Die Briten, aus Angst um die irakische Grenze im Süden, und vor dem Hintergrund der erstark-
ten Türken im Norden, unterzeichneten Ende des Jahres in
Uqair ein Abkommen, in dem sie dem Saudi seine eroberten
Gebiete anerkannten und sich im Gegenzug die Grenze zum
Irak sicherten. John Philby, der in Jerusalem saß, war nach
London gereist, um das genau so vorzubereiten.

Kurz darauf betrieb Mustafa Kemal die Absetzung des
Sultans und die neue türkische Regierung in Ankara wurde
von den Alliierten anerkannt. Der Vertrag von Lausanne
ersetzte im Sommer 1923 den von Sèvres.

Offen blieb allerdings die Frage um das Vilâyet Mosul –
das Kerngebiet der Kurden, die seit Kriegsende einen eigenen Staat forderten. Faisal hatte mehrmals seinen Stiefbruder
Zaid zu Verhandlungen nach Mosul geschickt, war aber
gegen die Interessen der Briten machtlos. Die Türken, die
den Briten momentan militärisch sogar überlegen waren,
formulierten erneut ihren Anspruch auf Mosul und mobili-
sierten Truppen in Anatolien. In Anlehnung an die Versprechen für die Haschimiten im großen Krieg, suchten die Briten nun die Kurden durch Zugeständnisse als Verbündete zu
gewinnen. Angespornt davon riefen die übereilt am 22. November 1923 das Königreich Kurdistan aus, mit dem Anspruch auf alle kurdischen Städte im Irak. Diesen Anspruch
konnten weder die Briten noch König Faisal erfüllen und aus
Angst, die Kurden könnten sich nun mit den Türken vereinen, wurden bis Dezember die kurdischen Städte bombardiert und zurückerobert. Die Frage um das Vilâyet Mosul
war aber auch da noch immer offen.

Sari war nun schon fast drei Jahre lang beschäftigt, das
Rechtsystem des Landes aufzubauen. Unabhängige Gerichte
erfüllten ihre Aufgaben und die rechtlichen Vorgaben für die
geplante konstituierende Versammlung, die die Verfassung
des Irak für eine konstitutionelle Monarchie festlegen sollte,

waren nahezu fertig gestellt. Die Inkraftsetzung seiner Ge-
setzgebung trug einen großen Anteil zum Vertrauen bei, das
der König auch bei den Schiiten im Süden aufbaute. Daneben
verbanden neue Straßen die größeren Städte des Landes
untereinander sowie Bagdad selbst mit Damaskus und Amman. Viele Irakis fanden Anstellung in der Ölindustrie, die in
Mosul immer weiter ausgebaut wurde. Der Schulbesuch
wurde zur Pflicht und Faisal beauftragte, aufgrund fehlender
eigener Alternativen, Doktoren und Lehrkräfte aus dem Libanon, aus Syrien oder dem westlichen Ausland, die den
Standard der Erziehung und Ausbildung enorm anhoben.

Davon profitierte auch Jasmin. Sie wurde zugleich mit der
traditionellen arabischen, als auch mit der westlichen Medizin konfrontiert und arbeitete bereits als Studienassistentin
im Universitätskrankenhaus. Sie wollte in einem Jahr ihren
Abschluss machen.

Hassan wechselte immer mehr zwischen Jerusalem und
Bagdad und Sari verhalf ihm zur irakischen Staatsbürgerschaft. Er war nun wieder Hassan Atlan. Seine Geschäfte
liefen blendend, in beiden Städten. Sari bezog mittlerweile
mit nur zwei Tagen Verspätung aus Jerusalem die Tageszei-
tungen *Suriya al-Janubia* und *Lisan al-Arab*, die sein Cousin
Ibrahim herausgab, aber Hassan war trotzdem eine immer
willkommene Informationsquelle für die Nachrichten aus der
Heimat. Seine Schwester Pirafa war ein Teil der Nadschars
geworden und bei der Erziehung und Betreuung von Aminah
und Amir gar nicht mehr wegzudenken. Sie konnte mittlerweile Lesen und Schreiben und saß oft mit den Nadschars bis
spät in die Nacht noch zusammen. Ihr Selbstbewusstsein
gegenüber ihren Eltern wuchs und ihr Bruder unterstützte sie
nach Kräften. In die Schule schickte der Alte seine kleinen
Kinder aber trotz Schulpflicht noch immer nicht.

Es war Mittwoch, der 5. März 1924, als Hassan wieder
einmal zu Besuch kam. Gestern war er angekommen und in
seinem Gepäck befand sich auch ein Brief von Sahra aus
England, den Khaled ihm mitgegeben hatte. Sie würde im
Sommer ihr Studium abschließen und wollte in die Region
zurückkehren. Darum sollte sich Sari kümmern, denn Sahra
hatte sich auf die Petrochemie spezialisiert und sie würde im

Irak glänzende Aussichten haben. Das Land war für eine junge Wissenschaftlerin ihrer Art die richtige Adresse.

Sie diskutierten über die Wahlen für die konstituierende Versammlung des Irak, die in einer Woche stattfinden sollten und über einen Zeitungsartikel, der heute erschienen war und dessen Inhalt einer wahren Revolution gleichkam. Die Türkische Republik, die im November 1922 bereits das Sultanat aufgelöst hatte, hatte nun auch den Kalifen, den Vetter des letzten Sultans, von seinem Amt enthoben. Den Titel des Kalifen, in seiner Eigenschaft als Schutzherr für die muslimische Religion, hatte seit 1517 der damalige osmanische Sultan Selim I. direkt mit seinem Herrschertum verbunden und wurde noch im gleichen Jahr auch vom Sherifen von Mekka anerkannt. Selim hatte die Mamelucken in Ägypten besiegt und deren geistliche Stellvertreterschaft des Propheten übernommen, als er die heiligen Städte eroberte. Damit musste der vakante Titel nun zwangsläufig auf den Großsherifen und Emir von Mekka übergehen. Was das für die Haschimiten und die ganze Lage im Nahen Osten bedeutete, konnte man kaum vorhersagen. Eine hochbrisante Angelegenheit, die alles noch einmal ins Rollen bringen konnte.

Als Hassan über Palästina berichtete, bemerkte er nebenbei: „Ach übrigens, ich habe vorgestern Joshua Rosenwald in Bagdad gesehen. Erst dachte ich, das kann nicht sein, aber ich sah seine verbeulte Nase. Er ging durch die Rashid Street und schaute in den Laden. Als ich heraustrat und hinter ihm herrief, sah er sich nur kurz um und verschwand hinter einer Hausecke in Richtung des jüdischen Viertels Al Rusafa."

„Joshua Rosenwald? Von dem habe ich schon lange nichts mehr gehört. Was macht der hier in Bagdad", fragte Sari überrascht?

„Die Zionisten haben damals, nach den Nabi Musa Unruhen in Jerusalem, eine paramilitärische Miliz gegründet, die sie Hagana nennen. Sie versorgt sich illegal mit Waffen und besteht aus ehemaligen Soldaten der Jüdischen Legion und aus Siedlern, die den Landraub verteidigen sollen. Auf der Suche nach Geld ist ihnen auch die "freundliche" Erpressung ihrer nicht-zionistischen Glaubensbrüder kein Tabu. Einige dieser Leute ziehen sogar in die Nachbarländer, um Geld aufzutreiben. Bagdad hat eine große jüdische Gemeinde."

298

„Und du bringst Joshua Rosenwald damit in Verbindung?"

„Ja, Patron. An der Gründung der Hagana waren viele führende Mitglieder der Zionisten beteiligt. Die so genannten Sportgruppen, zu denen Joshua gehörte, wie du ja aus Erfahrung weißt, sind in dieser Miliz aufgegangen."

„Und du denkst, sie operieren hier in Bagdad?"

„Die Juden stellen fast ein Drittel der Bevölkerung der Stadt. Gut, von denen aus dem jüdischen Vierteln Hannouni und Rusafa kannst du nicht viel holen, aber die, deren Häuser unten am Tigris auf der Halbinsel Karrada stehen, sind unermesslich reich. Da lohnt sich ein Besuch."

Sari hatte in den letzten drei Jahren erlebt, wie die jüdische Gemeinde in Bagdad von der Politik der Regierung Faisals profitiert hatte. Die Toleranz in Glaubensfragen, die Gleichbehandlung vor dem Gesetz, ein moderates Steuersystem und die Freiheit in der persönlichen Entfaltung ermöglichte den Juden, so wie unter den Osmanen, ihre Dominanz in allen Lebensbereichen fortzusetzen. Im Handel, im Finanzwesen, in der Kultur, in der handwerklichen Kunst oder als staatliche Angestellte kamen viele zu Geltung und Wohlstand. Unermessliche Reichtümer verdienten die alteingesessenen, weltweit operierenden Handels- und Bankhäuser, die schon den Sultan finanziell unterstützt hatten.

„Ich werde der Sache nachgehen, Hassan", sagte Sari. Er wusste, wo er solche Informationen erhalten konnte. Ja'far al-Askari, Offizier in Aqaba und Berater Faisals in Haifa, war im November letztes Jahr vom König zum Premierminister ernannt worden. Seinem Schwager Nuri as-Sa'id und ihm unterstand die Geheimpolizei.

Sari wurde sofort in Ja'fars Büro durchgelassen, als er am nächsten Tag erschien. Ja'far war mittlerweile ein beleibter Mann, der die Offiziersuniform mit dem Anzug getauscht hatte. Durch seine jahrelange Loyalität zu Faisal hatte er sich großes Vertrauen erworben und jetzt das zweithöchste Amt im Staate inne. Nach den üblichen Höflichkeiten kam Sari schnell zur Sache.

„Abu Amir", sagte Ja'far mit einem Lächeln. „Ich hatte gehofft, dass du mittlerweile ein Iraki geworden seiest, aber ich sehe dich deiner Heimat noch sehr verbunden und das ist gut so. Auch ich war lange fern der Heimat, war aber immer über alles informiert, um dann letztendlich zurückzukehren."

„Nun, dann weißt du über meine Situation genau Bescheid und kannst mich gut verstehen."

„Ja, das kann ich und ich will dir sagen, was wir wissen. Es ist so, wie dein Freund vermutet hat. Wir sind informiert und haben Beweise, dass zionistische Elemente im Irak aktiv sind. Jedoch sind uns über die Briten die Hände gebunden, um aktiv dagegen vorzugehen. Aber wir haben ein scharfes Auge auf diese Leute, die aus dem Umfeld der Revisionisten kommen und ihre territorialen Ansprüche sogar bis auf irakischen Boden stellen."

„So sind also auch hier Zionisten am Werk?"

„Auch hier, aber ihre Anzahl ist überschaubar. Sie sind nicht sehr beliebt. Die allermeisten irakischen Juden sind sogar strikt gegen sie." Dann überlegte er kurz: „Es gibt eine Gelegenheit für dich, das selbst herauszufinden." Ja'far kam hinter seinem Schreibtisch hervor und setzte sich in den Sessel neben Sari. „Ich war vor drei Wochen zu Besuch in einer jüdischen Schule. Die Rachel Shahmoon School, die ein gewisser Elia Shahmoon, ein steinreicher Kaufmann aus Bagdad, wegen des tragischen Todes seiner Tochter umbauen ließ. Sie wird am Sonntag eröffnet. Ich bin dazu eingeladen, aber leider verhindert. Du könntest daran teilnehmen, an meiner statt. Elia Shahmoon ist gestern aus Shanghai zurückgekehrt. Nun soll die offizielle Eröffnung stattfinden. Er kann dir einiges über unsere Freunde erzählen."

Am besagten Sonntag stand Sari hinter dem Fotographen, der die Teilnehmer der Einweihungsfeier in der neuen Schule ablichtete. Er hatte sich bewusst nicht dazu gestellt, da er keinen offiziellen Anteil am Ereignis hatte, obwohl er in Vertretung von Ja'far erschienen war. In vier Reihen übereinander hatte der Fotograph die Notabeln und Schulangestellten angeordnet. Zumeist Juden, aber auch Araber waren darunter. Alle trugen Tarbusche und westliche Kleidung, bis auf Rabbi Ezra Dangoor, der mit Kopftuch und Kaftan neben Elia Shahmoon in der ersten Reihe saß.

Schon bei der Ankunft war Sari das renovierte Schulgebäude aufgefallen, das so ganz anders neben den meist unverputzten Backsteinbauten der Nachbarhäuser im Zentrum des jüdischen Viertels Rusafa aussah. Die unhygienischen engen Straßen hatten kaum Platz genug für seinen Wagen gelassen und immer wieder musste er wegen der Passanten und Eselskarren stehen bleiben. Teils tief verschleierte Frauen und Männer mit langen Mänteln und Kopftüchern ließen ihn fast vergessen, dass er im jüdischen Viertel war, wäre da nicht die helle Kleidung aus weiß-grau gestreiftem Tuch, die hier fast alle trugen.

Sari hatte sein Auto im Schulhof abgestellt und war äußerst freundlich empfangen worden. Elia Shahmoon hatte ihm versprochen, dass er mit ihm nach der Feier reden wolle. Über dem Eingangstor hing ein Bild der Familie, zusammen mit der hübschen Tochter Rachel, die vor Jahresfrist, nur eine Woche nach ihrer Hochzeit, einem tödlichen Virus zum Opfer gefallen war. Zu ihrem Gedenken hatte er die Schule umgebaut, die nun ihren Namen trug.

Beim Rundgang hatte Sari neue Klassenräume, wissenschaftliche Labore, handwerkliche Werkstätten, eine Sporthalle und eine neue Synagoge besichtigt. Die Juden taten viel für die Ausbildung ihrer Kinder. Zurück in der Aula kam Elia Shahmoon auf ihn zu. Er trug einen dunklen Anzug mit Schlips und Kragen und hatte einen Schnauzbart um sein Kinn. Eine angenehme Erscheinung, der man den Reichtum durchaus ansah. Er hatte ein Handelshaus von seinem Vater übernommen, das weltweit, vor allem chinesische Tuche verkaufte. Er nannte drei Motorschiffe sein Eigen, die zwischen Shanghai und Basra pendelten. Vor der Küste wurden die Waren auf Transportkähne umgeladen und auf dem Tigris über Basra bis nach Bagdad geschifft. Von hier aus ging es weiter nach Europa und Amerika. Er war in Begleitung von Ezra Dangoor.

Wenig später saßen sie zusammen im Büro des Direktors. „Ja, Ministerpräsident al-Askari hat recht, verehrter Said Nadschar", sagte Elia. „Und wir haben den Ärger mit ihnen. Sie erlauben sich viel, setzen unsere Familien unter Druck, drohen und schmeicheln."

„Erzählt mir, wie das vor sich geht."

„Ihre Agenten kommen in die Häuser und in die Büros. Sie haben Papiere von hohen Vertretern des Zionismus bei sich.

301

Sie fordern die jüdische Solidarität ein. Haben sie keinen Erfolg, beginnen sie zu drohen, mit ihrer politischen Macht, mit den Banken und sogar mit körperlicher Gewalt. Einige von uns aus der jüdischen Handelsgesellschaft Bagdads haben ihnen schon hohe Summen ausgezahlt. Und sie kommen immer wieder."

„Und ihr wehrt euch nicht?"

„Wir wehren uns sehr wohl, mein Herr", sagte jetzt Rabbi Dangoor. „Die Armen als auch die Wohlhabenden werden gleichermaßen von uns Geistlichen vor ihnen geschützt. Wir nehmen den Agenten die Argumente und machen unserer Glaubensgemeinschaft klar, dass wir den Zionismus nicht mit dem Judentum gleichsetzen."

Dann hob er den Finger und sprach: „Hören Sie verehrter Herr, in unserem Land wurde vor langer Zeit der große Babylonische Talmud geschrieben. Dort lautet einer der drei talmudischen Eide, dass der Heilige, gepriesen sei Er, Israel schwören ließ: "Sie sollen nicht in Scharen in das Land ziehen und sich nicht gegen die Völker der Welt empören". Es ist also eine kanonische, verpflichtende Warnung vor einer massenhaften Einwanderung in das Gelobte Land. Das Kommen des Messias ist nicht gebunden an die Taten der Juden. Demnach gibt es keine gottgewollte Solidarität zwischen Zionismus und Judentum."

Die Juden des Irak stellten keine Ansprüche. Die Toleranz, die sie genossen, war ihr einziges Verlangen; mehr bedurften sie nicht, um sich zu entfalten. Eine starke, autarke Gesellschaft. So ganz anders wie die Gruppen, die sonst den Irak bevölkerten.

Das hatte König Faisal für die leitenden Staatsbeamten erst letzte Woche in einem internen Memo bestätigt. Darin hatte er das Hauptproblem des irakischen Staates als die Zerrissenheit des Landes in separatistische Kurden im Norden, eine seit der osmanischen Zeit bevorzugte sunnitische Elite in der Mitte und eine marginalisierte schiitische Mehrheit im Süden bezeichnet. Ebenso identifizierte der König die weit verbreiteten Stammesstrukturen der Gesellschaft als Hindernis zu einer einheitlichen nationalen Identität. Den Juden jedoch bescheinigte er absolute Loyalität. Faisal selbst dachte, dass die Grenzen nur durch eine langwierige Anwendung von materieller und justizieller Macht zu überwinden seien. Er warb von daher für seine Politik, die Ministerposten hauptsächlich unter den vierzig einflussreichsten Familien der unterschiedlichen Gruppen zu vergeben. So blieb der Irak unter seiner Führung eine Oase des inneren Friedens.

Auch westlich des Jordan herrschte Frieden, denn aufgrund des Berichts der Haycraft Kommission war im Juni 1922 das Churchill Weissbuch erschienen, das das Recht der Juden auf Einwanderung zwar bestätigte, aber nur, wenn diese Immigration das wirtschaftliche Potential des Landes nicht übersteige. Palästina solle nicht so "jüdisch werden, wie England englisch sei", stand darin geschrieben. Es gab also doch noch Hoffnung für die Palästinenser.

Ganz anders östlich des Jordan. Seitdem Abdullah Churchills Probezeit bestanden hatte und als Emir in Transjordanien herrschte, wurde seine Misswirtschaft sprichwörtlich. Nicht nur finanziell, durch hohe Ausgaben für Hofhaltung, Besoldung und Korruption von Staatsdienern, sondern auch juristisch, bei der Gleichbehandlung der Untertanen, verstand es Abdullah nicht das Land zu einer nationalen Einheit und sozialen Ordnung zu formen. Kaum mehr als eine halbe Million Beduinen und Fellachen bevölkerten das Land, ohne miteinander verbunden zu sein. Abdullah konnte sich gegen seine britischen Berater kaum durchsetzen und war ein Getriebener von Englands Nahost Spezialisten, was die Beduinen schließlich zu Beginn des Jahres 1923 gegen den Emir rebellieren ließ. Er hatte sie nicht auf seine Seite bringen können, wie sein Vater es gefordert hatte. Als Abdullah den Aufstand mit Hilfe eigener und britischer Truppen blutig niederschlagen ließ, war das Recht im Emirat abhanden gekommen. Im Hochgefühl seines Sieges jedoch, nach einem langen Jahr des Machtkampfs, ermutigte er nun seinen Vater zum Griff nach der Kalifenwürde, für die die moderne Türkei kein Interesse mehr zeigte.

König Faisal hatte die Minister, Staatssekretäre und das Parlament zu einer eilig anberaumten Sitzung geladen. Es war der Tag vor dem Wochenende, Donnerstag, der 13. März 1924. Vor zwei Tagen hatte sich sein Vater zum Kalifen erklärt. Begründet wurde das auf die Nachkommenschaft aus dem Haus des Propheten und die Herrschaft, als König des

Hedschas, über die beiden heiligen Moscheen in Mekka und
Medina. Der Besitz der Haramayn war eine unabdingbare
Notwendigkeit zur Führung dieses Titels. Der abgesetzte
Sultan hatte aus seinem Exil auf Malta in alle großen Städte
des Orients sofort seine Zustimmung telegraphiert. Dennoch
barg dieser Entschluss enormen Sprengstoff. Die Anerkennung oder Ablehnung der Gläubigen des Islam und die Auswirkungen daraus waren kaum abzuschätzen. Faisal waren
die Gefahren, die dieser Schritt barg, auch für sein eigenes
Königtum, wohl bewusst. Die Haschimitensöhne waren
aufgesetzte Herrscher über fremde Völker und gerade erst
dabei ihre Berechtigung dafür zu erlangen. Ein solcher
Schritt des Vaters konnte als Anmaßung betrachtet werden
und in der Abwehr dagegen alles zerstören.

„Ich bitte alle Anwesenden dazu beizutragen, dass unsere
Heimat von allen Irritationen verschont bleibt", sagte Faisal.
„Wir müssen die Menschen unseres Landes überzeugen, dass
wir eine Einheit bilden, die von außen und innen nicht zerstört werden kann. Jeder muss sich vor das Gesetz stellen
und die religiöse und ethnische Gleichheit von uns allen
beurkunden."

SARI STAND im Hafen von Basra und beobachtete die
Schaufelbagger, die damit beschäftigt waren die Fahrrinne
am Schat el-Arab zu vertiefen. Vor zwei Jahren hatte die
Petroleum-Gesellschaft begonnen den Zusammenfluss von
Euphrat und Tigris bis zum Meer für Schiffe mit großem
Tiefgang befahrbar zu machen. Nun konnten schon die
Hochseeschiffe Basra direkt anlaufen. Bald würden hier auch
die Öltanker ihre Fracht aufnehmen können. Die Pipeline
war schon in Arbeit.

Das große Passagierschiff aus Suez war gerade angekommen. Als er Sahra die Reling herabkommen sah, schlug ihm
das Herz höher. Seine kleine Schwester – wie selbstbewusst
und neuzeitlich sie aussah. Sie trug die Haare zusammenge-
rafft unter einem Damenhut, ein modernes Kleid, eine Hand-
tasche an der Schulter und sie war sich ihres Auftritts wohl
bewusst. Über die wartende Menge hinweg sah er sie mit den
Gepäckdienern verhandeln und auf die Schleuse zugehen, wo
ihre Papiere abgefertigt wurden.

Es hatte ihn nicht viel Mühe gekostet Sahra eine Stellung zu besorgen. Sie würde zukünftig in der neuen Raffinerie bei Basra arbeiten, um die Qualität von Benzin und die Klopffestigkeit zu erhöhen. Vier Jahre lang hatte er sie nicht gesehen und als er sie jetzt in den Arm nahm, wusste er, dass sie sich verändert hatte. Sie war eine junge Dame geworden, der aller Respekt gebührte. „Sahra", fragte er, „bist du es wirklich?"

„Aber Bruder, würdest du mich sonst so fest in die Arme nehmen, dass ich kaum Luft bekomme?"

Sari lachte und löste seinen Griff: „Da siehst du, wie sehr ich dich lieb habe, kleine Schwester." Sie lachten und herzten sich und als sie beim Auto anlangten, hatte Sahra ihm schon fast alles erzählt, was ihr Leben im fremden England ausgemacht hatte. Ihr Studium an der Universität in Oxford, ihr Heimweh, ihre Eingewöhnung und ihr schmerzvoller Abschied, nachdem sie ihren Abschluss mit Belobigung erhalten hatte. Sie hatte sich auch vorstellen können für immer da zu bleiben, bis die Verbindung zu dem jungen Engländer geplatzt war und sie nur noch weg wollte. Das hatte sie Sari aber schon in ihrem letzten Brief geschrieben.

„Es beginnt ein neues Leben, Sahra. Du bist jung und hast alles vor dir", sagte er, als sie im Auto saßen und aus dem Hafenbereich herausfuhren.

Sahra legte ihre Hand auf seinen Arm: „Es tut nicht mehr weh, Sari. Ich bin darüber hinweg. Mach dir keine Sorgen." Dann erzählte sie ihm, wie sie den Sommer in Jerusalem bei den Eltern verbracht hatte und jetzt Ende September die Gelegenheit genutzt hatte, um mit dem Schiff um die Arabische Halbinsel herum und den Golf hinauf bis in den Irak zu fahren.

„Wir haben morgen ein kleines Fest organisiert. Hassan ist da und Faruk und Leila. Dann wirst du die Kinder alle kennenlernen, Tante Sahra."

Sie saßen im Garten des Bungalows. Vom Fluss her waren die Frösche zu hören und Aminah, Amir und Majjid waren mit Pirafa unterwegs, um die Vierbeiner zum Weitsprung zu animieren. Sari und Sahra waren nach siebenstündiger Fahrt gestern noch vor Sonnenuntergang angekommen. Jasmin hatte den Tag frei und Hassan war herübergekommen. Faruk und Leila hatten den Vormittag genutzt, um ein paar Besorgungen in der Stadt zu machen.

Faruk hatte aufregende Monate hinter sich. Die Selbsternennung von König Faisals Vater zum Kalifen hatte hohe Wellen geschlagen. Panarabische Nationalisten waren in Kairo, Jerusalem, Amman, Damaskus und Bagdad auf die Straßen gegangen und hatten ein arabisches Großreich gefordert. Aber es gab auch Gegner des Haschimiten, die die Ernennung aus religiösen und nationalistischen Gründen ablehnten. Faruk war nicht mehr von Faisals Seite gewichen und die Leibgarde blieb tagelang alarmbereit. Der nunmehrige britische Kriegsminister Churchill habe in London getobt, berichtete Faruk.

„Die britischen Blutsauger gaben sich im Regierungsgebäude mit hochroten Köpfen die Türklinken in die Hand. Hochkommissar Dobbs wies den König persönlich auf die Explosivität der Entscheidung seines Vaters hin. Die Briten mussten befürchten, sich der gesamten muslimischen Welt gegenüberzusehen und nicht nur Arabien, sondern auch Indien zu verlieren, wenn die geistliche Führung des Islam sich wieder mit der weltlichen vereinigte. Es war viel los", lachte Faruk, der alles Britische mittlerweile strikt ablehnte.

„Es ist Faisal zu verdanken, dass die Lage stabil blieb." Sari kannte die Weitsicht des Königs nur zu gut.

„Er wusste viele Muslime hinter seinem Vater. Ich glaube, hätte Faisal sich selbst an die Spitze gestellt und das arabische Großreich für seinen Vater ausgerufen, hätte er sie alle mitgerissen. Aber er hat auch interne Feinde und ist von den Engländern finanziell und militärisch abhängig. Die hätten niemals nachgegeben und alles gegen ihn mobilisiert. Er war gezwungen nachzugeben, um nicht alles aufs Spiel zu setzen. Auch deshalb hat er den Vertrag unterzeichnet, der den Briten jetzt alle Vorteile in die Hände gibt."

„Du hast recht, abu Majjid. Nachdem schon die Verhandlungen um den höheren Anteil an der Öl-Gesellschaft gescheitert sind, darf der Irak sich jetzt, als Belohnung, auch noch an den Kosten der britischen Berater beteiligen. Aber immerhin besteht mit dem Vertrag auch die Chance auf eine Mitgliedschaft des Irak im Völkerbund. Ein wichtiger Schritt zur Unabhängigkeit."

„Aber erst dann, wenn die Briten dies vorschlagen und die Zahlungsbilanz gegenüber Großbritannien gedeckt ist. Wann immer du also etwas bekommen willst, musst du zuerst dafür zahlen. Bei Allah, ich sage euch, sie sind wie eine Schlange mit sieben Köpfen."

„Was passiert mit dem Sherifen", wollte Jasmin wissen?

„Ich glaube nicht, dass sein Reich noch zu retten ist. Der Saudi hat sich die Ernennung zu Nutze gemacht und seine Horden gegen ihn aufgestachelt und viele andere sind zu ihm übergelaufen", damit blickte er Leila scharf an. „Churchill hat in die gleiche Kerbe geschlagen und Sherif Hussein fallengelassen, weil England Ruhe braucht. Und der Saudi macht keine Fehler. Man meint, er wüsste genau, wie weit er bei den Briten gehen kann. Unsere Stammesbrüder kämpfen zwar noch immer an Husseins Seite, aber es scheint hoffnungslos. Der saudische Hund hat mit seinen wahabitischen Bastarden den Hedschas bereits eingenommen. Yussef ist mit dem Rest unserer Leute nach Mekka geflohen. Wir bekamen gestern Nachricht, dass Taif schon gefallen ist. König Faisal hat Vorbereitungen getroffen seinen Sohn Ghazi sowie dessen Mutter nach Bagdad zu holen. Mir zerreißt es das Herz. Allah ist mein Zeuge, hätte ich meine Leibgarde da unten, ich würde wie ein Doch in ihren Leib schneiden und die Teufel in die dschahannam schicken, hätte ich nur zwei gesunde Arme", rief Faruk. Er hatte sich so in Rage geredet, dass er den Griff seines Dolchs mit der invaliden Hand umklammerte, bis die Knöchel weiß wurden.

„Beruhige dich", sagte Leila und legte ihre Hand auf seine. „Sie sind weit über dreißigtausend und du kannst nicht die ganze Welt retten." Faruk sah seine Frau an und die senkte den Blick. Ihr Vater und die Klans der Oteibeh hatten sich kürzlich auf die Seite des Saudis geschlagen.

„Hassan, was gibt es Neues aus Jerusalem, seit deinem letzten Besuch bei uns", änderte Sari jetzt das Thema, denn er merkte, dass zwischen Faruk und Leila erhebliche Spannungen herrschten. Faruk betrachtete den Übertritt ihres Vaters als Verrat. Er wusste seine Stammesbrüder auch dadurch in Gefahr und konnte doch nicht helfen.

„Ja, wenn ich euch das erzählen soll", sagte Hassan vieldeutig und überlegte kurz. „Nun denn. Es geht um die Er-

mordung eines Juden namens Jacob de Haan, eines Journalisten, Poeten und Autors, der sich in Palästina vom überzeugten Zionisten zu einem erbitterten Gegner gewandelt hatte.
Ich habe ihn gut gekannt und seine Ermordung unmittelbar
miterlebt."

„Du hast einen Mord gesehen", fragte Jasmin ungläubig?

„Ja, ich war direkt dabei. Nicht weit vom Scha'arei-Zedek
Krankenhaus. Vor der gleichnamigen Synagoge wurde er auf
den Stufen erschossen. Ich habe den Mann gesehen, der in
den Gassen von Shechunat Kerem verschwunden ist. Ich
könnte ihn identifizieren."

„Was machst du vor einer Synagoge?"

„Ich wollte Jacob abholen, wir waren verabredet."

Sari sah Hassan an. Er erinnerte sich Anfang Juli einen
Kommentar dazu in der Zeitung gelesen zu haben. Eine Ahnung stieg erneut in ihm auf, die er bisher jedoch immer
wieder verdrängt hatte. „Hassan, mein Freund", sagte er und
legte seinen Arm auf dessen Schulter. „In der *Suriya al-
Janubia* las ich, das Motiv sei bisher unbekannt. Die einen
vermuten es sei ein politischer Mord gewesen, die anderen,
es sei aus homosexuellen Gründen geschehen."

„Es war ein politischer Mord", sagte Hassan mit Bestimmtheit und blickte in die Runde. Dann fügte er kleinlaut
aber gefasst an. „Ich weiß nicht, wie ich es euch sagen soll.
Vielleicht hätte ich es auch schon viel früher tun sollen. Ihr
habt euch sicherlich gewundert, warum ich niemals von
Hochzeit und eigenen Kindern gesprochen habe. Ja, de Haan
und ich, wir hatten uns gerade näher kennengelernt. Es ist
halt so. Ich kann es nicht ändern."

Betretenes Schweigen entstand und Sari war der erste, der
die Stille unterbrach: „Hör zu Hassan, du wirst immer unser
Freund sein, was auch geschieht. Warum bist du so sicher,
dass es ein politischer Mord war?"

„Es gab eine wahre Hetzkampagne gegen ihn in der Presse", entgegnete Hassan sehr erleichtert. „Er stand am Ende
für eine Aussöhnung mit den Arabern und lehnte die Balfour
Deklaration entschieden ab. Die Zionisten hassten ihn zuletzt
wie die Pest. Er hatte eine spitze Feder, mit der er sie schonungslos anprangerte und ihnen in ganz Europa über die

Zeitungen, für die er schrieb, großen Schaden zufügte und ihnen die Maske vom Gesicht riss."

„Und du hast den Mann gesehen", bohrte Jasmin nach?

„Ich stand keine zwanzig Schritte von ihm entfernt. Er sah mir nach den tödlichen Schüssen in die Augen, bevor er verschwand."

„Und keiner weiß, wer er ist?"

„Keiner. Aber als die Polizei keine Ergebnisse erzielte und auch die Aussagen anderer nichts nutzten, wurde mir später klar, dass ich als Augenzeuge zur Zielscheibe werden könnte. Also habe ich einen Detektiv engagiert und die Sache selbst verfolgt. Euch kann ich es ja jetzt sagen: Wir haben Beweise auf den Mörder. Sie führen bis in die Kommandostrukturen der Zionisten und der Haganamilizen. Auch Juden sind bestechbar, nicht nur Araber", lachte er. „Als mir John Hudson vor ein paar Tagen die Sachen vorgelegt, bin ich aus Sicherheitsgründen mit Mustafa sofort nach Bagdad losgefahren. Es fehlen noch zwei unterschriebene schriftliche Aussagen, dann werden wir die Papiere, bei meiner Rückkehr, an die Polizei übergeben. Ich warte nur noch auf sein Telegramm. Es wird ein großes Aufsehen geben."

Es war Sonntag, der 5. Oktober. Sari und Jasmin hatten ihren freien Tag. Am Morgen hatte Sari aus der Zeitung erfahren, dass der Sherif vorgestern seinen Kalifentitel abgelegt und das Königreich des Hedschas an seinen Ältesten Ali übertragen hatte. Ibn Saud stand vor den Toren von Mekka.

Pirafa spielte mit den Kindern im Garten, als plötzlich der jüngere Bruder von Hassan im Haus erschien und laut schrie: „Schnell, Hakima, schnell. Man hat auf Hassan geschossen! Bitte schnell, er stirbt!"

„Bleib du bei den Kindern", rief Sari noch zu Pirafa, dann waren beide schon unterwegs. Jasmin hatte ihren medizinischen Koffer unter dem Arm, als sie zehn Minuten später im Geschäft der Atlans ankamen. Eine große Menschenmenge versperrte den Eingang und es kostete Sari viel Kraft, um die Schaulustigen von der Tür wegzudrängen. Hassan lag mitten im Laden auf einem Teppich. Er blutete stark aus dem Bauch und aus der Brust. Das Blut war dunkel und Jasmin wusste, was das bedeutete. Seine Leber war getroffen; er würde das nicht überleben.

Hassans Familie war völlig aufgelöst, die Mutter weinte und schrie unaufhörlich. Sie hatten versucht die Blutungen mit Lappen zu stillen, aber umsonst. Als Jasmin alle von ihm wegdrückte und zu ihm niederkniete, sah Hassan sie an und lächelte: „Du warst die schönste Braut, die ich je gesehen habe. Pass auf meinen Patron auf, dass ihm nichts geschieht."

Dann stöhnte er auf und ein Schwall Blut kam aus seinem Mund. Der zweite Schuss hatte die Lunge nahe beim Herz durchbohrt. Jasmin streichelte sein Gesicht und richtete sich auf. Sie sah auf die anderen, die sie mit verzweifelten Gesichtern anblickten, und schüttelte den Kopf. Die Mutter brach zusammen und der Vater schrie auf. „Nein, das kann nicht sein. Warum, warum?"

Sari beugte sich zu Hassan. Der sah ihn an und nahm seine Hand. „Patron, ich ..."

„Mein Freund, wer war es? Hast du jemanden erkannt?"

Hassan zog ihn an seine Lippen und mit dem letzten Blut, das er ausstieß flüsterte er: „Joshua ..." Dann legte er den Kopf auf die Seite. Er war tot.

Das Elend war unbeschreiblich. Sari setzte sich auf einen Teppichstapel und blickte mit leeren Augen auf die Hilflosigkeit, die um ihn herum das Entsetzen begleitete. Er sah Hassan vor sich, wie er verlumpt und halbverhungert hinter dem Gebüsch hervorgekommen war. Er sah ihn, als erfolgreichen Teppichhändler in seinem Laden stehen. Er sah ihn als einen seiner besten Freunde, der immer bereit gewesen war zu helfen. Und er sah ihn als Homosexuellen, dessen Verbindungen ihn vermutlich nun das Leben gekostet hatten. Aber dann verfluchte er seinen Gedanken sofort. Nein – nicht seine Abnormalität hatte ihn das Leben gekostet. Der Mörder kam aus einer anderen Ecke. Dieser Mörder war ideologisiert und fanatisch. Nicht die Abnormalität Hassans hatte ihn das Leben gekostet, sondern die Abnormalität des Mörders. Sollte er diesen Juden noch einmal zu Gesicht bekommen, er würde ihn ohne zu zögern sofort niederstrecken.

Mustafa kam zurück in den Laden. Der fünfzehnjährige stabile Jüngling hatte den Mörder gesehen und verfolgt. Er war ihm hinterhergelaufen und hatte dabei bemerkt, dass sie zu zweit waren. Die Wut hatte ihn vorwärtsgetrieben, aber die Gassen waren eng und die Verbrecher plötzlich verschwunden. Dann war er zurückgelaufen.

Sari sah den Jungen an, der ungläubig auf den Toten herabblickte. Er war vorgestern sehr erleichtert gewesen, als Hassan ihm erzählt hatte, er sei ihm niemals aufdringlich geworden, er sei ja kein Päderast – im Gegenteil, er hatte ihn aufgenommen und zu seinem Sohn gemacht. Mustafa besuchte die Schule und war im Geschäft so bewandert wie Hassan selbst; er war wie ein Vater für ihn gewesen.

Der Junge sank auf die Knie und dankte ihm mit lauten Lobpreisungen. Sari stand auf und legte den Arm um ihn. „Du bist nicht allein, Mustafa. Du bist nicht allein." Der sah Sari an und ließ seinen Tränen freien Lauf.

Die Geheimpolizei hatte den Fall übernommen und Sari hatte dafür gesorgt, dass an der richtigen Stelle gesucht wurde, jedoch erfolglos. Joshua Rosenwald oder Jossi Dan war unauffindbar. Keiner kannte einen Mann mit diesen Namen. Ein altes Militärbild, das Sari sofort aus Jerusalem schicken ließ, gab sein Äußeres nur schemenhaft wieder, da die verbogene Nase seitdem seine Gesichtszüge verändert hatte.

Vier Tage später fiel Sari in der *Suriya al-Janubia* dann ein Artikel auf:

- Ehemaliger Polizist in Jerusalem erstochen! -

- John Hudson ein ehemaliger Soldat der britische Armee, der bis vor zwei Jahren noch bei der Polizei in Jerusalem gearbeitet hatte, wurde am Morgen des 6. Oktober mit vier Messerstichen in Jerusalem tot aufgefunden. Bei den Untersuchungen stellte sich heraus, dass auch seine Wohnung aufgebrochen und durchsucht worden war. Man vermutet die Täter aus dem kriminellen Milieu, da Hudson seit dem Abschied vom Polizeidienst als Privatdetektiv tätig war. Hinweise an die Polizei erbeten. -

Weiter unten fand er im Polizeibericht:

- Laden und Wohnung des Teppichhändlers Atlan in der Altstadt an der Via Dolorosa aufgebrochen und verwüstet. Die Polizei bittet um Mithilfe. -

311

SIE SAßEN im großen Garten der Al Mustansiriyya Universität. Es war der Tag der Abschlussveranstaltung für die diesjährigen Absolventen der medizinischen Fakultät. Sari hatte nur Augen für Jasmin, die mit fünf weiteren zukünftigen Ärzten auf der Bühne saß und jetzt ihre Approbation empfangen sollte. Es war ein strahlender Tag, dieser 8. Oktober 1925. Er hörte nicht mehr die Redner und sah nicht mehr die Gäste, die vor der Bühne Platz genommen hatten. Er sah nur Jasmin, wie sie damals im Zelt am Waschbottich stand, wie das Glück in ihren Augen leuchtete, als er zurückkam. Er sah sie am Tag ihrer Hochzeit, wie sie ihr erstes Kind gebar und wie sie das Abgangszeugnis der Schule erhalten hatte. Was war aus dem jungen Beduinenmädchen für eine Frau geworden, und ihm allein schenkte sie ihr Herz.

Sie würden nun bald zurückkehren, nach Jerusalem. Ein Teil des Gepäcks war schon unterwegs. Vor vier Tagen hatte sie der König ganz privat zu sich eingeladen. Faruk, Leila und die Kinder waren dabei und Ghazi, der dreizehnjährige Kronprinz, zusammen mit seiner zwei Jahre älteren Schwester Raifia und seiner Mutter Hazima. Als einziger Sohn der vier Kinder Faisals I. war er, um ihn keiner unnötigen Gefahr auszusetzen, in der Obhut und Sicherheit seines Großvaters in Mekka aufgewachsen. Azza und Rajiha, seine ältesten Schwestern, waren beide schon verheiratet.

Die Einnahme Mekkas durch die Truppen des ibn Saud im letzten Jahr hatte Faisal veranlasst Ghazi und seine Mutter sofort nach Bagdad zu holen. Der Sherif selbst wurde von den Briten ins Exil auf die Insel Zypern gebracht. Er hatte durch die Abtretung des Königstitels an seinen Ältesten Ali und den Verzicht auf den Kalifentitel verzweifelt versucht sein Reich für seine Dynastie zu retten. Nun saß Ali, der vorsorglich nur den säkularen Titel eines Königs angenommen hatte, mit seinen letzten Getreuen isoliert in Jeddah fest; unter ihnen Yussef mit den al-Dawud. Außerhalb der Stadtmauern lagerten die fanatischen Truppen der Wahabiten.

Die Briten hatten kürzlich den Drahtzieher dieser fast unglaublichen Erfolgsgeschichte des ibn Saud, den Engländer John Philby, der Spionage überführt und aus dem Dienst in Palästina entlassen. Er hatte den Saudi in unerlaubter Korrespondenz über die Absichten der Briten unterrichtet und ihn beraten, wie weit der Emporkömmling gehen konnte, in seinem Bemühen sich die ganze Arabische Halbinsel einzuverleiben, ohne den Zorn der britischen Regierung zu riskieren. Er gab ihm damit die Grundlage für eine Vorgehensweise, die sich immer an der äußersten Grenze der britischen Akzeptanz orientierte. Es hieß Philby sei nun vor Ort in Jeddah.

Faisal hatte die uneingeschränkte Macht abgegeben und den Irak, wie versprochen, in eine konstitutionelle Monarchie überführt. Der konstituierenden Versammlung im Juni letztes Jahr, waren im Frühjahr die ersten freien Parlamentswahlen gefolgt. Der König saß fester im Sattel, als jemals zuvor.

Sari hatte ihn beobachtet. Sein angenehmes Äußeres, die schlanke Gestalt und sein schmales Gesicht. Der Bart und die Haare begannen grau zu werden. Man merkte ihm die Wechselspiele seines Lebens an; er war gealtert.

Beim Abschied im Garten des Serail standen sie zusammen und Faisal hatte den Arm um Ghazi gelegt. „Die Zeit geht nicht spurlos an uns vorüber. Und sie ist gespickt mit Überraschungen und Veränderungen. So ganz anders, wie die unserer Väter. Wir stehen vor einer Zeit, die von uns Arabern viel verlangen wird. Allah möge unseren Nachfolgern die Kraft geben, dass sie die Entscheidungen treffen, die das arabische Reich vielleicht doch noch begründen mögen", sagte er und blickte sanft auf seinen Sohn.

Der scheue Junge hatte ihn angesehen. Er wusste, welche Ansprüche der Vater an ihn stellte. Er wurde an einer britischen Schule in Bagdad erzogen.

Dann hatte sich Faisal an Sari und Jasmin gewandt: „Ya achi, ya uchti, ihr beide habt zu meiner tiefsten Zufriedenheit eure Treue gezeigt. Schon seit so langer Zeit steht ihr an meiner Seite. Daher will ich euch das zurückgeben, was euch zusammengebracht hat und was euch von nun an auch mit mir verbinden soll." Mit diesen Worten nahm er ein kunstvoll verziertes Holzkästchen von einem Tisch und reichte es Jasmin. Als sie es öffnete, erschrak sie fast. Darin war der Dolch mit dem Gürtel eingelegt. Beide waren völlig überrascht und sprachlos, denn Faruk hatte den Dolch beim Abschied aus dem Hedschas bei seinem Onkel zurückgelassen, der seiner Mutter dafür einen guten Preis bezahlt hatte. Jedoch war die Geschichte über Faruk dem König zu Ohren gekommen und der hatte heimlich dafür gesorgt, dass das Kleinod in seinen Besitz kam. Er hatte Yussef den doppelten Preis bezahlt.

„Da steckst also auch du dahinter, abu Majjid", rief Sari mit einem Lachen zu Faruk und der tat so, als verstünde er gar nicht, worum es ging.

Die Verabschiedung selbst verlief dann sehr schnell, denn der König hatte sich schon weit mehr Zeit genommen, als dafür vorgesehen war. „Wir sehen uns bei der Parade", sagte er noch, dann war er auch schon verschwunden. Im Serail warteten französische Diplomaten. Die waren nach Bagdad gekommen, um den König in einer wichtigen Angelegenheit zu konsultieren.

Nachdem die Franzosen Faisal in Sommer 1921 als König in Syrien abgesetzt hatten, erlangten sie die volle Kontrolle über ihr Mandatsgebiet erst, als sie zwei Jahre später die anhaltenden Aufstände in den alawitischen Gebieten des Dschebel al-Duruz und in Aleppo niedergeschlagen hatten. Jedoch versäumten sie es, das von den Osmanen praktizierte System der Selbstverwaltung weiterzuführen. Sie diktierten selbstherrlich ihre kolonialistischen Ansprüche. Seit Juli waren nun die Drusen wieder im Aufstand. So wie damals auch, vom Hauran-Gebirge aus, hatte sich ihr neuer Führer, Sultan Pascha al-Atrash, an die Spitze des bewaffneten Widerstands gestellt und im August die Revolution gegen die französische Fremdherrschaft ausgerufen. In kurzer Zeit schlossen sich die meisten Volksgruppen an und schnell wurde die Lage hoch explosiv. Die Franzosen begannen die Leichen der Aufständischen, zur Abschreckung, auf dem Marktplatz der Altstadt von Damaskus aufzuhängen.

Heute waren die Franzosen zum König des Irak gekommen, die, die ihn vor vier Jahren noch aus Syrien vertrieben hatten, um sich nun von ihm Ratschläge zu holen, wie man die Ruhe wieder herstellen könne. Denn sie waren tief beeindruckt von Faisals Erfolg in seinem Vielvölkerstaat. Die Antwort des Königs las Sari amüsiert zwei Tage später in der Zeitung: König Faisal hatte ihnen geraten die haschimitische Herrschaft in Syrien wiederherzustellen. Die Franzosen waren daraufhin brüskiert wieder abgereist.

Für Mustafa war gesorgt. Nachdem sie Hassan begraben hatten, war der alte Atlan erschienen und hatte Sari und Jasmin mitgeteilt, dass Mustafa bei ihnen bleiben wolle. Sari gab daraufhin seinem Vater in Jerusalem den Auftrag die Teppiche samt Lieferwagen nach Bagdad zu verschiffen und das Haus Hassans sowie die Möbel in Jerusalem zu verkaufen. Allerdings gelang der Verkauf des Hauses nicht. Es war in einem schlechten Zustand und Hassan hatte das für die Renovierung vorgesehene Geld damals seinem Vater nach Bagdad geschickt, als der den Laden in der Rashid Street gekauft hatte. Auf Hassans Konto befanden sich fast eintausendzweihundert Pfund Sterling und nach einigem Hin und Her wurde das Geld nach Bagdad überwiesen. Es sollte nun Mustafas Erbe sein. Am Ende kaufte Jasmin das alte Haus in der Via Dolorosa und Khaled ließ es in ihrem Auftrag renovieren. Saris Eltern sollten nach ihrer Rückkehr aus Bagdad dort einziehen.

Mit dem Geld vom Konto und dem Verkauf des Hauses war Mustafa nun ein gemachter junger Mann. Allerdings sorgte Sari dafür, dass er erst in fünf Jahren darüber verfügen durfte. Die Zinsen jedoch erlaubten ihm von nun an den Besuch einer Privatschule in Bagdad und die Altans waren froh einen weiteren Sohn im Haus zu haben, der sich gut mit Teppichen auskannte.

Der Alte war mit einem seiner Söhne nach Basra gereist, um den Lkw mit den Teppichen in Empfang zu nehmen. Sari hatte die Steuerbefreiung von einem britischen Mandatsgebiet ins andere durchgesetzt und die Beamten akzeptierten das Kreuz, das er ihnen als Unterschrift auf die Papiere gab. Jedoch war der Alte noch nie selbst Auto gefahren. Er hatte in Bagdad ein wenig mit Saris Ford geübt und nachdem er aus dem Hafen raus war, ging es bald sichtlich besser. Er war schon eine Weile unterwegs und überglücklich, dass alles so gut klappte, als das Auto plötzlich stehenblieb. Seine Verzweiflung war riesig und er begann sich bereits selbst zu verfluchen, als ein anderer Autofahrer ihn darauf hinwies, dass sein Benzin alle sei. Das Zeug hätte er mit dem Lkw niemals in Verbindung gebracht. Er erreichte Bagdad zwei Tage später und was beiden in dieser Zeit alles widerfahren war, ließ ihn zur Überzeugung gelangen, der Schulpflicht für seine Kinder am übernächsten Tag endlich nachzukommen. Er meldete sie alle an.

Als ein halbes Jahr später die Abreise der Nadschars fest stand, hatte Pirafa plötzlich darauf bestanden mit nach Jerusalem zu gehen. Fast war es zum Zerwürfnis zwischen ihr und den Eltern gekommen und nur weil sie Sari und Jasmin vertrauten und Pirafa mittlerweile schon zwanzig Jahre alt war, erhielt sie letztendlich den Segen ihrer Eltern. Die Nadschars waren von Anfang an einverstanden gewesen und Aminah und Amir sowieso.

Sari schreckte aus seinen Gedanken auf, als die Gäste der Abschlussfeier gemeinsam mit dem Dean der Universität in ein dreifaches Hoch auf die erfolgreichen Absolventen ausbrachen. Jasmin war die einzige Frau darunter und heute war ihr großer Tag, der entsprechend gefeiert werden sollte. Alles hatte er im Geheimen vorbereitet und seit sie morgens das Haus verlassen hatten, waren dort viele Hände damit beschäftigt, die Feier vorzubereiten.

Als sie später ins Auto einstiegen, sagte Sari beiläufig: „Wir müssen unbedingt noch die Standuhr, deine Bücher und die vielen Kräuter- und Medizinschachteln verpacken, die morgen abgeholt werden."

Jasmin kannte ihn zu gut. „Ja mein Liebster, du hast recht. Das müssen wir heute wirklich unbedingt tun."

Der Garten war geschmückt mit Luftschlangen und bunten elektrischen Lampen und obwohl Jasmin geahnt hatte, was sie erwartete, war sie doch überrascht. Sari hatte keine Kosten gescheut, die junge Ärztin hochleben zu lassen. Ihre Mutter und die Geschwister waren erschienen, Sahra, die Atlans mit Mustafa, einige Doktoren, Professoren und Schwestern aus dem Krankenhaus und eine Menge Medizinstudenten, die Jasmin kennengelernt hatte. Es wurde eine lange Nacht am Tigris.

ES WAR mittlerweile schon Tradition in dem jungen Staat, zum Jahrestag des Waffenstillstands mit den Osmanen, am 30. Oktober eine feierliche Militärparade abzuhalten. Übermorgen war die Rückreise nach Jerusalem geplant. Das

Haus war nahezu leer. Der Mietvertrag lief morgen aus und die letzte Nacht wollten sie alle im Hotel verbringen.

Jasmin hatte sich extra eine Friseuse bestellt, um ihre Haare für den feierlichen Vorbeimarsch herrichten zu lassen. Als sie vor Sari stand in ihrem weißen langen Kleid, mit den armlangen Handschuhen und ihrer alten silbernen Spange, mit der die Haare zusammengehalten wurden, liebte er sie mehr denn je. Sie kam auf ihn zu, musterte ihn und richtete seinen Seidenschal, den er an seinem steifen Kragen trug.

„Gut so, gefällt mir. Kannst so mitkommen", sagte sie und lächelte ihn an. Sie hatte darauf bestanden, dass er seinen teuersten Anzug trug, den mit der Seidenweste.

Sari war stolz wie ein Pfau, als er mit ihr zwei Stunden später die Plätze einnahm, die für sie reserviert waren. Auf dem breiten Feld vor Bagdad war schon seit den Morgenstunden der Boden gewässert worden, um die Staubentwicklung zu reduzieren. Sie wurden auf die Ehrentribüne geleitet, auf der die irakischen und britischen Notabeln der Gesellschaft, der Politik und natürlich des Militärs Platz genommen hatten. Nicht, wie üblich weiter hinten – nein, heute saßen sie auf den breiten Sesseln der ersten Reihe. Gemeinsam mit dem König, mit Ghazi und seiner Mutter, dem Ehepaar Dobbs, und den Damen und Herren Spitzenpolitikern und Militärs des Mandats Irak.

Rechts und links der Ehrentribüne füllten sich die Stehränge mit den Schaulustigen und auch gegenüber standen viele Tausende Menschen in einer endlosen Reihe, um der Parade beizuwohnen. Die Fahnen flatterten im Wind und der Tag war strahlend blau. Ein Lautsprecher verkündete die Ankunft der höchsten Gäste und vor dem Platz spielte eine britische Militärkapelle.

Es war beeindruckend, als nach den Reden des Königs und des Hochkommissars die Waffengattungen beim Klang der Musik mit ihren modernen Panzerfahrzeugen, Kanonen und herausgeputzten Soldaten auf dem Feld an ihnen vorbeizogen. Ganz zum Schluss kam als Höhepunkt die Leibgarde des Königs. Fünfhundert Elitesoldaten auf ihren wunderbaren Araberpferden, die ihren Eid allein auf Faisal abgelegt hatten. Sie präsentierten stolz ihre Beduinenvergangenheit in den prächtigen Uniformen mit den rot-weiß karierten Kopf-

tüchern und dem schwarzen Igal. Der Beifall brandete auf bei
ihrem Anblick und ganz an der Spitze, bei der Regiments-
fahne, ritt Faruk auf seinem weißen Hengst Saadun.

Er ließ die letzten fünfzig Mann auf der anderen Seite gegenüber der Ehrentribüne in einer langen Reihe Aufstellung
nehmen, die Gewehre aufgerichtet, mit dem Kolben auf dem
rechten Oberschenkel. Dann ritt er mit zwei Hauptleuten vor
die Abteilung. Sie alle gehörten zum Klan der Beni Safar.

Es begann die übliche Zeremonie der Ehrungen und Be-
förderungen, wobei der Werdegang und die größten Verdienste der Personen über die Lautsprecher mitgeteilt wurden. Die Belobigten wurden zu König und Hochkommissar
geleitet, die sie per Handschlag beglückwünschten. Während
die meisten Uniformen der Anwesenden von Orden und
Abzeichen überladen waren, trug Faisal selbst nur eine
schmucklose Montur mit der Kufiya auf dem Kopf.

Zwei Engländer wurden zu Generälen ernannt und ein irakischer Brigadier in den Rang eines Major-General erhoben.
An Sari und Jasmin war das alles ohne große Beachtung
vorbeigelaufen. Sie kannten die Leute nicht. Dann jedoch
wurde ihre Aufmerksamkeit schlagartig geweckt. Der Lautsprecher verkündete die Beförderung von Colonel Faruk Ben
al-Dawud zum Brigadier der Leibgarde seiner Majestät.

Faruk, der noch immer vor der Reihe seiner Gardisten
hielt, kam nun über die breite Paradestraße zur Ehrentribüne
herübergeritten. Er stieg trotz der Behinderung am linken
Arm behende ab und nahm die Treppe hinauf zum König,
während im Lautsprecher schon seine Taten im arabischen
Befreiungskrieg aufgezählt wurden. Der Marsch auf Batn Al
Ghul mit dem Gefecht beim Qasr Fassu'a, das die Türken in
Ma'an fesselte und Sherif Nasir in der Schlacht bei Abu
L'Lisan entlastete. Die Eroberung von Shoubak, bei der er an
vorderster Front die Abwehrreihen der Türken durchbrochen
hatte. Gerade die Eroberung dieser Festung hatte damals
dazu geführt, dass die Yildrim Armee nach Süden versetzt
wurde, was den britischen Angriff auf Amman erst ermöglichte. Der Marsch auf Dar'a, der seinen Vater das Leben
gekostet hatte oder die Ausbildung der Elitetruppen, die
schon in Syrien im Dienste des Königs gestanden hatten.

Während Faruk seine Ehrung erhielt und zurück auf seinen Platz ritt, sinnierte Sari, wie doch eigentlich belanglose Kleinigkeiten, die der Soldat im Feld als gar nicht so grandios erlebt, massive Auswirkungen auf den Ausgang des großen Ganzen im Kriegsgeschehen haben können. Er war noch in seine Gedanken versunken, als er im Lautsprecher plötzlich seinen Namen hörte. Sari blickte ungläubig auf Jasmin und die stieß ihn an und sagte: „Nun los, geh schon."

Er hörte auf seinem Weg an der Reihe der Ehrengäste vorbei die bekannten Namen der Orte an denen er selbst gekämpft hatte: Die Verteidigung von Janbu, das Gefecht beim Qasr Fassu'a, die Schlacht von Beerschewa, die Einnahme Jerusalems und der Marsch auf Dar'a mit der Sprengung der Brücke vor der Station Nessib. Das, was Sari damals als einen Fehlschlag interpretiert hatte, war am Ende ausschlaggebend dafür gewesen, dass sich die geschlagene Armee der Briten bei der ersten Schlacht um Amman ohne weitere große Verluste zurückziehen konnte und die Armee Faisals mit Lawrence von Arabien vor den türkischen Reservetruppen verschont blieb. Es hatte sich herausgestellt, dass nach der Sprengung die Gleise am Brückenkopf zwar recht schnell wieder hergerichtet werden konnten, dass aber, als der Entsatzzug der Türken von Dar'a kommend die Steinbrücke Richtung Amman passierte, der Brückenkopf nachgegeben hatte und die vorderste Lokomotive einer Infanteriedivision mitsamt den Waggons in die Bodensenke gestürzt war. Die britische und arabische Armee wären verloren gewesen, hätte die Division Amman frühzeitig genug erreicht. Es war Sari sichtlich peinlich, denn bei all dem, was aufgezählt wurde, war er sich wahrlich nicht als Held vorgekommen.

„… und so wird er zum Colonel a. D. der Garde seiner Majestät König Faisals I. ernannt. Weiterhin wird ihm, wegen seiner urteilsfähigen Beratung für die Verfassung des Irak, die Verdienstmedaille des Königreichs überreicht", klang aus dem Lautsprecher noch, als Dobbs ihm schon die Hand gereicht hatte und er vor den König trat, der ihm den Orden am Anzug befestigte.

„Ich habe dir schon gedankt, ya achi, und muss keine weiteren Worte hinzufügen. Sollte Allah uns noch einmal die Freude geben, uns wiederzusehen, so hoffe ich innigst, dass dies sehr bald und bei bester Gesundheit geschieht", sagte Faisal und bedeutete Sari mit einem Blick sich umzudrehen.

Gegenüber waren die fünfzig Reiter der Garde angeritten und kamen jetzt im Galopp in einer Reihe auf sie zugeprescht. Als sie kurz vor der Ehrentribüne ihre Pferde zurückrissen, schrien manche Damen erschreckt auf. Jedoch ging das unter in der Salve, die die Fünfzig gemeinsam aus ihren Gewehren zu Ehren Saris in die Luft abgaben.

Der war noch immer sprachlos, als er die vielen Glückwünsche und die Verabschiedungen entgegennahm. Mit diesem Titel stand ihm jederzeit der Eintritt in die Garde offen und sogar eine kleine Pension war damit verknüpft, wenn er denn das Abschiedsalter erreicht hatte. Noch eine ganze Weile standen beide auf der Ehrentribüne, bis viele der Gäste bereits gegangen waren, als er im Gewühl der Menschen neben dem Holzgerüst das Gesicht von Joshua Rosenwald wahrnahm. Der sah ihm direkt in die Augen.

„Der Rosenwald", drehte sich Sari zu Jasmin um, aber beim zweiten Blick war der auch schon wieder verschwunden. Sari rannte zum Rand der Tribüne, konnte ihn aber nicht mehr entdecken.

„Vielleicht hast du dich getäuscht, bei all den Leuten", sagte Jasmin.

„Ja, vielleicht."

Unter der Tribüne, zwischen den Holzstreben, stand Joshua Rosenwald. Er war waghalsig und kaltblütig genug gewesen, sich Sari kurz zu zeigen und ihm zu bedeuten, dass er da sei und keine Angst hatte.

„Halte deine Finger heraus, wenn du zurück in Jerusalem bist, Sari Nadschar, oder du wirst sie dir verbrennen", sagte er zu sich selbst und verschwand im Gewühl der Massen.

320

Trügerische Ruhe

Sari saß in seinem Büro am Damaskus-Tor vor einem Stapel Akten. Seit einem halben Jahr führte er wieder sein Rechtsanwaltbüro, zusammen mit seinem Vater. Er lehnte sich zurück, verschränkte die Hände hinter seinem Kopf und schloss die Augen.

Als sie im November 1925 zurückgekommen waren, hatte sie Jerusalem mit Regen empfangen. Für sie war das kein schlechtes Omen. Alles hatten seine Eltern so vorbereitet, als seien sie nie weg gewesen. Und doch hatte sich einiges verändert. Die ausländischen Mieter in Lifta waren ausgezogen und die arabischen Eigentümer, die nach dem Krieg ihre Häuser vermieten mussten, um zu überleben, waren zurückgekehrt. Sie bebauten nun wieder ihre Gemüsegärten im Tal und auf der Höhe Richtung Mea Shearim. Weit oben am Berghang, über ihrem Grundstück, war die neue Straße nach Jaffa gebaut worden. Den Menschen ging es besser und neue Häuser waren dazu gekommen. Auch die Wallachs hatten ein eigenes Haus bezogen, im neuen Stadtviertel Romema. Es lag nördlich der Jaffa Street, nahe dem Krankenhaus. Trotzdem waren sie am Tag ihrer Ankunft beide in Lifta erschienen, um die Nadschars willkommen zu heißen. Sie waren in andauerndem brieflichem Kontakt gewesen.

Seit Simon Wallach von Jasmins Abschluss der medizinischen Prüfung erfahren hatte, war er nicht mehr von dem Gedanken abzubringen, sie mit ins Krankenhaus-Team zu holen. Auch Jasmin selbst war von dem Gedanken begeistert und nach ein paar Briefwechseln waren sie sich einig geworden. Dr. Mosche Wallach teilte mittlerweile mit seinem Neffen die Leitung der Klinik. Auch Edith arbeitete dort und als feststand, dass Jasmin anfangen würde, beschlossen sie die Abteilung Geburtshilfe gemeinsam zu führen.

Die Wallachs hatten ihre Kinder in der Anglican International School in der Street of Prophets untergebracht. Sie waren so begeistert, dass die Nadschars sich entschlossen Aminah und Amir auch in der kleinen Privatschule mit dem Vorschulkindergarten anzumelden, wo Christen, Juden und Muslime gemeinsam unterrichtet wurden. Sari kannte die Gebäude, wozu auch ein Missionshospital gehörte. Hatten sie doch

damals, beim Einmarsch in Jerusalem, seiner 60. Infanteriedivision als Hauptquartier gedient. Als er die Kinder zur
Anmeldung brachte, stand er wieder in dem Raum, in dem er
nach der Zeremonie am Jaffa-Tor, auf Einladung von Allenby, zusammen mit Lawrence von Arabien am Mittagessen
teilgenommen hatte. Sari lächelte: Er erinnerte sich noch sehr
genau an diesen 11. Dezember 1917.

Was war seither alles passiert – oder auch nicht passiert.
Die Hoffnungen auf das arabische Großreich waren zerron-
nen. Der Sherif hatte abgedankt und sein Sohn Ali war im
letzten Dezember vor ibn Saud geflohen. Ein Schiff brachte
ihn nach Bagdad, nachdem die Wahabitenkrieger Jeddah
überrannt hatten. Yussef und viele Beni Safar waren beim
Sturm auf die Stadt ums Leben gekommen. Sie hatten sich
nicht ergeben wollen. Mit der Einnahme von Mekka und
Medina hatte sich Abdel Aziz al-Saud in der großen Moschee neben der Kaaba am 10. Januar 1926 zum König des
Hedschas und des Nedjd krönen lassen. John Philby, mittlerweile zum Islam übergetreten, hatte die Krönungszeremo-
nie arrangiert. Jedoch war der Saudi schlau genug nicht den
Titel des "Beschützers" der Haramayn anzunehmen. Das war
nur den Sherifen erlaubt, aus den Reihen der Ashraf, als den
direkten Nachkommen der Familie des Propheten. Der Saudi
bezeichnete sich daher nur als "Verwahrer".

Das Stammland der Haschimiten jedoch war nach siebenhundert Jahren der Herrschaft verloren. Allerdings musste
sich der Saudi dem Druck der Briten beugen und Emir Abdullah im Süden von Transjordanien sein schon erobertes
Gebiet um Ma'an, mit dem Hafen Akaba, und im Osten
einen riesigen Korridor in der Wüste bis zum Irak wieder
abtreten. Er wurde darüber jedoch mit der Anerkennung
seiner Herrschaft getröstet. Auch Faisal trug im Irak einen
Landgewinn davon. Am 11. März 1926 wurde Mosul vom
Völkerbund dem Irak zugesprochen, unter Abtretung eines
Teils der Erdöleinkünfte aus dem Gebiet an die Türkei.

Ihm fiel Joshua Rosenwald ein. Als er kurz nach der Heim-
kehr das Haus seines Vaters Jonathan in Nahalat Shiv'a aufsuchte, war es verkauft. Auf seine Nachfrage, wohin die
Familie gezogen sei, gab es keine Antwort. Er fühlte sich
Hassan gegenüber verpflichtet; er musste den Mörder finden.

322

Sari setzte sich wieder aufrecht. Die Akten, die vor ihm lagen, betrafen einen Rechtsstreit, mit dem er sich mittlerweile andauernd zu beschäftigen hatte. Viele seiner Klienten hofften über ihn, mit seinen Verbindungen als ehemaliger britischer Stabsoffizier, an ihrem Schicksal noch etwas zu ändern. Die Fälle waren alle gleich. Vor zwei Wochen war Großmufti Amin al-Husseini an ihn herangetreten. Es ging um die geplante jüdische Stadt Afula im Herzen von Galiläa und die Landkäufe, die mit ihr zusammenhingen. Der Aktenstapel auf seinem Tisch erzählte von der Verzweiflung seiner Klienten, die von ihrem Land vertrieben werden sollten.

„Wir möchten dich beauftragen unsere Interessen zu vertreten", sagte Hadsch Amin. Er war mittlerweile auch Präsident des Obersten Muslimischen Rates, dem die Gelder des Waqf und des Waisenfonds unterstanden.

„Der Landkauf um das Dorf Al-Fula in Galiläa nimmt ungeahnte Dimensionen an. Das bedeutet einhundert weitere vertriebene Familien, deren Existenz zerstört wird. Wie kann ich die Sicherheit noch garantieren? Selbst die Briten erkennen das Problem und schlugen vor, den Bauern zu helfen, die Grundstücke zum gleichen Preis wie die Sayuni zu erwerben. Als wir jedoch den Entwurf dazu unterbreitet haben, war das Land schon in jüdischer Hand."

„Dann ist das Kind also schon wieder in den Brunnen gefallen, Amin. Ihr ward einmal mehr zu langsam", sagte Sari.

„Wir bieten jetzt den jüdischen Käufern an, die Grundstücke zurückzukaufen, zum Preis, den sie selbst bezahlt haben, zuzüglich eines adäquaten Profits. Was können wir mehr tun? Unsere knapp einhunderttausend Pfund Einkünfte im Jahr sind doch nur ein Bruchteil dessen, mit dem die Zionistische Exekutive operiert. Darum setze dich bitte mit dem Palästina-Amt in Verbindung und versuche einen Kompromiss mit ihnen zu erreichen. Das ist ausdrücklich auch der Wunsch der Mandatsverwaltung."

Sari gab der Sache keine große Erfolgsaussicht, aber er hatte einen deutschstämmigen Architekten im Haus der Wallachs kennengelernt, der vor sieben Jahren nach Palästina eingewandert war und die Leitung des Planungsbüros der jüdischen Zentralstelle für Besiedlungsangelegenheiten übernommen hatte. An ihn wollte er sich wenden.

Eine Woche später fand das Treffen statt. Khaled kam in Saris Büro: „Er ist da, soll ich bleiben?"

„Nicht nötig, Papa. Ich werde dir morgen vom Gespräch berichten."

Khaled blickte über seine Schulter nach hinten und rief. „Mr. Kaufmann, bitte." Als der eingetreten war, schloss Khaled die Tür.

Sari stand von seinem Schreibtisch auf und ging auf seinen Gast zu. Richard Isaak Kaufmann war nur wenig älter als er selbst und hatte eine angenehme intellektuelle Ausstrahlung.

„Ich heiße Sie willkommen, Richard", sagte Sari und reichte ihm die Hand.

„Wie geht es, Sari? Ein gelungener Abend bei der Familie Wallach, nicht wahr", antwortete Kaufmann und setzte sich in den dargebotenen Sessel?

„Ja, und ich freue mich, dass Sie meiner Einladung gefolgt sind."

Sari goss Tee ein und setzte sich ihm gegenüber. Er hatte ihn bei Edith und Simon getroffen und ihn in seiner Funktion im Palästina-Amt um ein Vieraugengespräch gebeten. Kaufmann hatte zugesagt.

„Richard, ich hatte Sie gebeten mit den Entscheidungsträgern noch einmal zu sprechen, um vielleicht einen Kompromiss zu erzielen", begann Sari.

„Das habe ich vorgestern getan, aber es tut mir leid, Sari. Der Boden ist rechtmäßig erworben und die Investoren sind nicht bereit vom Kauf abzurücken."

„Die Leute wissen, wie das auf die arabische Bevölkerung wirken muss? Al-Fula ist ja schon zu einem arabischen Nationalsymbol gegen den jüdischen Landkauf geworden. Vor zwanzig Jahren wurden dort die ersten Bauern in der Nähe des Dorfs vertrieben. Wenn das jetzt wieder geschieht, wird das den Zorn der Menschen ins Unkontrollierbare steigern."

„Es ist die Lage direkt am Bahnknotenpunkt, die das Land dort so interessant macht."

„Richard, damals waren es achtzehn Familien, die ihre Lebensgrundlage verloren, jetzt sind es fast einhundert."

324

„Aber gut ein Viertel von ihnen hat doch eine Kompensation angenommen."

„Ich bitte Sie! Die wird nicht für vier Monate reichen. Zwischen fünf und zwanzig Pfund je nach Familiengröße. Das ist lächerlich im Ausgleich für eine Existenz."

„Ich habe gehört, dass sich einige davon eine neue Frau gekauft haben sollen."

„Um dann in völliger Armut abzuwarten, sich zu rächen."

„Sari, schauen Sie. Der Eigner im Libanon, er ist doch selbst Araber. Er verkauft an den Meistbietenden. Sursuk ist Geschäftsmann."

„Die Bodenpreise, die dort durch euch in die Höhe getrieben wurden, übersteigen die von Tel Aviv um das Doppelte. Wer soll so etwas bezahlen?"

„Die Briten haben ihnen vorgeschlagen umzusiedeln, auf anderes Land."

„Aber Sie wissen doch sehr genau, Richard, dass es nicht nur die Grundstücke sind, es ist das, was darauf steht, was den Bauern gehört und was sie nicht mitnehmen können. Der britische Vorschlag ihnen andere Grundstücke zu geben, löst das Problem doch nicht. Die Häuser, Brunnen und Olivenbäume sind nicht transportierbar. Außerdem gehört das vorgeschlagene Land ebenfalls dem Sursuk und ist zum größten Teil auch schon wieder an jüdische Siedler verkauft."

„Dann waren die Araber mal wieder zu unentschlossen."

„Wir brauchen eine Lösung der Angelegenheit. Wir haben einhundert Familien, die ihre Existenz verlieren."

„Die Menschen werden etwas anderes finden. Aber wir werden dieses Land aus seinem Tiefschlaf reißen. Haben Sie gesehen, wie herrlich es ist? Ich liebe es allein um seiner Schönheit willen und fühle mich verpflichtet durch meine Pläne gestaltend einzugreifen. Seit ich den Auftrag habe einen Entwicklungsplan für den Ausbau des arabischen Dorfs Al-Fula zur jüdischen Stadt Afula zu erstellen, erfülle ich die ureigenste jüdische Sehnsucht: Den urbanen Traum einer jüdischen Stadt. Sie wird moderner als Tel Aviv und schöner als München. Sie wird die Verwirklichung einer grünen Gartenstadt schlechthin."

„Ihre romantische Neigung in allen Ehren, aber ihr fallen nicht nur arabische Existenzen zum Opfer, vielleicht sogar jüdische. Ich habe gehört die jüdischen Investoren aus Nordamerika beginnen mit den Parzellen zu spekulieren. Wegen der Großen Depression in den USA wollen sie die Grundstücke nur halten, um sie später mit Profit zu verkaufen."

„Wenn erst einmal die Straßen und Plätze entstanden sind, die Theater stehen und die Kultur eingezogen ist in Galiläa, dann werden diese Leute ihren Profit auch erzielen."

„Oder ihr Traum wird platzen. Was immer aber das Szenario ist, die Betrogenen sind einmal mehr die einfachen arabischen Menschen Palästinas. Das geht nun seit mehr als dreißig Jahren so. Immer mehr fruchtbares Land geht verloren. Was denken Sie, Richard, wie lange kann es noch gut gehen zwischen den beiden Völkern? Wenn die einen alles verlieren und die anderen alles gewinnen?"

„Es ehrt Sie sehr, Sari, wenn Sie sich für die Belange Ihrer Landsleute einsetzen. Und ich denke für all die viele Arbeit werden Sie von den armen Schluckern noch nicht einmal richtig bezahlt. Aber wir werden keinen der Käufer dazu bringen, zusätzlich zum hohen Grundstückspreis, im Nachhinein auch noch eine Kompensation für die vertriebenen Landarbeiter zu zahlen."

„Der Oberste Muslimische Rat bietet den Käufern den Preis, den sie selbst bezahlt haben, zuzüglich eines adäquaten Profits."

„Der Zionismus ist nicht nach Palästina gekommen, um einmal erworbenes Land wieder abzugeben! Das wäre Verrat an den Grundzügen der Ideologie. Einmal erworbenes Land darf nur an Juden weitergegeben werden. Das ist die endgültige Antwort der Zionistischen Exekutive."

„Das heißt also, es entstehen weitere rein jüdische Enklaven. Ist das die ethnische Infrastruktur, die die zukünftige jüdische Heimstätte ausweist? Was geschieht mit den anderen Bewohnern des Landes?" Sari erkannte die Gefahr, die dahinter steckte.

Richard Kaufmann zuckte nur mit den Achseln. Es war der letzte Versuch einen Kompromiss für Al-Fula zu finden. Die Sache wurde in der Presse auch international heiß diskutiert.

Ein amerikanischer Reporter beschrieb, wie die jüdischen Siedler ihren Sieg in Hörweite der arabischen Bauern des Dorfs feierten und eine ganze Nacht hindurch laut getanzt und gesungen hatten. Als sie sich einen Tag später auf den Weg machten, ihr neu erworbenes Land in Besitz zu nehmen, wurden sie mit Steinen empfangen. Trotz der Anwesenheit von drei britischen Polizisten, wurde ein Araber bei den Auseinandersetzungen von bewaffneten Juden erschossen.

Sari stand zwei Wochen später auf dem Feld, wo die tödlichen Schüsse gefallen waren. Er hatte für die Familie des Getöteten die Nebenklage übernommen. Mit dabei war neben anderen auch der Generalstaatsanwalt Norman Bentwich, der sich die Sachlage ansah. Bentwich war jüdischer Brite, Delegierter der frühen Zionistenkongresse und sein Ruf war in der arabischen Bevölkerung denkbar schlecht. Er war überzeugter Zionist und viele seiner Maßnahmen führten zum Unmut unter den Arabern, die in seinen Entscheidungen, Gesetzesauslegungen und Verwaltungsanordnungen, eine Bevorzugung der zionistischen Interessen sahen.

Nachdem die drei Polizisten den Tathergang plastisch geschildert hatten, sagte Bentwich: „Die Sache scheint klar. Es handelt sich um Totschlag zur Selbstverteidigung. Die Juden wurden angegriffen und haben sich gewehrt."

„Sie vergessen eins, Mr. Bentwich", entgegnete Sari. „Die Siedler waren bewaffnet, die Araber nicht. Waffen trägt man nicht grundlos. Die Anwesenheit der Polizei wurde ignoriert. Warum, frage ich Sie? Dem Tragen von Schusswaffen muss auch die Absicht unterstellt werden, sie benutzen zu wollen. Es war also kein Totschlag, es war Mord im Angesicht der Staatsgewalt."

„Mr. Nadschar, dies sind die Aussagen ihrer Klienten, die Aussagen der arabischen Beteiligten."

„Die die Polizisten nun bestätigt haben."

„Nun, wir können hier noch viel diskutieren. Dies ist jedoch nicht der richtige Ort. Wir werden das vor Gericht machen, wo alles seine Ordnung hat."

Vier Wochen später ließ sich Bentwich vor Gericht vertreten. Außergewöhnlich schnell waren die Ermittlungen abgeschlossen und wegen der Brisanz und des öffentlichen Interesses auch frühzeitig vor den Richter gelangt. Mordechai Levanon war Jude, gehörte dem Brit Shalom an, der sich für die jüdisch-palästinensische Verständigung einsetzte, und war darauf bedacht seine Urteile unparteiisch auf die Faktenlage zu stützen. Die Zeugenaussagen waren erdrückend und Saris Plädoyer wurde angenommen. Die beiden Siedler wurden wegen Mordes zu langjährigen Haftstrafen verurteilt.

Sari erhielt in den nächsten Wochen mehrere anonyme Morddrohungen. Das überraschte ihn nicht so sehr, wie die Tatsache, dass Bentwich ein Berufungsverfahren anstrebte. An dem Tag, als der oberste Richter, Sir Thomas Haycraft, der Einleitung des Berufungsverfahrens zustimmte und mehr noch, an dem Tag, als er die Verurteilten in diesem Verfahren sogar wieder frei sprach, hörte Sari auf an die Gerechtigkeit im britischen Mandatsgebiet Palästina zu glauben.

SARI UND Jasmin waren der Einladung von Simon und Edith gefolgt. Seit nunmehr eineinhalb Jahren nahmen sie an den regelmäßigen Treffen teil, die die Wallachs organisierten, um den Dialog zwischen den arabischen und jüdischen Interessen nicht abreißen zu lassen. Zu den Gästen in diesem Zirkel gehörten Intellektuelle und Beamte beider Seiten. Die architektonische Vielfalt levantinischer und europäischer Stilelemente im Haus der Gastgeber, stellte einen idealen Rahmen dar für Diskussionen und ungezwungenen Gedankenaustausch. Wer immer etwas auf sein Toleranzimage und seine Weltoffenheit gab, der pflegte hier zu sein.

Die Leute standen im warmen Abendwind leger im offenen Eingangsbereich auf der Veranda des Hauses, die mit Säulen und Kapitellen verziert war und wo die Vasen mit der übervollen Blumenpracht der Geranien vom herrlichen Sommer des Jahres 1927 zeugten. Unweit vor dem Haus erinnerte ein Gedenkstein daran, dass hier vor zehn Jahren die Kapitulationserklärung Jerusalems an die Briten übergeben worden war.

Heute hatten Sari und Jasmin einen besonderen Gast mitgebracht. Im Frühjahr hatte Sherif Hussein sein Exil auf Zypern verlassen und war zu seinem Sohn Abdullah nach Amman gezogen. Er war gealtert und wollte die letzten Jahre seines Lebens in der Obhut seiner Familie verbringen. Mit an

seiner Seite war natürlich Shimon Eliasch Bey. Eines Tages
erhielt Sari seinen Anruf im Büro und seitdem war es schon
zu zwei Besuchen von dem alten Juden gekommen. Jerusalem übte eine große Anziehungskraft auf ihn aus.

Aber nicht nur Shimon Bey war heute ein außergewöhnli-
cher Gast, sondern auch der starke Mann des Jishuw, David
Ben-Gurion, mit seiner Frau Paula. Drei Jahre nach seiner
Einreise aus Polen, war er 1909 am Aufbau der jüdischen
Untergrundorganisation HaSchomer beteiligt. Einem elitären
Kreis auserwählter, selbsternannter "Wächter" jüdischer
Siedlungen, deren Motto, "In Blut und Feuer ist Judäa gefallen, in Blut und Feuer wird es auferstehen", den osmanischen
Behörden, zu Beginn des Krieges, die Bestätigung gab, viele
ihrer Mitglieder in die Verbannung zu schicken. 1918 war er,
nach seiner Rückkehr aus den USA, der Jüdischen Legion
beigetreten und seit 1920 erster Sekretär und Vorsitzender
der zionistischen Gewerkschaft Histadrut. Im gleichen Jahr
wurde mit seinem Mitwirken aus dem HaSchomer die Hagana. 1924 hatte er erfolgreich dem Vorschlag aus seinen eigenen Reihen entgegengewirkt, ein von den Briten favorisiertes
Parlament gemeinsam mit den Arabern wählen zu lassen. Er
vertrat das jüdische Establishment und galt den Briten als
einer der moderateren zionistischen Politiker. Es war kein
Geheimnis, dass sie teilweise mit ihm als Vertreter der Zionisten zusammenarbeiteten, um Mitglieder von radikaleren,
militanten jüdischen Gruppen überwachen und verhaften zu
lassen. Richter Mordechai Levanon hatte das Ehepaar mitgebracht, weil Ben-Gurion sich gerade in Jerusalem aufhielt.

Natürlich war er der gefragteste Teilnehmer der Runde.
Wann hatte man schon einmal die Gelegenheit einen der
Macher der zionistischen Organisation selbst zu befragen.
Eine größere Gruppe hatte sich um ihn geschart. Shimon
Eliasch, Sari und Jasmin standen in Hörweite.

„Wir brauchen unsere Chaluzim. Sie stellen sich in den
Dienst unserer kollektiven Bewegung", erklärte Ben-Gurion
gerade. „Sie bilden die Arbeitsbrigaden, beschützen unser
Land in den Kibbuzim und geben moralisch und ideologisch
unserer Jugend ein Vorbild für den neuen Menschen. So, wie
die Soldaten Josuas den Jordan überschritten, so kämpfen sie

329

für ein nationales und soziales Ideal. Es ist ein historisches Wirken, das die biblische Landnahme wiederholt."

Shimon Bey hatte schon eine ganze Weile zugehört. Da wurden Episoden aus der Bibel zitiert und es war die Rede von der Eroberung Kanaans und von der Verherrlichung des Bodens. Daraus generiere sich das Allheilmittel für das jüdische Volk, um die degenerierenden Judengassen der Schtetl hinter sich zu lassen. Da war die Rede von der göttlichen Gegenwart der jüdischen Landarbeit und der jüdischen Religion als Religion der Arbeit.

„Verehrter Herr", wandte er sich nun an Ben-Gurion. Der Kreis um den Redner wurde geöffnet, als alle Augen auf ihn blickten und er sich kurz vorstellte. „Aus all Ihren Worten", fuhr er dann fort, „spricht die Sehnsucht nach der ruhmreichen biblischen Zeit, wo die Juden als Hirten und Bauern die Grundlage bildeten, um das Königreich zu errichten."

„Sie haben recht, mein Herr", sagte Ben-Gurion und war froh um den Zuspruch. „Die heilige Schrift ist der Identitätsnachweis des jüdischen Volkes und der Beweis auf den Anspruch auf das Land Israel. Im Exil wurden die Juden aus dem spirituellen und materiellen Klima der biblischen Umgebung gerissen und das Antlitz des Volkes und die Gestalt der Bibel durch Fremdeinwirkung entstellt, bis es keiner mehr richtig verstehen konnte."

„Deshalb ist Ihr Wirken auf die Wiederholung der biblischen Landnahme gerichtet, bis zur Nachfolge des davidschen Königreichs?"

„Richtig. Bei der Vertreibung wurde unser Volk aus dem Land gerissen, aus dessen Erde die Bibel entstanden war. Nun atmen wir wieder die freie Luft der Hebräer Abraham und Josua. Diese freie Luft, die Erde und deren Bearbeitung gibt dem Volk der Juden die sittlichen Normen und Maxime zurück, die es einst zu Größe und Ansehen geführt haben."

„Es klingt, als werde Ihr landwirtschaftliches Pathos zu einem patriotischen Symbol."

„Das klingt ein wenig martialisch, ist aber richtig. Dieses Symbol ist die Grundlage der Erziehung unserer Jugend in den hebräischen Schulen. Es ist an uns den neuen Menschen zu formen, der von den mit dem Exil verknüpften Charakterzügen frei ist. Er ist aufrecht, mutig, attraktiv, geistig und körperlich gut entwickelt, selbstbewusst, stark, gesund und ausdauernd. Er liebt Arbeit, Sport und Spiel und ist seinem Volk und dem Land seiner Väter treu ergeben."

„Dann bedeutet also dieses Pathos", und Shimon Bey benutzte bewusst dieses Wort, „dass die neuen Menschen das Wertesystem, die Sprache, die Identität und Mentalität ihrer Eltern aus den Städten Europas, des Orients und der Judenghettos im osteuropäischen Siedlungsrayon verwerfen."

„Ja, sie werden mit ihrem reinen Blut das nationale Unterfangen sein."

„Zu dem Sie alle Juden dieser Welt aufrufen?"

„Alle. Die nationale zionistische Frage ist die Sache aller Juden."

„Bitte verzeihen Sie meinen Einwand, verehrter Herr Grün", und Shimon Bey benutzte nun bewusst den jüdischen Geburtsnamen von Ben-Gurion. „Aber sind Sie nicht sehr anmaßend? Sie geben vor für alle Juden dieser Welt zu sprechen und doch bekennt sich nur ein verschwindend kleiner Teil zu Ihrem zionistischen Ideal. Sie wollen einen neuen jüdischen Menschen, eine neue Rasse erzeugen und lassen dabei die fallen, die nicht in Ihr Weltbild passen. Sie verweigern Alten, Kranken und Behinderten die Einreise. Ihre bevorzugten Einwanderungskandidaten sind junge, unverheiratete Männer, mutig und idealistisch, die mit Hacke und Gewehr umgehen können. Die asylbedürftigen Juden aus der Ukraine, die den letzten Pogromen entkamen, aber haben Sie gerade erst abgewiesen. Was für eine Heimstätte der Juden ist das, die Sie hier errichten?" Shimons Ton war schärfer.

Ben-Gurion merkte nun woher der Wind wehte. „Ja, wir sind gezwungen manchmal grausam zu sein, um den Jishuw und seine Zukunft zu retten. Es geht nicht darum eine Million Juden nach Palästina zu bringen, sondern hunderttausend produktive, arbeitsfähige Leute. Gut ausgebildet, wo jeder Einzelne zur Förderung der Gesellschaft beitragen kann. Die jüdische Einwanderung soll den Bedürfnissen Palästinas nutzen, nicht umgekehrt."

„Bleibt dabei nicht das Jüdischsein, der Humanismus des Glaubens auf der Strecke? Ist es nicht umgekehrt der Beweis einer Radikalität, der gerade die Juden dieser Welt entfliehen wollen?"

„Aber bitte, was ist das, Jüdischsein? Es ist der Glaube an Jahwe und an die historiographische Wahrheit der Bibel."

„Woraus Sie sich theologischer Texte bedienen, um daraus ein Nationalepos zu machen. Gerät die Existenz Gottes dabei nicht ins Wanken?"

„Nicht Gott gerät ins Wanken, sondern der Glaube an die göttliche Offenbarung unserer biblischen Heimat ist ins Wanken geraten. Anstatt der göttlichen Wundertaten steht doch vielmehr das verheißene Land im Mittelpunkt. Ist es nicht im Buch Josua deutlich niedergeschrieben? Hierauf müssen wir uns beziehen."

„Also machen Sie aus Gott eine patriotische Persönlichkeit. Das metaphysische Wesen Gottes verschwindet vor dem säkularen Bild von dem, der Ihnen die Besitzurkunde über Palästina ausstellt. Ist es nicht heikel, weiterhin von einem verheißenen Land zu schwadronieren, wenn der Verheißende selbst, bei Ihnen im Sterben liegt?"

„Wie können Sie, als Jude, so über die Erneuerung unseres Volkes reden", platzte es nun aus Ben-Gurion? „Wissen Sie eigentlich welchen Schaden Sie damit für Ihr eigenes Volk anrichten?"

„Mein werter Herr. Bei aller Verehrung, aber es gibt kein jüdisches Volk, das in Ihren missionarischen Nationalismus passt. Juden sind kein Volk, sie sind eine Glaubensgemeinschaft, die weit über die Welt verstreut ist, wie die Christen und die Muslime, die Buddhisten und Hindus. Ihr zionistisches Volk ist ein Produkt Ihrer Erfindung und besteht aus den elitären Schichten der Aschkenasim Europas. Wie sonst wäre zu verstehen, dass Sie einen großen Unterschied machen zwischen Sepharden und Aschkenasim?"

„Was reden Sie da", rief nun Ben-Gurion empört! „Wir machen keinen Unterschied zwischen Aschkenasim und Sepharden. Sie versuchen die orientalischen Juden gegen die europäischen aufzustacheln. Das ist Blasphemie!"

„Aber Herr Grün. Sie wissen doch wie ich, dass in Ihren Pamphleten den Aschkenasim ein immenses Reservoir geistiger Energien und intellektueller Talente bescheinigt wird, während die sonnenverbrannten Sepharden verschlagen sind, mit einem Hang zu Täuschung, Nachlässigkeit und Trägheit. So kann man es doch nachlesen. Ihr Radikalenführer Jabotinsky selbst hat offen Gott dafür gedankt, dass wahre Juden nichts mit dem so genannten Orient gemein haben. Man müsse diese ungebildeten jüdischen Massen von den alten Traditionen und Bräuchen entwöhnen. Er sei gekommen, um die letzten Spuren dieser jüdisch-orientalischen Seele hinwegzufegen. Aus wem besteht also Ihr zionistisches Volk? Nicht aus den Aschkenasim Europas? Sie sind es doch, die die Eliten verkörpern, die sich die Pfründe hier in Palästina sichern, die das mit der jüdischen Bibel begründen und sich mit dem göttlichen Beistand und dem Geld der Juden dieser Welt dieses Land nehmen. Ist es nicht viel mehr ein riesiges Geschäft für die privilegierten Juden Europas?"

Ohne noch ein Wort zu verlieren, verließen Ben-Gurion und seine Ehefrau die Gesellschaft. Nur einmal noch blickte er sich um und musterte den alten Sepharden scharf, dann war er die Treppe hinunter und in seinem Fahrzeug verschwunden. Er spürte die Gefahr, die von dem Orientalen Shimon Eliasch Bey ausging. Ihn konnte er als einen Glaubensbruder kaum des Antisemitismus bezichtigen, wenn seine Argumente nicht ausreichten. Er kannte den wunden Punkt sehr genau. Tatsächlich wurde die zionistische Politik ausschließlich von Aschkenasim betrieben und was die Einwanderung betraf, so war die an die wirtschaftliche Aufnahmefähigkeit des Landes geknüpft. Die Quoten dazu wurden mit den Briten jedes halbe Jahr neu festgelegt. Nur Immigranten mit mindestens fünfhundert Pfund Sterling im Gepäck unterlagen keiner Quote. Die Zionistische Exekutive entschied über ihre Büros in den Herkunftsländern, wer einwandern durfte und wer nicht. Viele der Einwanderer verließen jedoch nach nur einem Jahr wieder das Land. Himmelhohen Erwartungen folgte abgrundtiefe Verzweiflung.

„Ich bitte alle Anwesenden hiermit um Verzeihung", sagte Shimon Bey, nachdem Ben-Gurion gegangen war und verneigte sich demütig, wie es seine Art war. „Ich wollte mit meinen Fragen die Gesellschaft nicht stören. Doch ich war allzu verwundert über die Worte des Herrn Grün. Ich habe sein Buch "*Das Land Israel in Vergangenheit und Gegen-*

wart" gelesen, wo er richtigerweise der Landbevölkerung
Palästinas die jüdische Abstammung attestiert. Wo er und
sein Mitschreiber Ben-Zwi mitteilen, dass die Vernunft lehre,
dass die Einwohner Palästinas aus den ursprünglichen jüdischen Bauern hervorgegangen sind. Dass die dörfliche Bevölkerung aus der Zeit von damals bis heute, rassisch die
gleiche blieb, auch wenn die Konversion der Menschen zur
Religion der muslimischen Eroberer aus materiellen Überlebensgründen stattfand. Die Autoren erklären philologisch
eindeutig die hebräischen Ursprünge der Ortsnamen, der
Namen der Täler, Berge und Bäche der Gegend. Sie weisen
noch heute hebräische Rechtsbräuche und große Feste nach.
Wie sonst würde noch heute das Nabi Musa Fest zu Ehren
des großen Juden Moses gefeiert? All das schreiben die Verfasser in ihrem Buch und handeln nun, neun Jahre nach seinem Erscheinen, ganz anders. Was hat sie dazu verführt?
Wie können sie eine Organisation vertreten, die die arabische
Landbevölkerung, die sie selbst als ihr eigenes Blut bezeichneten und die demnach den sephardischen Juden nahestehen,
wie können sie die nun von ihrem Land vertreiben? Ich hätte
diesen Herrn dies alles heute gern gefragt, nun ist er leider
gegangen. Deshalb bitte ich um Ihr Verzeihen."

Shimon Bey zog für die Abendgesellschaft die Maske vom
Gesicht des Zionismus. Was für eine Ungeheuerlichkeit wäre
das, nähme man den blutsverwandten Landbewohnern Palästinas, den Nachkommen der ersten Juden, ihre Existenz?

„Aber kann denn von Vertreibung überhaupt die Rede
sein. Wie viel Land wurde tatsächlich aufgekauft? Dramati-
sieren die Araber nicht zu sehr, um auf Kosten der Juden
Panik zu erzeugen", fragte ein Zuhörer?

„Sie alle haben Herrn Grün gehört", sagte Shimon nun
sehr bedacht. „Er bezog sich mehrfach auf das Buch Josua
und auf die Verheißung des Landes. Aber wissen Sie alle
eigentlich, was in den hebräischen Texten der Bibel geschrieben steht?" Als er einige fragende Blicke sah, fuhr er
fort: „Nun, so will ich Ihnen aus der Schrift einige Bespiele
geben. Dort steht, nach der Einnahme von Jericho, "weihten
sie alles was in der Stadt war mit scharfem Schwert dem
Untergang, Männer und Frauen, Kinder und Greise, Rinder,
Schafe und Esel". Das setzt sich konsequent, nach jedem Fall

einer weiteren Stadt fort. "So schlug Josua das ganze Land, das Bergland und den Negeb, die Schefela und ihre Ausläufer, mit allen seinen Königen. Niemand ließ er entkommen; alles, was lebte, weihte er dem Untergang, wie es der Herr, der Gott Israels, befohlen hatte". Und was soll man von denen halten, die sich auf diese Orgien von Gewalt und Blutvergießen heute beziehen und von der Rückkehr in ihre Heimat sprechen? "Den ganzen Besitz aus diesen Städten und das Vieh nahmen die Israelis für sich, die Menschen aber erschlugen sie alle mit scharfem Schwert und rotteten sie völlig aus. Niemand ließen sie am Leben". Was also, so frage ich Sie, sollen wir von denen halten, die sich darauf beziehen? Ohne den schützenden Filter und die abfedernde Auslegung der erbarmungslosen Worte der Bibel durch die talmudische Tradition zu gebrauchen, rühmen sie sich heute dieser, mit glühendem Hass gegen die autochthone Bevölkerung verübten Massaker und lehren den Kindern diese Gräueltaten in ihren hebräischen Schulen."

Der weise Jude endete und die Zuhörer versanken in ihren eigenen Gedanken. War so etwas überhaupt vorstellbar?

Es ging politisch tatsächlich nur noch um dieses eine Thema: Die Einnahme und den Verkauf des Landes an Juden. In den arabischen Städten wurden Theaterstücke aufgeführt, die die ganze Abartigkeit der Bodenspekulation und die Verschlagenheit der Kaufabschlüsse offenbarten. Wiederholt wurden britische Untersuchungskommissionen mit der Frage der Vertreibung und Entschädigung der Fellachen betraut. Diese Pächter, die zur Räumung gezwungen oder gewaltsam vertrieben wurden, bekamen zum Teil lächerliche Beträge als Entschädigung. Sari, der als unabhängiger Anwalt in diese Kommissionen berufen wurde, erkannte die ganze Perversion des Systems. Dabei wurde kein arabischer Landbesitzer zum Verkauf gezwungen. Aus Profitgier und gegen die Interessen ihrer eigenen Gesellschaft kooperierten sie mit den Zionisten. Das kleine Rechtsanwaltbüro der Familie Nadschar befand sich sehr bald im Besitz äußerst brisanter Unterlagen, die in einem Tresor in Khaleds Büro aufbewahrt wurden.

In eben diesem Büro saßen Hadsch Amin al-Husseini und sein Cousin Dschamal. Der eine Präsident und der andere erster Sekretär des Obersten Muslimischen Rates. Ihnen gegenüber Sari und Khaled. Die Ansichten der beiden Christen und die der beiden höchsten muslimischen Würdenträger über die Zukunft der Menschen Palästinas, konnten unterschiedlicher nicht sein und entsprechend kühl war die Atmosphäre. Man hielt sich nicht lange mit Höflichkeiten auf.

„Abu Amir", sagte Hadsch Amin zu Sari, „wir wissen, dass euch Dokumente vorliegen, die den Verkauf von Grundstücken betreffen. Ein Durchsickern der Inhalte mancher Akten könnte unabsehbare Folgen haben."

„Sie liegen sicher in unserem Tresor, Amin", erwiderte Sari und blickte auf den Stahlschrank. „Seid unbesorgt."

„Versteht uns richtig, es geht nicht um die Akten selbst, sondern um die Personen, die dort genannt sind."

„Ist uns klar, aber wie gesagt, keiner wird etwas erfahren."

„Es wäre uns lieb, wenn ihr uns die Namen mitteilen könntet, die in den Akten genannt werden."

„Amin, das, was gerade gesagt wurde, gilt für euch gleichermaßen."

„Wir alle sind Araber und wir müssen gegen die Sayuni zusammenstehen. Ich weiß, sie führen Listen mit den Namen derer, die ihnen Land zum Verkauf angeboten haben. Sie gebrauchen diese Namen auch zur Erpressung oder psychologischen Kriegsführung ..." Und Dschamal ergänzte: „Man versucht mich unter Druck zu setzen." Er war ebenfalls Anwalt und in Sorge um die Aufträge, die er aus der Funktion im Obersten Muslimischen Rat bezog, wenn sein Name in solchen Akten auftauchen und veröffentlicht würde.

„Du hättest eben deine Finger aus dem Landverkauf heraushalten sollen, Dschamal", konnte sich Khaled nicht mehr zurückhalten. „Wie naiv bist du, dass du mit diesem Joshua Hankin solche Geschäfte abwickelst. Erst verkauft ihr euer Land und dann protestiert ihr dagegen. Ihr seid wie Opiumsüchtige, die die Droge lauthals verbieten wollen, nachdem sie selbst genug davon konsumiert und gelagert haben."

„Sie haben uns über den Tisch gezogen."

„Unsinn, ihr habt aus Gier gehandelt", erwiderte Khaled erregt. „Versteht ihr das als patriotische Pflicht? Nicht nur, dass ihr euch am Ausverkauf des Landes bereichert und euch an der Vertreibung der Pächter mitschuldig macht, ihr zeigt damit den Sayuni auch noch, dass das arabische Nationalbewusstsein käuflich ist. Wir erkennen aus den Gesprächen mit ihnen die tiefe Verachtung, die sie deshalb gegen uns hegen. Selbst uns beiden, die wir frei sind von jedem Korruptionsverdacht, hat man schon Geld angeboten."

„Diese Fehler sind passiert", sagte Hadsch Amin. „Wir müssen sehen, dass sie nicht an die Öffentlichkeit gelangen."

„Lieber Amin", entgegnete Sari. „Es sind schon viel zu viele Personen darin verwickelt. Nicht nur die Araber, die ihr Land verkauft haben, auch solche, die sich einmalig oder monatlich schmieren lassen und Informationen liefern. Manche lassen sich bestechen, nur für eine Unterschrift und andere spionieren oder streuen Gerüchte. Vom Politiker über den Bürgermeister, vom Beamten bis zum Ganoven. Die Korruption unter uns wird zum Schlüssel ihres Erfolges. Merkt ihr nicht, wie sehr der Sog unserer Selbstsucht uns in die Tiefe zieht? Ihr verkauft nicht nur das Land mit den Menschen darauf, ihr verkauft auch noch eure eigenen Seelen. Was soll aus den Palästinensern werden? Diese vielen Menschen, die kaum Chancen auf die Zukunft haben."

Das war der Knackpunkt in dem sich das Nationalbewusstsein der Husseinis und das der Nadschars grundsätzlich unterschied. Die einen versagten, die anderen forderten die Änderung der Gesellschaft.

Sari hatte die Zustände, in denen die muslimischen Pächter auf dem Land lebten, gerade erst wieder selbst erfahren. Am 11. Juli hatte es ein schweres Erdbeben gegeben. Tausende Häuser waren eingestürzt. Neben vielen Menschen in den Städten, hatte es jedoch am ärgsten die Ärmsten auf dem Land getroffen. Unter den Trümmern ihrer Häuser starben mehr als zweihundertfünfzig Menschen. Eine große Hilfsbereitschaft war für die vielen Schwerverletzten angelaufen, auch unter der jüdischen Bevölkerung, die, wie durch ein Wunder, keine Toten zu beklagen hatte. Auch das Scha'arei-Zedek Krankenhaus half, obwohl die Menschen eine ärztliche Versorgung gar nicht bezahlen konnten. Mit einem Wagen war Jasmin tagelang in die Dörfer gefahren, um die schwersten Verletzungen zu behandeln. Als die Ärztin als Araberin erkannt wurde, waren die Menschen völlig durcheinander. Eine arabische Ärztin hatten sie noch nie gesehen. Und als diese Ärztin sie auch noch von ihren schlimmsten Blessuren kurierte, wurden immer mehr Leiden an sie herangetragen, die mit dem Erdbeben gar nichts zu tun hatten. Zweimal war auch Sari mitgefahren, weil Sanitäter und Helfer fehlten und beide hatten danach kein anderes Gesprächsthema mehr, wie die arabischen Pächter auf dem Land.

Es war der immer gleiche schläfrige Trott in den Dörfern, der stärker war als die Zeit. Die Kinder lebten so, wie die Eltern. Schnell wurden aus Jungen Männer und aus Mädchen Mütter. Sie arbeiteten im Haus und auf dem Feld. Das Leben gaben die Tradition und die Religion vor. Frauen gehorchten ihren Männern, die dem Vater und der dem Mukhtar. Der Kreislauf der Natur gab das Leben vor und die ging nicht gerade üppig mit den Landpächtern um. Wenn die Steuer- und Pachteintreiber wieder abzogen, war bis auf das Lebensnotwendigste nicht mehr viel vorhanden. Selten blieb mehr übrig. Das Leben außerhalb des Dorfes erreichte sie, wenn überhaupt erst mit Verspätung. Eine dumpfe Masse teilnahmsloser Schafe, die daran gewöhnt war blind dem Leithammel zu folgten.

Auch wenn die zionistische Revolution immer spürbarer wurde und das Erscheinungsbild sich veränderte, so hatte sich für die arabische Landbevölkerung kaum etwas verändert. Die britischen Versuche den landwirtschaftlichen Anbau und die medizinische Versorgung zu verbessern, Schulen und befestigte Straßen zu bauen, begannen zwar erste Früchte zu tragen und fahrende Händler brachten Neuigkeiten und sorgten für Kontakte zur Außenwelt, dennoch blieben die Fellachen in ihrer Tradition gefangen, von der die Landbesitzer innerhalb und außerhalb Palästinas sehr gut lebten.

Und genau das warfen die Nadschars und andere nationale Reformer den Traditionalisten um Amin al-Husseini vor. Die Familienklans hatten seit Jahrhunderten von den Landpächtern gut gelebt und taten alles, dass sich an diesem System nichts veränderte. Dazu wurde bewusst die Religion benutzt, um die gottgewollte Klassengesellschaft von Herren und Dienern zu erhalten.

„Es ist euer Eigensinn, der eine Wende zum Besseren verhindert", fuhr Sari fort. „König Faisal hat im Irak die Bildung der Bevölkerung zur Chefsache erklärt. Ihr haltet konservativ an dem fest, was euch ernährt. Ihr selbst werdet die Verlierer sein, wenn ihr die Menschen von der Bildung ausschließt."

„Der Prophet hat den Weg des Menschen aufgezeichnet. Wie können wir uns anmaßen ihn zu verändern", sagte Amin und hob seinen Finger. „Eure Ideen sind die der Journalisten, Schriftsteller und Nichtsnutze aus den Kaffeehäusern Jerusalems. Aber die Menschen folgen euch nicht, trotz der vielen Artikel und Abhandlungen, die eure Vorstellungen ausposaunen."

„Weil selbst in den Städten die meisten Araber des Lesens gar nicht mächtig sind. Vom Land ganz zu schweigen. Wir haben die letzten zehn Jahre verschlafen und werden so auch die nächsten verlieren", sagte Sari entrüstet.

„Wir geben den Menschen den Halt den sie brauchen, in der Religion. Gerade erst haben wir die umfassende Restauration des Haram al-Sharif begonnen und geben damit den Juden das Signal, dass sie Al-Burak nicht in Besitz nehmen und ihren Tempel wieder aufbauen werden, wie dieser zionistische Rabbi Kook es ihnen prophezeit. Wir werden weiterhin jegliche jüdische Veränderung an der Mauer ablehnen und nichts akzeptieren, was den Status Quo verletzt. Das ist der Sieg, der unser nationales Bewusstsein stärkt. Das ist der Sieg, den die einfachen Menschen verstehen können. Die Zusammenhänge der Politik, die verstehen sie nicht."

„Mit einer Bevölkerung, die ihre eigenen Ansprüche nicht artikulieren kann, werden wir alle verlieren", sagte Sari und schüttelte über Amins Ansichten, die nationale Frage an religiösen Symbolen aufzuhängen, nur den Kopf.

„Wir werden sehen, wer verliert. Aber zuerst müssen wir zusammenhalten gegen den gemeinsamen jüdischen Feind."

„Der uns so weit überlegen ist."

„Wir werden sie davonjagen, weil wir in der Überzahl sind."

„Jeder von ihnen ersetzt zehn von uns, weil sie mit einer Zunge sprechen. Sie halten ihre Fäden in der Hand, während wir zerstritten sind. Sie nutzen unsere Spannungen und wir sind nicht in der Lage uns zu einigen. Sie stärken mit ihren Forderungen an die Briten ihre gesamte Gesellschaft und wir befördern mit unseren Forderungen nur unsere individuellen Interessen und damit unsere Zwietracht."

„Aus diesem Grund sind wir ja hier, abu Amir. Um uns nicht auseinander dividieren zu lassen, brauchen wir die Namen."

„Die wir euch nicht geben. Was wäre unsere Berufsehre noch wert, gäben wir das Vertrauen in uns selbst auf. Hätten sich die Leute aufrichtig verhalten, wären ihre Namen nicht in den Listen der Akten. Nein, Amin, niemals!"

„Dann müssen wir halt sehen, wie es weiter geht", sagte Hadsch Amin mit Unterton. „Wir danken euch jedenfalls für eure Gastfreundschaft." Beide Besucher blickten sich kurz an, setzten ihre Tarbusche auf und gingen, ohne sich umzudrehen, aus dem Büro.

Als die Tür geschlossen war, sagte Khaled: „Wir haben zwei Feinde mehr."

„Ja, Papa. Es sieht so aus, als würden die Kompromissbereiten beider Seiten von den Radikalen zerrieben. Es ist bei den Zionisten und Arabern das gleiche, wie Shimon Bey schon gesagt hat: Die Radikalität ist der Feind des Humanismus. Die Menschen sind nur Vorwand."

„Wie einfach doch das Leben wäre, gäbe es nur Leute wie ihn und uns", sagte Khaled. Er und Shimon Eliasch hatten das gleiche Alter und waren sich während der Besuche des alten Juden in Jerusalem immer näher gekommen. Das war so weit gegangen, dass Shimon das Angebot von Khaled angenommen hatte, beim nächsten Mal bei ihm im Haus in der Via Dolorosa zu wohnen. Beim letzten Besuch war das leider nicht möglich. Sahra war zu Besuch gewesen und sie hatte ihr Glück gefunden. Den französischen Ingenieur, der sie begleitete, wollte sie ihrer Familie vorstellen. Sie hatten sich am Arbeitsplatz in Basra kennen und lieben gelernt und nun war sie schwanger. Bald sollte Hochzeit sein und Sahra würde mit ihm nach Bagdad ziehen.

Als Khaled nach dem Wochenende, noch vor Sari, ins Büro kam, fand er die Tür aufgebrochen und alles in großer Unordnung vor. Sämtliche Schränke und Schubladen waren durchwühlt, Papier lag verstreut herum und die Spuren vom vergeblichen Versuch den Tresor mit schwerem Werkzeug aufzuhebeln, waren deutlich zu erkennen. Auf dem Tisch befand sich ein Zettel:

- Ihr seid Verräter an der arabischen Sache. Tod allen Verrätern! -

Sari fand eine halbe Stunde später seinen Vater auf dem Boden liegen. Er war kreideweiß und bekam kaum Luft. Nach seinem Anruf im Krankenhaus, erschien Simon Wallach nur fünf Minuten später. Die Diagnose war sofort klar: Khaled hatte einen Herzanfall erlitten. Simon ließ ihn nach einer ersten Notbehandlung ins Krankenhaus transportieren.

„Er hat Glück gehabt, nur ein leichter Infarkt. Aber er sollte sich schonen, in seinem Alter endlich die Arbeit aufgeben und alle Aufregung vermeiden", sagte Simon später zu Sari und seiner Mutter, als sie im Krankenhaus an Khaleds Bett standen. Für die sechs Tage, die er zur Überwachung dableiben sollte, würde Saris Mutter bei ihnen in Lifta bleiben.

Sari war natürlich klar, wer und was hinter dem Einbruch steckte, doch er unternahm nichts. Das hätte die Situation nur noch mehr eskalieren lassen. Die unterschiedlichen Lager der Araber fanden nicht zusammen und die Hardliner spielten sich gegenseitig aus, um dem anderen zu schaden und die Briten von den eigenen Fähigkeiten und den Schwächen der anderen zu überzeugen. Daran hingen die Posten in der Mandatsregierung und in der Verwaltung. Das Überleben von Familienmitgliedern und ihrer Verbündeten hing davon ab.

Am gefährlichsten für die arabische Sache war der traditionelle Streit der beiden mächtigsten Familien, der Majlisiya der al-Husseinis und der Mu'aridun der Nashashibis. Er unterband jede positive Entwicklung und die Briten und die Zionisten nutzen das weidlich aus. Die Araber waren ohnmächtig, denn Namen aus beiden Lagern fanden sich in den Akten im Tresor der Rechtsanwälte Nadschar.

Die Nerven Palästinas

SIE SAßEN zusammen unter der Pergola im Garten beim Frühstück. Sari und Jasmin mit Aminah und Amir, Pirafa, Vater und Mutter Nadschar und Shimon Eliasch Bey. Der war schon seit drei Wochen in Jerusalem, um der Wüstenhitze Transjordaniens zu entfliehen. Khaled und er waren enge Freunde geworden. Wie selbstverständlich lebte der alte Jude während der Besuche bei den alten Nadschars in der Via Dolorosa. Seit Khaled nicht mehr im Büro arbeitete, war er schon mehrmals nach Amman hinübergefahren und hatte dort auch den Sherifen kennengelernt.

Unten an der Tür wurde angeklopft und Amir schoss wie der Blitz die Treppe hinunter, um die Zeitung zu holen. Der achtjährige war ein aufgeweckter Junge geworden, der seinen Eltern viel Freude machte.

„Papa, es ist gekommen, wie ihr es vorausgesehen habt. Gestern haben die Muslime zurückgeschlagen", rief er schon, als er noch durch den Wohnraum lief. Er legte die Zeitung auf den Tisch.

- Ausschreitungen an der Mauer -

stand in dicken Lettern auf der ersten Seite der *Suriya al-Janubia* vom Samstag, dem 17. August 1929.

„Ihr bleibt besser bei uns", sagte Sari zu seinen Eltern und zu Shimon Bey. „Die Situation könnte eskalieren. Wir sollten kein Risiko eingehen."

Sari hatte sie vorgestern Abend aus der Altstadt geholt und mit dem Auto nach Lifta gebracht. Die Ekstase um die Klagemauer der Juden hatte dramatische Züge angenommen. Die radikal-zionistische Betar Jugend und die erst vor fünf Monaten gegründete religiös-zionistische Jugendorganisation Bnei Akiva waren mit Hunderten ihrer Anhänger an die Mauer marschiert. Es war der Feiertag zur Erinnerung an die Zerstörung des Tempels und aus diesem Grund hatten sie, trotz Verbots, die zionistischen blau-weißen Fahnen mit dem Davidstern mitgebracht. Obwohl die angemeldete Demonstration von einer großen Polizeieskorte begleitet wurde, konnte die nicht verhindern, dass aggressive Rufe erschallten, die Fahnen geschwungen und die Hatikva gesungen wurde. Den

Muslimen auf dem Haram al-Sharif blieb das natürlich nicht verborgen und Gerüchte kursierten, dass ein arabischer Händler angegriffen und der Prophet beleidigt worden sei.

Die Zeitung berichtete, dass gestern nun die Muslime, als Antwort darauf, nach dem Freitagsgebet zur Mauer gezogen waren und Gebetsbücher, eine Torarolle und die Zettel der Bittgesuche in den Mauerspalten verbrannt hatten. Auf einem Pamphlet habe gestanden: "*Oh arabische Nation. Die Augen unserer Brüder sind auf euch gerichtet. Lasst eure religiösen Gefühle erwachen und aufstehen gegen den gemeinsamen Feind, der die Ehre des Islam verletzt hat*". Die Propaganda der Gegenseite hatte sofort reagiert und noch am Nachmittag war ein aufrührerischer Artikel in der radikal-zionistischen Zeitung *Do'ar HaYom* von Chefredakteur Jabotinsky erschienen. Alles schaukelte sich immer weiter auf.

Die Situation um die Klagemauer hatte Formen angenommen, die vor wenigen Jahrzehnten noch undenkbar gewesen waren. Seit dem 23. September letzten Jahres, dem Vortag des Jom Kippur 1928, als Juden eine mobile Trennwand für betende Männer und Frauen vor der Mauer platziert hatten, war eine Heftigkeit der Auseinandersetzung um die Stätte entbrannt, die jeder Vernunft entbehrte. Seit Jahrhunderten gab es eine osmanische Vereinbarung über die Nutzung des Areals vor der Mauer. Die war, als einziges Überbleibsel des zweiten Tempels, das höchste Heiligtum der gläubigen Juden, wo sie um die Wiederkehr des Messias beteten. Die Mauer war aber auch, als Teil des Haram al-Sharif, dritthöchstes Heiligtum des Islam und Eigentum des Waqf. Juden bekamen damals dennoch das Recht zugeteilt davor zu beten, mit der Auflage, dass alles in moderater Lautstärke geschah und alles unverändert blieb. Im Laufe der Zeit hatte sich ein flexibler Modus Vivendi eingestellt, wo bei besonderen Anlässen, in Absprache mit den Muslimen, die Beschränkungen auch umgangen wurden, wenn die Schofar geblasen oder Stühle und ein Toraschrein aufstellt werden sollten. Gelegentlich war auch schon mal eine Trennwand dabei gewesen.

An jenem Tag aber forderten die führenden Muslime die sofortige Entfernung der Trennwand. Die Briten hatten die osmanischen Vorschriften im September 1925 nach einem ähnlichen Zwischenfall noch einmal explizit bestätigt und so wurde die Wand am nächsten Morgen, auch gegen den heftigen Widerstand einiger fanatischer Juden, von der Polizei entfernt. Die Unnachgiebigkeit der Muslime hatte einen triftigen Grund, denn sie setzten mittlerweile alles, was dort geschah, in Beziehung zum zionistischen Programm.

Sie befürchteten nämlich, dass jede Maßnahme ein erster Schritt zur Enteignung der Mauer sei, denn ehe man sich versähe, kämen nach Bänken und Trennwänden, feste Mauern, ein Dach und fertig sei eine Synagoge. Grundlage ihres Argwohns war, dass in letzter Zeit verstärkt Versuche der Zionisten zum Kauf der Mauer stattgefunden hatten. Gerade die Tatsache, dass dabei jüdische Honoratioren der Mandatsjustiz beteiligt waren, wie Richter Frumkin oder Generalstaatsanwalt Bentwich, vermehrte die arabischen Befürchtungen um die Enteignung. Angeheizt durch zionistische Publikationen, die Bilder verwendeten, die einen imaginären Tempelbau auf dem Berg Moriah zeigten oder wo Theodor Herzl über einen riesigen Strom von Menschen hinwegblickt, die alle nach Jerusalem streben, wo auf dem Felsendom die zionistische Fahne weht, wurde der Verdacht geschürt, dass die Juden einen Komplott schmiedeten, der zur Zerstörung der Moscheen und zum Wiederaufbau des Tempels führe. Das wurde zusätzlich untermauert vom religiös-zionistischen Oberrabbiner Abraham Kook, der seinen Gefolgsleuten die Errichtung des dritten Tempels auf dem Berg versprach, wobei er die beiden säkularen Lager der Zionisten, um Ben-Gurion und Jabotinsky, hinter sich wusste. Immer mehr konzentrierte sich der Konflikt zwischen Juden und Arabern nun auf dieses eine Symbol, wobei sich die christlichen Araber hinter die Muslime stellten. Aus dem Zusammentreffen von nationalistischem Enthusiasmus und religiöser Leidenschaft war eine explosive Mischung entstanden. Denn der Kampf um das Land mit Mythen und nationaler Ehre, wurde nun durch religiöse Überzeugungen erweitert. Die Inbrunst, der sich beide verfeindeten Parteien hingaben, grenzte bald an Hysterie. Angefeuert von der Presse beider Seiten, von unnachgiebigen Schriftstellern und Demagogen, vollzog sich ein immer tiefer werdender Abgrund, den auch gemäßigte Kräfte nicht mehr zu überbrücken wussten.

Bei einem Besuch in Jerusalem letztes Jahr, hatte Shimon Bey in der Jeschurun-Synagoge einem Gottesdienst zum Ende des Pessachfests beigewohnt, wo Menachem Ussischkin einen jüdischen Staat forderte, der von Dan bis Beerschewa und vom Mittelmeer bis ans Ende Transjordaniens reichen sollte. Diese radikalen Zionisten waren auch den Briten ein Dorn im Auge, stellten sie doch das ganze Mandat in Frage. "Wir schwören nicht eher zu ruhen, bis wir den jüdischen Staat auf unserem Berg Moriah errichtet haben", hatte Ussischkin geendet und Rabbi Kook versuchte die Orthodoxen zu überzeugen, dass das religiöse Sehnen und das zionistische Programm ein und dasselbe seien.

„Dieser Abraham Isaak Kook stellt eine große Gefahr dar", sagte Shimon Bey beim Frühstück. „Für Juden und für Nichtjuden. Ich hörte, wie er den Babylonischen Talmud zitierte, wo geschrieben steht: "Ihr werdet Menschen genannt und nicht die Völker der Welt werden Menschen genannt". Und ich las in seinem Buch *Lichter der Tora*: "Der Unterschied zwischen der israelischen Seele, ihrem Wesen, ihren inneren Wünschen, ihrem Streben, ihrer Beschaffenheit und ihrer Haltung, und der Seele der Gojim, ungeachtet ihrer Entwicklungstufe, ist größer und tiefer als der Unterschied zwischen der Seele des Menschen und der Seele des Viehs. Zwischen Letzteren nämlich besteht nur ein quantitativer, zwischen Ersteren aber ein qualitativer Unterschied"." Und dann fügte Shimon an: „Dieser Mann meint das ernst. Er ist fanatisch und wahnsinnig."

„Aber lautet es nicht: Du sollst deinen Nächsten lieben, wie dich selbst", fragte Khaled? „Ist es denn nicht auch ein Gebot der Juden?"

„Lieber Khaled, die Christen haben Jesus diese Worte in den Mund gelegt", sagte Shimon und legte seine Hand auf Khaleds Schulter. „Jedoch der vollständige Vers der alten jahwistischen Bibel, aus dem das Gebot der Nächstenliebe entnommen wurde, lautet: "Du sollst dich nicht rächen noch Zorn bewahren gegen die Kinder deines Volkes. Du sollst deinen Nächsten lieben, wie dich selbst; ich bin der Herr". Und Maimonides deutete daraus: "Es ist ein Gebot für den Menschen, jeden Einzelnen aus Israel zu lieben, wie sich selbst". Es besteht also kein Zweifel, dass sich dieses Prinzip

345

nur auf die Juden bezieht und nicht auf den Rest der Menschheit."

Shimon sah in die ungläubigen Gesichter seiner Freunde und dann sagte er: „Ich glaube, ihr Araber seid euch der wahren Gefahr, die auf euch lauert, gar nicht wirklich bewusst. Um die zu erkennen, muss man das Judentum aus seinem Innern heraus verstehen. Es gilt nicht nur den Zionismus richtig zu deuten sondern auch die jüdisch-historische Entwicklung." Er sah in die fragenden Gesichter seiner Freunde und dann sprach er aus, was er lange gezögert hatte auszusprechen.

„Ich werde euch die Wahrheit sagen. Die Wahrheit, die auch mir die Konversion erleichterte, obwohl ich doch immer Jude war und auch immer bleiben werde. Wir müssen unterscheiden zwischen der Moderne und der Historie. Heute gibt es mannigfache jüdische Gesellschaften, die orthodoxe, die aufgeklärte, die sozialistische, die zionistische und sogar die säkulare, wobei die Letzteren durchaus untereinander verwoben sind. Jetzt jedoch spaltet sich das orthodoxe Judentum auf. Man konnte es bisher zeitlich unterteilen in die klassische und die spätere talmudische Tradition. Aber das ist hier weniger von Belang. Denn beide haben nach außen einen radikal ausgrenzenden Charakter und nach innen eine totalitäre Auffassung nach platonischem Vorbild. Ich meine hiermit Platons *Politeia*, als Ideal eines Staates, der zwar von Gerechtigkeit geprägt ist, aber eine streng hierarchische Ordnung beschreibt. "Weder Mann noch Frau sollte jemals ohne einen übergeordneten Führer sein, und keiner einen Schritt aus eigener Verantwortung machen. Wir müssen die Seele so erziehen, dass sie nicht einmal auf die Idee kommt als Individuum zu handeln oder weiß, wie das gemacht wird", lesen wir in seiner Schrift."

Shimon holte tief Luft und es schien ihm nicht leicht zu fallen, was er jetzt sagte: „Dies ist die Auffassung des traditionellen Judentums, auch heute noch. Eine Macht über die Mitglieder der Gemeinschaft, die sich auf unbedingten Gehorsam zu ihrem Rabbi und die rigorose Befolgung der religiösen Gesetze begründet, wobei nicht nur sozialer Druck sondern sogar physische Gewalt angewendet wird. Diese Tyrannei wurde von den totalitären Herrschern der Länder, in denen die Juden lebten, unterstützt, dienten diese jüdischen Gesellschaften ihnen doch als Mittel zur Unterdrückung der eigenen Untergebenen und Leibeigenen. Viele Herrscher setzten die Juden als Steuereintreiber und Verwalter ein oder benutzten die Reichen als Geldgeber und Bankiers. Hilfreich dabei war die talmudische anti-nichtjüdische Tendenz, die das Verhalten der Juden zu Nichtjuden vorschreibt. Obwohl vieles in den unterschiedlichen Auslegungen des Talmud auch abgefedert wird, so ist doch der radikale Charakter der Deutungen der jüdischen Gesetze im Verhalten zu Nichtjuden unübersehbar. Ich kann euch hunderte Beispiele der abwertenden, ja diffamierenden und rassistischen Einstellung zu Nichtjuden nennen. Diese Einstellung machten sich die Könige und Fürsten der Länder zunutze, um ihre eigene Bevölkerung zu beherrschen und auszubeuten."

„Aber waren denn diese Herrscher nicht auch Nichtjuden", fragte Jasmin? „Waren sie nicht Teil der Radikalität?"

„Sie waren die Machthaber und was geschrieben stand in den jüdischen Schriften, interessierte sie nicht, solange sie nur ihren Profit daraus zogen. So mussten beispielsweise in Spanien neun Zehntel der Strafen für Juden, die rabbinische Gerichte wegen Nichteinhaltung religiöser Vorschriften verhängten, an die frommen katholischen Könige von Kastilien und Aragon ausgehändigt werden."

„Aber die nicht-jüdische Geistlichkeit. Ihr waren der Inhalt dieser Schriften doch bekannt?"

„Erst mit der Zeit begannen christliche Mönche und muslimische Imame die hebräische Sprache des Talmud zu erlernen. Ein Umdenken machte sich breit, nachdem der so sehr verehrte Rabbi Moses Maimonides im zwölften Jahrhundert seine Mischne Tora herausgab und vier Jahrhunderte später Rabbi Yosef Karo die Schulchan Aruch. Beide Werke sind Kodifizierungen des Babylonischen Talmud, die die unhandliche Kompliziertheit der gesetzlichen Dispute leichter handhaben lässt. Sie sind noch heute Standardwerke der orthodoxen Juden. Diese Sammelwerke der Rechtsauslegungen sind gesättigt mit widerwärtigsten Vorschriften gegen Nichtjuden. Jesus ist ein Verruchter, dessen Name verderben möge und der zur Strafe in der Hölle in kochende Exkremente getaucht wird. Diese Schriftwerke waren der Ausgangspunkt eines ansteigenden Angriffs gegen das talmudische Judentum, das, von Verleumdungen abgesehen, im weiteren Verlauf der Geschichte, zuerst in Disputen und Abhandlungen der Gelehrten ausgetragen wurde und dann, zweifelsohne, auch den Ursprung zu Judenverfolgung und Antisemitismus bildete."

„Und die Juden? Erkannten sie die Sprengkraft nicht?"

„Natürlich, und mit der Zeit begannen die Rabbiner vieles abzufedern. Dazu benutzten sie, ich muss es leider so sagen, auch die uralten Waffen der Bestechung und der Täuschung. So gestattete zum Beispiel Papst Sixtus IV., der unter dauerhaftem Geldmangel litt, auf wundersame Weise die Veröffentlichung einer unzensierten Ausgabe des Talmud, und wenn mit Geld nichts zu machen war, wurden, jedoch unter Beibehaltung der Gebräuche und Gesetze, Textpassagen gestrichen, abgewandelt oder bis zur Selbstverhöhnung verändert. Da wurden aus Gojim Götzendiener und aus Christen Kanaaniter und als das zu durchschaubar war, wurden daraus, zum Beispiel im zaristischen Russland, Araber, Mohammedaner oder Ägypter. Dazu ließ man dann intern talmudische Handschriften zirkulieren, die die Ausdrücke erläuterten und die Synonyme und Auslassungen erklärten. Oft wurde auch im Vorwort darauf hingewiesen, dass die feindseligen Ausdrücke nicht gegen die Völker gerichtet seien, in deren Länder die Juden wohnten. Das alles war und ist eine berechnete Lüge, denn noch heute wird der Geist der Talmudstudenten in den Jeschiwas im ursprünglichen Sinne weiter vergiftet und das System erlaubt keinerlei Lockerung seiner Regeln. Im Gegensatz zur Bibel ist der buchstäbliche Sinn des talmudischen Textes für sie bindend."

„Aber Shimon, was steht dort so Schlimmes geschrieben", fragte nun Saris Mutter?

„Wie es sich mit der Nächstenliebe verhält, ist euch schon bekannt. Zinsen, die zu erheben gegen Juden streng verboten sind, müssen gegen Nichtjuden nicht hoch genug angesetzt werden. Nichtjüdische Zeugen werden vor rabbinischen Gerichten nicht zugelassen, da alle Nichtjuden geborene Lügner sind. Und so geht es weiter bis zu Mord und Totschlag. Die Ermordung eines Juden ist ein Kapitalverbrechen, die eines Goj nur eine Sünde gegen die Gesetze des Himmels, die von einem irdischen Gericht nicht bestrafbar sind. Und das bezieht sich nur auf solche Nichtjuden, mit denen die Juden gerade nicht im Krieg sind. Daraus wird dann gefolgert, dass Nichtjuden, die nun zu einem feindlichen Volk gehören, getötet werden dürfen und sogar sollen, alle, Frauen, Kinder und Männer. Versteht ihr meine Sorge um euch? Wenn ihre Macht es zulässt, ist es ihre religiöse Pflicht Palästinenser als Feinde zu töten."

Shimon Bey wischte sich ein paar Tropfen Schweiß von der Stirn, bevor er weitersprach: „Ebenso verhält es sich bei der Rettung von Leben. Es ist unbedingte Pflicht einen Mitjuden zu retten, jedoch muss ein Goj nicht unbedingt gerettet werden, auch wenn es verboten ist, ihn auf der Stelle umzubringen. Bei Maimonides steht: "Sie sind weder aus einem Brunnen herauszuziehen, noch hineinzustoßen". Er, als Arzt von Saladins Leibsekretär, kommt zu dem Schluss, dass es verboten ist einen Nichtjuden zu heilen."

„Aber wie konnten sie diesen Scharlatan dann als Arzt behalten", empörte sich Jasmin?

„Es ist die ungeheuerliche und heuchlerische Eigenart der jüdischen Diskurse über die Jahrhunderte, die die Rabbiner immer wieder aus ausweglosen Situationen einen Ausweg suchen lässt. Dabei betrügen sie nicht nur sich selbst sondern auch den, an den sie glauben. Es sind die Dispensationen, die erzwungenen Ausnahmen, die unter bestimmten Umständen Anwendung finden. Sie setzten die Verpflichtungen außer Kraft, wenn berechtigte Furcht vor Feindseligkeit besteht. Im Fall des Arztes darf ein Mächtiger, dessen Feindschaft sich im Fall der Weigerung, also der Anwendung des talmudischen Gesetzes, gegen die Juden auswirken könnte, behandelt werden, jedoch nur gegen Bezahlung. Das zieht sich fort bis in alle Lebensbereiche. So ist die Beraubung eines Nichtjuden nicht vorbehaltlos verboten sondern unter den Umständen, dass Nichtjuden unter der Herrschaft der Juden stehen, sogar erlaubt. Dabei gibt es Sondergesetze, die nur für Erez Israel gelten. Die Halacha verbietet hier Juden den Verkauf von Immobilien und Feldern an Nichtjuden. Maimonides hat auch dies mit der jüdischen Macht verbunden. Wenn Juden mächtiger sind als die Nichtjuden, darf man Letzteren noch nicht einmal erlauben auf dem Grund und Boden zu lagern, "denn wenn sie kein Land besitzen, wird ihr Aufenthalt nur vorübergehend sein". Darin liegt der Kern des Strebens nach territorialer Ausdehnung. Erkennt ihr die Auswirkungen im Zusammenhang mit den zionistischen Landkäufen und der Enteignung der arabischen Fellachen?"

Die kleine Gesellschaft hörte stumm zu und vieles wurde ihnen klarer.

„Aber hütet euch davor nun das ganze Judentum zu verdammen. Wie ich schon sagte, gibt es heute mannigfache Auffassungen. Sie sind entstanden in den Gastländern, wo liberalere Grundsätze die absoluten Herrschaftssysteme ablösten oder wo die Toleranz zu Andersgläubigen bei den Völkern die Oberhand gewann. Dort schwand die Macht der Herrscher und somit auch die Macht der Rabbis auf die Mitglieder ihrer jüdischen Gemeinschaften, denn viele Juden wurden freier und lösten sich vom religiösen Zwang. Manche sogar bis zur Säkularisation. Sie assimilierten sich in den Gastländern und wurden Bürger dieser Staaten. Aus dieser Distanz zur rabbinischen Macht entwickelte sich auch der bekannte jüdische Humor, der das als Persiflage parodiert, was die orthodoxe Praxis weiterhin lehrt. Hier entstanden der jüdische Humanismus, die Sittlichkeit, die Literatur und die Künste."

Shimon machte eine kleine Pause und erklärte: „Ich bin ein gutes Beispiel dafür. Die Loslösung durch die Haskala ist bis weit in die jüdischen Gemeinschaften durchgedrungen, in Europa und tief in den Orient. Wo sie auf fruchtbaren Boden fiel, wie im Osmanischen Reich, begannen sich die Juden vom Trauma der Tyrannei zu lösen. Es begann das goldene Zeitalter des Judentums, als man die Lächerlichkeiten erkannte, die Halacha in unsere Zeit retten zu wollen. Die Dispensationen, die ich schon erwähnte, haben zum Teil solch skurrilen Charakter, dass man sich wundern muss, mit welchen Spitzfindigkeiten die Rabbiner versuchen Gott zu betrügen und sich für schlauer halten, als Gott selbst."

„Aber wie kann man denn Gott betrügen", fragte Khaled?

„Indem Zinsen gegen jüdische Schuldner als Gewinnausschüttung einer vorher erfolgten Investition benannt werden. Oder aber, da es Juden verboten ist am Shabbat irgendeine Arbeit zu verrichten als auch dafür einen Nichtjuden einzustellen, gibt man dem Goj einen langfristigen Vertrag und keiner kann etwas dafür, dass er nur am Shabbat kommt. Das Verbot zweierlei Art von Feldfrüchten auf einem Acker anzusäen wird umgangen, indem ein Mann der Länge nach eine Sorte aussät und später ein zweiter Mann, natürlich unwissend, die zweite Sorte kreuzweise einsät. Es gibt so unendlich viele Beispiele. Aber was ich euch heute sagen wollte: In der Jeschurun-Synagoge habe ich Rabbi Kook erlebt, eine sanfte Persönlichkeit, die keiner Fliege etwas zuleide tun kann. Und doch predigt er Rassismus, Diskriminierung und Fremdenhass, denn er verbindet das orthodoxe Judentum mit dem säkularen zionistischen Programm, indem er die Gemeinsamkeiten hervorhebt. Es entsteht einen neue Art der Idologie, eine Synthese der Orthodoxie und des Zionismus. Darin sind die Juden eine eigene Rasse, mit einer angeborenen Identität. Das Jüdischsein wird als unveränderliches Wesen aufgefasst und kein anderer hat dieses Wesen, als die Juden selbst, wie im Talmud. Er nutzt dessen Verherrlichung der Unmenschlichkeit und den zionistischen Chauvinismus, um die Wiedergeburt des "erretteten" Landes zu segnen, das dem jüdischen Ausgrenzungsdenken entspricht. Dem säkularen zionistischen Landraub wird nun auch noch die Erlösung des Gottesvolkes mit der Rückkehr nach Zion hinzugefügt. Die talmudische Religion wird jetzt mit dem Nationalismus verwoben. Eine explosive Mischung, deren Ausmaße man noch gar nicht richtig abschätzen kann. Kook schart immer mehr Jünger um sich. Es ist eine neue Dimension des Zionismus. Im März hat er die Bnei Akiva in Jerusalem gegründet. Sie sind streng gegen Mischehen und gesellschaftliche Assimilation und für eine Stärkung der Verbindung des jüdischen Volkes im Ausland, mit den Werten des religiösen Zionismus und mit dem Staat Israel. Sie stellen zwischen jüdischer Ethik und der Gleichberechtigung aller Menschen auf der Welt keine Verbindung mehr her. Ich schäme mich fast ein Jude zu sein."

„Dann ist unsere Furcht verständlich", murmelte Khaled vor sich hin und blickte zu Boden.

„Das ist sie, bei Gott mein Freund, das ist sie. Denn noch schlimmer als die Säkularen um Ben-Gorion und Jabotinsky, sind diese religiösen Eiferer, denn sie betrachten die Eroberung des Landes als einen Auftrag Gottes. Das ist nicht verhandelbar, da gibt es keinen Kompromiss und keinen irdischen Richter. Sie begreifen die geschriebenen Regeln der Unmenschlichkeit des Talmud als unwiderlegbares Gesetz, dem sie nachfolgen. Schon jetzt tragen sie die Schuld an der Eskalation um die Mauer und wenn man ihnen keinen Einhalt gebietet, dann werden sie noch weit mehr Schuld auf sich laden."

Die Zuhörer sahen sich schweigend an. Welche Zukunft stand ihnen bevor?

Es war um die Mittagszeit, als heftiges Klopfen an der Tür zu hören war. „Hakima, Hakima", rief eine laute Kinderstimme unten vom Hof. „Schnell komm, es ist etwas Schlimmes passiert."

Jasmin kannte den Jungen, ein Spielkamerad von Amir. Sie nahm ihren Koffer und rannte zum Auto. Der Junge dirigierte sie auf die Anhöhe zwischen Lifta und Mea Shearim, wo die Juden einen Grund gekauft und ein Sportfeld direkt neben den Gemüsefeldern einiger Dorfbewohner von Lifta errichtet hatten. Als sie dort ankamen standen mehrere Araber um einen bewusstlosen jungen Mann, der notdürftig am Kopf verbunden war. Jasmin entfernte den blutigen Verband und entdeckte eine schwere Schädelverletzung, die von einem Schlag mit einem harten Gegenstand herrühren musste. Blut pulsierte aus der Wunde.

„Schnell, lauf zurück", rief sie dem Jungen zu, „und sage meinem Mann er soll den Krankenwagen anrufen", während sie schon dabei war, dem Bewusstlosen einen Pressverband auf die Fraktur zu setzten.

Als sie fertig war, stand sie auf und sah die Umherstehenden an. „Was ist hier passiert?"

„Der Jude", sagte der Vater des Jungen und zeigte auf den Verletzten, „hat sich an meiner Tochter vergriffen. Sie hat laut geschrien und ich bin dazwischen gegangen und habe ihm die Brechstange auf den Kopf geschlagen." Seine elfjährige Tochter stand neben ihm und zitterte.

„Warum hat dich der Mann angegriffen", fragte Jasmin das Mädchen?

„Ich habe doch nur den Ball genommen; er war auf unserem Grundstück und ..." Die Kleine brach in Tränen aus. Ein

Fußball lag nicht weit entfernt. Nach einigem Hin und Her fand Jasmin heraus, was passiert war.

Der Fußball gehörte einer Gruppe jüdischer Jugendlicher und war beim Spiel über den Zaun in den großen Gemüsegarten geflogen Als die Kleine den Ball nicht wieder hergeben wollte, waren drei von ihnen herübergekommen, worauf sie den Ball unter ihrem Kleid verbarg. Als die Jünglinge versuchten ihr den Ball zu entreißen, fing die Kleine an zu schreien und alarmierte damit die Familienmitglieder, die unweit arbeiteten. Der Vater sah, wie die drei Juden sich an seiner Tochter zu schaffen machten und ihr unter den Rock griffen. Aufgebracht lief er hinzu und schlug einem von ihnen nach einem kurzen Handgemenge mit der Eisenstange, mit der er Rüben ausgemacht hatte, auf den Kopf. Die anderen Jünglinge rannten panisch davon.

„Bist du von Sinnen", herrschte Jasmin ihn jetzt an? „Er ist schwer verletzt. Was hast du getan?"

„Niemand macht sich an meiner Tochter zu schaffen. Soll ich dabei zusehen? Sie sind auf meinen Grund gekommen und haben meine Tochter unsittlich berührt. Bei Allah, ich würde es wieder tun."

Als der Krankenwagen den Jüngling abtransportierte, sah Jasmin eine größere Gruppe Juden aus Mea Shearim am anderen Ende des Sportfelds stehen. Sie hielten Schlagstöcke in ihren Händen. Ein arabischer Polizist war mittlerweile auf seinem Pferd erschienen. Sie sagte ihm noch was sie wusste, stieg in ihr Auto und fuhr dem Krankenwagen hinterher.

Jasmin blieb den ganzen Tag bei dem Jungen. Als die Eltern von Avraham Mizrachi nachmittags erschienen, gab es Hoffnung. Sari rief an und sagte, dass die Gruppe aus Mea Shearim den arabischen Polizisten, der den Vater festnehmen sollte, fast totgeschlagen hatte und dann nach Lifta gezogen war, um Rache an den Arabern zu nehmen. Es hatte Messerstechereien und Verwundete auf dem Dorfplatz gegeben und ein jugendlicher Araber war dabei erstochen worden. Sari hatte zur Abschreckung seine Armeepistole zwei Mal abgefeuert, als einige Juden im Hof ihres Hauses erschienen waren. Jasmin blieb die ganze Nacht bei dem Jungen und als sich am Morgen Avrahams Zustand stabilisiert hatte, fuhr sie nach Hause, nachdem Sari ihr am Telefon mitgeteilt hatte, dass in Lifta alles wieder ruhig sei.

Sie nahm eine englische Ausgabe der *Ha'aretz* mit, die frisch im Krankenhaus eingetroffen war. "*Wer Wind säht, wird Sturm ernten*", stand auf der Titelseite und das bezog sich nicht auf Araber, sondern auf den Inhalt des Flugblatts, das gestern die *Do'ar HaYom* von Zeev Jabotinsky in Umlauf gebracht hatte. Obwohl die *Ha'aretz* eine durch und durch zionistische Tageszeitung war, konnte sie die Brandbriefe der radikalen Revisionisten um Jabotinsky und Ussischkin nicht mehr vertreten.

Am Abend sah Jasmin noch einmal nach Avraham und traf auf Simon Wallach, der sein Wochenende abgebrochen hatte. „Wenn er Glück hat, wird er überleben", sagte er. „Gut gemacht, Jasmin."

Am Montag stellten sich abends Komplikationen ein und Avraham Mizrachi starb am Morgen des nächsten Tages an einer Hirnblutung. Gerade erst hatte Sari seine Eltern und Shimon Bey in die Via Dolorosa zurück gebracht. Die Stadt war relativ ruhig und es schien, dass die Polizei alles im Griff habe. Allerdings versprühten die Radikalen beider Seiten ihr Gift in den Zeitungen und Gazetten. Die gerade erst neu gegründete Jewish Agency, die vor nur zwei Wochen die Zionistische Exekutive abgelöst hatte, rief in der *Ha'aretz* die Juden zu Disziplin und Ruhe auf und stellte sich gegen die tägliche Hetze der *Do'ar HaYom*. Jabotinsky, einer der Gründer der Jugendorganisation Betar, peitschte die jungen Juden jedoch auf, nachdem der Tod von Avraham bekannt wurde. "*Es ist Zeit, dass der Herr handelt, denn sie haben sein Gesetz gebrochen*", stand am Abend in einer Sonderausgabe. Die rief bei der Beerdigung von Avraham Mizrachi am nächsten Tag zur anti-arabischen Demonstration auf.

Der Großmufti Hadsch Amin, der sich immer mehr als nationale Führungsfigur Geltung verschafft hatte, indem er als Hauptverteidiger der islamischen Heiligtümer auftrat, stellte sich offen gegen jede Form der Gewalt und versuchte seine Leute ruhig zu halten, auch um den Briten und dem stellvertretenden Hochkommissar Harry Luke seinen guten Willen zu demonstrieren, doch sein Auftreten hatte oft genau die entgegen gesetzte Wirkung.

Der Mittwoch des 21. August geriet dann zur Machtde-monstration der Betar-Jugend, die die Beerdigung nutzte, um Angst, Schrecken und Panik in verschiedenen arabischen Vierteln zu verbreiten. Die Revisionisten leisteten ganze Arbeit und Hunderte waren aus dem ganzen Land ihrem Ruf gefolgt. Dieser apostrophierte Sieg wurde am nächsten Tag in der *Do'ar HaYom* ausgiebig gefeiert. Jedoch erschienen an diesem Donnerstag auch die arabischen Zeitungen.

Sari war an diesem Tag noch einmal zu seinen Eltern ge-fahren und hatte sie zu überreden versucht, erneut mit ihm nach Lifta zu kommen. „Es ist vor einer Woche nichts pas-siert und es wird auch jetzt nichts passieren, mein Sohn", sagte Khaled. „Luke hat die ranghöchsten Männer der Araber und Juden gerade zusammengeholt, um einen Waffenstill-stand auszuhandeln. Er wird sie nicht eher entlassen, bis sie sich geeinigt haben."

„Wer sitzt dabei", fragte Sari?

„Die Delegationen werden angeführt von Jizchak Ben-Zwi und Dschamal al-Husseini."

„Eine Gipfelkonferenz im Sandkastenformat", spottete Sa-ri und machte eine abwertende Handbewegung. „Ein paar aufgeputzte Kommunalpolitiker die Nationalgeschichte schreiben wollen. Da kann nichts herauskommen."

„Der Brite wird's schon richten. Außerdem will Shimon direkt nach dem Shabbat nach Amman zurückkehren. Da lohnt es sich also nicht mehr."

„Es kann gefährlich werden hier zu bleiben. Die aufgehetz-ten Leute sind zu allem fähig", versuchte Sari sie noch zu überreden.

„Mach dir keine Sorgen", beruhige nun auch Shimon Bey. „Wir werden im Ernstfall zu Hause bleiben und die Straße nicht betreten."

Mit diesen Worten musste Sari zufrieden sein, aber Wohl fühlte er sich nicht, die Alten allein zurück zu lassen.

„Ach übrigens", sagte Khaled noch, als Sari schon fast aus der Tür war. „Der Nachbar meint er hätte gestern Joshua Rosenwald bei den Unruhen gesehen. Er soll einige Leute angeführt haben." Auf seinem Heimweg dachte Sari lange über den Juden nach, der ihm sein Leben verdankte, und wie sehr er sich wünschte ihn endlich zu treffen.

Jasmin kam am nächsten Tag schon kurz nach Mittag aus dem Krankenhaus nach Hause. Es war Freitag der 23. August. Sie hatte ihr Wochenende erst am Abend antreten wollen, aber Simon Wallach hatte bis auf eine Notbelegschaft alle nach Hause geschickt. Seit dem Morgen waren Tausende Muslime aus dem Umland Jerusalems auf dem Haram zum Gebet erschienen, viele bewaffnet mit Messern und Stöcken. Die heftige Propaganda und die Hetze in den Zeitungen vom Vortag hatten Früchte getragen.

„Wir haben Anrufe erhalten, die von schweren Auseinandersetzungen in Mea Shearim berichteten. Dort wurden kurz vor Mittag drei Araber getötet und unser Krankenwagen musste zurückkehren, als er von den Juden angegriffen wurde, weil er Araber bergen wollte und von Arabern, weil er hebräische Schriftzüge trug“, sagte Jasmin, als sie gesund in Lifta angekommen war. „Sie sind wie wahnsinnig. Die Menschen sind ungezügelt auf den Straßen unterwegs und es wird mehr Tote geben, ganz sicher.“

Sari ging zum Schrank, wo er die Waffen aufbewahrte und überprüfte den Zustand des Gewehrs und der Pistole. „Es ist wie damals an Nabi Musa und es wird nicht mehr besser werden. Sie haben nichts dazu gelernt.“

„Und sie wollen es auch nicht. Sie haben den Verstand verloren.“

Sari versuchte seine Eltern anzurufen aber die Telefonleitungen waren unterbrochen. Es war um neun Uhr abends und sie brachten gerade die Kinder ins Bett, da klingelte es an der Tür. Als Sari öffnete stand dort ein britischer Polizist. „Mr. Nadschar, es geht um Ihre Eltern. Kommen Sie bitte mit in die Mandatszentrale am Damaskus-Tor.“

Auf Saris Frage, was geschehen sei, sagte er, er wisse nicht Bescheid und habe nur den Auftrag ihn abzuholen. Schnell steckte Sari die Mauser in seine Tasche und saß wenig später im Auto. Jasmin und Pirafa blieben mit Sorgen zurück im Haus. Auf der Fahrt erzählte der Beamte, dass aus Ermangelung genügender Ordnungskräfte am Nachmittag über einhundert Juden zur Verteidigung der jüdischen Stadtviertel bewaffnet worden waren und Jerusalem selbst sei danach ruhig gewesen. Aber die Ausschreitungen hätten sich mittlerweile über ganz Palästina ausgebreitet.

„Die Händler in der Altstadt haben schon seit heute Morgen zugemacht und die Geräusche des Mobs, der mit Messern und Knüppeln vom Gebet auf dem Tempelberg ins jüdische Viertel gezogen ist, hörte sich an wie ein Bienenschwarm", sagte er. „Wir waren viel zu wenige, um sie aufzuhalten. Nur langsam haben wir die Kontrolle wieder übernommen. Ich empfinde nur noch Abscheu. Dieses Land werde ich so schnell wie möglich verlassen."

Als sie durch das Tor auf den Parkplatz hinter dem Regierungsgebäude fuhren, sah Sari mehrere Leichensäcke, die man dort in Reih und Glied aufgebahrt hatte. Sein Herz krampfte sich zusammen und er nahm die nächste halbe Stunde kaum wahr, als ihm der Tod seiner Eltern und der eines Juden mitgeteilt wurde. Der britische Polizist Clark versuchte den Vorfall zu schildern, aber nur bruchstückhaft kam das Geschehen zu Tage. Aus allem, was Sari hörte, ergab sich langsam das Bild dessen, was vorgefallen war.

Shimon Bey musste noch vor Sonnenuntergang die Hurva-Synagoge besucht haben, die sich ganz in der Nähe des Hauses befand. Sie war nicht mehr als hundertfünfzig Yards entfernt. Alles war ruhig und er wollte noch vor dem Beginn des Shabbat ein letztes Mal vor seiner Abreise beten gehen. Bei der Rückkehr mussten dann ein paar junge Araber aus einer Gasse aufgetaucht sein, ihn gesehen und die Via Dolorosa hinaufgejagt haben. Vor dem Haus hätten sie auf ihn eingeprügelt. Von da an war Clark selbst Augenzeuge gewesen. Vom Lärm aufgeschreckt, sei ein älterer Mann aus dem Haus gestürzt und habe die Araber aufhalten wollen, die aber nicht von dem Juden abließen. Als sie die heranstürmenden Polizisten bemerkten, habe einer, der von dem alten Mann festgehalten wurde, auf den eingestochen, um sich zu befreien. Im selben Augenblick sei dessen Ehefrau aus der Tür des Hauses gekommen und habe sich an dem Täter festgeklammert. Dann erzählte er, wie sie die Straße hinaufgerannt seien und einige der jüdischen Hilfspolizisten hätten dabei ihre Pistolen gezogen und auf die Araber gefeuert. Die verschwanden, nur der eine blieb liegen und auch die alte Frau.

Sie wurde von einer Kugel tödlich getroffen. Die alten Männer lebten beide noch, seien aber wenig später auf der Straße verblutet; der Jude an seinen schweren Kopfverletzungen und der Araber an den drei Messerstichen in den Unterleib. Der junge Araber sei mit einem Lungensteckschuss ins nächste Krankenhaus eingeliefert worden.

Sari war wie versteinert, aber als er seine Eltern und Shimon Bey identifizierte, hatte er sich fast schon wieder gefangen. Alles Mögliche ging ihm im Kopf herum, von Rache bis zur Anklage der Polizisten. Er ließ sich eine Fernleitung zu Sahra nach Bagdad schalten und trug ihr auf besser nicht nach Palästina zu kommen, denn das Land befand sich mittlerweile im Ausnahmezustand. Er fühlte unbändige Wut, aber als auf dem Heimweg, langsam die Trauer dem Zorn wich und er seine Gedanken wieder lenken konnte, begriff er, dass einzelne Personen an diesem Wahnsinn nur bedingte Schuld trugen. Diejenigen, die den Hass säten, die die Ideologien steuerten, die die Gesellschaften auseinandertrieben, das waren die wahren Schuldigen. Er erkannte, dass es keine Lösung mehr geben würde als die, die auf einen großen Konflikt hinauslaufen würde. Seine Heimat, die jahrhundertelang ein Hort des Friedens gewesen war, würde zum Schlachtfeld werden, mehr noch als im großen Krieg. Es wurde eine bittere Nacht in Lifta, voller Tränen.

Am nächsten Morgen beobachteten sie vom Fenster aus, wie sich Dorfbewohner an der Quelle zusammenschlossen und bewaffnet in Richtung Jerusalem aufbrachen. Zwei der Toten, die gestern in Mea Shearim ihr Leben gelassen hatten, kamen aus Lifta. Nachmittags rief Edith Wallach über die interne Krankenhausleitung an und erzählte, dass genau diese Leute in Romema auf jüdische Häuser geschossen hatten. Nur der Tatsache, dass die ehemaligen Nachbarn sie erkannten, hätten sie es zu verdanken, dass sie von ihrem Haus abließen. Ein paar Verletzte habe es gegeben, bevor sie weitergezogen seien. Am Abend berichtete sie von unvorstellbaren Gräueltaten an Juden in Hebron. Die Verletzten habe man ins Hadassah Krankenhaus eingeliefert. Simon sei von dort als Verstärkung angefordert worden. In Romema hätten jetzt jüdische Polizisten die Kontrolle. Jasmin solle zu Hause bleiben.

Am Sonntag, dem 25. August, war wieder Ruhe eingekehrt in Jerusalem. Jüdische Hilfspolizisten patrouillierten durch die Straßen und erste britische Verstärkungen aus Amman waren eingetroffen. Doch die Anspannung lag weiterhin über der Stadt. Am Morgen war eine Polizeistreife erschienen und hatte Sari gebeten zum Haus der Eltern zu kommen. Er hatte Jasmin am Krankenhaus abgesetzt und fand sich zum verabredeten Zeitpunkt in der Via Dolorosa ein. Vor dem Eingang war der Straßenbelag noch immer vom Blut der Opfer gezeichnet. Ein Beamter erklärte ihm, dass das Haus nach der Bluttat von der Polizei verschlossen und versiegelt worden sei und er solle bitte sagen, ob etwas fehle. Als er durch die Wohnung ging, mit all den vertrauten Dingen, sah er seine Eltern vor sich. Der Schmerz kam zurück und nachdem Sari dem Beamten gegengezeichnet hatte, dass nichts abhanden gekommen sei, setzte er sich in einen Sessel. Wie sehr hatten sich seine Eltern über den kleinen Lukas gefreut, den Sohn Sahras. So oft waren sie im letzten Jahr nach Bagdad gereist und wie sehr sie Aminah und Amir in ihr Herz geschlossen hatten. Die Tränen rannen ihm über die Wangen und er blieb noch lange in dem großen Sessel sitzen.

Er suchte Rabbi Ja'akov Menashe auf, der sich nach einigem Zieren dazu bereit erklärte Shimon Eliasch Bey morgen Nachmittag zu beerdigen. Sari erzählte ihm nicht, dass der alte Jude einst zum Islam konvertiert war. Er würde den Leichnam gleich abholen lassen, um ihn vorzubereiten, gab der Rabbi zu verstehen. Dann fuhr Sari weiter zu Maurus Kaufmann in die Abtei der Benediktiner auf dem Zionsberg, der seinen Vater sehr gut gekannt hatte. Mit ihm legte er die Beerdigung seiner Eltern auf dem katholischen Friedhof für übermorgen fest. Der Abt war tief getroffen und ließ es sich nicht nehmen, für alles selbst Sorge zu tragen.

Im Krankenhaus gab Jasmin ihm zu verstehen, dass sie die Nacht dort bleiben wolle, um die Kollegen und Schwestern, die seit zwei Tagen hier ausgeharrt hatten, zu entsetzen. „Oben liegt der junge Araber, der Khaled ermordet hat. Er ringt mit dem Tode, seine Wunde hat sich entzündet."

Sari fuhr allein zurück, tief in Gedanken versunken.

Es war eine kleine Gesellschaft, die Shimon Eliasch Bey am nächsten Mittag zu seinem Grab begleitete. Sie standen auf dem alten jüdischen Friedhof bei der Säule Absaloms. Shimon hatte einst gesagt, dass er auf dem Ölberg begraben werden wolle, denn auf dieser Erhebung würde die Auferstehung der Toten beginnen. Der Rabbi hatte einige Haredim dazu überredet den Toten herzurichten und den einfachen Holzsarg zu tragen, denn er hatte ja nicht ihrer Glaubensrichtung angehört. Die Aussicht jedoch auf ein nachfolgendes Essen und eine kleine Entschädigung, hatte sie letztlich überzeugt. Nachdem die Psalmen und das Kaddisch-Gebet gesprochen waren, warfen die Trauergäste Erde auf den Sarg.

Eine armselige Trauergesellschaft für einen Mann, der die arabische Geschichte des großen Krieges mit beeinflusst hatte. Neben den Nadschars und Pirafa, dem Rabbi und acht Trägern, standen nur noch zwei weitere Juden am Grab, die für den Friedhof zuständig waren und Sir Harry Luke, der den Hochkommissar Chancellor momentan vertrat, sowie der britische Polizist Clark, der vor Ort gewesen war. Auf einem Telegramm aus Amman hatte gestern der Sherif seine Bestürzung ausgedrückt. Die Briten aber hatten seine Einreiseanfrage aus Sicherheitsgründen abgelehnt. Dafür hatte Luke sich sofort bereit erklärt, persönlich den Freund und Berater des Sherifen auf seinem letzten Weg zu begleiten, auch um einen Eklat zu vermeiden.

Beim Mittagessen im Palace Hotel bekam Sari von Luke ein Telegramm von heute morgen überreicht, in dem er gebeten wurde, wegen des letzten Willens von Shimon Eliasch Bey, nach Amman zu kommen. Das Telegramm kam vom Sherifen persönlich. Sari erfuhr von Luke, wie er am letzten Donnerstag versucht hatte, die Führer der Parteien zu einem öffentlichen Aufruf der Mäßigung zu bewegen, die die Gewalt gestoppt hätte, aber es sei ein Kampf gegen Windmühlenflügel gewesen. Einmal hätten die einen abgelehnt, einmal die anderen. Die Bereitschaft aufeinander zuzugehen, hatte sich in den letzten Jahren an lächerlichen Kleinigkeiten zerrieben.

Sir Harry Luke war nur der zweite Mann an der Spitze der Mandatsregierung. John Chancellor, der Hochkommissar, wurde in den nächsten Tagen vorzeitig aus seinem Urlaub zurückerwartet. Er war seit Dezember 1928 im Amt und Jasmin hatte seine Ehefrau kennengelernt, als der zehnjährige

Sohn von Chancellor in die Klasse von Aminah kam. Sie war die zweite Frau von Chancellor, der aus erster Ehe schon zwei erwachsene Kinder hatte und fast dreißig Jahre jünger als er. Beide Frauen waren im gleichen Alter und verstanden sich auf Anhieb. Madame Chancellor war umso beeindruckter von Jasmin, als sie von ihrem Lebensweg erfuhr. Es entwickelte sich eine nette Freundschaft, wobei die kleine Familie Nadschar in die Gesellschaft der höheren britischen Beamtenfamilien Zugang bekam. Auch der Hochkommissar und andere Herren seiner Umgebung waren sehr erfreut, wenn die Nadschars erschienen, weniger wegen Sari, aber sehr viel mehr wegen Jasmin, die mit ihren dreißig Jahren in der Blüte ihrer Schönheit stand. Sie war bei solchen Anlässen oft umgeben von Männern, aber als ihr einmal ein englischer Offizier unzweideutige Avancen machte, hatte sie ihn vor der gesamten Gesellschaft abgekanzelt und ihn laut, für alle hörbar gefragt, ob er sich überhaupt vorstellen könne, was es hieße sich in solcher Weise unaufgefordert einer Beduinentochter der Beni Safar zu nähern. Er würde das nicht überleben, ließ sie ihn wissen. Der Mann kehrte in die Gesellschaft nicht mehr zurück und die anderen Herren wurden vorsichtiger. Dafür warben die unverheirateten Männer umso mehr um Pirafa, die die Nadschars of begleite. Jasmin hatte bemerkt, dass sie sich in einen Offizier verliebt hatte.

Die Zeitungen an diesem Montag waren voll mit Bildern und Artikeln über das grausame Massaker von Hebron und Luke berichtete über Mord, Vergewaltigungen, Folterungen und Verstümmelungen an Juden. Aber er sagte auch, dass fast alle Sepharden in Hebron von arabischen Familien unter Todesgefahr gerettet worden seien, indem sie die Juden in ihre eigenen Häuser aufgenommen hätten. Der größte Teil der Toten seien zionistische Aschkenasim aus einer Art selbst erwähltem Ghetto, wo inmitten von Hebron die radikal-zionistische Slobotka-Jeschiwa entstanden war. Die Studenten dieser Jeschiwa lebten wie ein Fremdkörper in Hebron und hatten selbst zu den alteingesessenen Sepharden kaum Kontakte gehabt. Die Jeschiwa war vor fünf Jahren extra in Hebron gegründet worden, um dem Einfluss der antizionistischen Juden Jerusalems zu entgehen.

Jedoch habe der aufgebrachte Mob vorgestern auch drei alteingesessene sephardische Juden getötet, vielleicht aus Gründen privater Rache, aber zum größten Teil aus krimineller Energie. Denn nicht nur jüdische Geschäfte waren aufgebrochen, geplündert und angezündet worden, sondern auch die von ansässigen arabischen Händlern. Luke sagte, er habe Truppen aus Ägypten und Transjordanien angefordert, die die Gewalt bald beenden würden. Schon morgen werde er die jüdischen Hilfspolizisten wieder entlassen. Der Druck der Araber auf ihn habe zugenommen. Die meisten Hilfspolizisten seien Mitglieder der Hagana, war deren Vorwurf, und die hätten ausschließlich auf Araber gefeuert. Dies sei ein schwerer Bruch des Vertrauens in die Regierung.

Als sie nachmittags über die Street of Prophets zurück nach Hause fuhren, sahen sie ganz in der Nähe der Schule ihrer Kinder, wie jungendliche Juden sich an der Nabi-Akasha-Moschee vergriffen und ihrer Wut freien Lauf ließen.

„Es ist noch nicht zu Ende", sagte Sari, der auch heute seine Pistole in der Tasche trug. „Bewaffnet zu einer Beerdigung, in welcher Zeit leben wir?"

Die Beerdigung der Eltern am nächsten Tag auf dem Zionsberg wurde, im Gegensatz zu der von Shimon, zu einer großen Veranstaltung. Weit mehr als dreihundert Personen waren erschienen. Selbst Hadsch Amin und Raghib Nashashibi standen in der ersten Reihe. Arabische Nationalisten und Gemäßigte, alte Weggefährten Khaleds, Familienmitglieder, Freunde, Mandatsbeamte und Nachbarn gaben Sari und Jasmin in einem langen Kondolenzzug nach der Beisetzung die Hand.

Sari hatte sich entschlossen nur die engsten Familienmitglieder nach der Beerdigung zu bewirten. So ging er allen eventuellen Vorwürfen aus dem Weg, er bevorzuge irgendjemanden vor den anderen. Abt Kaufmann hatte den Speisesaal und die Küche dafür bereit gestellt. Die Benediktiner waren auf solche Einkünfte angewiesen.

Nach dem einfachen Mahl nahm ihn sein Cousin Ibrahim Nadschar, der Verleger der *Lisan al-Arab*, zur Seite.

362

„Sari, ich muss mit dir reden. Ich stecke in einer Zwickmühle."

„Was ist los, lieber Vetter?"

„Du weißt, dass meine Zeitung einen gemäßigten arabischen Kurs vertritt. Aber ich habe 1921, bei der Gründung, den Fehler begangen, mich von den Sayuni abhängig zu machen. Du verstehst, die Kosten waren hoch, die Maschinen teuer. Sie haben mir über die Jahre die Zinsen erlassen, wenn ich mich entsprechend verhalte."

Sari war schockiert. „Wie kannst du dich von ihnen abhängig machen?"

„Sie wollen alles auffliegen lassen, wenn ich mich nicht an ihre Spielregeln halte. Ich verliere meine arabischen Leser."

„Ibrahim, wie unvorstellbar dumm ihr doch alle seid. Du hast dich, wie andere auch, in eine Abhängigkeit begeben, die euch wie Wachs in ihren Händen macht. Und du fragst mich, was man gegen die Dummheit machen soll?"

„Ich weiß, dass du Unterlagen besitzt, mit entsprechenden Namen. Auch mit jüdischen. Ich bin nicht mehr Herr meiner eigenen Meinung. Wir verlieren ein weiteres gemäßigtes Blatt, wenn ich die Zeitung schließen muss."

Sari ließ sich zu keiner Aussage hinreißen. Wie korrupt waren seine Landsleute eigentlich und nun auch noch in seiner eigenen Familie? Es schien, als sei die ganze arabische Oberschicht in Schmiergeld- und Bestechungsangelegenheiten mit den Zionisten verwickelt. Die hatten sogar die arabische Presse in der Hand!

Jasmin ließ sich am Nachmittag im Krankenhaus absetzen. Im dritten Stock lag der junge Mann, der Khaled getötet hatte. Sari war mit Jasmin hinauf gegangen. Er sah ihn nur stumm an. Alle Maßnahmen, die Entzündung seiner Wunde einzudämmen, waren fehlgeschlagen. Simon Wallach kannte zwar die Ursache des Wundbrands, aber es gab keine Möglichkeit die Entzündung zu besiegen und er hatte aufgegeben. Für Sari war er eh dem Tod geweiht. Rabih Rahmoun; ein Mörder, der sowieso am Galgen enden würde.

„Wozu der Aufwand", sagte Sari. "Er stirbt so oder so."

363

Da schaute Jasmin ihn fast böse an. „Sage so etwas nie wieder in meiner Gegenwart. Wissen wir bei jedem Patienten, was sein Gewissen belastet, ob er eine Schuld trägt? Sollen wir erst herausfinden, was für ein Mensch er ist, bevor wir ihn behandeln? Das Recht ist deine Sache, aber solange er hier bei mir liegt, wird ihm die gleiche Hilfe zuteil, wie jedem anderen auch."

Sari schrak zusammen. „Du hast recht, du hast ja recht, Jasmin", sagte er kleinlaut und nahm sie in den Arm. „Entschuldige, du bist ein so wunderbarer Mensch und eine große Ärztin, und wenn du kannst, so rette ihm das Leben."

Jasmin blieb. Nicht nur die Nacht, sondern auch den ganzen nächsten Tag. Sie kannte von der Universität Bagdad das Jahrhunderte alte Wissen über die lindernde Wirkung von schimmeligen Lappen auf Wunden. Jedoch waren ihre Versuche, den Wundbrand zu behandeln, bisher immer wieder fehlgeschlagen. Sie wollte heute einen weiteren wagen, denn zu verlieren gab es nichts, und so durchsuchte sie das Dispensorium aus Bagdad. Dann mischte sie eine Salbe aus zwei getrockneten Schimmelpilzen, die in den vielen mitgebrachten Beuteln und Gläsern ihrer Universität lagerten. Die strich sie dem Patienten in den entzündeten Schusskanal, aus dem die Kugel operiert worden war. Den Schwestern gab sie auf, dies alle sechs Stunden zu wiederholen.

Jerusalem blieb ruhig, der Aufruhr war aufs Land gezogen. Sari stand am Donnerstag in der Via Dolorosa und betrachtete das Haus, in dem seine Eltern vier Jahre lang ein und aus gegangen waren. Ein Mauerbogen spannte sich zum Haus gegenüber, so wie die Häuser sich hier fast alle gegenseitig über der enge Gasse stützten. Sie hatten sich entschlossen, so schnell wie möglich zu verkaufen. Der Gemüsehändler im Erdgeschoss hatte ihnen einen Preis gemacht und sie waren ohne zu verhandeln darauf eingegangen, obwohl er weit unter dem eigentlichen Wert lag. Als Sari dem neuen Eigentümer die Schlüssel übergab, spürte er noch immer den Schmerz im Herzen. „Ich wünsche dir mehr Glück, als wir hier hatten", sagte er noch zu dem Händler und wusste zugleich, dass er nie mehr herkommen würde.

Einen Tag später berichteten die Zeitungen über ein Massaker an Juden in der Stadt Safed in Obergaliläa. Die Gräueltaten ähnelten denen von Hebron. Zwischen Tel Aviv und Jaffa war ein regelrechter Krieg ausgebrochen, wo sich Araber und Juden gegenseitig angriffen und massakrierten.

Hochkommissar Chancellor kehrte einen Tag später, am 31. August, aus London zurück und die britischen Truppen aus Ägypten und Transjordanien machten dem Spuk kurz danach ein Ende. Als die Gewalt abgeebbt war, hatten 133 Juden und 116 Araber ihr Leben verloren und eine Vielzahl war verletzt worden. Chancellor verurteilte in einer Pressemitteilung die Gewalt gegen Juden scharf und als die Araber daraufhin heftig protestierten, drückte er sich diplomatischer aus, was nun den Zionisten nicht gefiel. Der Engländer stand von beiden Seiten unter erheblichem Beschuss.

Aber auch ein anderes Thema erregte die Presse:

- Arabische Ärztin rettet Mörder ihres Schweigervaters -

- Der arabischen Ärztin Jasmin Nadschar, vom jüdischen Scha'arei-Zedek Krankenhaus in der Jaffa Street in Jerusalem, ist es gelungen, das Leben des neunzehnjährigen Rabih Rahmoun zu retten. Rahmoun ist des Mordes an ihrem eigenen Schweigervater angeklagt. -

DIE NADSCHARS waren zu Gast bei Ehepaar Chancellor. Jasmin wurde wie eine Heldin verehrt und sogar in der Londoner *Times* hatte es einen kleinen Artikel gegeben. Fachjournale wurden auf sie aufmerksam. Es war ihr gelungen durch eine uralte Methode, verbunden mit modernem medizinischem Wissen einen Wundbrand zu heilen, der normalerweise zum Tode führte. Nach vier Tagen war ein merklicher Heilungsprozess bei dem jungen Araber eingetreten, der bis zur völligen Verheilung der Schusswunde geführt hatte. Der genesene Rabih Rahmoun befand sich mittlerweile im Gefängnis und wartete dort auf seinen Prozess.

Insgesamt waren 124 Araber und 70 Juden wegen Mordes angeklagt worden und weitere 650 Personen wegen versuchten Mordes, Brandstiftung und anderer Gewalttaten. Chancellor hatte mit beträchtlichem Widerwillen befohlen, die Angeklagten vor Gericht zu stellen. Für ihn waren das nichts als Schauprozesse, die viel mehr dafür sorgen mussten, dass der Anschein der Gleichbehandlung von Juden und Arabern gewahrt werden musste, als dass Recht gesprochen wurde. Aus diesem Grund gab er auch dem Oberrichter Sir Michael McDonnel nach, den Zionisten und Chef der Justizbehörde, Norman Bentwich, vom Posten des Oberstaatsanwalts zu entheben. McDonnel konnte die schleichende Untergrabung des Rechtssystems, durch, dem Zionismus freundlich gesinntes Personal, nicht mehr ertragen.

Die meisten der Gerichtsverfahren waren beendet und die Urteile gefällt. Morgen stand einer der letzten Prozesse an, an dem auch Sari beteiligt war.

„Mr. Nadschar", sagte Chancellor. Er war ein hochgewachsener, steifer britischer Kolonialbeamter von fast sechzig Jahren. „Sie wissen, dass morgen eine große Menschenmenge Ihre Verhandlung verfolgen wird?" Sie saßen beim Tee. Die Damen waren mit den Kindern draußen im Park des Gouvernement House beim Tennisspiel. Es war ein schöner und warmer Tag am letzten Sonntag im Oktober 1929.

„Ja, ja", erwiderte Sari. „Die Presse hat schon reichlich Wirbel gemacht."

„Verständlich, wenn ein Rechtsanwalt die Verteidigung des Mörders seines eigenen Vaters übernimmt. Wollten Sie nicht ursprünglich die Nebenklage vertreten?"

„Sie haben recht, zuerst wollte ich tatsächlich als Kläger auftreten. Aber dann habe ich die ganzen Umstände erfahren. Wissen Sie, diese Menschen wurden Generationen lang nur ausgenutzt. Als ich begann mit Rabih Rahmoun zu reden, ist mir die Tragik dieser Entwicklung erst richtig klar geworden."

„Aber er weiß doch, wer Sie sind? Er weiß um Ihren Vater?"

„Natürlich weiß er es und anfangs sprach er mir gegenüber kein einziges Wort. Seine Eltern und er befürchteten sogar Blutrache meinerseits. Ich begann aber anhand der Akten zu erkennen, dass er in seinem Innern kein schlechter Junge ist und sorgte dafür, dass seine Eltern ihn besuchen durften. Es war ein Lernprozess, für mich und für sie. Meine Ehefrau hat mir durch ihr Verhalten klar gemacht, dass Persönliches und Professionelles zwei verschiedene Dinge sind. So entstand Vertrauen und als ich ihnen mitteilte, dass ich sogar seine

Verteidigung in Erwägung zog, haben sie das erst ungläubig, mit großer Verwunderung, und später mit Scham und Schuldgefühl aufgenommen. Tausendmal haben sie sich bedankt für das Leben ihres Sohnes und tausendmal ihre Reue bekundet am Tod meines Vaters. Sie sind Opfer der Politik."

„Der britischen Politik wollten Sie sagen, was? Aber Sie sprechen mir aus der Seele. Wir geben seit der Übernahme des Mandats keine sehr glückliche Figur ab. Und die Araber sind die Leidtragenden. Die Umstände hier und die, die zur Absetzung des Sherifen geführt haben, verbunden mit der Unterstützung seines Intimfeindes, waren ein großer Fehler. Wir können das nie wieder gut machen. Luke erzählte mir, Sie hätten ihn kürzlich in Amman getroffen?"

„Ja, ich war beim Sherifen im Palast in Amman wegen des Testaments des Juden Shimon Eliasch Bey, der mit meinem Vater ums Leben kam."

„Der Sherif, ein interessanter Mann. Wollen Sie mir darüber berichten?"

„Warum nicht", antwortete Sari und erzählte, wie er den alten Haschimiten beim Treffen kaum wiedererkannt hatte. Die Ereignisse der letzten Jahre und die Vorwürfe, die er sich machte, hatten seine Kräfte aufgezehrt. Das Stammland seiner Familie war unter seiner Führung verloren gegangen. Seine falschen Entscheidungen konnten ihm die Söhne nur schwer verzeihen. Ausgenommen Abdullah, der ihn damals zur Annahme des Kalifentitels gedrängt hatte. Das war auch der Grund, weshalb der Sherif nach Amman gegangen war und nicht nach Bagdad, wo König Faisal seinen ältesten Bruder Ali und den jüngsten Zaid aufgenommen hatte. Der Sherif hasste seinen Todfeind ibn Saud mehr denn je und hatte erzählt, wie er sich sogar noch einmal Hoffnungen machte, als sich ibn Sauds streng gläubige Ichwan gegen ihn selbst gewandt hatte und ein Aufstand ausgebrochen war. Sie wollten das Reich und den wahabitischen Glauben weiter nach Norden, bis in den Irak tragen. Aber John Philby habe den Saudi von der Aussichtslosigkeit eines Krieges gegen die Briten und den Irak überzeugt und ibn Saud habe dann mit der Hilfe der Briten die Revolte niedergeschlagen.

„Philby, der alte Scharlatan", lachte Chancellor. „Ja, er hat noch immer seine Finger im Spiel. Wir mussten den Saudi im Sommer mit Maschinengewehren und Panzerwagen ausrüsten, damit er seiner Islamisten Herr wird."

„Das sagte auch Sherif Hussein", fuhr Sari fort. „Er sprach von der großen Gefahr, die sich allein dadurch ergibt, dass der Saudi, trotz allem was geschehen ist, noch immer am wahabitischen Gottesstaat mit der fundamentalistischen Auslegung der Sharia festgehalten habe. Er sagte, das beweise, ibn Saud habe gar keine Kontrolle über die fanatische Ichwan, sondern er sei ihre Marionette. Er sei gar nicht der so genannte unangefochtene Herrscher der Arabischen Halbinsel, sondern die wahren Herrscher seien die Salafisten, die jede seiner Entscheidungen begleiten und kontrollieren würden. Er meinte, sie würden sehr bald auch nach anderen als militärischen Wegen suchen, um den Glauben der Sekte über die Landesgrenzen hinaus zu verbreiten."

„Da mag etwas dran sein. Und was ist eigentlich mit dem Juden? Ich hörte gestern, er hat ein Waisenhaus in Jerusalem gestiftet", fragte Chancellor?

„Ja, er hat über tausend Bücher an die Bibliothek in Jerusalem übergeben und ein Vermögen von mehr als zehntausend Pfund dem Rabbi und seiner Gemeinde vermacht, der ihn an der Säule des Absalom beisetzen würde. Damit soll der Bau und der Betrieb eines Waisenhauses finanziert werden."

Sari hatte vom Sherifen erfahren, dass Shimon Bey keine Angehörigen hatte. Verheirateter war er nie, seitdem seine große Liebe damals, während der Zeit in Frankreich, bei einem Reitunfall ums Leben gekommen war. Das Vermögen war das Resultat seiner Sparsamkeit und der guten Anlage bei einer jüdischen Bank. Als Sari in Jerusalem Rabbi Ja'akov Menashe über das Testament und den Geldbetrag für seine Gemeinde informierte, hatte der das zuerst gar nicht glauben wollen. Der alte Rabbi war so glücklich, dass er nach einigem hin und her Überlegen gesagt hatte: „Du suchst Jonathan Rosenwald und seinen Sohn Joshua, nicht wahr? Der Alte lebt in Haifa unter dem Namen DanEren. Ich will jemanden schicken, der ihn finden wird. Aber sprich mit keinem darüber." Sari hatte das Gefühl Rabbi Ja'akov meinte, ihn, als den Überbringer des unerwarteten Geldsegens, an seinem Glück teilhaben lassen zu müssen.

„Mich selbst hat Shimon Eliasch Bey als Treuhänder eingesetzt", fuhr Sari fort. „Damit das Geld auch zweckgebunden ausgegeben wird. Er hatte einen sehr besonderen Bezug zu Jerusalem; sein heiligster Ort. Er war zu Lebzeiten der engste Berater und Freund des Sherifen und doch konnte der weise Mann die britische Politik an diesem, für ihn so wichtigen Ort nicht durchschauen."

„Das können viele nicht, Mr. Nadschar, und ich sage Ihnen ehrlich, ich habe während meiner langen Jahre im Kolonialdienst kein so fehlerbehaftetes Vorgehen der britischen Politik erlebt wie hier. Diese einseitige Bevorzugung einer Bevölkerungsgruppe hätte uns in jedem Land zu Fall gebracht. Wenn wir hier so weiter machen wie bisher, die Zionisten in der Verwaltung begünstigen und politische Entscheidungen gar der Jewish Agency überlassen, dann sage ich Ihnen, werden wir ihn hier erleben. Diese Balfour Deklaration ist ein kolossaler Fehler, eine Erbsünde und schadet dazu auch noch dem Empire. Sie muss zurückgenommen werden oder der Konflikt wird auf eine endlose Auseinandersetzung hinauslaufen. Wir befördern einen Krieg herauf, der einen Bevölkerungsteil seine Existenz kosten wird und wo jede der beiden Konfliktparteien endlos dafür bezahlen muss."

„Ich glaube, es ist nicht leicht für Sie, Sir, das alles hier zu ertragen. Sie kennen die Wahrheit."

„Es ist ein sehr schweres Geschäft, mein Herr", sagte Chancellor und nickte vor sich hin. „Sie bedrängen mich von drei Seiten. Der englische Regierungschef und das Kolonialministerium werfen mir permanent Knüppel zwischen die Beine, die Araber schreiben mir unanständige Briefe und die Juden spionieren nachrichtendienstlich meine vertrauliche Post nach London aus. Ich bin der Sache sehr überdrüssig. Als ich nach den Unruhen die Polizeikräfte verstärken wollte, schlug man mir aus Kostengründen Polizisten aus dem Sudan vor. Was soll man dazu sagen?"

Er ließ sich von einem livrierten Diener, der einen roten Tarbusch trug, Tee nachschütten und fuhr fort: „Sie glauben ja gar nicht, mit was ich mich herumschlagen muss. Jeder versucht den anderen zu diskreditieren. Sie scheuen auch vor

369

Lügen und Verrat nicht zurück. Während der Mufti die Schuld an den Unruhen auf arabische Extremisten abwälzt, behauptet der Revisionist Rutenberg Hadsch Amin habe die Muchtare der Dörfer persönlich in Briefen aufgehetzt. Als ich Beweise von ihm verlangte, erklärte er mir, er wisse als Revolutionär, dass man potentielle Unruhestifter auch ohne Beweise verhaften könne. Ich sagte ihm, das möge vielleicht in Russland funktionieren, aber nicht bei mir in Palästina, wo Recht und Gesetz regieren würden."

„Genau um Recht und Gesetz geht es doch der Shaw Kommission, die ins Land gerufen wurde. Hat sie nicht ihre Arbeit bereits aufgenommen?"

„Ja, seit vorgestern. Die werten Abgeordneten werden viel fragen nach den Problemen der Mandatsherrschaft, dem zionistischen Programm und warum die Unruhen ausbrachen. Aber wir werden am Ende feststellen, dass es dabei gar nicht um die Aufdeckung der historischen Wahrheit geht, sondern die wichtigste Frage wird lauten: Wird der Bericht pro-zionistisch oder pro-arabisch abgefasst? Alles dreht sich nur noch um den Konflikt zweier Nationen, die ein Land beanspruchen, nicht mehr um unsere eigenen Interessen."

„Also gibt es für Briten und Palästinenser keine Lösung?"

„Aber sicher gibt es die", erwiderte Chancellor und setzte sich aufrecht. „Schauen Sie, das Empire kann seine Stellung im Land nur bewahren, wenn den Einwohnern, und ich meine hiermit ausdrücklich die arabische Mehrheit, ein gewisses Maß an Selbstbestimmung gewährt wird. Die Juden können Palästina als ihre Heimstätte betrachten, auch ohne einen Staat zu haben. Die Einwanderung muss sich an den Gegebenheiten der wirtschaftlichen Kapazität des gesamten Landes orientieren und nicht nur an der der jüdischen Bevölkerung. Es war von Anfang an ein Fehler den Juden die Einwanderung unter diesen Bedingungen zu gestatten. Das Land kann eh nicht alle aufnehmen. Ich bin dabei ein Memorandum zu entwerfen, das genau das zum Inhalt hat und hoffe, dass London darauf reagieren wird. Unseren zionistischen Freunden jedenfalls denke ich die verfrühte Einsicht in dieses Papier erschweren zu können", lachte er zum Schluss.

Chancellor stand zwischen den Fronten und wurde hart attackiert. Die Araber warfen ihm vor unangemessene militäri-

370

sche Schritte gegen sie unternommen zu haben und die Juden, nicht genügend militärische Schritte für sie unternommen zu haben.

Am nächsten Vormittag war der Gerichtssaal brechend voll. Morgens hatten die Zeitungen noch einmal über die Besonderheit des Prozesses berichtet. Rabih Rahmoun, des Mordes an Khaled Nadschar angeklagt, weil nur der ihm eindeutig zur Last gelegt werden konnte, saß neben Sari und sackte bei jedem Wort, das ihn belastete, mehr und mehr in sich zusammen. Rahmoun beteuerte, sich erst kurz vorher mit den anderen Tätern zusammengetan zu haben und keinen von ihnen zu kennen. Als Clark seine Zeugenaussage gemacht hatte und den Angeklagten eindeutig identifizierte, war sein Schicksal so gut wie besiegelt. Auf Mord stand der Galgen und Sari hatte gar nicht erst versucht auf Totschlag zu verteidigen. Zu offensichtlich war die Tat. Sari war sehr ruhig geblieben und hatte nur wenige Fragen an die Zeugen gestellt. Keiner verstand eine solche Verteidigung und ein Raunen ging bereits durch den Saal. Als Richter Anwar Nussaibeh, der als Staatsanwalt fungierte, den Tod durch den Strang gefordert hatte, stand Sari bewusst langsam auf.

„Euer Ehren", sagte er, ging auf Richter McDonnel, der selbst den Vorsitz übernommen hatte, und die Jury zu und wand sich dann um, an das Auditorium. „Wer von uns allen hier im Saal wollte bestreiten, dass das Verbrechen Mord war, bei dem mein Vater und auch Shimon Eliasch Bey ums Leben kamen. Mord setzt eine gezielte Planung oder besondere niedere Beweggründe voraus. Gezielte Planung zum Tod des Opfers Khaled Nadschar können wir ausschließen. Beide Opfer waren den Tätern unbekannt. Der gemeinsame Plan Juden zu verfolgen und ihnen Schaden zuzufügen trifft auf den Mord an Shimon Eliasch Bey, aber nicht auf Khaled Nadschar zu. Dem Angeklagten ist jedoch nicht nachzuweisen, allein für den Tod des Juden Shimon Eliasch verantwortlich zu sein. Also bleibt der Mord an meinem Vater aus niederen Beweggründen. Und die sind zweifelsohne nicht abzustreiten." Sari machte eine Pause, als der Saal zu murmeln begann und McDonell um Ruhe bat.

„Die Beweggründe für den Mord sind hinreichend bekannt. Aber geht es nur um Gründe oder geht es auch um die

Schuld? Müssen wir nicht auch die Schuld an dem beleuchten, was passiert ist? Eine Auslegung der Paragraphen bringt uns hier nicht weiter und wir müssen fragen, wer trägt die Schuld, die zu diesen Morden geführt hat? Rabih Rahmoun ist aufgewachsen im Dorf Kufr Rahman, weit im Norden Galiläas. Einem einfachen Leben als Landjunge, ohne Bildung und Kontakte zur Welt, folgte der zwangsweise Abschied aus seinem familiären und dörflichen Umfeld. Die durchaus ansehnlichen Erfolge der britischen Mandatsregierung bei der Bekämpfung der Kindersterblichkeit und einer gestiegenen Lebenserwartung durch medizinische Versorgung auf dem Land, hat zur Vergrößerung der Familien geführt. Leider entspricht das nicht den Anbaumethoden der Bauern. Diese gern gepriesenen Erfolge führen sogar zu größerer Not, zu Hunger und zwangsweisem Verkauf von Eigentum oder Land, was die Ernährungslage noch weiter verschärft. Rabih Rahmoun war gezwungen mit zwölf Jahren sein Dorf und seine Familie zu verlassen, die ihn nicht mehr ernähren konnte, um sich allein in Haifa durchzuschlagen. Er verdingte sich als Tagelöhner im Steinbruch, am Hafen, auf dem Bau oder in der Fabrik. Sein Lohn reichte kaum für das Nötigste. Er schlief unter Wellblechdächern, am Strand, oder in den Höhlen des Karmel. Und es sind Tausende, die so leben wie er, mit dem gleichen Schicksal. Sie sehen die gravierenden Unterschiede, die zu ihren jüdischen Arbeitskollegen herrschen und führen ihr Elend auch auf den Verkauf der Ländereien an Juden zurück. Sie sind es, die die neuen jüdischen Wohnviertel in Haifa bauen und abends in ihr Elend am Rand der Gesellschaft zurückkehren. Sie sind ihrer Wurzeln beraubt, ohne Ausbildung, ohne Zukunft. Der Trost, den sie im Alkohol oder bei Prostituierten finden, hilft nur kurz. Sie sind frei für jede Art von Beeinflussung und Agitation, national oder religiös. Haben wir Araber nichts damit zu tun? Wo ist das Schulsystem, das Chancen für die Zukunft bietet? Kümmern wir uns um den Aufbau unserer Gesellschaft? Was tun unsere arabischen Führer? Wie können wir an der Vergangenheit festhalten, wo die Zukunft uns schon überholt? Warum sind wir nicht in der Lage uns selbst eine Zukunft zu geben, so wie es die Juden tun? Die Ignoranz und die Selbstsucht, die unsere Eliten korrumpieren, halten unsere Gesellschaft in der Tradition und in dem Gestern gefangen. Ist es

nicht an der Zeit die Schuld bei denen zu suchen, die eine
ganze Generation nach der Herrschaft der Osmanen vernach-
lässigt haben, um sie jetzt zu instrumentalisieren?" Teilweise
erklang Protest, aber einige nickten zustimmend.

„Wer bedient sich unserer Menschen", fragte Sari? „Mit
dem Zionismus hat eine radikale Idee in Palästina Einzug
gehalten, die seit ihrer Geburt auf Abgrenzung ausgelegt ist.
Der Ausschluss aller anderen, hat nicht nur rassistischen
Charakter, sondern hat auch zur soziopolitischen Spaltung
einer multireligiösen Gesellschaft geführt, die Jahrhunderte
lang in Frieden zusammen gelebt hat. Der Zionismus hat die
Toleranz abgeschafft. Ehemalige Freunde gehen getrennte
Wege. Aber der Verkauf des Landes an den Jüdischen Nationalfond durch unsere eigenen Eliten erst, hat zum Ausverkauf dieses Friedens geführt. Ganze Dörfer mussten ihr Land
verlassen, das sie einst gepachtet und bearbeitet haben. Wird
nicht der Zionismus, durch den Ausverkauf unseres Landes,
durch uns selbst gestärkt? Tragen wir nicht selbst dazu bei,
dass diese radikale Doktrin immer mächtiger wird? Und je
mächtiger sie wird, umso mehr wiegeln wir die auf, die alles
verloren haben – aber eben auch durch uns alles verloren
haben! Je einflussreicher der Zionismus wird, umso größer
werden die Angst der Menschen und ihr Hass. Und das wird
durch uns gezielt ausgenutzt. Wir benutzen ihr Elend, an dem
wir selbst Mitschuld tragen, um zum vaterländischen Kampf
gegen die Zionisten aufzurufen. Eine Perversion ist das!"
Sari machte eine Pause und kaum ein Protest erklang als er
weitersprach.

„Aber sind allein wir Schuld an diesem Unglück? Der Zionismus hat sich den Briten aufgeschwatzt und Teile der Regierung in London eingenommen. Die Macht der Sieger des
großen Krieges lässt es zu, dass sich dieser Geist im Mandatsgebiet Palästina ungehindert ausbreitet. Die Briten besetzen hochrangige Positionen der Mandatsregierung mit Zionisten oder wohlgesinnten Personen. Wischen sie nicht mit
einem Handstreich die Bedürfnisse der alteingesessenen
Bevölkerung zur Seite, wenn seit Jahren der ungehinderten
Einreise von Juden zugestimmt wird? Und lassen sie sich
nicht dabei auch noch von englandfeindlichen Revisionisten
bevormunden? Genau das schürt an der Angst der Menschen,

die Juden könnten das ganze Land in ihre Gewalt bringen. Ist es nicht die Schuld der britischen Politiker, die diese wohlbegründete Angst nicht erkennen? Oder wollen sie sie nicht erkennen? Was gibt den Befreiern dieses Landes die Freiheit, das Recht der Mehrheit der Bevölkerung auf ihr eigenes Land so zu missbrauchen? Machen sie sich nicht auch schuldig an dem, was hier passiert?" Wieder eine Pause. Im Saal war gespannte Stille.

„Die Unnachgiebigkeit, die Überheblichkeit und unbedingte Willenskraft die jüdische Heimstätte in Palästina zu errichten, charakterisiert den Zionismus. Die Wesensart dieses Traums beinhaltet zwangsläufig die Vertreibung der Araber. Bezeichnet denn nicht das hebräische Wort für Heimstätte "Bajit" auch das "Haus Gottes" auf dem Tempelberg? Sind nicht die permanenten Versuche die Klagemauer zu kaufen und die weltweiten zionistischen Publikationen ein Beweis für die Absicht, die heiligen Stätten für sich zu beanspruchen, den Tempel wieder aufzubauen und die Araber zu vertreiben? Ist es da verwunderlich, wenn sich die Angst der Araber genau dort begründet und der Hass gerade da ein Ventil sucht? Zu meiner Jugendzeit war der Ort der heiligen Stätten für alle Religionen ein Platz der Stille und des Gebets an den Schöpfer, heute gleicht er einem Ort der Hysterie, des Götzenkults und der Symbolverehrung. Ist das die Idee, die dahinter steckt? Wie kann es sein, dass so viele Menschen für eine irrige Idee sterben und so wenige für eine richtige leben wollen?" Sari hielt wieder inne und blickte in die Runde. Viele nickten ihm anerkennend zu.

„Für eine richtige Idee zu leben, darum geht es. Hat Rabih Rahmoun die Chance erhalten für eine richtige Idee zu leben? Ich glaube nicht; nicht durch die Araber, nicht durch die Zionisten und nicht durch die Briten. Und doch bleibt die Tatsache des Mordes unbestritten, das Messer hatte der Angeklagte aus niederem Beweggrund eingesteckt, um es im Ernstfall auch zu gebrauchen. Und er hat es gebraucht. Doch wer ist schuld? Wer ist der Schuldige an dem Mord an meinem Vater? Ist hier irgendjemand im Saal, der sich von aller Schuld freisprechen kann? Wer geht auf Rabih Rahmoun zu und gibt ihm die alleinige Schuld an der Vertreibung, an der Verführung, an der Hetze, an der fehlgeleiteten einseitigen

374

Politik, die zu diesem Mord geführt hat? Ich kann es nicht. In Anbetracht der Frage dieser Schuld, die die Briten, Araber und Juden zugleich betrifft, wie kann ich da für ihn den Tod am Galgen fordern? Wer sonst müsste da noch mit ihm zusammen hängen? Ich plädiere auf eine Strafe von sechs Jahren Freiheitsentzug im Arbeitslager, wo ihm die Möglichkeit gegeben werden sollte, ein Handwerk zu erlernen."

Viele standen auf und applaudierten. Sari hatte aus dem Mordprozess einen politischen Rundumschlag gemacht. Die Journalisten eilten, noch in ihre Notizbücher schreibend, zum Ausgang und der Gerichtsdiener versuchte erfolglos für Ruhe zu sorgen. Richter McDonnel verkündete das Ende des Prozesses und zog sich mit der Jury zur Urteilsfindung zurück.

McDonnel war die Besonderheit des Prozesses und die seines Urteils sehr wohl bewusst. In Anbetracht, dass der Sohn des Ermordeten auf Gefängnis plädierte, folgte die Jury am Nachmittag dem Antrag der Verteidigung. Das Urteil lautete: Zehn Jahre Strafgefangenlager mit der Option auf Sozialisierung nach sechs Jahren, bei guter Führung.

Noch am Abend erschienen in Jerusalem die ersten Nachrichten in den Nachtausgaben der Zeitungen. Die *Lisan al-Arab* schrieb:

- Unerwartete Entwicklung im Mordprozess Rahmoun -

- Sari Nadschar, Verteidiger von Rabih Rahmoun, der durch den Angeklagten seinen Vater verlor, entlarvt die Briten, Araber und Juden gemeinschaftlich. Rabih Rahmoun, der der Ehefrau des Anwalts, der Ärztin Jasmin Nadschar, sein Leben verdankt, entgeht zum zweiten Mal dem Tod. -

Insgesamt wurden fünfundzwanzig Araber und zwei Juden wegen Mordes zum Tode verurteilt. Chancellor oblag es nun die Gerichtsurteile auch zu bestätigen. Wie er Sari später mitteilte, habe er Qualen dabei erlitten. Er wusste, wie er sich auch entschied, es würde für ihn schlecht ausgehen, nur wie schlecht, das war die Frage. Letzten Endes ließ er drei Araber hängen und verwandelte die übrigen Todesurteile in lebenslange Haftstrafen. Rabih Rahmouns Strafe wurde auf sechs Jahre verkürzt.

Es war vier Tage später, am Freitagabend, als bei Nadschars an der Tür geklopft wurde. Im Dunkel stand ein klei-

375

ner Mann und fragte, ob hier die Familie des Anwalts Nad-schar wohne. Sari war Aminah die Treppe hinunter zur Tür gefolgt und bejahte. „Wer sind Sie", fragte er und betrachtete den Mann. Der steckte in einem abgetragenen Mantel und hatte einen schwarzen Hut auf. Ein defekter Schirm be-schützte ihn nur ungenügend vor dem Regen.

„Mein Name ist Nathan Ezekiel. Ich komme von Rabbi Ja'akov Menashe."

„Sie waren in Haifa?"

„Jawohl, Herr Anwalt."

„Dann kommen Sie bitte herein", sagte Sari und trat zur Seite. Der Angesprochene fasste aus Gewohnheit an den rechten Türpfosten und erschrak fast, als er die Mesusa be-rührte, die dort seit dem Hochzeitstag befestigt war. Er schaute Sari verblüfft an und dann lächelten beide.

Nathan Ezekiel steckte in einem schäbigen Anzug und Jasmin sah ihn fast ein wenig mitleidig an, als sie ihm den Mantel abgenommen hatte. Seine alten Schuhe waren unter-schiedlich groß. „Keiner weiß wie der Schuh drückt, nur der, der ihn trägt", sagte er, als er Jasmins Blick wahrnahm. Man solle ihn nur nicht nach seinem Äußeren beurteilen. Er wolle nicht lange stören und so berichtete er, was er erfahren hatte.

„Rosenwald, oder heute DanEren, wohnt im Viertel Hadar ha-Karmel oberhalb des neuen Hafens, der im Bau ist. Sein Haus steht unweit der Ecke Jerusalem Street beim Garten Benjamin. Ich habe den Standort hier aufgezeichnet." Damit übergab er Sari eine handgefertigte Skizze.

Im weiteren Gespräch stellte sich heraus, dass er, aus Vor-sicht vor arabischen Übergriffen, bewusst nach Sonnenunter-gang, zu Beginn des Shabbat, ins Dorf Lifta aufgebrochen war. Zu dieser Zeit war kein Jude mehr unterwegs und so konnte er sicher sein, nicht erkannt zu werden. Er war vom jüdischen Viertel der Altstadt im strömenden Regen zu Fuß hergekommen und Sari bot ihm an, ihn später mit dem Auto zurückzufahren. Jasmin stellte etwas zu Essen auf den Tisch aber Nathan inspizierte die Speisen, kratze sich verlegen am Kopf und sagte: „Rabbi Ja'akov sagt zwar über mich, ich sei koscher wie ein Schweinekotelett, aber ich möchte Sie um

Verzeihung bitten, wenn ich nur ein wenig Brot und Wasser zu mir nehme."

Er war etwa in Saris Alter und er erzählte mit großem jüdischem Witz, wie er sich durchs Leben schlug. Er war aus der Gemeinschaft der Haredim ausgetreten und hatte damit ihren Schutz verloren. Das war ein großes Wagnis, denn wie alle orthodoxen Juden, hatte auch er ausschließlich die Jeschiwa besucht und war somit auf eine Welt außerhalb der strengreligiösen Gemeinde nicht vorbereitet worden. Die ersten Jahre waren schwer gewesen, auch weil er kurz vorher noch geheiratet hatte. „Wenn Gott einen Ungläubigen bestrafen will, gibt er ihm eine fromme Frau", sagte er. Aber Rabbi Ja'akov hatte ihn heimlich unterstützt, denn die Person Nathan Ezekiel gab ihm die Möglichkeit eines verlängerten Arms und eines Ohrs außerhalb seiner Glaubensgemeinschaft. Nathan wurde sein Informant, der ihm treue Dienste leistete, auch in den Auseinandersetzungen mit den Zionisten, wie er sagte. Das trug zum Überleben der ganzen Gemeinde bei.

Als Sari ihn fragte, warum er das Wagnis eingegangen sei, aus der Behaglichkeit der geschlossenen Gemeinschaft auszutreten, sagte er: „Die Mitzvot sind schwer zu ertragen und machen einen meschugge. Ich glaube im Paradies werden mehr Verbote sein als in der Hölle." Sari wusste von Shimon Bey um die talmudisch-religiöse Auffassung der Haredim, die als Gegner jeglicher Reformen der Haskala, auch vehemente Gegner des Zionismus waren. Die Verherrlichung der Rabbiner und der blinde Gehorsam, den die Mitglieder ihren religiösen Führern und den geschriebenen Worten ihrer Bücher bezeugten, ließen leicht den Schluss zu, dass ein wacher und fragender Geist sich dem Diktat dieser Regeln und Gesetze aus eigenem Antrieb entzog.

Auf der Fahrt nach Hause fragte ihn Sari, ob er einen Lohn von Rabbi Ja'akov bekommen habe. „Ich habe die Unkosten und einen kleinen Obolus erhalten, wie immer", antwortete Nathan. „Ich verlange nicht mehr, als mir zusteht." Um dann mit jüdischer Lebensweisheit anzufügen: „Wer in die Höhe spuckt, dem fällt die Spucke ins Gesicht. Der Lohn für eine erfüllte Pflicht ist die Kraft, die nächste zu tun. Wenn Sie also einmal meine Dienste brauchen, so geben Sie mir nur

Bescheid. Ich bin vertrauenswürdig, verschwiegen und bescheiden."

Und diese Gelegenheit kam schneller, als erwartet. Saris Cousin Ibrahim saß nur wenige Tage später im Anwaltsbüro.

„Sari, ich komme wegen der alten Geschichte", sagte Ibrahim zerknirscht. „Allein wegen meines Artikels über deinen Prozess machen mir die Zionisten großen Ärger. Die Juden trügen keine Schuld an den Unruhen und ich solle das schleunigst richtigstellen. Auch meine Zweifel an den Vorwürfen der jüdischen Seite, die international gegen arabische Polizisten erhoben wurden und die ich kommentiert habe, weil die Zahl der jüdischen Opfer sonst weitaus höher hätte sein müssen, hat sie auf die Barrikaden gegen mich getrieben. Wenn ihr Druck so weitergeht, kann ich meine Zeitung bald zumachen. Kein Araber wird sie mehr kaufen und die Juden sowieso nicht."

„Wer genau tritt an dich heran?"

„Leute von der Arbeiterbewegung. Leute von Ben-Gurion. Wenn ich nicht schreibe, was ihnen passt, werden die alten Verwicklungen aufgedeckt."

Sari überlegte: „Wir müssen sie mit ihren eigenen Mitteln schlagen, Ibrahim. Ich habe jemanden, der dir vielleicht helfen könnte."

Einen Tag später saß ihm Nathan Ezekiel gegenüber. „Ich habe einen Auftrag für Sic, Nathan", sagte Sari. „Ich brauche Informationen über die zionistische Bewegung, die wir gegen sie selbst benutzen können. Die Rivalität der Revisionisten mit der Führung der Jewish Agency hat sich verschärft. Suchen Sie in diesem Umfeld nach etwas Internem, was Druck auf sie ausüben könnte. Sie verstehen?"

„Herr Anwalt, ich verstehe Sie gut und ich danke Ihnen für Ihr Vertrauen. Ich werde mich dem als würdig erweisen."

„Und es soll nicht zu Ihrem Schaden sein", antwortete Sari. Ein guter Auftrag, um den Juden zu testen und er vereinbarte mit ihm ein Erfolgshonorar, sowie einen Vorschuss von sechs Pfund für seine Auslagen. Nathan war hoch zufrieden.

Zwei Wochen nur dauerte es, bis er wieder in Saris Büro saß. Er hielt die Abschrift eines Telegramms in den Händen, das Ben-Gurion zum Zweigbüro der Zionisten nach London

378

geschickt hatte. Darin warf er Jabotinsky und seinen militanten Anhängern, durch die radikale Hetze gegen die Araber, eine Mitschuld an den Massakern vor. Nichts anderes hatte Sari im Plädoyer ausgedrückt und nichts anderes hatte die *Lisan al-Arab* geschrieben.

Das war zwar eine bekannte Tatsache und genau deshalb hatte Chancellor Jabotinsky vor ein paar Wochen des Landes verwiesen. Nein, der Zusatz war entscheidend. Darin wurden die Londoner aufgefordert die Verbindungen der Revisionisten zu den Faschisten Italiens auszuspionieren, natürlich mit äußerster Vorsicht, um die Gespräche mit Jabotinsky und die gemeinsame Sache für den Zionismus nicht zu gefährden.

Tatsächlich waren die Kontakte der Revisionisten zu den Faschisten Italiens kein Geheimnis mehr. Jabotinsky, der in Italien studiert hatte, hatte in seiner Erzählung "*Samson*" mit viel Empathie ein faschistisches Staatengebilde verherrlicht, das einem einzigen Willen gehorchte. Für ihn sollte die Demokratie zugunsten einer hierarchischen Struktur militärischen Typs aufgehoben werden. Seine Jugendabteilung Betar, die sich in braune Hemden kleidete, wie die SA des Deutschen Emporkömmlings Adolf Hitler, wurde in diesen Idealen erzogen und jeder Jünger glaubte Jabotinsky sei sein Duce.

Das war der eigentliche Bruch der sich zwischen Ben-Gurion und Jabotinsky auftat, der eine sozialistisch links, der andere faschistisch rechts. Die Ideen Ben-Gurions, die der demokratischen Arbeiterbewegung entsprangen, waren mit dem Faschismus Jabotinskys nicht zu vereinbaren.

Sari interessierte nicht, wie Nathan die Abschrift des Telegramms erhalten hatte. Er übergab ihm das vereinbarte Honorar und beide wussten, dass sie eine Geschäftsbeziehung begonnen hatten, die noch nicht zu Ende war.

Nur kurze Zeit später bemerkten die arabischen Leser, dass sich die *Lisan al-Arab* in ihren Berichten und Kommentaren eine ganz andere politische Note gab und sich grundlegend von dem unterschied, was noch vor kurzem gegolten hatte. Die Verkaufszahlen stiegen wieder an.

Sari saß in seinem Büro und war mit dem Vermächtnis von Shimon Eliasch Bey beschäftigt, doch seine Gedanken waren ganz woanders. Gestern war er in Haifa gewesen, bei Jonathan Rosenwald alias DanEren. Die Mauser hatte er zur Vorsicht in der Tasche.

„Ach sieh an, der junge Nadschar", hatte der Alte gesagt, als Sari vor seiner Tür stand. „Man hört und liest viel über dich. Der Tod deines Vaters tut mir wirklich leid. Aber ihr seid auch selbst schuld. Erkennt endlich die Realität und die Wahrheit und handelt entsprechend."

„Wegen der Wahrheit bin ich hier. Ich suche deinen Sohn Joshua."

„Was willst du von ihm?"

„Ich muss etwas mit ihm begleichen."

„Selbst wenn ich wüsste wo Jossi ist, würde ich es dir nicht sagen."

Sari hatte den Alten daraufhin zur Seite geschoben und gegen den heftigen Protest des Juden und seiner keifenden Frau mit gezogener Pistole die Wohnung durchsucht. Der Gesuchte war nicht da.

„Hör zu, Alter", hatte Sari dann scharf gesagt. „Ich suche deinen Sohn, weil er ein verdammter Mörder ist. Er hat in Bagdad meinen Freund Hassan Atlan erschossen und ich werde alles tun, um ihn zur Rechenschaft zu ziehen. Sage ihm das."

Bei der Rückfahrt hatte sich Sari dann noch sehr über seine Unbeherrschtheit geärgert. Offiziell konnte die Justiz Palästinas gegen Joshua Rosenwald gar nicht vorgehen; sie war für Mordfälle außerhalb Landes natürlich nicht zuständig. Sari war also auf sich selbst angewiesen und hatte sich nicht nur unerlaubt Zugang zur Wohnung des alten Rosenwald verschafft, sondern den Mörder durch seine Dummheit auch noch gewarnt. Er durfte solche Fehler nicht wiederholen. Sari setzte Nathan ein und der fand heraus, dass der Mörder sich einer Einheit der Hagana angeschlossen hatte. Die war jedoch verstreut auf unterschiedliche jüdische Siedlungen und Städte. Einen direkten Wohnort konnte Nathan nicht herausfinden. Wie konnte er den Mörder nur finden?

Es klopfte und der Gemüsehändler aus ihrem alten Haus in der Via Dolorosa schreckte Sari aus seinen Gedanken. Nachdem der Alte eingetreten war, verbeugte er sich ehrerbietig. In der Hand hielt er ein schäbiges Metallkästchen.

„Wir haben den Laden umgebaut", erklärte er, „und in einer Mauernische, die mit einem Stein verschlossen war, dieses Kästchen gefunden. Es gehört dem Vorbesitzer Hassan Atlan, der früher seinen Teppichladen dort hatte. Wir haben alles im Kästchen gelassen, so wie es war, auch das Geld. Allah ist mein Zeuge, dass wir nichts herausgenommen haben."

„Ich glaube dir, abu Amjar", sagte Sari und nahm das verrostete Blechkästchen entgegen. „Du bist ein ehrlicher Mann und hast ein reines Gewissen vor deinem Schöpfer. Sei gedankt."

Als der Alte hinausgegangen war, durchsuchte Sari den Inhalt. Zweifellos hatte das Kästchen Hassan gehört. Neben fast dreißig Pfund, die er wohl als Wechselgeld benutzt hatte, fand Sari auch Papiere. Aber als er die Rechnung eines Detektivs John Hudson entdeckte, war er sofort wie elektrisiert. Er erinnerte sich genau an den Namen des Mannes, den Hassan beauftragt hatte, den Mörder an seinem Freund de Haan zu suchen.

Sari fand die Abschrift der Aussagen, von denen Hassan in Bagdad gesprochen hatte und wo nur noch die Unterschrift fehlte, bevor sie gemeinsam zur Staatsanwaltschaft gehen und Anklage erheben wollten.

Nachdem er alles gelesen hatte, wurde ihm die Sache klar. Hudson hatte zwei Juden, die den Mörder kannten, mit hohen Summen bestochen und ihre Aussagen, die er fertig vorbereitet hatte, mussten nur noch unterschrieben werden. Dazu war es jedoch nicht mehr gekommen. Beide Aussagen enthielten den Namen des Mörders von de Haan: Ein Russe mit Namen Abraham Silberg, alias Avraham Tehomi, der 1923, nur ein Jahr vor dem Mord, nach Palästina eingewandert war. Er war Sari unbekannt, aber auf einer der Abschriften war vermerkt, dass der auf Befehl eines Mannes gehandelt habe, den Sari sehr wohl kannte. Der gute Freund und Co-Autor von Ben-Gurion, das ehemalige Ratsmitglied der Stadt Jerusalem und der Mitgründer der Gewerkschaft Histadrut, einer der einflussreichsten Zionisten Palästinas: Jizchak Ben-Zwi. Der Mann, der damals die Parade angeführt und angehalten hatte, wegen Faruks Dolch. Die Parade, bei der auch Joshua Rosenwald dabei gewesen war.

Tehomi, Jossi Dan, Ben-Zwi – jetzt begann sich der Kreis der Täter zu schließen. Sie also steckten hinter den Morden von de Haan, von Hassan und wohl auch von Hudson. Und Sari war sicher, dass sie nicht allein daran beteiligt waren.

Ihm war klar, dass er nun noch weitaus vorsichtiger sein musste. Er brauchte unwiderlegbare Beweise, denn der Aufschrei wäre riesengroß und hätte mit Sicherheit erhebliche politische Auswirkungen. Die Namen der beiden jüdischen Informanten standen in den Papieren. Nathan fand heraus, dass einer der Informanten unter mysteriösen Umständen ums Leben gekommen war. Zur selben Zeit als Hudson und Hassan ermordet wurden, hatte man ihn am Strand zwischen Tel Aviv und Jaffa gefunden – mit drei Messerstichen im Rücken. Alles hatte auf arabische Täter hingedeutet. Der andere Jude war nicht mehr auffindbar.

Aber Nathan Ezekiel war jeden Piaster wert, den er verdiente. Und nach nicht ganz einem Jahr fand er tatsächlich den Mann in Acre, wo der mit anderem Namen unter Arabern in der Altstadt lebte. Doch Amos Jahon, wie er sich nun nannte, erschrak fast zu Tode, als Nathan bei ihm auftauchte und erst einmal stritt er auch alles ab. Aber die Tatsache, dass seine zweite Existenz offensichtlich aufgedeckt worden war und die hohe Summe von dreihundert Pfund sowie Saris Versicherung, dass für sein Leib und Leben gesorgt sei, mit der Option Palästina in Richtung Irak verlassen zu können, stimmten ihn letztendlich um, die Aussage von damals doch noch zu unterschreiben. Er hatte, nachdem er als junger Mann in Palästina eingereist war, als Sekretär im Büro der Zionistischen Exekutive gearbeitet und war nach internen Differenzen in heftigem Streit ausgeschieden, just zu dem Zeitpunkt als John Hudson bei ihm aufgetaucht war. Nathan konnte vorerst leider nicht mehr aus ihm herausbringen, aber sie vereinbarten ein zweites Treffen Ende November. Alles Weitere würden sie erfahren, wenn der Mann erst einmal aus Sicherheitsgründen nach Jerusalem gebracht worden war.

„Es sollte so schnell wie möglich geschehen, Herr Anwalt. Von einem Ochsen kann man nicht zwei Felle abziehen", sagte Nathan dringlich und Sari stimmte mit ihm überein.

„Das sicherste ist, Nathan, Sie bringen den Mann beim nächsten Mal gleich mit. Ich werde alles vorbereiten. Kommen Sie übermorgen vorbei und besorgen Sie eine Fahrkarte mit der Bahn für zwei Personen. Seine Habe werden wir abholen lassen, wenn er in Sicherheit ist."

Nathan Ezekiel fuhr eine Woche später zum verabredeten Termin nach Haifa und kam von da nicht zurück. Anfang Dezember fand man die Leiche eines Juden in einem Bächlein in den Bergen nahe der Hafenstadt. Die Polizei konnte seine Identität nicht feststellen, alle Papiere waren verschwunden. Sie gingen die aktuellen Vermisstenanzeigen durch und nahmen unter anderen auch Kontakt zu einem Anwalt in Jerusalem auf, der als Anlaufstelle angegeben war. Als Sari den Anruf bekam, war er am nächsten Tag in Haifa und identifizierte Nathan Ezekiel. Er musste gut zwei Wochen im Bach gelegen haben und die Verwesung hatte bereits eingesetzt. Wilde Tiere hatten ihn angefressen. Die Polizei fand aber noch heraus, dass er ertränkt worden war.

Sari war wie versteinert. Sie mussten Nathan schon über längere Zeit beobachtet und herausgefunden haben, dass er mit ihm zusammenarbeitete. Sari vermutete, dass das mit der Geschichte um Ibrahims Zeitung und der herausgeschmuggelten Kopie des Telegramms nach London in Verbindung stand. Deshalb hatten sie Nathan verfolgt und ihn jetzt abgepasst. Ein Netzwerk von Geheimdiensttätigkeiten musste dazu gehören. Sie waren gefährlicher, als er angenommen hatte.

Er fühlte sich mitschuldig am Tod des Juden. Seiner Witwe und ihren drei Kindern war der Ernährer genommen. Als Nathan nicht zurückkehrte, befürchteten sie das Schlimmste und Rabbi Ja'akov hatte bei der Polizei die Vermisstenanzeige mit Saris Kontaktadresse aufgegeben. Das Waisenhaus war seit einem halben Jahr in Betrieb und Sari oblag die Verwaltung der Shimon Eliasch Bey Stiftung. Er sorgte dafür, dass Nathans Witwe dort eine Stelle erhielt, die ihr ein dauerhaftes Einkommen sicherte.

Die Staatsanwaltschaft riet Sari von der Eröffnung eines Verfahrens gegen Tehomi oder Ben-Zwi ab. Einen Mann wie Ben-Zwi anzuklagen war politisch hoch sensibel. In London wäre die Hölle los. Wenn er nicht eindeutige Beweise vorlegen könne, wäre das sein eigenes Ende. Die Papiere waren ohne Wert, denn Amos Jahon konnte nicht mehr ausfindig gemacht werden. Er war und blieb verschwunden.

Sari waren nicht nur die Hände gebunden, sondern er wusste, auch er stand auf der Abschussliste dieser Leute. Einzig, dass in seinem Todesfall die berechtigte Gefahr für sie bestand, dass die Justiz doch noch aufgerüttelt werden könnte, schützte ihn – noch.

Buch 4 Entscheidung

» ... [doch müssen] wir unter uns der Wahrheit ins Auge blicken: Politisch nämlich sind wir die Aggressoren, während sie sich selbst verteidigen ... Das Land gehört ihnen, weil sie es bewohnen, während wir ankommen und uns hier niederlassen, und aus ihrer Perspektive wollen wir ihnen das Land wegnehmen, noch bevor wir hier richtig angekommen sind.

[Der Kampf] ist aktiver Widerstand seitens der Palästinenser gegen das, was sie als Usurpierung ihrer Heimat durch die Juden betrachten. «

David Ben-Gurion
- Zitat aus einer Rede von 1938 -

Während die ersten Wellen eines konspirativen nationalistisch aufgeputschten Volksressentiments gegen die Mauern der Haschimiten-Paläste in Bagdad und Amman brandeten, standen die Palästinenser in ihrer nationalen Bestrebung für Freiheit und Gerechtigkeit allein. Hilfe konnten sie von den beiden Vasallenstaaten britischer Politik nicht erwarten. Der große Landraub, der ihnen die Existenz zum Leben nahm, wurde von den englischen Satrapen zugleich mit antiwestlichen Gesten und prowestlichen Handlungen abgenickt.

Als die Zionisten, nachdem sie von den Briten vorzüglich genährt worden waren, sich am Ende brutal gegen ihren Ziehvater wandten, nutzten sie einen gefestigten, vorstaatlichen Aufbau, den ihnen die Siegermacht des 1. und 2. Weltkriegs im Kampf gegen den Widerstand der Palästinenser bereitwillig gestattet hatte. Ihre Waffen wandten sich gegen sie selbst und so zogen die Briten desillusioniert von dannen.

Zurück blieb ein in Aufständen und Scharmützeln ausgeblutetes, demoralisiertes Volk, das sich einem Feind gegenüber sah, der ihm in allen Belangen haushoch überlegen war.

Die Saat der Verzweiflung

ES WAR ein warmer Frühsommertag, der Sonntag, der 7. Juni 1931. Eine riesige Menschenmenge hatte den Muslimischen Friedhof von Jerusalem überfüllt. Nachdem Jasmin und Sari dem Sarg durch ein Spalier Tausender gefolgt waren, standen sie jetzt am Grab von Hussein ibn Ali, dem letzten Großsherifen der Haschimitendynastie. Vor drei Tagen war er im Palast von Amman friedlich eingeschlafen. Auch seine letzte Ruhestätte sollte Jerusalem sein. „Das haben wir beide so festgelegt", hatte der alte Haschimit Sari offenbart, als er wegen Shimons Vermächtnis vor zwei Jahren in Amman gewesen war.

Alle seine Söhne waren erschienen. Ali, Abdullah und Faisal, die Söhne seiner ersten Ehefrau und Zaid, der Sohn der dritten. Abdullah hatte, als treuer Vasall Großbritanniens, vor drei Jahren die Anerkennung einer Teilautonomie in seinem Herrschaftsgebiet bekommen und Ali und Zaid lebten bei ihrem Bruder Faisal im Irak. Neben Sari und Jasmin stand Hochkommissar Chancellor.

Am Abend versammelte sich die politische Elite der arabischen Länder des Nahen Ostens im Gouvernement House und beide trafen viele alte Bekannte. Natürlich war auch Faruk unter den Gästen. Das Verhältnis zwischen ihm und Jasmin war abgekühlt, seit er ihr, bei der Beerdigung der Mutter in Bagdad vor zwei Jahren, bekannt gegeben hatte, dass er eine zweite Frau heiraten wolle. Nicht, weil Leila keine Kinder mehr bekommen konnte sondern viel mehr, weil Faruk ihrem Vater niemals vergeben würde, dass die Oteibeh, unter Abdel Aziz al-Saud, an der Erstürmung von Jeddah beteiligt gewesen waren. Viele Mitglieder der Familie Dawud waren dabei umgekommen. Er betrachtete es als unverzeihlichen Verrat und hatte Leila nach der Königskrönung des Saudis nicht mehr sehen wollen. Jasmin hatte ihn deshalb heftig kritisiert, denn sie hatte eine völlig andere Einstellung zur Ehegemeinschaft gewonnen. Aber die Geschwister rückten jetzt wieder zusammen, denn Jasmin erkannte die Sinnlosigkeit dieses Streits und bei Faruk obsiegte die Sorge um die Schwester.

Denn in Palästina war seit den Unruhen vor zwei Jahren die Gewalt zu einem festen Bestandteil des Lebens geworden. Es betraf jeden: Juden als auch Araber fielen politischen Anschlägen zum Opfer. Arabische Gangs hatten sich in den Bergen gebildet, die Zulauf von der verlorenen und vergessenen Generation erhielten, und führten Gewaltakte gegen jüdische Siedler durch, während die Hagana, die Ben-Gurion von einer losen Organisation zu einer paramilitärischen Volksmiliz der Arbeiterbewegung umstrukturiert hatte, eigenständige Verteidigungs- und Vergeltungsmaßnahmen durchführte. Beide Milizen, die der Araber und die der Juden, bedienten sich des Schmuggels, um ihre Waffendepots aufzubessern. Terror- und Vergeltungsaktionen wurden mit erbarmungsloser Härte durchgeführt und jedes Verbrechen wurde nationalistisch interpretiert.

Einmal pro Woche war Jasmin mittlerweile mit einem Krankenwagen auf dem Land unterwegs. Einem festen Plan folgend wurde ein arabisches Dorf oder eine kleine Stadt angefahren, wo sich dann die Menschen eines Bezirks einfanden, um sich behandeln zu lassen. Darunter waren oft Schussverletzungen, auch bei jungen Männern und Frauen, fast noch Kindern. Jasmin fragte aber nie nach. Finanziert wurde das Krankenversorgungssystem von der Gesundheitsabteilung der Mandatsregierung. Eine Maßnahme, die auch den Zorn der Araber auf die Briten verringern sollte.

Mehrmals schon war Jasmin unmittelbar in die Auseinandersetzungen geraten und einmal sogar in einen heftigen Schusswechsel von Haganamilizen mit arabischen Rebellen, bei dem der britische Krankenwagen von mehreren Kugeln getroffen wurde. Die Juden hatten junge Araber verfolgt, die von einem Berg zurück schossen. Als der britische Sanitäter den Wagen stoppte und er, Jasmin und die zwei Schwestern unverletzt ausstiegen, kam ein Mann um den Krankenwagen herum gerannt, der wie erstarrt stehen blieb – Joshua Rosenwald alias Jossi Dan.

Jasmin stand dem Mörder plötzlich Auge in Auge gegenüber und auf beiden Seiten war die Überraschung riesengroß. Rosenwald trug ein Maschinengewehr in der Hand und schien die Abteilung zu befehligen.

„Rosenwald, was ist aus dir geworden? Gehört Mord zu deinem täglichen Geschäft", schrie ihm Jasmin ins Gesicht?

„Halte deinen Mund, Wüstenbraut. Wir wissen, du flickst die Terroristen wieder zusammen. Vielleicht steckst du mit denen ja sogar unter einer Decke. Sei froh, wenn wir dich hier heute laufen lassen. Das nächste Mal könnte das anders ausgehen." Er gab auf Hebräisch Befehle an seine Leute und fügte dann hinzu: „Grüß mir deinen Mann, schöne Ärztin. Und merke dir, ich finde ihn, wann immer ich will; er findet mich niemals." Damit verschwand er mit seinen Männern um die nächste Biegung.

Als Faruk die Geschichte gehört hatte, schaute er lange auf den edlen Parkettfußboden des Saales. Dann sagte er ruhig: „Sollte einem von euch etwas von diesen Leuten geschehen, so werde ich nicht eher ruhen, bis alles Blut aus ihm herausgeflossen ist. Das schwöre ich bei Allah."

Iraks König war sichtlich gealtert. Seine Haare waren grau geworden und der Bart einem Schnauzer gewichen, was sein Gesicht noch schmaler erscheinen ließ. Seine Gesundheit sei nicht die Beste, sagte Faruk. Faisal war gleich auf Sari und Jasmin zugekommen und hatte sie herzlich begrüßt. Er sah Jasmin lange an, bevor er sagte: „Wenn die arabische Nation nur eine solche Entwicklung durchmachen würde, wie du, große Tochter der Wüste, wäre mir um die Zukunft nicht bange." Und zu Chancellor gewandt, der in der Gruppe stand: „Ja, verehrter Herr Hochkommissar, die Situation in Ihrem Palästina ist alarmierend und bedroht die gesamte arabische Welt. Der Konflikt mit seinen sozialen, wirtschaftlichen und politischen Auswirkungen betrifft uns alle. Wenn Sie die Einreise und den Landkauf der Juden nicht stoppen, werden die Palästinenser ökonomisch und sozial zur Knechtschaft gezwungen oder sie verlieren ganz ihre Heimat. Dann wird es Krieg geben, bis in alle Unendlichkeit."

Chancellor, der ungeteilte Bewunderung für den König hegte, beeilte sich sogleich, sich selbst zu rechtfertigen: „Ich sehe das genau so, Hoheit. Aber ich sehe auch die große Macht der Beeinflussung auf unsere Politik. Wie Sie wissen, hatte mein Memorandum zu einem Umdenken in London geführt. Die Aufnahmefähigkeit von Immigranten sollte sich nur noch an dem ausrichten, inwieweit Araber durch die

Juden nicht verdrängt werden. Dann schrieben die englischen Gazetten vom Verrat am Judentum und der arme Kolonialminister Passfield wurde als schlimmster Feind des jüdischen Volkes tituliert. Sein Weißbuch, das eine grundsätzliche Wende in der Politik des Mandats in Palästina zur Folge gehabt hätte, und das das Kabinett in London einstimmig beschlossen hatte, wurde von Churchill, Chamberlain und Amery zerrissen. Diese Herren wurden wieder einmal viel zu gern Opfer der Hintertürpolitik des Herrn Weizmann und Premierminister MacDonald sowie Außenminister Henderson knickten ein. Unser Empire ist fast schon entschuldigend vor den Zionisten in die Knie gegangen."

„Sir, wie kann so etwas, auf die Politik einer Weltmacht, einen solchen Einfluss ausüben", fragte ein Zuhörer?

„Mein Herr, wir befinden uns im Bereich der Fiktion und der Legenden. Die Weltwirtschaftskrise hat uns schwer zugesetzt. Um so mehr wirkt die Angst vor dem Weltfinanzjudentum. Eine Mähr, die Weizmann seit Beginn seiner Tätigkeit für den Zionismus britischen Politikern aufschwatzt und mit der gern auch unterschwellig gedroht wird. Und wir nehmen sie auch noch ernst, diese Lüge, deren Wahrheitsgehalt allein darin bemessen werden kann, wenn man betrachtet, dass der Zionismus weit entfernt ist alle Juden der Welt zu vertreten. Es ist diese scheinbare jüdische Macht, mit der dieser Herr dem britischen Empire seinen Willen aufzwingt, selbst gegen unsere ureigensten Interessen. Ein falsches Bild von der Macht der Juden, das wir uns von ihnen machen und an dem wir Engländer so bereitwillig und gern festhalten. Nebenbei wird diese Mähr nicht nur vom Nationalsozialismus in Deutschland genutzt, um den Judenhass zu schüren, sondern wirkt sich sogar in ganz Europa aus. Die Zionisten nähren diese Mähr, um ihre Heimstätte zu errichten, die demnach auf Lügen erbaut wird. Wie kann ich in Palästina eine Bevölkerung regieren, deren Vertreter beim britischen Premier und seinem Kabinett ein und aus gehen?"

„Aber warum hat dieser Mann solchen Einfluss", wurde weiter gefragt?

„Ja", lachte Chancellor, „man glaubt manchmal gar nicht, welche Zufälle die Weltgeschichte bereit hält. Weizmann hat damals, als zugegeben genialer Chemiker, zu Beginn des großen Kriegs, das britische Nachschubproblem der zur Neige gehenden Acetonvorräte, die zur Herstellung von Granaten und Sprengstoff benötigt wurden, gelöst. Er fand einen Weg die natürliche Herstellung von Aceton durch eine künstliche zu ersetzen. Die Bombenproduktion konnte wieder hochgefahren werden und das verschaffte ihm den Zugang in die höchsten politischen Kreise. So lernte er Premier Lloyd George kennen, den damaligen Munitionsminister oder Churchill und Balfour, die sich damals als Marineminister abwechselten. Sie haben seine heroische Tat für Großbritannien nicht vergessen und, als es an ihnen war zu entscheiden, die moralische Bringschuld in Form der nationalen jüdischen Heimstätte zurückgezahlt." Und dann fügte er hinzu: „Aber nicht nur in Großbritannien, sondern auch den immer weiter zunehmenden Einfluss in den USA darf man nicht unterschätzen. Politiker dort können es sich gar nicht mehr leisten die wichtige jüdische Wählerschaft gegen sich aufzubringen. An nur wenigen Orten gingen kürzlich einige wenige Juden gegen das Weissbuch von Passfield auf die Straße, aber die Presse machte daraus eine landesweite Demonstrationsbewegung. Sie kontrollieren eben auch die Medien. Nun, wie dem auch sei, meine Zeit in Palästina ist bald vorbei. Die Zionisten jubeln schon jetzt. Sie haben für einen wohlwollenderen britischen Nachfolger für mich gesorgt."

Ein halbes Jahr später gab Chancellor seine Abschiedsgesellschaft. Die Regierung in London hatte sich aufgrund der zunehmenden Gewalt entschlossen für ihn einen alten Haudegen nach Palästina zu entsenden, der als Berufssoldat auch Erfahrungen mit Terroristen in Nordirland gesammelt hatte. General Arthur Wauchope betrachtete die arabischen Rebellen als seine persönlichen Feinde, denn er wollte daran gemessen werden, alles wieder so herzustellen, wie es vor den Unruhen 1929 gewesen war. Er galt als strenger Befürworter der zionistischen Idee. Die britische Gesellschaft tanzte auf dem exklusiven Parkettboden des Gouvernement House und gab sich nach außen der Illusion der Normalität hin, aber vielen in ihren Reihen war klar, dass die Tage ihrer Herrschaft gezählt waren. Hohe Beamte begannen sich sogar schon über die eigene Mandatsregierung lustig zu machen. Alle waren heute erschienen.

Als Chancellor seine Abschiedsrede hielt, erinnerte er an General Bols, der damals, 1920, seinen Nachfolger, den Juden Herbert Samuel, ein Dokument unterschreiben ließ, dass der Palästina unversehrt erhalten habe. „Nun verehrter Lieutenant-General", wandte sich Chancellor jetzt an Wauchope, als die Heiterkeit über diese Geschichte verklungen war. „Unversehrt ist Palästina schon lange nicht mehr. Jedoch weise ich auf den gegenwärtigen Status hin und bin ab heute für alle Folgeschäden, die sich aus einer weiteren einseitigen und eskalierenden Mandatspolitik ergeben, nicht mehr verantwortlich zu machen. Das erlaube ich mir Ihnen hiermit auf den Weg zu geben, ohne von Ihnen eine Unterschrift einzufordern."

Chancellor ging in Pension und konnte es sich leisten seinen Zynismus nicht mehr zu verkneifen. Für ihn war klar: Die Vorgehensweise der zionismusfreundlichen britischen Politik führte direkt in die Katastrophe. Der Zeitpunkt zum Einlenken, wie im Weissbuch von Passfield vorgeschlagen, war verstrichen. Die Zionisten hatten diese Schlacht gewonnen. Er war froh die Bürde endlich los zu sein.

Sari und Jasmin waren sich an diesem Abend einig zum letzten Mal die Gäste der britischen Gesellschaft gewesen zu sein. Mit dem Abschied von Chancellor und seiner Familie hatten die Nadschars nicht mehr viel gemein mit den vielen Snobs und Selbstdarstellern. Nachrichten und Internas erhielten sie dennoch. Pirafa hatte im Sommer ihren nordirischen Offizier geheiratet und allein dadurch ergab sich die Möglichkeit auf dem Laufenden zu bleiben. Die ganze Familie Atlan war bei der Hochzeit erschienen und Mutter und Vater wurde schnell klar, dass ihre Tochter für die Religion der Jesiden endgültig verloren war. Pirafa und Lieutenant Edward Gabriel hatten protestantisch geheiratet.

Aus Mustafa war ein junger kräftiger Mann geworden, der die Schule beendet hatte und Ingenieurwesen studierte. Er verfolgte interessiert die Ereignisse aus seiner alten Heimat, aber besonders natürlich die Nachrichten, die den Mörder seines Ziehvaters betrafen. „Sag mir, wenn du Neuigkeiten hast", hatte er beim Abschied gesagt. „Ich werde zur Stelle sein." Sari musste ihm das in die Hand versprechen.

VIER JAHRE waren vergangen. Es war der Frühling des Jahres 1936. Die düstere Voraussage von John Chancellor hatte sich bewahrheitet. Palästina war zum Kriegsschauplatz geworden. Die Perspektivlosigkeit und die Wut auf die fortdauernde britische Akzeptanz der jüdischen Einwanderung und Landnahme der fruchtbarsten Gebiete, trieb die junge Generation der palästinensischen Araber zuhauf in die Berge zum Widerstandskampf gegen den britischen Protege der Zionisten. Die arabischen Unruhen waren einer fortlaufenden Logik gefolgt. 1920 noch allein auf Jerusalem beschränkt, hatten sie sich 1929 schon auf mehrere Ballungsgebiete ausgeweitet und erfassten jetzt das ganze Land, mit all seinen Einwohnern: Städtern, Dorfbewohnern und Nomaden. Ziel der Wut waren die britischen Herren, die den Juden bisher nie dagewesene Einwanderungszahlen erlaubten.

"Wir schulden den Briten nichts, denn unser Volk ist im großen Krieg nicht befreit worden" und *"Die Welt wird erkennen, dass wir keine leichte Beute sind"* schrieb Saris Cousin Ibrahim in der *Lisan al-Arab*.

Die muslimischen Araber hatten auch ihren Märtyrer bekommen. Scheich Izz ad-Din al-Kassam, ein Prediger der Armen, Betrogenen und Verzweifelten, war im November 1935 in den Bergen nahe Jenin erschossen worden. Er hatte vielen neue Hoffnung im Glauben gegeben und seine Anhänger in den Untergrund geführt, aus dem sich ein regelrechter Guerillakrieg entwickelte. Oft waren die Kämpfer nicht älter als siebzehn Jahre oder sogar noch jünger und sie organisierten sich in kleinen Gruppen, die ihre Ausrüstung auf Eseln und Maultieren mit sich führten. Einige kämpften fortdauernd, andere nur sporadisch. Sie schliefen in den Bergen und Wäldern, jede Nacht an einem anderen Ort. Sie lernten sich mit Waffen und Bomben zu versorgen und führten Anschläge auf britische und zionistische Ziele durch. Versorgt wurden sie aus den Dörfern der Gegend, in denen sie sich aufhielten. Und wer nicht wollte, der wurde dazu gezwungen. Al-Kassam, dessen Bekanntheitsgrad schon als Imam in Haifa hoch war, fiel einer Schießerei mit britischen Polizisten zum Opfer. Ein wahrer Personenkult entstand um ihn und er wurde zur Legende und zum Symbol des arabischen Widerstands. Politisch stand er der Partei der Hizb al-

Istiqlal nahe, deren Mitglieder sich am panarabischen Gedankengut ausrichteten und massiven Widerstand gegen die
Zionisten und ihren britischen Patron propagierten. Sie ließen
die Forderung eines Palästina, als Teil von Groß-Syrien,
wieder aufleben und hatten durch den ehemaligen Sekretär
Faisals sehr gute Verbindungen zum neuen König des Irak.

Als Faisal damals, im Frühsommer 1933, nach Jerusalem
gekommen war, um für die Partei seine Unterstützung zu
demonstrieren, hatte er damit sein Verhältnis zu den Briten
stark belastet. Er hatte im Oktober 1932 seine Monarchie in
die Unabhängigkeit geführt. Allerdings blieb im Vertrag von
Bagdad die britische Militärpräsenz bestehen. Sari und Jasmin sahen ihn damals, beim Besuch in Jerusalem, zum letzten Mal; seine Gesundheit war schon stark angegriffen. Er
hatte ihnen verraten, dass er sich bald nach England begeben
wolle, um noch einmal energisch für die Unabhängigkeit der
gesamten arabischen Nation zu werben und über die Situation in Palästina zu alarmieren. Kurz darauf war er an einer
Herzattacke in Bern gestorben. Faruk und Sari hatten sich
damals in Haifa getroffen, als Tausende am Hafen standen,
um ihm die letzte Ehre zu erweisen. Ein deutliches Zeichen
für die Popularität des großen Streiters für die arabische
Sache, im Widerstand gegen die britisch-zionistische Politik.
Von Haifa aus trat er seine letzte Fahrt nach Bagdad an. In
seinem letzten Willen hatte er seinen Sohn Ghazi zu seinem
Nachfolger erklärt und unter anderem Faruk in den Generals-
rang erhoben.

Die Politik der Araber, die all die Jahre durch den Konflikt
zwischen den Husseinis und den Nashashibis nahezu paralysiert gewesen war, bekam durch die Istiqlal neuen Antrieb.
Obwohl die Husseinis sich anfangs gegen den von der Partei
propagierten zivilen Ungehorsam und einen Streik gegen
britische Waren aussprachen, hatte sich die Situation jedoch
rasch verändert. Viele Male waren Hadsch Amin und sein
Großonkel Musa zu Gesprächen nach London gereist und
immer wieder desillusioniert zurückgekehrt. Als sich die
jüdischen Einwanderungszahlen, aufgrund der Machtüber-
nahme der Nazis in Deutschland 1933, noch einmal massiv
erhöhten, hatte Musa Großdemonstrationen in Jerusalem,
Haifa and Nablus angeführt, bei denen es auch zu tödlichen

Zusammenstößen mit der Polizei kam. In Jaffa wurde er selbst Opfer, als der 81-jährige ehemalige Bürgermeister Jerusalems von britischen Polizisten zu Tode geknüppelt wurde. Die jüdischen Einwanderungszahlen stiegen in ungeahnte Höhen. Eine Hamburger Schifffahrtsgesellschaft hatte in Übereinstimmung der Nazis mit den Zionisten eine direkte Verbindung für deutsche Juden nach Haifa eingerichtet.

Hadsch Amin, der die Anhänger al-Kassams noch stark verurteilt hatte, als sie gewaltsam Hilfsgüter von christlichen und drusischen Dorfbewohnern im Norden des Landes eintrieben, gab nach dem Tod Musas seinen Widerstand gegen eine offene Konfrontation mit den Briten auf und hatte 1935 die Kontrolle der al-Jihad al-Muqaddas übernommen, einer organisierten Miliz, die Musas Sohn Abd el-Qadir anführte. Die Nashashibis und die Husseinis waren zusammengerückt, nachdem Raghib al-Nashashibi im selben Jahr von Musas Tod von den Briten als Bürgermeister Jerusalems abgesetzt worden war. Die Araber Palästinas hatten erstmals begonnen sich zu vereinen.

Aber auch die jüdische Vorgehensweise hatte sich verändert. Die Revisionisten waren schon lange damit beschäftigt gewesen eine eigene Kampftruppe aufzustellen. Sie sollte, im Gegensatz zur Hagana, eine straffere militärische Ordnung haben und Überfälle und Bombenanschläge gegen arabische Ziele ausführen. Aus Vergeltungskämpfern der Hagana wurden Terroristen der Irgun, wie die Briten sie nannten. Ihre Mitglieder standen bald auf den Steckbriefen der britischen Polizei und zwei Namen interessierten Sari dabei besonders – Avraham Tehomi und Jossi Dan. Von Pirafas Ehemann Edward erfuhr Sari, dass Tehomi derjenige gewesen war, der die Irgun 1931 gegründet hatte, die sich selbst mit dem hebräischen Akronym für "nationale Militärorganisation" – Etzel bezeichnete.

Auch sie waren, wie die arabischen Banden in den Bergen, illegal und unberechenbar, auch sie versorgten sich mit Nachdruck bei ihrer Bevölkerung mit Nahrungs- und Hilfsmitteln, auch sie bekamen Nachschub durch Agitation und durch die Rekrutierung junger Leute und auch sie zogen Menschen mit krimineller Energie an. Auch sie überfielen Banken und forderten Händler und Ladenbesitzer auf, als

Zeichen von Trauer oder Protest, ihre Geschäfte zu schließen und wer das nicht wollte, der wurde gezwungen. Auch sie nahmen Mädchen und junge Frauen in ihre Kampfgruppen auf, auch sie gingen mit Kollaborateuren und Informanten gnadenlos um und auch sie waren in der Bevölkerung zutiefst gefürchtet. Nur in einem waren sie verschieden: Die Irgun war, im Gegensatz zu den arabischen Guerillas, strukturiert mit klarer Kommando- und Befehlshierarchie.

Am siebzehnten Geburtstag von Aminah saßen Simon und Edith Wallach, sowie Edward und Pirafa Gabriel bei den Nadschars in Lifta. Es war ein schöner Tag im Mai 1936, der langsam zur Neige ging. Pirafa hatte noch immer ein überaus gutes Verhältnis zu Aminah und Amir. Aminahs Freunde waren eingeladen und Sari hatte für ihre Feier einen Raum in der unteren Kelleretage des Hauses hergerichtet. Dort ging es hoch her; die Jugendlichen hörten Schallplatten von einem modernen Plattenspieler. Das hübsche Mädchen, das Sari so sehr an Jasmin erinnerte, als er sie damals zum ersten Mal gesehen hatte, würde nächstes Jahr die Schule beenden und wollte, wie ihre Mutter, Ärztin werden. Wie schnell die Zeit vergangen war, dachte Sari.

Edward, der erst kürzlich zum Captain befördert worden war, hatte gerade von den Ausschreitungen in Jaffa und Tel Aviv berichtet, die vor knapp drei Wochen die Schlagzeilen beherrscht hatten. „Ich musste mit einer Hundertschaft ausrücken, um für Ruhe zu sorgen", sagte er. Die jungen Eheleute lebten in einer Kaserne der britischen Streitkräfte nahe Tel Aviv. „Die Polizei war am 17. April kaum noch Herr der Lage. Nach der Beerdigung von einem der beiden Todesopfer des Anschlags auf den jüdischen Konvoi bei Nablus, zogen die rechten Zionisten von Tel Aviv wütend und randalierend nach Jaffa. Dort musste die Polizei das Feuer auf sie eröffnen, um die Schlägertrupps zurückzuhalten. Der tödliche Racheakt gegen die beiden Araber bei Petach Tikwa vom Vortag waren Grund genug. Als wir ankamen, war die Hölle los. Einen Tag später wurden Araber in Tel Aviv angegriffen und als wir aus Jaffa abgezogen waren, folgte der arabische Gegenmarsch auf Tel Aviv, bis wir wieder eingriffen. Die Zahl der Toten soll über zwanzig betragen. Es ist ein Hauen und Stechen, eine Spirale von Angriffen und Überfällen auf beiden Seiten, von Rache und Vergeltung. Ein Mord führt zum Gegenmord und wir stehen machtlos dazwischen."

Sari erinnerte an die Tage vom April 1920, wie auch er damals in Jerusalem mit seiner Gruppe versucht hatte die Gewalt einzudämmen. „Es wird keine Ruhe mehr geben. Wir konnten damals noch hoffen, heute nicht mehr."

„Ja, die Juden haben viel dazugelernt", erklärte Jasmin aus eigener Erfahrung. Sie war mittlerweile aus dem Scha'arei-Zedek Krankenhaus ausgeschieden. Ihrer Ansicht nach war die streng orthodoxe Einhaltung der jüdischen Religionsvorschriften nicht immer vereinbar mit der medizinischen Notwendigkeit. Das hatte zu einem schweren Konflikt zwischen ihr und dem alten Mosche Wallach geführt, bei dem sie ihm ins Gesicht gesagt hatte, dass er die Medizin für die Religion opfere. Das Tischtuch zu dem alten Mediziner war zerschnitten, obwohl sie eine gewisse Berühmtheit erlangt hatte.

Ein halbes Jahr nach den Artikeln in den medizinischen Fachjournalen, die damals über die Wundbehandlung von Rabih Rahmoun berichtet hatten, war ein Forscher aus London brieflich an sie herangetreten, der sich mit Bakterien beschäftigte. Alexander Fleming hatte herausgefunden, dass Pilze der Gattung Penicillium gewisse Bakterienarten abtöten. Jasmin hatte damals genau diesen Pilz mit in die Salbe gemischt und sie übermittelte ihm von da an alles an Wissen, das ihr zur Verfügung stand. Einiges davon war sogar im *British Journal of Experimental Pathology* erschienen. Aber der angesehene Arzt war sich nicht sicher genug, daraus auch ein Medikament zu entwickeln, denn bei anderen Bakterienkulturen war der Pilz wirkungslos. Sie waren in Kontakt geblieben. Fleming informierte sie über die Ergebnisse seiner Untersuchungen und Jasmin machte Vorschläge für die Herstellung von Salben, die in Fachjournalen weitergegeben wurden. 1932 war sie auf Einladung der Al Mustansiriyya Universität nach Bagdad gereist. Dort hatte sie Fleming getroffen und bei einer Ehrung der Universität, als erste Frau die Professur für Medizin erhalten.

So sehr sich Simon auch bemüht hatte seinen Onkel und Jasmin noch einmal umzustimmen, es blieb fruchtlos und so war sie zur Mandatsregierung gewechselt, die ihr die mobile medizinische Versorgung unterstellte. Viermal in der Woche war sie nun in einem der drei Krankenwagen unterwegs. Und sie hatte viel erlebt. Einem Bombenanschlag, aus einem fahrenden Auto auf einen arabischen Markt, war sie nur mit Glück entkommen und einmal hatten arabische Milizen sie ausgeraubt und all ihr Wund- und Verbandsmaterial sowie die Morphiumspritzen mitgenommen. Viele Opfer beider Seiten hatte sie schon mit schweren Verletzungen an die Krankenhäuser übergeben.

„Du hast recht, Jasmin", erwiderte Edward. „Und zu meinem Beschämen muss ich zugeben, dass die Behörden in der Art und Weise, wie sie die Terroristen bestrafen, zwischen Arabern und Juden doch sehr große Unterschiede machen. Sie drücken bei Juden oft ein Auge zu."

„Aber dazu gibt es keinen Grund", sagte Simon. „Die Irgun ist eine teuflische Terrororganisation, nichts anderes. Das hat mit Judentum nichts zu tun. Sie beschädigen den Ruf auf der ganzen Welt."

„Einige dieser Leute um Jabotinsky behaupten eine neue Philosophie des Judaismus entwickelt zu haben, die den geistigen Tendenzen des Faschismus sehr ähnlich ist, in krassem Gegensatz zur zionistischen Linken", sagte Sari.

„Ja", antwortete Simon. „Die Feindschaft der palästinensischen Juden untereinander ist fast größer, als die mit den Arabern selbst. Im Krankenhaus vor drei Wochen sind zwei Patienten aufeinander losgegangen und erinnert ihr euch noch an den Oktober 1934, als fast zweitausend Zionisten der Histadrut in einer wahren Schlacht das Hauptquartier der Revisionisten in Haifa angriffen? Da floss viel Blut."

„Ich erinnere mich gut", sagte Sari. „Und ich sage euch ehrlich, ich komme mit der ganzen Sache bald nicht mehr klar. Die einen, unter Jabotinsky, stehen den Faschisten Italiens nahe, während die anderen, unter Ben-Gurion, mit den Nazis aus Deutschland Pakte abschließen. Die einen rufen spöttisch "Heil Hitler" und werden selbst als "Schuschnigg-Agenten" des faschistischen Bundeskanzlers Österreichs bezeichnet. Alles so geschehen auf dem Weltkongress der Zionisten in Luzern im letzten Jahr."

„Was ist das? Kann man das alles noch begreifen", fragte Edward?

„Wie gesagt, fast komme ich selbst nicht mehr klar damit. Fest aber steht: Schon seit Jahren kooperieren die Revisionisten mit den Faschisten Italiens. Das ist auch die Ursache der politischen Spannungen, die sich aus ihrer faschistisch-rechten Ideologie und der sozialistisch-linken der Mapai Ben-Gurions ergeben. Aber das ist nicht der einzige Bruch im zionistischen Gebilde. Kurz nachdem Hitler in Deutschland die Macht übernahm, begannen die Zionisten Amerikas einen Handelsboykott deutscher Waren anzuregen, der die judenfeindliche Naziregierung schwächen sollte. Zeitgleich aber verhandelten die palästinensischen linken Zionisten mit den Nazis. Sie wollten den Ernst der Lage nutzen, um für Palästina als logischen Fluchtort zu werben. Deutschland sei an der Lösung der Judenfrage interessiert, sagten sie, und das passe in die zionistische Philosophie. Das sei ja der zionistische Traum, was immer das auch bedeuten mag. In diesem Zusammenhang muss auch der Mord an Arlosoroff, dem Kopf der politischen Abteilung der Jewish Agency, im Jahr 1933 gesehen werden. Er hatte als Schlüsselfigur der Mapai die Verhandlungen mit den Nazis geführt und wurde wenige Tage nach seiner Rückkehr aus Berlin ermordet. Ich bin sicher, von Jabotinskys Leuten." Sari hielt inne und kramte eine alte Zeitung hervor.

„Seht hier", sagte er und reichte das amerikanische Blatt vom August 1935 weiter. „Wie wir wissen, wurde beim Kongress der Zionistischen Weltorganisation in Luzern ein Handelsabkommen mit den Nazis gebilligt, das zu dem Bank- und Handelshaus in Jerusalem wurde, das unter dem Namen Ha'avara bekannt ist. Es geht im Grunde genommen darum, jüdisches Kapital aus Deutschland auszuführen und die hohen Fluchtsteuern der Nazis zu umgehen. Juden legen ihr Geld bei einer Bank in Deutschland an und das wird zum Ankauf von deutschen Exportgütern genutzt, die dann in Palästina verkauft werden. Kommen die Emigranten endlich in Palästina an, bekommen sie das Geld der verkauften Waren zurück. Und hier drin steht, sie wollten sogar eine Tochtergesellschaft gründen, um Kunden für Nazideutschland im Nahen Osten anzuwerben. Das jedoch wurde aus Skandalgründen vom Weltkongress abgewiesen."

„Aber ist es nicht richtig, dass die Juden für einen weltweiten Boykott deutscher Waren plädieren", fragte Pirafa?

„Ja, natürlich. Das ist ja die Krux. Es gibt die Zionisten in Amerika und in Europa, die den Boykott unterstützen. Und dann gibt es die palästinensischen Zionisten: Zum einen Ben-Gurion, der mit der Ha'avara den Boykott umgeht, zum anderen Jabotinsky, der den Boykott unterstützt, aber Kontakte zu den Faschisten hat. Die Kooperationen mit diesen Regimen lehnen aber die übrigen Zionisten in der Welt vehement ab. Schizophren, nicht wahr?"

Sari nahm die *L'Lisan al-Arab* zur Hand und sagte in die Runde. „Und als letzte Ausweitung der Ha'avara kommt nun seit März auch noch die Schaffung einer Investmentbank hinzu, die den Verkauf deutscher Waren in Großbritannien abwickeln soll. Das verstehe, wer will."

„Ich glaube, das ist gar nicht so schwer", sagte jetzt Edith. Die Wallachs waren durch eine Wochenzeitung über die Vorkommnisse in Deutschland genauestens informiert. Die Eheleute waren heute froh, das Land damals verlassen zu haben. Die Judenhetze in ihrer alten Heimat jagte ihnen kalte Schauder über den Rücken. Auch hatten sie Angst um Verwandte, die noch immer da ausharrten. Aber die Leiden der deutschen Juden waren für sie kein Grund dem Zionismus zu verfallen. Sie blieben strikte Gegner und traten weiterhin für eine gemeinsame Lösung mit den Arabern ein. Das Blut und Boden Konzept der Zionisten war ihnen ebenso unheimlich, wie die Nazis selbst.

„Sie benutzen die Verfolgung der Juden in Deutschland für den Aufbau Palästinas", fuhr Edith fort. „Hitler als eine Geißel, die die Juden zum Zionismus treibt. Seit die Nazis in Deutschland die Rassengesetze erlassen haben, scheint mir die Verbindung zu den Zionisten größer denn je. Was dort mit Blutschande beschrieben wird, ist doch gar nichts anderes, als die eigene rassische Auslegung der zionistischen Ideologie. Ihr jüdischer Separatismus bestätigt doch Hitler nur in seinen Proklamationen, dass Juden niemals Deutsche sein können. In ihrer Naivität heben sie die Gemeinsamkeiten mit den Nazis auch noch hervor. Zionisten und Nazis, sagen sie, betonen ja die völkischen und rassischen Eigenschaften und Besonderheiten. Hitler hat doch in seinem Buch geschrieben: "*Der Zionismus tritt für die Bestätigung des völkischen Charakters der Judenschaft ein*". Ich glaube die Zionisten verfangen sich in ihrer eigenen Ideologie. Sie liefern den Nazis die Argumente für ihr Rassenprogramm. Wer dieses Buch richtig liest, der muss erkennen, dass dieser Mann keine Ruhe geben und nicht nur die Juden ins Unglück stürzen wird." Und dann fügte sie entschuldigend hinzu: „Wir haben es leider nur in deutscher Sprache."

Simon richtete sich auf und wie ein Schwall kam es aus seinem Mund: „Mir blutet das Herz, wenn ich sehe, wie die Juden in Deutschland behandelt und diskriminiert werden. Und die Zionisten hier in Palästina treiben Handel mit den Verursachern. Sie versuchen sich einzureden, dass man mit Hitler feilschen könne. Manche von ihnen argumentieren gar, dass man die Katastrophen in der Diaspora zum Aufbau nutzen muss, wie es die alten Weisen gelehrt haben. Andere behaupten, Hitler habe das deutsche Judentum gerettet, das dabei war, sich bis zum völligen Verschwinden zu assimilieren. Hitler sei gar keine Niederlage für das Judentum sondern ein Beweis dafür, dass Assimilation und Liberalismus gescheitert seien. Ihnen geht es allein um den Aufbau von Erez Israel und nicht um die Menschen. Da seht ihr, wie knallhart berechnend die Zionisten sind, trotz der Judenverfolgungen. Ihnen ist das Land wichtiger, als die Interessen der eigenen Glaubensbrüder. Und das sind noch die Besonnenen unter ihnen."

Er machte eine kleine Pause und fuhr fort: „Denn die Radikalen laufen gar herum wie die SA Hitlers. Jabotinsky lässt sich zu seinen Veranstaltungen von den Braunhemden der Betar-Jugend in militärischer Montur begleiten. Ja haben sie denn alle nicht begriffen, was in Deutschland passiert? Oder wollen sie es nicht begreifen? Ja, ja, beide Lager verurteilen nach außen die Nazis scharf, doch handeln, tun sie völlig anders. Es ist das alte jüdische Leid. Was für eine Moral steckt dahinter, wenn nur die Reichen, die tausend Pfund und mehr vorweisen können, in Palästina Aufnahme finden. Sie überleben auf dem Rücken der armen Juden, für die es kein Entrinnen gibt. Nur wenn die Juden der freien Welt bedingungslos bereit wären, alle aus Deutschland zu retten, wäre das auch machbar. Aber die mächtige Zionistische Weltorganisation tut nichts, als das Leid verbal zu verurteilen. Die USA hat die Grenzen für Juden dichtgemacht und die anderen Staaten echauffieren sich lautstark, tun aber nichts, um zu helfen. Wie verlogen ist das alles?"

„Aber haben denn die Briten nicht die Einwanderungsquoten in Palästina erhöht? Legen denn nicht mittlerweile jeden Tag Schiffe mit Hunderten jüdischer Einwanderer an, die aus Nazi-Deutschland fliehen?"

„Ach Edward", sagte Simon. „Die Auswanderungszahlen sind für Deutschland zu wenig und die erhöhte Einwanderungsquote ist für Palästina zu viel. Palästina kann diese Scharen nicht mehr aufnehmen und wird in den Abgrund stürzen. Die, die aufgenommen werden, sind die, die der Ha'avara oder dem Bedarf des Landes entsprechen, die anderen müssen bleiben wo sie sind. Es ist also nicht die propagierte Schaffung einer öffentlich-rechtlich gesicherten Heimstätte für diejenigen Juden, die sich an ihren jetzigen Wohnorten nicht assimilieren können oder wollen, sondern es ist der Zufluchtsort für privilegierte Juden, die genügend Einfluss, persönliche Eigenschaften oder Kapital besitzen, um aufgenommen zu werden."

„Die meisten der Juden in Deutschland sind arm", ergänzte Edith. „Sie kamen nach dem großen Weltkrieg als armselige Flüchtlinge der Judenrayons aus dem zaristischen Russland. Es waren viele Zehntausende. Die Städte Deutschlands quollen über. Das alles zu Zeiten der größten Not, der Inflation und der nachfolgenden Weltwirtschaftskrise, wo die Deutschen selbst nichts zu essen hatten. Ich glaube, dass sich auch daraus die besondere Art des Antisemitismus in Deutschland generiert hat. Es ist beschämend, wie mein eigenes Volk sich hinter einen solchen Wahnsinn stellt."

Jeder blickte vor sich hin, unfähig die Zukunft vorauszusagen, die nichts Gutes bringen würde. Endlich durchbrach Simon die Stille: „Und ihr zwei", sagte er zu Jasmin und Sari gewandt. „Wie weit seid ihr mit euren Überlegungen Jerusalem in Richtung Bagdad wieder zu verlassen?"

„Wir werden noch abwarten, bis Amir in drei Jahren die Schule beendet hat. Danach will ich dem Ruf der Universität gern folgen. In Palästina ist das Leben unerträglich geworden

und es wird keine politische Verbesserung mehr geben",
sagte Jasmin und Sari blickte nur stumm vor sich hin.

JASMIN SAß am Krankenlager einer alten Frau, deren
Augen sie glasig ansahen. Zitterschübe wurden von kaltem
Husten begleitet, ihr Puls war schwach und die Temperatur
viel zu hoch. Jasmin blickte ihre Krankenschwester Fadma
an und die nickte. Die alte Frau würde das Krankenlager
nicht mehr verlassen. Sie lag im letzten Stadium einer schweren Lungenentzündung. Alles, was sie noch tun konnten war,
ihre Leiden ein wenig zu lindern.

Jasmin schaute sich um in dem ärmlichen Schlafgemach.
Festgetretener Lehmboden, der die Kälte und die Feuchtig-
keit der Erde an den Raum weitergab und ein Dach, das
kaum den Wind und den Regen abhielt, hatten ihr Schicksal
besiegelt. Sie stand vom Lager der Alten auf, während Fadma schon hinausgegangen war und sich um die Zubereitung
eines Gemischs aus Kräutern und Wurzeln kümmerte. Jasmin
nahm den Sohn der Alten am Arm und schob ihn aus dem
Raum.

„Isma Baschar, deine Mutter wird die nächsten Tage nicht
überleben. Wir sind machtlos. Sie hätte schon viel früher in
ein Krankenhaus gehört und dort behandelt werden müssen."
Die vier Kinder fingen an zu weinen und die Frau des Bauern
schlug ihre Hände vors Gesicht.

„Aber wie hätte das geschehen sollen, Hakima? Wir haben
kein Geld."

Jasmin sah sich um. Das einfache kleine Häuschen, das nur
aus drei Räumen bestand, war zum Teil in die Erde gebaut.
Der Regen der letzten Tage hatte die Mauern durchnässt und
die groben Feldsteine gaben eine unangenehme Kälte ab, der
auch das kleine Feuer in der Ecke unter dem Kaminabzug
nicht beikommen konnte. Es war so durchdringend kalt, dass
Jasmin über ihrem weißen Arztkittel ihren warmen Winter-
mantel trug. Sie schaute aus dem Fenster. Der Regen schlug
gegen die Scheiben. Draußen stand der Krankenwagen mit
dem großen roten Kreuz auf weißem Grund. Wie farblich
ähnlich war doch dieses Symbol mit dem der Nazis, dachte
sie bei sich. Rot im weißen Kreis auf dem schwarzen Kran-

kenwagen hier, und Schwarz im weißen Kreis auf rotem Feld dort. Die Hakenkreuzfahne war zum arabischen Erkennungssymbol geworden, so wie die Kufiya den Tarbusch abgelöst hatte. Der Zorn der Araber gegen die Briten und Juden manifestierte sich in diesen Symbolen gleichermaßen.

Baschar war von seinem Dorf Dayr Abu Salama zwei Stunden lang bis nach Al Barriyya gelaufen, wo die mobile Krankenstation heute Halt gemacht hatte und er hatte sie angefleht mitzukommen, um nach seiner Mutter zu sehen. Am Nachmittag waren sie mit ihm in sein Dorf gefahren.

Sechs kleine Steinhäuser auf einem Hügel, der die nahenden Berge ankündigte, die sich nach der fruchtbaren Ebene weiter östlich erhoben. Baschar hatte ihnen erklärt, sein Dorf sei berühmt wegen des Schreins von Scheikh Abu Salama. Jasmin hatte von ihm noch nie gehört. Der aufgeweichte Weg durch die Hügel, hatte sie durch Kiefern- und Zypressenhaine geführt. Im Tal vor dem Dorf lagen kleine Felder mit Oliven- und Feigenbäumen.

„Das ist alles, was uns geblieben ist", hatte Baschar gesagt. „Das ganze Land im Westen, in der Ebene da unten, ist damals, vor dreißig Jahren, an den Jüdischen Nationalfond verkauft worden. Unsere Eltern und die der Nachbardörfer Al Qubeiba und Al Duhayriyya haben es an den Moshav Ben Shemen verloren. Der Eigentümer aus Beirut hat ihnen alles verkauft. Drei arabische Dörfer mit vielen Menschen haben damals gemeinschaftlich von dem guten Ackerland gelebt. Heute bleiben uns nur die engen steinigen Felder zwischen den Hügeln hier und die paar Bäume, die darauf stehen. Die Juden da unten leben sehr gut mit nur wenigen Menschen auf dem Land, das früher unsere ganzen drei Dörfer ernährte. Wenigstens die Häuser sind uns geblieben. Das steinige Land in den Hügeln war für sie wertlos."

Über einen Hang mit Johannisbrotbäumen erreichten sie das kleine Dorf auf der Anhöhe, das umgeben war von Kakteen, die die kleine Ansiedlung vor wilden Tieren schützte.

Jasmin half Fadma bei der Zubereitung der Mischung, deren Aufguss der alten Patientin wenigstens die größten Atembeschwerden lindern sollte. Der Regen trommelte laut an die Scheiben.

403

Sie hörten von draußen Geräusche und plötzlich wurde die Tür aufgerissen. Zwei dunkle Gestalten schleppten einen blutenden Kameraden herein. Der Sanitäter aus dem Wagen folgte.

„Schnell, schnell, helft uns, wir müssen weiter", rief der eine von ihnen, als sie den Verwundeten hastig auf den Boden legten. Dann nahm er sein Gewehr und sagte: „Wir haben zwei weitere Verletzte. Du kommst mit uns." Die Mündung zeigte auf den Sanitäter.

Jasmin trat auf den Mann zu und schrie ihm ins Gesicht: „Verdammter Kerl, was erlaubst du dir?"

„Hakima, es ist keine Zeit zu verlieren. Sie werden verbluten. Wenn er nicht mitkommt, werde ich ihn hier erschießen", rief er atemlos.

Jasmin sah die Verzweiflung in seinen aufgerissenen Augen und befürchtete, er könne seine Worte wahr machen. Sie überlegte kurz.

„Nimm den Wagen und sieh was du machen kannst. Aber begieb dich nicht unnötig in Gefahr", sagte sie zu dem Fahrer des Krankenwagens und zu dem Mann gewandt: „Wer immer du bist. Er wird dir folgen, weil er ein Sanitäter ist. Drohe ihm nie wieder mit deinem Gewehr, sonst wird Allah dich bestrafen."

„Allah ist mit den Gerechten", sagte der Angesprochene noch, dann nahm er den Sanitäter am Arm und lief mit ihm hinaus.

„Fadma, hole schnell noch das Verbandszeug", gab Jasmin der Krankenschwester zu verstehen, die sofort hinterherlief und nach kurzer Zeit mit einer Tasche zurückkam. Dann hörte sie noch wie der Krankenwagen anfuhr und sich entfernte, als sie sich schon über den Verletzten gebeugt hatte.

„Zieh ihm die Kleider aus", sagte sie zu dem zweiten Mann, der dageblieben war. Als der die Mütze vom Kopf nahm, sah sie in ein Gesicht, das nicht älter war als das von Amir.

Er schüttelte den Kopf. „Das müsst ihr machen" sagte er und zog sich zurück. „Sie ist meine Schwester."

404

„Deine Schwester?" Das junge Mädchen war kaum älter. Nachdem sie ihr die Mütze und das Kopftuch abgenommen hatten, blickten sie in ein entschlossenes Gesicht. Sie röchelte zwar, biss aber die Zähne aufeinander. Der Oberschenkel ihres rechten Beins blutete stark, größere Sorgen machte sich Jasmin jedoch über das Blut, das aus einer Wunde am Hals kommen musste. Als sie ihr das Hemd ausgezogen hatten, atmete Jasmin auf. Die Kugel war unterhalb des Schlüsselbeins durchgedrungen und hatte beim Austritt das Schulterblatt leicht verletzt.

„Sie hat großes Glück gehabt. Nahe an der Halsschlagader ist die Kugel vorbeigegangen. Wie sieht das Bein aus, Fadma?"

Die Krankenschwester hatte mit einer Schere das Hosenbein aufgeschnitten und sagte: „Die Kugel steckt noch drin. Wir müssen sie rausoperieren."

Die nächsten Handgriffe waren Routine. Während Fadma die Schulter der Verletzten desinfizierte und verband, entfernte Jasmin das Geschoss aus ihrem Bein. Verfluchtes Land, dachte sie bei sich und dieser Winter 1938 machte alles noch viel schlimmer. Seit Wochen regnete es und es war erst Mitte Februar. Jasmin sehnte sich nach der Sonne, nach Wärme und Ruhe.

Seit September letztes Jahr war der Aufstand der Araber gegen die Briten erst richtig losgebrochen. Die hatten zusätzlich zwanzigtausend Soldaten aus Ägypten nach Palästina verlegt und konnten die Revolte doch nicht beenden. Es war Krieg – in den Städten, in den Dörfern und auf dem Land. Alles politische Parteiengezänk der Araber, um den anderen Ehre und Einfluss vorzuenthalten, war vergessen. Sie hatten jetzt alle ein Ziel: Ende der jüdischen Einwanderung und freie Wahlen, die wegen ihrer demographischen Überlegenheit zu einer Regierung unter ihrer Kontrolle führen musste. Amin al-Husseini hatte im April 1936 das Arabische Hochkomitee gegründet und die Araber vereint. Unter seinem Vorsitz wurde im Mai ein Generalstreik ausgerufen, der immer mehr in einen allgemeinen Aufstand mit Angriffen auf britische und jüdische Ziele überging. Im Juli erklärten die Briten das Kriegsrecht. Nicht nur die dringenden Bitten der arabischen Monarchen von Ägypten und dem Irak hatten

Hadsch Amin veranlasst den Streik im Oktober wieder einzustellen, sondern neben der anstehenden Zitrusfruchternte,
die für die arabischen Notabeln eine Haupteinnahmequelle
darstellte, auch der Vorschlag eine britische Kommission
durchs Land reisen zu lassen, um die Gründe für den Aufstand zu untersuchen. Es siegten also, neben der Hoffnung
auf eine Lösung der Situation, auch schon wieder die Eigeninteressen.

Die Peel Kommission veröffentlichte dann im Juli 1937
ihren Bericht. Auffallend war, dass die Befragungen zuvor
von Mitarbeitern der Jewish Agency durchgeführt wurden
und entsprechend fiel dann auch das Resultat aus, das eine
Teilung des Mandatsgebiets in einen jüdischen und einen
arabischen Teil empfahl. Die Juden sollten 33% des Landes
bekommen, obwohl ihnen keine 6% gehörten. Hunderte von
arabischen Dörfern wären in den jüdischen Teil gefallen und
Hunderttausende von Menschen in die Abhängigkeit der
Zionisten geraten. Deren radikalem Teil war das jedoch noch
gar nicht genug und sie lehnten den Vorschlag strikt ab,
während Ben-Gurion und der Zionistische Kongress ihn, im
Prinzip, für weitere Verhandlungen akzeptierten.

Wieder einmal war auf die Forderungen der Araber gar
nicht eingegangen worden. Von Zwangstransfers arabischer
Bauern aus dem vorgesehenen jüdischen Gebiet wurde berichtet und von Verrat und jüdischer Beeinflussung war die
Rede. Das Arabische Hochkomitee erklärte unmittelbar darauf die Fortsetzung des Streiks, so lange, bis die Briten ihre
Politik grundlegend änderten. Die Enttäuschung bei den
Menschen war so groß, dass der Aufstand erneut ausbrach
und als Hadsch Amin sich selbst an die Spitze stellte, erreichte er ungeahnte Dimensionen. Die Araber kämpften
geschlossen um ihr Land, mit der Unterstützung des allergrößten Teils ihrer Bevölkerung und bald nahmen auch arabische Nationalisten aus Syrien und Transjordanien teil.

Privatleute bewaffneten sich, als die Kämpfe bis in die
Städte getragen wurden und Sari hatte Jasmin gebeten wäh-
rend ihrer Touren, trotz des Schnellfeuergewehrs, das der
Krankenwagenfahrer unter der Sitzbank aufbewahrte, die
Armeepistole in ihrer Tasche mitzuführen. Der Konflikt
entwickelte sich zu einer Gefahr für die Sicherheit eines

jeden Einzelnen, egal wer, egal wo, egal wann. Die guerillaartigen Angriffe auf jüdische sowie britische Ziele zogen Vergeltungsmaßnahmen der Hagana und der Briten nach sich und die Irgun führte einen Terrorkrieg gegen die arabische Bevölkerung. Ein teilweise verminter Grenzzaun wurde errichtet, um die arabischen Rebellen vom Nachschub aus dem Libanon abzuschneiden und die Briten bauten zahlreiche befestigte Polizeistationen, um die Verkehrswege des Landes zu kontrollieren. Ebenso bewaffneten sie dreitausend Juden als Hilfspolizei, deren Mitglieder hauptsächlich aus der Hagana rekrutiert wurden und versorgten sie mit Waffen und gepanzerten Fahrzeugen. Aus den illegalen jüdischen Untergrundkämpfern der Hagana wurden legale Militärstreiter.

Die überharten Sanktionen der Briten, schon während des Beginns, wurden noch einmal gesteigert. In Jaffa, einer der Hochburgen des Aufstandes, wurde fast die komplette Altstadt von britischen Truppen zerstört. Die eigenmächtigen Hausdurchsuchungen, nächtlichen Razzien, die Sprengung von Häusern, die Konfiszierung von Eigentum und willkürlichen Verhaftungen ohne Anklage und Prozess, die Anwendung körperlicher Gewalt bis hin zur Folter, die Züchtigungen, Auspeitschungen und Deportationen lösten bei der arabischen Bevölkerung genau das Gegenteil dessen aus, was sie bewirken sollten. Der Widerstandskampf wurde allgemeiner Konsens und das Konzentrationslager bei Acre nahm Hunderte von Gefangenen auf.

Die Briten verboten nach einem tödlichen Anschlag auf den Distrikt-Kommissar in Galiläa das Arabische Hochkomitee und setzten viele Palästinenser der Führungsschicht gefangen. Hadsch Amin al-Husseini floh in Verkleidung in den Libanon, nachdem er drei Monate lang die Immunität des Haram genutzt hatte, um seiner Verhaftung zu entgehen.

Jasmin und Fadma hatten die Verletzte versorgt und ihr eine Morphiumspritze verabreicht. Sie lag nun ruhig auf einer Pritsche. Ihr Bruder saß wie ein Häufchen Elend auf der Bank in der Ecke des Raumes.

„Was ist passiert, waladi", fragte nun Jasmin?

„Alles ist schiefgegangen. Heute Morgen sind wir aus den Bergen heruntergekommen, um Ben Shemen anzugreifen.

Vorgestern haben uns die Juden unseren Proviant abgejagt. Wir wollten uns eine Kuh holen und so viel davon mitnehmen, wie wir tragen konnten. Ein Hundesohn muss uns verraten haben. Als wir den Kibbuz erreichten, lagen bereits Notrim von der Polizeistation Latrun auf der Lauer. Wir hatten gegen ihr Maschinengewehr keine Chance. Sie haben uns bis Duhayriyya mit ihren Wagen gejagt. Dort sind wir im Wald verschwunden. Unsere Ausrüstung ist weg und wie viele von uns tot sind, weiß ich nicht." Er begann zu weinen.

„Und weiter?"

„Nahe Qubeiba gerieten wir wieder in ihr Feuer. Rana wurde angeschossen und wir haben sie bis hierher gebracht."

„Dann sind sie weiter auf der Suche nach euch?"

„Sicher, und sie werden kommen. Ich muss mit ihr verschwinden. Wenn sie uns kriegen, sind wir geliefert." Er stand auf und ging zu seiner Schwester.

„Rana, kannst du laufen?"

Die nickte nur und setzte sich auf.

„Halt", rief Jasmin. „Das kann sie nicht, auch wenn sie jetzt keine Schmerzen hat. Ihre Wunden werden aufbrechen und sie wird verbluten."

„Bei Allah, was bleibt uns, Hakima? Gehen wir, werden wir vielleicht getötet, bleiben wir, so werden sie uns sicher hängen. Uns bleibt nur die kleine Chance noch davonzukommen. Mische dich nicht ein, du steckst nicht in unserer Haut."

Er stand auf, stützte seine Schwester unter den Armen und stieg langsam mit ihr die zwei Stufen zur Tür hinauf. Als beide in den Regen traten fielen die Schüsse. Rana schlug rückwärts die Treppenstufen wieder herunter und der Junge blieb im Eingang liegen.

Aufgebracht vor Empörung und außer sich vor Wut rannte Jasmin zur Tür und rief: „Nicht schießen, wir sind britische ..." Zwei Kugeln rissen sie zu Boden. Ein stechender Schmerz am Hals war das letzte, was sie in ihrem Leben spürte – dann kehrte unendliche Ruhe ein.

Jäger und Gejagte

Sari war allein. Seit Jasmins Tod, war nichts mehr, wie es vorher gewesen war. Einer Phase tiefer Traurigkeit und Depression, folgte ein ungewöhnlicher Aktivismus, als sein Verstand wieder Herr über ihn wurde.

Vater und Sohn waren bei der Beerdigung der geliebten Frau und Mutter als einzige der engsten Familie zugegen. Aminah studierte in Bagdad. Sie lebte bei Sahra und bis Sari die Briten überzeugen konnte, das Telefonverbot ins Ausland für ihn aufzuheben, war Jasmin schon unter der Erde. Ihnen war kaum aufgefallen, wie viele Menschen gekommen waren und Jasmins Beerdigung geriet zu einer arabischen Solidaritätskundgebung. Fahnen flatterten im Wind und Sprechchöre wurden laut gegen die Briten und gegen die Juden. Sie war eine aus ihrer Mitte gewesen, hatte den Menschen beider Seiten gedient und war in einem Einsatz für die Mandatsregierung von Polizisten erschossen worden. In den Zeitungen wurde Jasmin als Opfer der ungezügelten Gewaltanwendung gegen Araber dargestellt. Sogar in der englischen Presse war der Fall erwähnt worden. Sari verfluchte die britischen Behörden, die bisher keine Anstalten machten, zur Aufklärung von Jasmins Tod beizutragen.

Er hatte sich vier Tage verkrochen, kaum gegessen und das Haus abgedunkelt. Er nahm keine Beileidsbesuche entgegen und Amir bekam es mit der Angst zu tun, dass der Vater sich etwas antun könnte. Aber als Aminah, Sahra und Faruk aus Bagdad kamen und Sari keine Tränen mehr hatte, hatte er sie alle beruhigt: „Die Täter werden nicht ohne Strafe bleiben."

„Ja, Papa und ich werde an deiner Seite sein", sagte Amir, der unendlich viele Tränen vergossen hatte. Sari horchte auf. Der Junge war siebzehn, gesund und intelligent und er hatte einen starken Willen. In ihm schlug das Herz eines Beduinen. Er würde seinen Weg machen, das wusste Sari. Und ihm wurde jetzt so richtig bewusst, dass das leicht in falsche Bahnen gelenkt werden konnte. Seit Ausbruch der Unruhen waren viele Jungs bereit für das Land ihrer Väter in den Kampf zu ziehen und zu sterben. Amir und seine Freunde waren da keine Ausnahme. Zwei von ihnen hatten sich bereits der Widerstandsbewegung angeschlossen und einer

hatte gar einen Bombenanschlag auf ein jüdisches Kaffeehaus in Jerusalem verübt. Er wurde dabei von britischen
Polizisten erschossen. Am Tag danach pilgerten Hunderte
zum Haus seines Vaters. Nicht um ihr Beileid auszusprechen
sondern um ihn zu beglückwünschen. Der Vater hatte voller
Stolz von seinem heldenhaften Sohn zu ihnen gesprochen.

Amir stand auf der Kippe und Sari wachte endgültig auf.
Jasmins Tod durfte nicht auch noch Amirs nach sich ziehen.
In einem langen Gespräch, mit Hinweis auf den Willen sei-
ner Mutter, konnten Vater, Schwester, Tante und Onkel den
Sohn überzeugen Palästina Richtung Bagdad zu verlassen.
Sari meldete ihn, nur ein Jahr vor seinem Abschluss, von der
Schule ab und nachdem Sari Aminah fest versprechen muss-
te, nichts Unvorsichtiges zu unternehmen, verabschiedeten
sie sich und fuhren gemeinsam mit Amir zurück in den Irak.

Faruk war ob des Todes von Jasmin außer sich gewesen.
„Die Juden bringen Unglück", tobte er. Er, der sich früher
nie Gedanken über die Existenz von Juden unter Arabern
gemacht, der das niemals in Frage gestellt hatte, war aus
tiefster Seele zum Antisemiten geworden. „Die Deutschen
schmeißen sie alle raus. Auch wir sollten das tun."

„Was in Deutschland passiert, abu Majjid, ist ein Verbrechen. Menschen werden verfolgt, weil sie einer besonderen
Rasse oder einem besonderen Volk angehören sollen. Aber
es gibt keine jüdische Rasse, ya achi, und es gibt auch kein
jüdisches Volk. Es gibt nur die jüdische Religion. Das waren
die Worte von Shimon Bey und er hatte recht."

„Und es gibt die Sayuni. Bei Allah, sie sind das Übel dieser Welt. Du kennst die "*Protokolle der Weisen von Zion*"."

„Aber Faruk", entgegnete Sari und legt ihm die Hand auf
die Schulter. „Das Pamphlet ist eine dreiste Fälschung. Ein
Programm zur Welteroberung, das rechtsgerichtete russische
Adlige aus dem ehemaligen Zarenreich lanciert haben. Dort
lebten ein Drittel aller Juden der Welt, schutzlos, abgekapselt
vom Rest der Bevölkerung, mit einer eigenen Sprache, die
meisten von ihnen in erbärmlichen Verhältnissen. Der aufkommende Liberalismus und die Angst vor dem Zusammenbruch des feudalen Systems, ließ den Zaren nach Schuldigen
suchen – und sie fanden die Juden. Noch heute sagt man, die
Revolution in Russland sei das Werk der Juden gewesen.

Alles Unsinn. In einem Prozess in der Schweiz wurde vor drei Jahren nachgewiesen, dass es sich bei dieser Schrift um ein übles Machwerk und eine Fälschung handelt."

„Aber haben nicht die Sayuni sich durch genau diese Verschwörungstheorien und die daraus abgeleitete imaginäre Stärke des Weltjudentums Eingang in die höchsten Kreise der Politik verschafft? Ist es nicht die Angst der Engländer vor der fiktiven finanziellen Macht, die sie vor ihnen einknicken lässt? Hat nicht diese Angst immer wieder zu Zugeständnissen der Briten geführt? Haben die Sayuni diese Angst nicht sorgsam gepflegt?"

Was konnte Sari sagen? Genau das stimmte ja. Einerseits kämpften die Juden darum, dass dieser Ruf, der ihnen weltweit anhaftete, revidiert wurde, andererseits förderten ihn die Zionisten und bedienten sich seiner. Hitler bediente sich dessen, um die Juden zu verteufeln, Weizmann, um Erez Israel zu errichten. Der Antisemitismus kam nicht von ungefähr und es fiel Sari schwer, Argumente dagegen zu finden.

„Du hast ja recht, abu Majjid, und was du sagst, trifft auf die Sayuni zu. Ich sage dir: Du musst zwischen ihnen und den anderen Juden unterscheiden. Wir müssen lernen das zu tun. Auch im Fall von Jasmins Tod."

„Abu Amir, du bist ein heilloser Idealist. Aber du bist auch ein Beduine der Beni Safar, vergiß das nicht. Sie war eine von uns und unsere Rache wird die Mörder verfolgen. Niemand tötet unsere Schwester, der nicht sein Blut dafür gibt. Es ist das Gesetz der Wüste, unser Gesetz. Ich habe den Schwur gesprochen und nichts wird mich abhalten." Faruk machte eine Handbewegung, die kein weiteres Wort mehr zuließ. Nach eingehender Beratung sollte Sari die Ursachen des Todes von Jasmin vor Ort aufdecken und Faruk wollte seine Beziehungen zum irakischen Geheimdienst nutzen.

Das Alltagsleben in Palästina war fast zum Erliegen gekommen. Das Haus in Lifta war leer, bis auf die Haushaltshilfe, die jeden Tag für drei Stunden erschien. Aber für Sari gab es jetzt viel zu tun. Er nahm Kontakt auf zu Jakob Leschem. Der Jurist, den Sari damals angestellt hatte, erschien am nächsten Tag in seinem Büro am Damaskus-Tor. Das war nicht ungefährlich für ihn, denn die Kämpfe waren mittlerweile schon in die Vororte Jerusalems vorgedrungen. Immer wieder hörte man Schiessereien.

Jakob, der seit kurzem ein kleines Rechtsanwaltbüro im Haus seines Vaters in der Altstadt betrieb, kondolierte ihm. Er war zur Beerdigung von Jasmin aus Sicherheitsgründen nicht erschienen.

„Jakob, ich werde mich in Zukunft anderen Aufgaben widmen. Ich biete dir an, die Daueraufträge von mir zu übernehmen. Die Treuhandschaft für das Waisenhaus von Rabbi Ja'akov allein, wird dir ein Grundeinkommen sichern. Ich selbst werde nur noch ganz bestimmte Dinge erledigen. Besondere Aufgaben, die die Fragen meines Lebens betreffen."

Ohne groß zu überlegen sagte Jakob zu: „Wie könnte ich das ablehnen? Du weißt, wie schwer ein Anfang ist. Seit dem Tod meines Vaters ist das Leben für mich und meine Familie nicht einfacher geworden."

„Ich habe vom Tod deines Vaters gehört. Das tut mir leid."

„Ja, als er mit Yarmouk auseinanderging, lief das Geschäft immer schlechter. Er machte Schulden und konnte die Zinsen am Ende nicht mehr bezahlen. Da hat er sich aufgehängt. Nun liegt alles auf meinen Schultern."

„Warum gingen die beiden auseinander?"

„Der Druck der Zionisten auf meinen Vater war zu groß. Der Jishuw und die Histadrut haben ihn gezwungen jüdische Arbeiter einzustellen. Dadurch stiegen die Kosten und er musste die Preise erhöhen. Arabische Kunden wollten und konnten das nicht mehr zahlen und die Arbeiter von Yarmouk bekamen immer weniger zu tun. Yarmouk stieg aus. Die großen jüdischen Bauunternehmen nahmen ihm dann die anderen Aufträge weg. Er rutschte in die Schuldenfalle – das Ende ist bekannt." Und dann fügte er an: „Du weißt, dass ich schon lange auf Kriegsfuss mit den Zionisten lebe. Ich glaube, das alles galt auch mir. Schon vor dem Tod meines Vaters bekam ich anonyme Briefe, wo man mir Vergeltung androhte. "*Die Rache ist unser, der Schmerz ist deiner*" oder "*Verräter der jüdischen Rasse*", war darin zu lesen. Sie kommen auch heute noch, regelmäßig."

„Was für eine Rache meinen sie?"

412

„Ich glaube, es hängt mit der Sache von damals zusammen, als ich mich mit meinen Freunden heftig gegen sie wehrte. Sie reagieren immer gewalttätiger gegen säkulare Juden, die sich ihnen nicht vorbehaltlos anschließen. Auch andere bekommen Briefe. Es werden Anschläge auf uns ausgeführt, die dann oft den Arabern in die Schuhe geschoben werden. Aber nun sollten wir weitermachen", sagte Jakob und Sari erkannte viel Mut in seinem Verhalten.

In nur einer Stunde setzen beide einen Vertag auf und Sari war von den laufenden Aufgaben seines Büros entbunden. Finanziell konnte er sich das leisten. Jasmins Vermögen gab ihm den Rückhalt dazu.

Am nächsten Tag stellte Sari Strafantrag gegen die bisher nicht benannten Polizisten, die den Tod von Jasmin verursacht hatten. Er wusste, dass er damit kaum Aussicht auf Erfolg haben würde, es herrschte Kriegsrecht, aber nur so konnte er zumindest an die Namen der Beteiligten kommen.

Er war nach Tel Aviv gefahren, um sich mit Edward zu treffen. Der saß zwischen zwei Stühlen. Er war britischer Offizier, im Kampf gegen die arabischen Rebellen und gleichzeitig war er Saris Freund. Edward erkannte, dass sich Saris Verhältnis zu den Briten dramatisch verändert hatte.

Waren noch vor einem Jahr, zu Beginn des arabischen Streiks, bürgerkriegsähnliche Zustände an der Tagesordnung gewesen, wo durchaus auch persönliche und kriminelle Abrechnungen den Ausschlag gaben, so hatte sich die Rebellion nun in einen disziplinierteren Aufstand entwickelt, dessen Anliegen als nationaler Wille klar erkenntlich war. Viele der arabischen Intellektuellen hatten zu Beginn noch gezögert, als oftmals ein wilder und zersplitterter Mob auf Raub, Mord und Plünderungen aus war. Jetzt aber stand ein gemeinsamer Gedanke hinter dem Widerstand, der alle Schichten erfasst hatte. Die geistige Elite hatte sich angeschlossen und das Hakenkreuz der Nationalsozialisten Deutschlands drückte sowohl den Kampf gegen die britische Völkerbundmacht als auch den gegen die Juden aus.

„Du verstehst, Sari, dass ich keine Auskünfte über die Umstände des Todes von Jasmin einholen kann", sagte Edward. „Man würde argwöhnisch und mir am Ende Verrat und Spionage vorwerfen. Aber ich schäme mich zutiefst. Mein Gott, es passieren Sachen, die ich nie für möglich gehalten hätte."

„Was hättest du nie für möglich gehalten?"

„Noch vor einem Jahr hätte ich nicht für möglich gehalten, was sich im Namen der britischen Armee alles abspielt. Wir nehmen Dörfer in Kollektivhaftung, verhängen Ausgangssperren oder zerstören Häuser, wenn auch nur der leiseste Verdacht besteht, dass sich Rebellen dort verstecken oder Anschläge von da ausführen. Wir zwingen Zivilisten als Schutzschilde an die Spitze unserer Konvois, um die Rebellen davon abzuhalten die Straßen und Eisenbahnschienen zu verminen. Wir plündern, stehlen, foltern und morden. Viele Soldaten sagen, das hätten sie in Indien doch auch so gemacht. Die Unzufriedenheit derer unter uns, die noch ein Gewissen haben, wächst. Wir unterscheiden nicht mehr zwischen Schuldigen und Unschuldigen. Ich hätte noch vor einem Jahr gesagt, dass diese Realitäten frei erfunden seien."

„Sind nicht die Einheiten von britischen Offizieren geführt?"

„Ja, aber deren Willkür artet aus. Ihre Bestrafungswut, ihre Erziehungsmaßnahmen, richten unsäglichen Schaden in den Köpfen der Menschen an. Wir sind zu brutalen Besatzern geworden. Einige von uns meinen, Selbstjustiz sei ein geeignetes Mittel und begegnen dem Terror mit Terror. Als ich vor drei Wochen mit meiner Truppe am See Genezareth war, habe ich die Sondereinheit Wingate gesehen. Dieser Captain hat auf eigene Faust ein Kommando gebildet, das nächtliche Verfolgungsjagden und Vergeltungsmassnahmen durchführt. Seine "hunting Party" besteht aus Juden der Hagana und ist der Schrecken der Bevölkerung. Sie schleichen sich nachts an die Dörfer heran und treiben bei Tagesanbruch die Bewohner zusammen. Im Dorf Hittin, wo Saladin die Kreuzritter schlug, stellte er alle Männer auf. Dann ließ er zehn vortreten. "Ihr habt fünfzehn jüdische Bürger von Tiberias ermordet", sagte Wingate. "Ihr hattet kein Erbarmen. Somit verurteile ich euch zum Tode." Und er ließ die Männer von den Soldaten erschießen. Dies ist kein Einzelfall."

Edward atmete tief durch, bevor er fortfuhr: „Seine arabophobe Haltung hat sich im Sudan bei ihm festgefressen. Die Zionisten aber sind von ihm fasziniert, weil er ihnen

414

aufzeigt, dass die Idee eines jüdischen Staates eng mit einem Militarismus zusammenhängt, der nicht nur Siedlungen und Enklaven schützt, sondern der auch bewaffnete Aggression und effektive Abschreckung gegen zivilen Widerstand ausübt. Er schult seine Leute in Kampftaktiken und Vergeltungsmaßnahmen gegen die Bevölkerung. Er gestaltet die ganze Hagana um, deren Kommandeure die militante Stimmung, die er verbreitet, aufnehmen und umsetzen. Seine Eigeninitiative und die eigenmächtige Vorgehensweise seiner Strafkommandos werden nachträglich von unseren Vorgesetzten genehmigt. Kommen dabei Menschen ums Leben, wird das sanktioniert. Verstehst du, Sari, was ich meine?"

„Ich verstehe gut. Einige dieser Exzesse sind bekannt, aber werden offiziell als Übertreibungen abgetan. Aus deinem Mund hört es sich anders an. Die unter euch, die sich um die Moral Gedanken machen, müssen beginnen sich zu wehren."

„Uns sind die Hände gebunden. Die Armeeführung und die Behörden reagieren sehr empfindlich auf Vorwürfe wegen Übergriffen und Grausamkeiten. Die britische Presse berichtet und das Parlament befasst sich bereits damit. Sogar die Nazis benutzen unsere Brutalität zu Propagandazwecken in Europa. Uns ist es streng verboten an die Öffentlichkeit zu gehen. Unsere Behörden bestreiten im Allgemeinen, dass Bürgerrechte verletzt werden oder berufen sich auf Ausnahmen. Einige unserer Generäle fordern Kriegsgerichtsverfahren gegen Soldaten, die die Grenzen des Ertragbaren durch unnötige Gewalt, Rachsucht oder kaltblütigen Mord an Zivilisten überschreiten. Fehlverhalten und Mord: Die Täter kommen mit extrem leichten Strafen davon."

Sari wollte Edward nicht länger quälen. Er wusste um die Nachrichtensperre für britische Soldaten und durfte ihn nicht weiter in Verlegenheit bringen. Beim Abschied sagte er: „Edward, du kannst dich zwar nicht wehren, aber ich kann das. Begib dich nicht unnötig in Gefahr und bleibe ein Mensch."

Der Besuch bei dem britischen Offizier war aber nicht der einzige Grund seiner Reise. Sari fuhr nach Dayr Abu Salama, auf halbem Weg zwischen Tel Aviv und Jerusalem. Er hatte den Ort, wo Jasmin getötet worden war, noch nicht betreten. Zwei Wochen waren vergangen und er hoffte, dass er seine

Gefühle nun genügend im Griff hatte. Das kleine Dorf lag unweit der Straße durch die bewaldete Hügellandschaft. Landwirtschaft war hier mit großen Mühen verbunden. Als Sari auf den Dorfplatz fuhr, rannten zwei Kinder davon. Eine alte Frau kam vorsichtig aus einem der Häuser und war sichtlich erleichtert, als sie den Autofahrer als Araber erkannte.

„Salam aleikum, ummi. Wo ist das Haus von Baschar Salama?"

Sie sah ihn eindringlich an. „Bist du der Mann der Hakima Jasmin?"

„Woher weißt du das?"

„Ich sehe es an deinen Augen. Sie sind voller Trauer. Dort drüben wohnt Baschar. Komm mit, sie sind zu Hause."

Sari erkannte die dunkle Färbung von Blutspuren, die noch immer auf der steinernen Türschwelle hafteten, als die Alte anklopfte. „Maha, faradschi, ifta al-bab. Der Mann der Hakima ist da."

Die Holztür ging auf und das Ehepaar erschien. Baschar nahm sofort Saris Hand und fragte: „Du bist der Mann der Hakima?" Sari nickte.

„Sie soll gepriesen sein, bis in alle Ewigkeit. Allah wird sie im Paradies aufnehmen. Komm herein und sei unser Gast, usta'as. Verfüge über uns."

Sari betrat das kleine Steinhaus. Er wusste, wie armselig die Landbevölkerung lebte und sah sich erneut bestätigt. Er setzte sich mit Baschar an den groben Holztisch, während die Frau Qahwa einschenkte.

„Du kommst spät", sagte der Hausherr.

„Ich brauchte Zeit."

„Das verstehe ich gut."

„Erzähle mir, was hier passiert ist."

Baschar begann, als er Jasmin in Al Barriyya angetroffen hatte und endete damit, wie der Sanitäter und Fadma mit dem Krankenwagen ihre Leiche mitnahmen. Das Geschwisterpaar hatten die Polizisten mitgenommen. „Sie verbrennen die Leichen der Rebellen anonym. Sie wollen verhindern, dass aus den Beerdigungen Massendemonstrationen werden."

„Trugen die Polizisten Uniformen", wollte Sari wissen?

„Einige die Uniformen und Mützen der Notrim, andere waren in Zivil."

„Habt ihr gesehen, wer geschossen hat?"

„Nein, es ging alles so schnell und wir waren im Haus." Es klopfte erneut an der Tür. Baschar öffnete und der Mukhtar kam herein.

Er verbeugte sich tief vor Sari und sprach: „Saidi, wir sind zutiefst betrübt für das, was dir in unserem Dorf an unsäglichem Leid geschehen ist. Aber uns trifft keine Schuld. Du musst uns verzeihen."

„Es gibt nichts zu verzeihen, bei Gott nicht. Euer Gewissen ist rein."

„Du sprichst die Wahrheit, Said. Die Bewohner unserer Dörfer sind gefangen zwischen Amboss und Hammer. Nehmen wir Guerillakämpfer bei uns auf, bestrafen uns die Briten, liefern wir sie aus, nehmen die anderen blutige Rache. Wir dürfen auf Befehl der Briten die Dörfer nicht verlassen und wenn wir dem nachkommen, bestrafen uns die Rebellen. Aber die größten Verbrecher sind und bleiben die britischen Polizisten und Soldaten."

„Hast du etwas gesehen?"

„An jenem Tag kamen sie mit drei Fahrzeugen ins Dorf. Der Krankenwagen war schon eine Zeit lang weg und der Regen fiel dicht. Ich habe sie gehört und aus meinem Haus von gegenüber beobachtet. Sie hatten sich aufgeteilt und ich wusste, sie würden nun die Bewohner herausholen, als die beiden Geschwister aus Baschars Haus kamen. Sie haben sofort geschossen. Auch auf die Hakima, die sie wegen ihres Mantels nicht erkannten. Die Krankenschwester hat dann laut von innen gerufen, das Feuer einzustellen."

„Wer waren die Leute?"

„Ein britischer Sergeant mit jüdischen Polizisten in Uniform und Juden in Zivil. Selbst als die Krankenschwester ihnen klarmachte, wen sie erschossen hatten, glaubten sie ihr zuerst nicht, weil kein Krankenwagen da war. Alle Bewohner des Dorfs mussten im Regen hinaus, selbst die arme umm Baschar, die am nächsten Tag gestorben ist. Dann haben sie unsere Häuser durchsucht. Säcke mit Reis, Mehl, Zucker und die Ölbehälter haben sie ausgeschüttet. Wo die Waffen wären, wollten sie wissen. Wir gäben Terroristen Unterschlupf, hatte der Brite gesagt. Wir würden drakonisch bestraft. Ich sagte, es wären keine Terroristen bei uns. Wer das denn sei, fragte er mit Blick auf die Toten. Ich erklärte ihnen alles, aber erst als der Krankenwagen wieder zurückkam, erkannten sie ihren Fehler. Sie nahmen die Leichen der Geschwister mit und zogen ab."

„Wer hat auf die Hakima geschossen? Leute in Uniform oder in Zivil?"

„Der sie mit dem Revolver erschossen hat, war in Zivil."

„Sie wurde mit einem Revolver getötet?"

„Ja, Said. Ich sah den Mann, wie er aus kurzer Distanz zweimal auf sie schoss. Schwester Fadma hat doch die Kugel aus ihrer Brust operiert, die andere war durch den Hals gedrungen und wieder ausgetreten." Dann griff er in die Tasche seines Umhangs. „Hier ist sie. Wir haben sie zwei Tage später in der Holztür gefunden. Sie saß schräg hinter der eisernen Türangel." Damit zeigte er auf ein Loch in der Haustür.

Sari betrachtete die Kugel: Kleines Kaliber, vermutlich das Projektil einer amerikanischen Smith & Wesson. „Würdest du den Mann wiedererkennen?"

„Ja, ich sah ihn später." Dann blickte er Sari an und sagte: „Was sollen wir machen, Said? Bei Allah, selbst wenn ein arabischer Rebell bei uns Unterschlupf nähme, würde niemand ihn verraten. Aber wir sind unschuldig. Wer kommt für den Schaden auf? Unser Öl ist verdorben und die Hälfte der Nahrungsmittel. Wie sollen wir überleben? Und jetzt sollen die Nachbardörfer und wir auch noch eine kollektive Geldstrafe zahlen. Wir haben kein Geld. Kannst du helfen? Wir haben gehört du bist ein großer Rechtsgelehrter."

Der arme Mann sah Sari bittend an. Kaum begab man sich in dieses Elend, wurde auch schon um Hilfe nachgefragt. „Ich kann euch nichts versprechen", sagte er. „Es herrscht das Gesetz des Krieges, aber ich will sehen, was ich für euch machen kann."

Er hatte genug gehört. Die Kugel nahm er mit. Eine Wochen später lag dem Gericht eine Zivilstrafanzeige wegen willkürlicher Gewaltanwendung mit Todesfolge vor. Das Beileidsschreiben der Mandatsregierung, das er mittlerweile erhalten hatte, reklamierte die Tat als unglücklichen Umstand des Kriegsgeschehens und unterwarf sie somit juristisch dem Kriegsrecht. Offensichtlich aber hatten Zivilisten an der Aktion teilgenommen. Das war, trotz des Kriegsrechts, eine Grauzone und die englische Presse wartete nur auf solche Nachrichten. In jedem Fall musste ihm jetzt zumindest Einsicht in die Aufzeichnungen des Einsatzes gewährt werden.

Ungewöhnlich lange dauerte die Aufnahme des Verfahrens, doch auf mehrmaligen Druck, die internationale Presse einzuschalten, lagen vier Wochen später die Akten vor ihm. Der Einsatz war genau protokolliert. Datum, Uhrzeit, Ort und die Namen der Polizisten waren festgehalten, aber keine Todesschützen. Der schriftlichen Aussage des britischen Sergeanten war zu entnehmen, dass sie am Abend vorher mit zwanzig Mann aus dem Polizeifort Latrun ausgerückt waren. Eine Warnung für den Kibbuz Ben Shemen war eingegangen. Dort hatten sich auch Kämpfer der Hagana aufgehalten. Obwohl die Briten die Hagana offiziell gar nicht anerkannten, so formten sie doch aus deren Mitte die Einheiten der Notrim und der Siedlungspolizei und erlaubten auch Zivilisten der Hagana Waffen zu tragen. Die Todesstrafe auf Waffenbesitz, wie sie für die arabische Bevölkerung galt, war für die Juden außer Kraft gesetzt.

Die Namen der Haganamilizen waren vermerkt und einer fiel Sari sofort ins Auge: Avraham Tehomi. Der Mörder und Terrorist der Irgun, den die Briten ja steckbrieflich gesucht hatten. Er war zur Hagana zurückgekehrt und – amnestiert worden.

Die Briten und die Juden arbeiteten Hand in Hand. Sie hatten nicht nur gemeinsame Geheimdiensttätigkeiten aufgenommen sondern Sari lernte auch aus den Unterlagen, dass nicht nur die Uniformen sondern sogar die Löhne der jüdischen Polizeitruppe von der Jewish Agency mitbezahlt wurden. Die Briten bewaffneten nicht nur die Notrim sondern schlossen auch die Augen, wenn die Hagana illegal Waffen einschmuggelte. Nach außen unterstanden diese jüdischen Polizeikräfte zwar der Mandatsregierung, aber tatsächlich führten sie Befehle der Jewish Agency aus, wie Großfahn-

dungen und Maßnahmen gegen arabische Dörfer, was ja
Edward auch bestätigt hatte. Fast bekam Sari den Eindruck,
dass die Briten eher unter dem Befehl der Juden standen, als
umgekehrt. So war einer Akte zu entnehmen, dass die Kosten
des Einsatzes, wie es für alle Kommandos der jüdischen
Polizei galt, von der Jewish Agency übernommen worden
war. Sie bezahlten nicht nur die Verpflegung, die Munition,
die Fahrzeuge und Pferde sondern auch die Kollaborateure
und Informanten.

Eines machte ihn stutzig. Die Kugel, die Fadma aus Jasmins Körper operiert hatte, wurde nirgendwo erwähnt. Sari
fand heraus, dass die Briten die Notrim mit Webley Revol-
vern aus eigener Produktion ausgerüstet hatten, mit einem
weitaus größeren Kaliber. Er beantragte also eine Zeugen-
vernehmung mit der Krankenschwester, dem britischen Unteroffizier und mit Avraham Tehomi, der als Führer der Haganamilizen eingetragen war.

Als Sari mit Fadma zusammen saß, wurde ihm erst jetzt
die ganze Tragik der Tat bewusst. Sie erzählte ihm unter
Tränen, wie sie, nachdem die Schüsse gefallen waren, die
Polizisten laut gewarnt und dann verzweifelt versucht hatte
die Blutung des Durchschusses am Hals zu stoppen, da sie
noch Leben in Jasmin wahrnahm. Aber ihr Einsatz war umsonst. Später hatte sie die Kugel aus der Lunge entfernt.
Einer der Männer hatte dann, als sie ihren großen Fehler
bemerkten, die Kugel an sich genommen. Er hatte auch die
zweite noch gesucht, sie aber in der Hektik nicht gefunden.

Dem Treffen mit Sergeant Andrews, der den Trupp befehligt hatte, ging ein Gespräch mit dem Armeeoberbefehlsha-
ber Lieutenant-General Haining in dessen Büro voraus. Der
nahm sich des Falles persönlich an, um größeren Schaden
von der Armee abzuhalten, wie er sagte. Sari machte ihm
klar, dass er die Ermordung seiner Frau nicht stillschweigend
hinnehmen würde. Haining berief sich auf Saris eigene Mili-
tärkarriere und appellierte an seine Loyalität. Aber Sari gab
ihm unmissverständlich zu verstehen, dass er den Briten die
Schuld an der ganzen Entwicklung gab und im weiteren
Gespräch verfluchte Haining dann sogar mehrmals die Un-
diszipliniertheit seiner Soldaten und die Unfähigkeit der
britischen Zivilverwaltung. Sergeant Andrews, der später

dazu geladen wurde, wollte bis auf die gemachten Aufzeichnungen keine weiteren Angaben machen. Die Todesschützen könne er nicht benennen, denn er hätte sich zu diesem Zeitpunkt an einem anderen Haus befunden.

„Sergeant, wer war am Haus von Baschar Salama?"

„Ihre Namen sind mir nicht bekannt."

„Polizisten der Notrim?"

„Ich denke, ja."

„Keine Milizen der Hagana?"

„Nicht, dass ich wüsste. Ich habe die jedoch alle vor dem Einsatz vorschriftsgemäß vereidigt."

„Dann hätten sie auch Uniformen tragen müssen, oder?"

„Wir waren doch in einer Kampfsituation. Dazu war keine Zeit, es herrscht Kriegsrecht. Bis auf Tehomi kenne ich ihre Namen nicht."

„Schauen Sie, das ist die Kugel, mit der meine Frau erschossen wurde." Er zeigte sie den beiden Soldaten und denen war sofort klar, dass sie nicht aus einer Waffe der Notrim stammen konnte. „Sie wurde nicht von Polizisten im Kampfeinsatz erschossen, sondern von illegalen Milizen einer Untergrundarmee, die Sie vorgeben noch nicht einmal zu kennen."

„Wer bei dem Haus war, als die Schüsse fielen, kann ich nicht sagen."

„Wer war anwesend, als Sie das Haus erreichten?"

„Tehomi, vier Haganakämpfer und zwei Polizisten."

„Also, Tehomi eingeschlossen, fünf Milizen der Hagana?" Andrews nickte. Auf Saris Frage, warum das nicht in seinem Bericht erwähnt wurde, gab er eine ausflüchtige Antwort.

„Was wissen Sie über die Revolverkugel, die der Krankenschwester abgenommen wurde, nachdem sie sie aus der Toten gezogen hatte?"

„Wir haben nach den Schüssen die Bewohner aus den Häusern geholt und sie nach weiteren Terroristen durchsucht. Von einer Kugel weiß ich nichts."

„Warum wurden dabei das Eigentum der Dorfbewohner und die Nahrungsmittel zerstört und unbrauchbar gemacht?"

„Sie verstecken Waffen und Sprengstoff in den Behältnissen", war seine Antwort. Es war offensichtlich, der Mann wollte nichts sagen, aber Sari hatte genug gehört. Er legte General Haining nahe, mit deutlichem Hinweis auf die Undurchsichtigkeit der Sachlage, die Kollektivstrafe für die drei Dörfer aufzuheben, im Ausgleich zu einem noch weit größeren Pressespektakel, wie es schon stattgefunden hatte. Er machte ihm klar, dass seine Frau von Zivilisten erschossen worden war. Haining verstand; ihm lag daran Ruhe zu bewahren und er nahm die Strafe für die Dörfer zurück.

Das Treffen mit Tehomi wurde immer wieder in letzter Minute abgesagt, bis das Verhör vom Gericht offiziell angeordnet wurde und endlich, nach weiteren zwei Wochen, zustande kam. Sari hatte darauf bestanden, dass Tehomi nach Jerusalem ins Gerichtsgebäude kam und dass auch Richter Anwar Nussaibeh mit einem Protokollführer anwesend war.

Doch auch Tehomi kam nicht ohne Rückendeckung, ein jüdischer Anwalt war in seiner Begleitung. Avraham Tehomi hatte ein hageres, scharfkantiges Gesicht und seine Augen waren sofort auf Sari gerichtet als er den Raum betrat. Er kannte ihn, da war sich Sari sicher. Sie nahmen Platz.

„Mr. Tehomi, Sie wissen, wer ich bin", fragte Sari?

„Ich denke ja. Sie sind der Mann der Ärztin, die bei dem unglücklichen Einsatz im Dorf Dayr Abu Salama zu Tode kam."

„Sie wurde grundlos erschossen. Aber ich bin nicht nur ihr Ehemann. Ich war auch der Freund eines Mannes, der den Mörder von Jakob de Haan gesehen hat und der kurz darauf selbst ermordet wurde."

Tehomis Augen wurden stechend. „Von was reden Sie? Weswegen bin ich vorgeladen? Doch wegen des Unfalls mit Ihrer Frau."

„Es war kein Unfall. Mord ist niemals ein Unfall. De Haans Mord nicht, Hassan Atlans Mord nicht, Nathan Ezekiels Mord nicht und auch nicht der an meiner Frau."

„Was wollen Sie, Mann? Ich habe wenig Zeit", und zu seinem Anwalt gewandt, fragte er: „Muss ich mir das anhören?"

Der schüttelte den Kopf und sagte überheblich: „Werter Herr Anwalt, Sie haben ein Verfahren zur Untersuchung des

Todes Ihrer Gattin angestrengt, die bei einem Kriegseinsatz ums Leben kam. So traurig das ist, so lächerlich ist das."

„Sie sind wahrhaftig ein scharfsinniger Kollege. Aber vielleicht habe ich ja schon mehr, als ich zu hoffen wagte. Immerhin sitzt mir ja Ihr Mandant heute hier gegenüber, den ich so gern einmal treffen wollte. Wer hat schon die Möglichkeit solchen Mitmenschen ins Auge zu sehen. Also, Tehomi, wer hat auf meine Frau geschossen? Wer war bei dem Haus?" Sari legte jede Form von Höflichkeit ab.

Der Angesprochene blickte ihn überlegen an und zischte: „Den Teufel werde ich tun und dir Auskunft geben, Araber."

Anwar Nussaibeh schaltete sich jetzt ein und erinnerte beide Juden, wegen des geschworenen Eides, an Tehomis Aussagepflicht gegenüber der Mandatsregierung. Sollte er dem nicht nachkommen, konnte der Richter ihn umgehend festsetzen. „Mr. Tehomi", sagte er fordernd. „Sie wurden von Sergeant Andrews als der Führer der Männer der Hagana benannt. Also, wer war vor dem Haus von Baschar Salama als die Schüsse abgegeben wurden?"

„Es waren Polizisten der Notrim."

„Die Ärztin wurde mit einem Revolver erschossen, der nicht zu den Waffen der Notrim zählt. Wer von ihnen hatte einen Revolver?"

Tehomis Augen wurden klein und er wurde blass. „Das weiß ich nicht."

„Wo ist die Kugel, die der Krankenschwester abgenommen wurde", fragte Sari nun scharf?

„Ich weiß nicht, was du von mir willst, verdammter ..."

„Wir wissen nicht, von was Sie reden", unterbrach ihn der Anwalt abrupt. „Es war ein Einsatz im Krieg. Die Männer haben mit Genehmigung der Mandatsregierung gehandelt. Ihnen ist nichts vorzuwerfen."

„Mr. Tehomi", und Nussaibeh hob seine Stimme. „Zum letzten Mal. Wer war vor dem Haus von Baschar Salama?"

Tehomi und sein Anwalt versuchten sich herauszuwinden, aber am Ende musste er drei Namen preisgeben: Dov Josef, Uri Gissin und Moshe Porat.

Im Grunde war das alles, was Sari wollte und doch konnte er sich eine weitere Frage nicht verkneifen. „Tehomi, ich weiß, du bist der Mörder von de Haan und Jossi Dan hat den umgebracht, der dich gesehen hat. Wie du mit deinem Gewissen zurechtkommst, ist mir egal. Aber wo steckt der andere Mordbube?"

„Mustafa, was erzählst du? Hast du nicht selbst getötet? Jossi Dan ist in der Irgun. Ich habe nichts mit ihm zu tun."

„Ach ja, ich vergaß. Du bist vom Terroristenführer zum Kämpfer für die Gerechtigkeit mutiert. Nun denn, Tehomi, wenn du ihn wieder siehst, dann sage ihm, Sari Nadschar sucht ihn und er wird ihn finden."

Eine Woche später lag Richter Nussaibeh ein Testat vor, in dem Dov Josef, Uri Gissin und Moshe Porat gemeinschaftlich bestritten einen Revolver benutzt zu haben. Aber selbst die Aussage der Krankenschwester und die Kugel, die bewies, dass sie logen, veranlassten den Obersten Zivilrichter Harry Trusted nicht, die Klage weiter zu verfolgen und er gab die Sache ab an das Militärgericht. Das würde nach dem Kriegsrecht entscheiden und die Mörder, die von Sergeant Andrews ja vorschriftsmäßig vereidigt worden waren, davonkommen lassen. Sari wusste, dass es gar nicht um die Aufklärung von Jasmins Tod ging, sondern nur darum, in diesem besonderen Fall Ruhe zu bewahren und einem entsprechenden Presserummel aus dem Weg zu gehen. Er wandte sich an Jakob Leschem. Der überzeugte Antizionist, der zusammen mit der orthodoxen Gemeinde der Altstadt Jerusalems aufgewachsen war, hatte keine große Mühe Leute vom Schlage Nathan Ezekiels zu finden. Der Mann bestand nur auf einem: Kein direkter Kontakt zu Sari und dem Büro am Damaskus-Tor. Alles musste geheim ablaufen. Er wollte die drei ausfindig machen und Informationen einholen, verlangte aber Zeit und einen stolzen Preis und Sari war einverstanden.

ALS REAKTION auf die gerichtliche Entscheidung, beschlossen Cousin Ibrahim und er nun gemeinsam die unverhältnismäßige Gewalt der britischen Truppen und ihrer Helfershelfer aufzudecken und anzuprangern. In den Zeitungen wurde zwar täglich über die Auswirkungen der jahrelang verfehlten britischen Politik berichtet, aber beide begannen nun Details der brutalen Vorgehensweise gegen arabische Zivilisten in der *Lisan al-Arab* zu veröffentlichen. Diese Wahrheiten erfuhr Sari aus den Akten, sobald er ein Strafverfahren eingeleitet hatte. Und es gab viele solcher Anlässe.

Die letzten Oktobertage des Jahres 1938 waren angebrochen. Der landesweite Aufstand, der nun mehr als zehntausend arabische Kämpfer umfasste, war in der entscheidenden Phase. Zwar hatten die Rebellen im Juli, in einer wahren Schlacht bei Jenin, der britischen Armee das Feld überlassen müssen, aber seit Mitte des Monats waren die Guerillas der Brigade von Aref Abdul Razzik die Herren der Altstadt Jerusalems. Major-General O'Connor, der General des Distrikts Jerusalem, war von dem Angriff völlig überrascht worden. Sari hatte von seinem Bürofenster aus gesehen, wie die Rebellen die großen Tore der Altstadt verbarrikadierten. Zu Tausenden waren die orthodoxen Juden in Panik aus der Stadt geflohen, aber denen, die geblieben waren, geschah kein Unheil. Die Rebellen unterschieden sehr genau zwischen Juden und Zionisten. Drei Tage lang war die Altstadt in ihrer Hand, dann rückte O'Connor mit Eliteeinheiten seiner 7. Infanteriedivision vor und beendete das Intermezzo. Als Sari tags darauf wieder in seinem Büro saß, konnte er noch die zerschossenen Trümmer der Barrikaden am Damaskus-Tor sehen. Die Guerillas hatten sich zurückgezogen.

Es war klar: Der Aufstand war gescheitert. Die Einnahme Jerusalems war ein letzter verzweifelter Akt gewesen. Zwar setzten viele Unverzagte den Widerstand fort, aber ihr Rückgrat war gebrochen. Immer mehr der Freiwilligen aus Syrien, dem Irak und dem Libanon zogen sich über den Sicherheitszaun zurück in ihre Heimat. Die Aufständischen konnten die Briten nicht besiegen und hatten doch einen Sieg davongetragen.

Der bestand auf ganz anderem Gebiet. In der arabischen Presse, außerhalb Palästinas, sorgte der Aufstand durch seine hohe Publizität für eine Internationalisierung des Konflikts. In den Nachbarländern wurden die Ereignisse in Palästina genauer verfolgt und die Menschen begannen ihn im Sinn des Panarabismus als gesamtarabischen Konflikt zu begreifen. Als Gegenreaktion wurden wider die Briten breite Sympathien für das Dritte Reich Hitlers bekundet und selbst im britischen Parlament machte man sich Gedanken, ob der Weg in Palästina nicht doch der falsche gewesen war. Gewichtige Stimmen wurden laut, die aufriefen das Land zu verlassen. Die Brutalität der Vorgehensweise der britischen Armee und ihrer jüdischen Hilfstruppen hatte auch im westlichen Ausland für große Verwunderung gesorgt. Die Briten standen in der internationalen Kritik.

Ibrahim und Sari waren daran nicht gerade unbeteiligt. Seit dem Frühjahr waren sie unterwegs gewesen, um die Schauplätze der Kämpfe aufzusuchen und die Zerstörungen und Gewalttaten aufzudecken und zu belegen. Ihre Berichte erreichten die großen Blätter dieser Welt. Sari führte Verfahren auf Verfahren gegen die Mandatsregierung im Sinne der geschädigten Zivilisten und bekam so, trotz Kriegsrecht, direkten Zugang zu den Schauplätzen der Gewalt.

Mal ging es um die strafweise Zerstörung von über fünfzig Häusern in Baka Al Gharbiya, nach der Schlacht von Jenin, mal um die Kollektivstrafen und die Evakuierung ganzer Dörfer oder um die sogenannten "Erschießungen auf der Flucht", die, so bezeichnet, den wahren Sachverhalt aber gar nicht wiedergaben. Sie sammelten Zeugenaussagen, wonach Zivilisten erschossen worden waren, unbewaffnet, ohne Vorwarnung und ohne geflohen zu sein. Auf der Suche nach Rebellen schloss das Militär oftmals einen Kordon um ein Gebiet oder ein Dorf oder es wurden Ausgangssperren auf Dörfer und Städte verhängt. Wer sich all dem zu widersetzen suchte, wurde eben "auf der Flucht erschossen". Diese kaltblütige Bezeichnung bekam nicht nur in den Ohren der Araber einen schlechten Klang. Auch Ibrahims und Saris Namen bekamen einen schlechten Klang, allerdings bei den Briten. Sie mochten es gar nicht, wenn jemand ihre Taten aufdeckte und Prozesse gegen sie führte. Sie wurden oft von Soldaten bewusst behindert, aber der Zugang zu den Plätzen musste ihnen gestattet werden.

Im April war Sari bei Lady Newton in Haifa gewesen und deren Name hatte den gleichen schlechten Klang bei den Briten, wie seiner. Sie war eine vehemente Gegnerin des Zionismus geworden und klagte öffentlich die unverfrorene Verbindung der britischen Politik und der Juden an. Das war mittlerweile so weit gegangen, dass die Mandatsregierung erwog sie außer Landes zu weisen. Sie jedoch hatte dagegen gerade erst Einspruch erhoben.

„Ja, Mr. Nadschar", sagte sie, nachdem sich beide genügend ausgetauscht hatten. „Selbst mir als Engländerin ist es nicht mehr erlaubt die Wahrheit zu sagen. Sie, als Palästinenser, sollten noch viel vorsichtiger sein."

„Ich weiß Milady, aber ich habe immer noch die Hintertür zum Irak. So schlimm kann es also für mich nicht werden."

„Nun, ich werde jedenfalls so lange gegen meine Ausweisung ankämpfen, wie es möglich ist. Sie werden mich nicht so schnell klein kriegen", lachte sie. Sie war nunmehr eine alte Dame, aber resolut und auch skrupellos genug, um ihr Recht einzufordern.

„Also, weswegen Sie gekommen sind: Es war am 22. Februar, als ich das Dorf Ibtin bei Haifa besuchte. Die Bewohner waren einer Kollektivstrafe unterworfen worden, weil ein britischer Polizist in der Nähe des Dorfs einem Anschlag erlegen war. Die Verwüstung der sechzig Häuser war ungeheuerlich. Die Inneneinrichtungen waren zerstört, die Türen aus den Angeln gehoben, die Kleider und die Bettwäsche in einem knöchelhohen Sumpf aus Olivenöl und Scherben aufgeweicht. Über neunhundert Schafe hatten die Briten mitgenommen, die die Eigentümer für acht Schilling pro Stück zurück kaufen mussten, wenn sie sie wiederhaben wollten. Einen Monat später wurden dann vierzig Soldaten dort einquartiert und die Kosten von neunzig Pfund pro Monat dem Dorf aufgelastet. Um einer Pfändung ihrer restlichen Habe, als Abgeltung für die Strafe, aus dem Weg zu gehen, flohen die Einwohner. Viele übernachten jetzt auf den nahen Feldern unter Olivenbäumen und Hütten aus Säcken und Wellblech. Ich bin zutiefst beschämt, dass so etwas wie hier im Namen meines Landes geschieht."

„Sind Sie bereit, das schriftlich zu bezeugen?"

„Aber selbstverständlich."

Sari beschäftigte sich mit vielen ähnlichen Fällen. Erst Ende September hatte er Zugang zu dem zweitausend Seelen Ort Al Bassa an der libanesischen Grenze bekommen. Da waren schon fast drei Wochen nach einem wahren Massaker

vergangen. Die überwiegend katholischen Bewohner des
Orts hatten mit ihm in der Kirche zusammen gesessen.

„Wir mussten für etwas bezahlen, was wir nicht verschuldet haben", hatte der Pfarrer gesagt. „Sind wir nicht Glaubensbrüder im gleichen Geist? Nur weil das Dorf zufällig in
der Nähe der Stelle eines Anschlags auf vier britische Soldaten lag, wurden wir zur Rechenschaft gezogen. Wir haben
die Mine nicht gelegt und sind für den Tod der Soldaten
nicht verantwortlich. Einen Tag später sind sie gekommen,
haben zwanzig Minuten lang das Dorf mit ihren Maschinengewehren beschossen und danach unsere Häuser angezündet.
Aber noch nicht genug. Einige Tage später kamen sie erneut
und holten fünfzig Männer zusammen. Als drei von ihnen
weglaufen wollten, wurden sie erschossen. Zwanzig mussten
sich dann in einen alten Militärbus setzen, während Soldaten
eine Landmine in den Dorfplatz gruben. Dann zwangen sie
den Busfahrer mit dem Gewehr im Anschlag darüber zu
fahren. Sie alle starben vor den Augen ihrer Familien, die
zusahen, wie der Bus in die Luft flog. Wir mussten eine
Grube ausheben und die zerrissenen Leichenteile darin ver-
scharren. Omri sag, was mit deinem Sohn geschehen ist."

Der Angesprochene berichtete, dass sie darauf einige der
Männer mitgenommen hatten, die sie als Geiseln vor ihre
Gleiswagen setzten. Die Gleise waren zu Schutzzwecken
parallel zur Ölpipeline aus dem Irak verlegt worden. Bei
einem harten Bremsmanöver war sein Sohn nach vorn gekippt und nachfolgend vom Zug überrollt worden. Die beiden anderen sagten, als sie zurückkamen, es sei bewusst
gebremst worden.

Ein anderer erzählte, dass die, die vor die Motorhaube von
Lastkraftwagen platziert wurden, oft durch hin und her
schwenken des Lenkrads abgeworfen wurden. Wer sich nur
etwas brach, hatte Glück gehabt, wer sich dem entziehen
wollte, wurde "auf der Flucht erschossen".

Der Pfarrer holte tief Luft. „Was sollen wir von solchen
Besatzer halten? Jeder von uns hat Tote in seiner Familie. Sie
wollen uns durch ihre Brutalität einschüchtern und den Beistand für die Revolte brechen. Aber was erreichen sie? Es
gab bei uns britische Sympathisanten aber die sind jetzt ihre
schärfsten Gegner. Die Briten und ihre jüdischen Gehilfen

sind Werkzeuge des Teufels. Sie foltern und morden, zerstören und plündern. Wir leiden unsäglich. Es muss doch mal ein Ende sein. Wir können nicht mehr."

Als Sari eine Woche später den Bataillonskommandeur Colonel Whitfeld aufsuchte, redete der sich heraus. „Die Dörfer wissen, dass sie bestraft werden, wenn irgendetwas mit unseren Männern geschieht. Natürlich bin ich mit der Sache in Al Bassa nicht einverstanden, aber ich hätte mein Gesicht verloren, wenn ich nachgegeben hätte. Ich habe zu dem Captain gesagt, er soll in Zukunft nicht ganz so hart rangehen."

Natürlich war das nicht die Regel und auch britische Soldaten hielten sich an den Codex von Menschlichkeit, und doch fand man viel zu oft tote oder schwerverletzte Araber auf den Feldern, die einfach liegengelassen worden waren.

Im Oktober war der Einspruch der Lady Newton gegen ihre Ausweisung abgewiesen worden und sie musste das Land verlassen. Dafür war Major-General Bernard Montgomery erschienen. Der hatte den Auftrag mit seiner 8. Infanteriedivision den Aufstand endlich zu beenden. Ein Hardliner, der bereits im Sinn-Féin-Krieg in Irland Erfahrungen gesammelt hatte. Seine Truppen drückten die Rebellen zurück in die Berge im Norden.

Sari und Ibrahim saßen Ende November im Auto auf dem Weg dorthin. Die unwegsame Bergregion, nördlich von Nablus, gab den Rebellen genügend Schutz vor den motorisierten Verbänden der Briten. Ein paar Meilen nordwestlich der Stadt fanden sie im Dorf Al Naqura den Verbindungsmann, der sie nach drei Stunden Ritt auf Maultieren zum Treffpunkt mit einem der arabischen Anführer und Helden der Revolte brachte.

Abdulrahim al-Hadsch Muhammad kam ihnen entgegen, als sie den Lagerplatz in dem tiefen Tal erreichten. Er war von kleiner Statur, aber sein Auftreten war das eines großen Mannes. Er wurde nicht nur von seinen Kämpfern verehrt sondern war, wegen seines Mutes, seiner Voraussicht und seiner Aufrichtigkeit, auch in der Bevölkerung geachtet. Bisher war es den Briten nicht gelungen ihm habhaft zu werden. Er hatte den Guerillas vor einem Jahr eine militärisch hierarchische Struktur gegeben, sie in vier Brigaden eingeteilt und er war als einer der beiden Kommandeure, neben Aref Abdul Razzik, an vorderster Front unterwegs. Er operierte im nördlich zentralen Hochland, von wo er seine Angriffe auf britische Armeepatrouillen und Transporte durchführte. Nach der Schlacht bei Jenin hatte er erkannt, dass offene Kämpfe gegen die Überlegenheit der britischen Waffen aussichtslos waren.

Der muslimisch gläubige Rebellengeneral saß beiden in einem Steinverschlag gegenüber, der notdürftig mit Palmblättern abgedeckt war. Das Lager war sauber aufgeräumt und die Menschen, die Tiere und die Ausrüstung in nahen Höhlen untergebracht. Nichts ließ auf ihre Anwesenheit schließen, denn jederzeit bestand die Gefahr, dass ein Aufklärungsflugzeug Montgomerys erschien. Über die Schulter hing ihm ein breiter Patronengurt und in den Händen hielt er eine dieser Thompson Maschinenpistolen, die Montgomery mit nach Palästina gebracht hatte. Als Saris Blick auf die Waffe fiel, sagte er: „Ein britischer Sergeant hat sie mir bei Manshiya überlassen. Ich war schneller. Ich wünschte wir hätten mehr von diesen Dingern."

Hadsch Muhammad war gerade von einem waghalsigen Besuch in Damaskus zurückgekehrt, wo er mit dem Komitee zur Finanzierung der Revolte ernsthafte Differenzen ausgefochten hatte. Er hatte die beiden über geheime Kanäle zu einem Treffen gebeten. Auch ihm war aufgefallen, wie sich die arabische Presse der palästinensischen Sache annahm und welcher internationale Druck mittlerweile auf Großbritannien herrschte. Er hatte erkannt, dass nicht nur die Waffen allein die Sache der Palästinenser bestimmten, sondern dass die Darstellung des Konflikts und die resultierende öffentliche Meinung, ein ebenso großes Gewicht hatten. Die Waffen würden für die Briten entscheiden, das war ihm klar, aber der Sieg war ihnen nicht unbedingt sicher. Wenn die Araber schlau genug waren, so konnte sich für sie das Blatt doch noch zu ihren Gunsten wenden. Spätestens nach Hitlers Richtlinie über die endgültige Liquidierung der Tschechoslowakei mit der Abtrennung Böhmens und Mährens von der Slowakei, wurde die Bedrohung eines Krieges in Europa immer akuter. Viel zu sehr verschuldet war das Dritte Reich, als dass es auf weitere Gebietsansprüche verzichten würde.

Nazi-Deutschland konnte sich nur durch Landgewinne finanzieren. Der Rebellenführer hatte das erkannt und er folgerte daraus, dass die Briten, im Angesicht dieser Bedrohung in Europa, den Konflikt im Nahen Osten möglichst bald beenden mussten. Die Palästinenser konnten dabei eine ganz andere Rolle einnehmen, als die, die sie bisher gespielt hatten. Es hieß nur so lange wie möglich durchzuhalten. Jedoch, der Durchhaltewille der Bevölkerung bröckelte. Sie war ausgelaugt, halb verhungert und am Boden zerstört. Zwei Jahre mit brutalen und rücksichtslosen Angriffen auf Dörfer und ländliche Gebiete, hatten sie demoralisiert.

„Die Bewohner unseres Landes und meine Mitstreiter leiden unendliche Qualen und Damaskus verlangt Geld von mir, wo sie es doch sind, die geben sollten. Sie haben uns ihre Unterstützung versagt, weil ich nicht bereit bin, ihre Todesurteile gegen unsere eigenen Leute zu vollstrecken. Selbst in diesem Existenzkampf sind wir nicht in der Lage uns zu einen. Der Husseini flieht und der Nashashibi verrät das Volk. Es wartet auf einen Führer, der sich nicht in Sicherheit bringt, sondern die Nation im Angesicht der Gefahr vertritt. Es geht nicht um Parteien, nicht um Husseinismus oder die Fasa'il al-Salam, hier geht es um die Zukunft der arabischen Menschen Palästinas."

Kurz nachdem Hadsch Amin al-Husseini außer Landes geflohen war, hatte Raghib al-Nashashibi wieder Kontakt zu den Briten und zu den Zionisten aufgenommen. Seine Bereitschaft zur Kooperation nahmen die natürlich dankend an. Das britische und jüdische Geld, das seitdem wieder an ihn floss, stürzte die Araber im Chaos des Aufstands gegen die Briten zusätzlich auch noch in einen Bruderkrieg. Seit kurzem wurde mit diesem Geld die sogenannte Friedenseinheit aufgestellt, die Kampf- und Spionageoperationen gegen die Aufständischen ausführte. Sie stellte eine große Bedrohung für die Rebellen dar, denn sie bestand aus unverdächtigen arabischen Bauern, die aus purer Not die Bezahlung annahmen, um ihre hungernden Familien zu ernähren. Ihre Aktionen waren für sie selbst natürlich kontraproduktiv, denn sie dienten einzig den Interessen der arabischen Grundbesitzer, die sich wieder hinter Nashashibi gestellt hatten, und den Interessen der Zionisten.

„Wärest du ein solcher Führer", fragte Ibrahim?

„Bei Allah, ich sage euch, selbst der Schuh unseres unbe-
deutendsten Kämpfers ist edler als all die, die sich den Vergnügungen hingeben, während ihre Brüder in den Bergen
leiden. Ich habe nie auf Geheiß von politischen Parteien oder
Personen gehandelt, nie Attentate und Anschläge auf Zivilisten ausgeführt. Ich bin weder überreligiös und ein Feigling,
wie Husseini, noch bin ich ein Verräter am Volk, wie Nashashibi. Ich vereine alle in einer Nation und wer immer das
auch will, der soll mir willkommen sein."

Das war der Grund gewesen, warum er Sari und Ibrahim
gebeten hatte zu ihm zu kommen. Hadsch Muhammad hatte
die Zeichen der Zeit erkannt und begann seine Person entsprechend darzustellen und zu vermarkten. Er sprach darüber, wie er sich an die Handelskammer Jerusalem und die
Stadtverwaltung von Ramallah hatte wenden müssen, um den
weiteren Aufstand zu finanzieren, und wie knapp er und
Abdul Razzik den Engländern entkommen waren, als die vor
zwei Monaten das Dorf Deir Ghassaneh, bei einem Treffen
der Rebellenführer, von Flugzeugen aus bombardieren ließen. Sie waren jeden Tag dem Tod näher als dem Leben.

Das Gespräch drehte sich darum, wie Sari und Ibrahim
ihm helfen konnten, als unerwartet Rufe erschallten. Der
Rebellenführer sprang auf und rannte aus dem Verschlag.
Sari und Ibrahim folgten und waren erstaunt, dass der Platz
urplötzlich voller Menschen und Tiere war. Ein Alarmsignal
von einem Posten auf einem der Berge ringsum hatte sie aus
den Höhlen getrieben. Unter den gut fünfzig Kämpfern befanden sich etliche Frauen.

Hadsch Muhammad gab seine Befehle schnell und präzise
und kam dann eilig zurück zu den beiden. „Unser Verpfle-
gungszug ist aufgeflogen. Sie wollten Proviant besorgen,
aber die Briten haben schon auf sie gewartet. Sie sind aus
dem Jordantal heraufgekommen. Wir haben nicht viel Zeit.
Seht zu, dass ihr wegkommt. Geht zurück nach Naqura und
rettet euer Leben." Dann war er auch schon mit den anderen
dabei die Transporttiere zu beladen. „Und schreibt vernünftig
über uns", rief er ihnen noch über die Schulter zu.

Sie suchten den Mann, der sie hergebracht hatte. Aber der
war mit den Maultieren in dem Durcheinander nicht auszu-

432

machen oder auch schon verschwunden. Im Osten hörte man
erste Schüsse. Dann kam eine Gruppe von Leuten das Tal
herunter gerannt. „Sie sind uns von Talluza gefolgt und haben uns alles abgejagt. Wir sind verraten worden."

Für Sari und Ibrahim wurde es Zeit sich davon zu machen
und wenn es sein musste, eben auch zu Fuß. Also schlugen
sie, so schnell sie konnten, den Rückweg Richtung Westen
ein. Über Berg und Tal erreichten sie nach zwei Stunden das
Dorf Nisf Jubeil. Die kleine Ansiedlung von einfachen
Steinhäusern an einem kahlen Berghang war verlassen. Sari,
der immer seine Mauser bei sich trug, zog die jetzt aus der
Tasche. Sie näherten sich vorsichtig. Sein Blick folgte einigen herumlaufenden Ziegen, als er einen Schatten hinter
einem der Häuser weiter oben wahrnahm.

„Wir sind Araber", rief er laut. „Wir tun euch nichts."

Eine gekrümmte Frauengestalt kam vorsichtig hinter der
Hausecke hervor. Die Alte war auf eine Krücke gestützt und
bewegte sich sehr schwer. Sari streckte, wie zum Beweis
seiner Aufrichtigkeit, die Arme in die Höhe und ging langsam auf sie zu. Die Alte sah ihn an und schien beruhigt.

„Ya abla, wo sind die Bewohner?"

„Bismillah il-rahman il-rahim, wer seid ihr?"

Ibrahim, der dazu getreten war, erzählte ihr von der Reise,
dem Treffen mit Hadsch Muhammad und von der Flucht, die
sie hierher geführt hatte.

Die Alte nickte: „Allah sei mit ihm und mit euch. Ihr
müsst sehr vorsichtig sein. Gestern Abend haben Araber bei
Kfar Saba einen Bus mit Juden angegriffen. Die Sayuni haben dafür vor drei Stunden eine Bombe auf den Markt in
Sebastia geworfen und britische Soldaten durchsuchen nun
die Gegend. Als wir davon hörten sind alle in das Versteck
geflohen, hinter dem Berg", und sie zeigte den steilen Hang
hinauf. „Wann immer etwas passiert, ziehen wir uns in die
Höhlen zurück. Nur ich und zwei andere Alte bleiben hier.
Der Weg ist uns zu beschwerlich."

„Sind die Soldaten auch in Naqura?"

„Sie sind überall und suchen nach Rebellen. Wen sie erwischen, dem geht es schlecht."

„Es ist gut, dass wir dich getroffen haben. Der Gepriesene sei mit dir."

„Haltet euch talabwärts bis ins Wadi Dir Seref. Das Buschwerk und die Olivenbäume werden euch Deckung geben. Allah yihmeekum."

Die beiden taten wie geheißen und tatsächlich war die Vegetation im Wadi dicht genug, um unbemerkt durch das breite Tal zu gelangen. Um Al Naqura zu erreichen, mussten sie die Landstraße nach Sebastia überqueren. Als sie schon fast hinüber waren, schoss ein Auto, das urplötzlich hinter einer Biegung auftauchte, mit hohem Tempo direkt auf sie zu.

„Ibrahim, Vorsicht", schrie Sari noch und riss den Cousin zu Boden. Er hatte den Gewehrlauf erkannt, der aus dem hinteren Fenster herausragte. Als der Wagen nur zwei Yards entfernt über die staubige Straße an ihnen vorbeiraste ging die Maschinengewehrsalve über ihre Köpfe ins Leere. Saris Blick fiel auf das Gesicht des Fahrers – die zerbeulte Nase!

„Verflucht", rief er und sprang auf. „Rosenwald, elender Bastard", schrie er hinter ihm her, zog die Pistole und gab drei Schüsse auf den Wagen ab, der sich in einem dichten Staubwirbel jedoch schnell entfernt hatte.

Noch waren sie dabei sich den Staub von den Hosen zu wischen, da näherten sich Militärfahrzeuge. An der Spitze fuhr ein britischer Rolls-Royce Panzerwagen gefolgt von zwei Lastwagen. Als sie Sari und Ibrahim erreicht hatten, hob der Truppenführer im offenen Maschinengewehrhaus den Arm und die Patrouille stoppte. Sofort sprangen gut zehn Soldaten von den Lastwagen herunter und umstellten die beiden, die Gewehre im Anschlag. Ein junger Lieutenant stieg aus dem Rolls-Royce.

Sari hielt die Pistole noch in der Hand und ehe er sich versah, bekam er einen kräftigen Schlag in den Rücken, der ihn zu Boden warf.

„Die Waffe!" Der Lieutenant streckte fordernd seine Hand aus. Auf unerlaubten Besitz von Schusswaffen stand die Todesstrafe. Sari stand auf und gab ihm die Pistole.

„Was habt ihr hier zu suchen", fragte er in gebrochenem Arabisch?

434

„Wir sind von der Presse", antwortete Ibrahim auf Englisch.

„Presse? Mann hier ist Krieg. Wir brauchen keine Presse. Eure Namen?"

Sie reichten ihm ihre Papiere.

„Ein Rechtsanwalt? Wo hast du die Armeepistole her?"

„Ich war Major der britischen Streitkräfte ..."

„Was? Lüg mich nicht an Bursche. Kein Araber war jemals Stabsoffizier. Brown nehmen Sie die Kerle fest. Warten Sie bis Downing kommt, dann bringen Sie sie nach Nablus." Er gab ein Zeichen und alle, bis auf zwei Soldaten, setzten sich in die Fahrzeuge und fuhren weiter.

Aller Protest nutzte nichts. Die Hände wurden ihnen auf dem Rücken zusammengebunden und sie saßen eine halbe Stunde im Staub bis eine andere Patrouille kam, die sie auf einer Lastwagenpritsche nach Nablus brachte. Als sie dort ankamen, war die Nacht bereits hereingebrochen. Sie erkannten nur, dass man sie in ein großes abgesperrtes Areal außerhalb der Stadt steckte, wo sie mit anderen Gefangenen die Nacht auf dem nackten Boden verbrachten.

Am Morgen sahen sie, dass gut einhundert Männer in einer pferchähnlichen Einzäunung festgehalten wurden. Die hygienischen Zustände waren katastrophal, der Gestank war mittlerweile unerträglich. Einer nach dem anderen wurde herausgeholt und befragt. Am Mittag waren sie endlich an der Reihe. Sie hatten die Befragungen beobachtet. Ein Militärrichter entschied sehr schnell: Rebell oder nicht – Abtransport ins Konzentrationslager und Militärgefängnis nach Acre oder Freilassung. Viel zu viele der Männer wurden abtransportiert, als dass die Anzahl an Rebellen in ihren Reihen hätte plausibel erscheinen können. Sie bekamen einen lang anhaftenden Stempel auf den Unterarm gedrückt.

Bei Sari und Ibrahim dauerte die Prozedur länger. Eine richterliche Genehmigung, die Sari bei sich hatte, machte den Mann stutzig. Ihre Identitäten wurden überprüft und am späten Nachmittag waren sie frei. Einige Telefonanrufe waren getätigt worden, in denen sich auch Saris Militärlaufbahn offenbarte. Nun ging es Sari nur noch um die Pistole und den Verbleib seines Autos in Al Naqura.

435

Der Richter rief nach einem Corporal, gab ihm einen Zettel und befahl: „Bringen Sie die zwei zum Colonel. Guten Tag, meine Herren."

Colonel Baker war sehr zuvorkommend, als er die Nachricht vom Militärrichter gelesen hatte. „Wir stehen in Ihrer Schuld, Major", sagte er und sorgte dafür, dass eine Polizeistreife sie nach Al Naqura brachte. Zum Ausgleich für seine Mauser, erhielt Sari die Anforderungserlaubnis für eine neue Browning aus dem britischen Waffendepot in Jerusalem.

„Noch ein Wort, Colonel", sagte Sari. „Kurz bevor die Patrouille uns erreichte, wurden wir fast Opfer eines Anschlags. Aus einem zivilen Fahrzeug wurde auf uns im Vorbeifahren gefeuert. Am Steuer saß ein mir bekannter Mann. Er ist ein Mörder und Terrorist der Irgun. Er nennt sich Jossi Dan."

„Ich habe Befehl gegeben diese Leute festzusetzen. Wie ich vom Patrouillenführer erfuhr, waren die ihnen bereits dicht auf den Fersen. Die Kerle haben gestern einen Anschlag auf den Markt in Sebastia ausgeführt und heilloses Chaos verursacht. Wir waren dabei den Rebellenführer al-Hadsch Muhammad aufzuscheuchen. Die Leute von der Fasa'il al-Salam haben herausgefunden, wo er seinen Proviant bezieht. Dann hat diese verdammte Aktion der Irgun alles verdorben. Die Dörfer ringsum wurden aufgeschreckt und die Rebellen müssen gewarnt worden sein."

„Und was ist mit al-Hadsch Muhammad", fragte Sari?

„Er ist wieder einmal verschwunden, wie ein Geist."

Sari und Ibrahim konnten ihre Freude darüber kaum verbergen und sahen zu, dass sie wegkamen. Ihr Auto fanden sie an der gleichen Stelle. Das Dorf war leer. Spät in der Nacht waren sie zurück in Jerusalem.

Jakob Leschem nahm Sari an die Seite und sah sich um. Er wollte nicht, dass sie gesehen wurden. Er zog ihn in den Flur eines Hauses in einer engen Gasse der Altstadt. „Der Mann gibt dir diese Informationen." Damit zog er ein Kuvert aus seiner Tasche und reichte es an Sari. „Er hat die Aufenthaltsorte der Männer ausfindig gemacht. Viel Glück, bei allem, was du tust." Jakob nahm das Geld von Sari, blickte hinaus auf die Straße und als er nichts Verdächtiges bemerkte, verschwand er im Dunkeln.

Fein säuberlich hatte der Informant alles aufgeschrieben. Die Aufenthaltsorte, die Gewohnheiten und die nächsten Familienmitglieder. Auch Fotos hatte er von jedem beigelegt. Dov Josef war ein dreiundvierzigjähriger Russe aus der Ukraine. Er lebte mit einer Frau zusammen im Moshav Herzlia. Uri Gissin und Moshe Porat lebten im Kibbuz Degania am See Genezareth und waren gerade Mitte zwanzig. Sari erfuhr, dass aus diesem Kibbuz besonders fanatische Zionisten kamen, war doch ihr größter Held, Josef Trumpeldor, im selben Kibbuz aufgewachsen.

Irgendwie schloss sich doch immer jeder Kreis in diesem kleinen Land, dachte er bei sich, und nun sollte sich ein weiterer schließen. Einer von ihnen war der Mörder Jasmins und er würde ihn bestrafen, so wie man mit Mördern umging, denen das sogenannte Recht die Chance gab sich der Strafe zu entziehen. Dazu bedurfte es nur noch eines kurzen Besuchs in Dayr Abu Salama, wo der Mukhtar anhand der Fotos den Täter eindeutig identifizierte. Die Schüsse waren aus dem Revolver von Dov Josef abgegeben worden. Der Mann, der Fadmas Kugel eingesteckt hatte, wie sie ihm bestätigte.

DAS TELEGRAMM lag vor ihm und es kam ihm sehr gelegen. Nuri as-Sa'id, der neue Premierminister des Irak, fragte an, ob er, Sari, ihn und Faruk zur Konferenz nach London begleiten wolle. Die Briten hatten nach einem erneuten Bericht von John Woodhead, der eine Teilung Palästinas als nicht praktikabel deklarierte, die Konfliktparteien nach England eingeladen, um endlich Frieden zu machen: Die Araber Palästinas, die Zionisten und die Delegationen der benachbarten Länder aus Ägypten, Transjordanien, Saudi Arabien, dem Jemen und dem Irak. Für den Irak sollte Sari mit teilnehmen, denn wer von ihnen, so argumentierte Nuri, konnte besser als er die Sache der Palästinenser beurteilen.

Nuri as-Sa'id, der sich gern an die produktive Zeit mit Sari zurückerinnerte, war erst seit zwei Wochen wieder im Amt. Am Weihnachtstag 1938 war er nach einem Putsch erneut als Premierminister eingesetzt worden. Obwohl wirtschaftlich erfolgreich, war der Irak politisch völlig zerstritten. Ghazi, der Sohn des großen Königs Faisal, konnte die unterschiedlichen Volksgruppen im Land nicht zusammenhalten. Ihm fehlte das Charisma seines Vaters. 1936 war es mit seiner Unterstützung zum Militärputsch gegen die pro-britische Regierung gekommen und Nuri hatte sich nur mit Hilfe der Briten ins Exil nach Ägypten retten können. In den nachfolgenden Jahren hatte ihn sein Weg über London, letztendlich, vor drei Monaten, zurück in den Irak geführt. Seine gute Beziehung zum Königshaus Faisals, war einem tiefen Misstrauen zu dessen Sohn gewichen. Ghazi, ein glühender Nationalist und Anhänger des Panarabismus, hatte sich mit den Briten überworfen und Nuris Popularität war mit seinen engen persönlichen Beziehungen zu den Engländern dramatisch gefallen.

Sari lehnte sich zurück. Er dachte an die Worte Faisals an seinen Sohn, damals im Garten des Serail in Bagdad, und wie viel Chaos nach seinem Tod entstanden war. Faisal war ein großer Mann gewesen. Aber nicht nur in seinem Gedenken und für Palästina wollte Sari den Auftrag annehmen, das gab ihm auch die Gelegenheit die Sache mit Dov Josef zu begleichen.

Nur vier Tage später war er in Bagdad. In seiner Tasche befanden sich das Foto und die Informationen über den Mörder von Jasmin. Faruk hatte darauf bereits gewartet. „Nuri ist auf meinen Vorschlag, dich nach London mitzunehmen, sofort eingegangen. Jetzt passt alles sehr gut zusammen", sagte er mit Blick auf das Bild des Mörders. „Die Liquidierung wird stattfinden, während wir im Ausland sind. Wir werden uns die Hände nicht schmutzig machen."

Faruk war ein Jahr nach dem Tod Faisals aus der Garde ausgetreten und nun Major-General der irakischen Streitkräfte. Sein Bruder Rassul hatte die Militärakademie von Bagdad durchlaufen und war mittlerweile Captain einer Einheit im irakischen Geheimdienst. Es war beiden ein Leichtes aus diesen Reihen Spezialisten zu finden, die einen solchen Auftrag ausführen konnten. Sie hatten bereits alles vorbereitet und an dem Tag, als Sari mit Faruk, Nuri, zwei Parlamentsabgeordneten und zwei Sekretären das Flugzeug nach Kairo bestieg, wo sich die irakische Delegation zu Vorgesprächen mit den Palästinensern treffen wollte, begaben sich zwei unauffällige Ölingenieure aus Mosul auf die Reise in das Mandatsgebiet Palästina. Sari hatte deswegen kein schlechtes

Gewissen, so wie auch der Mörder keines hatte. Das einzige was ihm zu schaffen machte war, dass er leider viel zu wenig Zeit mit Aminah, Amir und mit Sahra und ihrer kleinen Familie verbracht hatte. Ehe er sich versah, landete er am 16. Januar 1939 in Kairo.

Am nächsten Tag trafen sie eine illustre Gesellschaft an. Musa Alami, der Sohn eines ehemaligen Bürgermeisters von Jerusalem und einige Jahre lang Saris Nachfolger in der Rechtsabteilung der Mandatsregierung, bis er sich mit den Briten zerstritt, hatte schon im Voraus informelle Verhandlungen in London geführt und mit Kolonialminister MacDonald die Teilnehmerliste der Palästinenser abgesteckt. Das Arabische Hochkomitee und Hadsch Amin erhielten keine Erlaubnis, aber fünf Exilanten, die auf die Seychellen verbannt worden waren, wurden im Ausgleich zugelassen. Sie sollten in vier Tagen eintreffen. Die Leitung hatte Dschamal al-Husseini, der Schwager Alamis, und Generalsekretär war George Antonius, die Sari beide sehr gut kannte. Da die Briten auf der Teilnahme der Fasa'il al-Salam bestanden, gab es heftige Auseinandersetzungen um deren Partizipation. Immerhin fielen immer mehr Menschen den heftigen Kämpfen zwischen den Rebellen und den Anhängern von Raghib al-Nashashibi zum Opfer. Jedoch bestanden die strikt darauf, als die vermeintlichen Vertreter der Oberklasse, an der Konferenz teilzunehmen.

Auch eine Woche später, in Beirut, konnte im Beisein von Hadsch Amin keine Einigung erzielt werden. Als Sari am letzten Morgen vor dem Abflug nach London, im Savoy Hotel Beirut, die *Suriya al-Janubia* aufschlug, entdeckte er endlich die Nachricht, auf die er gewartet hatte. Ein Mann Namens Dov Josef war in Tel Aviv auf dem Parkplatz eines Kinos mit seinem Auto in die Luft geflogen. Ein terroristisches Attentat auf einen harmlosen Juden; Sari nickte zufrieden und betrachtete das Bild des völlig zerstörten Wagens.

Am Sonntag, den 5. Februar, waren sie in London. Unabhängig voneinander waren die Anhänger der Husseinis und die der Nashashibis angekommen und hatten unterschiedliche Hotels bezogen. Die Irakis waren im Dorchester untergebracht, wie die Husseinis. Auch die Zionisten waren angekommen. Eine große Delegation, der Weizmann vorsaß, deren tatsächlicher Führer aber Ben-Gurion war. Den hatte die Regierung Großbritanniens bisher nur als Lokalpolitiker angesehen, aber als offensichtlich wurde, dass die dämonische, weltumspannende Macht des Königs der Juden, wie sie Chaim Weizmann nannten, die Verfolgung seiner Glaubensbrüder in Deutschland nicht hatte verhindern können, verkam er mehr und mehr zu einer Randfigur. Das stärkte Ben-Gurions Vormachtstellung. Er war jetzt derjenige, der die Fäden zog.

Sari nahm an mehreren Sitzungen teil, die schon zu Beginn skurrilen Charakter annahmen. Die Verhandlungen wurden separat geführt und die Delegationen der Juden und Araber betraten den St.-James Palast durch unterschiedliche Tore. Die hochrangige Delegation der Briten, mit Premierminister, Außen- und Kolonialminister, mit Staatssekretären und hochrangigen Beamten, musste bei der Eröffnung am 7. Februar von einem zum anderen Saal pendeln.

Sari zog sich von den Verhandlungen bald mehr und mehr zurück. Zu offensichtlich wurde, dass MacDonald im Vorfeld die Rahmenbedingungen bereits festgelegt hatte und beide Seiten nun von deren Vorzügen zu überzeugen suchte. Selbst die Nashashibis, die vom 9. an getrennt an den Gesprächen teilnahmen, konnten sich mit den britischen Vorschlägen nur schwer anfreunden. Immerhin wollte MacDonald die jüdische Einwanderung für die Dauer des bevorstehenden Krieges vollständig aussetzen. Die Zionisten waren entsetzt, aber ihr Einfluss sank, denn die Araber waren sich ihrer neuen Position sehr wohl bewusst. Im Angesicht des drohenden Krieges mussten sich die Briten ihrer Loyalität versichern. Nicht nur der, der Palästinenser, sondern vielmehr auch der, der anderen teilnehmenden Staaten. Die jedoch bestanden alle gemeinsam auf der vollständigen Kontrolle der Einwanderung, auch nach dem Krieg, und auf der Unabhängigkeit Palästinas mit einer Mehrheitsregierung nach demokratischem Prinzip. Die Briten sollten durchaus im Land bleiben, so wie im Irak. Die wiederum appellierten an das Mitgefühl angesichts der Not der jüdischen Flüchtlinge, aber die Araber sagten es gebe sicherlich auch andere Orte im britischen Weltreich, wo man sie ansiedeln könne. Es

ging hin und her und MacDonald versuchte ihnen Zugeständnisse abzuringen, um die Zionisten zu befriedigen.

Im Foyer des Dorchester Hotels saß Sari zusammen mit
George Antonius, seiner Ehefrau Katy und mit Musa Alami.
Ihnen war das ewige Hin und Her zu dumm geworden. Alles
geriet zur Farce. Vor Tagen schon waren Nuri und Faruk
wieder abgereist und Sari sollte mit den beiden Parlamenta-
riern die Stellung halten. Vorgestern hatte die Zeitung *Davar*
der Mapai Partei Ben-Gurions, in Palästina ein Telegramm
von ihm veröffentlicht: "*Ein Komplott ist im Gange in dem
unsere Heimstätte liquidiert werden soll und wir zu Rädels-
führern verkommen*". MacDonald war darob zutiefst verärgert. Er hatte drei Tage zuvor an beide Delegationen eine
Zusammenfassung der Ergebnisse verteilt, die, nach einer
Übergangszeit, Palästina einen unabhängigen Staat versprach
und in Allianz mit Großbritannien der jüdischen Minderheit
einen geschützten Status zusagte. Nach diesem Eklat jedoch
merkte man MacDonald an, dass er die Konferenz so schnell
wie möglich beenden wollte.

Die Zeitungen von heute, dem 1. März, berichteten über
die Ausschreitungen, die der Artikel in der *Davar* am selben
Tag seines Erscheinens in Palästina verursacht hatte. Acht-
unddreißig Araber waren bei koordinierten Bombenanschlä-
gen ums Leben gekommen. Die jüdische Delegation hatte
gestern ihre formelle Teilnahme an der Konferenz beendet.

„Sie wollen alles. Für sie gibt es keinen Kompromiss",
sagte Musa Alami. „Selbst MacDonald hat vor ein paar Tagen, als wir genau um dieses Thema stritten, nämlich, dass
die Juden stets mehr verlangen, als ihnen zusteht, gesagt:
"Eine solche Haltung liegt in der Natur des jüdischen Volkes". Er hat wohl seine eigenen Erfahrungen gemacht, so wie
ich auch", lachte er. Er kannte die Zionisten gut. Vor fünf
Jahren hatte er in der Position des Mandatsbeamten offizielle
Gespräche mit Ben-Gurion und anderen geführt, die ihm die
Vorzüge der Entwicklung des Landes und seiner Menschen
durch jüdischen Einfluss anpriesen. "Eher warte ich einhundert Jahre auf den Fortschritt, als dass die Araber das nicht
allein tun", hatte er ihnen geantwortet und war nur wenig
später seines Postens enthoben worden. Er war ins Exil gegangen, zuerst nach Beirut und später nach Bagdad.

Am Nebentisch saß John Philby mit dem Saudiprinzen Faisal, der in der Thronfolge den ersten Platz einnahm, und mit seinem jungendlichen Stiefbruder Khaled, denen die luxuriöse Herberge sehr wohl zu gefallen schien. Sie führten die Delegation Saudi Arabiens an und ihr Vater hatte ihnen als Berater den Engländer zur Seite gestellt. Die Prinzen hatten ihm nicht nur den Eintritt in die Vergnügungen des Londoner Nachtlebens zu verdanken sondern noch weitaus mehr.

George Antonius bemerkte Saris Blick. „Philby ist der Vater des neuen saudischen Reichtums", sagte er. „Er hat den Vertrag mit der Standard Oil of California abgeschlossen, der sechzig Jahre lang die exklusiven Rechte an der Ölförderung in Al Hassa sichert und die Saudis reich macht. Ich war 1931 bei der Erkundung der Ölfelder als Übersetzer für die Amerikaner mit dabei. Ein Jahr später, bei der Vertragsunterzeichnung, hat Philby die britische Anglo-Persian Oil Company, die ebenfalls einsteigen wollte, kräftig übers Ohr gehauen und sie aus dem Geschäft hinausgedrängt. Er hat den Briten nie verziehen, dass sie ihn damals als Spion enttarnt und entlassen haben."

„Ibn Saud hat mit diesem Vertrag im Rücken sein Königreich Saudi Arabien ausgerufen und heute stehen die Söhne des kleinen Provinzscheikhs, als große Spieler der Politik, im Rampenlicht der Öffentlichkeit", ergänzte Katy angewidert.

Faruk war den Saudiprinzen auf der Konferenz mehrmals begegnet. Sie kannten ihn gut und auch seine Einstellung zu ihnen. Faruk hatte nie verstanden, wie sich König Faisal mit ihrem Vater, Abdul Aziz al-Saud, treffen konnte und auf einem Schiff seinen Frieden mit ihm gemacht hatte. Faruk war bei diesem Treffen dem jungen Saudisohn Faisal begegnet und beide Saudis, Vater und Sohn, hatten wohl erkannt, dass ihr Friede zwar im gemeinsamen Glauben begründet lag, aber nicht in den Herzen.

„Philby hat die arabische Welt verändert, wie kein anderer zuvor", sagte Katy weiter. „Er hat die wahren Sieger geschaffen. Alle anderen sind Verlierer und am meisten die Menschen Palästinas."

„Die Zionisten reklamieren, die wahren Sieger der Konferenz seien die Palästinenser", sagte Sari.

442

„Doch nur oberflächlich. Den Einwanderungsstop werden die Zionisten zu umgehen wissen. Die Briten werden viel zu sehr mit Deutschland beschäftigt sein und das werden unsere Freunde ausnutzen. Es ist also nichts erreicht. Keine Unabhängigkeit, keine Wahlen, kein Parlament, keine Zukunft."

Katy Antonius kannte die Briten gut. Obwohl sie eine legendäre Gastgeberin in Jerusalem war, bekamen sie und ihr Mann doch nie wirklichen Zugang zur britischen Gesellschaft, die ihnen sogar die Mitgliedschaft im Tennisclub verwehrte. Nur wenige Briten hielten freundschaftliche Beziehungen zu Arabern, während die zionistischen Politiker direkten Zugang hatten.

Sie sollte recht behalten. Die Konferenz endete am 17. März, ohne dass ein Fortschritt erzielt werden konnte. Großbritannien war nun mit ganz anderen Dingen beschäftigt, denn zwei Tage vorher hatte Hitler, entgegen dem Münchner Abkommen, und ohne Zustimmung der anderen Großmächte, die sogenannte Rest-Tschechei durch die deutsche Wehrmacht besetzen lassen und sie zum Reichsprotektorat erklärt. Der Krieg gegen Deutschland war kaum noch aufzuhalten.

Auf seinem Rückflug nach Bagdad las Sari in den englischen Zeitungen, wie die zionistische Presse reagiert hatte. "*Wir sind vom Satan betrogen worden*" stand zu lesen. Kolonialminister MacDonald wurde als Scharlatan, Lügner, Betrüger und Verräter bezeichnet, der, der sich der Heuchelei und der Intrigen bediene. Sari lächelte nur über solche Reaktionen. Er hatte sich noch genügend Zeit genommen und in Moreton bei Dorchester das Grab von Thomas Lawrence besucht. Der war vor vier Jahren bei einem Unfall ums Leben gekommen und Sari war sich sicher: Ein paar Engländer mehr wie er an den Schaltstellen der Macht, damals nach dem großen Krieg, und Palästina wäre heute ein friedliches Land für Araber und für Juden.

Die nächsten Wochen verbrachte Sari glücklich bei seiner Familie in Bagdad. Sahra hatte ihm ein Zimmer in ihrem Haus zugewiesen und Sari lernte nun seinen Schwager und den mittlerweile zwölfjährigen Lukas viel besser kennen. Aminah und Amir waren sehr froh den Vater wieder bei sich zu haben und sie unternahmen viele Ausflüge zu den historischen und biblischen Stätten. Aminah war dem christlichen

Glauben beigetreten, weil allein der Status einer Religion in dieser Gesellschaft unentbehrlich war, aber Sari merkte bei den Besuchen der biblischen Orte, dass ihr Glaube an einen gerechten und gütigen Gott sehr bescheiden war.

Faruk hatte versucht Amir vom Islam zu überzeugen, aber der konnte das mit seinem Atheismus nicht verbinden, so wie er auch den Beitritt zur christlichen Kirche nicht vollzogen hatte. Aus Mustafa war mittlerweile ein Bauingenieur geworden, der im Auftrag der Ölgesellschaft arbeitete. Der alte Atlan saß nach wie vor in seinem Teppichladen, aber die Zeiten der großen Geschäfte waren vorbei. Seine Kinder waren alle aus dem Haus.

Ende März las Sari in der Zeitung, dass Abdulrahim al-Hadsch Muhammad von den Briten, bei einem Feuergefecht nahe Jenin, erschossen worden war. Sein Aufenthaltsort war von der Fasa'il al-Salam verraten worden. Er hatte mit allem, was er vor ein paar Monaten gesagt hatte, recht behalten. Palästina hatte einen der wenigen fähigen Führer verloren, war sich Sari sicher.

Am 4. April wurde der Irak aufgerüttelt, als König Ghazi unter mysteriösen Umständen mit seinem Sportwagen verunglückte. Am nächsten Tag sah Sari Menschen mit Spruchbannern durch Bagdad ziehen, die Nuri as-Sa'id für den Tod des Königs verantwortlich machten. Die Beerdigung geriet zu einer Demonstration gegen den Premierminister und der ernannte nur wenige Stunden später Abdullah ibn Ali, den Cousin von Ghazi, zum vorläufigen Regenten. Abdullah stand stark unter Nuris Einfluss. Er sollte so lange regieren, bis Ghazis vierjähriger Sohn Faisal das Alter von achtzehn Jahren erreicht hatte.

Sari erkannte, wie schmutzig die Politik und der Kampf um die Macht war. Wenn auch nicht so gewalttätig wie in Palästina, so standen sich doch auch hier die unterschiedlichen Gruppen mit der gleichen Unversöhnlichkeit gegenüber. Es war ihm klar, ein Ausbruch der Gewalt war im Irak nur noch eine Frage der Zeit. Das ganze Kolonialsystem der Briten, Franzosen und Italiener, die die arabischen Länder nach ihrem Gutdünken aufgeteilt hatten, begann zu wanken. Überall gärte der Widerstand gegen die aufoktroyierte, unnatürliche Aufteilung der arabischen Welt. Eine Welt, die einmal ein großes, unteilbares und endloses Ganzes gewesen war und die in ihrer Weisheit, ihrer Wissenschaft und in ihrer Toleranz die Menschheit so fruchtbar beeinflusst hatte, bis die Türken, dann der große Krieg und danach die Europäer kamen.

Als Sari Mitte Mai wieder das Haus in Lifta betrat, war ihm die Ruhe unheimlich. Das Haus war sauber und aufgeräumt, aber als er auf die Terrasse zum Garten hinaustrat, fielen ihm die Spuren der Vernachlässigung ins Auge. Wie liebevoll hatte sich Jasmin darum gekümmert. Wie schön hatte sie alles hergerichtet und jetzt wucherten die Pflanzen durcheinander. Im Geiste sah er Aminah und Amir spielen und seine Frau, die ihm mit einem Lächeln entgegenkam. Wo war die Zeit hingegangen? Wohin war das Glück verschwunden? Er war mittlerweile siebenundvierzig Jahre alt und nicht mehr der allerjüngste. Manches fiel ihm sichtlich schwerer als früher. Er betrat den Raum der "*Träne des Kalifen*" und nahm den Dolch aus dem verzierten Holzkästchen auf der Kommode, der sie so wundersam miteinander verbunden hatte. Er sah auf das große Foto einer glücklichen kleinen Familie und begriff, dass das unwiederbringlich vorbei war. Hier wollte und konnte er allein nicht bleiben. Ein Verkauf des Hauses war jedoch ausgeschlossen. So entschloss er sich einen Wächter einzustellen und seine Haushälterin war froh ihrem arbeitslosen Mann eine gute Stellung vermittelt zu haben.

Mustafa hatte ihm vor zwei Wochen, während einer langen Diskussion mit Aminah, Amir und Sahra, vorgeschlagen, in die Wohnung über dem Teppichladen in der Rashid Street einzuziehen. In dem großen Haus in Bagdad lebten nur er selbst und die beiden alten Atlans und er wäre glücklich ihm die Wohnung zur Verfügung stellen zu dürfen. Mustafa war an dem Haus zur Hälfte beteiligt, nachdem er die Ausbildung der Kinder seiner Pflegeeltern aus seinem Vermögen bezahlt hatte. Er und die beiden Alten waren froh, endlich ein wenig von dem zurückgeben zu können, was sie von Sari erhalten hatten.

Mit dem Tod von al-Hadsch Muhammad war der arabische Aufstand in Palästina abgeebbt. Nur wenige Rebellen setzten den Kampf noch fort. Als Sari am 17. Mai mittags zu seinem

Büro am Damaskus-Tor fuhr, machten jüdische Aufrührer die Stadt unsicher. Am Morgen hatte die britische Regierung das sogenannte Weissbuch von MacDonald veröffentlicht. Telefonleitungen waren schon unterbrochen und Büros der Mandatsregierung angegriffen worden. Die Histadrut hatte schon seit der Rückkehr Ben-Gurions aus London eine Kampagne gegen die Ergebnisse der St.-James Konferenz gestartet. Darin wurde sogar Herbert Samuel, der ehemalige jüdische Hochkommissar des Palästinamandats, als Drahtzieher des Teufelspakts mit den Arabern bezichtigt und auf Transparenten wurde das Weissbuch mit den Nürnberger Gesetzen und MacDonald mit Hitler verglichen. Und nicht nur die Juden lehnten das Weissbuch ab, sondern auch Hadsch Amin al-Husseini im Exil in Beirut. Sein von dort aus geführter Aufstand war zusammengebrochen, die Konferenz in London ein Reinfall und das Schicksal Palästinas war mehr denn je ungewiss. Sari trug seine neue Browning immer bei sich in der Jackentasche.

Er saß in Ibrahims Redaktionsbüro, um ihn zu informieren, dass er Jerusalem bis auf Weiteres Richtung Bagdad verlassen würde. Sie sprachen über Katy Antonius, die so recht gehabt hatte. Die Einwanderungsbeschränkungen, die das Weissbuch festlegte, waren nur Makulatur.

„Allein im ersten Monat nach Beendigung der Konferenz sind fast zweitausend illegale Einwanderer in Palästina eingetroffen", sagte Ibrahim. „Ich habe die Zahlen von Hafenangestellten, die die ankommenden Schiffe entluden. Nach einer britischen Schätzung ist die Zahl der Juden zwischen 1931 und 1939 von 175.000 auf 460.000 angestiegen. Die Histadrut hat veröffentlicht, dass sie Tausende junger Leute ins Land bringen wird. Dann seien die Briten gezwungen sie entweder zurückzuschicken oder zu erschießen."

„Sie pochen auf das humanitäre Gewissen der Weltöffentlichkeit, aber helfen selbst doch nur den Juden aus Deutschland und Österreich, die sie selbst gebrauchen können. Es sind die Wehrfähigen, die sie holen. Sie beginnen schon die letzte Schlacht vorzubereiten", erwiderte Sari.

„Ja, die jüdische Unabhängigkeit zeichnet sich ab, durch ein tiefes Gefühl der nationalen Einheit. Die sozialen, politischen, wirtschaftlichen und sogar die militärischen Grundlagen sind mit Hilfe der Briten gefestigt. Ihre illegale Armee ist von ihnen bestens ausgerüstet und ausgebildet."

Zwei Wochen später fuhr Sari ins Jordantal hinunter. Das Haus war versorgt, sein Büro aufgelöst und er hatte sich bei vielen verabschiedet. Auch bei den Wallachs war er noch gewesen. Ihr Enthusiasmus im Brit Shalom, der sich noch immer für ein binationales Gemeinwesen der Araber und Juden einsetzte, war der Ernüchterung gewichen. Sie hatten ihre Maßnahmen, wie den gemeinsamen Kampf gegen die Malaria oder die Vermarktung von Orangen im Angesicht der Tatsachen aufgegeben.

„Wir wollen keinen rein jüdischen Staat", hatte Simon ihm beim Abschied gesagt. „Wir müssen die zionistische Ideologie mit ihrem Gewissen konfrontieren." Aber Sari hatte sie nur noch mitleidig belächelt. Diesen Friedensbewegungen war eins gemein: Sie wollten die Umorientierung der zionistischen Bewegung erlangen und hoben damit ihre eigenen Ziele auf.

In der wichtigsten persönlichen Sache hatte er noch einmal Jakob Leschem aufgesucht und ihn gebeten den Informanten auf Jossi Dan anzusetzen. Er wollte diese Sache beenden und der Mann hatte zugesagt. Jakob und Sari vereinbarten ein gemeinsames Stichwort.

Der Weg die steil abschüssige Straße hinunter, führte ihn direkt am Straßenrand an einem armseligen Beduinenlager vorbei. Der Anblick der Leute, die hinter ihm hersahen, war bezeichnend. Die arabischen Menschen Palästinas waren müde und verzweifelt, ihre charismatischen Rebellenführer waren erschossen oder gehängt und fast alle arabischen Familien hatten Opfer zu beklagen. Ihr Aufstand war zu Ende. Sie waren es gewesen, die ihr Blut für die Freiheit gegeben hatten. Geändert hatte sich nichts, nur, dass der jüdische Terror zunahm. Die Irgun verübte nun regelmäßig Anschläge, nicht mehr nur auf arabische, sondern jetzt auch auf britische Ziele.

Und über all dem lag der Schatten des Krieges in Europa.

Die Schlinge wird enger

Es war Ende Oktober, als Sari in Bagdad das Stichwort erhielt:

- Der Hahn hat das Ei gelegt STOP -

stand auf dem Telegramm aus Jerusalem, dem kein Absender hinzugefügt war. Sari wusste, was das zu bedeuten hatte und eine Woche später brachte ein Kurier einen Umschlag mit Dokumenten in seine Wohnung und nahm einen mit Geldscheinen wieder mit. Wiederum fein säuberlich war der Weg des Jossi Dan aufgezeichnet und Sari begriff, warum er ihn nie hatte ausfindig machen können. Seit der Gründung der Irgun, an der er beteiligt gewesen war, wurde er vorzugsweise für Spionagetätigkeiten im Ausland eingesetzt. Bagdad, Damaskus und Beirut waren seine Aufenthaltsorte. Nur selten war er in Palästina anwesend. Die Hauptaufgabe bestand im illegalen Waffenschmuggel. Seit Juli befand er sich in einem britischen Gefangenenlager.

Die brutalen Bombenanschläge, mit denen die Irgun Palästina seit Mai 1939, mit Opfern unter Arabern und Briten, überzog, hatten zu einer verstärkten Verfolgung der Terrororganisation geführt. Einen Tag vor Kriegsbeginn in Europa war der gesamte Kopf der Irgun von den Briten verhaftet worden. Am 11. September erschien eine Druckschrift, in der David Raziel, der Führer der Terroristen, den Briten aus der Haft einen Waffenstillstand und Hilfe gegen den gemeinsamen Feind Nazi-Deutschland anbot. Als Jabotinsky, der Oberkommandierende der Revisionisten, das aus New York bestätigte, wurde Raziel wieder auf freien Fuß gesetzt.

Sari saß mit Faruk und Rassul in einem Büro der Geheimpolizei. „Jossi Dan war uns unter ganz anderem Namen bekannt. Vor Jahren ist er uns einmal sogar nur knapp entwischt", sagte Rassul, der eine Aktenmappe von dem Terroristen vor sich liegen hatte. „Er benutzt mehrere Identitäten, aber anhand des Gefängnisfotos, das dein Informant besorgt hat, haben wir ihn jetzt identifiziert."

„Diese Mörder wollen sich für die Briten als Agenten anheuern lassen. Das ist der Deal, um aus der Haft entlassen zu werden. Hast du es gelesen", fragte Sari? Rassul nickte. In

Saris Unterlagen stand zu lesen, dass die Irgun offiziell ihre offensiven Aktivitäten in Palästina, die der britischen Regierung Schaden zufügten, unterbrechen würde und Unterstützung gegen den größten Feind des jüdischen Volkes anbiete.

„Hahaha", lachte Faruk angewidert, „unterbrechen, heißt nicht beenden. Gestern waren sie noch die Freunde der Faschisten Italiens, haben deren Werte und Geld angenommen und jetzt rufen sie die Feindschaft aus. Die Briten sollten sich ihrer neuen Freunde nicht zu sicher sein."

„Ihr wisst, dass nicht nur die Irgun Geld während der Revolte in Palästina erhielt, sondern auch Hadsch Amin. Alles aus einem großen italienischen Topf", sagte Rassul spöttisch.

„Amin Husseini ist im Irak, wie ich hörte", fragte Sari?

„Ja, seit ein paar Tagen. Wir haben ein Auge auf ihn. Er steht mit Gaylani in Verbindung."

„Verflucht", sagte jetzt Faruk. „Der ganze Offiziersstab ist gespalten. Das wird nicht gut gehen."

Premierminister Nuri as-Sa'id hatte sämtlichen Kredit bei der Bevölkerung verspielt. Seine engen Verbindungen zu den Blutsaugern, wie das Volk des Irak die Briten nannte, hatten ihn in die Isolation geführt. Nur die Militärpräsenz britischer Streitkräfte hielt ihn noch im Amt. Die von ihm unterzeichneten Verträge, die den Briten umfassende Rechte an den Ölfeldern des Irak gesichert hatten, wurden von den Nationalisten um Rashid al-Gaylani vehement abgelehnt. Korruption und Schmiergeldvorwürfe wurden öffentlich im Volk diskutiert. König Ghazi hatte sich damals den Nationalisten um Gaylani angeschlossen und sein Verhältnis zu Nuri und den Briten stark belastet. Das Volk brachte ihn auch deshalb mit dem tödlichen Autounfall Ghazis in Verbindung. Nuri hatte Regent Abdullah eingesetzt. Er brauchte das Königshaus nur noch zur Legitimation. Man sagte die Briten selbst hätten bei dem Unfall ihre Finger im Spiel gehabt.

Nuri war schlau genug gewesen, Deutschland jetzt nicht den Krieg zu erklären. Großbritannien hatte zwar höchst umstrittene Rechte zur Stationierung und zum Durchmarsch von Truppen im Kriegsfall, aber das Volk wäre gegen ihn und die Engländer auf die Barrikaden gegangen. Irakische

Truppen sollten nur im Land eingesetzt werden. Gleichwohl wurden deutsche Offizielle des Landes verwiesen.

„Die Erben des Sherifen haben sich vom Volk abgewandt", fuhr Faruk enttäuscht fort. „Das wäre unter den Königen Faisal und Ghazi niemals passiert. Allein die Ehrerbietung zu unserem großen König lässt mich noch zum Haus der Haschimiten stehen. Den meisten Offizieren ist die britische Politik des Königshauses fremd geworden. Sie lehnen den Abbruch der Beziehungen zu Nazi-Deutschland nicht ab, weil sie Hitler so lieben, sondern weil sie die Briten so hassen. Deren Gier auf das Öl des Irak hat das Königshaus vom Volk getrennt. Für ihre British Petroleum sind die Engländer zu allem bereit."

„Nun, in jedem Fall werden wir Jossi Dan folgen, wenn er aus der Haft entlassen ist. Auch wir haben unsere Leute in Palästina", lächelte Rassul. „Er wird uns nicht entgehen."

Sari saß in seinem Kaffeehaus nahe dem Maidan Square. Als Hadsch Amin eintrat, stand er auf und begrüßte ihn und seinen Sekretär Kemal Haddad.

„Lange nicht gesehen", waren dessen Worte, als Sari ihm die Hand gab. Beide setzten sich an den Tisch. Amin al-Husseini war ein bekannter Mann geworden. Er war mittlerweile die Integrationsfigur des Widerstands der Palästinenser gegen den Zionismus und die Politik Großbritanniens.

Das Jahr 1940 war angebrochen und er war mit einigen Verwandten und Vertrauten seit drei Monaten in Bagdad. Sie hatten sich beide verabredet, um sich als Patrioten über die Heimat auszutauschen. Freunde waren sie nie gewesen. Nachdem der Qahwa bestellt war, sagte Amin: „Ich habe dein Schicksal verfolgt. Es stand viel in den Zeitungen. Der tragische Tod deiner Frau tut mir sehr leid."

„Ich danke dir. Über dich wurde aber weit mehr berichtet. Wie bist du aus dem Libanon entkommen?"

„Die Franzosen haben mich auf Bitten unserer britischen Freunde eine Weile in Hausarrest gehalten. Als der Krieg in Europa ausbrach, habe ich, um einer Verhaftung zu entgehen, wie damals schon in Jerusalem, Beirut in Verkleidung verlassen. Sie betreiben ein und dasselbe kolonialistische

Unternehmen. Es ist kein Unterschied zwischen ihnen. Siehst du ein, dass wir uns auf die richtige Seite stellen müssen?"

„Gegen Franzosen, Briten und Zionisten zu sein, heißt nicht automatisch sich mit Nazi-Deutschland zu verbünden."

„Du musst die Wahrheit erkennen. Ein britischer Sieg in diesem Krieg steht in deutlichem Kontrast zu den nationalen arabischen Interessen."

„Trotzdem müssen wir uns fragen, auf welche Seite wir uns begeben. Es geht auch um Moral."

„Moral? Wessen Moral meinst du? Wir beziehen Geld der totalitären Regime, ebenso wie die Zionisten das jahrelang taten. Jabotinskys Leute haben das der Faschisten Italiens angenommen und Ben-Gurion hat Geschäfte mit den Nazis Deutschlands gemacht. Wessen Moral meinst du?"

„Sie argumentierten Glaubensbrüder retten zu wollen."

„Sie retten keine Glaubensbrüder, sie retten Auserwählte, die sie im Kampf gegen uns gebrauchen können. Die Auswahl des erwählten Volkes wird zur zionistischen Grausamkeit. Sie enthüllt den wahren Kern des Zionismus", sagte Amin. Sari wusste, dass er recht hatte. Die Armen und Kranken, die Alten und Kinder blieben in Deutschland zurück. Sie waren es, die den Judenverfolgungen ausgesetzt waren. Aber sein Humanismus verhinderte, trotz aller Antipathie gegen die Briten, sich kompromisslos auf die Seite Hitlers zu stellen.

„Wer nicht für uns ist, ist gegen uns", fuhr Amin fort. „Wer spricht über die Moral gegenüber dem palästinensischen Volk? Wer über die Fünftausend, die in unserem Aufstand gefallen sind oder aufgehängt wurden? Vom Land, vom Meer und aus der Luft sind sie bombardiert worden. Ist es ohne Moral, wenn wir das Recht auf Zukunft für uns in unserem eigenen Land reklamieren? Haben nur wir uns an Moral zu halten, die sie auch noch für uns definieren? Die Moral ist den Deutschen, den Briten und den Juden längst abhanden gekommen. Nur wir allein sollen uns darauf berufen? Ich sage dir etwas, mein Freund. Moral gibt es nicht in unserer Zeit. Es geht nur noch um Sein oder Nichtsein. Wenn wir die Juden nicht mit Hilfe der Deutschen bekämpfen, werden wir von ihnen im Bündnis mit den Briten vernichtet."

Amin al-Husseini machte keinen Unterschied mehr zwischen Juden und Zionisten. Das führte ihn in einen generellen Antisemitismus, der Sari unheimlich war. Hier gab es keine Grenzen oder Tabus mehr.

„Dein Fehler ist es, die Juden über einen Kamm zu scheren. Haben nicht dreiunddreißig jüdische Führer des Irak in einem offenen Schreiben an den Völkerbund den Zionismus mehr als nur verurteilt? Du musst unterscheiden. Wir Palästinenser müssen differenzieren."

„Salamtak, Sari, salamtak. Du und selbst mein Cousin Dschamal, ihr werdet erkennen, dass wir uns bedingungslos den Deutschen anschließen müssen. Die Araber müssen sich vereinen und Alliierte der Deutschen im Kampf gegen England und Frankreich werden, anstatt auf ewig den Deal mit beiden zu suchen", und er hielt, wie zur Mahnung, den Zeigefinger in die Höhe. „Seit 1916 werden die Araber von den beiden belogen und betrogen. Sie versprachen uns die Unabhängigkeit, wenn wir ihnen helfen die Osmanen zu vertreiben, aber als wir siegten, haben sie sich das Land untereinander aufgeteilt. Wir hätten den Deutschen schon damals glauben müssen. Ich habe das erkannt, Gaylani hat das erkannt. Die Araber müssen sich mit den Deutschen vereinen und zusammen mit ihnen die Briten, Franzosen und Juden von arabischem Boden vertreiben."

In Amin al-Husseini hatte sich eine tiefe Abneigung auf alles Jüdische ausgebildet. Als konservativer Geistlicher, wollte er die jüdische Staatsgründung in Palästina noch verhindern, musste er sich mit säkularen, radikal faschistischen Partnern verbinden. Diese fand er im Irak in der panarabischen Gesellschaft des al-Muthanna Clubs, der stark vom Nationalsozialismus Deutschlands geprägt war und eine zivile und militärische Koalition der arabischen Länder anstrebte. Was sie einte, waren der gemeinsame Kampf gegen die Kolonialmacht Großbritannien und der Hass auf Juden, unterschiedslos ihrer Zugehörigkeit. Das Hakenkreuz gehörte zu ihnen, wie die Parolen Hitlers.

Mit dem Oktober war das Ende des Sommers 1940 gekommen. Die ganze große Familie saß zusammen im Garten von Rassuls Haus am Tigris. Ein Beduinenzelt war aufgeschlagen und die al-Dawud ließen es sich auf den Kissen und

Teppichen gut gehen. Sie waren in ihre alten Trachten gekleidet und Sari war von ihnen nicht zu unterscheiden. Rassuls kleine Söhne spielten mit Amir und Majjid, und Faruk
hatte sogar Leila erlaubt an der kleinen Feier zur Geburt des
vierten Kindes von Rassul teilzunehmen.

Sari sah seit langer Zeit Zaal wieder, den behinderten
Stiefbruder von Faruk und Rassul, der wie selbstverständlich
in der Familie umsorgt wurde. Auch Sahra und ihr Ehemann
Jean waren eingeladen worden. Allerdings hatte sich für sie,
als französische Staatsbürger, einiges verändert.

Ungeheure Dynamik war im Frühjahr in den Verlauf des
Krieges in Europa eingetreten. Nach der Besetzung Norwe-
gens im April hatte Deutschland in einem Blitzkrieg Frankreich und die Benelux-Staaten eingenommen. Nur durch
persönliche Eitelkeiten in der deutschen Heeresführung waren knapp vierhunderttausend Briten bei Dünkirchen über
den Kanal nach England entkommen. Die Deutschen schienen unschlagbar und in Bagdad waren am Tag des Waffenstillstands in Paris anti-britische Demonstrationen mit Ha-
kenkreuzfahnen durch die Straßen gezogen. Syrien und der
Libanon wurden unter der französischen Vichy Regierung
neutral und deutsche und italienische Flugzeuge waren dort
schon stationiert.

Seit April war Rashid al-Gaylani, auf Druck der Straße,
zum Premierminister ernannt worden. Seine offene anti-
britische Haltung ließ ihn Kontakte zum deutschen Botschafter der Türkei, von Papen, aufnehmen und ihn um die Unterstützung Nazi-Deutschlands für seine Regierung nachfragen.
Dies stand in krassem Gegensatz zur pro-britischen Politik
von Abdullah. Die Regierungskrise wurde offensichtlich, als
am 10. Juni Italien auf deutscher Seite in den Krieg eintrat
und Uneinigkeit über den Abbruch der diplomatischen Beziehungen zu Italien ausbrach. Die Differenzen zwischen der
Regierungspartei der nationalen Bruderschaft und dem Königshaus wurden unüberbrückbar.

Neben den fernen Kriegsereignissen interessierte Sari eine
Nachricht aus der Heimat ganz besonders. Im August war
Jabotinsky unerwartet in New York verstorben und die kurze
Führungslosigkeit der Revisionisten ließ eine Spaltung bei
den radikalen Zionisten eintreten. Avraham Stern hatte nach

seiner Haftentlassung, in Abspaltung von der Irgun, die Lechi gegründet und den Waffenstillstand Raziels mit den Briten aufgekündigt. Er und seine Anhänger sahen in den Briten, als Herrscher Palästinas, nicht nur den Hauptfeind sondern schlossen sogar eine Zusammenarbeit mit Nazi-Deutschland nicht mehr aus.

„Wir wissen, dass Jossi Dan sich bei den Haftentlassenen vom Juni befindet", sagte Rassul, als sie gemütlich auf den Kissen lagen. „Er gehört zur Gruppe von Raziel, der den Briten seine Dienste bestätigt hat. Erst haben sie sie gejagt als Terroristen und jetzt nutzen sie ihre mörderischen Fähigkeiten für sich selbst."

„Kann man an Jossi Dan herankommen?"

„Bei Allah, diese Kerle sind wie Wasser, man kann sie nicht greifen. Sie sind ständig unterwegs. Einen Mann, der ihnen zu nahe kam, haben wir bereits verloren. Sie haben ein Netzwerk von Informanten. Aber unserer Information nach, sollen sie sich den Briten für Sabotageakte angeboten haben. Wenn er bei uns auftauchen sollte, kriegen wir ihn."

Faruk und Rassul waren in einer Zwickmühle. Aus der Tradition fühlten sie sich dem Haus der Haschimiten verpflichtet, aber die unpopuläre, pro-britische Politik Abdullahs, die über Nuri gesteuert wurde, der nun auf der Oppositionsbank im Parlament saß, ließen sie mehr und mehr vom Königshaus Abstand nehmen. Der erhebliche Druck der Briten auf die irakische Regierung, um einen Abbruch der Kontakte zu Deutschland und Italien zu erwirken, förderte diese Differenzen nur noch mehr und ihre ehemals guten Beziehungen zu Nuri waren abgekühlt. Offen wurde im Volk diskutiert, dass der auf der Gehaltsliste der Briten stand.

„Sie sind Schuld, wenn das Militär sich als Machtapparat etabliert. Ihre Interessenpolitik führt die konstitutionelle Demokratie Faisals an den Abgrund. Du kannst nicht nur gegen das Volk regieren", sagte Faruk. „Die Politik der Briten zerstört die Demokratie im Irak. Aber niemals werde ich mich militärisch gegen die Haschimiten stellen. Wenn es zum Machtkampf kommt, bleibt mir nur die Demission."

DER ANRUF von Rassul kam nicht unerwartet. „Es geht los, Sari. Wir haben Informationen, dass eine Gruppe Juden zusammen mit unserem Freund den Auftrag hat das Ölfeld bei Kirkuk in Brand zu setzen und den Großmufti zu entführen. Der ist bereits von uns vorgewarnt. Wir treffen uns in einer Stunde bei mir im Büro."

Es war vor vier Monaten, im Januar 1941 gewesen, als Mustafa aufgeregt nach Hause angerufen hatte. Er war als Bauingenieur für die Erweiterung der Pumpenanlagen an der Pipeline zuständig, die das Öl von Kirkuk nach Tripoli und Haifa beförderte. Nur am Wochenende kam er nach Bagdad.

„Sari, der Mörder Hassans stand vor mir", erzählte Mustafa aufgeregt. „Er hat mich nicht erkannt. Ich war ja damals erst fünfzehn Jahre alt."

Dann erzählte er, wie Jossi Dan unter dem Namen Hans Gerber in sein Büro getreten war und sich mit einem Reisepass des Deutschen Reiches als Ingenieur einer Pumpenfirma aus Stuttgart vorgestellt hatte. Die Firma war wohlbekannt. Sie lieferte seit Jahren die großen Pumpen für die Pipeline. Mustafa war geistesgegenwärtig genug gewesen, seinen Schreck zu verbergen, denn offensichtlich führte der Mörder etwas im Schilde.

Der Terrorist zeigte großes Interesse für die zwanzig Bohrlöcher des Ölfelds und als er sich verabschiedet hatte, beobachtete Mustafa ihn noch lange, wie er sichtlich interessiert auf dem Gelände umherging. Ein Anruf nach Tripoli im Libanon, wo die Firma eine Niederlassung hatte, bestätigte die Existenz eines Hans Gerber, der sich gerade im Irak aufhielt. Sari informierte Rassul und als Mustafa zum Wochenende nach Bagdad kam, trafen sie alle zusammen.

„Wir haben ein Gespräch für nächste Woche vereinbart", sagte Mustafa.

„Gut, sehr gut. Dann werden wir ihn uns greifen", erwiderte Rassul. „Er wird deinen Namen Allam mit dem von Hassan Atlan kaum in Verbindung bringen."

„Das wollen wir hoffen. Ist der Deutsche aufgetaucht", wollte Sari wissen?

„Nein, keine Meldung bei der Polizei." Der Mann blieb verschollen.

Am Tag vor der Ergreifung wurde der Irak erneut erschüttert. Am 31. Januar 1941 wurde Gaylani durch Regent Abdullah seines Amtes enthoben. Um den Zorn des Volkes nicht auf die Spitze zu treiben, ernannte Nuri einen Gefolgsmann aus dem Militär zum Marionettenpremier. Major-General Faruk Ben al-Dawud hatte dieses Angebot abgelehnt und danach seinen Abschied aus dem Militär verkündet. Im allgemeinen Durcheinander erschien auch Jossi Dan nicht zum Gesprächstermin. Alle Suche nach ihm blieb erfolglos.

Ab März überschlugen sich dann die Ereignisse. Angespornt von der Absetzung Gaylanis versuchten die Briten Truppen in Basra anlanden zu lassen, um ihre Militärpräsenz im Land zu erhöhen. Vier Offiziere hatten daraufhin in einem Militärputsch die Regierung gestürzt und Abdullah angeklagt, die Verfassung zu missachten und der Einigkeit des Irak zu schaden. Die Putschisten riefen eine Regierung der nationalen Verteidigung aus und setzten Gaylani am 2. April als Ministerpräsidenten wieder ein. Nuri und Abdullah flohen nach Amman und der Kindkönig Faisal II. fand auf dem Karmel Berg in Haifa Zuflucht, wo ihn die zionistische Führung sogar auf Bitten der britischen Mandatsregierung mit einem geheimen Radiosender ausstattete.

Nun ging es Schlag auf Schlag. Gaylani versuchte die Aufstellung britischer Verbände in Basra zu unterbinden, aber die Landung der ersten Truppen wurde Mitte April vollzogen. Die irakische Regierung protestierte und setzte ihrerseits Truppen in Bewegung. Gaylani bat das nationalsozialistische Berlin um Unterstützung und in Bagdad herrschte Kriegsstimmung in der Bevölkerung. Als Ende April westlich von Bagdad die britische Luftwaffenbasis Habbaniyah eingekesselt und das Personal der britischen Botschaft in Geiselhaft genommen wurde, folgte am 2. Mai der britische Gegenangriff auf die irakischen Truppen. Eine eiligst herbeigerufene deutsch-italienische Fliegerstaffel wurde vom syrischen Flughafen Rayak aus in den Irak verlegt und flog Angriffe auf den britischen Stützpunkt. Für die Briten hatte der Kampf im Irak mittlerweile übergroße Bedeutung gewonnen. Kreta stand kurz vor der Einnahme durch deutsche Truppen und es bestand die Sorge, dass sich die Achsenmächte in Syrien und dem Libanon dauerhaft etablieren und von hier aus Palästina und Ägypten angreifen könnten. Die Gefahr, dass britische Ölnachschubwege in der Region durch Luftangriffe der Deutschen und Italiener unterbrochen werden oder die Ölfelder gar in die Hand der Deutschen fallen könnten, ging einher mit der Befürchtung eines deutschen Durchmarschs durch die Türkei. In Nordafrika hatte General Rommel die Briten geschlagen und stand an der Grenze zu Ägypten.

Von Basra aus war mittlerweile eine indische Infanteriebrigade auf dem Marsch nach Bagdad und Transjordanien schickte die Arabische Legion. Die knapp vierzig deutschen und italienischen Kampfflugzeuge, als auch eine größere Menge Waffen und Material aus syrischen Depots über den Landweg, konnten das Vorrücken dieser Verbände jedoch nicht verhindern. Die Lufthoheit von einhundert britischen Maschinen war erdrückend, auch weil wegen der begrenzten Mittel innerhalb kürzester Zeit die meisten deutschen Maschinen aufgrund von Nachschubknappheit und Technikproblemen ausfielen. Die Briten standen vor Falluja am Euphrat.

„Wir haben den Mörder wieder im Visier. Er ist im Irak. Unsere Leute in Jerusalem und Kairo haben gute Arbeit geleistet", sagte Rassul. Sari, Mustafa und Faruk lauschten gespannt seinen Worten. „Der britische Geheimdienst in Kairo hat vor drei Tagen in Tel Aviv nachgefragt, ob die Irgun die Treibstoffversorgung der deutschen Flugzeuge nahe Kirkuk zerstören kann. Vier Mann wurden ausgesucht und die Gang startet morgen Abend vom Militärstützpunkt Tel Nof per Transportflugzeug nach Habbaniyah. Unter ihnen soll auch der Kommandant der Terroristen, David Raziel, sein. Jossi Dan ist seit vorgestern im Irak. Er hat ein Auto angemietet. Wir haben einen netten Empfang auf dem Weg nach Kirkuk für sie vorbereitet und treffen uns am Dienstag an der Straße nach Samarra. Ihr könnt dabei sein, wenn wir euren guten alten Freund begrüßen."

„Ein guter Tag liegt vor uns", freute sich Faruk und umfasste seinen Dolch. Er trug seit seinem Abgang aus dem Militär wieder seine Beduinentracht. „Der Traum aller Katzen sind Mäuse. Ich werde heute darum beten, dass der Hund uns in die Hände fällt."

Mustafa musste dazu jedoch absagen. Seine Präsenz, gerade an diesem Tag, war auf dem Ölfeld von Kirkuk unabkömmlich. Er musste schon am Sonntagabend zurück, wollte aber einen von Rassuls Männern zum Schutz mitnehmen.

Pünktlich trafen sie sich am Dienstagmorgen an der Straße nach Samarra, als Rassul einen Funkspruch erhielt. „Verdammt, Mustafa und mein Mann sind Sonntagnacht in ihrem Auto während der Fahrt erschossen worden. Ihr Wagen blieb in einem Graben liegen. Der Hund muss etwas bemerkt haben, denn der ganze Einsatz der Gang wurde geändert. Wir haben einen Funkspruch abgefangen. Sie sind auf dem Weg mit einem Auto ins Kriegsgebiet nach Falluja. Einer unserer Männer aus einem Dorf an der Straße am Fluss wurde benachrichtigt. Ich habe befohlen eine deutsche Maschine aufsteigen zu lassen und sie zu bombardieren."

Bei Sari drehte sich fast der Magen um und Faruk knurrte: „Ich hätte ihm den Hals durchschneiden sollen", als sie wenig später auf dem Weg zum Euphrat waren. Der Kampf um Falluja hatte im Süden bereits begonnen und sie hörten von dort den Geschützdonner. Aber im Westen hatte die Vorhut der Arabischen Legion den großen Strom noch nicht erreicht. Das irakische Militär hatte sich hinter den Fluss zurückgezogen und überall waren Soldaten damit beschäftigt Verteidigungsstellungen auszuheben, um den Übertritt der Legion über den Euphrat zu verhindern. Mitten durch das Chaos dieser Vorbereitungen erreichten sie nach etwas mehr als einer Stunde den Fluss. Das Ufer war menschenleer. Als sie ausstiegen, sahen sie am Horizont ein Flugzeug auftauchen. Dann zerriss eine heftige Detonation auf der gegenüberliegenden Seite des Flusses die Stille und übertönte das Propellergeräusch, als das deutsche Stuka abdrehte und sich direkt über ihren Köpfen entfernte. Eine Rauchsäule stieg auf. Das Ufer war beidseitig gesäumt von hohem Schilfgras und es dauerte eine ganze Weile, bis sie eine Stelle erreichten, wo kleine Boote lagen, die die Bauern hier überall deponierten, um auf die andere Seite zu gelangen. Der Fahrer blieb zurück und in weniger als einer Viertelstunde waren sie drüben. Aus dem Schilfdickicht heraus sahen sie ein Auto auf einem Feld, das vollständig zerstört war und lichterloh brannte. Die Sache war äußerst heikel, denn jederzeit konnten britische Sol-

458

daten auftauchen. Einige Minuten vergingen und dann sahen sie unweit einen Mann hinter einem Gebüsch hervorkommen und zu dem Fahrzeug gehen. Es war Rassuls Mann und sie gaben sich zu erkennen.

„Verflucht, der Deutsche hätte mich fast erwischt", sagte der verärgert. „Die Splitter seiner Bombe sind mir um die Ohren geflogen. Ich wollte jetzt gerade noch einmal nachsehen und mich dann davonmachen."

„Was ist passiert", fragte Rassul?

„Ich habe sie gesehen, als sie durch mein Dorf fuhren und die Information weiter gegeben. Dann bin ich ihnen mit meinem Motorrad bis hierher gefolgt. Es liegt hinter dem Sandhügel dort drüben. Sie stoppten ihren Wagen am Ufer. Es waren fünf Männer in Zivil und ein britischer Offizier. Sie wollten hinüber, fanden aber nur ein kleines Boot. Zwei stiegen ein und die anderen blieben am Ufer zurück und sahen ihnen nach, bis sie auf dem Fluss waren. Beim Weg zurück tauchte urplötzlich der deutsche Flieger auf. Seine Bombe auf das Fahrzeug riss den Engländer und einen der Juden in den Tod. Ein anderer wurde verletzt. Die Arabische Legion muss schon in der Nähe sein, denn kurz darauf erschienen zwei Militärfahrzeuge und nahmen die beiden Toten und die zwei Juden mit. Das ist keine zwanzig Minuten her."

„Wo sind die beiden anderen Spione", fragte Rassul?

„Über den Fluss oder noch hier. Ich habe keinen gesehen."

„Gut, wir machen, dass wir wegkommen. Fahr du nur wieder nach Hause." Der Mann entfernte sich und sie nahmen ihr Boot und ruderten zurück. Auf dem Weg ans andere Ufer suchten sie das Schilfdickicht mit ihren Augen ab, aber es war unmöglich irgendjemanden zu entdecken. Drüben angekommen alarmierten sie die nächsten Soldaten über zwei mögliche Spione und am Nachmittag waren sie zurück in Bagdad. Falluja fiel noch am selben Abend.

Den ganzen Weg zurück hatte Faruk geflucht. Wer waren die zwei Juden? Wo war der verfluchte Mörder? Sari jedoch dachte an Mustafa.

Als er die Nachricht von seinem Tod an die beiden alten Atlans weitergab, sanken die in sich zusammen. „Erst nahm er unseren Sohn und jetzt den Enkel", schluchzte der Alte, den Mustafa nur Großvater genannt hatte. „Was in Gottes Namen haben wir ihm nur getan, dass er uns das nimmt, was uns lieb und teuer ist?"

Am Tag von Mustafas Begräbnis hatte Rassul alle Informationen zusammen. „Der Mörder hat beim Besuch in Kirkuk etwas bemerkt", sagte er, als sie an Mustafas Grab standen. „Er muss ihn an seinem Namen erkannt haben. Deshalb liegt er jetzt hier. Die anderen der Gang heißen Raziel, Meridor, Sika und Harazi. Meridor und Sika fuhren über den Fluss, Raziel ist tot und ihr Fahrer, Jossi Dan, leicht verletzt worden. Sie sind zurück nach Habbaniyah. Später erschienen dort auch Meridor und Sika. Sie hatten den Auftrag in Falluja ausgeführt; Koordinaten des Benzinlagers der irakischen Truppen. Auf dem Rückweg haben sie einen Fellachen erschossen und seine Pferde genommen. Sie sind alle zusammen am nächsten Tag zurück nach Tel Nof geflogen. Die Leiche Raziels haben sie mitgenommen."

„Der Hund hat unverschämtes Glück, es ist das Glück des Teufels, mit dem er einen Pakt geschlossen hat", knurrte Faruk.

In den Straßen von Bagdad schlugen noch immer einzelne Granaten der britischen Artillerie ein. Sari war gegen Abend zurück nach Hause gekommen und hatte die Wut der Bevölkerung über den Beschuss der Stadt gerade noch selbst erlebt. Es war der 30. Mai 1941. Die britischen Verbände aus Transjordanien von Westen und die aus Basra von Süden hatten Bagdad in die Zange genommen. Seit vier Tagen war der Angriff im Gange und es war nur noch eine Frage der Zeit, wann die Stadt kapitulieren musste. Die Menschen suchten Schutz vor den Granaten in ihren Kellern und Sari hatte die letzten drei Stunden in einem solchen verbracht, bis das Bombardement nachgelassen hatte. Der Hass auf die Briten war riesengroß und ebenso wuchs der Hass auf ihre vermeintlichen Verbündeten, die Juden. Doch die in Bagdad lagen ebenfalls unter britischem Granatfeuer.

„Die Juden stecken mit den Briten zusammen", hatte Sari einen Mann im Keller sagen hören und viele der Insassen hatten ihm beigestimmt. Dort erfuhr er auch, dass Gaylani am Morgen aus der Stadt Richtung Persien geflohen war. Im

460

Radio kam die Nachricht, dass sich der Stellvertreter Gaylanis, der Führer der radikal faschistischen Jugendorganisation
Futuwwa, Yunis al-Sabawi, selbst zum Gouverneur des Zent-
ralirak ernannt hatte. Eine Ansprache von ihm wurde noch
für heute angekündigt. Aber nichts geschah. Am nächsten
Tag kapitulierte die Stadt.

Sari hatte fast vier Stunden lang versucht Faruk am Telefon zu erreichen. „Ya achi, ich habe keine Zeit. Nach der
Kapitulation wurden die Behörden aufgelöst und die Polizei
entlassen. Aus Sorge um die Sicherheit hat man dann ein
Security Council gegründet und mich hinein beordert", sagte
er gestresst. „Wir haben gestern Sabawi im Radiosender
verhaftet und außer Landes geschafft. Er wollte dazu aufrufen, die inneren Feinde des Irak zu bekämpfen und hatte
bereits paramilitärische Gruppen um sich versammelt. Wir
haben sie entwaffnen lassen, es hätte viele Tote gegeben. Die
britischen Blutsauger ergreifen bereits Maßnahmen zur Wiedereinsetzung des Regenten ..." Dann war die Telefonleitung
plötzlich unterbrochen.

Am Pfingstsonntag, dem 1. Juni, trat Sari aus dem Haus
auf die Rashid Street. Er bemerkte eine tiefe Frustration unter
den Passanten. Gruppen der aufgelösten irakischen Armee
gingen durch die Straßen, viele von ihnen noch bewaffnet.
Im Kaffeehaus an der Oper, wo er täglich sein Essen einnahm, war eine seltsame Stimmung; eine Mischung aus Wut,
Ohnmacht, Verzweiflung und Enttäuschung. Einige der Zeitungen, die zuvor die Briten noch als raffgierige Ungläubige
bezeichnet hatten, waren plötzlich auf die Rückgewinnung
der Popularität des haschimitischen Regenten ausgerichtet.
Aber das entsprach nicht der Meinung des Volkes. Der Stolz
der panarabischen Iraker war durch die unverblümte Zensur
der Presse tief getroffen. In den Menschen steckte der Hass
gegen die Briten fest und daraus war die Fürsprache zu Nazi-
Deutschland erwachsen. Wer in Bagdad lebte, dem blieb die
anwachsende Affinität des arabischen Volkes zum Nazismus
nicht verborgen und war Sari nur allzu verständlich.

Am Nachmittag, als er aus dem Kaffeehaus kam, war eine
größere Menschenmenge auf dem Maidan Square versammelt. Ein Geistlicher erklärte die Fatwa und rief zum Jihad
gegen die Juden auf. Es ging darum, dass Juden heute Mittag

auf dem Flughafen die Rückkehr des Regenten Abdullah gefeiert hatten. Auf dem Rückweg in die Stadt war ihr Bus bei der Al Khur Brücke von irakischen Soldaten und Zivilisten angegriffen worden. Der Tumult hatte sich in die Vorstädte Al Rusafa und Abu Sifiya ausgebreitet. Sari beobachtete die Szene und fühlte sich zurückversetzt ins Jerusalem im April 1920. Vom Fenster seines Hauses beobachtete er am späten Nachmittag, wie sich immer mehr Leute auf der Rashid Street mit Messern, Schwertern und Knüppeln zusammenrotteten und Richtung Vorstadt zogen.

Es klopfte an der Wohnungstür und Sari ließ den alten Atlan eintreten, der mit seiner Frau über seiner Wohnung lebte. „Was ist da draußen los? Sind die alle verrückt geworden?"

Sari erzählte ihm von den Unruhen damals in Jerusalem und welche Gewalt sich aus einer solch unkontrollierbaren Situation entwickeln konnte.

Der Alte erschrak. „Ich habe ähnliches von armenischen Flüchtlingen gehört, die damals 1916 bei uns Schutz suchten. Wir Jesiden waren uns nicht sicher, ob wir mit heiler Haut davonkommen. Ich musste mein Dorf verlassen und nach Persien gehen. Du denkst, es wird auch hier Mord und Totschlag geben?"

„Es ist möglich, aber die britische Armee steht an den Außenbezirken der Stadt. Sie werden schon für Ruhe sorgen."

Am Abend stand der Alte wieder an der Tür. „Hörst du, wie sie auf der Straße laut die Juden verfluchen? Die Geräusche Richtung Rusafa sind alarmierend. Viele sind dahin gezogen. Sie haben jüdische Häuser mit der Hamsa gekennzeichnet. Gegenüber am Haus meines guten Nachbarn Yehouda habe ich es beobachtet. Wir sollten sie warnen."

Sari schaute aus dem Fenster und überlegte. „Ja, wahrscheinlich hast du recht. Wir gehen rüber. Warte einen Augenblick." Er kramte einen Armeerevolver aus einer Schublade und dann waren beide auch schon auf dem Weg. Er war ja noch immer Ehrencolonel der Leibgarde und Faruk hatte ihm die Waffe besorgt.

Sie überquerten die Straße und der Alte klingelte und klopfte an die Haustür: „Salman, hier ist dein Nachbar Mirhat, lass uns rein." Einige Passanten kamen herbei und schrien: „Was habt ihr mit den Juden zu schaffen?" Aber da ging die Tür auch schon auf und sie verschwanden im Hausflur. Der junge Mann machte schnell wieder zu. Als sie die Wohnung im ersten Stockwerk betraten, saßen zwei jüdische Familien zusammen an einem langen Tisch beim Essen. Der alte Hausherr stand auf und kam lächelnd auf die beiden zu. „Mein guter Freund Mirhat Atlan, du kommst am Shavuot zu uns? Willst du etwa mit uns die Eierkuchen und den Honig teilen und uns in die Synagoge begleiten?"

„Melek Taus bewahre mich davor, Salman Yehouda. Die Eierkuchen verderben mir den Magen und eure Tora verdirbt mir den Geist", lachte Mirhat Atlan. Dann wurde er ernst. „Salman, es braut sich etwas zusammen. Der Mob will Juden zur Verantwortung ziehen und ist unkontrollierbar. Sie haben euer Haus bereits markiert. Kommt mit uns hinüber."

Der Hausherr lächelte Atlan an. „Guter Mirhat, wenn wir Juden jedes Mal auf so etwas so reagieren wollten, dann ..." Ein Stein flog durch ein Fenster und sie hörten, wie die Menge auf der Straße jubelte und grölte. Der Schrecken fuhr den Anwesenden im Raum in die Glieder. Die Kinder und Frauen liefen durcheinander und die Männer versuchten die Fenster mit Schränken zu verbarrikadieren. Unten hörte man heftige Schläge an die Haustür. Yehouda wurde bleich, als er auf eine wilde Meute auf der Straße schaute, die ihre Messer und Knüppel zu ihm in die Höhe streckten und skandierten: „Allahu akbar, Tod den Juden."

Sari machte dem Durcheinander im Raum ein Ende und rief laut. „Kommt alle zusammen hinter mir her und macht schnell." Dann ging er die Treppe hinunter und sie folgten ihm. Die Haustür hielt den Axtschlägen nicht mehr lange stand. Er zog den Revolver und als die Tür aufbrach, feuerte er zwei Schüsse über die Köpfe der ersten Angreifer. Im Nu waren die von der Tür verschwunden. Dort angelangt schoss Sari erneut zweimal in die Luft und trat dann vorsichtig auf die Straße. Von dem wilden Mob war nichts mehr zu sehen. Sie standen weiter oben und riefen wilde Flüche. Er erkannte unter ihnen Soldaten, die bewaffnet sein konnten. Mit dem Revolver sichtbar in der Hand trat er in die Mitte der Straße und ging auf den Mob zu.

„Hört mir gut zu. Ich bin Colonel Nadschar. Wer unsere Häuser betritt, den werde ich persönlich von da erschießen", rief er laut, indem er auf die Fenster seiner Wohnung deutete." Es wirkte, die Leute blieben auf Abstand und Sari rief die Juden, die daraufhin, einer nach dem anderen, hinter ihm über die Straße liefen und in Altans Haus verschwanden. Mirhat Atlan hatte mittlerweile zwei lange Bretter besorgt. Sie gingen zurück und nagelten die an die aufgebrochene Tür. Der Alte ließ noch die Eisengitter vor den eigenen Ladenfenstern hinunter, dann verschlossen sie die Tür zum Treppenhaus.

Insgesamt waren es zweiundzwanzig Juden, die sich jetzt in Saris Wohnung drängten. Die Männer teilten sich als Wachtposten am Fenster ein. Dort lag der geladene Revolver griffbereit. Alle wurden auf die drei Wohnungen im Haus aufgeteilt, die meisten der Frauen und Kinder in die leere Mansarde unter dem Dach, wo Mustafa gewohnt hatte.

Als sie später zusammen saßen, schüttelte Salman Yehouda den Kopf und fragte, wie zu sich selbst: „Wie weit ist es gekommen? Ich kann es kaum glauben." Wenn man das Fenster öffnete, hörten sie einen verstärkten Geräuschpegel in der Vorstadt und aus Richtung des unweit gelegenen jüdischen Viertels Rusafa vernahmen sie Schüsse. „Die Juden machen ein Drittel der Bevölkerung von Bagdad aus. Wie können wir Schuld sein an der Niederlage gegen die Briten? Wir sind doch alle Irakis?" Der Mann verstand die Welt nicht mehr. „Warum hasst uns die Welt so sehr", fragte er leise?

„Warum müssen wir uns von der Welt immer wieder so abgrenzen", fragte sein Sohn zurück?

Mit einem scharfen Blick auf ihn und ohne das Gesagte zu beachten, wand sich Salman an Sari. „Wir bedanken uns bei Ihnen für Ihre spontane Hilfe, mein Herr. Aber sagen Sie, Ihr Gesicht? Habe ich Sie nicht schon einmal gesehen?" Sari bemerkte die heftige Spannungen zwischen dem Vater und dem Sohn, aber auf die Frage bezogen, wusste er nicht, wo das geschehen sein könnte.

„Vielleicht zufällig auf der Straße", antwortete er, aber dann stellte sich heraus, dass Salman Yehouda an der Rachel Shahmoon School arbeitete, an deren Gründungsfeier Sari vor Jahren teilgenommen hatte.

464

„Waren Sie nicht als Abgesandter der Regierung da?"

Sari erklärte ihm die Sache und dass er eigentlich damals nur gekommen war, um sich über die zionistische Bewegung im Irak zu informieren.

„Ach, die Zionisten", sagte Yehouda. „Wir haben nichts mir ihnen zu schaffen. Sie bringen Schande über das Judentum. Wir leben so unendlich lange Zeit mit den Arabern hier in Frieden zusammen. Was heute passiert, ist ein Resultat ihrer Ansprüche. Erst seit der Zionismus diese Ansprüche erhebt, hat sich der arabische Nationalismus entwickelt, mit all seinen negativen Auswirkungen, die sich auch aus dem Nationalsozialismus Deutschlands ergeben."

Sie warteten auf das Eingreifen des britischen Militärs, das die Stadt umstellt hatte und später in der Nacht trat tatsächlich Ruhe ein.

Die Rashid Street war ruhig als Sari am nächsten Morgen aus dem Haus trat. Die Bretter hielten die Tür zum Nachbarhaus zusammen. Er ging Richtung Rusafa, als er aus einer Nebenstraße lautes Jammern und beißenden Brandgeruch vernahm. Die Straße hinauf, nicht weit entfernt, standen zwei ausgebrannte Häuser. Noch immer schlugen Flammen aus den Trümmern. Davor lagen Leichen und Leute diskutierten heftig. Er kam näher und erkannte, dass die Toten Juden waren. Frauen knieten bei ihnen und betrauerten laut ihr Schicksal, während Männer mit einfachen Tragen aus einem Nachbarhaus eilten, um sie von der Straße zu holen.

Vor dem Haus stand unter den Juden auch ein Araber. Ein zweiter, wohl ein Arzt, war damit beschäftigt, Verletzte zu versorgen. „Was haben wir getan, dass wir so etwas ertragen müssen", hörte Sari einen der Juden den Araber fragen.

„Bei Allah, ihr wisst, ich habe alles versucht das zu verhindern, aber der Mob war nicht aufzuhalten. Wo sind die verfluchten britischen Soldaten? Wo sind sie?"

Sari trat hinzu. „Was ist hier geschehen?"

„Schau dich um. Eine Katastrophe ist geschehen. Ein paar Straßen weiter gibt es noch weit mehr Tote und Verletzte. Ein Massaker ist geschehen."

„Und keiner ist eingeschritten?"

„Keiner. Sie sind in zügellosen Banden durch die Straßen gezogen und haben gemordet, gebranntschatzt und geplündert. Ich habe die Nachbarn mit meinem Leben verteidigt und sie bei mir aufgenommen. Fast hätten sie mich auch erschlagen. Die Häuser und das Eigentum der Menschen sind ein Raub der Flammen. Alles ist hin."

Sari ging zurück. Nirgendwo gab es Polizisten oder Sicherheitskräfte. Es war ein Vakuum entstanden, nachdem die Regierung vor den Briten geflüchtet war und die selbst gar nicht in die Stadt eingerückt waren. Am Ende der Rashid Street sammelten sich bereits neue Gruppen von Randalierern. Viele kamen aus den benachbarten Slums von Al Karkh. Sari wurde jetzt bewusst, dass er den Revolver zu Hause gelassen hatte und machte sich schleunigst auf den Weg zurück, denn die Banden zogen schon wieder los.

Am Mittag erreichte er endlich Rassul am Telefon. Der erklärte ihm, dass der ehemalige Bürgermeister und das Security Council versuchten eine Polizeitruppe zusammen zu stellen. Die Nacht musste furchtbar gewesen sein.

„Sicherlich mehr als hundert Tote. Juden wurden gemordet, verstümmelt und massakriert. Entsetzliches ist geschehen. Und gegenwärtig geht es weiter", sagte Rassul noch, dann musste er Schluss machen.

Sie blieben alle im Haus und achteten sorgsam auf jedes Geräusch von der Straße. Aber nichts geschah und als der Abend kam, fuhren Autos mit Lautsprechern durch die Straßen, die für die Nacht eine Ausgangssperre verkündeten. Jeder Angetroffene würde von den Polizeipatrouillen ohne Rücksicht auf seine Zugehörigkeit erschossen.

Am nächsten Tag patrouillierten schwer bewaffnete britische Soldaten zu Fuß und auf Panzerwagen durch die Stadt. Es war wieder Ruhe eingekehrt.

Erst tags darauf erreichte Sari Faruk am Telefon. „Rassul wurde kurzzeitig unter Arrest genommen", sagte der aufgebracht. „Erst meine Intervention hat dazu geführt, dass die Briten ihn wieder freigelassen haben." Faruks Abschied aus der Armee, während der Zeit der chaotischen Regierungswechsel, rettete beiden jetzt das Leben. Die meisten hohen Militärs, besonders die, die Gaylani im April wieder eingesetzt hatten, waren in Haft genommen worden. Ihnen drohte die Todesstrafe.

Zwei Monate waren vergangen. Das Leben war nach Bagdad zurückgekehrt und doch war es anders. Ein Graben war entstanden, zwischen der jüdischen Bevölkerung und dem Rest der Einwohner. Als die Zeitungen wieder berichteten, stellte sich das grausame Desaster der zwei Pfingsttage dar. "*Farhud*" stand dort zu lesen und die Auswirkungen, auf die Jahrhunderte während friedliche Koexistenz von Juden und Muslimen in Bagdad, waren noch gar nicht abzusehen. Von einhundertachtzig toten Juden wurde berichtet und von einer weit größeren Zahl von Verletzten. Noch höher wurde die Zahl an Toten der nicht-jüdischen Einwohner geschätzt, die, als Aufständische erschossen wurden oder aber auch bei Rettungsversuchen ihr Leben ließen. Viele der nicht identifizierten Leichen lagen jetzt in einem Massengrab.

Im Sog des Einmarschs der Arabischen Legion Transjordaniens war Abdullah auf seinen Regentenstuhl zurückgekehrt. Das Land selbst war wieder unter britischer Militärbesatzung und Nuri as-Sa'id zog die politischen Fäden. Das Security Council war aufgelöst worden und die Polizeimacht kontrollierten die Briten. Rassul kam wieder auf seinen Posten und Faruk lehnte eine erneute Anfrage Nuris zur Zusammenarbeit ab.

Er und Sari saßen oft zu Mittag im Kaffeehaus am Maidan Square. Dort erfuhr Sari, was sich in den chaotischen Tagen im Irak abgespielt hatte. Die unbegreifliche Untätigkeit der britischen Armee bei den Ausschreitungen gegen die Juden war nicht nur auf Bagdad beschränkt gewesen, sondern hatte sich auch in Basra so abgespielt.

„Wir haben uns lange darüber Gedanken gemacht im Security Council", sagte Faruk. „Wir waren doch kaum operationsfähig. Die Polizei war aufgelöst und bis der Bürgermeister die Leute wieder einsatzbereit hatte, war ein ganzer Tag verstrichen. Die Briten lagerten wenige Meilen draußen vor der Stadt und griffen nicht ein, obwohl sie genau hörten was vor sich ging."

„Kannst du dir das erklären?"

„Ich habe mit einigen hohen britischen Offizieren gesprochen. Viele sind beschämt und gaben unterschiedliche Gründe an. Der eine, dass sie zögerten in irakische Interna einzugreifen, der andere, weil sie befürchteten in Straßenkämpfe verwickelt zu werden oder um britisches Leben zu schützen. Nur einer gab mir eine wirklich einleuchtende Erklärung: Es ginge um Abdullahs Ansehen und die Rückgewinnung der Popularität des haschimitischen Königshauses, sagte er. Die Briten hofften, durch eine Verschlechterung der Lage, den Status der Rückkehr des Regenten von einem britischen Lakaien zu einer messianischen Gestalt zu erhöhen, die aus dem heillosen Chaos die Ordnung wiederherstellt. Wie anders ist es sonst zu verstehen, dass Sir Kinahan Cornwallis, der Botschafter Großbritanniens, sich nach der Entlassung aus seiner Geiselhaft in seiner Residenz zum Candlelight Diner hinsetzte und danach in aller Ruhe eine Partie Bridge spielte, während die Schreie der Gemarterten bis zu ihm drangen. Von britischen Offizieren bestätigt; Cornwallis verbot den Truppen die Stadt zu betreten, bis es vorbei sei."

„Das wäre ungeheuerlich. Es ist schon peinlich genug, dass die Ausschreitungen erst begannen, nachdem die pro-Nazi Regierung gekippt war."

„Ja", erwiderte Faruk. „Alles geschah im Angesicht der britischen Truppen. Diejenigen, die den Juden halfen, waren ihre muslimischen und christlichen Nachbarn und selbst Musawi, der Führer der Schiiten in Bagdad, stellte sich auf der Straße vor seine Anhänger und befahl ihnen nicht am Morden und Brandschatzen teilzunehmen."

„Wie können sich dann die Briten noch als die Freunde, Förderer und Beschützer des Judentums aufspielen?"

„Indem sie darüber eine Nachrichtensperre verhängt haben. Sie halten ganz einfach alles unter Verschluss. So sind und bleiben sie rein, wie die reinste Seele."

Faruk war am Tag nach den Gräueltaten durch die jüdischen Viertel gegangen und tief erschüttert gewesen. „Ya achi, du hattest recht", hatte er später zu Sari gesagt. „Diese Menschen können tatsächlich nichts für den Judenhass, den die Zionisten unter den Arabern entfacht haben und dessen sich die Nazifreunde unter ihnen bedienen. Diese Juden haben nichts damit zu tun. Aber sie sind es, die dafür bezahlen.

468

Es sind immer die Falschen, die bezahlen. Du hattest recht, wir müssen unterscheiden. Nicht alle Juden sind gleich."

ES WAR Juli 1945 und Sari packte seine Sachen. Er war auf dem Weg zurück nach Hause. Seine Heimat stand davor in die Hände der Zionisten zu fallen. Immer mehr hatte ihn das Gefühl beschlichen, nicht wirklich genug für sein Heimatland getan zu haben. Aber nun war ein Punkt erreicht, der ihn überzeugt hatte sofort zurückzukehren.

Rassul hatte Sari vor einem Monat in sein Büro eingeladen. Er war zum Major aufgestiegen und führte mittlerweile eine ganze Abteilung des Geheimdiensts, in die auch sein Neffe Majjid eingetreten war. Vor ihm und Majjid lag eine Mappe mit der Aufschrift "Geheim".

„Sari, wir möchten, dass du das hier liest. Da es dich betrifft, können wir es nicht vertreten, dich in Unkenntnis der Lage zu lassen. Was du hier vor dir hast, ist ausschließlich bezogen auf dein Dorf Lifta. Es ist eine Übersetzung aus dem Hebräischen, die wir für dich haben anfertigen lassen."

Majjid war über einen Spion in Palästina zufällig auf Informationen gestoßen. Normalerweise ging ihn die zionistische Sache in Palästina wenig an, da die Juden des Irak, trotz des Farhud, ihre Treue zum Zweistromland nicht nur durch die historische Verbundenheit ausdrückten sondern auch durch die generelle Ablehnung des Zionismus, der von ihnen öffentlich angeprangert wurde. Jedoch waren in den letzten Kriegsjahren, zumeist in britischer Truppenbegleitung, immer mehr zionistische Emissäre aus Palästina aufgetreten, die irakische Juden in Hebräisch unterrichten und Selbstverteidigungsgruppen organisieren sollten. Sie hatten zwar nur geringen Zulauf, aber allein die Tatsache, dass sie auch hier im Irak operierten und vor allem, dass es auch seinen Onkel Sari anging, hatte ihn über ein Jahr lang nachforschen lassen.

Sari nahm die Mappe an sich und beim Lesen im Nebenraum begann ihm das wahre Ausmaß der zionistischen Bedrohung für seine Heimat klar zu werden. Der Jüdische Nationalfond, der eine besondere Siedlungsabteilung unterhielt, hatte Unterlagen von arabischen Dörfern und Stadtteilen anfertigen lassen, die alle Art von Informationen erhielten.

Vor ihm lag das Dossier von Lifta. Als er eine Luftaufnahme und die Skizze seines Dorfs in der Hand hielt, erkannte er topographische und kartographische Details, mit den Zufahrtsstraßen, ihrer Beschaffenheit und der Lage und Anordnung der Häuser, die mit Nummern versehen waren. Hinter diesen Nummern standen in den weiteren Papieren, in entsprechenden Rubriken, die Namen, die Religionszugehörigkeit, die Stellung, der Beruf und das Geschlecht der knapp zweitausendfünfhundert Bewohner. Insgesamt waren auf sechsundachtzig Seiten, neben allgemeinen Daten, wie Bestände von Nutzbäumen und Ackerflächen und die Anzahl von Läden und Werkstätten, auch die soziale Schichtung zwischen Notabeln und Bauern, die Feindseligkeit und Bewaffnung des Dorfs während, und die Beteiligung von Personen an der Revolte beschrieben. Ein Index "hebräische Ursprünge des Orts" war leer, auch wie lange er schon existierte und ob das Dorf vor hundert Jahren unter den Ägyptern gegründet worden war, war nicht ausgefüllt.

Hinter der Nummer seines Hauses fand er seinen Namen mit Altersangabe und die Daten von Aminah und Amir. Jasmin war durchgestrichen. Er war als potentielle Gefahr, wegen seiner militärischen Laufbahn und seiner intellektuellen Ausbildung vermerkt, und als Nationalist. Die Aktivitäten mit Ibrahim während der Revolte waren aufgezeichnet, er galt als Notabler mit Anführerpotential und der Aufenthalt und seine damalige Tätigkeit in Bagdad waren beschrieben. Die Lee-Enfield und die Browning waren eingetragen.

Das alles war schon erschreckend genug, in höchstem Maße bedrohlich machte es aber ein kleines Kreuz auf der Skizze, das Sari erst bei der zweiten Betrachtung entdeckte und das mit "Hauptangriffspunkt" bezeichnet war. Es war an der Landstraße nach Jaffa, oberhalb seines Hauses, eingetragen.

Neben all diesen Daten lag auch die Übersetzung eines Schreibens von einem Juden namens Ben-Zion Luria an den Jüdischen Nationalfond bei, das von der Nützlichkeit solcher Register aller arabischen Dörfer sprach, die zur Rückgewinnung des Landes und zur Zionisierung Palästinas helfen könnten. Dieses Schreiben war vor einem Jahr der Ausgangspunkt von Majjids Nachforschungen gewesen, als er es zufällig in die Finger bekam.

Sari schrak zusammen. Vor dem Hintergrund, dass die palästinensische Führungsstruktur und der Wille der Bevölkerung zur Selbstverteidigung zerschlagen waren, was in aller Welt hätten solche Daten für einen Sinn, wenn nicht die geplante Übernahme der Ortschaften dahinter stand?

Als er zwei Stunden später zurück ins Büro kam, blickten Rassul und Majjid ihn stumm an. Sari war schockiert.

„Ya achi", sagte Rassul endlich, „wir mussten dir das zeigen. Von diesen Dorfdossiers gibt es weit über vierhundert. In unserer Hand sind neben dem von Lifta noch zwei andere und eines vom Jerusalemer Stadtteil Katamon. Es war nicht leicht für Majjid daran zu kommen. Es hat lange gedauert, bis sie Seite für Seite von einem Informanten während der Arbeitszeit per Hand kopiert waren. Die Dossiers sind zumeist belegt mit illegalen Luftaufnahmen. Majjid hat darüber sogar die Briten informiert, aber denen ist es bisher noch nicht einmal gelungen, das Fotolabor ausfindig zu machen, wenn sie es denn überhaupt wirklich finden wollen. Sie haben wenig Interesse am Schicksal der Araber Palästinas. Bei Allah, Sari, ihr solltet sehr vorsichtig sein."

Spätestens seit diesem Tag war klar, er musste zurück nach Palästina. Ihm war die rasante zionistische Entwicklung bewusst, aber jetzt erfuhr er, dass die Hagana sogar schon einen eigenen Geheimdienst mit Namen Shai unterhielt. In einem jüdischen Jugenddorf Shefeya trainierten sie seit einem Jahr Jugendliche, die zu Aufklärungseinsätzen und Befragungen ausgebildet wurden. Als Sari nach Hause ging, blickten Rassul und Majjid noch lange hinter ihm her.

Auf seinem Weg zurück zur Rashid Street kamen ihm die damaligen Aussagen der vertriebenen Pächter wieder in den Sinn, die nach dem Verkauf ihrer Äcker und Dörfer mit Drohungen und Gewalt von den neuen jüdischen Besitzern davongejagt worden waren. Hatte sich darin schon das Wesen und das Ziel ihrer Exklusivität ausgedrückt, was wäre erst zu erwarten, wenn Stärke und Gelegenheit ihnen die Chance geben würde, sich ganzer Dörfer und Ländereien zu bemächtigen? Sari schossen Maimonides' Deutungen in der Mischne Tora durch den Kopf, wo er sich über die Macht von Juden über Nichtjuden ausließ. Was, wenn sie diese Macht bekamen? Wer sollte sie dann aufhalten? Die Widerstandskraft der Menschen seiner Heimat war gebrochen und die Gefahr für seine Landsleute war größer, als er jemals geahnt hatte. Denn die Zionisten hielten, neben der eigenen massiven militärischen Entwicklung, ein mächtiges moralisches Faustpfand in der Hand, aus dem sie jedes Recht ableiteten, ihr Ziel, härter als jemals zuvor, in Angriff zu nehmen.

Als Realist hatte Sari frühzeitig den Untergang Nazi-Deutschlands vorhergesehen. Der Angriff auf die Sowjetunion und die Kriegserklärung an die USA waren das Todesurteil für das NS-Regime. Die Entscheidung einen Krieg gegen die halbe Welt zu führen, konnte nur ein Wahnsinniger treffen, der sich selbst und die Kraft eines ganzen Volkes völlig überschätzte. Obwohl Sari anfangs selbst noch zweifelte, so war ihm doch spätestens nach Stalingrad der Zusammenbruch bewusst. Es war nur eine Frage der Zeit, wann der erfolgen würde. Der Wahnsinn Hitlers, seiner skrupellosen Anhänger und die Verführung eines widerspruchslosen Volkes, drückten sich nach dem Krieg in den grauenvollen Bildern der Judenvernichtungslager aus. Täglich erschienen diese Bilder in den Zeitungen. Nie hatte es derartiges gegeben. Nach dem Entsetzen, erfasste eine Sympathie- und Teilnahmewelle die ganze Welt, die auch vor der arabischen Bevölkerung im Irak nicht Halt machte und doch fragten sich viele, warum die Araber Palästinas dafür bezahlen sollten.

Denn als die ersten Nachrichten über Massenerschießungen und Todeslager erschienen, begannen die Zionisten sich von der Bevormundung der Briten zu lösen. Ein neuer wirtschaftlicher Aufschwung während des Krieges, der eine Zeit der hohen Arbeitslosigkeit unter der jüdischen Bevölkerung Palästinas abgelöst hatte, wurde getragen von den Kriegsanstrengungen der Briten. Neue jüdische Fabriken versorgten die Truppen mit Munition, Benzin, Reifen, Ersatzteilen, Kleidung und Nahrung. Aber je weiter der Krieg fortschritt, je mehr Details der Judenvernichtung bekannt wurden, umso mehr konnten sie sich moralisch erlauben, nicht nur das Weissbuch von 1939 zu umgehen sondern nun auch eigene Ziele zu verfolgen. Die britische Einreisesperre wurde bekämpft, was zu dramatischen Unglücksfällen führte, bei denen viele ihr Leben ließen. Die daraus folgenden, zum Teil gewaltsamen Zusammenstöße mit den britischen Behörden,

ließ die Irgun nicht nur den Frieden mit den Briten aufkündi-
gen, sondern ihnen im Februar 1944 sogar den Krieg erklären
und den Feind in jedem zu suchen, der nicht vorbehaltlos
einem rein jüdischen Staat in Gesamtpalästina zustimmte;
Transjordanien war da natürlich eingeschlossen.

Seit 1943 hatte die Terrororganisation einen neuen Anführer, Menachem Begin, radikaler und skrupelloser als jeder
seiner Vorgänger. Der Schüler Jabotinskys war, als Soldat
der polnischen Streitkräfte der Sowjetarmee, über den Iran
nach Palästina gelangt und dort mit der Waffe in der Hand
desertiert. Er sprach in öffentlichen Veranstaltungen von der
"Erlösung des Landes", vom "dritten Tempel" und von einem
Israel "vom Euphrat bis zum Nil". Die revisionistische Betar-
Jugend war am Aufstand des Warschauer Ghettos beteiligt
gewesen und hatte den linken Zionisten um Ben-Gurion auch
hier den Wind aus den Segeln genommen. Das Monopol auf
Heldentum, das die Linke bisher für sich beansprucht hatte,
war nicht mehr unantastbar und Begin bekam nicht nur von
seinen eigenen Anhängern Rückendeckung. Der Kreis derer,
die ihm zwar nicht direkt folgten, ihm aber die Absolution
erteilten, nahm bedeutend zu. So, wie der Konflikt die arabische Gesellschaft konservativer und religiöser machte, um
Traditionen und kulturelles Erbe zu bewahren, so radikali-
sierte sich die gesamte zionistische Gesellschaft in ihrem
Anspruch auf Neuerungen und Abkehr von alten Zöpfen, um
nun gewaltsam die Staatengründung zu erzwingen.

Die Infrastruktur, die der britischen Kriegsbeschaffung gedient hatte, wurde nun genutzt, um Waffen und Material für
den Eigenbedarf zu produzieren. Und Tausende von jüdischen Soldaten der Hagana hatte Großbritannien für den
Kampf gegen Hitlerdeutschland ausgebildet. Eine militärische Macht, die gewachsen war, je länger der Krieg andauer-
te.

Sari erkannte, wie der Plan zur Schaffung eines rein jüdischen Staates auf palästinensischem Boden kontinuierlich
Gestalt angenommen hatte. Noch 1922 hatte Weizmann die
Idee eines jüdischen Staates offiziell abgelehnt, 1937 wurde
die Teilung gebilligt und in New York hatten sie 1942 den
Anspruch auf ganz Palästina erhoben. Die Dorfdossiers waren nur ein weiterer Beleg dafür, wie das Ziel, wenn nötig

auch mit Gewalt, erreicht werden konnte. Denn wie anders, als durch Gewalt, würden die einheimischen Bewohner sonst das Land verlassen? Die Schaffung des jüdischen Staates erforderte von ihnen die zwangsweise Vertreibung der Palästinenser. Hier stellte sich nicht nur die Frage nach der moralischen Legitimation des gesamten zionistischen Projekts sondern auch, würden die Juden dann nicht zum Spiegelbild ihres schlimmsten Alptraums?

Das waren die Gedanken auf der langen Reise, die Sari nun in seinem Auto von einem britisch kontrollierten Teil des Nahen Ostens in den nächsten führte. Sie waren erneut die Sieger im Nahen Osten und hatten alles im Griff, nur nicht die Gedanken und Gefühle der arabischen Menschen.

Nuri as-Sa'id war im Oktober 1941 auf eigene Faust an die Schalthebel der Macht zurückgekehrt. Seine, mit britischen Waffen erzwungene und vom Regenten Abdullah abgesegnete Wiedereinsetzung, hatte die Empfindungen des irakischen Volkes schwer getroffen. Der Monarchie fehlte von da an jegliche öffentliche Legitimität und die mächtige nationale Bewegung ging von ihr getrennte Wege. Als der Irak im Januar 1943 den Achsenmächten den Krieg erklärt hatte, war das nicht die Meinung des Volkes. Das Land wurde die Militärbasis der britischen Truppen, von wo aus Persien, Syrien und der Libanon besetzt wurden. Als sieben arabische Staaten zum Ende des Krieges die Arabische Liga gründeten, wurde diese als eine britisch dominierte Anordnung prowestlich eingestellter arabischer Staaten abqualifiziert.

Faruk war mit seiner zweiten Frau zusammen noch einmal Vater geworden und hatte sich eine Bleibe eingerichtet, in der auch Leila unterkam. Er hatte Nuri nochmals eine politische Karriere abgeschlagen.

Für die Familie Nadschar hatte sich viel verändert. Sahra war mit ihrem Mann und dem Sohn Lukas auf dem Weg nach Paris, wo sie zukünftig leben würden, Aminah war in die Fußstapfen ihrer Mutter getreten und Ärztin in einem Krankenhaus in Bagdad und Amir stand ein Jahr vor der Abschlussprüfung als Jurist. Er wollte Sari nach Jerusalem folgen und dort, wie einst der Vater, ein Büro eröffnen.

Sari wusste, der Abschied aus Bagdad war der letzte.

Veitstanz des Todes

WIEDER ZU Hause in Jerusalem, erfuhr Sari vom Ausgang der britischen Unterhauswahlen in London, bei denen die Weissbuchpolitik von 1939 bestätigt wurde. Außenminister Ernest Bevin wurde von der Presse zum Antisemiten erklärt, mit Hitler und Himmler verglichen und noch im Folgemonat wurde der Jüdische Weltkongress einberufen, der die sofortige Errichtung eines jüdischen Staates in Palästina forderte. Das war der Startschuss für eine Entwicklung, der die Briten fast hilflos gegenüber standen.

Nachdem die Irgun der Mandatsverwaltung wieder den Krieg erklärt hatte, begann Begin Anschläge gegen britische Einrichtungen durchzuführen, deren zeitlicher Abstand immer geringer wurde. Als die Lechi Ende 1944 Nahostmininster Lord Moyne in Kairo ermordete, waren die Jewish Agency und die Hagana Ben-Gurions, noch in Kooperation mit den Briten, gegen die Terrororganisationen vorgegangen. Die Hagana war zu einer Untergrundarmee angewachsen, die nach dem Krieg über fast fünfzigtausend militärisch trainierte Aktivisten verfügte. Ihre Eliteeinheit stellte, als "stehendes Heer", die Palmach dar, die neben strengen Regeln einer asketischen Lebensführung, den unbedingten Gehorsam, todesverachtenden Mut und ideologischen Fanatismus zum Ideal des neuen jüdischen Menschen erkor.

Auch sie waren immer wieder in Konflikt mit dem britischen Militär geraten, das laut Weissbuch eine völlig unkontrollierte Anlandung von jüdischen Flüchtlingsschiffen aus Europa unterbinden musste. Obwohl den aufgegriffenen Flüchtlingen Lagerhaft für unabsehbare Zeit drohte, wurde von den Zionisten das Risiko völlig überladener Schiffe und einer Internierung der Insassen auf Zypern bewusst in Kauf genommen, um einerseits britische Kräfte zu binden und andererseits die Aufmerksamkeit der Weltöffentlichkeit auf das jüdische Problem zu lenken. Doch es kamen immer wieder Schiffe durch, die nicht nur Flüchtlinge an Bord hatten, sondern auch schwere Waffen.

Nachdem nun die Forderung des Jüdischen Weltkongresses an den Briten abgeprallt war, taten sich Ende Oktober die

Jewish Agency und ihre Untergrundarmee mit den Terroristen der Irgun und der Lechi zusammen und gründeten die "Bewegung des hebräischen Aufstands", getragen von der gesamten zionistischen Gesellschaft. Die Antwort war eine Seeblockade der britischen Marine vor der Küste Palästinas, die zunehmend effektiver wurde und einen Erfolg der anlandenden Schiffe immer aussichtsloser machte. Nur sechs Jahre nach der Niederschlagung des arabischen Aufstands, standen die Briten nun einem jüdischen gegenüber, der jedoch mit dem der Araber nicht vergleichbar war.

War die arabische Revolte größtenteils noch wenig koordiniert und spontan abgelaufen, so waren die jüdischen Strukturen gefestigt und hatten vorstaatliche Formen angenommen. Eine riesige Versorgungslogistik war an der Brust der Briten genährt worden. Nun fanden Sabotageakte und Angriffe auf militärische Anlagen, Polizeistationen, Regierungsgebäude und Infrastruktureinrichtungen, wie Brücken, Eisenbahngleise, Bahnhöfe, Küstenwachstationen, Radaranlagen, Flugplätze und Ölraffinerien statt. Aber auch arabische Zivilisten waren das Ziel des jüdischen Terrors. Allein Anschläge der Irgun und der Lechi in den ersten zwei Monaten des Jahres 1946, auf Märkte und öffentliche Plätze in Ras el-Ain, Jaffa und Ramle, forderten fünfunddreißig arabische Menschenleben und verletzten weit über achtzig.

Dabei war die Lechi ein recht dubioser Partner, hatten sich ihre Mitglieder doch während des Kriegs der totalitären Ideologie Hitlers verschrieben. Seit sie aus der Irgun hervorgegangen war, hatte sie vor allem kleinere Operationen, wie Attentate auf britische Soldaten und Polizeibeamte aber auch auf jüdische Kollaborateure, durchgeführt. Sie finanzierte sich, wie die Irgun, aus Spenden, Schutzgelderpressung und Banküberfällen und hatte früh in ihrem Kampf gegen die Mandatsmacht Unterstützung bei Nazi-Deutschland gesucht. Treffen mit Repräsentanten hatten 1941 in Beirut stattgefunden, was ein nach dem Krieg in der deutschen Botschaft in Ankara gefundenes Dokument bewies. Der Inhalt: "Ein Europa ohne Juden könne errichtet werden, wenn man die Juden nach Palästina bringe und dort einen zionistischen Staat errichte, der mit dem Deutschen Reich vertraglich verbunden und verbündet sein sollte". Die Briten hatten schon Anfang

476

1942 nicht nur mit der Verhaftung sondern auch mit der Tötung führender Mitglieder der Lechi reagiert, darunter Anführer Avraham Stern. Der wurde jedoch nur ein Jahr später durch ein Führungstriumvirat ersetzt. Dass die Zionisten, nach der Judenvernichtung der Nazis in Europa, jetzt mit der Lechi gemeinsame Sache machten, war beschämend genug und warf ein entsprechendes Licht auf die Bewegung.

Zwar leugneten die Hagana und die Jewish Agency vehement ihre Mitwirkung an den Terrorakten, jedoch wurden belastende Telegramme zwischen London und Jerusalem abgefangen und Funkübertragungen des zionistischen Radiosenders Kol Israel abgehört. Am Samstag, den 29. Juni 1946, wurden dann siebzehntausend britische Soldaten in Marsch gesetzt, die landesweit jüdische Waffen und Dokumente konfiszierten. Das Kabinett in London hatte den Einsatz ausdrücklich abgesegnet.

Das Verhältnis der Briten zu der zionistischen Führung war auf dem Nullpunkt angelangt. Doch nicht nur das zu den Juden, sondern auch das zu den Arabern hatte sich grundlegend geändert. Ein Umdenken hatte sich bei ihnen breitgemacht, nicht nur vor Ort sondern auch in England selbst. Im September 1944 hatte die Lechi in Jerusalem ein Bombenattentat auf Hochkommissar MacMichael verübt, das zwar scheiterte, die Zionisten aber die Freundschaft eines ihrer einflussreichsten Förderer kostete, die von Premier Winston Churchill. Spätestens ab da war der Einfluss der Zionisten um Ben-Gurion und Weizmann auf die britische Politik beendet.

Schnell hatte Sari seine Kontakte wieder aufgefrischt. Ein herzliches Verhältnis bekam er zu Katy Antonius, die er damals bei der Konferenz in London kennen und schätzen gelernt hatte. Nach dem Tod ihres Ehemanns George wurde ihr Haus in Ostjerusalem ein gesellschaftlicher Mittelpunkt, wo Intellektuelle, Würdenträger, Künstler aber auch hohe britische Beamte und westliche Politiker verkehrten. Kurz nach Saris Rückkehr, hatte Katy ihn eingeladen und er wurde in der Folge Zeuge von rauschenden Festen und politischen Gesellschaften im französischen Salon ihres Hauses in Sheikh Jarrah, das sie vom Mufti angemietet hatte.

Die Gäste waren sowohl Araber als auch Briten und ein englischer Journalist und Politiker sagte einmal zu ihm: „Es ist recht einfach, warum wir die arabische Oberschicht den Juden vorziehen. Sie besitzt Intelligenzija und französische Kultur, ist gebildet und geistreich, heiter und tragisch zugleich. Verglichen mit ihnen wirken die Juden verkrampft, bourgeois – eben europäisch."

„Und doch liegt der britischen Politik nichts mehr am Herzen, als den Zionisten ihren Staat zu präsentieren", hatte Sari geantwortet.

„Es ist nicht allein die pure Politik, mein Herr. Es ist auch unser puritanisch christliches Erbe, das aus dem 16. Jahrhundert bis heute in die Gesellschaft hinein reicht. Die damalige anglikanische Abkopplung der Monarchie vom Papsttum und die nachfolgend aufkommende Sehnsucht nach christlicher Erlösung, die mit der Rückkehr der Kinder Israels nach Zion in Verbindung gebracht wurde, schuf eine mächtige Symbiose zwischen der hebräischen Bibel und dem puritanischen Geist. Die erste zionistische Idee entstand gar nicht in den Köpfen der Juden sondern wurde in der revolutionär-religiösen Atmosphäre Englands jener Zeit geboren. Diese Auffassung, die sich vor dem Hintergrund der neuen Kirche bildete und im weiteren Verlauf nahezu verbohrte, hysterische Züge annahm, wurde durch die Auswanderer in die USA getragen und steckt noch heute tief im Gedankengut der mannigfachen Denominationen des Protestantismus. Dieser christliche Chiliasmus ist der wahre Grund für unsere verfehlte Politik in Palästina."

Es war das erste Wochenende im Juli, als Katy Antonius wieder einmal eingeladen hatte. Anwesend war neben Verwaltungschef Henry Gurney auch Lieutenant-General Evelyn Barker, der im Mai von Deutschland nach Palästina versetzt worden war, um gegen den jüdischen Terror vorzugehen.

„Unsere Soldaten sind wie Freiwild, die gewissenlos getötet werden", erklärte er in die Runde. Man sagte ihm ein Verhältnis zu Katy nach und einige leiteten aus der Liaison mit der Streiterin für die arabische Sache seine Abneigung gegen Juden ab.

„Ich weiß nicht mehr, wie ich noch erklären soll, was die britischen Soldaten in Palästina tun", betätigte Gurney. „Früher hieß es: Melde dich zur Armee und lerne die Welt kennen. Heute: Melde dich zur Armee in Palästina und lerne die nächste Welt kennen."

Der arabische Aufstand hatte den Briten Palästina verleidet, der 2. Weltkrieg ihren Rückzug verzögert, aber der jüdische Terror zeigte jetzt tiefe psychologische Wirkung. Viele fühlten sich von den Juden hintergangen und betrogen und ihnen wurde bewusst, dass das Engagement in Palästina beendet werden musste. Es bestand kein Zweifel mehr daran, dass sich ein jüdischer Staat abzeichnete. Sie hatten geholfen, die sozialen, politischen, wirtschaftlichen und militärischen Grundlagen zu festigen. Dazu kam der Schock des Holocaust, der generell tiefes Mitleid mit Juden erzeugte und sich fälschlicherweise auf die zionistische Bewegung übertrug. Das war es, was die Briten in ihrem Kampf gegen den jüdischen Terror ausbremste, trotz aller Grausamkeit: Die moralischen Bedenken gegen eine zu harsche Behandlung.

„Sie halten ein Schwert in ihrer Hand, schärfer als jedes andere", fuhr Barker fort. „Durch die Shoah nutzen sie die Anklage des Antisemitismus als Rechtfertigung für alles, was sich im Geringsten gegen den Zionismus wendet. Es ist ein Ausverkauf dieses Begriffs, denn zwischen ihrem zionistischen Terror und dem Tod unschuldiger Juden in Europa gibt es doch wohl noch einen Unterschied, oder?"

„Die Hysterie dieses Begriffs schlägt um auf alles, was Palästina berührt", sagte ein zuhörender arabischer Autor. „Sie drohen sich ins Meer zu stürzen, wenn ich nicht mein zu Hause aufgebe. Sie setzen öffentliche Trauertage an, wenn ein Schiff untergeht, das ihre Flüchtlinge nach Palästina bringt und beklagen ihre jüdischen Opfer. Es sind aber keine Flüchtlinge sondern Invasoren, sobald sie gelandet sind. Wenn einer in das Haus eines anderen eindringt, um diesem dann als fairen Vergleich ein Zimmer anzubieten, dann wird der Besitzer auch dann nicht hingerissen sein, wenn der Eindringling heimatlos, verarmt oder verfolgt ist."

„Wir haben begonnen, hart gegen sie vorzugehen." Barker verwies auf seinen persönlichen Befehl. „In unserer Operati-

on Agatha wurden hohe Mitglieder der zionistischen Exekutive verhaftetet und eine große Anzahl Dokumente gesichert.
Drei Lastwagen voll, sind zur Auswertung aus dem Hauptquartier der Jewish Agency ins britische Militärsekretariat im
King David Hotel gebracht worden. Wir wissen von der
schriftlichen Vereinbarung zwischen Hagana, Lechi und
Irgun. Wir haben etliche jüdische Siedlungen nach Waffen
durchsucht und Hunderte inhaftiert. Gestern wurde die Operation abgeschlossen. Allein im Kibbuz Yagur haben wir ein
riesiges Waffenarsenal ausgehoben und der Presse präsen-
tiert."

„Und doch gehen Ihre Soldaten nicht so vor, wie die britische Armee es damals gegen uns Araber tat", wand der Autor ein. „Wie kann es sein, dass jüdische Banden ganze Dörfer angreifen und die Bewohner drangsalieren, ohne dass Sie
ihrer Herr werden? Warum werden benachbarte jüdische
Viertel bei Anschlägen nicht bestraft, wie man das damals
bei arabischen Dörfern oder Stadtvierteln tat? Warum werden jetzt keine Araber als Sicherheitspolizei bewaffnet?"

„Richtig", ergänzte ein arabischer Journalist. „Damals gab
es bei uns Razzien, schon auf bloßen Verdacht hin, heute bei
den Juden nur Durchsuchungen, wenn fundierte nachrichten-
dienstliche Informationen vorliegen. Die jüdischen Banden
kommen fast immer ungeschoren davon. Sie jedoch, Sir,
führen noch heute Maßnahmen zur Entwaffnung der Araber
durch, die sich kaum gegen den jüdischen Terror wehren
können, während ihr die Juden vor zehn Jahren mit Waffen
sogar versorgt habt. All die Stacheldrähte, die heute Gebäude
und Einrichtungen schützen sollen, all die Kontrollen und
Ausgangssperren, die auf jüdische Städte oder Siedlungen
gelegt werden, sind erfolglos. Weil nicht mit letzter Konsequenz vorgegangen wird, so wie damals gegen uns Araber."

„Ich gebe Ihnen recht, meine Herren", sagte Barker. „Es
wird Zeit, dass wir das ändern. Denn wir stehen heute einem
weitaus grausameren, fanatischeren und heimtückischeren
Feind gegenüber, als damals."

Es war der 22. Juli, als Sari kurz nach Mittag in Lifta einen
Anruf erhielt. Ibrahim war am Apparat und er erzählte aufgeregt: „Sie haben ein Bombenattentat auf das King David

480

Hotel verübt und den südlichen Flügel, mit dem Militärsekretariat, komplett zerstört."

Als Sari eine Stunde später dort eintraf, erwartete ihn eine Apokalypse. Die westliche Hälfte des südlichen Flügels war in sich zusammengesackt wie ein Kartenhaus und der Schuttberg der sechs Stockwerke lag hoch bis zum dritten. Noch immer hing Rauch über der Szenerie. Alles war unwirklich mit weißgrauem Staub überzogen und die Zypressen und Palmen standen gekrümmt vom Druck der Detonation, wie sturmgepeitscht. Mehr als hundert Rettungskräfte zogen Leichen hervor, legten Verschüttete frei oder versuchten Hohlräume zu finden. Sanitäter versorgten Verletzte oder transportierten Tote ab. Blutende Menschen standen oder saßen auf der Straße. Manchen hatte die Druckwelle Teile der Kleider vom Leib gerissen und sie suchten nach Habseligkeiten. Überall lagen Glassplitter und Menschen mit entsetzten Gesichtern, die so etwas nicht für möglich gehalten hatten, verletzten sich noch nachträglich daran. Ein Kameramann machte Filmaufnahmen von den Rettungsaktionen. Nicht weit entfernt vom Eingang stand Ibrahim in einer Traube von Journalisten. Sir Evelyn Barker, der in seinem Büro im Mittelteil des Hotels dem Inferno nur knapp entkommen war, gab staubüberzogen eine Pressekonferenz. Er kündigte harte Maßnahmen gegen die Verursacher an.

Als drei Tage später die Aufräumarbeiten beendet waren, wurde das ganze Ausmaß des Anschlags deutlich. Einundneunzig Menschen, darunter Araber, Briten und Juden hatten den Tod gefunden; Regierungsbeamte, Zivilisten und Soldaten. Die konfiszierten Dokumente, die die Mitwirkung der Jewish Agency an Gewaltakten belegten, waren für immer verloren. 350 kg TNT hatte eine Terroristengruppe im Keller des Flügels in Milchkannen deponiert. Zwei von ihnen waren beim Rückzug in ein Feuergefecht mit britischen Soldaten geraten, bei dem ein Soldat sein Leben ließ. Die beiden Terroristen wurden am nächsten Tag im jüdischen Viertel der Altstadt aufgefunden. Einer war da bereits seinen Verletzungen von der Schießerei erlegen.

Barker hatte in höchster Erregung, direkt nach der Explosion, seinen Soldaten jeden persönlichen oder wirtschaftlichen Kontakt zu Juden verboten. Für alle Dienstgrade waren aller Art von Vergnügungen, Besuche in Cafes, Restaurants und Geschäften oder private Treffen nicht mehr erlaubt. Er hatte in seinem Befehl geschrieben: "Auch wenn ich weiß, dass es für einige von uns sehr schwer wird, so bin ich doch sicher, dass sie die Notwendigkeit erkennen und sie die Juden an ihrer empfindlichsten Stelle bestrafen, dem Portemonnaie, um ihnen unsere Geringschätzung zu zeigen." Er gab dem Jishuw eine Mitschuld an der Gewalt. Ohne Rückhalt in der jüdischen Bevölkerung konnten solche Verbrechen gar nicht durchgeführt werden.

Durch eine Unachtsamkeit war der Befehl aus seinem Büro an die Öffentlichkeit gelangt und die Zionisten hatten die Chuzpe seinen, im Angesicht des Terrors verfassten Befehl, in ein Verhältnis zum Anschlag selbst zu stellen. Bald hielten sich die Anklage über den Terroranschlag und die Anklage des Antisemitismus von Oberbefehlshaber Barker in der Presse die Waage. In London erschien eine Karikatur, die General Barker auf Hitlers Buch "*Mein Kampf*" stehend zeigte, wie er eine flammende Rede hielt. Eine Woche später wurde der Befehl an seine Soldaten von allerhöchster Stelle aufgehoben.

Die Ungeheuerlichkeit dieses Akts der Unmenschlichkeit war in solcher Größenordnung bis dahin unvorstellbar gewesen. Doch ungeachtet der Dimension und seines möglichen Vorbildcharakters für potentielle Nachahmer, knickten die Briten vor den Zionisten ein.

Im *Daily Mirror* erschien eine Woche später ein Artikel, in dem Premier Attlee zitiert wurde, wie er gesagt hatte: "*Das unmenschliche Verbrechen fordert scharfe Aktionen gegen den Terrorismus, aber mit Blick auf die Leiden der unschuldigen jüdischen Naziopfer sollte uns das nicht abhalten eine Politik zu betreiben, die Palästina den Frieden bringt.*"

Obwohl die Briten eine große Durchsuchungsaktion in Tel Aviv starteten, bei der sogar einer der drei Führer der Lechi, Jizchak Shamir, verhaftet und ein Waffendepot in der Hauptsynagoge der Stadt aufgebracht wurde, konnten sie sich auf Dauer dem scharfen moralischen Schwert nicht entziehen. Von höchster Stelle begannen die Engländer wieder mit Ben-

Gurion zu verhandeln, obwohl seine Verbindungen zu Irgun und Lechi nachgewiesen worden waren. Der selbst hatte sich beeilt nach dem grauenvollen Anschlag das Bündnis des jüdischen Widerstands aufzukündigen und seine Anti-Terror Haltung nach außen wieder einzunehmen. Begin, der Drahtzieher des Anschlags, wurde nicht gefasst. Und wenige Tage später erschien ein Pamphlet mit den hebräischen Versen des "kämpfenden Juden", einem Lied der Betar-Jugend: "*Wir werden erschaffen, mit Schweiß und Blut, eine Rasse, stark, tapfer und grausam.*"

Sari saß mit Ibrahim in seiner Redaktion zusammen. Beide rieben sich aufgrund der Entwicklung nur noch die Augen. „Die Sayuni bauen ihren Staat auf den Schultern der Naziopfer", sagte Ibrahim. „Deren Leid gibt ihnen die Handlungsfreiheit, die sie sich vorher nicht einmal gewagt hätten zu erträumen. Hätten Araber damals einen solchen Anschlag verübt, wir wären alle gemeinsam aus dem Land deportiert worden. Einen riesigen Strom von Flüchtlingen hätten die Briten nach Osten getrieben."

„Ich gebe dir recht, Cousin. Aber ein jüdischer Staat ist keine Folge der Judenvernichtung in Europa, er ist die Folge der britischen Politik vor dieser Zeit. Der Holocaust beeinflusst jetzt nur die zionistische Strategie. Das Mitgefühl kommt ihnen zugute und das wird ausgenutzt. Wenn sie sagen, dass ein jüdischer Staat eben jetzt, wegen des Holocaust entstehen muss, dann sage ich, kein jüdischer Staat kann alle Verfolgten der Welt aufnehmen. Geschweige denn, ob sie überhaupt freiwillig kommen. Wenn die Kapazität im Land einmal erschöpft ist, wird es immer nur eine Elite sein, die im Ernstfall Aufnahme findet. Und wenn sie nur von einem vorübergehenden Rückzugsgebiet sprechen, dann frage ich, wo ist das Rückzugsgebiet für uns? Ist es auch vorübergehend oder für immer? Von einem Land, wo Milch und Honig fließt, in die kahle Wüste? Das Gerede von der Heimstätte für die Juden dieser Welt ist eine Ablenkung von der Wahrheit. Es geht nicht um die Juden dieser Welt, es geht um die zionistische Doktrin, um elitäre Macht und die unverfrorene Eroberung des Landes eines anderen Volkes."

„Ja, und wenn sie argumentieren die Aufnahme der jüdischen Flüchtlinge in Palästina sei ein menschliches Problem,
dann sage ich: Wenn das ein menschliches Problem ist, dann
soll es doch auch die Menschheit lösen. Warum sollen wir
für Hitler büßen? Die Zionisten sind die Parasiten des Holocaust, aus dem sie jetzt ihr selbst gegebenes Recht ableiten,
uns hinauszuwerfen. Cousin, ich sage dir ehrlich, ich habe
Angst vor der Zukunft."

„Ich auch, Ibrahim. Wir sind ihnen nicht gewachsen, auch
wenn die Araber meinen, sie könnten die Juden mit einem
Handstreich ins Meer treiben."

„Und sie bekommen permanent Verstärkung. Die Briten
lösen die Jüdische Brigade auf. Du kennst deren Geschichte?" Auf Saris Verneinung, fuhr Ibrahim fort. „Seit 1940
durften sich palästinensische Juden in besonderen Kompanien des East Kent Regiments aufstellen lassen. In der Cyre-
naika und Ägypten hatten sie sogar ein eigenes Abzeichen
und eine eigene Flagge. Es war das Ergebnis langer Bemühungen des Jishuw und der zionistischen Bewegung für einen
Vertreter des jüdischen Volkes im Krieg gegen Nazi-
Deutschland. Im Herbst 1944 wurde aus ihnen die Jüdische
Brigade. Sie war die einzige unabhängige nationale jüdische
Einheit in den gesamten alliierten Streitkräften. Sie bestand
aus Infanterie-, Artillerie- und Versorgungseinheiten und
nahm an den entscheidenden Kämpfen an der italienischen
Front teil. Sie wird aufgelöst, weil sie der Hauptfaktor der
illegalen Einwanderung war. Diese fünftausend ausgebilde-
ten Soldaten verstärken jetzt die jüdischen Milizen der Hagana in Palästina. Sie werden dabei sein, wenn die Sayuni unsere Gräber ausheben."

Beiden war klar, dass es früher oder später zum Krieg
kommen musste. Aber nach dem monströsen Terroranschlag
kehrte erst einmal eine fast unheimliche Ruhe ein. Die Terroristen schienen von ihrem eigenen Tun paralysiert zu sein.
Durch Heckenschützen folgten nur noch zwei tödliche Attentate im Juli, dann war Ruhe bis Anfang September. Erst am
9. fielen wieder Menschen dem Terror zum Opfer, am Tag
von Amirs Rückkehr.

FAST EIN Jahr war vergangen, in dem der jüdische Terror unerbittlich seine Sense geschwungen hatte. Im Schnitt war in den vergangenen Monaten landesweit jeden dritten Tag ein jüdisches Attentat verübt worden. Die Zahl der Toten durch den Terror stieg unaufhaltsam, denn die Irgun und die Lechi zeigten ihr ganzes Arsenal an Grausamkeiten; Autobomben, Minen, Überfälle und Entführungen machten nicht halt vor Bussen, Bahnhöfen, Banken, Polizeistationen, Waisenhäusern und sogar dem Roten Kreuz. Die Briten hatten begonnen sich mit Zäunen, Stacheldraht und Minen abzusichern. Die Araber auf dem Land waren dem Terror schutzlos ausgeliefert.

Im Februar war General MacMillan Sir Evelyn Barker als Oberkommandierender der britischen Truppen im Mandatsgebiet gefolgt. Die Hetzkampagne wegen Antisemitismus gegen Barker hatte zu seiner Absetzung geführt. Aber nicht nur MacMillan befand sich sogleich im selben Scheinwerferlicht, sondern die ganze Regierung Englands stand am Pranger. Die Hagana sorgte mit ihren illegalen Einwanderungsschiffen für entsprechende Schlagzeilen in der Weltpresse und die Bevölkerung Englands forderte ihre Soldaten zurück nach Hause. Und so entschloss sich die Regierung das Mandat an die Nachfolgeorganisation des Völkerbundes, die Vereinten Nationen, zu übertragen und hatte am 18. Februar 1947 den geplanten Rückzug aus Palästina bekanntgegeben. Die Sonderkommission UNSCOP hatte die Arbeit aufgenommen, eine Lösung für Palästina zu präsentieren.

Das Leben hatte sich dramatisch verändert. Sicherheitszonen waren in den größeren Städten eingerichtet worden und mit Stacheldraht und Posten gesichert. Jerusalem allein hatte vier davon. Ohne Passierschein ging nichts mehr. Die Sicherheitszonen wurden zu Flucht- und Überlebensburgen der Engländer, die von ihnen nur noch im Einsatz verlassen werden durften. Fast zweitausend Frauen und Kinder hatten sie bereits nach Ägypten evakuiert. Doch als im März mehr als zwanzig Soldaten und internationale Zivilisten, im Offiziersclub im Goldschmidt Haus an der King George Street in Jerusalem, durch einen bewaffneten Bombenanschlag der Irgun ums Leben kamen, erwiesen sich selbst diese Sicherheitszonen als nutzlos.

485

"*Es gibt keinen Schutz mehr*", so titelte Ibrahim in der Zeitung und er wies darauf hin, dass zum ersten Mal ein solch schwerer Anschlag am heiligen jüdischen Shabbat verübt worden war. Ibrahim hatte einen britischen Augenzeugen zitiert, der gesagt hatte: "*Alles was hier passiert ist noch viel befremdlicher, wenn man bedenkt, wie friedliebend doch die Juden waren, zu einer Zeit als die deutschen Horden vor El Alamein standen und nur noch der britische Soldat zwischen Palästina und der Sklaverei stand.*"

Als die Irgun zwei Monate später gar ins Militärgefängnis von Acre eindrang, um Gefangene zu befreien, wurden selbst die Verhaftungswellen der Engländer zur Farce. Überall im Land waren Todesurteile gegen Mörder der Irgun und Lechi bereits vollstreckt worden; acht davon allein in Acre. In britische Uniformen gekleidet, sprengte ein Kommando der Irgun ein Loch in eine der Außenmauern und nicht nur siebenundzwanzig Irgun und Lechi Terroristen entkamen sondern auch über einhundert Araber. Fünf des Kommandos wurden nach einem Gefecht mit Soldaten gefangen genommen, neun ließen ihr Leben und acht der Inhaftierten wurden wieder festgesetzt. Drei Wochen später wurden drei der fünf Angreifer in einem Strafgerichtsprozess zum Tode durch den Strang verurteilt. Die Irgun antwortete nun mit der offenen Drohung Geiseln zu nehmen, um die Freiheit der drei Verurteilten in Acre zu erpressen. Das Leben der Briten beschränkte sich nur noch auf ihre Sicherheitszonen.

Sari war auf dem Weg Richtung Tel Aviv. Es war ein heißer Augusttag, aber der strahlend blaue Himmel konnte ihm kaum noch ein Lächeln entlocken. Er hatte eine Karte der Jewish Agency in die Hände bekommen, die einen jüdischen Staat bezeichnete, der über die Hälfte der Landes Palästina umfasste. Davon ausgehend, dass die zum Abzug bereiten Briten die einzigen waren, die jetzt noch zwischen einer kalt entschlossenen, hoch motivierten zionistischen Bewegung und einer verzweifelten einheimischen Bevölkerung standen, war ihm klar, dass die Ideologie der Exklusivität zur ethnischen Säuberung dieser, auf der Karte eingezeichneten Gebiete führen würde. Denn die Orte, die in den Dorfdossiers erfasst waren, lagen fast alle in diesem Gebiet.

Er hatte sich mit Jakob Leschem getroffen und ihn gebeten seinen Informanten einzusetzen, um Details zu erfahren, und auch um nach Joshua Rosenwald zu suchen, der ihm nicht mehr aus dem Kopf ging.

Er war ein halbes Jahr durch Palästinas Dörfer gefahren und hatte sich erkundigt, wie die Informationen der Dorfdossiers in die Hände der Zionisten gelangt waren. Die Naivität der Bewohner, die Tradition des Gastrechts und die Gutgläubigkeit an eine Zukunft, hatten dazu geführt, dass die meisten der Kundschafter gar nicht als solche wahrgenommen wurden und oftmals staunte Sari welche persönlichen Informationen sie ohne Argwohn weitergegeben hatten. Zum Teil wurden die netten Leute sogar eingeladen wiederzukommen oder waren üppig bewirtet worden. Das war auch geschehen durch Kollaborateure, von denen einige enttarnt und von militanten Palästinensern erschossen worden waren.

„Wir hoffen auf eine bessere Zukunft, inscha'lah", hatte der Mukhtar von Dayr Abu Salama gesagt und keine Arglist hinter den Befragungen vermutet. „Wenn wir die Juden gut behandeln, werden sie das auch mit uns tun. Wir wollen Frieden."

Nur über den letzten Satz war sich Sari wirklich sicher. Als er sein Auto vor der Kaserne in der Nähe von Netanya anhielt, fand er die Einfahrt mit Stacheldrahtrollen und Panzersperren gesichert. Er selbst bekam allein gar keinen Zugang, bis Edward persönlich am Tor erschien und ihn abholte. Der hatte ihn angerufen, weil er ihm etwas Wichtiges mitzuteilen hatte. Er war allein, ohne Familie, denn Pirafa und die kleine Tochter waren bereits nach Ägypten evakuiert worden.

Als beide auf der Veranda der Offiziersbaracke saßen, bemerkte Sari, dass er sich verändert hatte. Die letzten Wochen hatten ihm stark zugesetzt und Sari wusste, um was es ging. Edward war an der Operation Tiger beteiligt gewesen, der Suche nach zwei entführten Sergeanten, die in der Nacht zum 12. Juli verschwunden waren.

„Die wirklichen Feinde waren nie die Araber. Wir alle baden die unglaublichen Fehler aus, die unsere Politiker gemacht haben, in ihrem Wahn, den Zionisten hier den Himmel auf Erden zu versprechen. Jetzt ist es die Hölle geworden, aber für uns. Die Brutalität, mit der die Juden vorgehen, haben selbst die Hartgesottensten unter uns nicht für möglich gehalten. Am 29. Juni fuhr ich mit meinem Jeep, vorschriftsgemäß in größerem Abstand, hinter einem Staghound Maschinengewehrwagen durch Tel Aviv. Vor uns hielt ein Fahrzeug direkt vor einem Cafe, wo Gäste auf dem Bürgersteig im Freien saßen und bevor ich es registrierte, standen drei Männer auf und erschossen die drei Soldaten im Wagen. Mein Fahrer legte den Rückwärtsgang ein und raste zurück. Ich konnte noch sehen, wie die Täter seelenruhig im Haus verschwanden, während die Gäste des Cafes kaum Notiz davon nahmen."

„Sie haben es gesehen und nicht reagiert?"

„Alle, und noch schlimmer. Die Cafehausbesitzer haben später ausgesagt, sie hätten nichts bemerkt. Es geschah direkt vor ihren Augen. Ich sage dir, all das, was hier passiert, geschieht mit der Zustimmung der gesamten jüdischen Bevölkerung." Sari blickte Edward still an.

„Ja, Sari, die Bilder der Judenvernichtungslager in Europa und die Bilder, die wir hier sehen, passen nicht zusammen. Jeden verfluchten Tag werden unsere Jungs abgeschlachtet. Aber deshalb habe ich dich nicht angerufen. Du bist über die Entführung und Ermordung der zwei Geiseln informiert?"

„Die Zeitungen waren voll davon, allerdings ohne genaue Details."

„Ich habe eines der Suchkommandos geleitet. Die Sergeanten Martin und Paice hatten in unserem Militärressort einen gleichaltrigen Juden namens Weinberg kennengelernt, der dort arbeitete und sie irgendwann überredete zur Beach von Netanya mitzukommen. Das Ganze war verboten, weil ja die Drohung der Irgun, Geiseln zu nehmen, noch immer akut war, während die drei Mörder in Acre auf ihre Hinrichtung warteten. Aber, mein Gott, es waren doch Jungs von einundzwanzig Jahren. Du weißt, Mädchen und so weiter, die oftmals sogar auf die Jungs angesetzt werden, um unsere Aktionen auszuspionieren. Wie wir später ermittelt haben, gingen sie unbewaffnet in Zivil und wurden nach einem Besuch in

einem Cafe mit Chloroform betäubt und in einem Taxi abtransportiert. Weinberg wurde später freigelassen. Siebzehn
Tage verbrachten sie in einem Loch in einer alten Diamant-
fabrik. Wir haben ganz Netanya unter Ausgangssperre gehalten, aber wir fanden sie nicht. Als die drei Verbrecher in
Acre hingerichtet waren, fand ein Kommando unsere Jungs
zwei Tage später nebeneinander aufgehängt an zwei Euka-
lyptusbäumen in einer Obstplantage. Captain Galetti verlor
fast sein Leben, als er einen abschnitt. Sie hatten eine Mine
unter dem Gehängten eingegraben." Edward holte tief Luft.

„Ich habe das Kommando geführt, das das Loch in der Di-
amantfabrik aufgestöbert hat. Zweimal zuvor waren wir
schon da gewesen, aber erst der Hinweis eines Juden, einen
Tag, nachdem wir die beiden gefunden hatten, ließ uns noch
einmal genauer nachsuchen, und trotzdem konnten wir das
Loch kaum entdecken. Wir alle haben vor dem Loch geweint, als sich uns das ganze Drama offenbarte. Sie hatten
die Grube mit Sand luft- und schalldicht abgedichtet. Die
beiden konnten darin weder liegen noch stehen. Zwei Sauer-
stoffbehälter und einen Eimer aus Zeltplane für ihre Exkremente haben wir gefunden. Kein Licht, keine Luft und durch
eine Luke wohl nur tageweise Nahrung und Wasser. Siebzehn Tage lang in diesem Verlies, Sari, unter Todesangst.
Was für Menschen sind das?" Edwards Stimme zitterte.

„Woher kam der Hinweis auf die Fabrik?"

„Das ist es, was ich dir sagen will, mein Freund, und weswegen ich dich gebeten habe zu mir zu kommen. Du weißt
ja, uns ist das Reisen mittlerweile untersagt. Also, Sari, der
Hinweis kam per Telefon. Im Namen der Irgun meldete sich
ein gewisser Jossi Dan."

„Der Dreckshund, er steckt auch da mit drin?"

„Unser Geheimdienst sagt, er steckt überall drin, ist einer
der Befehlsgeber und sie sind verknüpfter, als wir uns das
vorstellen können. Ich habe die Erlaubnis eingeholt, dir das
sagen zu dürfen. Unsere Einstellung hat sich geändert. Als
sich anfangs die Hagana an der Suche beteiligte, gingen alle
Befragungen ins Leere, denn es gab Verbindungen mit der
Irgun. Als wir das Haus eines ihrer Leute durchsuchten,

waren kurz vorher Beweise verschwunden und er auch. Ich sage dir, sie stecken unter einer Decke. Weinberg gab an, vom Shai Geheimdienstchef Bar-Ziv aufgefordert worden zu sein, mit den beiden Sergeanten in Kontakt zu treten, warum, frage ich dich? Kurz vor ihrer Entführung hatte der Herr seinen Posten verlassen, warum, frage ich dich? Ben-Ami, der Bürgermeister von Netanya, wusste laut unserem Geheimdienst mehr, als er sagte. Es ist ein riesiger Sumpf von Lügen und Vertuschung, der von der großen Masse der Juden getragen wird. Wie sonst ist es möglich, dass die Terroristen bekannte Stützpunkte nutzen, als Hauptquartiere oder Anlaufstellen für Informanten. Selbst einen eigenen Radiosender haben sie, wo sie uns tagtäglich verleumden und ihre Mörderpropaganda verbreiten. Wie soll das alles möglich sein, ohne die Deckung des gesamten Jishuw. Nach außen hin geben sich Ben-Gurion und seine Bande entrüstet, doch sie alle hängen mit drin." Edward wischte sich den Schweiß von der Stirn. Es war nicht die Hitze allein, die ihn so fiebern ließ. „Hat nicht Begin vor zwei Wochen offengelegt, dass der King David Anschlag auf Befehl des jüdischen Widerstands, also auch der Hagana, durchgeführt wurde? Wie können sich Ben-Gurion und seine Helfershelfer jetzt noch distanzieren? Sie hängen alle mit drin. Aber wir Briten handeln nicht, lassen sie unsere Soldaten abschlachten und nehmen ihre geheuchelten Entschuldigungen zur Kenntnis. Sind das die Juden, die wir in Deutschland befreit haben? Nein, sage ich dir. Nicht nur ich werde sie von jetzt an bekämpfen und härter gegen sie vorgehen, als uns aufgetragen ist."

„Ich kann euch gut verstehen", nickte Sari.

„Nachdem einige unserer Jungs, als die Gehängten gefunden worden waren, noch am selben Abend in einem Amoklauf nach Tel Aviv aufbrachen, um Rache zu nehmen, was Geschäfte und Personen in Mitleidenschaft zog und mit toten und verletzten Juden endete, wurden wir am nächsten Tag wegen unserer Gewalttätigkeit gebrandmarkt. So sieht es aus, das Heilige Land im Angesicht der Gründung eines jüdischen Staates. Was, wenn dieser Staat erst geboren ist?"

Edward überreichte Sari ein paar britische Zeitungen, die die blutigen Unruhen in den letzten Tagen in England beschrieben, die aufgrund der Nachrichten aus Palästina ausgebrochen waren. Von jüdischer Bestialität und von großem Imageschaden war die Rede und der *Daily Express* zeigte das Bild der Gehängten, denen die Hände auf den Rücken und ihre Hemden um den Kopf gebunden waren, wie sie nebeneinander an den Bäumen hingen. Unbändige Wut brach sich Bahn, die von Liverpool über London bis Glasgow reichte, wo Synagogen brannten, Steine in jüdische Häuser flogen, Telefondrohungen ausgestoßen wurden, Plünderungen stattfanden und Gräber geschändet wurden.

„Bei uns in England hat es dergleichen nie gegeben. Es ist nicht der Hass, der als Gerücht über die Juden entstand und die Stereotypen meinte, mit denen Juden im Nazireich verglichen wurden. Nein, Sari, dieser Antisemitismus entsteht durch die Realität, durch die Zionisten, ist in ihrem Verhalten und ihrer Ideologie begründet. Und ich sage dir, wir stehen erst am Anfang dieser Entwicklung. Wehe, wenn ihr Staat entsteht. Er wird die Grundlage sein zu einem völlig neuen Hass auf Juden mit unabsehbaren Folgen für die Welt."

Edward beteuerte beim Abschied seinen unerschütterlichen Willen diesem Terror nun mit dem gleichen Blutzoll und der gleichen Gewalt entgegen zu treten. Er hatte sich verändert.

Auf der Rückfahrt hörte Sari im Radio: "Alle waren sie schon hier: Ägypter, Perser, Römer und Assyrer. Nun sind sie fort. Auch ihr werdet hinausgeworfen. Nazistische Engländer wisset, was euer Schicksal sein wird, wenn ihr fortfahrt uns zu misshandeln. Gott wird an euch Rache nehmen, so wie er das an allen Missetätern nahm. Keiner wird uns bezwingen. Euer Tag wird kommen. Ihr werdet gehen oder sterben, denn die Gerechtigkeit ist mit uns."

Von all den Artikeln und Pressenachrichten, die tagtäglich die Toten und Verwundeten bekanntgaben, fiel Sari am 14. November einer besonders ins Auge:

- Private Thomas und Lance Corporal Tovey im Dienst ihrer Majestät von Terroristen in Tel Aviv getötet. Captain Edward Gabriel mit Kopfschuss schwerverletzt ins Lazarett eingeliefert. -

Von Ende und Anfang

JAKOB LESCHEM war sehr besorgt. Sie saßen in einem kleinen Cafehaus direkt an einer Bushaltestelle beim Damaskus-Tor. Es lag unweit des Gebäudes in dem Amir sein Rechtsanwaltbüro eröffnet hatte und in dem auch Sari damals tätig gewesen war. Vor zwei Monaten hatte Amir seinem Vater seine Freundin vorgestellt. Sie war die Tochter von Saris altem Schulfreund Michael Khury und die Väter waren glücklich gewesen an diesem Tag, als sich ihre Kinder für den Weihnachtstag ihr Heiratsversprechen gegeben hatten.

Es war Donnerstag, der 27. November 1947. Für übermorgen hatte die UN die Abstimmung über Palästina angekündigt. Der Vorschlag der UNSCOP Kommission war jedoch schon durchgesickert. Palästina sollte in zwei Staaten aufgeteilt werden, mit Jerusalem unter internationaler Aufsicht. Einzelheiten waren zwar noch nicht bekannt, aber die Presse hatte in den letzten Wochen aufgedeckt, wie Korruption, Erpressung und Bestechung das Ergebnis beeinflusst hatten.

Das Machtvakuum, das bei den Arabern Palästinas nach 1939 entstanden war, als die Führer der nationalen Befreiungsbewegung entweder tot oder vertrieben waren, wurde von den Briten, selbst im Angesicht des jüdischen Terrors, nur sehr langsam aufgehoben. Als sie im Frühjahr das Arabische Hochkomitee, das die Arabische Liga schon 1945 reaktiviert hatte, wieder anerkannten und zwei Monate später die UN nachzog, hatte jedoch der Einfluss der Juden auf die UNSCOP Kommission bereits die Weichen gestellt. Den Arabern war der Gedanke, dass sie ihr Heimatland mit einer europäischen Minderheit teilen sollten, undenkbar, und so hatten sie das Findungskomitee kategorisch boykotiert. Als die Teilungsabsicht durchsickerte, reiste Präsident Dschamal Husseini zwar von Kairo nach New York und sprach vor der UN, doch die Nazi-Vorwürfe dort gegen seinen Cousin Amin, Abdullah ibn Husseins Feindschaft zum palästinensischen Nationalismus, den der Haschimit mit den Zionisten teilte, und deren unverfrorene Beeinflussung der Delegierten, die die Resolution der UN übermorgen absegnen sollten, hatten die palästinensischen Hoffnungen auf eine Entscheidung zu ihren Gunsten zerschlagen.

Die UNSCOP Mitglieder registrierten zwar die jüdischen Gewalttaten bei ihrem Besuch in Palästina, doch verstanden es die Zionisten ihre Anteilnahme mit dem jüdischen Leid zu wecken, das sie jeden Tag der Welt offenbarten. Gerade der dramatische Rücktransport der illegalen jüdischen Flüchtlinge der völlig überladenen Exodus, dem die Mitglieder als Zeugen im Hafen von Haifa beiwohnten, überschattete die Zahl an Toten und Verwundeten durch jüdischen Terror, die die Kommissionsmitglieder zwar täglich, aber doch nur anonym in der Presse wahrnahmen. Die Jewish Agency hatte sie bewusst an diesem Tag an diesen Ort geführt.

Jakob hatte Sari zu einem Gespräch gebeten und der hatte das kleine Cafe an der Sultan Suleiman Street vorgeschlagen, die belebt genug war, um unterzutauchen. Er war seit drei Monaten Mitglied im Arabischen Hochkomitee, nachdem Dschamal Husseini ihn bei seinem letzten Besuch in Jerusalem dazu überredet hatte. Dem war es seit Februar 1946 wieder erlaubt palästinensischen Boden zu betreten, während Hadsch Amin die Einreise verboten war. Der saß nach seiner Flucht aus dem zerstörten Deutschland und einem längeren Aufenthalt in Frankreich seit Mai in Kairo und organisierte wieder den Kampf um Palästina. Es fehlten arabische Führer vor Ort, die die unterschiedlichen Parteien einigen konnten. Im Bewusstsein der drohenden Katastrophe, war Dschamal an Sari herangetreten, um die Aufsplitterung der unterschiedlichen arabischen Interessen und Parteien zu beenden und für eine Angleichung zu sorgen. Saris Reputation in der palästinensischen Gesellschaft war hoch, hatte er doch niemals einer der Parteien der Istiqlal, den Majlisiya der al-Husseinis, den Mu'aridun der Nashashibis oder anderen angehört. Ausschlaggebend für Saris Zusage war aber letztlich Emile Khury gewesen, der Neffe seines Freundes Michael, der Generalsekretär des Hochkomitees und nun bald, über Amirs Hochzeit, auch Verwandter von Sari.

Jakob saß ihm sichtlich nervös gegenüber. Als er ein Couvert übergab, schaute er sich verstohlen um. „Ich habe einiges erfahren, Sari, und ich hätte es dir niemals mitgeteilt, aber der Tod von Shlomo vor sechs Tagen, hat mich eines anderen belehrt."

„In der Zeitung stand nur, dass ein Mitarbeiter der Jewish Agency einem arabischen Attentat zum Opfer fiel."

„Sie haben ihn enttarnt und beseitigt. Ich, und ab heute wohl auch du, wir müssen sehr vorsichtig sein. Shlomo hat mir Hinweise gegeben. Er war als ein Sekretär der politischen Abteilung an der Quelle der Informationen. Um es vorweg zu nehmen, Jossi Dan konnte er nicht ausfindig machen, obwohl der mein Andenken noch immer sichtbar für jedermann im Gesicht trägt. Diese Verbrecher werden von der gesamten zionistischen Gesellschaft gedeckt."

„Da denke ich wie du."

„Aber es gibt Dinge, die du wissen solltest, bevor auch mir noch etwas zustößt." Jakob schaute sich noch einmal um und sagte dann: „Nie im Leben hätte ich mir ausgemalt, was sie planen. Shlomo sagte, Ben-Gurion verhandelt die wichtigen Sachen nur noch in geheimen Gremien. Aber er bekam Teile des Schriftverkehrs in die Hand, aus dem er das Ganze zusammenfügte. Sie arbeiten seit fast einem Jahr an einem Plan, der die Hagana auf die Offensive gegen ländliche und urbane Gebiete vorbereiten soll. Eine Strategie für die jüdischen Streitkräfte, die sie gegen die palästinensische Bevölkerung einsetzen, wenn die Briten das Land verlassen haben. Sie nennen den Plan Gimel. Shlomo hat die wichtigsten Punkte zusammengefasst. Ich habe sie für dich aus dem Hebräischen übersetzt. Wenn du es liest, wirst du erkennen, was euch bevorsteht. Da geht es um Zerstörung von lebenswichtigen Einrichtungen und um Angriffe auf Orte und zentrale Sammelstellen, um Deportation und Tod. Die erforderlichen Informationen dazu beziehen sie aus Dorfdossiers."

„Ich kenne diese Papiere", sagte Sari, der sich bestätigt fühlte. Ein solcher Plan war nur die logische Konsequenz aus den Dossiers.

„Aber es kommt noch etwas dazu, mein Freund, was dir zu denken geben wird. Vor zehn Tagen fand in Jisr Al Majami am Jordan ein Treffen statt, von Golda Meir, der Leiterin der politischen Abteilung der Jewish Agency, mit Abdullah von Jordanien. Abdullah hat zwar immer wieder für einen unabhängigen jüdischen Staat innerhalb seines Herrschaftsbereichs von ganz Palästina plädiert, was die Zionisten natürlich ablehnen, aber sie haben jetzt gemeinsam eine Option ins Auge gefasst, die die Besetzung des nicht zum geplanten jüdischen Staatsgebiet umfassenden Palästina durch jordanische Truppen vorsieht. Abdullah würde nicht in eine Offensive gegen die Juden vorgehen und wäre mit einem Rest zufrieden, der westlich des Jordan übrig bleibt. Damit wäre ein Kampf um Palästina zwischen ihm und den Zionisten ausgeschlossen. Jordanien würde sich in einem Stillhalteabkommen zurückhalten. Shlomo hat eine Notiz von Ezra Danin, der dabei war, mitgehen lassen. Ich glaube, deshalb ist er gestorben."

Das schlug bei Sari ein, wie eine Bombe. Auf dem Rückweg durch die Altstadt, sprachen sie über Abdullahs Bestechlichkeit. Shlomo hatte zwar keine Beweise gefunden, war sich aber sehr sicher gewesen, dass der von der Jewish Agency schon öfter Geld angenommen hatte. Sie gingen hintereinander durch die belebte Habad Gasse, als Sari bei der gleichnamigen Synagoge plötzlich Jakobs Hand auf seiner Schulter spürte. Er drehte sich um und sah in Jakobs aufgerissene Augen, als der unter Stöhnen zusammensackte.

Bis er merkte, dass sich zwei junge Männer an ihnen vorbeigedrängt hatten, die gerade die vier Stufen zur Synagoge hinaufsprangen, lag Jakob schon in einer Blutlache. Aus einer tiefen Wunde beim Herz pulsierte das Blut aus seinem Rücken. Sari drehte ihn vorsichtig um und merkte, dass Jakob seine Augen für immer geschlossen hatte. Er hatte gar nicht die Zeit gefunden seine Browning aus der Tasche zu ziehen. Neben der schnell größer werdenden Blutlache lag ein Briefumschlag mit seinem Namen, den er verwundert einsteckte. Er wollte den Männern nach, aber erst jetzt wurden die arabischen Händler und Passanten in der engen Gasse auf den Toten aufmerksam und großer Tumult verhinderte jeden Versuch Saris, die Mörder zu verfolgen. Als er sich endlich freigekämpft hatte und die Synagoge betrat, war der Raum bis auf zwei Haredim leer. Auf Saris Frage deuteten sie zu einer Wand, wo es eine Tür gab. Sie führte in einen geschlossenen Innenhof, zu dem die Nachbarhäuser ebenfalls Zugang hatten. Alle Türen waren verschlossen.

Den ganzen Nachmittag verbrachte Sari auf der Polizeistation. Die Mörder blieben verschollen. Ein Händler sagte aus, dass er zwei junge Männer gesehen habe, die sich die Kufiya vom Kopf gerissen hatten, als sie in die Synagoge liefen. Dann hatte sie keiner mehr gesehen. Ein Constable war auf dem Weg zu Jakobs Familie.

Sari erreichte sein Auto, das er beim Jaffa-Tor abgestellt hatte, erst am Abend. Als er den Schlüssel in der Tasche suchte, fiel ihm der Brief in die Hände.

Im Wagen las er die Zeilen, die ihm klar machten, wer sie geschrieben hatte: "*Du bist zu einer Gefahr geworden. Mein Leben von damals, gegen das deine von heute. Jetzt sind wir quitt und wir werden es zu Ende bringen. Du hörst von mir.*"

„Rosenwald", stieß Sari hervor. „Gottverfluchter Bastard."

ES WAR Sonntag, der 28. Dezember und Sari saß an seinem Schreibtisch in Lifta. Aus dem Fenster konnte er in einiger Entfernung den Dorfplatz sehen. Die christlichen Bewohner des Dorfs hatten frei und die beiden Cafes am Platz waren gut besucht. Das Dorf hatte sich prächtig entwickelt. Die Nähe zu Jerusalem, mit guten Absatzmärkten für die Bauern und Arbeitsplätzen für die Angestellten, hatte in den Jahren der Ruhe einigen Wohlstand gebracht und er freute sich, dass sie, gemeinsam mit den Nachbardörfern Al Sheikh Badr und Deir Yassin, vor zwei Jahren eine Mädchenschule gebaut hatten. Er konnte das Dach des Gebäudes sehen, das etwas weiter unten im Tal lag.

Sari lächelte vor sich hin. Vor drei Tagen, am katholischen Weihnachtstag, waren Amir und Randa in der Kirche auf dem Zionsberg getraut worden. Amir hatte es über sich ergehen lassen, weil seine junge Ehefrau darauf bestanden hatte. Dann waren alle nach Bab El Zahra in Michael Khurys Haus gezogen und hatten kräftig gefeiert. Aminah und die Beni Safar waren gestern zurück nach Bagdad gefahren. An diesen Weihnachtstagen waren alle Sorgen vergessen.

Doch nun hatte ihn die Wirklichkeit wieder. Er saß an einer wichtigen Rede, die er als örtliches Mitglied des Arabischen Hochkomitees in Kairo vor dem Rat der Arabischen Liga halten wollte. Es ging um die Zukunft der Palästinenser und die war sehr bedroht.

Am 29. November war der Teilungsvorschlag von der UN angenommen worden. Die Aufteilung war jedoch so unver-

496

froren zum Vorteil der Juden ausgefallen, dass die arabische Wut sich darüber unmittelbar nach Bekanntgabe Bahn brach, nicht unbedingt in Palästina, aber in der arabischen Welt, im weit entfernten Aden im Jemen bis hinauf nach Aleppo in Syrien. Während in Jerusalem selbst nur ein Streik mit Demonstrationen ausgerufen wurde, sickerten erste arabische Freischärler aus Syrien und dem Libanon ein, und zwei Tage später waren Gruppen von ihnen brennend und plündernd durch das arabische Viertel Mamilla gezogen und über jüdische Geschäfte und einen Markt in der Jaffa Street hergefallen. Es hatte sechs Tote und einige Verletzte Juden gegeben, aber am Tag danach waren die kriminellen Täter verhaftet und wieder Ruhe eingekehrt. Ausländische Reporter, die die Demonstrationen und Streiks beobachteten, berichteten verblüfft über ein erkennbar deutliches Widerstreben in der palästinensischen Bevölkerung, die Proteste fortzusetzen und einen zunehmenden Wunsch, zur Normalität zurückzukehren.

Sari hatte an diesem Tag an der Beisetzung Jakobs teilgenommen, was er nicht als besonders gefährlich empfunden hatte. Sie wurde geschützt von britischen Polizisten, die schnell die Herrschaft über Jerusalem zurückgewannen.

Jedoch nicht überall im Land. Die Nahtstelle Jaffa Tel Aviv konnte auch mit Ausgangssperren nicht beruhigt werden und die Hagana trat auf den Plan. Zum Schutz und zur Abwehr war sie einst gegründet worden, nun aber ging sie in die Offensive über. Am 3. Dezember schlug sie ihre erste Schlacht mit der Arabischen Legion Jordaniens an der Stadtgrenze von Tel Aviv und Jaffa. Die hatten die Briten zur Terrorbekämpfung nach Palästina befohlen. Der offene Krieg nahm langsam Formen an.

Denn der Rat der Arabischen Liga hatte beschlossen, die allarabische Jaish al-Inqath zu schaffen und Waffen nach Palästina zu liefern. Gruppen dieser Kämpfer begannen nach Palästina einzudringen und Einheimische, von denen einige militärische Ausbildungen bei der Polizei durchlaufen hatten, schlossen sich für den Kampf um ihre Heimat an; allein, es fehlte an modernen Waffen. Und obwohl noch immer illegaler Waffenbesitz von den Briten streng bestraft wurde, kümmerte sich jetzt keiner mehr darum.

Die jüdische Bevölkerung begann aus gemischten Vierteln abzuziehen, während viele der arabischen Oberschicht ihre Häuser verließen, um vorübergehend in ihre Winterresidenzen zu ziehen, bis sich die Lage wieder beruhigt hatte. Während die jüdischen Siedlungen auf dem Land schnell zu militärischen Vorposten befestigt wurden, ließen die arabischen Dorfbewohner ihre Ortschaften in ihrem ursprünglichen Zustand, um jede Provokation zu vermeiden. Die Sehnsucht nach Normalität war riesengroß. Man hatte die blutigen und entbehrungsreichen Jahre des Aufstands nicht vergessen und war des Kämpfens müde.

Sari war vor zehn Tagen mit Emile Khury zu Abdullah nach Amman gefahren. Im Mai 1946 war das Emirat Transjordanien aus dem Status des britischen Protektorats entlassen und als unabhängiger Staat Jordanien anerkannt worden. Für Abdullah war das verbunden mit der Erhebung zum König. Er hatte einem Gespräch sofort zugestimmt und saß nun mit seinem Sohn Talal den beiden Palästinensern in seinem Büro im Palast von Amman gegenüber. Man sagte Talal nach, er leide an Schizophrenie. Die Begrüßung war herzlich, waren doch beide Besucher mittlerweile wichtige Personen geworden, die ihm, in seinem Streben nach Vergrößerung seines Machtbereichs, behilflich sein konnten.

„Wir sollten jedes Blutvergießen zu vermeiden suchen", sagte Abdullah. Sari hatte ihn, seit der Beerdigung seines Vaters vor sechzehn Jahren, nicht mehr gesehen. Er war gealtert, aber seine Augen waren wach wie früher. Sie gaben seine Gerissenheit und seinen Hang zur Intrige preis, die ihn so sehr von seinen Brüdern Ali und Faisal unterschieden hatten. Abdullah verdankte es nur den britischen Waffen, dass Ruhe in seinem Land herrschte. Vor vierundzwanzig Jahren hatte er den Aufstand der Beduinen blutig niederschlagen lassen; das hatten sie ihm nie verziehen. Er stand schon immer auf der Seite des Stärkeren und war damals, wie heute, der treueste Vasall Großbritanniens. Das war die Zeit gewesen, wo er mit britischer Unterstützung die Arabische Legion gegründet hatte, eine immer machvoller werdende militärische Einheit, die unter dem Befehl und der Ausbildung von englischen Offizieren stand.

Sari hatte keinem von Jakobs Offenbarung der Geheim-
verhandlung zwischen Abdullah und Golda Meir erzählt. Ein
Aufschrei mit unabsehbaren Folgen hätte in der arabischen
Welt ausbrechen können. Er wollte erst sicher gehen und
selbst erkunden, was der König von Jordanien vorhatte und
er hatte Emile gebeten, ihn zu begleiten.

„Arabisches Blut ist zu wertvoll, als dass es vergossen
werden sollte", fuhr der Haschimit fort, der doch so ganz
anders gehandelt hatte. „Schon 1937 habe ich der Peel
Kommission meinen Vorschlag unterbreitet, der keine Teilung sondern eine Vereinigung aller Gruppen im jordanischen Königreich vorsieht. Auch mit den Juden kann man
klarkommen. Sie bekämen ohne Blutvergießen, innerhalb
eines jordanischen Staates an beiden Ufern des Jordan, eine
unabhängige jüdische Republik in einem Teil Palästinas, mit
gemeinsamer Ökonomie, Militär und Gesetz."

„Die Sayuni werden niemals damit einverstanden sein. Die
Vorbereitung auf ihre Unabhängigkeit ist längst viel zu weit
fortgeschritten. Sie bereiten die Übernahme des Landes vor.
Sie sind zu allem bereit, aber nicht, sich unter ein arabisches
Diktat zu stellen", sagte Sari.

„Sie vergessen, dass dieses Land rechtmäßig mein ist. Sie
vergessen, dass die Briten ihnen zwar eine Heimstätte zusag-
ten, uns aber ein Königreich. Und sie vergessen die militärische Stärke meiner Truppen."

„Sie vergessen nichts, auch nicht die Stärke der Arabischen Legion. Sie werden versuchen, sie aus dem Konflikt
herauszuhalten, wenn es sein muss, auch mit Bestechung."

Sari beobachtete Abdullah genau und sein kurzer scharfer
Blick ließ erkennen, dass ihm tatsächlich nicht zu trauen war.
Talal war auf seinem Stuhl zusammengezuckt. Dann hatte
der König schnell seine Bauernschläue wieder aufgesetzt.

„Da werden sie kein Glück haben. Wir sind bereit, unsere
Ansprüche auch durchzusetzen. Seid also unbesorgt. Jedoch,
ein unabhängiges Palästina unter den Husseinis wird es nicht
geben. Das ist sicher. Wir werden vereint und ich übernehme
das Land. Ich brauche euch beide, um die Menschen darauf
vorzubereiten und sie zu überzeugen, dass das das Beste ist.

Steht an meiner Seite und ihr seid vertreten in meinem Parlament."

„Die Palästinenser werden nicht mehr so einfach ihre eigene Identität aufgeben, nachdem sie jahrelang dafür gekämpft und geblutet haben", sagte Emile entschlossen und Sari ergänzte: „Sie sind der britischen Bluthunde müde und wollen ihre Unabhängigkeit."

Abdullahs Augenbrauen zogen sich zusammen. „Ihr müsst euch entscheiden, wohin ihr wollt", sagte er scharf und man merkte, er war des Gesprächs schon überdrüssig.

Beide hatten auch genug gehört. Abdullah wurde gestützt durch die britische Politik, die die Vergrößerung seines Herrschaftsbereichs einem palästinensischen Staat vorzog. Diese Einstellung würde auch das Verhalten der Arabischen Legion bestimmen. Sari hatte das Beispiel des Irak vor Augen, wo die britische Politik das Volk gegen das haschimitische Königshaus aufgebracht hatte und er konnte sich das gleiche Szenario auch in Palästina vorstellen. Er begriff, die Palästinenser konnten sehr leicht im Ernstfall allein dastehen.

„Er wird jede Spur einer palästinensischen Identität unterdrücken", sagte Emile, während sie den Palast verließen. „Dabei sind sich beide, Abdullah und die Sayuni, einig."

Sari nickte: „Ich werde im neuen Jahr nach Kairo reisen und dort einiges klarstellen müssen." Zu Hause angekommen, setzte er sich umgehend mit Musa Alami in Verbindung. Der leitete seit zwei Jahren das Büro der Arabischen Liga in Jerusalem.

Vor einer Stunde war Ibrahim da gewesen und Sari hatte ihm von den Treffen mit Jakob und Abdullah erzählt. Ibrahim war in sich zusammengesackt, als er alles begriff. „Ich konnte mir diese brutalen jüdischen Angriffe auf arabische Dörfer nicht erklären. Die paar Anschläge von arabischen Milizen können doch so ein menschenverachtendes Verhalten nicht auslösen."

„Es geht jetzt darum, die Hintergründe und den Zweck ihres Handelns öffentlich zu machen. Ich werde nach Kairo fliegen und dort erklären, was es mit den Dorfdossiers, dem Plan Gimel und den Geheimverhandlungen mit Abdullah auf sich hat. Das alles lässt nur einen Schluss zu: Sie wollen die

Araber aus den jüdisch zugesprochenen Gebieten vertreiben und vielleicht wollen sie sogar noch mehr. Du wirst mit mir kommen und dann lassen wir die Bombe in der internationalen Presse hochgehen. Wir wollen sehen, ob sich die Sayuni dann noch als geschlachtetes Lamm präsentieren können. Bis Kairo werden wir jedoch ruhig bleiben. Der Aufschrei muss von der Arabischen Liga kommen, nicht von uns. Nur dann können wir sicher sein, dass sie auch entsprechend reagieren werden."

Ibrahim nickte. Sari hatte recht, aber es fiel ihm schwer ruhig zu bleiben. Ein Krieg gegen alle nicht-jüdischen Bewohner Palästinas war nach dem UN-Teilungsbeschluss ausgebrochen und kaum ein Tag war vergangen, der keine Opfer gefordert hatte. Die Hagana hatte begonnen jüdische Viertel in den Städten abzuriegeln und erstmals arabische Dörfer militärisch anzugreifen. Innerhalb von sieben Tagen waren Beit Affa, Deir Ayyub und Al Khisas von ihnen attackiert worden. Wenn man weiter in Betracht zog, dass zeitgleich Al Tira, Al Abbasiyya und Qazaza zu Opfern des Irgunterrors geworden waren, war die Absprache zwischen der Streitkraft des Jishuw und den Terroristen mehr als nur erkennbar. Jeder diese Orte stand auf der Liste der Dorfdossiers und beide, Irgun und Hagana, operierten offensichtlich gemeinsam nach diesen Vorgaben.

„Während die Irgun und die Lechi aus dem Nichts, am helllichten Tag, ihre Operationen ausführen und wieder verschwinden, hat die Hagana eine andere Taktik", erzählte Ibrahim. „Sie stürmen nachts in die Dörfer, beschießen oder bombardieren wahllos Häuser und wer flieht wird erschossen. In Al Khisas, im Hula Tal, wo vor zehn Tagen fünfzehn Menschen ums Leben kamen, fünf davon allein Kinder, war ein Korrespondent der *New York Times* zufällig Zeuge des Verbrechens. Ich kenne ihn gut. Er ist gestern zurück in die USA geflogen. Er war zutiefst schockiert und verlangte eine Erklärung vom Oberkommando der Hagana. Zuerst wurde der Vorfall abgestritten, dann als Vergeltung für einen toten jüdischen Siedler angeführt und am Ende mussten sie das Massaker zugeben. Beim Abschied sagte er mir: "Es wird Zeit, dass in Amerika die Wahrheit ans Licht kommt. Die Zionisten haben schon viel zu großen Einfluss auf unsere

Politik. Nie hätte ich geglaubt, was ich mit meinen eigenen Augen gesehen habe." Sari, du hattest recht. Sie schüren Angst und Schrecken, eine Strategie der Vertreibung, die den ihnen zugesprochenen Teil entarabisieren soll."

Ibrahim hatte in der Zeitung berichtet, wie vor Tagen in Haifa, mit Sprengladungen und Zündmechanismen präparierte Autos zur Reparatur in arabische Werkstätten gegeben worden waren und wie die jüdischen Bewohner der Häuser, die am Karmel hoch über der arabischen Altstadt lagen, erst Blechtonnen, gefüllt mit Sprengstoff, dann Leck geschlagene Benzin- und Ölfässer die abschüssigen Straßen hinunterrollen ließen, die Spur anzündeten und den Sprengstoff unten zur Explosion gebracht hatten. Araber, die aus den Häusern flüchteten, waren von oben beschossen worden.

Er war ausgebrochen, der offene Krieg zwischen Juden und Arabern. Die Hagana war vor knapp zwei Wochen bei Beit Nabala erneut mit der Arabischen Legion aneinander geraten, und arabische Milizen griffen nun ebenfalls jüdische Siedlungen, Stadtviertel und Konvois an. Ihr Erfolg gegen die befestigten Außenposten war jedoch gering, und so verlegten sie sich darauf eigene Wohngebiete in den Städten durch Bürgerwehren zu bewachen und durch Straßensperren vor Attacken abzusichern. Die Juden handelten entsprechend, und so kontrollierten beide Seiten ihre Wohnviertel.

Die Rede in Kairo musste sehr gut vorbereitet sein. Er hatte kurz vor Weihnachten von Musa Alami erfahren, dass Abdullah, entgegen seinem Pakt mit den Zionisten, bei der Arabischen Liga um Geld zur gewaltsamen Übernahme des ganzen Landes durch seine Truppen angefragt hatte. Er spielte ein doppeltes Spiel. Sari war von Abdullahs Verschlagenheit und vom Verrat an den Palästinensern überzeugt, und doch musste er seine Worte sorgsam wählen. Er durfte Abdullah nicht kompromittieren; sie brauchten seine Soldaten. Er musste ihn dazu bringen, den Eindruck, den er erweckte, nämlich ernsthaft an den gesamtarabischen Bestrebungen teilzunehmen, auch umzusetzen. Auch der König Jordaniens konnte es sich nicht leisten, seine arabischen Verbündeten durch Absprachen mit den Zionisten zu verlieren. Die Enthüllung der Existenz eines Plans zur Vertreibung der Palästinenser, sollte ihn moralisch festnageln und die Nachbarstaaten gleichsam aufrütteln.

Es war früher Nachmittag und Sari machte sich so langsam Gedanken, in welchem der beiden Cafehäuschen er sein Mittagessen zu sich nehmen wollte, als er Gewehrfeuer vom Dorfplatz vernahm. Er sprang auf und schaute aus dem Fenster. Drei Männer standen vor einem der Cafes und feuerten wahllos mit Maschinenpistolen in den Gastraum. Menschen flohen über den Platz und weiter hinten wurde ein Bus beschossen. Er rannte zum Raum der "*Träne des Kalifen*", riss die Lee-Enfield aus dem Schrank, und während er die Treppe hinunter, zur Tür hinaus und über den Hof auf die Straße zum Dorfplatz lief, versicherte er sich, dass sein Gewehr geladen war.

Aber er kam zu spät. Die Mörder waren schon wieder weg, in zwei Fahrzeugen, mit denen sie von der Hauptstraße heruntergekommen waren. Er sah noch die Staubfahne, mit der sie sich in Richtung Mea Shearim entfernten.

Langsam erst machte sich das Bewusstsein breit, was passiert war. Aus dem Cafehaus erklang lautes Schreien, immer mehr Bewohner kamen zusammen und Verletzte standen blutend auf dem Platz. Sari konnte es nicht glauben. Am helllichten Tag war das Dorf angegriffen worden, hatte eine Mörderbande ihr Unwesen getrieben, waren unschuldige, friedliche Menschen brutal und gnadenlos niedergemetzelt worden. Als er das Cafe betrat, waren die Wände vom Blut der Opfer bespritzt. Er sah einen Mann sterben, dessen Unterleib von Kugeln durchsiebt war und kniete bei einem nahen Nachbarn, der seine Hand nahm und nicht mehr loslassen wollte. Auch er starb und Sari konnte seine Tränen nicht mehr zurückhalten. Er half, wo er konnte, er versorgte Verletzte und barg Tote. Mittlerweile waren noch mehr Bewohner aus den Häusern eingetroffen und die Trauer der Angehörigen übertönte bald alle Rufe der Hilfsmaßnahmen. Sechs Einwohner des Dorfs waren erschossen worden, vier weitere zum Teil schwer verletzt.

Als eine Stunde später der Rettungswagen drei von ihnen mitgenommen hatte, stand den Menschen der Schock ins Gesicht geschrieben.

„Wir sind unbewaffnet, was haben wir getan", schrie ein Mann, der seinen Bruder zum Leichenwagen transportiert hatte? „Was geschieht hier mit uns in unserem Land?"

Der kleine Junge eines Nachbarn kam mit seinem Vater auf Sari zu und reichte ihm einen Zettel. „Einem ist das aus der Tasche gefallen", sagte der Kleine, der alles mit angesehen hatte und sein Vater fügte an: „Ich habe einen der Mörder erkannt. Er ist aus Jerusalem, ein Mann der Hagana."

Sari blickte auf den Zettel. Er kannte das Logo der Lechi: Die Faust mit den zwei ausgestreckten Fingern. Er entzifferte die Worte, die auf Hebräisch geschrieben waren. Sie forderten auf, arabische Stadtviertel und Dörfer zu zerstören. Hagana und Lechi – zum Morden waren sie heute gemeinsam nach Lifta gekommen.

Am nächsten Tag waren die lauten Klagen im Dorf der nackten Angst gewichen. Die britische Polizei konnte die Einwohner nicht schützen. Amir hatte am Morgen angerufen und Sari gebeten, ihn zu treffen; er war auf der Suche nach einer Wohnung für sich und seine junge Ehefrau. Sari kannte den Besitzer des Hauses in Katamon und wollte ihn begleiten. Sie hatten sich am Mittag verabredet, im Cafe an der Bushaltestelle gegenüber dem Damaskus-Tor. Das Leben musste ja weitergehen.

Auf dem Weg in die Stadt nahm er einen Umweg in Kauf, der die bewachten jüdischen Viertel von Norden her umging und über die Nablus Road, vorbei an Sheikh Jarrah, nach Bab El-Zahra führte. Die direkte Straße nach Jerusalem war zu gefährlich geworden. Eine Straßensperre hatte ihn aufgehalten. Deshalb hatte er sich ein wenig verspätet.

Er ließ sein Auto an der Stadtmauer stehen und ging zu Fuß die Sultan Suleiman Street hinauf in Richtung Damaskus-Tor. Seit vor siebzehn Tagen eine Bombe der Irgun in einer Tonne nahe dem großen Tor explodiert war und zwanzig Menschen in den Tod gerissen hatte, waren die Sicherheitsmaßnahmen dort massiv verstärkt worden.

Es war kurz nach Mittag, als er das Herodestor erreichte. Auf der anderen Seite befand sich eine arabische Straßenkontrolle, die die Einfahrt in die Salah Edin Street blockierte. Als er einen Jugendfreund über die Straße hinweg grüßte, der dort Wache stand, hörte er plötzlich Schüsse aus seiner Weg-richtung und vernahm eine heftige Detonation. Gleichzeitig sah er das Aufsteigen eines Feuerballs kaum hundert Yards entfernt und die Rauchfahne, die schnell größer wurde. Er begriff, dass das ein Bombenanschlag war und trat zurück, als ein grünes Taxi in voller Fahrt auf der Straße an ihm vorbeischoss. Er erkannte noch die arabischen Kopfbede-ckungen und hörte auch schon die Sirene einer britischen Polizeistreife, die das Taxi verfolgte.

Mit dem Blick auf die Streife nahm er einen Mann wahr, der, gedeckt durch einen Felsen an der Stadtmauer unweit vor ihm, dem Polizeifahrzeug im Vorbeifahren mit einer Pistole mehrmals in die Reifen schoss. Der Jeep geriet außer Kontrolle und raste in die Straßensperre. Das alles war in Sekundenschnelle geschehen und ehe Sari sich versah, be-kam er einen kräftigen Schlag auf den Hinterkopf.

Er fiel hart zu Boden und als er sich erhob, war der Mann schon fast durch das Herodestor verschwunden. Von der Straßensperre gegenüber fielen Schüsse auf den Flüchtenden und junge Männer mit Gewehren rannten über die Straße, um ihn zu verfolgen.

Sari schoss ein heftiger Schmerz durch den Kopf und dann ein Gedanke – Amir. Die Bombe war in der Richtung des Cafes explodiert. Er begann zu laufen, die Suleiman Street hinauf bis zum Damaskus-Tor, und er merkte nicht, wie ihm das Blut in den Nacken rann. Als er die Haltestelle erreichte, wo die Bombe explodiert war, stand er inmitten eines riesi-gen Chaos.

Die Seite eines Busses war aufgerissen. Erst langsam be-gann er das laute Schreien der Menschen um ihn herum wahrzunehmen. Die Bombe war inmitten einer Gruppe von einsteigenden Fahrgästen explodiert. Rauch aus dem Innern des Busses drang durch die zerstörten Scheiben und verband sich surreal mit dem Staub der Straße. Er sah, wie Menschen auf allen Vieren über den Bürgersteig krochen, er hörte das Jammern von Verwundeten und nahm nur im Unterbewusst-sein die Toten wahr, die im Straßenstaub zwischen brennen-den Trümmern lagen. Er trat auf ein abgerissenes Bein und stolperte über den Torso des Mannes als er das Cafehaus erreichte. Die Schaufensterscheiben waren vom Explosionsdruck zersplittert. Die Fensterrahmen brannten und durch den Qualm erkannte Sari blutverschmierte Menschen mit zerrissenen Kleidern im Innern. Panik erfasste ihn und er stieg durch ein zerborstenes Fenster und entdeckte Amir. Der saß an einer Stützsäule direkt vor ihm, fast aufrecht auf dem beinlosen Rest eines Stuhles. Sein Kopf war zur Seite geneigt und aus seinem offenen Bauch, den ein großer Glassplitter aufgerissen hatte, quoll Blut und Gedärm hervor.

„Amiiir!" Sein Ruf zerriss das Stöhnen und Hilferufen im Raum und er fiel vor seinem Sohn auf die Knie. Er bemerkte nicht mehr, wie Menschen von der Straße in den Gastraum drangen um zu helfen. Er sah nicht mehr das Blut, die Trümmer und das Entsetzen in den Gesichtern der Überlebenden und Hilfsbereiten. Er hörte nicht die Schreie der Verwundeten und die Rufe der Sicherheitsleute. Er nahm den Leichnam von Amir auf und trug ihn hinaus. Und er ging und ging. Er ging so lange, bis ein alter Mann ihn aufhielt und mit Trauer im Gesicht in seine tränenlosen Augen blickte.

„Leg ihn ab, ich werde dir helfen." Sari stand vor ihm und folgte seinen Anweisungen wie ein kleines Kind. Sie legten Amir auf das Straßenpflaster und Sari setzte sich daneben. Als eine Frau herbeikam und ein Laken über Amir legte, begriff er nicht warum sie das tat. Er begriff nichts mehr.

Wie lange Sari neben seinem toten Sohn gesessen hatte, wusste er nicht mehr. Irgendwann war ein britischer Sanitäter erschienen, der seine Kopfwunde versorgte und dann kam Ibrahim und hatte mitgeholfen Amir in einen Wagen zu legen, der ihn abtransportierte. Ibrahim hatte ihn auch nach Lifta gefahren und war geblieben, bis ihn Sari bat allein sein zu dürfen.

In seinen Augen waren keine Tränen, kein Schluchzen oder Jammern war zu hören. Er saß im Raum der "*Träne des Kalifen*" und blickte auf das Bild seiner Hochzeit an der Wand, auf die Fotos von Aminah und Amir und alles schien ihm so unendlich fern, dass er das gar nicht mehr für wahr hielt. Er öffnete das verzierte Holzkästchen auf der Kommode und betrachtete den Dolch. Welche glücklichen Erinnerungen er mit diesem Kleinod verband. Er zog eine Schublade heraus, nahm die Fotos seines Lebens aus einer Schatulle und legte sie nebeneinander. Er fand das Tagebuch, das er bis zu seiner Hochzeit geführt hatte, und während er las, sah er Jasmin neben sich und er fühlte sich verloren. Was hatte ihm der verfluchte Kampf um seine Heimat alles genommen? Immer wieder suchte er nach den Fehlern, die er begangen hatte, und am Ende begann er zu verstehen, dass Palästina verloren war gegen diesen Feind.

Aminah, Sahra und die Beni Safar, sie alle waren weit entfernt. Er wusste nicht, wie er ihnen die Nachricht vom Tod Amirs überhaupt mitteilen sollte. Er ging zum Schrank und untersuchte die Waffen. Er würde die Lee-Enfield und die Browning jetzt brauchen.

Die Dunkelheit war bereits hereingebrochen, als das Telefon klingelte. Es war Ibrahim, der sich nach seinem Zustand erkundigte. Er hatte gerade Randa angerufen. Sie war zusammengebrochen.

Die Namen der Toten waren schon im Rundfunk bekannt gegeben worden. Zwei britische Constables und elf Araber und unter ihnen Amir.

„Heute Morgen haben die verfluchten Teufel einen Taxifahrer überfallen und den Wagen mitgenommen. Es war die Irgun. Das Taxi ist im Kidrontal verschwunden und nicht wieder aufgetaucht."

Sari sagte kaum ein Wort und als Ibrahim berichtete, dass Ben-Gurion den Anschlag offiziell verurteilt hatte und er Begin dafür verantwortlich machte, konnte Sari darüber nur noch spöttisch lächeln. Die Irgun hielt in den jüdischen Städten öffentliche Paraden ab, vor einer Vielzahl von Zuschauern, und keiner trat ihnen entgegen. Ibrahim bemerkte, wie außergewöhnlich gefasst Sari war und er erkundigte sich, ob es ihm gut gehe.

„Ibrahim, sei ohne Sorge", sagte Sari. „Ich musste erst so alt werden, um zu wissen, was ich zu tun habe. Wir haben alle viel zu früh, viel zu viele Fehler gemacht. Nun stehen wir am Ende unserer Unentschlossenheit. Aber ich werde tun, was ich tun muss und schon lange hätte tun sollen. Es wäre mir lieb, Cousin, wenn du Abt Maurus Kaufmann auf dem Zionsberg anrufst und ihn bittest Amir auf dem Friedhof bei meinen Eltern aufzunehmen, obwohl er sich nie hat taufen lassen. Die Benediktiner werden das verstehen, hat er

507

doch gerade erst bei ihnen geheiratet. Dann rufe Aminah und Faruk in Bagdad an und sage ihnen, dass Amir tot ist. Ich danke dir für deine Hilfe, Ibrahim, und sei ohne Sorge. Ich brauche jetzt Ruhe um nachzudenken und wünsche dir eine gute Nacht." Damit legte er auf und Ibrahim verstand.

Der Anruf, den Sari bald darauf aus Bagdad erhielt, ließ ihn kaum seine Tränen zurückhalten und doch wusste er, es war jetzt keine Zeit zum Trauern. Faruk erzählte, Aminah läge seit gestern in ihrem eigenen Krankenhaus und auch Rassul und Majjid hatten sich nach der Rückreise von Amirs Hochzeit, einen Virus eingefangen. Er selbst bestand jedoch darauf bei der Beerdigung in Jerusalem dabei zu sein. Er wollte sich sofort wieder auf den Weg machen. Nachdem Sari noch mehrere Anrufe über sich ergehen lassen musste, kam spät in der Nacht ein weiterer und er wollte sich, Gedanken versunken, erst gar nicht mehr aus dem Sessel erheben. Doch als er müde den Hörer abnahm, war er blitzschnell wach.

„Du hast meine Nachricht bekommen?"

„Ja." Sari kannte die Stimme gut.

„Nun denn, wir wollen es zu Ende bringen."

„Rosenwald, du gottverfluchter Mörder. Ihr habt mir meinen Sohn genommen."

„Ich habe im Radio erfahren, dass er dabei war. Auch wenn du mir das kaum glauben magst, so sage ich dir doch, dass es mir für dich persönlich sehr leid tut."

„Du hast Mitleid? Ein Mörder, ein Terrorist ohne Seele?"

„Unsinn. Wir sind Freiheitskämpfer, die sich vom Joch der Besetzung unseres Heimatlandes befreien."

„Es ist unser Heimatland, in das wir euch aufgenommen haben und das ihr euch rücksichtslos nehmen wollt."

„Du hast es scharf erkannt, mein Freund. So wird es sein, denn es siegt die Organisation über die Anarchie, die Einigkeit über Zerstrittenheit und die Einsatzbereitschaft über die Vernachlässigung. Vielleicht hätten wir beide uns in einer anderen Welt begegnen sollen. Wir hätten zusammen vielleicht viel erreichen können. Es gibt bei euch zu wenige von deiner Sorte, als dass ihr uns noch aufhalten könntet."

508

„Was hätten wir zusammen erreichen können? Was hast du erreicht? Du hast das Blut von Hassan Atlan an deinen Händen. Du hast Mustafa Allam auf dem Gewissen und, bei Gott, es sind wahrscheinlich mehr, als du aufzählen kannst. Deine Helfershelfer haben meine Ehefrau und jetzt meinen Sohn von mir genommen."

„Du verkennst die Lage. Aber weil du ausnahmsweise Intelligenz in deiner ansonsten dummen Rasse aufweist, will ich dir den Unterschied erklären. Wir sind die Soldaten Israels und wir führen Krieg. All die, die du gerade aufgezählt hast, sind gefallen in diesem Krieg, den wir im Namen unseres Herrn führen. In Blut und Feuer ging Judäa unter und in Blut und Feuer wird es wieder auferstehen."

„In Blut und Feuer auferstehen? In Blut und Feuer? Es ist Menschenblut, das ihr vergießt mit eurem Feuer. Selbst wenn es eurer eigenes Blut ist."

„Ja, denn wir sind entschlossen bis aufs Blut hier zu bleiben. Es gibt keine Macht auf dieser Welt, die zukünftig das Band zwischen dem jüdischen Volk und ihrem einen und einzigen Land zerreißen kann. Wer immer das versucht, dessen Hand wird abgeschlagen werden und der Fluch Gottes wird für immer auf ihm liegen. Diesen Geist kann keiner brechen."

„Du sprichst wie ein Wahnsinniger. Hast du den Verstand verloren?"

„Wir sind klarer bei Verstand als jemals eine Generation von Juden zuvor. Der erneuerte Vertrag der Hebräer mit dem Land ihrer Väter, der wiederhergestellt wurde im Angesicht der Tradition vom Mut der Helden der Vergangenheit, hat uns die Augen geöffnet. Wenn unsere Kämpfer zum britischen Galgen marschieren, singen sie die Hatikva. Wir wissen mit Ehre zu sterben, wie es sich für Hebräer geziemt."

„Tatsächlich, du hast den Verstand verloren. Aber ich sage dir: Euer Fanatismus wird sich gegen euch wenden, dann, wenn die Araber zu gleichen Teilen, wie ihr schon jetzt, den Verstand verloren haben und wenn die Welt erkennt, was hinter eurer Ideologie steckt. Nun gut, wenn du also mit deiner Ehre als Hebräer sterben willst, dann komm. Ich habe lange genug gewartet, dich zu treffen."

509

„Deshalb habe ich angerufen, Sari Nadschar. Ich werde dich besuchen, wenn du deinen Sohn begraben hast. In dieser Nacht wirst du das Licht des Herrn erblicken."

„Ja komm nur, Joshua Rosenwald. Ich werde bereit sein und es dir für immer ausblasen."

„Also dann, das Licht des Herrn."

Der Hörer wurde aufgelegt und Sari wurde ruhig, so ruhig, wie er immer in solchen Situationen gewesen war. Er kannte Joshua Rosenwald. Ein Feigling war er nicht und auch wenn die Irgun aus dem Hinterhalt mordete, so war er doch überzeugt, dass die persönliche Abrechnung zwischen ihnen nicht aus einem solchen Hinterhalt erfolgen würde. Rosenwald würde sich offen stellen. Aber was meinte er mit dem Licht des Herrn? Was war mit dem jungen Mann geschehen, den er damals in der Wüste aufgenommen hatte? Wie konnte eine solche Hirnwäsche an einem intelligenten Menschen stattfinden? Er kannte die Parolen und die Erziehung der Betar-Jugend und er erinnerte sich, wie todesverachtend die Hitler-Jugend für ihre Ideologie in den Kampf gezogen war.

Die Juden Palästinas waren eine heterogene Gesellschaft geworden. Rosenwald gehörte zu den radikalen Zionisten, die mit ihrer Ideologie ein klares Ziel verbanden, um ihren Judenstaat in ganzer biblischer Größe, mit äußerster Gewalt zu errichten. Dazu bedienten sie sich der Mythen und Legenden aus der Bibel, wie auch die sogenannten gemäßigteren Zionisten, die sich der Lüge, Bestechung und Vertuschung bedienten, nicht gleich alles forderten, nun aber die Shoah der Nazis als politische Rechtfertigung ihres Tuns heranzogen, das gemeinsame zionistische Ziel ebenso unnachgiebig zu verfolgen. Daneben war der Anteil der orthodoxen Anhänger von Rabbi Kook in den letzten Jahren besorgniserregend angestiegen. Seit seinem Tod, wurde er wie ein Heiliger verehrt, der die "Errettung" des Landes mit dem biblischen Auftrag Gottes verband, die als heilige Vorsehung außerhalb jeder weltlichen Rechtsprechung stand. Diesem vielfältigen jüdischen Chauvinismus stand das klassische Judentum der Haredim gegenüber, die zwar friedlich waren und den Zionismus aus religiösen Gründen ablehnten, sich aber von ihrem Ausgrenzungsdenken nicht lösen konnten, so, wie sich diese Ausgrenzung selbst im Friedenslager der säkularen und aufgeklärten Juden eingenistet hatte.

Seit der Shoah war Saris Verhältnis zu den Wallachs merklich abgekühlt. Auch sie betrachteten die Ermordung der Juden in Deutschland als eine Rechtfertigung nun den reinen Judenstaat Israel zu gründen und dies, obwohl sie genau wussten, dass selbst ihre eigenen Kinder in diesem Staat gar nicht als jüdische Bürger akzeptiert würden. Als Jude galt nur der, der eine jüdische Mutter hatte, und Edith war Protestantin.

„Merkt ihr nicht, dass da etwas nicht stimmt", hatte Sari bei ihrem letzten Treffen gefragt? „Religion und Staat gehören getrennt. Euch werden die Augen noch aufgehen."

Sari dachte die ganze Nacht darüber nach und als die Sonne aufging, war ihm klar, dass ein Auskommen und eine Diskussion um Erez Israel, mit Leuten, die ideologisch verblendet, und die die nationale Idee gar mit religiöser Hysterie vermischten, nicht möglich war. Was würde passieren, wenn sich in Zukunft auch Araber so unnachgiebig, fanatisch religiös radikalisieren würden? Es würde ein Konflikt entstehen, dessen Ende nicht absehbar war. Es wäre der Anfang der Unendlichkeit.

Am 1. Januar 1948 wurde Amir mittags auf dem Zionsberg zu Grabe getragen. Zwar hatte der Benediktinerabt eine kirchliche Zeremonie abgelehnt, aber Amir wurde in dem Familiengrab der Nadschars neben den Verwandten, den Großeltern und seiner Mutter beigesetzt. Vielen, die anwesend waren, schien Sari fremd. Er war kalt, gesetzt, nahezu unberührt. Gestern hatte er noch mit Aminah und mit Sahra telefoniert, aber die Tränen, die sie vergossen hatten, wurden von ihm nicht geteilt. Er hatte keinem ein Wort von der Abrechnung mit Rosenwald erzählt und alle Kondolenzbesuche während der letzten Tage abgeschlagen. Allerdings hatte er bei der Bank seine Finanzen entsprechend geregelt und alles testamentarisch festgelegt.

Gestern Abend war Faruk aus Bagdad angekommen. Als der von der Abrechnung mit Rosenwald erfuhr, nahm er wortlos seinen Dolch in die Hand und prüfte seine Schärfe. Nichts konnte ihn davon abhalten hier zu bleiben und Sari war froh, dass gerade er ihm beistand.

Während Faruk die Abrechnung allein als familiäre Notwendigkeit aus der Ehre der Blutrache empfand, bemerkte Sari bei sich, dass er dies auch mit patriotischen Gefühlen verband. Der Würgegriff der jüdischen Präsenz legte sich langsam um seinen Hals und um den seines Volkes. Die Menschen hatten keine Ahnung, was sie erwartete. Sie hatten schon so viele Invasoren und Herren ausgesessen. Jedoch, keiner war bisher gekommen mit der Absicht sie zu vertreiben. Die Offensivpläne der Juden, die Dorfdossiers, die Geheimverhandlungen und die Logik, die sich daraus ergab, das alles war ihnen unbekannt. Seine Landsleute wären wie eine Herde Lämmer, sie würden sich abführen lassen, wie die Juden in Deutschland. Sari schüttelte den Kopf bei dem Gedanken, dass es jetzt deren Glaubensbrüder waren, die den Spieß nur drei Jahre danach umdrehen würden.

Er musste die arabische Welt aufrütteln. Die Ausweglosigkeit eines Kampfes, wenn er nur zwischen Juden und Palästinensern ausgetragen würde, war offensichtlich. Sie brauchten die Unterstützung der Nachbarstaaten. Acht Monate waren es noch, bis die Briten abrücken würden. Zeit genug, um die Verteidigung seiner Heimat zu organisieren. Aber zuerst musste er das hier und heute zu Ende bringen.

Nachmittags waren sie vom Begräbnis nach Hause gekommen. Während sie sich bis ins Detail absprachen, liefen die Nachrichten im Radio. Allein seit Faruks Anwesenheit in Jerusalem, hatte es drei tote britische Polizisten durch Anschläge gegeben und gerade kam eine weitere Meldung: Eine Hagana-Einheit, in britischen Uniformen, hatte gestern Nacht das Dorf Balad Al Shaykh bei Haifa angegriffen und eine größere Anzahl Männer, Frauen und Kinder erschossen. Die bisherigen Opferzahlen lagen bei über fünfzig. Die Juden sprachen von Vergeltung für die einen Tag vorher stattgefundene Ermordung von vierzig jüdischen Arbeitern in der ansässigen Öl-Raffinerie. Die Araber jedoch sprachen vom Auslöser zu genau diesem Blutbad. Dem war nämlich ein Attentat der Irgun mit Handgranaten auf eine Gruppe arabischer Arbeiter vor der Raffinerie vorausgegangen, bei dem sechs von ihnen ums Leben kamen und über vierzig zum Teil schwer verletzt wurden. Die waren daraufhin in die Raffinerie gestürmt und hatten ihre jüdischen Kollegen erschlagen.

Die Bomben waren im Vorbeifahren, in todbringender Routine, aus einem Auto in die Menge geworfen worden. In der gleichen Nacht waren weitere Hagana-Kämpfer ins arabische Viertel Wadi Rushmiyya in Haifa eingefallen, hatten die Bewohner vertrieben und ihre Häuser gesprengt.

Dann berichtete der Nachrichtensprecher noch vom Tod der Constables McKechnie und Golding, die bei der Ausübung ihrer Pflicht heute in Ramle erschossen aufgefunden worden waren, und vom Tod des Captain Edward Gabriel, der seiner schweren Kopfschussverletzung, nach sechs Wochen im Koma, erlegen war. Er hinterließ Frau und Tochter.

„Sie sollte zu ihrer Familie nach Bagdad zurückkehren", sagte Faruk wie zu sich selbst und sie blickten sich an. „Ya achi, ich wusste nicht, dass es so ernst ist; in Bagdad ist das alles so weit entfernt. Aber seit ich hier bin, sehe ich den schaitan, der aus der dschahannam entstiegen ist. Bei Allah, was hier passiert, hat es noch nie gegeben. Yachbarek Allah fi leil alyoum." Beide nickten; es würde und es konnte keinen Frieden mehr geben.

Sie waren überein gekommen, sich nicht im Haus zu verteidigen. Sie waren Wüstenkämpfer, daran gewohnt, den Kampf frei zu führen und ihre Ortskenntnis auszunutzen. Sie würden die Gegner außerhalb des Hauses erwarten. Die Türen und Fenster hatten sie fest verschlossen. Im Gewehr steckte ein volles Magazin mit zehn Geschossen und ein weiters befand sich in Saris Hosentasche. Die Browning, mit acht Kugeln, steckte in Faruks Gürtel. Weitere Patronen trug er lose in der Tasche seiner Jalabiya. Zwar wussten sie nicht wann und von wo sich Rosenwald nähern würde, aber Sari war klar, dass der sein Wort hielt. Ein Lügner war er nicht. Und so warteten sie bis in den Abend und als es dunkel wurde, wussten beide die Entscheidung war da. Doch sie wurden auf eine harte Probe gestellt.

Vor zwei Stunden hatte Sari das Licht im Haus komplett gelöscht. Nur im Raum der "*Träne des Kalifen*" brannte eine Deckenlampe, deren Lichtschein durchs Fenster in den Garten fiel. Beide waren schon lange draußen. Sari bewachte von der dunklen Pergola aus die Terrassen gegen einen Angriff von oben und Faruk die unbeleuchteten Stufen, die an der rechten Hauswand vom Vorhof zum Garten hinaufführten. Seine Augen hatten die Gabe selbst im Dunkeln sehen zu können noch nicht verloren. Es war ein Erbe seiner Kindheit in der Wüste, um das ihn Sari immer beneidet hatte. Faruk stand an der Ecke der dunklen Hauswand und schaute hinunter in den vom Dreiviertelmond beleuchteten Vorhof. Nichts war zu hören, nichts war zu sehen.

„Er wird kommen", sagte Sari leise.

„Ja, aber nicht allein." Davon war Faruk von Anfang an überzeugt gewesen. Gerade wollte Sari antworten, da wurde der Himmel plötzlich hell. „Das Licht des Herrn", schreckte er auf. „Es geht los."

Weit oben mussten Autos mit großen Scheinwerfern an der Hauptstraße stehen. Es war genau die Stelle, die als Angriffpunkt auf der Skizze des Dossiers von Lifta markiert war. Ihr Lichtschein reichte weit bis ins Tal hinunter. Dann begann ein Maschinengewehr zu feuern. In den Häusern im Tal und am Hang gegenüber wurden die Lichter ausgeschaltet.

Der Hang diesseits lag jedoch noch immer im Halbdunkel des Mondlichts. Die Scheinwerfer konnten hangabwärts, durch Büsche und Bäume, die Szenerie nicht beleuchten. Von oben wurden ganze Maschinengewehrsalven auf das Dorf im Tal abgefeuert.

Dann nahm Faruk einen Lichtschimmer im Vorhof wahr und sie hörten hammerartige Geräusche. „Sie sind da, geh du nach oben", raunte er um die Ecke. Sari kannte jede Treppenstufe und jede Wegplatte, und er konnte die unterschiedlichen Höhen der Terrassenmauern exakt abschätzen. Je links und rechts führten die steilen Stufen den Hang hinauf.

Er nahm das Gewehr in die Hand, sprang links bis zur fünften Terrasse hoch und verbarg sich unter einem Hibiskusstrauch, während Faruk, an die Hauswand gedrückt, die Treppenstufen beobachtete.

Endlich vernahm Sari Geräusche, dann einen dumpfen Aufprall und einen unterdrückten Schmerzruf. Jemand stöhnte auf. Es mussten zwei Männer auf der oberen Terrasse sein, die den Sprung, die fast zwei Yards hohe Terrassenmauer von oben herab, wohl schlecht eingeschätzt hatten. Sie tuschelten miteinander, dann kletterte einer vorsichtig herunter und schätzte die Höhe zur nächsten Terrasse ab. Sari konnte den Schatten des Mannes weiter vorn im Dunkel nur schwer ausmachen. Er lief, ohne ein Geräusch zu verursachen, die Stufen wieder hinunter und kauerte sich hinter den Mandelbaum, das Gewehr schussbereit. Faruk hatte ihn bereits bemerkt, als er kurz um die Hausecke schaute. Wenig später sprang der Mann die letzte Mauer herab und schlich gebückt zum Haus. Er war jetzt im Lichtkegel von innen deutlich zu erkennen. Es war Rosenwald und er hielt eine Maschinenpistole in den Händen.

Fast gleichzeitig vernahm Faruk die Umrisse eines Mannes, der vom Vorhof die Stufen heraufkam. Er zögerte keinen Augenblick, trat vor und schoss dem Mann, der ihn kaum wahrnehmen konnte, drei Kugeln in die Brust. Dann sprang er zurück in den Schutz der Hausmauer. Der Getroffene schlug die Stufen hinunter und blieb tot unten liegen.

Rosenwald war sofort aus dem Licht ins Halbdunkel zurückgewichen und rief jetzt. „Meir! Meir!"

„Dein Meir ist tot, Rosenwald", sagte Faruk kalt. „Vom Jäger ist er zur Beute geworden. Nun wirst du zum Gejagten, du Hundesohn. Mein Dolch ist bereit für dich. Endlich." Faruk konnte ihn um die Ecke nicht sehen, aber er vernahm eine ganze Salve, deren Kugeln die Hausecke zerrissen.

Sari, der das Mündungsfeuer sah, legte hinter dem Mandelbaum an und rief: „Rosenwald, in Blut und Feuer für Judäa." Mit diesen Worten schoss er zweimal auf den Schatten, aber er musste ihn verfehlt haben, denn er hörte, wie Rosenwald die erste Terrassenmauer wieder hinaufsprang.

„Faruk, bist du ok?"

„Hol ihn dir", war die Antwort.

Sari rannte die Treppenstufen wieder hinauf, wo der andere zurückgeblieben war. Er lief geräuschlos auf den Gehwegplatten, die er selbst verlegt hatte, bis er ihn vor sich wahrnahm. Er musste verletzt sein und starke Schmerzen haben, denn er stand gekrümmt an die Mauer gelehnt und hielt ein Bein angewinkelt. Sari sprang aus dem Dunkel auf ihn zu und schlug ihm den Kolben an den Kopf. Der Mann brach zusammen. Sari kniete nieder und versicherte sich, dass er bewusstlos war. Wenig später hörte er, wie Rosenwald sich an der unteren Terrassenmauer zu schaffen machte, um sich hinaufzuziehen. Aber da stand er schon gebückt mit dem Gewehr im Anschlag an der Kante und kaum war Rosenwald oben, sagte er: „Dein Blut, mein Feuer." Der versuchte noch auszuweichen, aber Saris Kugel traf ihn in die Brust. Rosenwald fiel die Mauer rückwärts wieder hinunter. Ein Blick von Sari genügte; er rührte sich nicht mehr.

Dann untersuchte er den Bewusstlosen nach Waffen. In seiner Jackentasche fand er zwei Handgranaten, die er rasch einsteckte. Er drehte ihn um und erkannte im Mondlicht ein junges frisches Gesicht. Im selben Augenblick vernahm er einen Schuss und spürte einen Schmerz an der Hüfte. Das Mündungsfeuer sah er zwischen zwei Zypressen weiter unten. Er duckte sich, nahm das Gewehr des Juden an sich und schlich rasch zurück.

Mittlerweile hatte das Gewehrfeuer oben an der Straße zugenommen. Dort musste eine heftige Schießerei im Gange sein. Er hörte jemanden rufen: „Avshalom, Jossi ..?" Den Rest verstand er nicht.

Sari suchte mit den Augen die Terrassen ab. Er nahm den Umriss eines Mannes wahr und schoss, aber die Kugel ging ins Leere. Den Geräuschen nach, rannte der Mann auf die gegenüberliegende Treppenreihe zu. Er konnte von da nur den Weg nach unten einschlagen.

„Achtung Faruk", rief er, während er schon wieder auf dem Weg die Stufen hinunter war. Noch bevor er die Pergola erreichte, hörte er zwei Schüsse aus der Browning, dann Faruks Stimme: „Erledigt." Der Getroffene lag in sich zusammengesackt auf den Gartenplatten.

Faruk schaute um die Ecke. „Wo ist der Rosenwald?"

„Er ist tot, ein anderer oben bewusstlos. Hast du noch jemanden gesehen?"

„Es muss noch einer hier sein. Einer außer dem da." Faruk nickte mit dem Kopf zu dem Toten und kam um die Ecke. Sie kauerten sich an die Hauswand und lauschten in die Dunkelheit, einer rechts und einer links des Lichtkegels aus dem Fenster. „Hier, nimm die Handgranate. Der Bursche dort oben kann sie nicht mehr gebrauchen", raunte Sari und warf sie Faruk zu. „Ich muss wieder hinauf und den Kerl fesseln. Geh du zurück."

516

Faruk verschwand wieder um die Ecke und Sari riss einige Schnüre los, die an der Hauswand hingen und mit denen der Wein an der Pergola befestigt wurde. Er rannte hinauf zu dem Jungen, band sie ihm um Hände und Füße und trug ihn hinunter. Noch war er nicht unten angekommen, da hörte er die Salve eines Maschinengewehrs, kurz darauf eine heftige Detonation und dann Faruks Stimme: „Au, verflucht."

Der hatte den Schatten fast zu spät bemerkt und sich gerade noch gebückt, als die Kugeln knapp über ihm einschlugen. Sein rechter Oberarm war getroffen. Er sah den Mann, zog den Splint aus der Sicherung und warf die Handgranate mit der verkrüppelten Hand, die aber ihr Ziel deutlich verfehlte.

„Das war er. Er ist zur Seite davon, den Hang hinauf." Faruk kam um die Ecke, sprang rasch durch den Lichtkegel und kauerte sich neben Sari. Sein Arm blutete stark, aber er ließ sich den Schmerz nicht anmerken. Zehn Minuten schauten sie angestrengt ins Halbdunkel, dann gab Faruk Entwarnung. „Ich kann keinen mehr ausmachen, ich glaube, das war's." Auf Faruks Augen konnten sie sich verlassen.

Oben waren die Lichter ausgegangen und die Schießerei hatte aufgehört. Gespenstische Ruhe legte sich über das kleine Tal mit dem Dorf Lifta. Sari ging ins Haus und holte Verbandszeug. Zwei Kugeln hatten Faruks Oberarm durchschlagen; er konnte die Blutung stoppen. Dann bemerkte er, dass seine Hose Blut aufgenommen hatte. Aber als er den Kratzer untersuchte, den der Streifschuss an seiner Hüfte hinterlassen hatte, war er beruhigt.

Nach einer halben Stunde holte er die beiden Toten und schleifte sie neben den Jungen, der mittlerweile aufgewacht war. Sein Bein musste gebrochen sein und seine Stirn blutete. Angst war in seinem Gesicht nicht zu erkennen, nur die Schmerzen ließen den Kerl immer wieder aufstöhnen.

Nachdem er auch Joshua Rosenwald von der Terrasse geholt hatte, lagen sie vor ihnen – vier Terroristen der gefürchteten Irgun. „Die Strecke einer nächtlichen Jagd", sagte Faruk, als die Körper nebeneinander lagen. Er nahm in aller Ruhe seinen Dolch, schnitt dem toten Joshua Rosenwald die Kehle durch, drehte ihn so, dass das Blut aus ihm heraus lief und spuckte ihm ins Gesicht. „Bastard." Faruk hatte seinen Schwur erfüllt. Der Junge weitete vor Schreck seine Augen.

„So viele Mordtaten kannst du noch gar nicht begangen haben, als dass ich mit dir das gleiche mache", sagte er und Sari fasste den Jungen am Kragen und setzte ihn aufrecht gegen die Pergola gelehnt, was seine Schmerzen zu lindern schien. Die Blutung am Kopf hatte aufgehört.

Kein Geräusch, kein Laut war mehr zu hören und als sie noch eine ganze Weile lang die Terrassen beobachtet hatten, begann Sari endlich um Amir zu weinen.

Die ganze Nacht blieben sie an der Hauswand sitzen, die drei toten Körper vor sich auf den Gartenplatten. Der Junge hatte bemerkt, dass Sari weinte, aber kein Wort kam aus seinem Mund. Er blickte Sari und Faruk unverwandt an, aber kein Wort kam aus seinem Mund. So saßen sie ohne ein Wort zu sagen, bis Sari keine Tränen mehr hatte. Der Junge hatte bemerkt, dass auch die anderen Kumpane tot waren und als er seine Augen noch immer nicht von den beiden nehmen wollte, begann Sari unaufgefordert die Geschichte von Joshua Rosenwald zu erzählen.

Als der Morgen graute, war er fertig und der Junge hatte den Blick gesenkt. Sari hatte das Gefühl, als sei er beschämt, aber es war nur ein Gefühl. Er ging zurück ins Haus und rief die Militärpolizei in Jerusalem an.

Zwei Stunden später standen ein britischer Panzerwagen und ein Polizeifahrzeug im Hof. Sari machte seine Aussage und sie übergaben die Waffen und die Männer. Fast ungläubig starrte ein Constable auf die durchschnittene Kehle. Er schüttelte nur den Kopf. Faruk sollte gleich mit ihnen ins Militärhospital fahren, um die Wunde behandeln zu lassen und Sari sollte am Nachmittag ins Generali Building kommen, um alles zu dokumentieren. Auf die Frage, was in der Nacht oben an der Hauptstraße los gewesen sei, antwortete der Constable: „Eine Gruppe der Irgun hat die Häuser im Tal beschossen und dann sind arabische Milizen von Deir Yassin aus aufgetaucht und haben sie vertrieben. Es ist jetzt alles wieder so ruhig, als ob nichts geschehen wäre."

Die Fahrzeuge hatten den Vorhof kaum verlassen, da bemerkte Sari auf dem Dorfplatz rege Betriebsamkeit. Er ging hinüber und traf auf die Familie Halili. Sie hatten erst vor sieben Jahren oben am Hang ein neues Haus gebaut. Mit

Sack und Pack kamen sie mit einem Eselswagen den Weg hinunter. Andere Dorfbewohner standen zusammen.

„Wir werden Lifta erst einmal verlassen. Achtzehn Kugeln sind gestern in unserem Haus eingeschlagen. Eine hat die Großmutter nur knapp verfehlt", sagte der Familienvater. „Am Sonntag erst der Überfall und heute Nacht das hier. Wir haben Angst. Wir haben keine Waffen. Wer schützt uns, wenn die Juden wiederkommen? Nein, nein, wir gehen nach Jerusalem zu unseren Verwandten. Unser Haus ist abgeschlossen. Allah gebe, dass wir bald zurückkehren."

An diesem Tag verließen die allermeisten der über zweitausend Bewohner aus Lifta ihre Häuser. Wie hätte Sari sie auch umstimmen können. Als er zum Haus zurückkehrte, entdeckte er die Mesusa auf der Türschwelle. Das also waren die Hammerschläge gewesen. Sie hatten die kleine Kapsel vom Türpfosten abgeschlagen, bevor sie das Haus angriffen. Mit einem Fußtritt flog sie davon.

Er hatte von jetzt an, auf Schritt und Tritt, neben seiner Pistole auch die Lee-Enfield dabei. Als er nachmittags in die Princess Mary Street einbog, lag das Gewehr in seinem Auto griffbereit. Hier war im Generali Building das Hauptquartier der Polizei untergebracht. Stacheldrahtrollen lagen bis zu den Bürgersteigen und nur eine Spur war auf der Straße freigelassen worden. An dem Kontrollposten zeigte er seinen Waffenschein und die Identitätskarte.

Seit die Irgun und die Lechi hier vor zwei Jahren das Gebäude des britischen Geheimdiensts in die Luft gesprengt hatten, war der Russische Platz zum Hochsicherheitstrakt geworden. Er wurde Bevingrad genannt, in Anspielung auf Englands Außenminister und den Gulag Stalins.

Nachdem Sari seine Aussage gemacht hatte, traf er auf einem der langen Flure Henry Gurney und Musa Alami. Beide drückten ihm ihr tiefes Mitgefühl zum Tod von Amir aus. Sie hatten sich oft bei den Abenden von Katy Antonius getroffen. Die hatte vor kurzem Jerusalem in Richtung Kairo verlassen. Die Umstände waren ihr zu unsicher geworden. Sari erkundigte sich nach ihrem Befinden und Musa versprach seine Grüße an sie weiterzugeben. Gurney lud sie in sein Büro ein.

Als sie von Sari die Umstände seines Besuchs erfuhren, waren sie entsetzt und Gurney sagte: „Mr. Nadschar, vielleicht sollten auch Sie ihr Haus verlassen. Wir können die Dörfer nicht vor Angriffen schützen. Unser Auftrag besteht nur noch darin unseren eigenen Abzug zu sichern. Selbst hier, vor unserer Nase in Jerusalem, sind wir machtlos. Die Hagana operiert nach einem Plan, der für einen Zusammenschluss der jüdischen Stadtteile sorgen soll. Sie räumen gemischte Viertel von Arabern und besetzen deren Häuser mit Juden. Die ersten Häuser in Scheikh Jarrah sind gestern bereits zerstört worden und wir dürfen nichts dagegen tun."

„Wegzugehen hieße aufzugeben. Ich habe mich entschlossen für meine Heimat zu kämpfen und ich werde dableiben."

„Nun, kämpfen tun wir alle", sagte Musa. „Der eine so und der andere so. Wir sollten die UN-Teilung für weitere Verhandlungen akzeptieren, um einen Frieden zu erreichen."

„Da denke ich anders, Musa. Diese Teilung kann keinen Frieden bringen. Ihr Zustandekommen ist mehr als zweifelhaft. Wie kann einer krassen Minderheit über die Hälfte des Landes zugesprochen werden? Der jüdische Einfluss auf die Untersuchungskommission ist offensichtlich. Und wer soll die Zionisten aufhalten sich noch mehr zu nehmen, als ihnen nach dem Teilungsplan sowieso schon zusteht?"

„Die Resolution besagt eindeutig, dass die UN jeden Versuch unterbinden wird, sich Land anzueignen, das dem jeweils anderen Teil zugesprochen wurde."

„Aber hat nicht Mr. Gurney gerade gesagt, dass der britische Auftrag begrenzt ist? Wer also soll dafür Sorge tragen?"

„Das ist wohl wahr", nickte der Angesprochene, „von uns wird keine Hilfe zu erwarten sein. Wir sind müde, desillusioniert und bitter enttäuscht über die Juden. Wir haben der UN das Mandat nicht umsonst übergeben. Wir machen uns nicht weiter schuldig. Keiner kann uns jetzt noch vorwerfen, dass der Findungsvorgang für die UN-Resolution das Ergebnis einer äußerst erfolgreichen Lobbyarbeit der Zionisten war. Das geht uns nichts mehr an."

„Diese Resolution hat das Gebiet der Juden vom britischen Teilungsbeschluss vor zehn Jahren noch einmal verdoppelt. 47% davon sind in arabischem Besitz. Wer soll das akzeptieren? Sie wollen einen ausschließlich jüdischen Staat. Was anderes als die Entarabisierung des Landes ist damit verbunden? Was in ihren Köpfen steckt ist Vertreibung und Deportation, und vielleicht noch mehr, wie ihre Angriffe auf die Ortschaften schon jetzt beweisen. Sie werden diese Angriffe noch ausweiten", sprudelte es aus Sari.

„Sie haben recht, Mr. Nadschar, so macht man keinen Frieden und ich schäme mich für mein Land, das die Araber den Juden ausliefert", sagte Gurney. „Aber das Schwert der Zionisten ist scharf geworden. Sie haben es geschafft weltweit Antizionismus mit Antisemitismus gleichzusetzen. Und die Welt nimmt das widerspruchslos hin. Die Besichtigung der jüdischen Flüchtlingslager in Europa, der permanente Hinweis auf das Schicksal dieser Juden und die Herausstellung der zionistischen Leistungen in Palästina, haben ihre Wirkung auch auf die UN-Findungskommission nicht verfehlt. Und sie haben auch alles weitere aufgeboten, was nötig war. Akten und Informationen geben Aufschluss über eine diplomatische Kampagne, die vor Druck, Versprechungen und Bestechung nicht halt machte. Die Jewish Agency allein veranschlagte eine Million Dollar in ihrem Sinne, für "unregelmäßige politische Aktivitäten", wie es bei ihnen hieß, um auch die Entscheidung der Generalversammlung zu beeinflussen. Ihr größter Kunde soll nebenbei König Abdullah von Jordanien gewesen sein."

Gurney kannte Internas, immerhin war er der zweithöchste Repräsentant der Mandatsregierung. „Wir haben uns bei der Stimmabgabe enthalten und ich sage Ihnen ehrlich: Die Zeit des britischen Weltreichs ist zu Ende", fuhr er fort. „Als im letzten August Indien in die Unabhängigkeit entlassen wurde, hat das England in ein tiefes Trauma gestürzt. Wie kann man das Juwel in der Krone des Empire verlieren und einen Silberknopf zum Königsmantel behalten wollen? Unsere Menschen in der Heimat und wir vor Ort, haben die ganze Angelegenheit satt. Auf einem Wespennest kann man keinen Stützpunkt errichten."

„Aber den Stachel habt ihr gesetzt, ins Fleisch der Araber, die selbst ohne Stachel sind. Jahrelang habt ihr die Zionisten unterstützt, mit Land, Menschen und Waffen versorgt. Ihr habt uns bis aufs Blut bekämpft, als wir uns dagegen wehrten. Jetzt sind wir praktisch hilflos gegen einen jüdischen Prozess der Staatswerdung ausgeliefert, der uns allen den Hals zuschnürt. Natürlich tragen auch wir selbst Mitschuld, aber ihr habt ihnen die Mittel zur Verfügung gestellt, die jetzt bereit stehen und die, zu allem Hohn, nun auch noch gegen euch selbst gerichtet sind."

Gurney senkte den Blick. „Sie kennen meine persönliche Einstellung, Mr. Nadschar. Die Balfour Deklaration war ein immenser Fehler. Sie wird dazu führen, dass die ganze arabische Welt diesen Staat eines Tages hassen wird. Es scheint der jüdische Drang zur Selbstzerfleischung zu sein, der sie antreibt."

Sari verließ mit Musa Alami das Gebäude. Da der keinen Wagen mithatte, bot sich Sari an, ihn die Strecke zu seinem Büro mitzunehmen. Auf halbem Weg nahmen sie Faruk aus dem Krankenhaus mit. Der trug den rechten Arm in einer Schlinge und als Sari ihn fragend ansah, sagte er lachend: „Ya achi, nun musst du mir deine Armee leihen."

Musa Alami war Humanist und ein friedliebender Mensch. Er war mit den Husseinis verwandt und nach der Flucht von Hadsch Amin aus Palästina sogar als Hauptrepräsentant der Araber im Gespräch gewesen. Seit er jedoch für einen Teilungsplan als Ausgangspunkt für weitere Verhandlungen warb, hatte er bei vielen Palästinensern seinen guten Ruf eingebüßt und war in ernsten Konflikt mit Hadsch Amin geraten, der in Kairo die Fäden zog. Dem war eine Fluchtodyssee aus dem besiegten Deutschland über Salzburg nach Konstanz geglückt, wo ihn die französische Besatzungsarmee im Mai 1945 verhaftet und nach Paris gebracht hatte. Er wurde dort als Garant für eine Verbesserung des französischen Status in der arabischen Welt betrachtet und mit entsprechenden Privilegien ausgestattet. Als die Briten ein Jahr später ein Auslieferungsgesuch stellten, wurde das abgelehnt und in Absprache mit der Arabischen Liga, unter falschem Namen, seine Ausreise nach Ägypten vollzogen.

„Er ist der falsche Mann in seinem religiösen Scheuklappendasein", sagte Musa. Auch er hatte mit dem Geistlichen gebrochen. „Unsere arabischen Führer haben die Tragweite nicht erkannt und die Kommission boykottiert. Ihnen war gar nicht bewusst, wie wichtig diese Kommission war, in der nicht die Briten sondern die Welt über das Schicksal Palästinas entschied."

„Ich glaube nicht, dass wir am Ausgang etwas hätten ändern können. Dazu ist der Einfluss der Juden, nach dem Holocaust, auf die Welt zu groß. Und selbst wenn, die Sayuni sind von ihrem Weg nicht mehr abzubringen, außer wir treten ihnen geschlossen entgegen. Ist der Termin für meine Rede vor dem Rat schon bestätigt", fragte Sari?

„Du wirst am 9. fliegen und am 11. vor dem Rat sprechen. Du willst mir nicht sagen, worum es geht?"

„Ich werde eine Bombe zünden, Musa, die unsere Nachbarn überzeugen wird, gemeinsam der Repression der Juden zu begegnen. Was ist mit der Geldanfrage von Abdullah?"

„Sie ist abgewiesen worden."

„Ein gutes Zeichen", sagte Faruk von der Rückbank des Autos, „ein gutes Zeichen."

Nachdem sie Musa an seinem Büro abgesetzt hatten, suchten sie Ibrahim auf. Der hatte gerade eine neue Redaktion in der Nähe des Jaffa-Tors in der Altstadt bezogen. Sie fanden ihn, beschäftigt mit dem Polizeibericht der Gewalttaten vom gestrigen Tag in Jerusalem:

- Kreuzung Mamilla Street, Princess Mary Avenue und St. Julian Way; fünfzehn Araber getötet und zweiundvierzig schwer verletzt durch Bombe jüdischer Terroristen

- St. Paul's Road; Rückseite eines arabischen Wohnblocks in die Luft gesprengt. Waffen und Bombenzubehör gefunden

- Waar El Katamon; die Häuser von Eissa Zaboura, Salim Telleghraf und George Tabelaw wurden Opfer des Angriffs einer Gruppe Juden, die Schüsse abgaben, Granaten warfen und Bomben platzierten

- Altstadt; Unbekannte warfen Handgranaten aus dem jüdischen ins arabische Viertel

„Nur ein einziger Tag in Jerusalem", sagte Ibrahim. „Landesweit würde Ähnliches ganze Seiten füllen. Für die Menschen ist es schon so alltäglich geworden, dass nur noch die ganz großen Ereignisse in den Zeitungen veröffentlicht werden. Der Angriff auf Lifta heute Nacht ist da nur noch eine Randnotiz und gar nicht mehr erwähnenswert."

„Am Morgen haben die Bewohner begonnen das Dorf zu verlassen."

Ibrahim nickte. „Es geht schon los. Gebt auf euch acht."

Am Abend sprach Sari lange mit Aminah am Telefon. Ihr ging es besser, aber sie war entsetzt, als sie von dem Kampf erfuhr und zugleich erleichtert, dass keinem von beiden etwas wirklich Ernsthaftes passiert war. Aber auch seine Tochter konnte ihn nicht dazu überreden, das Haus in Lifta aufzugeben. Obwohl er ihr davon strengstens abriet, wollte sie in ein paar Tagen nach Jerusalem kommen, um ihren Vater doch noch davon zu überzeugen mit ihr und mit Faruk zurück nach Bagdad zu kommen. Als er aufgelegt hatte, rang Sari dem Gespräch dann doch noch etwas Positives ab. Auch wenn er nicht mit ihr zurückgehen würde, so konnte Aminah doch wenigstens den Teppich, den Dolch und einige andere Wertgegenstände der Familie mit in den Irak nehmen.

Die abgelegeneren Viertel von Jerusalem und die Dörfer rund um die Stadt waren zu Angriffszielen der anderen Parteien geworden. Während die Araber Arnona oder Talpiot im Süden umstellten und die Bewohner aushungerten, griffen Einheiten der Hagana arabische Viertel an. Nachts waren die Straßen unsicher von Kommandos beider Seiten, die Vergeltung und Rache übten. Viele dieser Kommandos wurden aufgespürt und viele von ihnen kamen nicht mehr nach Hause zurück.

SARI, IBRAHIM und Faruk saßen im Piccadilly Cafe in der Mamilla Street nahe dem Jaffa-Tor. Es war Mittwoch, der 7. Januar 1948. Die Spuren der Verwüstungen, die der arabische Zorn am 2. Dezember hier angerichtet hatte, waren noch nicht beseitigt. Aber das Cafe war vom Gröbsten verschont geblieben.

Vorgestern Nacht hatte die Hagana in unmittelbarer Nähe das Semiramis Hotel im christlichen Katamon gesprengt. Allein über zwanzig Tote, darunter Viscount de Tapia, der Botschafter Spaniens. Doch die Menschen konnten sich dem täglichen Terror nicht einfach ergeben. Wie aus Trotz gingen sie überall weiter ihren Geschäften und Gewohnheiten nach. Selbst als vor drei Tagen das Hauptquartier des Arabischen

Nationalen Komitees in Jaffa von der Irgun in die Luft gesprengt worden war und über vierzig Tote und einhundert Verwundete zu beklagen waren und als nur einen Tag später vierzehn Araber bei einem Bombenanschlag der Irgun mit einem Lastwagen auf die Stadthalle Jaffas ums Leben kamen, gingen die Menschen auch dort ihren Tätigkeiten nach. Sie mussten ja weiter leben. Davon berichtete die *Falistin*, in der Sari gerade las, als Abd el-Qadir al-Husseini eintrat.

Sie hatten sich hier verabredet. Abd el-Qadir war der Sohn von Musa, dem Großonkel von Hasch Amin, und seit zwei Tagen illegal aus Ägypten zurückgekehrt. Sie kannten sich aus der Zeit in Bagdad, als er und Hadsch Amin dort im Asyl lebten. Während des arabischen Aufstands war Abd el-Qadir, als einer der gefeierten Helden, von den Briten aus Palästina verbannt worden und später in den Irak geflohen. Nur kurz nachdem Sari nach Hause zurückgekehrt war, hatte auch er den Irak Richtung Ägypten verlassen, wo er sich bis jetzt aufgehalten hatte. Trotz seiner Illegalität bewegte er sich selbstsicher und frei; jedoch begleiteten ihn zwei Leibwächter. Er kannte das Potential seiner Gesprächspartner genau.

„Achwani", sagte er, nach einer herzlichen Begrüßung. „Ich bin zurückgekommen, weil die Heimat unserer Väter mich braucht. Ich habe vom Tod deines Sohnes gehört, Sari, und auch vom Angriff auf dich und Faruk. Alles tut mir sehr leid. Ich bin sehr froh, dass ihr noch lebt."

„Danke. Aber es ist zu vieles, was einem leid tun kann", sagte Sari.

„Wie meinst du das?"

„Wir, die wir trotz aller religiösen Hysterie noch bei klarem Verstand geblieben sind, hätten uns viel früher um unser Land kümmern müssen. Das mache ich mir zum Vorwurf. Es nur korrupten Familienpolitikern überlassen zu haben, das mache ich mir zum Vorwurf."

Abd el-Qadir senkte den Blick, dann sagte er: „Du hast recht, Sari, auch wenn du von meiner eigenen Familie sprichst. Aber noch ist es nicht zu spät. Wenn die Engländer abziehen, werden wir unser Schicksal in unsere Hände nehmen müssen. Deshalb bin ich zurückgekehrt."

Abd el-Qadir war, wie sein Vater, im Gegensatz zu vielen anderen der Familie Husseini, nicht überreligiös. Sein Charisma nährte sich aus der Aufgabe aller Privilegien seiner Abstammung. Er hatte auf die hohe Stellung seiner Familienzugehörigkeit verzichtet und damals beim Aufstand mit den Bauern in den Bergen gelebt und gekämpft. Viele würden für ihn mit Freuden erneut in den Kampf ziehen. „Ich habe gehört, du fliegst nach Kairo", fuhr er fort?

„Ja, ich denke, ich kann eine Bombe zünden, die sie dazu bringt, ihre zögerliche Haltung aufzugeben und zu verstehen, was die Juden planen", antwortete Sari.

„Mascha'lah achwan. So sind wir alle einer Meinung, das ist gut so. Noch ist nichts verloren. Wir müssen die arabischen Menschen mobilisieren und in Palästina die Verteidigung vorbereiten. Barrikaden aus sandgefüllten Fässern und Steinhaufen vor unseren Vierteln reichen nicht aus. Angriffe auf Einzelziele sind sinnlos. Es geht ums Ganze, um die Aufstellung von Kampfeinheiten, um die Ausrüstung mit Waffen, es geht um die Einrichtung einer zentralen Befehls- und Kommandostelle, eine gemeinsame Strategie und um eine Kampagne, die unsere Sache international darstellt. Dazu brauchen wir euch, im Krieg und auch im Frieden."

Sari, Faruk und Ibrahim hatten die letzten Tage viel zusammen geredet und waren nun mehr als bereit Palästina zu helfen. Das teilten sie Abd el-Qadir mit und der war sichtlich erleichtert. „Übermorgen sollen die ersten Freiwilligeneinheiten der Jaish al-Inqath von Syrien aus in Palästina einmarschieren. Aber Fawzi al-Qwuqji, der von der Liga eingesetzte Truppenführer, hat sich 1936 mit Hadsch Amin überworfen und verweigert mir jetzt die Zusammenarbeit."

„Dann ist er der falsche Mann. Wir müssen uns auf ein Ziel ausrichten, wie ein großes Ganzes operieren. Die arabische Zerstrittenheit muss aufhören." Faruk war in seinem Metier. Ein bekannter General des Irak, ein Held des arabischen Aufstands, mit seinem Hintergrund zum immer noch allseits hochverehrten König Faisal und ein tadelloser Streiter für die panarabische Sache. Er war in der Lage, auf die Politiker und Militärs der arabischen Staaten einzuwirken.

„Die Zeit drängt", sagte Sari.

„Kul uqda wa laha halla, achwani", nickte Abd el-Qadir.

Sie saßen noch lange über diesen Fragen zusammen. Die arabische Korruption, die Inkompetenz und der Verrat waren die größten Feinde, im Angesicht eines fast übermächtigen Gegners. Sie schätzten ihre Situation sehr realistisch ein. Auch wenn Ben-Gurions flammende Kriegsrhetorik in der Öffentlichkeit den 2. Holocaust predigte und die Gefahr für die Juden heraufbeschwor, so wussten doch alle, von wem die wirkliche Gefahr ausging. Nahezu einhunderttausend Kämpfer hatten die Juden unter Waffen; die Hagana, die Palmach sowie Terroristen der Irgun und der Lechi. Eine solche Macht würde sich nicht ins Meer treiben lassen, wie es in der Presse der Nachbarstaaten großmäulig kolportiert wurde. Es sah schlecht aus um Palästina und doch konnte ihre gemeinsame Zusammenarbeit vielleicht noch etwas retten. Saris Reputation im Land und seine militärischen Fähigkeiten, Faruks Verbindungen ins benachbarte Ausland, Abd el-Qadirs Bekanntheits- und Führungsgrad in Palästina und Ibrahims Kontakte zur internationalen Presse würden vieles bewirken können.

Zur frühen Nachmittagszeit fühlten sie tiefe Befriedigung und mehr als nur Hoffnung aufkeimen. Sie verabredeten sich für morgen in Abd el-Qadirs Vaterhaus. Dort wollte er präsentieren, was er bereits vorbereitet hatte.

Als sie aufstanden, kam einer der beiden Leibwächter ins Cafe zurück. „Draußen stand ein Kerl, der auffällig lange durchs Fenster zu euch blickte. Als wir rausgingen, ihn zu stellen, war er verschwunden. Er trägt einen braunen Mantel und eine weiße Kufiya. Seid vorsichtig, wenn ihr ihn seht."

Die drei gingen zurück zur Altstadt, um in Ibrahims Redaktion die letzten Vorbereitungen für Saris Auftritt vor dem Rat der Arabischen Liga zu treffen. Kurz bevor sie das Jaffa-Tor erreichten, deutete Faruk auf einen Mann, der unweit des Tors gestanden hatte und sich nun entlang der Mauer in Richtung Süden entfernte.

„Der Mann mit dem braunen Mantel", sagte Faruk. „Ich glaube, er hat gerade ein Handzeichen Richtung Sultans Pool gegeben. Vorsicht."

Sie sahen sich um, konnten aber nichts Auffälliges entdecken. Vom Sultans Pool kam nur ein gepanzerter Polizeiwagen die Straße herauf. Die Briten bewegten sich in Jerusalem nur noch in diesen überbreiten Fahrzeugen und die Menschen vor dem Tor machten jetzt respektvoll Platz. Es war gut, dass die Briten solch starke Sicherheitspräsenz zeigten.

Sie traten beruhigt zur Seite und bemerkten nicht, wie eine große Konservendose aus dem Panzerwagen herausgeworfen wurde. Sie rollte direkt auf sie zu. Als Sari das registrierte, war es schon zu spät.

Eine Explosion zerriss seine Trommelfelle und er fühlte, wie ihn eine unsichtbare Kraft weit durch die Luft schleuderte. Dann schlug er hart auf. Ein Dröhnen war alles, was er vernahm. Er öffnete die Augen und dichter Qualm hing über dem Platz. Alles war staubgrau. Er bemerkte, er lag an der Mauer und neben ihm zwei Menschen unwirklich übereinander. Dem einen, der Ibrahims Kleider trug, fehlte der Kopf. Wo ist der Kopf, fragte er sich? Er sah sich um. Unweit nahm er Faruk wahr. Der lag auf dem Boden, öffnete den Mund und rief Sari etwas zu, aber er hörte nur ein Dröhnen. Faruks Arm neben ihm, hing nur noch an der Schlinge.

Sari blickte an sich hinunter und bemerkte, dass Hose und Jacke zerfetzt waren und er sah, dass Blut durch das Hemd aus seinem Körper drang. Aber er hatte keine Schmerzen. Konnte es denn so schlimm sein? Er wollte aufstehen, aber es ging nicht. Er lag genau da, wo ihn vor vielen Jahren der Querschläger der Attentäter leicht verletzt hatte. Die Einschläge der beiden Kugeln, die für ihn bestimmt gewesen waren, konnte man in der Mauer noch heute deutlich ausmachen. Er legte den Kopf zurück.

Das Dröhnen nahm zu. Er lächelte. Nur ein paar Schritte entfernt hatte er damals mit Dschamila gestanden, als gefeierter Held, der seine Heimatstadt von den Türken befreit hatte. Da war ihm seine Schwester an den Hals geflogen. Was für ein Tag war das damals gewesen! Das Glücksgefühl strömte noch einmal durch seinen Körper.

Doch dann schloss er die Augen und stöhnte auf. Sein Körper fing an zu brennen, immer mehr, es war, als stecke man ihn langsam in offenes Feuer. Es wurde unerträglich und er musste seine Schmerzen hinaus schreien, aber er hörte nur

528

das Dröhnen. Es wurde immer stärker. Er schrie und alles an ihm brannte. Er fühlte, wie etwas die Kraft aus seinem Körper zog. Dann war das Brennen weg und das Dröhnen. Und da war diese glückselige Leichtigkeit, die er schon einmal gespürt hatte. Er erinnerte sich genau an diesen Moment in der Wüste und tiefer Friede zog in ihn ein.

Er sah seine Eltern vor sich, seine kleine Schwester und dann war seine Familie da. Jasmin hielt Aminah und Amir an ihrer Hand. Sie kamen auf ihn zu, aus einem fernen Licht. Sein Leben raste an ihm vorbei. Und er stand mit Jasmin bei Nabi Samuel und hörte sich sagen: „Dies ist der Tag, an dem wir unser Land betreten, das Land, wo wir glücklich sein werden und wo wir ein neues Leben aufbauen. Es wird ein Land des Friedens werden, ein Heimatland der Religionen, ein Vorbild für die Welt. Es wird das Heilige Land sein."

Und obwohl ihm bewusst war, dass er in Jerusalem am Jaffa-Tor lag, wartete er darauf, dass ihn etwas Hartes in die Seite traf und sich alles begann zu bewegen. Er würde sich von der Kamelstute wieder in die Höhe ziehen lassen und auf Faruk warten, der ja hier neben ihm lag und sicherlich schon aufgestanden war. Einen neuen Anfang würde er wagen für Palästina, bei dem er nicht mehr alles so hinnehmen würde, wie er es getan hatte. Er war zu passiv gewesen, hatte auf Menschlichkeit und Toleranz gebaut und seine eigenen Moralvorstellungen auch von den anderen erwartet.

Er wartete und die Stille wurde unendlich.

IN DEN frühen Morgenstunden des 9. Januar, wurde das Dorf Lifta bei Jerusalem zum dritten Mal Ziel eines jüdischen Angriffs. Die letzten Bewohner wurden vertrieben und die Häuser unbewohnbar gemacht. Die Haganamilizen stahlen das Eigentum der Hausbesitzer, sprengten Löcher in die Flachdächer und zerstörten die Räume mit Handgranaten.

Vier Tage später, nach der Beerdigung ihres Vaters und ihres Onkels, stand Aminah in ihrem Elternhaus. Die Decken und Wände waren verkohlt. Alles, was sich darin befunden hatte, war ein Raub der Flammen. Der Mandelbaum im Garten hatte Feuer gefangen und war mit der Pergola verbrannt. Als sie nach Stunden unendlicher Tränen der Erinnerung

wieder ging, war es das letzte Mal, dass sie aus ihrem Elternhaus trat. Unweit der Türschwelle fand sie die abgeschlagene
Mesusa, die sie an sich nahm.

Im April las sie in Bagdad in der Zeitung, dass auch das
Nachbardorf Deir Yassin einem Angriff der Irgun zum Opfer
gefallen war. Die Einwohner hatten mit der Hagana in Jerusalem einen Nichtangriffspakt abgeschlossen. Nahezu einhundert Männer, Frauen, Kinder und Babys, kamen zu Tode.
Es wurde gemordet, vergewaltigt, geschändet und geplündert. Wie schon in Lifta, so hatte sich auch in Deir Yassin
keiner der Einwohner an den Kämpfen beteiligt.

Aminah wusste: Das war nicht das Ende des Kampfs um
ihre Heimat sondern erst der Anfang.

Dieser 9. April 1948 steht nur als Synonym, für die jüdischen Massaker an Wehrlosen und die Vertreibung und Deportation von 700.000 Menschen aus ihrer Heimat. Das passierte praktisch vor den Augen der Weltöffentlichkeit, nur
drei Jahre nach der Befreiung der Vernichtungslager der
Nazis in Europa. Die jüdische Führung verkündete stolz hohe
Opferzahlen, um Palästinenser zur Flucht zu bewegen.

Vom Dorf Deir Yassin blieben nur Reste übrig, so wie von
den anderen dreißig Dörfern, die bis zu diesem Tag bereits
verschwunden waren. Als weitere 513 palästinensische Dörfer und elf Städte und Stadtviertel das gleiche Schicksal
erlitten hatten, war der Staat Israel geboren.

Einem ausgefeilten Plan und dem Befehl der zionistischen
Führung zur ethnischen Säuberung folgend, wurden arabische Einwohner skrupellos erschossen, von Granaten und
Bomben zerfetzt, an Mauern exekutiert, mit gefesselten Händen hingerichtet, wurden misshandelt, inhaftiert, interniert,
eingeschüchtert, beraubt, deportiert und enteignet. Die Toten
hat keiner gezählt. Sie liegen verscharrt in Massengräbern
und unter den Trümmern der Häuser, die dem Erdboden
gleichgemacht wurden.

PS: Was von Lifta übrig ist, kann man heute noch sehen.

530

Karten

Hedschasbahn um 1914

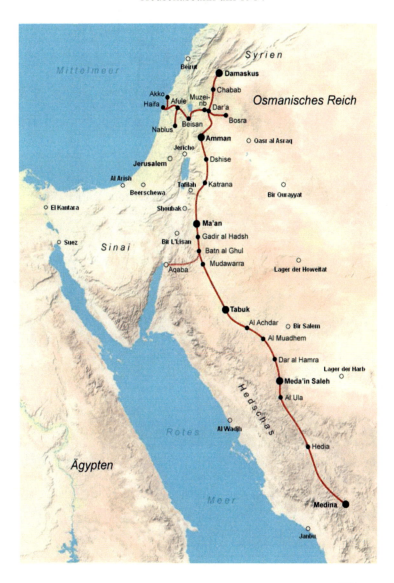

Jerusalem um 1910

Jüdischer Landbesitz und
UN Teilungsplan 1947

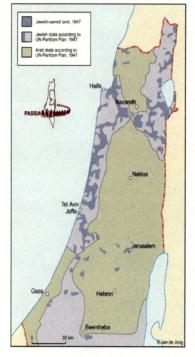

Besetztes Land
und zerstörte Dörfer 1948

Chronologie der Ereignisse 1916 - 1948

1915- 1916 *McMahon-Hussein Korrespondenz*: Briefwechsel zwischen Großsherif Hussein Ibn Ali, Emir von Mekka, und Sir Henry McMahon, britischer Hochkommissar in Ägypten. Gegenstand dieser Korrespondenz war die politische Zukunft der arabischen Länder des Nahen Ostens sowie das Bestreben Großbritanniens, einen Aufstand gegen die osmanische Herrschaft anzufachen. McMahons Aussagen wurden von den Arabern als Zusage für eine arabische Unabhängigkeit gewertet.

1916, 16. Mai *Sykes-Picot Abkommen*: Geheime Übereinkunft der Diplomaten Mark Sykes und Georges Picot für die Regierungen Großbritanniens und Frankreichs, zur Festlegung der kolonialen Interessensgebiete im Nahen Osten nach der Zerschlagung des Osmanischen Reichs. Großbritannien wurden die Gebiete des heutigen Jordanien, Irak und Palästina zuerkannt, Frankreich übernahm den Nordirak, Syrien und den Libanon.

1916, 5. Juni *Eintritt der Araber in den Krieg*: Als die Gefahr bestand, dass türkische Truppen durch den Hedschas marschieren könnten, eröffnete Großsherif Hussein ibn Ali die arabische Revolte. Am 2. November 1916 ließ er sich zum König von Arabien ausrufen. Großbritannien erkannte ihn jedoch nur als König des Hedschas an.

1917, 2. November *Balfour Deklaration*: Erklärung von Arthur James Balfour, Außenminister Großbritanniens, in Form eines Briefes an Lionel Walter Rothschild, einen prominenten britischen Zionisten, zur Zusage der britischen Regierung an die zionistische Bewegung, die Bestrebungen für eine „nationale Heimstätte für das jüdische Volk" in Palästina zu unterstützen. Dabei sollte nichts geschehen, was die bürgerlichen und religiösen Rechte der bestehenden nicht-jüdischen Gemeinschaften in Frage stellte. Die Deklaration wurde am 24. Juli 1922 in das Völkerbundmandat für Palästina aufgenommen, das die

Bedingungen für die vorübergehende Übernahme der Verwaltung des Landes durch Großbritannien festlegte.

1919 – 1920   *Pariser Friedenskonferenz*: Nach dem Waffenstillstand der Alliierten mit Österreich-Ungarn, dem Deutschen und dem Osmanischen Reich, wurden die Friedensbedingungen für Europa und den Nahen Osten festgelegt. Während der Konferenz wurden in einer Serie von Versammlungen Verträge abgeschlossen, die für den Nahen Osten richtunggebend waren:

28. Juni 1919   *Vertrag von Versailles*: Unter starker militärischer Drohkulisse wurde der deutschen Delegation ein Frieden aufgezwungen, der von den USA nicht ratifiziert wurde, sowie die Unabhängigkeit der ehemals unter osmanischer Herrschaft stehenden arabischen Länder festgelegt, wenn sie das „Mandat" eines Siegerstaates akzeptieren würden. Großbritannien erhielt Mesopotamien sowie den südlichen Teil der osmanischen Provinz Syrien (das heutige Palästina und Jordanien), Frankreich das restliche Gebiet des osmanischen Syriens (das moderne Syrien und den Libanon).

28. August 1919   *King-Crane Kommission*: Aufgrund unterschiedlicher Auffassungen zwischen den USA und Großbritannien zum Vertrag von Versailles, wurde im Juni eine amerikanische Kommission unter Henry King und Charles Crane nach Syrien gesandt, um die Meinung des Volkes zur Zukunft des Landes zu erfragen. Das Untersuchungsgebiet der Kommission reichte von Aleppo bis Beerschewa. Die Ergebnisse bestätigten die Ablehnung des Mandats, wie auch die der Balfour Deklaration. Es wurde ein Großsyrien unter Einschluss Palästinas gefordert. Die Ergebnisse der Kommission wurden von Frankreich zurückgewiesen und von Großbritannien ignoriert.

19. – 26. April 1920   *Konferenz von San Remo*: Unter dem Einfluss der Nabi Musa Unruhen in Palästina und aufgrund der Unabhängigkeitserklärung Syriens vom 7. März, mit der nachfolgenden Königskrönung des Hashimiten Faisal ibn Hussein in Damaskus sowie der Ernennung seines Bruders Abdullah zum Regenten Meso-

potamiens, wurden die Hauptpunkte des Sykes-Picot Abkommens bestätigt. Die Staatsgründung in Syrien, die einen unabhängigen arabischen Staat in seinen natürlichen Grenzen einschließlich Palästinas proklamierte, wurde als Affront und kriegerischer Akt gegen die Staaten der Entente, ohne Sanktionierung durch den Völkerbund, ausgelegt. Frankreich erhielt das Völkerbundsmandat für Syrien und den Libanon, sowie das Gebiet um Mosul zugesprochen, während Großbritannien Palästina (beiderseits des Jordan) und den Rest Mesopotamiens, einschließlich des kurdischen Nordirak, erhielt.

10. August 1920   *Vertrag von Sèvres*: Vertrag mit dem Osmanischen Reich, der die Pariser Friedenskonferenz beendete. Der Hedschas, Mesopotamien und Armenien sollten unabhängig werden, den Kurden wurde Autonomie versprochen. Sultan Mehmet VI. ließ den Vertrag nur unter größtem Protest unterschreiben.

1920, 4. und 5. April   *Nabi Musa Unruhen*: An den christlichen Osterfeiertagen, die in diesem Jahr mit den muslimischen Feierlichkeiten zu Ehren des Propheten Moses zusammenfielen, kam es in Jerusalem zu gewalttätigen Ausschreitung arabischer Menschenmengen gegen jüdische Geschäfte und Wohnviertel. Mord, Vandalismus, Plünderungen, Vergewaltigungen und Schusswechsel führten zu Toten, Verletzten und Schwerverletzten. Eine Vielzahl von Juden und Arabern wurde verhaftet und abgeurteilt. Ungenügende britische Truppen konnten der aufgepeitschten Lage zwei Tage lang nicht Herr werden. 5 Juden und 4 Araber wurden getötet, 216 Juden, 23 Araber und 17 britische Soldaten wurden verletzt.

1921, 12. März   *Konferenz von Kairo*: Die Konferenz diente britischen zivilen und militärischen Nahost Administratoren dazu, die politischen Parameter für den Irak festzulegen. Faisal ibn Hussein wurde in Verbindung mit einem Plebiszit im Land zum künftigen König des Irak erkoren.

1921, 27. März   *Ernennung von Abdullah Ibn Hussein*: Um zumindest einem Teil der britischen Versprechungen an die Haschimiten Genüge zu tun, wurde im Zuge der Konferenz von Kairo dem zweitgeborenen Sohn des Sherifen, Abdullah ibn Hussein, von Kolonialminister Winston Churchill der Titel „Emir von Transjordanien" verliehen. Die britische Regierung hatte zuvor eigenmächtig das Niemandsland östlich des Jordan konfisziert und eine Teilung des Mandatsgebiets westlich und östlich des Jordan durchgeführt.

1921, 1. – 3. Mai   *Tel Aviv/Jaffa Unruhen*: Auslöser waren Handgreiflichkeiten zwischen jüdischen Kommunisten und Sozialisten bei der Maidemonstration in Tel Aviv, wobei Schüsse unklarer Herkunft fielen. Als die Polizei eine Gruppe nach Jaffa abdrängte, geriet die in Auseinandersetzungen mit den arabischen Bewohnern. Die Situation eskalierte und es kam zu Angriffen gegen jüdische Wohnungen, Passanten und Einrichtungen. Männer, Frauen und Kinder wurden mit Knüppeln, Messern, Schwertern und Schusswaffen ermordet. Am Folgetag setzten sich die Ausschreitungen fort und jüdische Einwohner gingen zu Terror und Tötung von arabischen Zivilisten über. Die dreitägigen Auseinandersetzungen bewogen den britischen Hochkommissar Samuel Flugzeuge einzusetzen und arabische Menschenansammlungen und Schlüsselörtlichkeiten zu bombardieren. Insgesamt fanden 47 Juden und 48 Araber den Tod. 146 Juden und 73 Araber wurden zum Teil schwer verletzt.

1921, 23 August   *Königskrönung Faisals I.*: Der verwaiste Thron im Irak wurde dem von den Franzosen im Juli 1920 als König von Syrien abgesetzten dritten Haschimitensohn Faisal ibn Hussein zugesprochen.

1921, Oktober   *Haycraft Kommission*: Auf Anordnung von Hochkommissar Herbert Samuel wurde eine Untersuchungskommission unter Richter Thomas Haycraft eingesetzt, um die Stimmung in Palästina nach den Auseinandersetzungen vom Mai zu beruhigen. Obwohl die Kommission die Araber für den Ausbruch der Gewalttätigkeiten verantwortlich machte, erklärte sie auch, dass die Unruhen durch deren Angst vor prozionistischen Zugeständnissen der Briten hervorgerufen worden waren.

1922, Juni   *Churchill Weissbuch*: Offizielle Grundsatzerklärung der britischen Regierung gegenüber der Gründung einer nationalen jüdischen Heimstätte in Palästina. Darin wurde erklärt, Palästina solle nicht so „jüdisch werden, wie England englisch sei". Man strebe eher die Gründung eines Zentrums an, „für das sich das gesamte jüdische Volk aufgrund seiner Religion und Rasse interessiert und worauf es stolz sein könne". Das Recht der Juden auf Einwanderung wurde bestätigt, wenn „diese Immigration das wirtschaftliche Potential des Landes nicht übersteigt".

1922, 24. Juli   *Ratifizierung der Völkerbundsmandate*: Die französischen und britischen Mandate im Nahen Osten wurden völkerrechtlich anerkannt. Festschreibung der Hilfe zur „Errichtung einer nationalen Heimstätte für das jüdische Volk in Palästina", jedoch „unter der Bedingung, dass nichts getan werden soll, was die bürgerlichen und religiösen Rechte bestehender nichtjüdischer Gemeinschaften in Palästina […] beeinträchtigen würde".

Artikel 25 erlaubte es Großbritannien, die Mandatsgebiete „zwischen dem Jordan und der endgültig festgelegten Ostgrenze Palästinas" von der Durchführung von wesentlichen Mandatsbestimmungen, wie denen zur Errichtung einer jüdischen nationalen Heimstätte, vorläufig auszunehmen. Damit wurde die Voraussetzung für die formelle Einsetzung des halbautonomen Emirats Transjordanien (Vorläufer des heutigen Staates Jordanien) durch die Briten geschaffen, so dass der Raum für die Errichtung einer nationalen jüdischen Heimstätte in Palästina auf das Gebiet westlich des Jordan (Cisjordanien) beschränkt wurde.

1923, 25. März   *Anerkennung der britischen Teilung*: Infolge der Empfehlung der britischen Regierung wurde das britische Mandatsgebiet völkerrechtlich in Palästina und Jordanien getrennt. Jüdische Einwanderer in das Mandatsgebiet durften sich nur noch westlich des Jordan niederlassen oder Grundbesitz erwerben. Heftiger Protest radikaler Zionisten, die sich gegen die Entscheidung zu den Revisionisten zusammenschlossen. Vorgänger der Likud Partei.

1923, 24. Juli   *Vertrag von Lausanne*: Mit diesem Vertrag konnte die Türkei, nachdem sie 1922 aus dem griechisch-türkischen Krieg als Sieger hervorgegangen war, die Bestimmungen des Vertrags von Sèvres teilweise nach ihren Vorstellungen revidieren. Die aktuellen Grenzen der Türkei und Griechenlands haben ihren Ursprung in diesem Vertrag.

1924, 11. März   *Gründung des Kalifats*: Nach der Enthebung des letzten Kalifen durch die Türkische Republik, erklärte sich Großsherif Hussein ibn Ali, als Nachkomme des Propheten und als König des Hedschas mit den heiligen Moscheen in Mekka und Medina, zum Kalifen. Damit nahmen sich Abdel Aziz al-Saud und seine islamistischen Wahabiten das selbst ernannte Recht ihn zu vertreiben. Im Laufe des Krieges dankte der Sherif ab und sein ältester Sohn Ali floh im Dezember 1925 vor ibn Saud, nachdem die Wahabitenkrieger die letzte Bastion Jeddah überrannt hatten. Das Stammland der Haschimiten war für sie nach siebenhundert Jahren Herrschaft verloren.

1926, 10. Januar   *Königskrönung von Abdel Aziz al-Saud*: Unter Mithilfe des Engländers John Philby, ließ sich der Saudi in der großen Moschee in Mekka zum König des Hedschas und des Nedschd krönen. Da ausschließlich Sherifen den Titel des „Verwahrers" der islamischen Heiligtümer annehmen durften, nannte er sich fortan nur „Beschützer". Am 23. September 1932 rief er den neuen Einheitsstaat Saudi-Arabien aus und erklärte sich selbst zum König.

1929, 23. – 29. August *Palästina Unruhen*: Eine Serie von Demonstrationen, Verbrechen und Massakern, die nach einem lang andauernden Disput zwischen Moslems und Juden, über die Nutzung der Klagemauer in Jerusalem, hauptsächlich in Gewalt an Juden eskalierte. Dabei waren neben Jerusalem auch andere Städte, wie Hebron, Safed, Motza und Tel Aviv betroffen. Insgesamt fanden 133 Juden und 110 Araber den Tod. 124 Araber und 70 Juden wurden wegen Mordes angeklagt.

1929 – 1930 *Shaw Kommission*: Britische Inspektion der arabischen Aufstände in Palästina. Im März 1930 wurde der Bericht veröffentlicht, der folgende Empfehlungen gab: Die britischen Absichten in Palästina sofort darzulegen, die Einwanderungspolitik neu zu überprüfen, das Potential des Landes und seine Nutzung wissenschaftlich zu untersuchen und die Beziehungen zwischen der Jewish Agency und dem Mandat zu klären. Dazu gehörten die Definition der Passagen im Palästinamandat, die den Schutz der Interessen der nicht-jüdischen Gemeinden zum Gegenstand hatten und eine Revision der Methoden zur Regulierung der Einwanderungspolitik. Bestätigung der Feststellung von 1922, dass „die besondere Position der zionistischen Organisation durch das Mandat sie nicht dazu berechtigt, auf irgendeine Weise an der Regierung in Palästina teilzunehmen".

1930, 21. Oktober *Passfield Weissbuch*: Offizielle Grundsatzerklärung der britischen Regierung in der die Gründung einer gesetzgebenden Körperschaft in Palästina gefordert wurde. Das Weissbuch sprach sich gegen eine großzügige Politik gegenüber den Zionisten aus. Aufgrund einer internationalen Kampagne der zionistischen Bewegung gegen das Weissbuch, versprach daraufhin der britische Premierminister Ramsay MacDonald, in einem im

Februar 1931 veröffentlichten Brief an Chaim Weizman, das Weissbuch prinzipiell außer Kraft zu setzen.

1936 – 1939   *Großer Arabischer Aufstand*: Der Aufstand der Araber Palästinas gegen die britische Politik kann in unterschiedliche Phasen unterteilt werden:

Phase 1 von Mai 1936 bis Juli 1937: Generalstreik mit bewaffneten Aufständen der Landbevölkerung gegen britische Truppen. Entspannung nach Einsetzung der Peel Kommission ab Oktober 1936.

Phase 2 von August 1937 bis Ende 1938: Wiederaufnahme des Aufstands durch den Bericht der Peel Kommission im Juli. Ermordung eines hohen britischen Beamten in Nazareth im September und die Aufstellung palästinensischer bewaffneter Einheiten mit militärischer Befehlsstruktur. Die Briten trainierten und bewaffneten als Gegenmaßnahme die Hagana und stellten jüdische Spezialeinheiten auf.

Phase 3 von Anfang 1939 bis Sommer 1939: Nachlassen der Widerstandskraft der Palästinenser. Beginn von Verhandlungen, nach einer Reihe von britischen Untersuchungskommissionen:

7. Juli 1937   *Peel Kommission*: Inspektion des arabischen Aufstands ab Oktober 1936. Die Kommission hörte Zeugenaussagen von Juden, Zionisten, palästinensischen Arabern und anderen arabischen Nationalisten. Der im Juli 1937 veröffentlichte Bericht empfahl die Teilung Palästinas in einen jüdischen Staat (entlang der Küstenebene einschließlich des Jesreel Tales und eines Großteils von Galiläa) und einen arabischen Staat, der die meisten restlichen Gebiete mit Transjordanien und einen von den Briten kontrollierten Korridor von Jerusalem an die Küste nach Jaffa umfassen sollte. Um der Ausgewogenheit der Bevölkerung im zukünftigen jüdischen Staat zu entsprechen, schlug die Kommission einen Bevölkerungstransfer vor.

Der Teilungsplan wurde von den Arabern, mit Ausnahme von Emir Abdullah von Transjordanien, abgelehnt und führte zu einer Spaltung in der zionistischen Bewegung. Der 20. Zionistische Kongress ermächtigte ihre Exekutive den Versuch zu unternehmen die Bedingungen des Teilungsplanes zu verbessern.

9. November 1938 *Woodhead Kommission*: Seit April Überprüfung der praktischen Anwendbarkeit des Teilungsplanes der Peel Kommission, um die wachsende arabische Opposition der britischen Herrschaft innerhalb und außerhalb Palästinas zu beschwichtigen und den arabischen Aufstand zu beenden. In ihrem im Herbst 1938 veröffentlichten Bericht kam die Kommission zu dem Schluss, dass eine Teilung undurchführbar sei.

7. Februar – 17. März 1939 *St. James Konferenz*: Die Konferenz im St. James Palast in London wurde von Malcolm MacDonald, dem britischen Kolonialminster, einberufen, um den toten Punkt, den die Verhandlungen zwischen Juden und Arabern erreicht hatten, zu überwinden. Die tiefe Kluft zwischen den Parteien wurde bereits in der Weigerung der arabischen Delegation, sich mit den zionistischen Repräsentanten an einen Tisch zu setzen, deutlich. Chaim Weizman führte die jüdische Delegation, die arabische bestand aus Vertretern von fünf Ländern sowie Palästina. Die Delegationen redeten aneinander vorbei. Die Juden betonten die Notwendigkeit der Alijah im großen Umfang, in Form höherer Einwanderungsquoten, zusätzlicher jüdischer Siedlungen und der Gründung legaler Verteidigungskräfte. Die Araber wiesen die Balfour Deklaration zurück und verlangten, die jüdische Einwanderung und den Landkauf zu verbieten. Die Gespräche endeten in einer Sackgasse.

Am Vorabend des 2. Weltkriegs sah sich die britische Regierung veranlasst, eine Versöhnungspolitik den Arabern gegenüber zu betreiben und ließ den Teilungsplan der Peel Kommission als unrealistisch fallen.

17. Mai 1939 *MacDonald Weissbuch*: Angesichts des Scheiterns der St. James Konferenz wurde ei-

ne neue Vorgehensweise in Palästina propagiert, mit dem Vorschlag zur Gründung eines einheitlichen palästinensischen Staates innerhalb eines Zeitraumes von zehn Jahren. Die Grenzen dieses Staates sollten das Mittelmeer und der Jordan sein. Das Weissbuch umriss einen Fünfjahresplan für die Einwanderung von 75.000 Juden. Danach sollten weitere Einwanderungen nur mit arabischer Zustimmung gestattet werden. Im März 1940 beschränkten die Briten in einer Grundsatzerklärung über Landtransfer auch den Landkauf durch Juden.

Das Weissbuch wurde angesichts der eskalierenden Feindseligkeiten vor dem Ausbruch des 2. Weltkriegs veröffentlicht und nicht unter dem Eindruck der Not, in der sich das europäische Judentum unter dem nationalsozialistischen Regime und deren besetzen Ländern befand. Das Weissbuch bestimmte die britische Politik in Palästina bis 1947. Während die zionistische Bewegung das Weissbuch als einen „Akt des Verrats" betrachtete, der die jüdische Bevölkerung zu einem Minderheitenstatus im Land verurteile und alle Hoffnungen auf einen jüdischen Staat zunichte mache, beendete es auf arabischer Seite den Großen Aufstand.

1947, 29. November *Sonderkommission UNSCOP*: Nachdem Großbritannien am 18. Februar die Palästinafrage an die Vereinten Nationen übergeben hatte, wurde ein Untersuchungskomitee einberufen. Die elf Mitglieder konnten jedoch für die Lösung des Palästinaproblems keine Einigung erzielen und veröffentlichten einen Mehrheits- und einen Minderheitsbericht. Der Mehrheitsbericht empfahl eine Teilung Palästinas in einen jüdischen und einen arabischen Staat und die Internationalisierung Jerusalems.

Dieser Bericht wurde der Vollversammlung der Vereinten Nationen am 29. November 1947 vorgelegt und als Resolution 181 angenommen. 33 Staaten unterstützten den Plan, 13 sprachen sich dagegen aus und 10 enthielten sich der Stimme, darunter Großbritannien. Ihrem nachfolgenden Versprechen, den Truppenabzug bis August 1948 durchzuführen, kamen die Briten bereits drei Monate früher, am 15. Mai 1948 nach.

Historisch authentisches Personenregister

Britisches Offizierscorps 1916-1948:

Allenby, Edmund Sir Field Marshal (*1861; †1936). 1917-1919 Oberbefehlshaber der britischen Streitkräfte

Barker, Evelyn Sir General (*1894; †1983). 1946-1947 Kommandant der britischen Truppen in Palästina

Chetwode, Philip Lord Lieutenant-General (*1869; 1950). 1917-1918 Stellvertretender Oberbefehlshaber der britischen Streitkräfte

Clayton, Gilbert Sir Brigadier-General (*1875; †1929). 1914-1917 Chef des britischen Militärgeheimdienstes in Ägypten

Congreve, Walter Sir Lieutenant-General (*1862; †1927). 1917-1919 Befehlshaber der Truppen in Palästina und Ägypten

Dawney, Allan Major-General (*1888; †1938). 1917-1918 britischer Offizier in der Armee Prinz Faisals

Haining, Robert Sir Lieutenant-General (*1882; †1959). 1938-1939 Kommandant der britischen Truppen in Palästina

Joyce, Pierce Colonel (*1887; †1965). 1917-1918 britischer Offizier in der Armee Prinz Faisals

Lawrence, Thomas Colonel (*1888; †1935). 1916-1918 Verbindungsoffizier der britischen Streitkräfte zum Arabischen Aufstand

Shea, John Stuart Sir Major-General (*1869; †1966). 1918-1919 Korps-Kommandant der 60. Infanteriedivision

Britische Hochkommissare, hohe Beamte und Politiker der Mandatszeit:

Balfour, Artur Earl (*1848; †1930). 1916-1919 Außenminister Großbritanniens

Bols, Louis Lieutenant-General (*1867; †1930). 1919-1920 Verwaltungschef

Chancellor, John Sir (*1870; †1952). 1928-1931 Hochkommissar

Churchill, Winston Sir (*1874; †1965). 1921-1922 Kolonialminister Großbritanniens

Cunnigham, Alan Sir (*1887; †1983). 1945-1948 Hochkommissar

Gurney, Henry Sir (*1898; †1951). 1946-1948 Verwaltungschef

Haycraft, Thomas Sir (*1859; †1936). 1920-1927 Oberster Richter der Mandatsregierung

Luke, Harry Sir (*1884; †1969). 1928 stellvertretender Hochkommissar

MacDonald, Malcolm (*1901; †1981). 1938-1940 Kolonialminister Großbritanniens

MacMichael, Harold Sir (*1882; †1969). 1938-1944 Hochkommissar

McMahon, Arthur Sir (*1862; †1949). 1915-1916 Hochkommissar in Ägypten

Palmer, Herbert Lord Field Marshal (*1857; †1932). 1925-1928 Hochkommissar

Passfield, Sidney Lord (*1859; † 1947). 1929-1931 Kolonialminister Großbritanniens

Samuels, Herbert Sir (*1870; †1963). 1920-1925 Hochkommissar

Storrs, Ronald Sir (*1881; †1955). 1917-1926 Militärgouverneur von Jerusalem

Vereker, John Lord Field Marshal (*1886; †1946) 1944-1945 Hochkommissar

Wauchope, Arthur Lieutenant-General (*1861; †1936). 1931-1938 Hochkommissar

Zionistische Bewegung in Palästina:

Arlosoroff, Chaim (*1899; †1933). 1926 beim Völkerbund in Genf zum Vertreter des Jishuw gewählt. Führer der Mapai und politischer Kopf der Jewish Agency, ermordet von rechten Zionisten am 16. Juni 1933

Begin, Menachem (*1913; †1992). Seit 1942 Mitglied und ab 1943 Anführer der Irgun. Ehemaliges Mitglieder der Betar Jugend

Ben-Gurion, David (*1886; †1973). 1909 am Aufbau der jüdischen Untergrundorganisation HaSchomer und 1920 am Aufbau der Hagana beteiligt, 1920 Mitbegründer der Gewerkschaft Histadrut und erster Sekretär und Vorsitzender, 1930 Gründer der zionistisch-sozialistischen Arbeiterpartei Mapai

Ben-Zwi, Jizchak (*1884; †1963). 1921 Mitbegründer der Histadrut und 1930 der Mapai, ab 1931 Organisator der Hagana

Jabotinsky, Wladimir Zeev Captain (*1880; †1940). Gründer der Jüdischen Legion, 1923 Gründer der Betar Jugend, Führer der revisionistischen Bewegung

Kaufmann, Richard Isaak (*1887; †1958). Seit 1920 Architekt, Siedlungs- und Stadtplaner in Palästina

Raziel, David (*1910; †1941). 1929 Mitglied der Hagana, 1931 Mitbegründer der Irgun, 1937-1941 Kommandant der Irgun

Rothschild, Edmond Lord (*1845; †1934). Als Bankierserbe Förderer der ersten jüdischen Landkäufe in Palästina, Empfänger des Briefes der zur Balfour-Deklaration werden sollte

Stern, Avraham (*1907; †1942). Ab 1940 Anführer der Lechi, durch britische Polizei am 12. Februar 1942 erschossen

Tehomi, Avraham (*1903; †1990). 1920 Mitglied der Hagana und der Histadrut1, 1924 Mord an Jakob de Haan, 1931 Gründer und erster Kommandant der Untergrundorganisation Irgun

Ussischkin, Menachem (*1863; †1941). 1922-1941 Vorsitzender des Jüdischen Nationalfonds, 1935-1941 Vorsitzender der Zionistischen Weltorganisation

Weizmann, Chaim Dr. (*1874; †1952). 1921-1931 und 1935-1946 Präsident der Zionistischen Weltorganisation, erster Führer des Zionismus

Palästinensische Beamte, Politiker und Zivilisten:

Alami, Musa (*1897; †1984). 1925-1934 Chef der Justizverwaltung, 1932-1934 Privatsekretär von Hochkommissar Wauchope, 1939 Teilnehmer der St. James Konferenz

Al-Hadsch Muhammad, Abdulrahim (*1892; †1939). 1936-1939 Kommandant der arabischen Rebellen im großen Aufstand gegen die Briten

Al-Husseini, Hadsch Amin (*1893; †1974). Ab 1921 Großmufti von Jerusalem, ab 1936-1937 Präsident des Arabischen Hochkomitees und Führer des Arabischen Aufstands

Al-Husseini, Musa Kazim (*1853; †1934). 1918-1920 Bürgermeister von Jerusalem, 1922-1934 Präsident des Palestine Arab Congress

Al-Husseini, Abd el-Qadir (*1907; †1948). 1936-1939 Aktivist des Arabischen Aufstands, ab 1948 Kommandeur der Armee des Heiligen Krieges

Al-Husseini, Dschamal (*1894; †1982). 1921-1934 Generalsekretär des Palestine Arab Congress, 1945-1948 Präsident des Arabischen Hochkomitees

Al-Husseini, Hussein Salim (*unbekannt; †1918). 1909-1917 Bürgermeister von Jerusalem

Antonius, George (*1891; †1941). Schriftsteller und Historiker, 1939 Generalsekretär der St. James Konferenz in London

Antonius, Katy (*1904; †1984). Ehefrau von George Antonius

Khury, Emil (*1907; †1984). 1946-1948 Generalsekretär des Arabischen Hochkomitees

Nussaibeh, Anwar (*1913; †1986). 1936-1948 Zivilrichter in Palästina

Internationale Beamte und Zivilisten:

Bell, Gertrude (*1868; †1926). 1914-1922 erst inoffizielle Mitarbeiterin des britischen Geheimdienstes, später Orientsekretärin. Sie empfahl ibn Saud als Bundesgenossen der Briten

Bentwich, Norman (*1883; †1971). 1920 bis 1931 Generalstaatsanwalt in Palästina

Dangoor, Ezra (*1848; †1930). Jüdischer Rabbi in Bagdad, Irak

De Haan, Jakob (*1881; †1924). 1919 in Palästina zugezogener holländischer Jurist, Journalist und Poet, ermordet von der Hagana am 30. Juni 1924 aufgrund seiner antizionistischen Haltung

Frumkin, Gad (*1887; †1960). 1920-1948 Richter in Palästina

Kaufmann, Johann Bruder Maurus (*1871; †1949). 1921 Leiter des Priesterseminars in Beit Jala. Ab 1926 Abt der Benediktiner auf dem Zionsberg

Philby, John (*1889; †1960). 1917-1921 Mitarbeiter im britischen Geheimdienst. Protege des ibn Saud zur Erlangung der Macht auf der Arabischen Halbinsel

Newton, Frances Dame of Justice (*1871; †1955). 1895-1938 in Palästina als britische Wohltäterin bis zu ihrer Ausweisung tätig

Shahmoon, Elia (*1870; †unbekannt). Jüdischer Kaufmann in Bagdad, Irak

Wallach, Mosche Dr. (*1866; †1957). 1881-1947 Arzt und Gründer des Scha'arei-Zedek Krankenhauses in Jerusalem

Arabische Bewegung:

Haschimiten:

> Abdullah ibn Ali (*1913; †1958). Erster Sohn von Ali ibn Hussein, 1939 bis zur Volljährigkeit des Thronfolgers Faisal II. 1953, Regent im Irak

> Abdullah ibn Hussein (*1882; †1951). Zweiter Sohn des Sherifen Hussein, 1920-1921 König des Irak, ab 1921 Emir und ab 1946 König Abdullah I. von Transjordanien

> Ali ibn Hussein (*1879; †1935). Erster Sohn des Sherifen Hussein, 1924-1925 König Ali I. des Hedschas

Faisal ibn Hussein (*1883; †1933). Dritter Sohn des Sherifen Hussein, 1920 König Faisal I. von Syrien, 1921-1933 König Faisal I. des Irak

Ghazi ibn Faisal (*1912; †1939). Erster Sohn von Faisal ibn Hussein, 1933-1939 König Ghazi I. des Irak

Hussein ibn Ali (*1853/54; †1931). 1908-1924 Emir von Mekka, 1916-1924 König Hussein I. des Hedschas, letzter Großsherif (Emir von Mekka) aus dem Stammhaus der Haschimiten seit dem 10. Jahrhundert

Hedschas und Zentralarabien:

Abdel Aziz al-Saud (*1880; †1953). Eroberer der Arabischen Halbinsel und 1926 Begründer des Königreichs Saudi Arabien.

Auda Ibu Tayi (*unbekannt; †unbekannt). Scheikh der Toweiha vom Stamm der Howeitat

Ibrahim ibn Said (*unbekannt; †unbekannt). Scheikh der Banu Saad vom Stamm der Oteibeh

Nasir von Medina (*1890; †unbekannt). Bruder von Shehad, Emir von Medina. Verwandter des Hauses der Haschimiten

Salih al-Shubhan (*unbekannt; †unbekannt). Scheikh der Mezeyne vom Stamm der Harb

Jordanien, Syrien und Irak:

Al-Askari, Ja'far (*1887; †1936). 1923-1924 und 1926-1927 Premierminister des Irak, später verschiedene Ministerposten

Al-Azmah, Yousef (*1883; †1920). 1920 syrischer Verteidigungsminister und Stabschef

As-Sa'id, Nuri (*1888; †1958). 1922 irakischer Polizeichef und später stellvertretender Armeechef, 1930-1936 und 1938-1941 Premierminister, ab 1941 unter Regent Abdullah mächtigster Mann im Irak

Sha'alan, Ghaleb Pascha General (*unbekannt; †unbekannt). Bis 1916 osmanischer Gouverneur des Hedschas in Mekka

Institutionen / Organisationen

Arabisches Hochkomitee: Zentrales politisches Organ der Araber im britischen Mandatsgebiet Palästina. Gegründet am 25 April 1936 vom Hadsch Amin al-Husseini, wurde es nach dem Krieg 1948 bedeutungslos.

Betar-Jugend: Radikal faschistisch-zionistische Jugendorganisation. Gegründet 1923 von Zeev Jabotinsky.

Bne Akiwa: 1929 in Jerusalem gegründet, als Jugendorganisation der zionistisch-orthodoxen Misrachi Partei von 1902.

Choveve-Zion: Gesellschaft zur Förderung der jüdischen Landarbeiter und Handwerker.

Hagana: Zionistische paramilitärische Untergrundorganisation. Hervorgegangen aus dem HaSchomer 1920 wurde sie nach der Gründung des Staates Israel in die israelischen Streitkräfte überführt. 1941 wurden in der Hagana die Jugendausbildungbataillone der *Palmach*, als „stehendes Heer" und als Elite- und Führungseinheit, gegründet.

Histadrut: Dachverband der jüdischen Gewerkschaften. 1920 von Ben-Gurion gegründet, operierte als Netzwerk von Firmen, Fabriken, Krankenhäusern und einer eigenen Bank.

Irgun/Etzel: Radikal-zionistische Terrororganisation im britischen Mandatsgebiet Palästina. Gegründet 1931, als Abspaltung von der Hagana. Im Juli 1948 Eingliederung in die israelischen Streitkräfte.

Jüdischer Nationalfond: Gegründet 1901, auf Initiative von Theodor Herzl, dem Wegbereiter eines jüdischen Staates. Bis 1948 betrieb er vor allem den Landerwerb für jüdische Siedler in Palästina, gestützt auf finanzielle Hilfe durch die jüdischen Gemeinden weltweit.

Jewish Agency: Errichtet 1929 auf dem 16. Zionistenkongress, ersetzte sie die Zionistische Exekutive. Sie war die im Völkerbundsmandat für Palästina vorgesehene Vertretung der Juden und diente der britischen Mandatsregierung als Ansprechpartner. Allein sie war befugt, mit den Briten zu verhandeln. Die Jewish Agency war aber ebenso verantwortlich für die internen Angelegenheiten der in Palästina lebenden Juden, des Jishuw.

Lechi: Radikal-zionistische Terrororganisation im britischen Mandatsgebiet Palästina. Gegründet 1942 als Abspaltung von der Irgun. Im Mai 1948 Eingliederung in die israelischen Streitkräfte.

Mapai Partei: 1930 als linke zionistische Arbeitspartei unter Ben-Gurion gegründet. Während der Mandatszeit die herrschende Kraft des Zionismus.

Oberster Muslimischer Rat: 1922 von den Briten gegründete palästinensische Organisation, die die islamischen Gerichte und Schulen kontrollierte und einen großen Anteil der Gelder aus religiösen Stiftungen verwaltete.

Palästinensisch Arabischer Kongress: Anzahl von Versammlungen mit internationalen Delegierten von 1920-1936.

UN: Gegründet am 26. Juni 1945 in San Francisco 50 Staaten, als Nachfolgeorganisation des Völkerbunds.

Völkerbund: Gegründet am 10. Januar 1920 auf der Basis des Versailler Vertrags, um den Frieden dauerhaft zu sichern. Aufgelöst am 18. April 1946.

Waqf: Gemeinnützige islamische Stiftung. Verwaltung der heiligen Stätten des Islam.

Zionistische Exekutive: Auf dem 12. Zionistischen Kongress im September 1921 wurde die Zionistische Kommission ersetzt. Die Exekutive war von da an bis 1929 für die Verwaltung der zionistischen Arbeit in Palästina verantwortlich, mit einer Filiale in Jerusalem und einer in London.

Zionistische Kommission: 1918-1921 war sie erst als seine Art Gesandtschaft gedacht, funktionierte jedoch bald als eine zionistische Regierung. Die ursprünglichen sechs Mitglieder repräsentierten sowohl Zionisten als auch Nicht-Zionisten.

Zionistische Weltorganisation: Gegründet 1897 auf dem ersten Zionistenkongress in Basel. Im Baseler Programm forderte der erste Zionistische Kongress: „Der Zionismus strebt die Schaffung einer öffentlich-rechtlich gesicherten Heimstätte an für diejenigen Juden, die sich an ihren jetzigen Wohnorten nicht assimilieren können oder wollen."

Glossar

Abla: ehrerbietige Anrede für eine ältere Tante, Lehrerin
Abu: Vater
Ach: Bruder   Achi: mein Bruder
Ach min kull achu: Bruder aller Brüder
Achwani: meine Brüder
Adschnabi: Fremder
Ahlan wa sahlan mara alf, achu: seid tausendmal willkom-
        men, Brüder
Ahlan wa sahlan mara alf fi wahati al-salam: sei tausendmal
        willkommen in meiner Oase des Friedens
Al Burak: Klagemauer (arabisch)
Al-Arab: der Araber
Alhamdulillah: gelobt sei Gott
Alhamdulillah hillathii: großer Dank sei dem Herrn, der uns
        das Leben wiedergegeben hat
Alija: jüdische Einwanderungswelle in Palästina
Al jahil adu nasfu: Der Dumme ist sein eigener Feind
Al-Jihad al-Muqaddas: heiliger Krieg
Allahu akbar: Gott ist groß
Allah yihmeekum: Gott schütze euch
Ana bahebak: ich liebe dich
Ashraf: Nachkommen des Propheten
Asker: einfacher Fußsoldat (türkisch)
Asir: Gebirge südlich von Mekka, bis in den Jemen
Barak Allah fik: Gottes Segen über dich
Beit Mamlouka: Haus der Mamelucken
Bint: Tochter
Bismillah il-rahman il-rahim: im Namen Gottes des Barm-
        herzigen, des Gnädigen
Brit Shalom: Friedensbund (hebräisch)
Bukra: morgen
Chalukah: Spenden an die ultraorthodoxen Juden (hebräisch)
Chaluzim: Pioniere (hebräisch)
Chuth hatha: nimm dies
Dahna: Sandgürtel auf der Arabischen Halbinsel
Dschebel: Berg(kette)
Dhabit khebir: großer Offizier
Dschahannam: Hölle

Dschambija: arabischer Krummdolch
Dschamila: die Schöne
Dschinni: böse Geister
Effendim: mein Gebieter
Erez: das Land (hebräisch)
Farhud: gewaltsame Enteignung
Fasa'il al-Salam: arabische Friedenseinheit
Fatwa: religiöser Erlass
Goj: Andersgläubiger   Gojim: Andersgläubige (hebräisch)
Hadith: Überlieferungen des Propheten
Hadsch: islamische Pilgerfahrt nach Mekka
Hadschun mabrur wa sayun maschkur: möge die Pilgerfahrt
        von Gott angenommen und die Mühe gedankt
        werden
Hamsa: rote Handmarkierung
Hakim: Weiser, Arzt
Ha-Kotel: Klagemauer (hebräisch)
Halacha: Jüdisches Gesetz aus dem Talmud (hebräisch)
Haramayn: Kollektiv für Masjid al-Haram und Masjid al-
        Nabawi (Moscheen in Mekka und Medina)
Haram Al Sharif: nobles Heiligtum (Plateau mit Felsendom
        und Al-Aqsa Moschee)
Haras Al Istiqlal: Wächter (pl.) der Unabhängigkeit
Haredim: ultra-orthodoxe Juden (hebräisch)
Haskala: Jüdische Aufklärung (hebräisch)
Hatikva: zionistische Nationalhymne (hebräisch)
Hizb al-Istiqlal: Partei der Unabhängigkeit
Hisbollah: Partei Gottes
Howdah: wannenförmiger Kamelaufsatz
Ibn: Sohn   Ibni: mein Sohn
Ichwan muslimin: islamische Bruderschaft
Igal: doppelter Stoffring
Ihram: Weihezustand während der Pilgerreise
Inscha'lah: so Gott will
Isma: höre
Jaish al-Inqath: Befreiungsarmee
Jalabiya: fußlanges, untailliertes Hemd
Janitscharen: frühere osmanische Eliteeinheit (türkisch)
Jeschiwa: Talmudschule (hebräisch)
Jihad: heiliges Streben

Jishuw: jüdische Gesellschaft in Palästina vor der Staats-
    gründung (hebräisch)
Kibbuzim: jüdische Landwirtschaftkommunen (hebräisch)
Kethüda Bey: Hofpräfekt (türkisch)
Küdüs-i Sherif: Verwaltungsbezirk Jerusalem (türkisch)
Kul uqda wa laha halla: jeder Knoten wird gelöst
La illaha illa'lah: kein Gott außer Allah
Lisan al-Arab: die arabische Zunge
Ma'a jahud: was ist mit dem Juden?
Maha, faradschi, ifta al-bab: Maha, mein Täubchen, öffne die
    Tür
Manana: macht nichts
Marj ibn Amir: Jesreel oder haEmek Ebene
Mascha'lah: das ist es, was Allah möchte
Melek Taus: Oberhaupt der sieben jesidischen Engel
Menora: siebenarmiger Leuchter (hebräisch)
Mesusa: Schriftkapsel am Türpfosten (hebräisch)
Miralay Kress: Oberst Freiherr Kress von Kressenstein
Mitzvot: Religiöse Pflichten (hebräisch)
Moab: Name der Region östlich des Jordan (hebräisch)
Moriah: Tempelberg (hebräisch)
Moshav: jüdische Landwirtschaftskommune (hebräisch)
Mukhtar: Dorfvorsteher
Mülazim: Leutnant (türkisch)
Mumkin: vielleicht
Nabi: Prophet
Nedjd: Kerngebiet der Arabischen Halbinsel
Notrim: jüdische Hilfspolizei
Onbaşi: Korporal (türkisch)
Proselyten: Abgeworbene aus andern Religionen
Qahwa: arabischer Kaffee
Qibla: Gebetsrichtung
Ramadan: islamischer Fastenmonat
Sabah el-ward: ein Morgen der Rose
Said: Herr   Saidi: mein Herr
Sahip Bey: Fürst (türkisch)
Salam aleikum, ummi: Friede sei mit dir, (meine) Mutter
Salamtak ya achi: Friede für dich mein Bruder
Sandschak: osmanischer Verwaltungsbezirk einer Provinz
Sayuni: die, die Mühe machen (Bezeichnung für Zionisten)
Schofar: Widderhorn (hebräisch)

Schahada: islamisches Glaubenbekenntnis
Schaitan: Teufel
Sepharden: Juden mit orientalischer Herkunft
Sharia: religiöses Gesetz des Islam
Sherif: Nobler
Shukran kethir wa Allah jatiek al-afieh: vielen Dank und
              Gott gebe dir Wohlbefinden
Souk: Markt
Suriya al-Janubia: Süd-Syrien
Talmud: Rabbinische Auslegungen der biblischen Regeln der
              Tora (hebräisch)
Uchti: meine Schwester
Umm: Mutter
Umra: kleine ganzjährige Pilgerfahrt
Usta'as: Gelehrter, Lehrer
Vilâyets: osmanische Provinz (türkisch)
Yachbarek Allah fi leil alyoum: Gott segne die heutige Nacht
Yarmuk: Zufluss des Jordan südlich des Golan
Wahabiten: streng islamisch puritanische Glaubensrichtung
Wa fika: und über dich
Waladi: mein Junge
Zagharit: Zungetriller

Beduinenstämme der Arabischen Halbinsel

Westliches/zentrales Arabien:

| *Hauptstamm* | *Sippe* | *Klan* |

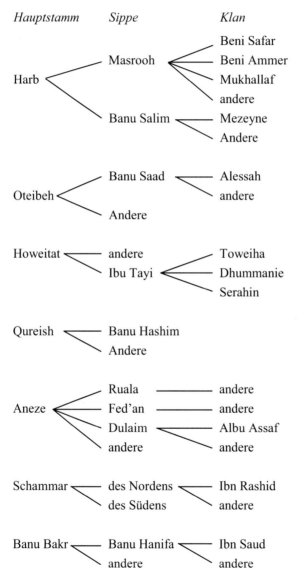

Harb — Masrooh — Beni Safar / Beni Ammer / Mukhallaf / andere
Harb — Banu Salim — Mezeyne / Andere

Oteibeh — Banu Saad — Alessah / andere
Oteibeh — Andere

Howeitat — andere
Howeitat — Ibu Tayi — Toweiha / Dhummanie / Serahin

Qureish — Banu Hashim / Andere

Aneze — Ruala — andere
Aneze — Fed'an — andere
Aneze — Dulaim — Albu Assaf / andere
Aneze — andere

Schammar — des Nordens — Ibn Rashid / andere
Schammar — des Südens

Banu Bakr — Banu Hanifa — Ibn Saud / andere
Banu Bakr — andere